本书系国家社科基金课题结题成果

本书获得南昌大学江西省大学生思想政治教育研究中心
出版资助

1945－1947年
中国善后救济事业研究

王春龙 ◎ 著

中国社会科学出版社

图书在版编目（CIP）数据

1945－1947年中国善后救济事业研究／王春龙著. —北京：中国
社会科学出版社，2020.4
ISBN 978－7－5203－5976－4

Ⅰ.①1… Ⅱ.①王… Ⅲ.①慈善事业－研究－中国－1945－1947
②社会救济－研究－中国－1945－1947 Ⅳ.①D693.66

中国版本图书馆CIP数据核字（2020）第022813号

出 版 人	赵剑英	
责任编辑	张　湉	
责任校对	姜志菊	
责任印制	李寡寡	

出　　版	中国社会科学出版社	
社　　址	北京鼓楼西大街甲158号	
邮　　编	100720	
网　　址	http://www.csspw.cn	
发 行 部	010-84083685	
门 市 部	010-84029450	
经　　销	新华书店及其他书店	

印　　刷	北京明恒达印务有限公司	
装　　订	廊坊市广阳区广增装订厂	
版　　次	2020年4月第1版	
印　　次	2020年4月第1次印刷	

开　　本	710×1000　1/16	
印　　张	33.5	
插　　页	2	
字　　数	529千字	
定　　价	156.00元	

目　录

前　言

　　20 世纪 40 年代，在第二次世界大战中，德、意、日三个法西斯国家给包括中国在内的许多国家的人民造成了巨大伤害，他们普遍食不果腹，衣不蔽体，居无定所，工农业生产遭受重创。为此，以美英为代表的少数经济发达、遭受战争损失较小的反法西斯国家慷慨解囊，共同出资数十亿美元，购买了大量物资援助遭受战争重创的国家，中国自然是其重要援助对象。对于抗日战争胜利后中国利用"友好国家"提供的援助物资及经费开展善后救济这样一个具有传奇色彩并且极富个性的近代历史事件，我们早就积聚着"结识"的兴趣并充满着跃跃欲试的研究热情。汤因比曾经说过："解释和理解世界的好奇心刺激着人们去研究他们的过去。"[①] 当然，我们对 1945—1947 年中国善后救济事业的研究绝不仅仅在于兴趣和好奇心，更为重要的是还自觉有份义不容辞的责任和义务，去为人们揭开那段不太为人所知，但又十分重要的历史，并力图在还原历史真相的基础上，给予其实事求是、恰如其分的评价。因此，经过慎重考虑，我们决定将"1945—1947 年中国善后救济事业"作为我们的研究课题，深入开展有关问题的研究。

一　国内外研究现状述评

　　对于 1945—1947 年中国开展的善后救济事业这一课题，从总体上看，无论是国内还是国外，学术界都进行了不同视角、层次与范围的研究，并取得了一些研究成果。

　　从国外来看，至今涉及这一课题的比较重要的研究成果主要有：雷

[①] ［英］阿诺德·汤因比著，刘兆成等译：《历史研究》，上海人民出版社 2000 年版，第 421 页。

蒙·迈尔斯（Ramon H.Myers）编著的《现代中国经济》（美国加兰德公司 1981 年版），美籍华裔学者乔治·魏（George Wei）主编的《中美经济关系（1944—1949）》（美国西港格林伍德出版社 1997 年版），英国学者阿诺德·汤因比 1956 年主编的《欧洲的重组》（劳景素译，上海译文出版社 2007 年版），乔治·伍德布里奇（George W. Woodbridge）主编的《联合国善后救济总署史》（共 3 卷，美国哥伦比亚大学出版社 1950 年版，其英文为 George W. Woodbridge ed., UNRRA: The History of the United Nations Relief and Rehabilitation Administration New York: Columbia University Press, 1950），美国学者威廉（A.Williams）所著的《美国外交政策的塑造》（芝加哥兰德·麦克纳利公司 1956 年版，其英文为 A. Williams Ed., The Shaping of American Diplomacy, Rand Mcnally Company, Chicago, 1956），美国学者亚瑟·扬（Arthur. N. Young）所著的《1937—1945 的中国及其援助》（马萨诸塞州大学出版社 1963 年版，其英文是 Arthur. N. Young, China and the Helping Hand, 1937—1945, Massachusetts, Haward University Press, 1963）等；另外还有美国的巴年（Irving Barnett）的博士论文《联总在中国：经济发展的非财政援助个案研究》及彼得（Marilla Bliss Guptil）的《美援：联总在中国（1942—1947）》等，也在一定程度上对此问题有所涉及。这些均为研究第二次世界大战前后国际关系问题的专著，一方面，它们从不同的视角和层面涉及了第二次世界大战后中国开展的善后救济事业问题；另一方面，它们毕竟不是专门研究这一问题，只是在研究相关问题时利用一章或其中的一两节进行分析，显得不够充分，并且它们出于不同的政治目的，对中国给予了不少不公正的评价。此外，这些成果都完成于 20 世纪中期，比较老旧，几乎没有新近问世的成果。

从国内来看，最早涉及善后救济问题的专著是丁文治的《联总物资与战后中国经济》（上海六联印刷公司 1948 年版）。该书分析了联总提供的善后救济援助物资对中国战后重建所起的积极作用。中华人民共和国成立后数十年间，曾经轰轰烈烈的中国善后救济事业这一段历史逐渐被封存或遗忘，研究者较少涉及。20 世纪 90 年代以后，这段历史才逐渐进入人们的视野。到目前为止，已有二十余篇相关学术论文发表，比较重要的有钟建军的《善后救济总署江西分署述论》、周蕴春的《战后中原解放区的善后救济述论》、张志永的《抗战胜利后国民党收复区善后救济工作述评》、王德春的《联总援助与我国铁路交通善后》和《浅析联总对我国的无偿援助及相关非议》、陆远权的《1946—1947年国民政府善后救济工作述评》等，这些论文都研究了1945—1947年中国善后救济事业的一些具体问题。还有一些硕士论文，例如胡秋芬的《浙江善后救济分署述论》、李思祥的《河南善后救济分署研究》和龚喜林的《战后行政院善后救济总署善后救济述论》等。台湾方面，如卢秀华的《行政院善后救济总署鲁青分署之组织与运作（1946—1947）》等，对部分分署的善后救济问题进行了分析。但是该时期全国共有15个分署，现有论文只研究了少数几个，显得还不够。学术专著目前仅有王德春的《联合国善后救济总署与中国（1945—1947）》，集中研究了联合国善后救济总署创建的历史背景、基本思想、简单过程及对中国提供的善后救济援助的规模、类别、运输方式等问题，对中国如何利用这些联合国善后救济总署的援助物资开展善后救济事业则研究得不够。此外，李新等编著的《中华民国史》（中华书局2000年版）第3编第5卷《战后经济恢复与重建》部分也简要介绍了联总、行总等机构的创建及其活动。孙艳魁的《苦难的人流——抗战时期的难民》（广西人民出版社1994年版）、敖为蔚的《中国近现代社会与民政》（武汉大学出版社1992年版）、渠长根的《功罪千秋——花园口事件研究》（兰州大学出版社2003年版）、蔡勤禹的《国家、社会与弱势群体——民国时期的社会救济：1927—1949》（天津人民出版社2003年版）及周秋光与曾桂林合编的《中国慈善简史》（人民出版社2006年版）中的部分章节也涉及1945—1947年中国善后救济事业开展的内容。还有一些研究区域救济史的著作对当地善后救济事业亦有所论及，如：杨鹏程的《湖南灾荒史（1912—1949）》（中国文史出版社2007年版）、焦润明等的《中国东北近代灾荒及救助研究》（北京师范大学出版社2011年版）及王林的《山东近代救济史》（齐鲁书社2012年版）等。

可见，这些研究成果有的对中国善后救济事业的某个问题进行了细化研究，有的把行政院善后救济总署中的某一个分署作为研究对象开展个案研究，有的仅从宏观的角度研究了联合国善后救济总署向中国提供善后救济援助的问题。这些成果虽然也涉及中国善后救济事业的内容，但往往只是从某一个角度进行探讨，没有作很深入的全面分析和研究，更没有把它作为一个较大的专题来探讨。

不过，上述研究成果基本上都对 1945—1947 年联合国善后救济总署在中国开展的善后救济事业给予了正面评价，但是个别成果则完全否定了它的积极性。例如王文泉、刘天路主编的《中国近代史》（高等教育出版社 2002 年版）指出，"美国不仅以其本国政府的名义向中国大量输出资本，还利用被它控制的联合国的名义，'联合国善后救济总署''善后保管委员会'等组织，已成为美国向中国输出资本的招牌"[①]。这显然有失客观和公允。

当然，上述成果为我们进一步开展相关研究提供了重要借鉴，奠定了良好的基础。我们拟以此作为起点，尝试进一步研究国民政府组建的行政院善后救济总署（简称"行总"）先后在蒋廷黻署长和霍宝树署长领导下，利用从联合国善后救济总署（简称"联总"）获得的援助物资在中国从事善后救济事业的理念、实践活动及其成效等问题特别是对中国工业化、现代化的促进作用和对当今中国社会救济工作的借鉴等问题。

二　本书选题的价值和意义

任何学术研究都要有它的价值和意义。纯粹的"填补空白"式研究纯属徒劳，毫无意义。那么，关于 1945—1947 年中国善后救济事业这一课题的研究到底有没有意义？有哪些意义？关于这个问题，我们可以从以下两个层面来分析。

第一个层面，理论层面。尽管有关中国近代慈善史，学术界往往仅注意对诸如张謇、经元善等实业家通过办实业进而在民间开展慈善事业的思想与实践等问题比较感兴趣，而对 1945—1947 年利用诸如联总等外部援助在中国开展的善后救济事业仍然显得关注度不够。

通过本书的研究，我们可以了解 1945—1947 年中国善后救济事业的主持者——行总署长蒋廷黻的善后救济思想（包括此思想形成的历史条件、主要内容、基本特征及其继任者、各分署的认同等），抗战胜利之初满目疮痍的中国急需援助的状况，中国从联总获得善后救济援助物资后在部分

[①]　王文泉、刘天路主编：《中国近代史》，高等教育出版社 2002 年版，第 567 页。

地区开展善后救济事业的概况、成效及其经验教训等,进而拓展中国近代慈善人物、中国近代慈善思想与实践史研究的领域。

第二个层面,现实层面。对于学术研究,现实上的意义应该是最重要的。从古至今,史学研究者无一例外地都十分重视史学的社会功能,即现实意义。

本书的研究具有一定的现实意义。我国是个自然灾害频仍的国家,每年都会遭遇这样或那样的灾害,给国家和人民造成了巨大损失。政府每年因此要投入大量的人力、物力和财力去开展社会救济工作。通过对这一课题的深入研究,我们可以从中学到不少对开展社会救济工作十分有益的东西,为我国的社会救济工作提供重要的现实借鉴和指导,从而提高社会救济工作的效率和质量。

具体说来,其现实意义有以下几个方面。

首先,在中国共产党领导人民为实现中华民族伟大复兴而奋斗的今天,更要高度重视社会救济工作。

其次,以过去善后救济事业为借鉴,正确处理临时救济与长远救济的关系,发挥两者作用的最大化,唯此才能从根本上达到救济的目的。

再次,在今天开展社会救济工作时要吸取过去善后救济事业的教训,注意防止社会救济领域中的效率低下、贪腐和不正之风。

最后,把对人的救济与人格尊重结合起来,不要把对人的救济视为一种居高临下的施舍。半个世纪前国民政府主导下的善后救济事业就已经注意到了这一点,在当前我们更没有理由忽视这方面。然而现实是当今政府部门、学术界对此没有引起足够重视,只重视物质上的救助,忽视精神上的理解与尊重。

所以,无论从理论层面讲,还是从现实层面讲,开展关于1945—1947年中国善后救济事业这一课题的研究都具有十分重要的价值和意义。

三　本书研究的主要内容及创新之处

本书研究的主要内容具体包括以下三个方面。

第一,中国开展善后救济事业的前期准备工作。主要是:(1)联总的创建及中国为此做出的贡献等;(2)以蒋廷黻为主导的行总善后救济思想形成的历史条件、主要内容和基本特点等;(3)中国善后救济事业的组织体系、管理机制及其相互关系等；（4）《中国善后救济计划》的酝酿、制订、修改与通过的艰辛历程，该计划的主要内容及对此时中国善后救济事业开展的作用等。

第二，救济活动开展的概况。主要是：急赈、特赈、工赈和遣送难民等救济活动的具体政策的制定，实施的基本情况，以及其取得的成效、不足之处、经验教训等。

第三，善后活动开展的概况。包括农业、工业、交通、医疗卫生及教育等善后事业的基本政策的颁布、善后事业的开展及其成效、不足之处、经验教训等。

创新是民族之魂，也是史学研究的生命之所系，是推动史学研究进步的永不枯竭的动力。本书在研究"1945—1947 年中国善后救济事业"时，也将力求有所创新。

本书主要创新之处是，试图在前人有关善后救济问题的研究基础之上，首次全面探讨 1945—1947 年中国开展善后救济事业的概况及其作用、影响。初次系统研究善后救济思想产生的历史条件、主要内容、基本特点及其在中国近代慈善思想史中的地位；尝试从急赈、特赈、工赈和遣送难民四个方面进行救济活动的研究，总结其得失；拟从农业、工业、交通、医疗卫生及教育等不同领域研究善后活动的政策制定、实施情况，并将其置于中国现代化进程的大视野中研究其成败得失，探讨有关善后救济思想、政策贯彻执行的效果；注意总结此次善后救济活动的经验教训，从中找出内在规律性的东西，为今天中国的社会救济、扶贫工作提供借鉴和指导。

总之，本书在撰写过程中，力争在有关理论问题上实现一定程度的创新和突破，为推动对 1945—1947 年中国善后救济事业史的研究作一番新的尝试和努力。

四　本书研究的指导思想及方法

研究过程中，笔者坚持以唯物史观为指导，力求研究成果经得起历史的检验。在开展这一课题的研究时力图使用一些正确而行之有效的研究方法。

本书涉及历史学、社会学、人口学、民政学、经济学、外交学和心理学等多学科，注意综合运用各学科的相关知识来开展此项研究工作。

本书在撰写的过程中首先运用了较为普遍的传统研究方法，这些方法主要有史论结合、分析与综合、历史和逻辑等。在开展抗战胜利后中国善后救济事业研究的过程中，通常需要从不同侧面、不同地区、不同时期来进行考察，具体到某个侧面、某个分署和某个时期，以便更深入地讨论，在此基础上得出正确的结论，做到点面结合、总分结合。除了上述传统研究方法外，笔者还准备采用一些新的史学研究方法。主要有以下三种：（1）历史比较研究法（Comparative Study of History）。它是指运用某种理论和方法对各种历史现象的异同及其原因进行实证的比较研究方法。（2）历史学的计量方法（Quantitative Method of History 或 Cliometrcs）。它是指采用量化的方法，分析大量的资料（多半凭借统计表），统计出来可观的数字，借以透视传统研究方法所不能及见者。（3）心理史学方法（Mental Methods of History）。它是指运用心理学的理论、方法和手段，深入了解个人与群体的精神状态或行为，并对各种历史现象作出心理学解析的一种史学研究方法。在开展研究的具体过程中，笔者将会把各种方法尤其是传统史学方法和新史学方法结合起来使用，使它们扬长避短，互为补充。

五　关于"善后救济"术语的说明及本书的研究范围

"善后救济"（Relief and Rehabilitation），特指 1945—1947 年中国利用联合国善后救济总署提供的善后救济援助物资在国内部分地区开展的一系列紧急救助和战后恢复的事业。这一事业的开展，"一方面是在目前使灾害的受难者谋求生命的拯救，免除饥寒疾病的威胁；同时更重要的是为灾害人民重新奠定自力更生的基础，使其由于善后救济工作获得今后生活的保障"。①

传统社会救济理论均认为，"劳动者在丧失或中断劳动能力，以及遭受各种风险而不能维持最低水平的生活等情况下，有从国家或社会获得物

---

① 韩启桐等：《黄泛区的损害与救济》，上海六联印刷公司 1948 年版，第 63 页。

资帮助的权利"。① 但综观第二次世界大战后中国善后救济事业，我们不难发现，善后救济与中国传统慈善救济存在诸多差异。

首先，救济物资及经费来源不同，传统慈善救济的物资及经费主要来源于政府、民间慈善家或实业界人士；而善后救济的物资及经费主要来源于外国，尤其是欧美等民主、友好国家的捐助，并以联合国善后救济总署的名义提供给中国（以下简称联总）。

其次，救助对象与区域不同，传统慈善救济对象是所有地区、所有生活贫困而需要救助的人，不论是因灾、因战、因病或其他原因，只要是仅凭自身难以生存的都可得到救济；而善后救济的对象与区域，根据联总章程的规定，只能是因遭受日本法西斯侵略而致贫、致病、致残，生活困难，不救济无法生存的地区难民、灾民，至于因旱、涝、火、病等原因而非遭受法西斯侵略的地区及其人们，尽管也需要救济，但不在善后救济范围内。

再次，主管机构不同。传统慈善救济主要是依靠政府、民间慈善机构、实业家；而 1945—1947 年善后救济主要是由联总、国民政府所属的行总为主导，各级政府配合。

最后，救济原则不同。传统慈善救济的原则是"救贫"，即帮助他们脱离贫困；而善后救济的原则是"救急不救贫"，即由于援助物资有限，仅对那些战后一时缺乏生活物资，不救济就无法生存的难民、灾民进行救济，至于他们最终脱贫则需要自力更生或政府等的后续救济。

此外，善后救济的"善后"与传统的灾后重建也存在差异。传统的灾后重建主要是利用政府或民间援助，恢复因灾受损的国民经济，包括工农业、交通等，并在此基础上继续向前发展；而"善后"主要利用联总提供的善后援助物资将因战灾受损的工农业、交通恢复到战前水平，不新建其他项目，即善后之要义是"恢复"而不是"发展"，至于"发展"是善后活动结束后本国政府再考虑的事。

特别需要指出的是，传统的灾后重建往往包括教育，甚至将其列为重

---

① 胡乔木等主编：《中国大百科全书》（社会学卷），中国大百科全书出版社 1992 年版，第 275 页。

点；而"善后"活动，联总明确规定教育不在"善后"之列，当然，在善后实施期间，经国民政府及行总署长蒋廷黻与联总的多次交涉，联总才同意"善后"事业也包括教育。

可见，善后救济事业既不同于由政府主导或民间慈善团体开展的慈善救济事业；也不同于政府主导的战后重建的事业，"乃为战后建设的准备，是战后建设的初步工作与必先经历的阶段，其目的为恢复收复区之旧观"①。

换句话说，本课题中的"救济""善后"有别于其他的赈济、救灾与恢复、复原，善后救济是指 1945—1947 年，联总募集资金并购买物资对战后遭受法西斯侵略的国家人民进行救助，使他们尽早摆脱法西斯暴行的阴影的行为，是一种特指的专门术语。所以，本书的研究范围是：1945—1947 年，中国利用联总提供的善后救济援助物资及经费开展救济与善后等方面的问题，其他如民间救助、政府复员活动不在本书的研究范围内，只在必要时有所涉及，否则，选题过大，篇幅过长，不好把握。

六　本书的基本思路及框架结构

本书的基本思路是：首先研究中国善后救济事业全面开始前的重要准备工作，包括联总创建、善后救济思想、理念的提出、《中国善后救济计划》的编订、中国善后救济事业的组织体系、管理机制等；然后研究善后救济活动的开展概况，救济包括急赈、特赈、工赈和遣送难民四个方面，善后包括农业、工业、交通医疗卫生及教育等几个方面。

本书的框架结构是：

前言　分六部分。一　国内外研究现状述评；二　本书选题的价值和意义；三　本书研究的主要内容及创新之处；四　本书研究的指导思想及方法；五　关于"善后救济"术语的说明及本书的研究范围；六　本书研究的基本思路及框架结构。

第一章　联合国善后救济总署的创建。分三节研究。第一节　联合国善后救济总署创建的历史条件；第二节　联合国善后救济总署创建的历程；

① 朱辛流：《善后救济之道》，《东方杂志》1945 年第 41 卷第 13 期，第 4 页。

第三节　中国代表在联总创建期间的活动及主张。

　　第二章　蒋廷黻善后救济思想的提出。分三节研究。第一节　蒋廷黻善后救济思想的主要内容；第二节　蒋廷黻善后救济思想的特点及各方的认同；第三节　蒋廷黻善后救济思想形成的历史条件。

　　第三章　《中国善后救济计划》的编订。分四节研究。第一节　中国成为联总善后救济援助国的依据；第二节　《中国善后救济计划》编订的历程；第三节　《中国善后救济计划》的主要内容；第四节　《中华民国国民政府、联合国救济善后总署基本协定》的签订。

　　第四章　行政院善后救济总署及分署的创建。分三节研究。第一节　行政院善后救济总署的创建；第二节　行政院善后救济总署各分署的创建；第三节　行总、各分署与联总驻华办的关系及其他。

　　第五章　急赈活动的开展。分四节研究。第一节　救济物资的争取、储运及急赈政策的制定；第二节　粮食救济活动的开展；第三节　衣服救济活动的开展；第四节　房屋救济活动的开展。

　　第六章　特赈活动的开展。分三节研究。第一节　战后儿童的悲惨处境与行总特赈政策的制定；第二节　行总及各分署儿童特赈活动的开展；第三节　行总及各分署安老恤残活动的开展。

　　第七章　遣送难民活动的开展。分三节研究。第一节　难民遣送的相关政策及准备工作；第二节　国内难民的遣送及其成效；第三节　行总侨遣活动的开展。

　　第八章　工赈事业的兴办。分三节研究。第一节　工赈的范围与待遇；第二节　工赈实施的基本路径；第三节　工赈的成效与局限。

　　第九章　农渔善后事业的兴办。分四节研究。第一节　农业善后的前期准备工作；第二节　农业生产善后的实施与成效；第三节　乡村工业示范项目的兴办；第四节　渔业善后事业的兴办。

　　第十章　工业善后事业的兴办。分三节研究。第一节　工业善后规划及政策的制定；第二节　能源工业和给水工业善后事业的兴办；第三节　机械、建材和纺织工业善后事业的兴办。

　　第十一章　交通善后事业的兴办。分三节研究。第一节　交通善后的总体规划及政策的制定；第二节　对善后救济工作中交通问题的处理；第

三节　各项交通善后事业的推进。

　　第十二章　医疗卫生与教育善后事业的兴办。分三节研究。第一节　医疗卫生善后规划及政策的制定；第二节　医疗防疫及卫生善后工作的开展；第三节　教育善后政策的制定与实施。

第一章 联合国善后救济总署的创建

"二战"即将胜利结束之际，一个新的国际组织应运而生，它就是联合国善后救济总署。它的创建，为包括中国在内的遭受法西斯侵略的国家获得国际援助，渡过难关，重建家园，恢复生产，提供了宝贵的机会与平台。

第一节 联合国善后救济总署创建的历史条件

联合国善后救济总署作为战后一个具有独特性质的国际组织，是特定历史条件的产物，由各种错综复杂的政治、社会、历史等因素共同孕育而成。

一 法西斯侵略战争给许多国家的人民造成了巨大灾难

20世纪30年代，德、意、日等法西斯国家出于霸占世界、掠夺他国资源与奴役世界人民的罪恶目的，悍然发动了第二次世界大战。战争期间，战火遍及欧洲、亚洲、非洲和大洋洲四大洲，面积共约2200万平方公里，先后有61个国家、约20亿以上人口卷入战争，约占当时世界总人口的80%。其中分别被德、意、日法西斯侵略的国家就有35个。"侵略者的专制，曾经推广到大约三十五国的人民，数百个岛屿和五千万以上男女老幼的住宅。"[1] 战争造成的人力、物力、财力和心灵的损失世所罕见，各国人民创痛巨深。据粗略统计，战争造成的军民伤亡总数超过1亿人，其中

---

① 《介绍"联总"和"行总"》，行政院善后救济总署广东分署《周报》1946年10月第26期，第1页。

死亡 7000 多万人，军费消耗 1.3 万亿美元，约占各交战国当时国民收入总和的 60—70%[①]。按地区论，欧、亚两大洲的破坏最为惨重；按国家论，苏联和中国的牺牲为最大。苏联死亡约 2700 万人，中国伤亡 3500 万人，牺牲重大的其他同盟国家还有波兰死亡 600 万人，南斯拉夫 170 万人，法国 60 万人，美国 40.7 万人[②]。另外还有 4500 万人被捕或遭流放，2600 万人被关进集中营[③]。不仅如此，第二次世界大战还对许多国家特别是被侵略国家的社会生产力、人民生活造成巨大破坏。战争造成的直接物资损失在 4 万亿美元以上。苏联在卫国战争期间，战争损失总计 2.6 万亿卢布，轻工业产值较战前下降 41%；农业产量较战前下降 40% 左右[④]。"二战"使英国损失约 70 亿英镑，全国财富因此减少 25%，全国债务较战前增加近 2 倍，人民生活水平普遍大幅度下降[⑤]。战火遍及之处，各受害国田地荒芜，房屋倒塌，工厂倒闭，城市陷于瘫痪，人民精神上的伤害更是无法估量。"在沦陷的欧洲和被奴役的亚洲，景象到处相同——人民饥馑，土地荒芜，各国经济全被破坏"；同时，"这些国家的资源、原料和商品"，被侵略者"有系统地搜刮"。法西斯国家"在如此短期内，作如此大规模的残忍破坏，为世界前所未有"。[⑥]

可见，被侵略国家的人民群众因此而缺衣少食，生活维艰，亟待救济；基础设施损毁严重，急需善后，以恢复生产，重建家园。所以，成立联合国善后救济总署并对受灾国家进行积极援助就显得十分必要和紧迫。

二　世界人民团结合作，取得了反法西斯战争的彻底胜利

1939 年 9 月全面爆发的第二次世界大战进行到 1943 年时，世界反法西斯国家已经在各个战场取得了决定性战役的胜利。在苏联战场，苏联红

---

① 参见沈学善《反法西斯战争胜利对战后世界的影响》，《江海学刊》1995 年第 2 期。

② 参见张建华主编《世界现代史（1900—2000）》，北京师范大学出版社 2006 年版，第 209 页。

③ 隋学芳：《第二次世界大战的人员损失》，《国防》1988 年第 7 期。

④ 参见沈学善《反法西斯战争胜利对战后世界的影响》，《江海学刊》1995 年第 2 期。

⑤ ［英］阿伦·斯克德等著，王子珍等译：《战后英国政治史（1945—1949）》，世界知识出版社 1985 年版，第 14 页。

⑥ 李门：《和平到来的时候》，《联合国善后救济总署》，上海市档案馆馆藏档案：Y3—1—284，第 1 页。

军在库尔斯克会战中打败了近 100 万德军的进攻，苏军从此转入战略大反攻；在北非战场，美军由西南，英军从东南进入突尼斯，把德军赶到突尼斯北部，德军即被全部俘虏，北非战事以美英盟国的胜利而告结束；在太平洋战场，经过中途岛海战后，日军损失惨重，美军重拾太平洋战场的主导权。此时的意大利法西斯政权——墨索里尼政府内外交困，处在风雨飘摇之中，垮台已是指日可待。展望整个战争，此时离胜利结束为期不远，于是，盟国领导人开始考虑战后和平与国际合作等问题。经过中、苏、美、英等国的继续努力，1945 年，德、意、日三个法西斯国家相继投降，世界人民最终取得反法西斯战争的决定性胜利。战争的胜利结束，使战时被法西斯蹂躏、侵占的国土重新回到人民手中，使饱受战乱之苦的各国人民迎来了和平安宁的生活，也为美、英等国筹建联合国善后救济总署并以此在遭受法西斯侵略的国家进行善后救济援助活动扫清了障碍，提供了现实可能性。

第二次世界大战是一场伟大的、正义的世界反法西斯战争。它是在世界人民的广泛参加和支持下进行的。在人类历史上，从未有一个历史事件能够像"二战"那样，把世界人民如此彻底而广泛地动员和团结起来，投身于世界反法西斯战争的滚滚洪流之中。在直接参战的国家中，广大人民以英勇的献身精神、大无畏精神，前赴后继，奔赴战场，奋勇杀敌。例如，苏联战时动员的总兵力多达 2700 余万人，占当时苏联总人口的 13.9%[1]。

在被德、意、日法西斯国家蹂躏的国家或地区，广大人民不畏强暴，不甘屈服，团结协作，与侵略者进行殊死搏斗。在亚洲，中国、朝鲜、越南、菲律宾、马来亚、印度尼西亚、缅甸和泰国等国人民，纷纷开展了敌后游击战争和其他各种形式的抗日斗争；在欧洲，南斯拉夫、波兰、法国、捷克斯洛伐克、阿尔巴尼亚、挪威、荷兰、卢森堡以及希腊等国人民，也纷纷开展了反抗德、意法西斯侵略的武装斗争。欧、亚人民抵抗运动的蓬勃发展，开辟了世界反法西斯战争的敌后战场，对打败侵略者起了重要的推动作用。

正是各国人民特别是被法西斯侵略国家的人民精诚团结，密切合作，

---

① 张海麟等：《第二次世界大战经验与教训》，世界知识出版社 1987 年版，第 108 页。

奋勇杀敌，"二战"期间，世界各国人民共计消灭法西斯侵略者810万人，沉重打击了法西斯侵略者的嚣张气焰，并最终打败不可一世的德、意、日法西斯侵略者，赢得世界反法西斯战争的伟大胜利。所以，当他们因为法西斯侵略而蒙受损失、遭受苦难时，理应得到世界其他国家人民的帮助和救济。"我们不只在战争期间需要有战略与政略的统一和配合，尤其在今后建设世界永久和平的共同愿望上，更负有无比的责任。"①从这种角度讲，这是他们的合法权益。这就为联合国善后救济总署的创建及其援助提供了道德与情理上的合理性。

三 英、美等国对战争受害者给予深切的同情

被侵略国人民战时所遭受的各种无比沉痛的战争灾难得到了世界其他国家政府和人民尤其是盟国政府和人民的无比关切与同情。1942年，英国首相丘吉尔率先在演讲中向欧洲被法西斯侵略国家做出了最终要对它们进行救济的郑重承诺。他说："一旦纳粹势力被粉碎，他们所有的人将立即获得粮食、自由与和平。"②美国总统罗斯福也于1944年向国会首次报告关于对被侵略国家进行善后救济的人道主义计划时指出："在若干解放区普遍之现象，证明与早期所报告之凄惨情况，不幸皆不相同。敌人之残暴，超乎常态之外"，因此必须迅速建立联合国善后救济总署，"以协助解放区人民满足其所不能自行供给之主要需要"③。李门署长也强调：

> 联合国家假如在战场上获胜之后，不能对这种支离破碎的局面，准备全盘的根本解决办法，藉以遏止死亡和苦难，进而奠定持久和平的基础，那么必然会演变成历史上最大的悲剧。联合国善后救济总署，就在这种悲天悯人的目的之下诞生的。④

---

① 朱辛流：《善后救济之道》，《东方杂志》1945年第41卷第13号，第4页。

② 英国《下院辩论》第5辑第364卷，第1161—1162栏。转引自［英］阿诺德·汤因比主编，劳景素译《欧洲的重组》，上海译文出版社2007年版，第27页。

③ 《美总统向国会提出救济总署首次报告》，《中央日报》1944年12月7日。

④ 《介绍"联总"和"行总"》，行政院善后救济总署广东分署《周报》1946年10月第26期，第1页。

当然，英、美等国要么虽然受到战争侵害，但损失毕竟有限，且恢复力较强；要么由于两洋阻隔，自己远离了战火，战争给本国带来的损失微乎其微。战后初期，英、美等国经济开始迅速得以恢复，尤其是美国。战后初期，美国的工业产量占整个资本主义国家的 50% 以上；黄金储备更是占到 75% 左右[①]。所以，它们基本具备在世界上开展大规模善后救济活动的经济实力和物资基础。"唯一能够起领导作用的是美国。因为美国有相当大的经济力量，较有利的国际支付能力。"[②] 这为联合国善后救济总署的诞生及其对外提供援助奠定了坚实的物质基础。

四 英、美等国出于自身战略利益考虑的需要

还有一个背景就是英、美等国出于自身战略利益考虑的需要。一方面，一旦战争结束，美国等将再次成为世界上重要的生产大国，"美国的市场，对世界其他地区的经济稳定起着重要作用"；"美国对世界贸易政策的影响远超其他国家"[③]。与此同时，美国还将需要国际市场吸纳其生产的大量商品，包括粮食、棉花、烟草和其他农产品以及钢铁、汽车等品种繁多的工业产品。而长期遭受战争损害的国家过于贫穷，购买力极低，英、美等国的商品难以在这些国家大量销售，如此，将极有可能引发一轮经济大萧条，从而损害到英、美等国的利益。所以，它们希望通过这次善后救济事业的兴办，使受援国经济迅速恢复，为接受经济贸易作准备。在它们看来，"我们的目的是通过帮助他人、帮助他们来最终帮助我们自己"[④]。

另一方面，英、美等国从掌握战后世界政治、经济新秩序主导权的需要出发，都希望战后国际政治经济新秩序按照自己的意图来安排，通过向遭受了战争伤害的国家提供善后救济援助的办法把它们争取到自己的阵营。1946 年 4 月 6 日，美国总统杜鲁门指出："美国今天是一个强大的国家，没有任何一个国家比它更强大了。我们拥有这样的力量，就得挑起领

---

① 参见《世界历史》下册，人民教育出版社 2015 年版，第 36 页。
② 〔美〕诺特：《战后外交政策准备》，转引自沈学善《反法西斯战争胜利对战后世界的影响》，《江海学刊》1995 年第 2 期。
③ 同上。
④ Leland M. Goodrich and Marie J. Carroll ed., *Documents on American Foreign Relations*, Vol. V, World Peace Foundation, Boston, 1944, p.275.

导的担子并承担责任。"①主导国际政治、经济格局是美、英政府长期以来所孜孜以求的目标，它们希望通过在国际社会兴办善后救济事业来实现这一目标。

第二节　联合国善后救济总署创建的历程

在前文所述的各种错综复杂的历史条件共同作用下，联合国善后救济总署应运而生。但是，它的诞生并非一帆风顺、一蹴而就，而是经历了较长的时间。它创建的过程大致可分为三个阶段，分别是：酝酿、筹备和成立。

一　联合国善后救济总署的酝酿

以前有人认为，联合国善后救济总署的创建及其在受灾国开展救济善后活动是美国首先倡议的。就连当年作为蒋廷黻的助手出席联合国救济善后会议的刘锴也持此观点。他说："当时美国罗斯福总统鉴于大战的胜利已经在望，于是就注意到大战后的善后救济工作。"②但蒋廷黻曾经说过，他由于没有参加联合国善后救济总署前期的有关活动，因此他"于联总诞生前之历史，不甚熟悉"③。那么，"联总诞生前之历史"到底如何呢？换句话说，这一组织最先是哪个国家倡议成立的呢？它在正式成立前经过了怎样的酝酿、筹备过程呢？其实，率先倡议成立联合国善后救济总署并在相关国家开展善后救济活动的国家是英国。

联总的起源最早应该追溯到1940年8月。当时，随着"二战"的深入，欧洲国家间的贸易几乎陷于停顿，过去以德国、意大利、挪威、比利时、荷兰以及丹麦等国为出口市场的英国及其附属国家诸如粮食等商品"不再

---

① ［美］威廉·哈代·麦克尼尔：《美国、英国和俄国——它们的合作和冲突》下册，上海译文出版社1975年版，第1168页。

② 刘锴：《我对廷黻先生的观感》，载朱传誉主编《蒋廷黻传记资料》（二），天一出版社1985年版，第189页。

③ 蒋廷黻：《蒋署长开幕训词》，行政院善后救济总署编译处编印，1946年铅印本，第3页。

能找到正常的市场了",从而引起商品过剩①。为了解决这一问题,英国很快成立了政府剩余物资输出委员会,又在英国经济作战部下面设立了一个救济司,专门负责将过剩问题和对已"解放"国家的救济问题综合起来予以解决。1941 年 4 月,租借法案已正式生效,美国政府也开始慎重考虑有关救济与善后的问题。7 月,美国方面表示,美国政府准备同英国就救济的问题进行合作。与此同时,欧洲一些沦陷国家的流亡政府驻伦敦代表呼吁英、美等国对它们进行必要的救济。9 月,英国召集了加拿大、澳大利亚及希腊等对德作战的 15 个盟国在伦敦圣詹姆斯宫(St.Jame's Palace)开会,商讨战后欧洲救济的问题,并针对这一问题通过了一项决议,中国代表郭秉文以观察员的身份参加了该会议。最后,根据圣詹姆斯宫会议精神,成立以李滋-罗斯爵士为首的盟国计划调查委员会。

1942 年 2 月,盟国计划调查委员会提出著名的"战后救济大纲的建议草案"(史称"李滋-罗斯计划")。该计划提出了"战争结束时预期在欧洲和远东可能会普遍出现的一些问题,例如缺乏食物和原料,财政拮据,外汇短缺",同时提出了"为应付这些困难所应采取的手段,如物资的分配与船舶的调度,设立机构负责物资的采集并进行有效转运与分配等",还提出救济组织工作的主要职责将由美、英国等国负担②。李滋-罗斯计划最后建议成立拥有充分权力以管理输送到欧洲、中国和决定给予救济的其他任何地区的救济物资和救济事宜的国际救济总会,并且考虑到美国在战后救济捐助方面将承担大多数份额,决定由美国人担任救济全会的主席。该计划送交美国驻伦敦大使馆,得到美国的积极响应。李滋-罗斯计划为联合国善后救济总署勾勒出第一份明确的蓝图,为"二战"后国际社会的救济善后事业指明了方向③。

至此,"二战"后国际善后救济活动正式被提上议事日程。

---

① 〔英〕阿诺德·汤因比主编,劳景素译:《欧洲的重组》,上海译文出版社2007年版,第25页。

② 同上书,第 32 页。

③ 同上书,第 32 页。

二　联合国善后救济总署的筹备

1942年春夏之交，应英国要求，英、美两国多次举行会谈，深入讨论了有关善后救济方面的问题，并取得了一些成果。在此前提下，1942年7月，美国国务卿赫尔（Hull）就救济善后的问题发表广播讲话：

> 战争的胜利已近在眼前，因此，我们现在应该更多地关心那些痛苦至极的人们的生活。伴随着战事的结束，许多被侵略国家的人民将出现粮食匮乏、房屋损毁、田地荒芜、牲畜死亡、生产工具遭抢劫、厂矿企业倒闭、交通瘫痪、不计其数的战俘及外国劳动者将流落他乡、许许多多的难民将被迫背井离乡、疫病流行以及社会的极度混乱的严重困难。战争胜利后我们必须尽快采取实际有效的行动来满足他们紧迫的需求[1]。

1942年9月，英、美签订了关于联合国善后救济总署体制的协定，并向苏、中等国作了通报，这一协定签订的目的是"早日召开全体有关国家参加的救济工作会议"[2]。在此期间，英国政府首先独自成立了中东难民救济总署（该署在1944年春并入联合国善后救济总署）；美国总统罗斯福下令设置了美国对外善后救济署，任命纽约州州长李门（Lehman）为署长。随即，罗斯福总统责令相关机构"着手组织美国参与对联合国家武装部队收复地区的灾民提供救济和其他援助等活动"[3]。

1942年12月，罗斯福总统在提交国会的《关于租借法工作的第七号报告》中阐述了在租借法框架里向受灾国家提供救济援助的必要性和设立一个相关国际救济机构的设想。

---

① William A. Williams ed., *The Shaping of American Diplomacy*, Rand Mcnally & Company, Chicago, 1956, p.917.

② ［英］阿诺德·汤因比主编，劳景素译：《欧洲的重组》，上海译文出版社2007年版，第37页。

③ George W. Woodbridge ed., *UNRRA: The History of the United Nations Relief and Rehabilitation Administration*, Vol. I, New York: Columbia University Press, 1950, p.21.

报告指出：

> 我们已经宣布的美国政策是：在能力许可的前提下，对我军所占领的任何地区的人民提供食品、医药和其他生活必需品，以减轻他们的饥饿和伤痛……这一政策在执行时将采取具体情况具体对待的办法。若物资流通渠道不畅，则租借法将成为恢复工作的备用手段……收复地区的救济善后事宜将是所有国家的共同责任，必须采取像军事行动那样的联合行动。成功地使我们所解放的国家恢复生机，将是加快战争进程和让已被解放的人民共享战争胜利果实的一个重要方面[①]。

1943 年初，美国国务院再次邀请中国、英国和苏联的三位大使聚会，进一步探讨战后的救济事宜。会议由美国助理国务卿艾其逊（Dean Acheson）主持。当时中国与会的代表是魏道明大使。

经过几度商讨后，美国方面提出了一个更完备的方案。会议结束后，艾其逊便向罗斯福总统汇报了会议的情况，罗斯福对会议取得的成果表示满意。根据这次会议的成果，3 月，罗斯福致函美国对外善后救济署署长李门，对即将成立的联合国善后救济总署的权限及服务范围等问题做出明确规定。其要点如下：第一，分发食品、燃料、衣物及其他生产、生活必需品，提供居住、医疗和其他公共服务设施等，以使得到救济的地区重新获得生产、生活必需品制造和运输的能力；第二，联合国为遭受战乱伤害的国家人民进行救济善后服务的机构成立后，美国的对外救济善后署做出必要的调整，以便最大限度地发挥它的作用；第三，承诺政府及其有关职能部门将尽一切努力配合将要成立的联合国善后救济总署的工作[②]。

根据罗斯福总统的指示精神，1943 年 4 月，李门前往伦敦，讨论联总未来的各种救济计划。在李门的主持下，国际救济工作会议起草了"美国代表团工作手册"，此手册即为稍后召开的第一届联合国善后救济成立会议的指南。5 月底，国际粮食会议在美国举行，中国派遣郭秉文与会。会上，

---

① Leland M. Goodrich and Marie J. Carroll ed., *Documents on American Foreign Relations*, Vol. V, World Peace Foundation, Boston, 1944, p.265.

② Ibid, p.266.

苏、法等国代表提议：增加生产并预先购买和储备粮食，以供救济与复兴沦陷区域之用。其间，美国助理国务卿艾其逊与会，并特意与中国代表郭秉文举行了个别会晤，告知郭秉文联合国救济善后会议已准备就绪，待此次会议结束后即可召集有关联合国家的代表进行《联合国善后救济总署协定》的签署和第一届大会的正式召开。

6月，李门在纽约市外交政策协会发表演说，在演说中，他全面、系统地阐明了美国政府在善后救济问题上的政策及实施方案。他强调："所有善后救济业务必须坚定不移地服务于重建被援助国经济的目的。那就是结束救济的坦途，那就是我们向往的目标，那就是获得解放的国家的灾难深重的人民必将完全实现的目标"，由于此次大战造成的问题和灾难远远超过任何政治家的判断，因此，"美国与联合国家除了责无旁贷地担当起这项任务外，已别无选择，我们必须从事这项工作的目的是明白无误的，根本没必要探讨他们深层次的道德层面上的事情，营救那些正处在水深火热中煎熬的人们的活动本身，就是最好的证据"。[①]李门的演讲在美国国内外引起了较大反响，人们对即将开展的救济善后活动表示理解、支持乃至期待。

至此，联合国善后救济总署的成立已是瓜熟蒂落，水到渠成，筹备工作基本结束。

三 联合国善后救济总署的成立及《联总协定》的签订

在各项准备工作基本就绪的情况下，1943年11月9日[②]下午，共计44个国家派代表团参加联合国善后救济总署成立大会。他们分别来自欧洲、美洲、亚洲、非洲和澳洲五大洲。其中，欧洲国家12个，包括英国、苏联、南斯拉夫、比利时、捷克斯洛伐克、法国、希腊、冰岛、卢森堡、荷兰、挪威和波兰；亚洲国家5个，包括中国、印度、伊朗、菲律宾和伊拉克；

---

① Leland M. Goodrich and Marie J. Carroll ed., *Documents on American Foreign Relations*, Vol. V, World Peace Foundation, Boston, 1944, p.275.

② 1944年12月11日，蒋廷黻在国民政府纪念周报告联合国救济善后会议经过时说："去年十一月一日，44国的代表，在华盛顿总统府签订联合国救济善后协定。"（蒋廷黻：《联合国救济善后会议经过》，《中国善后救济计划·附录一》，上海市档案馆馆藏档案：Y3—1—274，第39页）他把协定签字的日期说成是一日，显然是他记忆失误所致。

美洲国家 21 个，包括美国、玻利维亚、巴西、加拿大、智利、哥伦比亚、哥斯达黎加、古巴、多米尼加、厄瓜多尔、萨尔瓦多、危地马拉、海地、洪都拉斯、墨西哥、尼加拉瓜、巴拿马、巴拉圭、秘鲁、乌拉圭和委内瑞拉；非洲国家 4 个，包括埃及、埃塞俄比亚、利比里亚和南非；澳洲国家 2 个，包括澳大利亚和新西兰。不难看出，在所有与会国家中，来自美洲的国家最多，欧洲国家次之。

来自 44 个国家的代表在美国首都华盛顿的白宫签署了《联合国善后救济总署协定》（简称《联总协定》），罗斯福总统代表美国政府第一个在协定上签字，也是唯一一个在协定上签字的总统。这令中国政府的代表蒋廷黻十分感动。他说："代表美国签字的是罗斯福总统，足证美国对这件事的重视。"① 然后，各国代表依次在协定上签字。这一协定的签订，为联合国善后救济总署的最终成立提供了法律基础。

签字仪式结束后，罗斯福在华盛顿发表了热情洋溢的广播演说。他在演说中指出：

> 联合国及协合国四十四国之代表，目前欢聚于白宫东侧、富有历史意义之一室中，此四十四国之人民，占人类全体之百分之八十，现在因共同尽瘁于文化，及因共同决心建立世界将来之正义安全与和平而联合一致，此四十四国之代表，顷方签订协定，创立联合国善后救济总署。此项机构，将使一九四二年一月一日联合国宣言所宣布之若干崇高目标，获致实现。此项协定，签订于莫斯科协定以后，这可表示吾人民在此次战争中，对于政治与人道之重视，正不亚于军事……所有联合国家，一致同意，在联合国救济善后总署中合作，并切实工作②。

关于《联总协定》，其实早在 1943 年 1 月至 5 月，美、英、中、苏四国代表在华盛顿举行的预备性会谈期间，就初步讨论了协定草案。在互

---

① 蒋廷黻：《联合国救济善后会议经过》，《中国善后救济计划·附录一》，上海市档案馆馆藏档案：Y3—1—274，第 39 页。
② 《罗斯福发表演说》，《中央日报》1943 年 11 月 10 日。

谅互让的基础上，5 月底协定草案出台，并将其分发给其他 40 个盟国政府。在充分听取各盟国意见的基础上，协定草案作了适当修改后再次出炉。

《联总协定》由序言和条文两部分组成，总共大约 4000 字。

序言首先明确规定此次联总救济善后活动的主要任务，包括三方面：（1）在"任何区域，一经联合武力予以解放或因敌人撤退而解放时"，应该让其居民"立即获得衣食住以及为防止疫病与恢复人民健康之援助与救济"；（2）帮助"俘虏流亡"之人民回乡；（3）协助战争受害国进行"农工生产复兴"[1]。

正式条文共有 10 条，其主要内容包括以下四方面。

（1）联总的权力与作用。本协定决定"设立一联合国救济善后总署"。协定明确规定了联总的权力，即"总署有权购置、保持及转移财产，缔结契约，承担义务，指定或设立代理机构，审查此项代理机构之工作，管理业务，并实行一般与其目的及宗旨适合之任何法律行为"[2]。接着又明确了联总的目的与作用，包括计划、调整和执行等，"以救济任何联合国控制下之任何区域内之灾民，供以食物、燃料、住所、医药及其他主要之必需品，并依救济之适当需要，于此等区域内对此类物品之生产运输，以及各项工作设备之供给，予以便利"；提出"对于战争停止以后采购物资，使用船只，及其他物资获得之办法"等，各国救济善后总署应该遵照执行[3]。

（2）联总的"会员"。协定规定联总之会员原则上即为 44 个参加《联总协定》签字的国家，若以后有其他国家要求加入的，必须经联总全会讨论批准，当然，必要时，在全会休会期间，全会可授权联总中央委员会讨论决定是否接收新会员[4]。

（3）联总的领导机构。《联总协定》规定联总全会应该由每一个会员国选派一名代表组成；全会为联总最高决策机构，"全会每次开会时推举委员一人为会议主席"，"全会自行决定其议事规则"，全会由中央委

---

① 《联合国救济善后总署协定》，载行政院善后救济总署江西分署编《善救准则》，1946 年铅印本，第 1 页。

② 同上。

③ 同上书，第 2 页。

④ 同上书，第 3 页。

员会召集，至少每 6 个月开会一次，全会中央委员会由中国、苏联、英国、美国四国代表组成，"以署长任主席"，但是，署长在表决时没有表决权；关于全会下的各专门委员会，《联总协定》强调，"供应委员会应以可为救济善后物资主要供应国政府代表或代理代表组织之，其委员由全会任命"，"欧洲委员会由领土在欧洲之会员国政府以及其他与欧洲区域之救济善后问题直接有关之政府代表或其代理代表，经全会任命组织之"，"远东委员会由领土在远东之会员国政府及其他与远东区域之救济善后问题直接有关之政府代表或其代理代表，经全会任命组织之"。《联总协定》还规定，在必要时，可以"设立其他区域委员会"，对各常设委员会和专门委员会的设立等问题也一一做出了明确规定①。

《联总协定》详细规定了署长的权限，指出，"联合国救济善后总署之行政权属于署长"，"署长有全权在可利用之资源，与全会或其中央委员会所定广泛之政策范围内，实施第一条所规定之救济工作"，如有必要，署长应该设立副署长、相关官员、技术人员和一般职员②。

（4）联总援助物资与经费。《联总协定》规定每个会员国政府都应该以捐献支持联总的救济善后事业为宗旨，各国向联总捐助的数额及品种，应该由该国政府提出，并经过其立法机构批准；总署的日常开支费用，应该由署长向大会提出预算，各国按比例分摊③。

最后，《联总协定》分别就一些补充事项作了规定。例如，当一地的战事尚未结束时，联总是否在该地开展救济善后活动，必须与当地军队取得联系，征求他们的意见。若得到他们的同意，便可在该地区开展救济善后活动，开展这一活动时还可请他们予以协助；若没有得到当地军事长官的同意，救济善后活动不得在该地区开展；本协定所规定之条款，可根据客观实际情况作适当修改，但是，修改的内容必须得到全体会员国代表的三分之二赞同才能产生法律效力；等等④。

---

① 《联合国救济善后总署协定》，载行政院善后救济总署江西分署编《善救准则》，1946 年铅印本，第 3—6 页。

② 同上书，第 6—8 页。

③ 同上书，第 8 页。

④ 同上书，第 9—10 页。

这一《联总协定》，最初是在美国第 78 届国会于 1943 年提出的授权美国政府为即将成立的联合国善后救济总署拨款的联合决议案的基础上，不断补充、完善的。起初，美国总统罗斯福及国务院计划以缔结多边行政协定的形式使美国加入联合国善后救济总署，并在政府拨款及联合国善后救济总署的行政事务上发挥主导性作用，要求美国国会在美国政府为其拨款提供支持。为此，罗斯福于 1943 年 6 月 9 日，特意将美国参议院、众议院主要负责人及共和党、民主党等政党领袖请到白宫，向他们通报美国政府的有关计划。参、众两院负责人等当时并未就此提出异议。但是，当参议院负责人事后向参议院议员通报此事后，遭到了包括共和党议员范登堡等人的强烈反对。他们认为，这样，政府可以规避参议院三分之二议员必须同意的规定，从而损害国会的权限，同时，这一协定"将会使美国在战后担负太多的国际义务"，严重损害美国人民的利益[①]。因此，美国参议院一些议员要求将《联总协定》按照条约的标准接受国会的审批。很快，国会就此达成一致意见，要求国会组成以范登堡等为代表的特别小组，与国务院进行严正交涉。经过多次艰难商讨，双方同意：美国必须在一定条件下才加入联合国善后救济总署，美国只能承担适当的义务，美国向其拨款，必须征得国会大多数议员同意。围绕《联总协定》，美国政府与国会的斗争，反映了两者的矛盾，最终达成妥协，对双方来说是一个双赢的结果，同时也为《联总协定》在 40 多个会员国中得以签署与执行，为联总开展善后救济事业扫清了障碍。

四 联总一届大会及其决议

《联总协定》签订后，美、英、中、苏等 14 国代表旋即前往大西洋城，举行联合国善后救济总署第一届大会（以下简称联总一届大会）。1943 年 11 月 10 日下午，联总一届大会第一次会议在美国小城大西洋城隆重开幕。各国代表及秘书随员等，齐集克拉芝旅馆之长方形舞厅中，主要国家之代表则坐于厅端马蹄形桌前。美国总统罗斯福也出席了会议。美国助理国务

---

① Arthur H. Vandernberg Jr., *The Privare Papers of Senator Vanderherg* Boston:Honghton Mifilm Corparty, 1952.

卿艾其逊担任此次会议的主持人。他首先发表演说，对联合国救济善后会议第一次大会之开幕表示欢迎，并宣布正式成立联合国救济善后总署（简称联总）①。艾其逊接着指出："此次会议，乃莫斯科协定签字以来之外交人员第一次集会，且为美国空前之大集会。"②罗斯福在会议开幕之际接见记者时再次强调联总的重要性，指出："各国之着重点在于救济，使饥馑难民得以复苏。第二步则为复兴阶段之开始。"③

翌日，会议继续举行。大会经过热烈讨论，首先确定了联总援助国，共计 17 个。主要有，欧洲的波兰、希腊、捷克斯洛伐克、南斯拉夫、奥地利等，亚洲的中国、菲律宾、越南、朝鲜等。

接着，大会一致推选美国前纽约州州长李门为联合国救济善后总署署长，副署长 8 人，中国前东南大学校长、前财政部次长郭秉文当选为副署长兼秘书长，美国助理国务卿艾其逊当选为总署会议之永久主席。联总的组织机构由两部分组成，即决策机构和执行机构，由各会员国代表共同组成的全体大会为最高决策机构，以简单多数的办法进行决策表决。全会下面设立多个专门委员会，分别是物资、财务、农业、难民、卫生、工业和社会福利等，它们负责向全会及执行机构提供咨询和建议。执行机构由三厅四处组成，分别主管财务、物资、服务与联系等工作，各司其职。署长为最高执行长官。

李门在接受署长一职时表示，"我将为一切会员国政府之代表，而不单独接受任何一国之命令"，他还明确指出，"本会之主要任务，在考虑沦陷国家之福利问题"④。关于大会的主要任务，正如蒋廷黻所说，"有两方面：一方面是组织，一方面是事业"。所谓"组织"，就是成立联总

① 有的研究者认为，1943 年 11 月 9 日，《联合国救济善后总署基本协定》的签订即为联合国救济善后总署成立（王德春：《联合国善后救济总署与中国（1945—1947）》，人民出版社 2004 年版，第 1、33 页）。其实则不然，协定的签订只是为它的成立提供法律文本的基础，此时并未正式成立，而是 10 日在大西洋城进行的第一次大会上正式宣告成立。对此，参加会议并在协定上签字的蒋廷黻曾有一言："公约签订以后，代表们就到大西洋城去开第一次国际救济大会，而大会的第一个任务就是成立联总。"（蒋廷黻：《善后救济总署之性质与任务》，《东方杂志》1945 年 10 月第 41 卷，第 20 期，第 1 页）

② 《救济善后会议首次大会开幕》，《中央日报》1943 年 11 月 11 日。

③ 同上。

④ 《联合国救济善后总署会议》，《中央日报》1943 年 11 月 13 日。

与组建其下属机构；所谓"事业"，就是通过相关决议案①。所以，会议在选举李门为联总署长后，便在他的主持下，进行联总政策的制定以及组织机构的创建工作。截至 12 月 1 日大会闭会时，各国代表向会议提出了许多议案，经过讨论共通过了 41 个决议案。联总及其下属机构也逐步建立起来，并随即投入工作。

至此，联合国救济善后总署正式完成了创建的神圣任务。必须指出的是，"此处所称'联合国'，并不是两年后在旧金山所产生的联合国组织，而是指当时对轴心国家作战的各个盟国"②。

联总第一届大会期间总共通过了 41 个决议案，包括方方面面的问题。现择其要点如下。

第一，关于救济善后的范围、程序与类型。

关于大会确定的"救济"与"善后"的范围，就是：所谓救济，自为共同努力防止饥馑及瘟疫，其范围易于厘定；至于善后之范围，则较为繁复，与会代表们经过长时间的讨论，终于寻出将来联总工作之现实标准，确定了善后的范围，即限于恢复被救济国家生活必需品之生产及运输，如该项生产运输确因战争而遭破坏。决议强调："联总署长应该根据不同国家的实际情况，事先与当地权力部门或行政机构充分协商和沟通并征得他们允许后才能决定在那里开展救济善后活动以及活动的类别。"决议还指出，如果盟军占领的敌国范围内需要进行救济时，联总必须事先得到驻扎在那里的军队首长及民政部门的批准，然后才能进行。不仅如此，"此类援助活动的规模、类别和发放标准必须提交联总全体大会讨论批准后才能付诸实施"，但是，由此产生的所有相关费用必须由敌对国家或前敌对国家的政府部门承担。至于救济善后的重要项目，共包括四种不同的类型。它们分别是救济物资、救济服务、善后物资与服务、公共设施与公共服务等。救济物资又包括食品、燃料、衣服、房屋和医疗卫生用品；救济服务指的是收容、登记难民，给难民发放生活必需品及提供医疗卫生服务，遭

---

① 蒋廷黻：《联合国救济善后会议经过》，《中国善后救济计划·附录一》，上海市档案馆馆藏档案：Y3—1—274，第 39—40 页。

② 刘锴：《我对廷黻先生的观感》，载朱传誉主编《蒋廷黻传记资料》（二），天一出版社 1985 年版，第 189 页。

返难民回乡等；善后物资与服务主要有提供农业生产所需的种子、化肥、农用生产工具、渔业设施、工业生产所需的原材料及机器设备等，为接受援助的国家提供工农业技术人员的培训服务，帮助他们恢复急需的工农业生产等；公共设施与公共服务主要是修缮照明、供水、污水排放、交通运输、邮电通信、中小学校临时性仓库等①。

第二，关于受援对象的公平性问题。

决议着重强调，联总用于援助的各种财富和服务等资源，不论何时何地，"都会以这一地区人民的相对需求为依据，公正合理地予以分配或分发，不得因为种族、宗教信仰以及政治立场上的差异而进行歧视"②。这一原则即为蒋廷黻所称的"一视同仁"原则③。

第三，关于救济善后物资的用途问题。

第一届大会决议明确指出，一方面，"不管在任何情况下，救济善后物资都不得用于政治目的"；另一方面，"生活所需的救济物资，务必按人头计算，每个人只能被一视同仁地发放一份的标准进行。如果救济善后物资确需通过市场销售给广大消费者时，其价格的确定应该以是否有利于使应该获得这些物资的消费者购买为标准，当然，还需以不破坏当地的市场价格体系为条件"；此外，"救济善后援助物资的分发应该以有效的按量分配和适当的物价控制等为基础予以进行"；等等④。

第四，关于工交及服务业善后的范围。

决议强调，工业、交通运输业以及其他服务业的善后活动必须确定在恢复已遭破坏的公共设施和公共服务方面。工业善后方面，联总将为接受救济的国家提供必要的原材料、机器设备及其配件以帮助他们在尽可能短的时间内基本恢复照明、供水、能源、交通及通信等人民生产生活必需的系统；使食品企业、房屋建设和服装加工行业、医药和医疗器械制造厂尽快重新生产；能源善后方面，主要有开采煤炭的矿山的重建等。关于运输

---

① Leland M. Goodrich and Marie J. Carroll ed., *Documents on American Foreign Relations*, Vol. VI, World Peace Foundation, Boston, 1945, pp.257—259.

② Ibid, p.261.

③ 蒋廷黻：《蒋署长开幕训词》，行政院善后救济总署编译处编印，1946 年铅印本，第 3 页。

④ Leland M. Goodrich and Marie J. Carroll ed., *Documents on American Foreign Relations*, Vol. VI, World Peace Foundation, Boston, 1945, p.263.

和通信事业的善后，联总不但要使受援国的运输和通信事业恢复到较好的工作状态，而且要帮助它们尽快复原设备制造厂、维修车间及船坞等。但是，"善后活动的开展决不能被看做新的建设的开始，它只不过是救济事业的延伸而已。善后工程必须在《联总协定》序言部分确定的善后范围内进行，除此之外，不能开工新建或重建其他项目"。还有，决议规定，不管有多么必要，联总开展的善后活动不承担帮助受援国解决劳动力就业的职责[①]。

第五，关于联总救济善后的经费来源问题。

联总用于进行救济善后活动的经费应该"由那些本国领土没有被敌军占领的各成员国捐献筹集，其比例为 1942 年 7 月 1 日到 1943 年 6 月 30 日该国一年全体国民收入的 1%"；"所有捐款国在它所捐出的救济善后经费总额中，必须具有不低于 10% 的能够在此捐献国以外的地方进行商品交易的现金外汇，其余部分则可以该国货币开设信用账户，以方便联总在购买该国物资和社会公共服务时结算"；任何地区，"凡其政府具有适当外汇支付能力和手段的"，联总一概不予以救济善后援助[②]。联总在被解放地区开展救济善后活动时的所有支出应该尽量由所在地政府承担，这笔开支一方面可以使用本国货币直接支付，另一方面也可通过出售联总分配的救济善后物资的办法获得。"除了购买十分需要的供应品和公共服务外，无论在什么情况下，联总都不应该给任何国家的政府分配黄金或者可兑换的货币资源，不管该国是否是联总的成员国。"[③]

此外，还有决议提议，所有联总成员国的政府都应该采取适当的办法，对救济善后物资的购买、运输、出入境等进行免税，以保证联总所有的力量都能够运用于开展救济善后活动；为使联总在该国的救济善后活动顺利开展，各接受援助的国家应该在联总物资、财产、收入以及联总在该国服务的职员的薪酬等方面给予力所能及的方便和照顾等。

《联总协定》详细规定了联总的主要任务、总署的权限、宗旨、职能、体制等问题。这一协定的签订，向世界表明了英美等国对"二战"结束后

---

① Leland M. Goodrich and Marie J. Carroll ed., *Documents on American Foreign Relations*, Vol. VI, World Peace Foundation, Boston, 1945, pp.268—270.

② Ibid, pp.272—273.

③ Ibid, p.275..

国际人道主义救济事业的重视，其重视程度"甚至不亚于军事"。此协定确定了团结合作、互相帮助的原则，它还成为"使联合国于应付彼此需要及利益时，互相合作之又一坚韧之一环"①。这一协定的签订为联总的正式诞生奠定了法律上的基础。中国国民政府对这一协定也给予了高度评价。《联总协定》正式签订的第二天，《中央日报》即发表长篇社论，认为"这个协定不但是人道主义的杰作，并且是政治技术的结晶。这个协定有崇高的理想，有具体的方法，有伟大的组织力，有实现的必然性"，因此，"此协定意义之重大，远在我们过去传闻以上"②。

联总第一届大会共通过了41项决议案。这些决议案的内容十分丰富，可谓包罗万象。它确定了联总开展救济善后活动总的指导原则和各种具体工作的规程，完成了联总的立法和组织机构的创建工作。尤其值得一提的是，在联总一届大会上通过了"一视同仁决议案"，确定了联总在开展救济善后活动时"不得因其政治观念、宗教信仰及种族差异而有所歧视的原则"，即一视同仁的原则。这一重要原则也是联总署长李门本人孜孜以求的目标。正如蒋廷黻所言："联总署长李曼想把联总作为一个国际服务机构，各级人员，一进联总，就不得再带国家偏见去办理公事。"③这一原则的确定，为受灾国人民平等合理地获得救济善后援助提供了法律保障，具有重要价值。因此，中国首席代表蒋廷黻称赞此项原则为"联总精神之基石"④。这41个决议案实际上就是41个规范联总及其开展的救济善后活动的早期规章。汤因比等人认为，联总第一届大会通过的41个决议"成为联总政策法规的最初组成部分"⑤。此后联总制定的一些法律法规就是

---

① 《罗斯福发表演说》，《中央日报》1943 年 11 月 10 日。
② 社论：《联合国救济善后总署协定》，《中央日报》1943 年 11 月 10 日。
③ 蒋廷黻：《善后救济总署之性质与任务》，《东方杂志》第41卷第20期，第2页。"李曼"即为李门，在此处蒋廷黻将 Lehman 译成李曼，据笔者所查阅的资料，基本上只有蒋廷黻及其助手在文中使用这一译法，当时的一些重要史料包括报纸、档案等都将该名译为李门。另外，劳景素在翻译《欧洲的重组》、王德春在撰写《联合国善后救济总署与中国（1945—1947）》时使用的是"莱曼"这一译法。由于"李门"这一译法最为普遍，故笔者在撰写本书时使用"李门"这一译法。
④ 蒋廷黻：《蒋署长开幕训词》，行政院善后救济总署编译处编印，1946 年铅印本，第3页。
⑤ ［英］阿诺德·汤因比主编，劳景素译：《欧洲的重组》，上海译文出版社2007年版，第54页。

在此基础上进行完善与提高的。正因为联总第一届大会硕果累累，所以，在蒋廷黻看来，"在大西洋城举行之联总第一届大会乃最富有建设性之会议"①。

当然，《联总协定》与第一届大会决议也作出了一些不适当的规定，给后来联总的救济善后实践活动带来了一定的负面影响。例如，第一届大会决议指出，联总职员在受灾国开展救济善后活动时，该国政府应该给予他们较高的薪酬以及各种便利、优待和豁免等。这就为一些联总职员乃至官员在受灾国工作时生活铺张浪费、养尊处优大开方便之门，增加了被救济国的财政负担，影响了联总职员同当地人的感情，在一定程度上损害了联总及其开展的救济善后事业的声誉。

总之，《联总协定》与第一届大会决议做出了许多重要规定，这些规定无疑成为联总在各国开展救济善后活动时的指导思想，《联总协定》与联总第一届大会决议这两者都既有精华又有糟粕，但精华要大于糟粕。它们为联总的成立及其救济善后事业的全面开展创造了较好的条件。

联总成立之初，44个成员国包括33个联合国与11个协合国，后来又增加了白俄罗斯、丹麦、土耳其和乌克兰4国，使联合国善后救济总署的成员国达到48个。联总依据《联总协定》及联总一届大会决议等重要法规，团结48个成员国在战后举办了一场惠及17国人民的善后救济事业。一些遭受战争灾害损失相对较小的联总成员国在联总募集经费时慷慨解囊。1944年3月28日，美国参议院和众议院相继票决同意美国政府牵头从事善后救济事业。同日，罗斯福总统递交的拨付13.5亿美元给联总的报告获得参议院批准。美国巨额资金的转入，为联总其他成员国树立了榜样，英国、澳大利亚、加拿大、新西兰与南非等纷纷为联总捐款，它们所捐金额分别为：3.2亿美元、0.384亿美元、0.87亿美元、0.085亿美元。巴西等其他国家及部分国际组织共捐款0.82亿美元。此次联总共募集资金约19亿美元。这一数目本来已不算少，但，美、英等国认为这一规模与联总所需资金存在缺口，于是他们发起了第二次募捐，共筹集资金约20.68亿美元（南非因当年遭受严重旱灾而未参加第二次捐款）。两次共计募集资金39.68亿

---

① 蒋廷黻：《蒋署长开幕训词》，行政院善后救济总署编译处编印，1946年铅印本，第3页。

美元，其中美国约占 73%，即 29 亿美元左右[①]。

总体上看，美国人在联总中起了主导作用，个中原因，"惟因救济物资美国捐助较多，因而工作职权大部为美国人所掌握"[②]。联总利用这笔近 40 亿美元的经费，在欧、亚两大洲的 17 国兴办了善后救济事业。这对世界上在战时遭受严重摧残的国家帮助很大，使他们迅速得以恢复，尤其是希腊和波兰。正如伍德布里奇所说：希腊人民"差不多就是由联总救活的"[③]。

联总的成立，其意义之深远，足以表示人类智慧及组织能力之进步。在世界历史上"诚为空前之事业及最有建设性之国际组织"[④]。英国历史学家也称赞道："联总的事迹是人类历史上的一段光辉插曲。"[⑤] 但是，它毕竟历时太短，仅 2 年多时间，因而成效也较有限，它"不过是第二次世界大战遗留的黑暗中的一次短暂的闪光"。尽管如此，其善意和功绩不容抹杀，因为"它确实为人类指明了正确的前进方向"，给饱受战乱之苦的各国灾民送去一丝温暖[⑥]。

第三节　中国代表在联总创建期间的活动及主张

作为世界反法西斯战争的重要力量及遭受严重战灾的国家之一，中国自然被邀参加联总的创建工作。1943 年 10 月，美国政府告知国民政府，联总即将于 11 月成立，并要求中国派代表团参加。蒋介石接此通知后，经过考虑，决定由时任国民政府政务处处长（正部长级）的蒋廷黻负责协

---

① George W. Woodbridge ed., *UNRRA: The History of the United Nations Relief and Rehabilitation Administration*, Vol.I, New York: Columbia University Press, 1950, pp.120—121.

② 《中国解放区救济总会山东分会两年来工作总报告（1948 年 9 月）》，《山东革命历史档案资料选编》第 21 辑，第 139 页。

③ George W. Woodbridge ed., *UNRRA: The History of the United Nations Relief and Rehabilitation Administration*, Vol II., New York: Columbia University Press, 1950, p137.

④ 行政院善后救济总署编译处：《行政院善后救济总署业务总报告》，1948 年铅印本，第 1 页。

⑤ ［英］阿诺德·汤因比主编，劳景素译：《欧洲的重组》，上海译文出版社 2007 年版，第 84 页。

⑥ 同上。

助联总即将在中国开展的善后救济事业，并任命他为中国出席联总成立大会的中国代表团首席全权代表。于是蒋廷黻率团一直参加了联总创建和管理的重要活动。

一 参加联总创建时的主要活动

在接到美国政府邀请中国代表团参加于 1943 年 11 月上旬在美国举行的《联总协定》签字仪式及联总成立大会的公函后，蒋廷黻即率领中国代表团于 10 月 21 日乘飞机离开国民政府战时陪都重庆来到上海，当晚再从上海飞往美国纽约，在纽约作短暂停留后又飞往美国首都华盛顿。中国此次派出的代表团共由 9 人组成，蒋廷黻被任命为中国代表团团长、首席全权谈判代表。除蒋廷黻本人外，有顾问 4 人，分别是郭秉文、刘瑞恒、黄宗勋（任法律顾问）等；专门委员 3 人，分别是陈广沅、杨锡珪、谢征孚；秘书 1 人，为施其南。由于谢征孚等 3 人是中国驻美大使馆工作人员，当时已在美国，因此，此次专程赴美的只有蒋廷黻等 6 人。

这期间，蒋廷黻及中国代表团的重要活动有：

其一，参加《联总协定》的签字仪式。1943 年 11 月 9 日下午 6 时许，来自 44 个国家的代表在美国首都华盛顿的白宫东侧的一间面积较大的办公室里签署了《联合国善后救济总署协定》。签字仪式由美国助理国务卿艾其逊主持，在他作简短而又热情洋溢的致辞后，各国代表便开始在协定上郑重签字。罗斯福总统代表美国政府第一个在协定上签字。接着，英国代表和苏联代表依次签字。之后蒋廷黻代表中国政府第四个在协定上郑重签字。简短而隆重的签字仪式结束后，蒋廷黻及其他国家的代表一起与罗斯福总统在白宫外的草坪上合影留念。当晚，他还应邀出席了罗斯福总统在白宫为参加《联总协定》签字仪式的 44 国代表团团长举行的盛大欢迎晚宴。

其二，出席联总成立大会。11 月 9 日的《联总协定》签字仪式结束后的第二天，即 11 月 10 日，蒋廷黻又和其他各国代表马不停蹄地从华盛顿赶往美国海滨小城大西洋城出席在那里召开的联合国善后救济总署成立大会，后来，这次大会又被称为联合国善后救济总署第一届大会。此次会议仍然由艾其逊主持。会议期间，蒋廷黻的座位被会议主办方安排在"艾其逊之侧”①，足见美国政府对中国代表团乃至蒋廷黻本人的尊重。在第一天的会议上，新当选的联总署长李门作了重要讲话，阐述了刚刚成立的联合国善后救济总署的奋斗目标和具体任务。李门讲话结束后，蒋廷黻代表中国政府发表了演说，表达了中国对于新成立的联总及其即将开展的救济善后事业的迫切期待。第一届大会历时近 3 周，蒋廷黻率领中国代表团自始至终都参加了会议期间的各项活动。

其三，积极递交议案。此次会议上，蒋廷黻及其率领的中国代表团积极递交提案，为大会的成功举行建言献策。蒋廷黻共向大会递交了两份议案。11 月 19 日，蒋廷黻向救济善后会议政策委员会递交了中国代表团关于复兴教育机关为基本计划之一之议案。议案认为，教育的复兴是国家复兴的条件，也是其重要组成部分，我们应该坚持“文化复兴与物资复兴并重”的方针，积极开展恢复文化事业的运动。在英、美等国代表的极力赞助下，联合国善后救济总署之政策委员会经过讨论，表决通过了这一议案②。之后，蒋廷黻还就轴心国家及其附庸国是否是被救济的对象问题进行了深入调研和论证，并在此基础上提议将战争时期的敌国，亦算入被救济国家之列，为争取此提案获得通过，蒋廷黻还充分利用会议间隙，到其他代表团进行游说，希望得到他们的联合签名。此提案很快得到捷克斯洛伐克代表团团长、外交部部长马尔萨克的支持，但是由于大多数代表团还没有从对法西斯轴心国的仇恨中走出来，把法西斯国家机器同该国人民混为一谈，因此，这一提案没有得到他们应有的支持，因合签代表团太少，没有达到通过的标准，此提案最终没有在一届大会上通过，成为正式决议案③。不过，它对后来的联总相关问题的决议产生了一定的影响。

其四，荣任多项联总领导职务。《联总协定》规定，由美、英、苏、中四国各派一名代表组成中央委员会，临时决定政策，每周开例会一次。11 月 10 日，蒋廷黻作为中国代表参加了联总中央委员会，并被推选为委员；次日，为了更有效地处理各种议案，联总第一届大会决定成立议事

① 《联合国救济善后总署会议》，《中央日报》1943 年 11 月 13 日。
② 《救济善后会议政策委员会通过我代表团提案》，《中央日报》1943 年 11 月 21 日。
③ Tingfu Tsiang, *Post—War Relief and Rehabilitation in China*, Chinese Yearbook, p.904. 转引自丁文治《联总物资与中国战后经济》，上海六联印刷公司 1948 年版，第 1 页。

程序委员会，蒋廷黻被与会代表一致推举为该委员会委员；11 月 18 日，联总组建四个专门委员会，分别是：救济善后委员会、组织及管理委员会、一般委员会、财务及供应委员会，蒋廷黻被任命为救济善后委员会主席（1944 年 4 月后改为主任委员）；11 月 30 日，即联总第一届大会闭幕的前一天，联总远东区委员会成立，先于欧洲委员会成立，蒋廷黻又被选为远东区委员会主席。总之，蒋廷黻在联总成立之初，担任了 4 项重要领导职务。

其五，参加座谈会、举行记者招待会和发表广播演讲。1943 年 11 月 22 日，蒋廷黻参加"讨论战争所予欧亚战区人民生活之影响及联合国救济善后总署之救济复兴问题"座谈会。捷克外长马尔萨克主持了这场座谈会，蒋廷黻在会上发表了讲话，再次强调中国之需要，并提出远东其他地区之需要。通过向记者谈话的方式发表看法是蒋廷黻在参加联总有关活动时的主要途径。早在 1943 年 10 月 21 日，即蒋廷黻准备前往美国赴会之际，他就接受了《中央日报》社记者的专访，到达美国后，他与记者打交道得更积极了，频率也更高了。11 月 7 日，即从纽约到达华盛顿的第二天，他就举行了专场记者招待会，《联总协定》签字仪式及联总第一届大会期间几乎每隔两天就要与记者见面，通过记者谈话的方式阐述了他对有关联总及其即将开展救济善后活动的看法。此外，会议期间，他还在 11 月 11 日、19 日等多次发表演讲、演说，特别是于 11 月 25 日对欧洲进行广播演说，这些也是蒋廷黻发表见解的重要方式。

其六，频繁巡游美国的各大城市，广泛接触各方面人士。《联总协定》签字仪式及一届大会召开前，蒋廷黻率领代表团提前来到美国，会议结束后，他又继续停留于美国，前后长达近一年时间。在此期间，他或拜会昔日的朋友故旧，或从事宣传性与学术性的演讲[1]。例如，1943 年 12 月 21 日，他赴芝加哥参加中国新闻社之宴会，其他赴宴者，还有各国报界主笔、专栏专家、评论家与大学教授等。次日下午蒋廷黻在国际大厦对中国学生发表演说，然后赴唐人街某华人餐馆，出席华侨之欢迎宴会。

---

[1] 参见张玉龙《蒋廷黻社会政治思想研究》，中国社会科学出版社 2008 年版，第 235 页。

二　参加联总创建时的重要主张

蒋廷黻通过上述不同的场合及方式就许多关于人们普遍关心和期待的救济善后问题代表中国政府发表了一些意见及主张。概而言之，主要有以下几个方面的内容。

一是对联总的期待。1943 年 10 月 21 日，他临出国前指出：

> 救济善后总署实为联合国第一次合作之机构，所以，联合国第一次合作之程度，可视为将来合作之试金石，在作战期间，联合国已有大西洋宪章及共同宣言之重大表示，其中所表现之一致精神，系为共同自由及人类共同幸福而战。此一救济善后机构，就是联合国对全世界人民之初次兑现……务须本着宽大仁慈精神，方克有济。[①]

11 月 7 日，他又指出："至于此次会议，中国切盼其能获得成功。吾人希望行将组成之救济善后总署，能成为联合国合作之模范"，因而，"中国对此次会议抱有极大希望"[②]。时隔几天，他再次强调："吾人希望联合国救济善后总署之首次大会，将为联合国家间之合作创一光明之先例。"[③] 11 月 22 日，他在对欧洲讲话中表示："基于人道、政治、军事及经济之理由，总署应适当并迅速推行其工作。"[④] 不难看出，在"二战"给包括中国人民在内的许多世界人民带来巨大灾难的情况下，蒋廷黻对创建联总并通过它的协调和领导在世界范围内开展较大规模的救济善后活动充满希望和期待，并且，随着时间的推移，这种心情日益迫切和明朗。

二是关于联总的使命。11 月 11 日，蒋廷黻在谈话中指出："时至今日，吾人必须求取两方面之胜利，即作战及和平之胜利是也。吾人现今所建立之联合国救济善后总署，即为保证达此目的之机构。"[⑤] 当时有人认

[①]《蒋廷黻出国前之谈话》，《中央日报》1943 年 10 月 22 日。
[②]《在纽约招待记者：蒋廷黻谈救济善后会议》，《中央日报》1943 年 11 月 8 日。
[③]《蒋廷黻在美谈救济善后总署使命》，《中央日报》1943 年 11 月 14 日。
[④]《蒋廷黻对欧洲广播救济善后会议价值》，《中央日报》1943 年 11 月 25 日。
[⑤]《蒋廷黻在美谈救济善后总署使命》，《中央日报》1943 年 11 月 14 日。

为，联总将担当使世界经济趋于健全，促使繁荣之日及早莅临。蒋廷黻在11 日的会议发言中指出，此"亦属确切不移之论"①。11 月 30 日，他在联总第一届大会的最后一次会议上发言强调："总署之工作，不仅须有效率，且应精神贯注，庶使施者、受者均知此举之合作精神。"接着，他引用了美国华莱士副总统的话说，"此乃平民之战争"，他说，苏联之河流，挪威之江河，法、比、荷之田野与城市，南国之山谷等均已洒满平民及妇孺之血泪矣②。可见，在蒋廷黻看来，联总的使命是何等艰巨而又重要。

三是关于中国之需要。这一问题一直是蒋廷黻及其率领的中国代表团关注的重点问题。还在《联总协定》签字的前两天，他在纽约举行的记者招待会上就阐述了他对这一问题的主张。他说："因经历多年之对日艰苦抗战后，中国亟须于战后建设复兴。"③11 月 11 日，蒋廷黻又在谈话中指出，"中国经六年半之作战及封锁后，其需要何在，美国人民知之最稔，毋庸再予枚举。"④18 日，蒋廷黻在接见记者时强调："日军被逐退时，中国人民之需要救济者，预计将达八千四百万人之谱。"⑤22 日，他在联合国讨论救济善后工作之座谈会上讲话时进一步指出：由于日寇的侵略和破坏，许多供应品中国已无法生产，必须向外采购，"始请求联合国救济善后总署协助"，并简要说明了中国的具体需要项目：一是运输设备；二是医药供应品；三是棉花与棉布；四是复兴农业所需之物资；五是电力厂、水力发电厂及面粉厂所需之机器⑥。他于不同场合多次论及中国的实际困难及需要，希望能够得到联总及与会国家的代表的高度重视，体谅中国人民所遭受的战争伤害，并尽快提供力所能及的援助。

四是动员美国多出力。联总用于开展救济善后活动的经费基本上依靠各个未被法西斯军队占领的国家捐助，捐助额的多少直接影响这一活动的

---

① 《联合国救济善后总署会议》，《中央日报》1943 年 11 月 13 日。

② 《蒋廷黻李门两人对联合救济会议之谈话》，载方庆秋等主编：《中华民国史史料长编》第 62 册，南京大学出版社 1993 年版，第 743 页。

③ 《在纽约招待记者：蒋廷黻谈救济善后会议》，《中央日报》1943 年 11 月 8 日。

④ 《蒋廷黻在美谈救济善后总署使命》，《中央日报》1943 年 11 月 14 日。

⑤ 《出席救济善后会议蒋代表谈　我国战后救济需要》，《中央日报》1943 年 11 月 19 日。

⑥ 《我出席联合救济会议代表论我国之需要》，方庆秋等主编：《中华民国史史料长编》第62 册，南京大学出版社1993 年版，第653—654页。

规模与成效。因此，能够使某些国家多捐助一些资金就变得十分重要。而当时英国等国家虽然没有被法西斯完全占领，但遭到了法西斯的侵略，损失惨重，要让这些国家拿出太多的钱运用于救济善后活动，不是很现实。只有美国虽然参战了，但其本土几乎没有受到战争的伤害，不仅如此，战争初期，它同时向交战双方出售武器，大赚了一笔，因此，美国有将较多资金用于这一活动的可能。所以，蒋廷黻希望美国在这方面承担更大的义务。《联总协定》签字前夕，蒋廷黻便在纽约举行的记者招待会上动员美国多出力。他首先对美国在"二战"后仍然繁荣表示赞扬："余自离别美国，今已廿年，今日重来，恍若置身仙境"，"贵国虽以大部生产、人员、物资用于作战目的，但贵国之生活标准，依然甚高，适可表示贵国国力之富"。他还指出："盖美国不仅为世界之大国，且为世界自古以来最大之强国。此即为今日世界形势中最重要之一事实。"[1] 蒋廷黻希望美国因此责无旁贷地承担更大的责任，为联总捐助更多的资金用于救济善后活动。

五是呼吁勿忘其他地区受灾人民。1943 年 11 月 11 日，蒋廷黻指出："余之来此，非仅为顾全中国之需要，并为促进联合国救济善后总署之成功。"[2] 22 日，他在演说中强调，"日军占领下之远东其他地区亦需要救济"，并列举了马来亚、泰国、缅甸、越南、菲律宾及荷属印尼等国，认为它们"均曾受日军之荼毒，故应获得联合国之救助"[3]。同日，他在对欧洲广播讲话中表示，"余为中国代表，关切大会全体广大目的，乃余始终保持之目标"[4]。可见，在他看来，所有遭受了法西斯侵略和奴役的国家人民应该同病相怜，互相关心，共同享受联总救济善后事业带来的各种利益。

三　对蒋廷黻及中国代表团参与联总创建时表现的评价

蒋廷黻及中国代表团代表中国政府参加了联总创建工作。总体上看，是可圈可点的。

---

[1]　《在纽约招待记者：蒋廷黻谈救济善后会议》，《中央日报》1943 年 11 月 8 日。

[2]　《蒋廷黻在美谈救济善后总署使命》，《中央日报》1943 年 11 月 14 日。

[3]　《我出席联合救济会议代表论我国之需要》，方庆秋等主编：《中华民国史史料长编》第 62 册，南京大学出版社 1993 年版，第 654 页。

[4]　《蒋廷黻对欧洲广播救济善后会议价值》，《中央日报》1943 年 11 月 25 日。

第一，积极参加各项活动。联总成立期间，蒋廷黻及其率领的中国代表团参加了一系列重要活动，包括《联总协定》的签字仪式、联总一届大会的全体会议和各种专门会议。会议期间及结束后，他们还利用种种机会和场合，会见包括美国助理国务卿艾其逊、联总署长李门和在美华人华侨等在内的各方面人士。他们通过接受记者采访和召开记者招待会等形式与媒体及时沟通。他们积极在各类会议上发言、向大会提交议案。通过参加上述活动，他们一方面为大会的成功召开献计献策，努力促成联总能够顺利诞生并尽快开展救济善后活动；另一方面，他们向各界人士介绍中国遭受战灾损失的严重局面，尽力争取有关人士对中国遭受战争伤害的群众的同情，以便使中国能够在这场即将开展的救济善后活动中分得尽可能多的救济善后物资。

第二，在联总各级机构中荣任四项重要领导职务。虽然中国是受援国而非援助国，但是，中国代表团在此次大会期间备受重视，地位显赫。作为中国首席谈判代表的蒋廷黻总共担任了联总 4 项重要领导职务，这在各代表团中是不多见的。这 4 项重要领导职务分别是联总中央委员会委员、议事程序委员会委员、救济善后委员会主席和远东委员会主席。

第三，在联总决策过程中的某些问题发挥着决定性的作用。有时联总一个机构的产生或一项决议的通过就取决于中国代表团尤其是其全权代表蒋廷黻的态度。比如，由于出席此次会议的代表以欧洲为多，远东国家仅有中国一国。联总起初想把工作重点放在欧洲，采取轻远东重欧洲的政策，积极筹备联总欧洲委员会，而负责包括中国在内的远东地区救济善后事务的远东委员会筹备工作进展缓慢。为此，蒋廷黻进行了积极努力，力图扭转这种被动局面。1943 年 11 月 18 日，他在接见记者时首先表达了对联总歧视政策的不满，指出："任何为欧洲而决定之政策，应同样应用于世界。"①22 日，在一次座谈会上，他提出了远东地区重要性的问题。不仅如此，他还直接与联总负责人及其他国家代表协调，在他的争取下，26 日，远东委员会竟然先于欧洲委员会成立，蒋廷黻本人还被一致推选为主席，并决定中国抗战胜利后把该委员会设立在重庆。外界对远东委员会的成立特别

---

① 《出席救济善后会议蒋代表谈　我国战后救济需要》，《中央日报》1943 年 11 月 19 日。

是蒋廷黻当选为该委员会主席进行了称赞："伦敦各评论深表欣悦。认为中国担任远东委员会主席后，必将使中英间交换意见与理想更趋密切，而对该委员会有所贡献。"①又比如，1943 年，印度因为自然灾害闹起了粮荒，印度代表于联总一届大会期间向大会提出将印度也纳入救济范围，但很快遭到英国首席代表的反对，认为联总的救济范围是因法西斯的侵略和占领而造成的饥荒，印度是因自然灾害引发的粮荒，故联总不予以救济。无奈之下，印度代表找到蒋廷黻，提出了类似要求，蒋廷黻在与印度代表的会见结束后立即对报界发表声明，表示："救济印度粮荒问题，倘行提出理事会，则个人固愿予以谨慎而善意之考虑。"蒋廷黻的这一言论发表数小时后，联总发言人于次日凌晨宣布，联总同意将印度的要求递交理事会讨论。接着，墨西哥、南非和纽西兰（即今新西兰）等其他国家的几位代表也纷纷表态："印度粮荒问题倘列入总署之范围，则彼等亦将作善意之考虑。"②再比如，蒋廷黻代表中国提交的两个议案，一个被此次大会直接采纳，形成决议案；另一个虽然在此次大会上没有通过，但是它对后来在伦敦召开的大会决议起了一定的基础性作用。可见，中国及其代表蒋廷黻在联总决策时的举足轻重。

联总成立期间，他们代表中国政府提出的主张和见解是多方面的。这些主张与见解表达了中国人民对联总及其主持的这一活动的深切期盼；这些主张与见解向世人阐明了联总的主要使命以便世界各国人民积极配合这一运动的开展；这些主张与见解传递了中国希望从联总获得援助的强烈愿望，并介绍了中国所需的援助种类；这些主张与见解还明确表达了中国人民的国际人道主义精神和大公无私精神。蒋廷黻及中国代表团的这些主张与见解得到了好评，特别是蒋廷黻提出的关于中国之需要及欧洲等其他国家之需要，更是得到了高度评价："中国代表所提出之需要，此间反响甚佳，而中国代表对欧洲被侵略国家所提之需要，亦具深刻影响。"③

综上所述，联总成立期间，蒋廷黻及其所率领的中国代表团工作勤勉、得体而又富有成效，充分展示了中国文明、礼仪之邦的儒雅风范，赢得了

---

① 《中国主持远东救济》，《中央日报》1943 年 12 月 10 日。

② 《印度粮荒问题》，《中央日报》1943 年 11 月 28 日。

③ 《出席救济善后会议蒋代表谈 我国战后救济需要》，《中央日报》1943 年 11 月 19 日。

国内外的好评，也为中国即将举行的善后救济事业顺利推进奠定了基础。《中央日报》在其社论中这样认为："我们更对于中国代表团坚毅的努力，引为欣慰。"[①] 这个评价应该讲是客观的、公允的。

[①] 社论：《联合国救济善后会议闭幕》，《中央日报》1943 年 12 月 2 日。

第二章 蒋廷黻善后救济思想的提出

"思想是行动的先导。"作为 1945—1947 年中国善后救济事业的主持人，蒋廷黻在抗战胜利前后的善后救济活动全面兴办之初提出了善后救济思想，要求人们高度重视善后救济事业，并进而较为系统地阐述了善后救济思想的主要方面、基本理念、工作模式等问题。

第一节 蒋廷黻善后救济思想的主要内容

蒋廷黻善后救济思想体系非常完备，内容十分丰富。它包含的主要内容，概括起来有以下几个方面。

一 关于战后善后救济的必要性和紧迫性

蒋廷黻首先从古今中外的历史事实和经验教训入手来阐述战后善后救济的必要性和紧迫性。他说："在中外各国的历史上，战争不幸都是很平常的事情。"过去的统治者"每次仗打完了"，就万事大吉，对战后的遗留问题视而不见，并没有重视战后的"救济与善后"活动。其结果是战后因饥寒交迫及疫病暴发而死的人员"往往反比疆场伤亡的人数还要多。"[1]蒋廷黻进一步提醒人们，"不但战后饥寒瘟疫有其牺牲品"，即使"不死于饥寒瘟疫者亦多为贫穷所困"，必须"经过一代两代以后，社会才恢复元气"，人民群众才开始感觉太平[2]。

---

[1] 蒋廷黻：《善后救济总署之性质与任务》，《东方杂志》第 41 卷第 20 号 1945 年 10 月，第 1 页。

[2] 同上。

为较好地说明这个问题，他列举了两个古今中外的具体案例。第一个是欧洲的德国，他指出："在十七世纪的前半期，欧洲有所谓三十年战争，受害最深的是德国，经过那役以后，有五十多年，德国在欧洲的历史上简直没有地位"；第二个是古代的中国，他说，中国明末清初的大战乱以后，由于政府没有及时采取休养生息、慈善救济的措施，"结果人口锐减，社会凋敝"。[1] 可见，在"二战"后没有开展及时的善后救济工作后果是何等严重！因而，他要求当时的政府和人们认真吸取前人的教训，抗战结束后就应立即积极开展善后救济活动，"以求利用联合国的人力物力及近代文化的科学和工程学，办理有系统的、有计划的救济，务使自然的程序缩短，自然的牺牲减少"[2]。他认为目前只有充分利用联总的各项援助，开展"有系统的、有计划的救济"，才能使"二战"后人民遭受创伤的时间有所缩短，程度有所减轻，才不至于"经过一代两代之后，社会才恢复元气，人民始感觉又太平了"[3]。并且，蒋廷黻对通过善后救济活动的开展，达到减轻战争之损失、降低人民痛苦之程度充满信心，他说："如果我们同心协力的去干，人力一定可以胜自然。"[4]

二　关于"寓救济于善后之中"的理念

根据联合国善后救济总署制定的原则、政策和美国 20 世纪 30 年代的成功做法，蒋廷黻主张救济与善后应当兼顾，缺一不可，但应处理好两者之间的关系。针对救济与善后的关系，蒋廷黻认为，"在某种条件下，救济是必需的"。[5] 他强调，需要救济的人主要以遭战争破坏的市镇群众、老弱残疾以及难民三种人为主，当然还有一些人若确实需要救济才能生存的，也应视情况给予救济。可见，紧急救济的办理实属必要。他主张救济应该分为急赈、特赈、工赈和遣送难民等几种形式进行。

同时，他又提醒人们应该认识到救济的局限性。他强调："救济是消

---

① 蒋廷黻：《善后救济总署之性质与任务》，《东方杂志》第 41 卷第 20 号 1945 年 10 月，第 1 页。

② 同上。

③ 同上。

④ 同上。

⑤ 蒋廷黻：《干什么，怎么干？》，善后救济总署广东分署《周报》1946 年 4 月第 2 期，第 3 页。

极的",救济不是万能的,"救济本身不能解决我们的经济问题",①因此蒋廷黻认为,它为时不能太长,甚至"愈短愈好"。②他还一针见血地指出:"许多人迷信救济,其实救济是治社会经济的最下策",因为中国当时国穷民贫,即使"拿我们中央政府战前一年的整个预算去办救济,我们不能养活全国人口百分之五"。③而且,"战前我国人民生活程度已经远在国际水准之下。加上八九年的长期抗战……战后之苦可以不亚于战时"。人民的贫困和痛苦并未能够因为战争的结束而结束,就更别提拉近与"国际水准"的差距了,"假若我们把以上的三种救济都办好了,我们的问题就解决了吗?绝对没有"。他告诫人们:对灾民救济任务完成,并不意味着拯救国家和人民的使命的完成。④所以,要想医治战争创伤,重建家园,实现国家富强的任务,赶上和超过西方发达国家,光有救济是万万不能的,是无法解决根本问题的,因而必须重视善后,加强建设,特别是经济建设。他指出,"我们的出路不在救济而在建设",即在善后。⑤他对"善后"推崇备至,"我们相信善后就是救济,而且是最好的救济"。⑥没有善后,救济的效果难以持久,至于发展更是无从谈起,也就是"寓救济于善后之中"。他还明确指出:"在未建设新的以前,我们必须恢复原有的。我们恢复了原有的铁路、公路、航运、电报、电话、工厂、矿场、水利、医院,然后可以建设新的","这是联总可以协助我们的地方,这也是行总主要的使命"⑦。这些论述从而为人们开展善后工作指明了方向和工作重点。

通过深入研究,我们不难发现,蒋廷黻的"寓救济于善后之中"的理念有两层含义。从长远来看,救济救不了国,要想真正使国家摆脱积贫积弱、

---

① 蒋廷黻:《干什么,怎么干?》,善后救济总署广东分署《周报》1946年4月第2期,第3页。
② 蒋廷黻:《善后救济总署之性质与任务》,《东方杂志》第41卷第20号1945年10月,第5页。
③ 蒋廷黻:《干什么,怎么干?》,善后救济总署广东分署《周报》1946年4月第2期,第3页。
④ 蒋廷黻:《善后救济总署之性质与任务》,《东方杂志》第41卷第20号1945年10月,第6页。
⑤ 蒋廷黻:《干什么,怎么干?》,善后救济总署广东分署《周报》1946年4月第2期,第3页。
⑥ 同上。
⑦ 蒋廷黻:《善后救济总署之性质与任务》,《东方杂志》第41卷第20号1945年10月,第6页。

人民饥寒交迫的命运，必须大搞建设，只有通过建设（即善后）才能使国家走上现代化的发展道路，才能使中华民族真正富强，人民生活长久幸福，仅靠救济，特别是依靠外国的救济是根本无法实现这一目标的；从近期来看，由于战争带给中国人民的灾难过于严重，抗战期间需要救济的人很多，而紧急救济的面很窄，大部分贫穷但有体力的人无法获得紧急救济。那么，为了帮助他们，可以让他们参加政府组织的工程建设，给他们以工作酬金，这样一方面可以解决他们一时的生活所需，另一方面还可以使他们将部分工资用于购买生产物资，从而达到恢复生产的目的。他指出："这种寓救济于善后之中的办法，就是所谓以工代赈。"[①]

由上可见，在蒋廷黻看来，善后和救济在当时的具体条件下都是必不可少的两种解决困难的手段，救济是首先使用的手段，能解燃眉之急，有时还能起到关键性的作用，但救济只能被视作权宜之计、应急之策，不能解决根本问题，不能作为救百姓于水火、重建家园乃至实现国家富强的根本方法；只有善后才是根本之策，才能达到根本目的。从长远看，应该高度重视善后或建设，通过大规模的建设增强国家实力，实现现代化。就是针对当时的战后善后救济活动来讲，最终也必须通过善后即修复交通，恢复农工矿业的生产等设施来恢复百姓整个生产自救的能力，"寓救济于善后之中"。蒋廷黻认为，只有这样才能从根本上实现救济的目标，使百姓最终走上自食其力的道路，最终实现其国家现代化与人道主义完美结合的目标。

三　关于善后事业的主要方面及其运作模式

抗战结束时，整个国家受炮火损毁非常严重。因此，善后工作是繁重的、多方面的。农业善后、医疗卫生善后、交通善后、工矿业善后都应成为战后善后工作的范围。

但是，由于人力、物力、财力极其有限，上述善后工程不可能同时展开。那么，在这些善后工程里，哪些是重点呢？哪些又是最急迫的呢？在蒋廷

---

① 蒋廷黻：《善后救济总署之性质与任务》，《东方杂志》第 41 卷第 20 号 1945 年 10 月，第 6 页。

戡看来，首先，交通善后迫在眉睫。早在 1943 年 11 月 7 日，正在美国准备出席《联合国善后救济总署基本协定》签字仪式的蒋廷黻就向记者发表谈话表示："但中国最迫切之需要，则为改善国内与对外之交通，盖无适当之交通运输设备，则无法分配吾人在外所获得之些微供给。"① 几天后，在美国大西洋城参加联总第一届全体大会的蒋廷黻又一次强调："船只、卡车、机车及其他车辆等交通工具为救济品中之首先需要者。"② 1945 年，他在《善后救济总署之性质与任务》一文中再次强调了交通善后的重要性。他认为，当前必须迅速恢复因战灾损毁的交通设施，否则"纵使联总将来送我们许多粮食，衣料，药品和其他物资，这些好东西势必会堆集在上海、天津、广州等港口，于内地饥寒交迫的老百姓并无好处"。他还指出："若从长期的经济建设着想，交通也应该有最高的优先权。"③ 可见，蒋廷黻之所以强调要把交通善后放在优先发展的位置，不仅着眼于当时的战后善后救济活动，而且已把将来的国家现代化事业纳入其中，通盘考虑。交通善后，内容较多，包括公路的修复、车辆的添置、桥梁的架设、铁路的修建和航道的疏浚等。

其次，是农业善后。关于农民和农业问题，早在20世纪30年代，蒋廷黻就认识到："农民是整个社会的基础，农村经济的崩溃将导致中国全部政治、经济、文化的总崩溃。"④ "二战"后中国善后救济事业即将兴办之际，蒋廷黻提出，政府开展农业善后工作，不外乎两种主要方法：农业技术的推广和种子、化肥、农具的供给。所需费用根据灾区灾情的轻重决定。在重灾区，这些服务是免费的；而在灾情相对较轻的地方，则要酌情收费。"其收入将根据有关国际协定、决议用于国内的善后救济事业。"⑤

再次是医疗卫生事业的善后。蒋廷黻指出："在农业、工业、运输业未机械化以前，人力仍是我们最基本的动力。"⑥ 但是，长期以来，由于

---

① 《中央日报》1943 年 11 月 8 日。
② 《中央日报》1943 年 11 月 19 日。
③ 蒋廷黻：《善后救济总署之性质与任务》，《东方杂志》第 41 卷第 20 号 1945 年 10 月，第 3 页。
④ 蒋廷黻：《建设的出路不可阻塞了》，《大公报》1934 年 3 月 11 日。
⑤ 蒋廷黻：《干什么，怎么干？》，善后救济总署广东分署《周报》1946 年 5 月第 3 期，第 6 页。
⑥ 同上。

种种原因，中国的医疗卫生事业严重滞后，缺衣少药的现象十分严重，很多劳动力伤病后得不到及时的诊治而致残疾，致使劳动力这一"最基本的动力"不能满足需要，结果延误了生产。所以，蒋廷黻认为："老百姓的疾病是我们民族经济最大的损失"，因此"投资于卫生事业，我相信，是我们最好的收获，最大的投资"。有鉴于此，在蒋廷黻看来，"第一次办理救济善后，卫生我认为是最基本的事业"。因而他在医疗卫生善后计划中提出了一个"野心勃勃"的计划，规定除防疫外，要把全国医院的病床较战前增加一倍。[①]

最后是工矿业的善后。蒋廷黻认为，工矿业善后的种类较多，既有能源工业和给水工业善后，也有机械、建材和纺织工业善后等。当时国内的企业界首脑人物曾要求利用工业善后这一时机，多上新项目、大项目，以实现国家工业化。此时的蒋廷黻头脑颇为清醒，对此不屑一顾，认为"这种希望颇难达到"[②]。原因是联总一届大会鉴于经费有限，通过总决议规定善后援助的程度严格限制在"恢复到战前水准"，并明确规定："新建或重建项目不在善后援助范围之内。"[③]虽然联总对中国的善后援助总数量要高于其他国家，但由于中国地广人众，战争损毁严重，需善后的工程项目太多，所以，我们不能太指望通过善后来使中国工业的面貌焕然一新。不过，蒋廷黻指出，如果善后物资能够妥善使用，充分发挥其价值和效率，在联总允许的范围内，"办理少数的近代式工业"，并与国民政府的经济部合作，"乘机实施我国工业区域合理化"，仍然能够为以后的工业化乃至现代化创造必要的条件[④]。

如何搞好善后活动？怎样才能使人民群众尽可能多地从善后活动中获取利益？怎样才能使善后活动对中国战后重建的效能最大化？根据以往的经验，公共工程实施管理的中间环节太多，大部分采用包工制这种管理模式，即先由政府对即将施工的公共工程做出预算，然后将工程及其资金交

---

①　蒋廷黻：《干什么，怎么干？》，行政院善后救济总署广东分署《周报》1946年5月第3期，第6页。

②　同上书，第7页。

③　同上。

④　蒋廷黻：《中国善后救济总署》（联合国丛刊第2辑），国际出版社1946年版，第7—8页。

给包工头，由包工头组织工人施工，工程的施工、工人的管理及其工资的发放、预算资金的开销均交给包工头负责管理。蒋廷黻认为，"包工者虽负相当责任，对工人的管理亦有相当贡献"，具有能在一定程度上降低政府的管理成本的优点。① 但缺点也不容忽视，即包工头为了使自己尽可能多地获取利润，往往不惜采取偷工减料、克扣工人工资的办法，这就严重地损害了政府或群众的利益，特别是灾民的利益。有鉴于此，他指出：在此次善后事业实施过程中，"行总应该与工人发生直接关系"，行总与工人双方各司其职，"在行总方面，必须给工人公平的待遇；在工人方面，最低限度为公家工作，其努力的程度低于为资本家私人及包工的工作"。② 也就是说，在开展工程建设的时候，应该废除包工制，减少中间环节，由政府直接进行公共工程建设的管理。其目的是让灾民尽可能多地获利，又使他们心甘情愿地为公家服务，可谓两全其美。特别是在开展善后救济活动时更应如此，因为这时群众比平时更加贫困，更加需要恢复生产、重建家园的资金，更不能允许包工头盘剥灾民。不过他也提醒人们，"此中有相当组织和心理上的困难"，为解决这一困难，他打算"请中外的专家共同设计处理"③。

蒋廷黻清楚地意识到战时中国所面临的通货膨胀的严重程度，并认为，战时法币贬值、物价飞涨等通货膨胀问题产生、蔓延的主要祸根是日本侵略者长期以来对中国的严密封锁使得外贸陷入停顿；交通运输的不畅造成运输成本居高不下；国家重要税源的枯竭乃至丧失。随着战争的结束，对外贸易将逐步恢复，"舶来品必下落而输出品必上涨"；水陆交通也将畅通，"运价自然可以降落"；税源即将恢复，"国库收入可以加增"，两三年后即可保持物价相对稳定。④ 但是，抗战后中国的财政金融的困难短期内难以缓解，"通货的发行额只可以收缩，绝对不可以加增"，然而事实上仅铁路一项，"很可能的使通货发行额继续增加"，所以，蒋廷黻为缓解

---

① 蒋廷黻：《善后救济总署之性质与任务》，《东方杂志》第 41 卷第 20 号 1945 年 10 月，第 7 页。

② 同上。

③ 同上。

④ 蒋廷黻：《中国善后救济总署》（联合国丛刊第 2 辑），国际出版社 1946 年版，第 8 页。

政府的通货膨胀压力和财政紧张的压力，决定"把救济与善后打成一片"。行总从联总接受的救济及善后物资，根据《联总协定》，一部分准备在国内市场出售，所得可用于救济善后事业。善后业务所需费用，一部分可以发实物，另一部分可以发钱，这样既可帮助政府稳定币值，亦可减轻财政负担①。1946年，已经身为行政院善后救济总署署长、日理万机的他还撰写了《货币与物价之研究》一书，对解决战后中国的通货膨胀与物价问题进行了系统性的探讨。蒋廷黻似乎对此非常乐观，他公开表态说："假使行总不能帮助财政部在战后收拾通货的膨胀，行总的工作可说是失败了。"②

四　关于善后与救济事业的管理者

在进行善后与救济事业的过程中，善后方面的工作由哪些部门管理？救济方面的工作由哪些部门管理？这些管理部门又怎么分工协作？蒋廷黻认为，这些问题不能一概而论，具体问题应该具体分析。在他看来，管理善后工作的部门容易划分与确定。例如，交通由交通部负责，工矿业由经济部管理，农业由农业部办理，卫生工作则是卫生署的职责，江河堤防的修缮则属水利委员会。"这些都是无问题的。"③所以，蒋廷黻主张善后的事业实行分工合作，在政府和行总的统一协调、安排和监督下，哪项善后工作就主要归哪个对应的职能管理部门负责具体实施。至于救济，在蒋廷黻看来，问题就复杂了。因为中央有振济（本应为"赈济"，国民党当局将"赈"改为"振"，有"振兴"之意——笔者注）委员会和社会部两个职能管理部门。根据组织法的有关规定，赈委会掌管天灾、兵灾一类的紧急救济事务；社会部则负责通常的社会福利事业。那么，究竟由哪个部门具体来管理此次"救济"业务？如果由两个部门共同管理，那么又由哪个部门来牵头呢？它们分别管理哪几项呢？显然，这不太好细分。

另外，善后救济活动正式开始后，"我们一面必须在国内办救济，一面又须在国外应付联总及其所属的大会，委员会和办公厅"，有时"还须

---

① 蒋廷黻：《中国善后救济总署》（联合国丛刊第2辑），国际出版社1946年版，第8页。
② 同上。
③ 蒋廷黻：《善后救济总署之性质与任务》，《东方杂志》第41卷第20号1945年10月，第6页。

联络各地方的国军及沿海登陆的盟军"。[①] 如果救济活动像善后活动那样分开办理的话，势必出现较大的混乱。因此，从这个角度讲，救济事业必须统一办理。综上所述，蒋廷黻认为，在办理救济与善后事业的过程中，对它们的管理模式要区别对待，不可一概而论，即"善后应该分工合作，救济应该统一办理。"[②]

一方面为了使有限的善后救济物资，特别是救济物资足额发放给灾民；另一方面为了保护政府及其职能部门在群众百姓中的良好形象，蒋廷黻认为，在开展善后救济活动的过程中，"公务人员必须廉洁"，要防止贪腐之风滋长、蔓延。要做到这两方面，务必做到：其一，减少分发的中间环节，"救济物资和救济款项不可辗转于各机关之间，因为多转一次就多一层舞弊的可能"，而且，"救济的手续应该简单和直接"，"东西愈早愈快到老百姓手里就愈好"；其二，善后救济事业要增加透明度，"救济事业要绝对公开"，要自始至终接受人民群众的监督。[③] 他说："国内外的人士对善后救济事业均极关心。与其枝节对付，不如积极的、自动的供给社会正确消息。"蒋廷黻特别强调："我们所怕的不是社会知道太多。我们所怕的是社会知道得不详或不正确，因而发生误会。"[④] 为此，他还主张在行总内部设立编译处，"编译处的设立完全为贯彻凡事公开的主张"。[⑤]

十四年的日本侵华战争使得不少中国人成为残疾人。蒋廷黻认为，那些在公立救济院、所接受救济的不同程度的残疾人多半会觉得自己是个无用之人，整天靠救济，靠施舍度日，被人低看一眼。久而久之，他们便会出现心理扭曲、自尊心丧失的情况，严重的会自暴自弃，甚至不惜走向极端。针对这种情况，蒋廷黻认为，我们可以让他们学会一技一艺，纵使是极简单的技艺，利用这些学到的技艺从事一些力所能及的生产，如果这样，"不但公家的负担可以减少"，还可让他们知道自己是在自食其力，自己是个对社会有用之人，这样他们的自尊心又会慢慢恢复，"他们的生

---

① 蒋廷黻：《善后救济总署之性质与任务》，《东方杂志》第 41 卷第 20 号 1945 年 10 月，第 5 页。

② 同上书，第 6 页。

③ 同上。

④ 同上书，第 5 页。

⑤ 同上。

活乐趣也可以提高"。①另外，他还认为在救济善后的实际工作中，应尽量避免使用"救济"或"赈济"这样的词语，因为在国家方面，"其实这种名词均不恰当，而且可以发生不良的影响。工人既为公家工作，公家应该发给正常的工资，根本谈不到救济或振济"。在工人方面，这种名词也不好，"优良工人并不愿受救济，他们当有自尊心，情愿自食其力"。②所以，工人群众为公家而劳动，所得应该被视为正常的工资，而不是救济款。这样，工人群众一方面可获得生活必需品，另一方面他们的人格又可得到充分尊重。总之，蒋廷黻认为，在开展善后救济活动时，不能对被救济者另眼相看，要注意把对人的救济与对人的尊重结合起来。

要想使善后救济事业成功，人才是关键。中国不仅经济社会落后，而且专门人才，尤其是技能型人才十分匮乏。蒋廷黻深知，中国不仅"需要物资的援助，同时我们也需要外籍专家来帮忙。有物资而无人，事业还是不成的"。③他认为，政府应从国外聘请相当数量的专门的管理人才和技术型专家参与项目实施的组织、经营和管理，并对本土人才进行培训，"以便他们熟练掌握新设备、新技术，提高企业和社会公共部门的管理和服务水平"。④蒋廷黻指出，若能如愿，那么行总在"精神上的贡献或将不在物质贡献之下"。⑤

第二节　蒋廷黻善后救济思想的特点及各方的认同

由上可知，蒋廷黻的善后救济思想内涵丰富，意蕴深刻。他高度重视战后善后救济工作，充分反映了他那"忧天下人之所忧"的抱负，体现了他体谅民情、顺应民意的品质。同时，这一思想又体现着一些独具一格的

---

① 蒋廷黻：《善后救济总署之性质与任务》，《东方杂志》第 41 卷第 20 号 1945 年 10 月，第 6 页。

② 同上。

③ 蒋廷黻：《干什么，怎么干？》，行政院善后救济广东分署《周报》1946 年 5 月第 4 期，第 3 页。

④ 蒋廷黻：《干什么，怎么干？》，行总广东分署《周报》，1946 年 5 月第 4 期，第 3 页。

⑤ 蒋廷黻：《中国善后救济总署》（联合国丛刊第 2 辑），国际出版社 1946 年版，第 9 页。

特点。他的继任者霍宝树及行总各分署对这一思想给予了相当程度的认同
与遵循。

一　蒋廷黻善后救济思想的特点

知识分子加官员的角色、丰富的人生阅历、历史条件以及社会环境的
影响与制约等因素使得蒋廷黻的善后救济思想呈现出某些鲜明的特点。

概括起来讲，主要表现在以下几个方面。

其一，蒋廷黻的善后救济思想形成的基础具有广泛性的特点。这一思
想的形成经历了一个较长的历史发展阶段，并非受命主持战后中国的善后
救济活动时的应急之作、权宜之计。它是长期以来方方面面，各种因素共
同作用的结果。既有少年儿童时代的家庭熏陶、困难时受人救济和帮助的
经历、基督教教义和近代湖湘文化的教育、史学学习和研究的经历等因素，
又有战时国家严重困难局面的刺激、对联合国善后救济总署根本原则与政
策的熟悉以及外国成功经验的借鉴等因素。既有内因，又有外因。因而，
它的形成基础十分深厚，十分广泛。

其二，蒋廷黻的善后救济思想的内容具有完整性和系统性的特点。蒋
廷黻在他的善后救济思想中强调，既要重视救济，又要重视善后，两者缺
一不可；但是在处理两者关系和作用时，又不能等量齐观，救济是应急之
策，"为时要愈短愈好"，而善后才是长久之策，只有通过"善后"才能
达到根本救济的目的，即"寓救济于善后之中"，这是它的基本理念。蒋
廷黻提出了救济和善后的具体方面，即救济包括急赈、特赈、工赈和遣散
难民等多个方面；善后包括交通善后、农业善后、工业善后、教育善后和
医疗卫生事业善后等多个方面，几乎涵盖了当时中国所应开展的善后救济
活动的所有项目，十分全面和完整。不仅如此，蒋廷黻还提出了一系列行
总领导善后救济工作所必须遵循、贯彻的有关原则、制度、机制、应注意
的问题等。例如，政府直接管理工程项目以替代包工制、救济和善后不同
的管理模式（即救济统一办理，善后分工协作），政府在开展善后救济活
动时要注意防止贪腐之风，要把对人的救济与对救济者的尊重结合起来等，
从而使他的这一思想成为一个有机整体。不难看出，他的这一思想非常完
整与系统，便于人们理解及各分署贯彻实施。

其三，蒋廷黻的善后救济思想具有创新性的特点。我国的慈善事业源远流长，大约从周朝开始就出现了。早在《周礼·司徒》中就有"以保息六养万民"的记载，即慈幼、养老、赈穷、恤贫、宽疾、安富等方面。最初，在中国浩瀚的古代典籍中，"慈"和"善"两字是分开使用的。"慈"有仁慈、怜爱之意；"善"则有善良、友爱之意。"慈善"一词从南北朝时期开始使用。在古代，慈善事业就由小到大，逐步发展起来。

到了近代，慈善事业有了更大的发展，出现了不少著名的慈善家，例如经元善、张謇和熊希龄等。他们结合当时的社会背景，均提出了自己的慈善思想。起初，慈善界人士一般都是单纯地就慈善而慈善，把一些款物分发给需要救济的人了事。而张謇则是首次将慈善事业纳入整个社会改良的系统工程中，并作为其重要一环，把它视为具有深远意义的一项活动，大大推动了中国近代慈善思想及其实践的发展。①然而，张謇等人提出的慈善思想主要是针对和平年代的社会救济活动。不仅如此，过去的慈善活动具有随意性的特点。在过去，慈善人士均为"以其余力从事慈善事业"，因而，它们"纯属义务性质"。在慈善事业操作过程中，"因其系以余力从事，不能用全副精神经营其所举办之事业"，所以，他们"对于所经办之事业，热心或许绰绰有余，能力则常嫌其不足"，并且，他们均不同程度地缺乏周密规划，"每每有始无终，或时作时辍"，如此一来，"结果常不能令人满意"②。

大战之后必有大灾，针对国际社会战后的社会救济问题、"二战"后恢复重建问题，显然是包括各国政府在内的各界人士所没有涉及的。"二战"结束前后，由美国主导的联合国善后救济活动，是开天辟地的创举。正如时任行总浙江分署署长的孙晓楼所说："善救新政，史无前例。"③中国又是此次活动的主要参与者及最大受益者。如何开展这样的活动？应该提出什么样的指导思想？对于中国战后善后救济活动的主持者蒋廷黻来说，无疑是一大挑战。蒋廷黻提出了内容丰富、系统而又完整的善后救济思想，

---

①　虞和平：《张謇——中国早期现代化的前驱》，吉林文史出版社2004年版，第93页。

②　言心哲：《现代社会事业》，商务印书馆1943年版，第16页。

③　孙晓楼：《两年来之浙江善救》，载行政院善后救济总署浙江分署编《行政院善后救济总署浙江分署业务总报告》，1947年铅印本，第1页。

其中不乏真知灼见①。这充分体现了他的勇气和胆量，同时也体现出一定的理论创新价值，以及在此基础上进行的善后救济实践探索的价值。

其四，蒋廷黻的善后救济思想具有理想主义的特点。例如，蒋廷黻希望采取"寓救济于善后之中"的办法，通过恢复、发展农、工、矿业的生产资源和能力，来提高群众百姓的生产能力，实现生产自救、重建家园、自食其力，从而从根本上达到消除贫困、实现救济、标本兼治的目的，并在此基础上实现国家的现代化，达到国家工业化和社会救济两者"毕其功于一役"的宏伟目标。蒋廷黻的这种设想与他早年提出的经济现代化思想是一脉相承的，这种思想的核心就是要搞建设，他认为："建设是我们对内对外的根本出路"，"就是国家的现代化"②。同时，他也希望通过此举实现自己孜孜以求的"治国平天下的伟大抱负"③。蒋廷黻的善后救济思想无疑是进步的，出发点是值得肯定的。它抓住了问题的本质，顺应了时代发展的规律，反映了当时中国社会的主流思想。

但是，全面恢复、发展农、工、矿业的生产资源和能力，从事现代化建设，毕竟需要一定的基础，包括物资基础、技术基础和人才基础等，特别是在大战之后。而当时的中国，国民积贫积弱严重，文化水平极端低下，社会底子太薄，仅靠区区联总提供的几亿美元的善后救济援助物资就想实现中国国民的根本脱贫乃至国家工业化、现代化，显然是很不现实的，带有强烈的理想主义色彩。他因为看到国民积贫积弱严重而萌生"寓救济于善后之中"的思想，而让这一思想不能实现的根本原因也恰好是国民积贫积弱严重。也就是说，他的这一思想实现的条件和时机还很不成熟，要想真正达到"寓救济于善后之中"的目标需要长期努力，不可一蹴而就。

可见，"蒋廷黻先生当时确实过于天真，过于理想化，以至于对行总即将面临的严峻现实缺乏应有的思想准备"④。理想主义的特点最终使他本人及其领导的 1945—1947 年中国善后救济事业蒙上了浓重的悲剧色彩，成效也大打折扣。

---

① 王德春：《联合国善后救济总署与中国（1945—1947）》，人民出版社 2004 年版，第 64 页。
② 蒋廷黻：《建设的出路不可阻塞了》，《大公报》1934 年 3 月 11 日。
③ 许纪霖：《中国知识分子十论》，复旦大学出版社 2003 年版，第 118 页。
④ 王德春：《联合国善后救济总署与中国（1945—1947）》，人民出版社 2004 年版，第 65 页。

二　霍宝树署长及各分署对蒋廷黻善后救济思想的认同

蒋廷黻创造性地提出了善后救济思想后，反响如何？是否得到了他的继任者霍宝树及行总各分署的认同与贯彻呢？

（一）继任者霍宝树署长的认同

霍宝树接替蒋廷黻就任行总署长后，提出了"天下一家"的理念[①]。这一理念与蒋廷黻的"善后救济，不因党派、地域、宗教而有所歧视"的理念大同小异，即在思想上均要求在善后救济事业推进过程中，要对全国灾民一视同仁，不得歧视。但在实践中，蒋廷黻与霍宝树均口是心非，均不同程度地践踏了自己的理念和诺言，对国统区与解放区没有"一碗水端平"，对解放区存在明显的歧视态度。

蒋廷黻善后救济思想中的核心理念是"寓救济于善后之中"。这一理念是否得到了霍宝树的认同呢？

霍宝树曾经说过：

> 联总运华物资有限，本不足应我国之需要，而我国亦不能长期倚赖救济，自助之道，惟有以有限之物资，作富有建设性之工作，则随生产之增加，贫困穷乏亦可避免。然而此项政策，各方每有误解。殊不知贫穷之中国，惟有力谋增加生产，促进经济建设，庶可同免于穷困，而寓救济于善后，方可期事半功倍之效。由此亦可证明建设性事业实为最理想之救济政策，吾人当日所定方针，并无若何贻误也[②]。

由上可知，在霍宝树看来，对我国来说，"自助之道，惟有以有限之物资，作富有建设性之工作"。只有"生产增加"了，经济发展了，"贫困穷乏"才能得以避免！只有"寓救济于善后"，方可"期事半功倍之效"。可见，霍宝树对蒋廷黻的善后救济思想，尤其是其"寓救济于善后之中"的核心理念是高度认同的。即使在这一理念的贯彻实施被证明存在问题、引起各方质

---

① 霍宝树：《行政院善后救济总署业务总报告·序》，上海市档案馆馆藏档案：Y3—1—278，第1页。

② 同上。

疑时，身为行总署长的霍宝树仍未认识到它的局限性，去及时、有针对性地进行整改，而是对其极力维护，为其百般辩解，最终导致其不利影响日益严重，日益扩大，使 1945—1947 年中国善后救济事业的成效因此深受其不利影响。

（二）行总各分署的认同

要想使善后救济工作按照自己的思想及理念去开展，首要的任务是必须使各省、市分署对其善后救济思想予以认同，因为只有达到思想统一，才能实现行动一致。那么，蒋廷黻的善后救济思想是否得到了各分署的认同呢？

第一，从对善后救济重要性和紧迫性的认识上来看。各分署几乎都看到，由于日本发动的长达 14 年的侵略战争，中国人民蒙受了巨大的损失，人员伤亡惨重，山河破碎，田地荒芜，经济凋敝，中华儿女食不果腹，衣不蔽体，整日挣扎在死亡线上。开展对人民的善后救济以及重建家园，恢复生产成为当务之急。因此，他们对蒋廷黻提出的关于善后救济活动重要性和紧迫性的观点感同身受。尽快开展善后救济活动迫在眉睫，成为各方共识。

第二，从对善后与救济的含义的认识上来看。行总及各分署都认识到，1945—1947 年中国的善后救济事业包括两方面：救济与善后，两者都是必要手段，缺一不可。

行总湖北分署以具体的事例来说明救济与善后的含义以及两者之间的密切关系：

民国二十年湖北大水，堤防被冲毁了，水！一片的水！可怕的水，淹没了农田，吞咽了房屋，淹死了人畜，人们成群的逃上高山，嗷嗷待哺。这个时候，我们首先必须划船营救那些快被淹死的人，抢救漂浮的东西，为逃活性命的人搭棚子，施舍馒头干粮。掩埋浮尸，给予医药……所有这些，就叫做"救济"。老是这样下去吗？靠救济过活是很悲惨的，物质享受既谈不上，精神上尤其痛苦。何况，那一个有力量能够把救济长期支持下去？非得想出一个长久的打算不行。于是新的工作开始了，排水的排水，堵口复堤的堵口复堤，准备弄耕牛弄种子，在水淹过了的大地上恢复了耕作，终于大家恢复了原来的生活境况。这些工作就叫做"善后"。①

他们通过这个事例得出的结论是：

> 不管善后也好，救济也好，它们的目的都在为人民谋安生活命。没有救济，善后便无从着手。没有善后，救济便无法支持。②

另外，浙江分署副署长祝修爵也曾经指出：

> 就情事而言，救济急于善后，若以政策而言，善后重于救济。盖物资来源非易，数量有限，如不能把握时机，尽善运用，则救而不济，善而无后。③

可见，他们认为，在当时救济与善后是两个不可或缺、不可替代的手段，两者相辅相成。这与蒋廷黻的观点是一脉相承的。

第三，从对"寓救济于善后之中"理念的认识上来看。行总认为：

> 盖联总物资有限，若分散使用于消极救济之途，则以我国灾区之广，难民之众，转眼之间，仍将无以为继，自不若集中于建设性之用途，效益较为久远④。

行总还指出：

> 行总之使命，当首先协助受战争损害之人民，于战争结束后，得到衣食住最低生活之必需条件。惟衡诸我国实情，此种救济，虽为时

---

① 行政院善后救济总署湖北分署编：《湖北的善后和救济》，1946年铅印本，第2—3页。

② 行政院善后救济总署湖北分署编：《湖北的善后和救济》，1946年铅印本，第3页。

③ 祝修爵：《还浙两年》，浙江省档案馆馆藏档案：I048—2—21，转引自肖如平《抗战胜利后浙江的善后救济》，《抗日战争研究》2013年第1期，第134页。

④ 行政院善后救济总署编译处：《行政院善后救济总署业务总报告》，上海市档案馆馆藏档案：Y3—1—278，第66页。

势所必要，然不足以解决本身之问题，盖我国之出路，不在救济而在建设，故根本之图，要在寓救济于善后，籍善后之事功，以促进国家之建设，使善后与救济打成一片，则此种救济，即为最好之救济[1]。

鲁青分署认为，"救济工作，顶多是替灾民延长几天苦日子，必须有善后工作，才能一劳永逸，使灾民能够自行谋生"[2]。因此，鲁青分署明确规定："寓救济于善后，乃本署实施业务之原则；为善后而救济，则系吾人工作之目标。"[3]河南分署认为，"虽然河南灾情惨重，人民所盼者为急救工作"，但是，由于"善后工作仍能兼顾救济"，故"为达成永远救济之目的，实不得不忍痛如此"[4]。在此基础上，河南分署要求各地"在整个政策上采标本兼治办法，尤着重于治本工作。换言之，即善后重于救济"[5]。浙江分署署长孙晓楼指出："本署自成立以来，忽已一年。各种业务，一秉总署'寓救济于善后'，积极实施。"[6]安徽分署署长叶元龙则认为："晚分署工作在善后救济，而非为救济善后，前者富于积极性，后者则为消极的。"[7]他希望通过善后，"来推进各项建设事业，使社会日就繁荣，人民能够永远地安居乐业"[8]。

湖南分署署长余籍传更是明确指出：湖南分署的方针是，"三分之一的工作在救济，三分之二的工作在善后"[9]。苏宁分署认为，"如仅为消

[1] 行政院善后救济总署编译处：《行政院善后救济总署业务总报告》，1948年铅印本，第66页。

[2] 《略论以工代赈》，《鲁青善救旬刊》1946年第11期，第1页。

[3] 延国符：《弁言》，载行政院善后救济总署鲁青分署秘书室编《善后救济总署鲁青分署三十五年度业务报告》，1946年铅印本，第1页。

[4] 行政院善后救济总署河南分署秘书室编：《行总河南分署三十五年度业务概述》，1946年铅印本，第2页。

[5] 行政院善后救济总署河南分署秘书室编：《行政院善后救济总署河南分署三十五年度业务概述》，1947年铅印本，第2页。

[6] 孙晓楼：《序言》，载行政院善后救济总署浙江分署编《行政院善后救济总署浙江分署三十五年度业务报告》，1946年铅印本，第1页。

[7] 《农业善后救济在晚赣》，《行总周报》1946年第4期，第15页。

[8] 行政院善后救济总署安徽分署《善后救济》1946年第2期，第3页。

[9] 余籍传：《湖南的善后救济工作——一面计划，一面实施》，《湘灾导报》1945年创刊号，第9页。

极之救济，所获只限于临时减少死亡，免于冻馁，其意义甚微"，如果"寓救济于善后，其意义更为重大"①。台湾分署坚定支持蒋廷黻提出的"寓救济于善后之中""善后重于救济"等理念。1946年5月，分署署长钱宗起指出："台湾系农业发达、工业矿业有近代化规模之区，经战事破坏后急待恢复旧观，善后重于救济一语，在台湾最适用，最易实现。"②同年12月，台湾分署在其1946年的《业务总报告》中再次强调，"'善后重于救济'，此在台湾更有其适应性，本分署一切工作，在原则上，莫不以此为最高准则"③。

特别值得一提的是，身为国民党主席、军事委员会委员长的蒋介石于1946年在日理万机之余接见了包括江西分署署长蔡孟坚在内的部分分署主要负责人时说，政府坚持"善后重于救济"的政策④。可见，无论是蒋介石及其国民政府，还是行总总署及各分署都对蒋廷黻提出的指导中国善后救济事业的基本理念——寓救济于善后之中表示认同。

第四，从开展善后救济的组织形式和防止腐败来看。蒋廷黻在其善后救济思想中指出了包工制的弊病即包工对工人工资的克扣，即对工人的剥削，明确要求各分署避免使用包工制，而是采用由政府直接参与工程管理的办法。这一思想也得到了部分分署的高度认同及积极响应。例如，湖南分署认为，"办理工振，避免包工制度"，因为"包工制之中间剥削，殊远善后救济之旨"。⑤他们在贯彻这一思想的时候，结合实际情况，创造性地使用分棚组织，各棚"自推主事者，负监督指挥之责"；而报酬则"以平等合作方式分领"，由政府管理部门直接到各棚中发放到工人手中，"以杜流弊"。事实证明，这一做法"曾收特殊之效果"。⑥

---

① 行政院善后救济总署苏宁分署《月报》1946年第2期，第4页。

② 陈云林总主编：《馆藏民国台湾档案汇编》第72册，九州出版社2007年版，第311页。

③ 行政院善后救济总署台湾分署编：《行政院善后救济总署台湾分署三十五年度业务总报告》，1946年铅印本，第81页。

④ 蔡孟坚：《主持江西善后救济分署的回忆——兼忆书生政治家蒋廷黻先生》，《传记文学》第16卷第2期，第33页。

⑤ 行政院善后救济总署湖南分署编：《行政院善后救济总署湖南分署三十五年度业务总报告》，1946年铅印本，第5页。

⑥ 同上。

此外，从开展善后救济的内容来看。各分署基本都按照蒋廷黻在其善后救济思想中所提方面进行，即救济主要从急赈、特赈、工赈及遣散难民四方面进行；善后主要从交通善后、农业善后、工业善后以及医疗卫生事业等多方面的善后活动来实施。

综上所述，蒋廷黻的善后救济思想，特别是其"寓救济于善后之中"的理念基本都得到了其继任者霍宝树、总署及各分署乃至蒋介石及其国民政府的认同，这一方面有利于蒋廷黻善后救济思想的贯彻执行，为行总上下团结一致，齐心协力在中国兴办善后救济事业创造了便利条件；另一方面，由于他们一致对他的这一思想认同、遵循乃至盲从，使得他的主要思想中的一些糟粕尤其是虽有进步性，但与当时国情脱节的"寓救济于善后之中"的理念不能及时发现和修正，结果给当时的中国善后救济事业造成了一些不必要的损失，这也许是蒋廷黻所没有料到的，也是大家应该认真吸取的教训。

第三节　蒋廷黻善后救济思想形成的历史条件

蒋廷黻善后救济思想的形成并非空穴来风，而是有其深刻的思想渊源，有着许多主客观方面的历史背景和条件，是多种因素共同作用的结果。

一　少年儿童时代人生经历的影响

1895 年（光绪二十一年）12 月 7 日[①]，蒋廷黻出生于湖南省邵阳县一

---

① 关于蒋廷黻的生年，有多种说法。有人认为他应该是生于 1894 年，例如，吴相湘就持这种观点（参见吴相湘《蒋廷黻的志业》，《传记文学》1965 年第 7 卷第 6 期）；也有人认为他应该是生于 1896 年，例如，蒋廷黻 1965 年 10 月病逝于美国纽约后，台湾方面在当年 11 月于台北为他举行追悼会时印行的"略历"中指出：蒋生于"民国纪元前十六年"即 1896 年；还有人认为他应该是生于 1895 年，这是较普遍的观点，蒋廷黻本人也持这一观点（参见蒋廷黻口述，谢钟琏译《蒋廷黻回忆录》，台湾传记文学出版社 1979 年版，第 1 页）。因此，笔者在此也采用最后一种说法。至于他的出生日月，有人认为是 12 月 7 日，也有人认为是 10 月 21 日，看似有差别，其实是一回事，只不过前者指的是公历，而后者指的则是农历（参见《蒋廷黻生平事略》，《民国档案》1989 年第 1 期）。

个叫黄陂桥的小镇上（现已划入邵东县）的一个中等农民家庭。他出生前的几代先祖都是"薄有田产"的人，他的父亲蒋恕学仅有小学文化程度，辍学后在靖港帮助家人料理生意，不料，被人发现"很有经商的天才"，所以，繁忙的农耕之余，他的父亲常常做些小买卖，以贴补家用。后来，他的父亲还做过靖港商会的会长。由于他为人正直、善良，敢作敢当，且热心社会公益事业，因而在当地颇有声望，被人称为"民间领袖"，家乡群众尤其邻居遇有困难，他的父亲常为他们"排难解纷"。①蒋廷黻晚年在其回忆录中提及其父的这些特点，说明他对他父亲的这一特点印象十分深刻，从他后面的叙述中还可看出，他对父亲的这一态度及做法很欣赏，儿童时代就梦想自己能作为一个"领袖"，热心社会公益事业，来为民"排难解纷"。这种家庭的熏陶，对他的一生影响很大，使得蒋廷黻在孩提时代就产生了长大后要救济百姓的朦胧意识。

六岁时，他进入一所私塾就读，在此期间，他的母亲熊氏病故，家庭曾因此一度陷入苦境。此时，私塾的老师对他十分关心，一般情况下，每位学生每年的学费是十几担谷，而老师要他每年只交学费几担谷子即可。对此，他及他的家人感激不尽。

少年时代，受其二叔兰甫帮助，蒋廷黻先后到长沙、湘潭等地读中学，从中学开始，蒋廷黻接受的多是宗教式的外国教育，因此他的中文底子差，为弥补中文知识，还是得益于一位外籍启蒙老师的教导。1912年，蒋廷黻开始其在美国的十年自费留学生活。首先是在密苏里的一所半工半读的学校——派克学堂（Park Academy, Parkville, Missouri）读中学，曾在身边一文不名之时，不幸患了伤寒重症，在美国当地的一家医院就诊，当时给他治病的大夫叫安伍得（Underwood），这位大夫知道他囊空如洗，曾劝他安心治病，告诉他："不要担心医药费、手术费，你什么时候有钱，什么时候给我。"②蒋廷黻对他的救济之恩也感激不尽。

这两件事使蒋廷黻深受触动，在少年时便强烈觉得自己曾经在困难时受过别人的救济，将来自己也一定不忘报答社会，救济需要帮助的人。蒋

---

① 蒋廷黻口述，谢钟琏译：《蒋廷黻回忆录》，台湾传记文学出版社1979年版，第5页。
② 《蒋廷黻兼具史识与辩才》，载朱传誉主编《蒋廷黻传记资料》（二），天一出版社1985年版，第153页。

廷黻后来在从事史学研究时曾经提出过这样的观点：认为一个人的少年时代的经历和教育对他成人后的思想有着较大的潜移默化的影响，并在其《中国近代史大纲》一书中多次论及少年时代的经历对曾国藩、孙中山等人的思想形成所具有的深刻影响。同样，少年时代的这些曾经受人救济的经历也必将对蒋廷黻后来善后救济思想的形成有重大影响。

二　中外思想文化的熏陶

1911年冬，因辛亥革命爆发，由美国慈善机构长老会在湘潭创办的教会学校——益智学堂被迫停办，正在该校上学的蒋廷黻也因此被迫辍学，也正是在这一年，蒋廷黻接受了基督教的宗教仪式——洗礼，加入了基督教，成为一名基督徒。他的这一举动，并非因为宗教狂热，而是一方面由于有感于以林格尔（William H. Lingle）夫妇为代表的深受基督教义熏陶的基督教徒们在湖南特别是湘潭对社会慈善事业的高度热情[1]。在他看来，一个使其教徒从善，热心慈善公益事业的宗教一定是个好宗教，值得加入。正如他在回忆录中所说："我想一个对人类深具影响力，又能使很多教士热心公益的宗教必然是一种好宗教。"[2] 另一方面，他在美国小城害病，得到美国社会的及时救助，这也是他"在青少年时代对基督教教义发生兴趣的一个重要原因"。[3] 他在成为基督教徒后，时常接受基督教义的教育，那种"爱人如己""爱仇如己"的教义逐步深入其心。[4] 不可否认，少年儿童时代的曾经受人救济的经历及基督教的教育对蒋廷黻后来善后救济思

---

① 蒋廷黻在其回忆录中曾这样描绘自己加入基督教的经过："我应该再补充一下在湘潭美国教会学校念书时的最后一段生活。信基督教的问题我是从未考虑过。我当时十六岁，对基督教的教义知道得很少，而且成为基督徒的倾向也很小。但我在湘潭参加长老会的聚会已有五年之久。凯卜勒博士（美国传教士——笔者注）、温德堡博士，特别是林格尔夫妇（他们都是湘潭长老会医院的医生——笔者注），他们的热心以及对社会福利事业的关怀，使我深受感动。我最终答应林格尔夫妇受洗，这就是我做基督徒的经过。"参见蒋廷黻口述，谢钟琏译《蒋廷黻回忆录》，台湾传记文学出版社1979年版，第43—44页。

② 蒋廷黻口述，谢钟琏译：《蒋廷黻回忆录》，台湾传记文学出版社1979年版，第44页。

③ 蒋廷黻的女儿蒋寿仁在《欣慰与回忆》一文中提到：她在纽约读大学时，父亲曾经跟她谈及，小城害病时，得到了美国社会的帮助，从此对美国人有了好感，有了长大后也要救济别人的想法，"这也是他在青少年时代对基督教教义发生兴趣的一个重要原因"。参见蒋廷黻《中国近代史·外三种》，岳麓书社1990年版，第198页。

④ 赵春晨等：《基督教与近代岭南文化》，上海人民出版社2002年版，第307页。

想的形成有重大影响。

一般而言，一定区域内某些极具特色的传统文化和道德往往会积淀为若干文化基因及道德基因，并绵延流传，从而对该区域的历史、文化以及重要历史人物的思想和道德产生某些潜移默化的影响。湖湘文化是中国一个很有影响的区域性文化，在中国思想文化领域内占有十分重要的地位。它一方面强调以人性为出发点，坚持儒家"以人为本位"的思想，认为"其善者天地之性也"，崇尚义理，扬善惩恶；另一方面强调"以经世致用为主旨"和"以天下之大任为己任"，主张时刻关心国家和社会的大事，时刻关心现实中的破碎山河、凋残民物和饥寒百姓，把"救国救民"与"济世救民"作为己任。[①]蒋廷黻是湖南人，并且长时间在湖南生活和学习。因此，他在这段时间内不能不受到包括上述内容在内的湖湘文化的深刻教育。

三 从事史学学习和研究的经历的影响

蒋廷黻在从事善后救济活动之前，曾经在美国的一所大学即哥伦比亚大学留学，主要学习近代史。后来回国当过南开大学历史系、清华大学历史系等院系的教授，从事史学研究和教学，著述颇丰[②]。20世纪30年代还应蒋介石之邀，代表中国政府前往德国等国家进行考察。不管是留学期间，还是大学任教期间、出国考察期间，他阅读和研究了大量古今中外的历史资料，从中发现了古今中外广大人民因战争、瘟疫和旱涝等灾害所遭受的巨大痛苦，以及各个时期、各个国家应对各种灾害的态度、政策及其后果。他对此进行了总结，得出了宝贵的经验教训。正因为"他是历史学者"，他"渊博的学识，是没有问题的"，"他可以征引中外古今的史例"来为他的思想作注解，[③]这为他通过借鉴过去中外的经验教训认识到战后开展善后救济活动的重要性，并制定一系列政策、措施打下了坚实的思想基础。

不仅如此，蒋廷黻除了一些社会救济思想的萌芽外，还开始从事社会

---

① 文选德：《湖湘文化古今谈》，湖南人民出版社 2006 年版，第 201 页。

② 蒋廷黻的主要史学著作有：《中国近代史》（上海古籍出版社 2006 年版）、《筹办夷务始末补遗：稿本》（北京大学出版社 1988 年版）和《近代中国外交史资料辑要》（台湾商务印书馆 1958 年版）等。

③ 陈之迈：《蒋廷黻的志事与生平》，《蒋廷黻传记资料》（一），天一出版社 1985 年版，第 40 页。

救济工作的实践尝试。例如，1922 年，即在美留学期间，中国华北地区爆发了一场大规模的洪涝灾害，他便以"中国同学会公共关系组"负责人为名，在哥伦比亚大学发动了旨在救济中国华北灾民的募捐活动①。1923 年12 月，蒋廷黻任教于南开大学历史系期间，他曾前往湖南考察。沿途，他看到的是因军阀混战造成的满目疮痍，广大农民辛勤劳作一年，"所得已经不足维持生计"②。1925 年，蒋廷黻乘船考察了河南、山西等黄河沿岸的农村经济状况。途中，他不无感慨地说："我实在想不到中国会有那么穷的人，他们竟然赤身裸体穿不上裤子。"③事后，他说"我亲眼看到中国经济贫困"，对于中国当时的贫困，他有自己的看法，认为"内战是贫穷的原因，也是内战的结果"，要想免于贫困，必须首先结束战乱④。求学及学术研究过程中产生的上述思想与开展的实践活动，为他日后形成善后救济思想并为之付诸实践不无影响。正如当时蒋廷黻两次考察活动的同伴李济所说："这两次的旅行也在我们两人的心中，发生了若干其他更重要的影响。"⑤

四 抗战胜利前后国家严重困难局面及政治环境的刺激作用

抗日战争胜利前后，整个国家由于战乱频仍而陷于重重困难之中，人民缺衣少食，居无定所，整日生活在水深火热之中，就像嗷嗷待哺的婴儿一样迫切需要救济。同时，全国的交通十分不畅，甚至近乎瘫痪。公路因为战争期间的炮弹炸得弹痕累累；桥梁十有八九被炸毁；铁路路轨被人为拆毁。农工矿业生产设施也损毁严重，农田荒芜，工厂停工，矿山倒闭，从城市到农村，处处呈现出极度衰败的凄惨景象。救济人民，恢复生产，重建家园，已是迫在眉睫。这些情况促使蒋廷黻这位时刻"以为国家服务为使命"，梦想着救中国和使中国富强起来的学者官员⑥，深感日本的侵

---

① 参见黄德宗《蒋廷黻及其政治思想的演变（1895—1935）》，硕士学位论文，台湾师范大学，1992 年第 67 页。

② 蒋廷黻口述，谢钟琏译：《蒋廷黻回忆录》，台湾传记文学出版社 1979 年版，第 91 页。

③ 同上，第 106—107 页。

④ 同上，第 92—93 页。

⑤ 李济：《感旧录》，台湾传记文学出版社 1967 年版，第 128 页。

⑥ 参见蒋廷黻口述，谢钟琏译《蒋廷黻回忆录》，台湾传记文学出版社 1979 年版，第 40 页。

略给中国人民所造成的伤害之深重，深感抗战胜利以后在中国开展救济善后之必要与迫切，深感战后中国开展的善后救济事业范围之广、内容之多、任务之繁重。"二战"后国家的百废待兴局面也促使蒋廷黻善后救济思想的形成并应用于实践。

民国时期，各级政府开展救济活动时，不再单纯提供食物和衣物，而是注意培养其谋生技能。"就民国时期失业救济的整个指导思想来看，积极救济是其努力的方向。"① 可见，积极救济即善后初露端倪。南京国民政府继续朝着这个"努力的方向"奋斗。抗战期间，行政院委托社会部起草了《社会救济法》。社会部次长洪兰友在介绍其立法宗旨时指出："立法之精神"，在于"建立完善之社会救济制度"，"由慈善观念进为责任观念"，逐步实现"以积极方法代替消极方法"之目标②。1939 年 1 月，时任行政院院长的孔祥熙在行政院振济委员会职员大会上代表国民政府阐述了抗战期间灾民救济的一个基本原则是："寓赈济于生产"，他同时强调，"此实为战时赈济政策之要义，与平时慈善救济不同"③。1943 年 9 月，国民党五届十一中全会审议并通过了《确定战后社会救济案》，强调我国战后社会救济工作"应与国家复员计划及建设生产计划配合进行，以减少受救济人之数量，并培养其自力更生之能力，以发挥救济之最高效能"④。

如前所述，蒋廷黻善后救济思想的核心内容是"寓救济于善后之中"的理念。这一理念的提出，不能不受到上述中国当时政治环境和政府政策取向的影响，更确切地讲，是当时顺应历史潮流之举。

五　对外部政策与经验的借鉴及利用

1943 年 11 月 9 日至 12 月 1 日，蒋廷黻作为中国出席联合国救济善后总署（简称联总）成立大会的首席全权谈判代表参加了《联合国救济善后总署基本协定》的签字仪式，并代表中国在该协定上签了字，紧接着，又

---

① 蔡勤禹：《国家、社会与弱势群体——民国时期的社会救济（1927—1949）》，天津人民出版社 2003 年版，第 176 页。

② 洪兰友：《社会救济法之立法精神》，载秦孝仪《革命文献》第 99 辑，台北出版社 1973 年版，第 59 页。

③ 秦孝仪主编：《革命文献》第 96 辑，台北出版社 1973 年版，第 3 页。

④ 秦孝仪主编：《革命文献》第 80 辑，台北出版社 1973 年版，第 340 页。

参加了联合国救济善后总署的第一届全体大会并签署了一系列相关法律文件。1945 年 11 月 14 日，他还代表中国政府与联总签订关于对中国援助的《基本协定》。这些活动的参加，使蒋廷黻对联总制定的有关战后联合国在国际上开展救济善后活动的有关原则、方针政策了如指掌，为他根据联总政策要求，结合本国实际情况提出善后救济思想创造了良好的条件。

20 世纪 30 年代，罗斯福初任美国总统的时候，受经济危机的影响，美国正面临严重的经济困境，工厂倒闭，经济衰退，大量工人失业，人民生活水平严重下降。罗斯福为使美国经济形势好转，决定实施"新政"。罗斯福新政的内容，有人将它概括为三个"R"，即 Relief（救济）、Recovery（复兴）和 Reform（改革）。Relief（救济）又从 Direct Relief（直接救济）与 Work Relief（工赈）等方面入手。他利用政府的资金一方面对那些生活无着、急需救济的贫民进行直接救济，帮助他们渡过难关；另一方面，他多方筹集资金，大兴土木，兴办公共工程，推出大批建设项目，培育大批就业岗位，以吸收大量劳工失业者就业。罗斯福新政推行不久，美国逐渐走出了困境，经济开始复苏，人民的生活水平得以回升。蒋廷黻长期在美国学习和生活，耳闻目睹了美国的做法及其效果。在他看来，罗斯福的这种做法，"一时批评的人虽多，说他是浪费，说他是社会主义者，或私人资本自由企业的敌人，现在一般都承认这种方法既合乎经济原理，又足以促进社会福利"[1]。这就为他后来善后救济思想的形成和善后救济活动的开展提供了借鉴，起到了"他山之石"的作用。

---

[1] 蒋廷黻：《善后救济总署之性质与任务》，《东方杂志》第 41 卷第 20 号 1945 年 10 月，第 6 页。

第三章 《中国善后救济计划》的编订

俗话说："计划是行动的先导。"根据联总的有关规定，每个接受善后救济援助的国家务必在联总规定的期限内按相关要求制定并提交该国利用联总分配的善后救济援助物资举办善后救济活动的计划，并且在联总审议通过后方可获得相关的救济善后援助待遇。因此，编订《中国善后救济计划》无疑成为当时中国善后救济事业一项刻不容缓的重要任务。

第一节　中国成为联总善后救济援助国的依据

由于联总接受的用于善后救济的捐助有限，因而并不是所有的国家都能获得这种援助。那么，中国能否获得这种援助？换句话说，中国凭借哪些依据向联总提出善后救济援助的请求？

答案是不言而喻的，依据是充分、可信的。

一　中国为世界反法西斯战争的胜利作出了卓越贡献

1939年9月，以德国闪电进攻波兰为标志，第二次世界大战全面爆发。此后，全世界人民进行了艰苦卓绝的反法西斯战争。而在此之前，即1931年9月18日，以"九一八事变"为标志，中国人民的反法西斯战争——抗日战争爆发了。可见，中国人民是世界上最早开展反抗德、意、日法西斯斗争的国家，不仅如此，中国人民的反法西斯战场还是世界上持续时间最长的反法西斯战场，前后历时14年。在此期间，中国人民在中国共产党倡导的抗日民族统一战线的旗帜下，国共两党团结抗日，坚持持久抗战的方针，打破了日本企图在短短3个月内灭亡中国，并将中国作为争霸亚太地区的基地和桥头堡的罪恶计划。中国有力地牵制和消灭日军，成为世界上牵制和消灭日军最多的国家。据统计，从 1931 年 9 月 18 日 "九一八事变" 到 1945 年 8 月抗战胜利，中国反法西斯战场牵制的日军占其投入 "二战" 中总兵力的 74%，甚至一度达到 90%。日军在 "二战" 中共计伤亡 287 万人，其中 150 多万人是被中国军民消灭的[①]。

日本侵略并占领中国，仅是其 "阶段性" 目标，绝非终极目标。它企图在占领中国后，进而发动远东与太平洋战争，最终称霸全世界。中国的抗战成为阻止日军北犯苏联、粉碎其与德军对苏联东西夹击阴谋的坚不可摧的防御长城，为苏联人民最终打败德国法西斯，取得伟大的卫国战争的胜利作出了重要贡献。1941 年 7 月，日军参谋总长杉山不得不承认："日本现在中国使用武力太大，对苏作战实际上办不到。"[②]斯大林在评价中国人民的抗战对苏联人民抗击德国侵略所起的帮助作用时曾不无感慨地说："只有当日本侵略者的手脚被（中国）捆住的时候，我们才能在德国侵略者一旦进攻我国的时候避免两线作战。"[③]

不仅如此，中国的抗战还有力地支援了美英盟军。正是由于中国的英勇抗战（包括中国远征军出征缅甸协助英军抗日），拖住了日本的后腿，使它经过缅甸，夺取印度，最后与德军在中东地区会合的美妙计划成为痴心妄想。这样，可使英国得以从缅甸、印度等地组织强大的人力和物力资源，在欧洲等地与德、意法西斯进行殊死搏斗。对此，时任英国首相的丘吉尔后来曾回忆道："二战"中，"我们把英国的前途、命运紧紧地与中国人的命运联系在一起，中国一崩溃，至少会使日军 15 个师团，也许会有 20 个师团腾出手来，其后大举进犯印度，就确定无疑了"[④]。"二战"后，美国总统罗斯福在回忆这段历史时也做了一个 "假设"。他说："假如没有中国，假如中国被打垮了，你想一想有多少师团的日本兵可以因此调到

---

① 参见《中国近现代史纲要》，高等教育出版社 2010 年版，第 177 页。

② ［日］服部卓四郎著，张玉祥等译：《大东亚战争全史》第 1 卷，商务印书馆 1984 年版，第 67—68 页。

③ ［苏］瓦·崔可夫著，万成才译：《在华使命：一个军事顾问的笔记》，新华出版社 1980 年版，第 36 页。

④ ［英］温斯顿·丘吉尔著，北京编译出版社译：《第二次世界大战回忆录》第 4 卷，世界知识出版社 1950 年版，第 226 页。

其他方面来作战？他们可以马上打下澳洲，打下印度——他们可以毫不费力地把这些地方打下来，并且它们可以一直冲向中东"，在那里，"和德国联合起来，举行一个大规模的夹攻，在近东会师，把俄国完全隔离起来，吞并埃及，切断通过地中海的一切交通线"①。

中国战场的存在和发展、壮大，还使得日本难以腾出太多的力量在太平洋战场与美国决斗，从而使美国在经历了珍珠港事件后能够迅速集中兵力，扭转战场被动局面，并最终以较快的速度取得太平洋战争的胜利。不能设想，离开了中国在太平洋西岸对日军的有力牵制，美军在太平洋战场的处境会如何？1943年10月11日，即《联总协定》即将签署的一个月前，美国总统罗斯福对中国在"二战"中的贡献给予了充分肯定。他指出："中国是我们的盟国。多年来，她为反对侵略而孤军奋战。今天我们和她一起战斗。她在极端不利的条件下始终坚持英勇的斗争。"②直至今日，外国仍然对当年中国抗击日本侵略的地位赞不绝口。例如，2005年5月7日，英国《卫报》载文指出："如果不是中国付出2000万人的代价，在亚洲战场上拖住了日本军队，日本军队便会从中国进攻苏联的后方，或者进一步进入太平洋地区。在没有亚洲盟国顽强抵抗的情况下，西方盟国的损失将更为惨重。"③而且，中国当时还是一个积贫积弱的国家，因而，这种斗争及其胜利更是难能可贵。所以，1945年初，罗斯福再次强调："我们也忘不了中国人民在七年多的时间里怎样顶住了日本人的野蛮进攻，和在亚洲大陆广大地区牵制住大量的敌军。"④

由上可见，中国抗战具有国际性的特点。正如毛泽东所说："伟大的中国抗战，不但是中国的事，东方的事，也是世界的事"，因此，"中国的抗战是世界性抗战"⑤。中国抗战对世界反法西斯战争的贡献是多么巨大，而且，长期以来，中国的这种贡献基本上得到了以英、美为代表的世界人民的肯定和赞扬。

---

① ［美］罗斯福著，李嘉译：《罗斯福总统见闻秘录》，上海新群出版社1950年版，第99页。

② ［美］罗斯福著，关在汉译：《罗斯福选集》，商务印书馆1980年版，第444页。

③ 英国《卫报》2000年5月7日，转引自荣维木主编《抗日战争热点问题聚焦》，济南出版社2005年版，第145页。

④ 《罗斯福选集》，商务印书馆1980年版，第480页。

⑤ 《毛泽东文集》第2卷，人民出版社1993年版，第146、145页。

二 中国为抗战遭受了严重损失

1945 年 8 月 14 日，日本政府被迫宣布无条件投降，中国人民终于取得了抗战的胜利。历时 14 年的抗战使中国付出了惨重代价。在此次战争中，军民合计伤亡达 3500 万人以上，占"二战"期间各国军民伤亡总数的三分之一，直接经济损失超过 600 亿美元（1937 年币值），战争消耗的物资为 400 多亿美元，间接给国民经济造成的损失更是高达 5000 亿美元之巨[①]。

不仅如此，4000 多万中国同胞沦为难民，他们食不果腹，衣不蔽体，居无定所。"湘南各县，均遭最惨酷的蹂躏。耕牛被杀十之八九，猪羊鸡鸭，宰食殆尽……农民即使侥幸逃出命来，而养命的口粮却损失殆尽。"[②]豫北地区因为兵灾粮荒，致数百里人烟绝迹。桂北各县也因日寇"盘踞掠夺，以及地方歹徒抄劫骚扰"，粮食、耕牛和其他财产基本被抢走，紧接着又遭受了"一连串的水灾、虫灾和旱灾"，广西全省的收成因此而大幅度减产。[③]江西、浙江、福建、江苏、安徽和山东等地，由于日寇惨无人道地实施了细菌战，导致这些地方普遍流行疟疾、斑疹、伤寒、脑膜炎、出血热、鼠疫等疾病。加之战争的破坏，长期缺医少药，几无有用的医疗卫生设施，成千上万的人民因为贫病交加，挣扎在死亡线上，急需救济。

日本的侵略战争还重创了本来就脆弱不堪的中国国民经济体系。国内许多地方交通断绝，大批工矿企业停产、半停产，基础设施也大都遭到严重破坏。以东北为例，抗战结束时，"东北全境近 70％的电力、800 家重型工矿企业的全部和 15000 家中小企业的 60％，以及学校、医院、桥梁、水坝和公共建筑等，几乎破坏殆尽"[④]。因此，中国还急需善后以恢复生产，重建家园。此外，由于大批企业尤其是不少带有现代化色彩的企业被毁，将 19 世纪 20 年代开始的中国现代化工业进程被打断。

日本侵华战争给中国人民造成的损失和灾难之深重是举世公认、有目

---

① 宋时轮：《不可磨灭的贡献》，《人民日报》1985 年 8 月 31 日。

② 特约记者：《谷仓边缘的饥馑》，《观察》1946 年第 1 卷第 9 期，第 14 页。

③ 吴景超：《广西灾情报道》，《行总周报》1946 年第 21 期，第 1 页。

④ 刘广沛：《东北分署报告》，《行总周报》1946 年第 24 期，第 9 页。

共睹的。苏联元帅崔可夫说过："甚至在我们最艰苦的战争年代里，日本也没有进攻苏联，却把中国淹没在血泊之中，稍微尊重客观事实的人都不能不考虑到这一明显而又无可争辩的事实。"①

如前文所述，在联总看来，只有在与德、意、日等法西斯作战中遭受的损失才是对联合国家的"牺牲"，也可说是受害国的贡献，方可接受善后救济援助。联总善后救济援助的对象只能是战灾受害者。中国因为日本的大举入侵而成为世界反法西斯的主要战场，中国人民因为日本侵略而成为战灾受害者，上述严重损失就是中国人民在反抗日本侵略者的过程中遭受的损失，所以，中国完全符合联总援助的标准。

"中国是一个礼仪之邦，以礼义廉耻为立国常经，特别在取予辞受之间，决不含混。"中华民族自古以来就有自强不息的优良传统，中国绝不会无缘无故地乞求别人的施舍与救助。还在抗战艰难进行的过程中，国民政府便着手救济灾民、重建家园的工作，一些民间团体、慈善家及热心人士也纷纷投入救灾与恢复重建的大潮中。抗战胜利后，中国政府积极筹划、从事救济、重建活动。国民政府要求各省、市党部、政府尽快成立专门机构，调查战灾损失。各省、市立即行动起来。例如，山东省政府迅即"成立各级救济委员会，调查抗战八年中山东人民所受各种损失，以作赔偿救济时的根据"②。1945年9月3日，行政院发布《告全国同胞书》，强调在战后要迅即开展复员，"要为军人布置就业机会，要为抗属伤兵难民难童取得必要的救济，要为毁于炮火的城市乡村策复兴，要为海外侨胞谋复业，要为青年解决求学之困难，要为工矿农商各业开拓发展的道路。"③

当然，由于14年的日寇侵略给中国人民造成的伤害与损失过大，有鉴于中国人民为世界反法西斯战争胜利所作出的巨大贡献，所以，中国在开展自救的同时申请国际援助是必要的，也是正当的。"基于人类互助的观念，感于中国处境之艰困"，对于一定数目的救济，"我们自信是取不

---

① ［苏］瓦·崔可夫著，万成才译：《在华使命：一个军事顾问的笔记》，新华出版社1980年版，第38页。

② 《胶东日报》1945年12月22日。

③ 中国国民党河北省党部编：《抗战胜利后重要文件》，1945年铅印本，第5页。

伤廉，而受之无愧的"①。

三　在此之前的"二战"期间，中国得到的其他国际援助最少

"二战"初期，面对德、意、日法西斯国家发动的侵略战争，美国采取置身度外、隔岸观火的态度。1941 年 12 月，日本偷袭珍珠港、太平洋战争爆发后，美国才改变态度，并加入同盟国。美国为尽快打败德、意、日法西斯轴心国，为其他与轴心国浴血奋战的同盟国成员提供了大量的援助。当时，美国农业现代化程度已达到很高水平，利用其农业机械化水平高的优势，生产了大量的粮食和肉类，并将之加工成各种食品，然后源源不断地运往英、法等盟国，就是苏联在卫国战争期间，也得到过美国的这种援助。正是依靠美国提供的这些及时而宝贵的援助，苏联人民才能在1942 年渡过难关，并最终取得卫国战争的胜利。

截止到 1945 年 9 月"二战"结束，美国根据《租借法案》以租借形式援助盟国的物资，累计总值约 485 亿美元，其中英国得到约 309 亿美元；苏联 110 亿美元；法国 28 亿多美元；而中国仅得 8.7 亿美元，占全部租借物资总价值的 1.8%②。不仅如此，中国共产党领导的人民军队又是在完全没有外援的情况下，与近半数的侵华日军和差不多全部的伪军作战。也就是说，在上次以租借形式进行的对反法西斯的主要国家援助的时候，中国作为同盟国的一员、东方最重要的战场，获得的援助却是微不足道的。这显然与中国对世界反法西斯战争所作出的贡献与地位极不相称，有失公道，特别是在 1931 年九一八事变至 1939 年 9 月世界反法西斯战争全面打响前，甚至到1941 年 12 月太平洋战争全面爆发前，中国人民一直是在依靠自身单薄的力量，独自应对日本蓄谋已久的疯狂侵略，而没有得到丝毫援助。况且，1931年 9 月日本侵华战争爆发后，美国为满足本国资本家大发战争财的欲望，还向日本大卖军火和战略物资，包括枪炮、飞机、汽车、钢材、石油、棉花与粮食等，为日本持续侵华行动提供物资补充，从而加强了法西斯的反动力量，增加了中国人民抗日的代价，在客观上起到了"助纣为虐"的作用。

---

① 《忠告联总署长拉加第亚》，《中央日报》1946 年 7 月 3 日。
② 王正华：《抗战时期外国对华军事援助》，环球书局 1987 年版，第 307 页。

对此，就连美国人也颇有微词。例如美国著名记者史沫特莱曾经说过：向日本"出售武器、卡车给鬼子"，"那是爱财如命的美国商人、资本家干的事"；"我看见了敌人的飞机、大炮、坦克、汽车穿梭般的来往，那些杀人武器都是来自我们美国军火商人"；"日本杀人犯没有刀剑，美国给了他们"①。那么，作为补偿，此次以联总开展的善后救济形式进行的援助中国理应获得相当的份额。

四 美英等国对中国人民遭受的战争损失表示同情

英、美等国不仅对中国在世界反法西斯战争中的作用给予了肯定，而且对中国因此而遭受的巨大损失予以认可，并表示了同情。1944年2月，美国对外经济局局长克罗莱在众议院外交委员会发表演讲时指出："吾人唯有增加对华援助，始能打击日本之心脏。"②他们对中国在联总开展的善后救济援助活动中获得相当的份额表示理解与支持。联总驻华办事处处长艾格顿也指出：由于中国遭受的如此严重的战争损害，给予中国多么巨大的援助都不为过③。联总负责人认为，由于日本14年的侵华战争给中国人民所造成的伤害，"战后中国的紧急救助和重建家园的任务极其艰巨"，而让中国人民独自承受这种代价"显然是不公平的"④。

他们对中国人民遭受的战争损失表示认可和同情，不仅表现在口头上，还体现在行动上。还在联总第一次大会确定善后救济事业经费时，大会决定在总数为6.25亿英镑的经费中，英国认派约25%，即1.56亿英镑；美国认派约60%，达到3.75亿英镑；而四强之一的中国则不须承担⑤。联总的一个原则是协助各国人民自力更生。凡其政府有能力以外汇付款的任何国家，联总不向它免费发放救济物资，而必须使用本国的外汇予以购买。

---

① ［美］史沫特莱：《史沫特莱文集——中国的战歌》，新华出版社1985年版，第304、354页、352页。

② 李新主编：《中华民国大事记》第5册，中国文史出版社1997年版，第30页。

③ ［美］艾格顿：《联总驻华办事处处长致辞》（译文），《行总周报》1946年9月第23期，第2页。

④ Harrison Parker, *International Payment of Postwar China, Pacific Affairs*, Vol. 21, No.4, Dec. 1948, p356.

⑤ 方庆秋等编：《中华民国史史料长编》第63册，南京大学出版社1993年版，第662页。

联总经过调查研究后认为，中国确实没有外汇支付的能力，应该享受免费获得联总善后救济的援助物资。1946 年 1 月，联总署长李门致电蒋介石，对中国人民为世界反法西斯战争胜利所付出的代价及做出的贡献给予了充分肯定："贵国人民对联合国之共同敌人英勇抗战，经历艰苦，此将永世界爱好和平人士所景慕，其应享'联总'之援助，已更无逾于贵国人民者"①。

此外，蒋廷黻及中国代表团积极争取联总的援助。1943 年 11 月，蒋廷黻受国民政府之命率领中国代表团前往美国参加联总的许多活动，其中还有一个重要任务就是向联总积极争取尽可能大的善后救济援助，以帮助人民减轻痛苦，重建家园。所以，之后的一年时间里，蒋廷黻及其率领的代表团利用一切可以利用的机会开展这一工作。一方面通过举行记者招待会、发表演说、接见记者和参加座谈会等形式向外界说明中国的困难局面、对联总即将开展的善后救济事业的期待以及中国当时所需的救济项目与数量，为中国获取联总的善后救济展开宣传攻势；另一方面，积极与美国高层官员及联总领导人协调、沟通，据理力争，开展公关活动，尽量获得他们的支持和帮助。

综上所述，中国获得联总善后救济援助的依据是正当而又充分的，联总在中国开展善后救济活动是大势所趋的事情，这也就是蒋廷黻指导编订《中国善后救济计划》的历史背景所在。

第二节 《中国善后救济计划》编订的历程

联总要求受援国必须根据联总援助的总体规模及本国受灾情况制订本国的善后救济计划，并且必须在1944年9月30日前这一最后期限内完成并提交给联总审议，超过期限没有递交的或递交后审议不合格的均取消接受援助的资格。因此，计划的编订必须慎重。有鉴于此，《中国善后救济计划》的完成并非一蹴而就，而是经历了一个过程，对于这个过程，我们可以将它分为几个阶段，即酝酿、起草与修改以及提交阶段。

---

① 《善救总署长电主席致敬》，《民国日报》1946 年 1 月 8 日。

一　《中国善后救济计划》的酝酿

还在联总正式成立的前一年，即 1942 年，为联合从事在欧洲的战后恢复重建工作做准备，以英国为代表的西欧一些国家共同在伦敦成立善后救济调查设计委员会，并一致推举英国财政专家李兹·罗斯爵士为该委员会的主任。该委员会一诞生，便立即投入调查和规划设计工作，在联总即将成立的前夕完成了工作，报告书也随即出炉。1943 年 11 月，在大西洋城召开的联总成立大会上，李兹·罗斯爵士代表其委员会向大会提交了关于战后欧洲损失及复兴的调查报告。蒋廷黻在听取了调查报告及大会的讨论后深受触动，认为该委员会"计划周密，调查精确"[①]。几乎与此同时，他也萌生了前期在中国设立类似委员会并开展类似工作的想法。对此，他在 1945 年完成的《善后救济总署之性质与任务》一文中这样写道："我当时深佩友邦处理善后救济问题的方法，于是建议在行政院内设立同样的调查设计委员会，并建议请联总派遣三位专家来协助我们设计。"[②]

还在美国出席联总的相关会议及活动期间，蒋廷黻就向行政院提出这个建议。行政院在经过例会的讨论研究后接受了他的这一建议，并很快于 1944 年 3 月成立善后救济调查设计委员会，任命蒋廷黻为该委员会的主任委员，时任中国农业银行总经理的顾季高（翼群）为副主任委员。根据蒋廷黻的建议，行政院向联总提出派遣三位专家来到中国协助完成计划编订工作。中国政府的这一要求马上得到满足。1944 年 4 月初，联总选派美籍专家尤金·斯泰利（Eugene Staley）、欧文·道森（Owen L.Dawson）以及加拿大籍医学专家格兰特（J.B.Grant）三人专程前往重庆，协助开展《中国善后救济计划》的编订工作。当时蒋廷黻还在美国以中国首席全权代表的身份参加联总早期的一些活动，这些活动对联总特别是对中国即将开展的善后救济事业甚为关键，所以他不能立即回国领导这个委员会工作，他的主任委员一职只好先后由副主任委员顾季高和行政院秘书长蒋梦麟代理。该委员会下设 9 个专门小组委员会，它们分别是粮食、衣料、交通、

[①]　蒋廷黻：《中国善后救济总署》（联合国丛刊第 2 辑），国际出版社 1946 年版，第 3 页。

[②]　蒋廷黻：《善后救济总署之性质与任务》，《东方杂志》1945 年 10 月第 41 卷第 20 期，第 2 页。

工矿、农林、水利、卫生、社会福利以及难民。"各小组委员会委员，或为政府各部专门人员，及行政主管人员，或为社会团体之专家。"① 工作开始后，行政院有关部、会如粮食部、交通部、财政部、卫生署、水利委员会等以及联总代表如扬格（Arthur N. Young）等也对这一工作给予了不同程度的协助与支持。

二 《中国善后救济计划》的起草与修改

1944 年 3 月，中国的善后救济调查设计委员会一经成立，就迅速投入工作，着手编订《中国善后救济计划》。4 月初，联总派来的 3 位专家也迅速投入这一工作中。由于善后救济涉及的范围非常广泛，对日作战还没有完全结束，国内外形势不确定的因素还很多，该委员会只能依据不多且不太准确的统计资料和主观想象开展工作，可谓困难重重。他们在起草该计划时始终围绕这样一个中心来展开：准确评估战争结束后沦陷区人民所需的粮食、衣物、药品和房屋的缺乏程度，日本侵华战争及失窃等对中国的交通运输、市政等基础设施和农、工矿企业生产厂房、设备原材料等方面的破坏程度，在此基础上提出所需的救济善后物资援助要求。

蒋廷黻当时身在美国，无法直接参加该计划的编订工作，仅"以电信贡献意见"，根据在美国联总总部了解到的情况，对国内起草《中国善后救济计划》进行远程指导②。这些情况既包括联总对各国的计划书的总体要求，也包括当时联总获得捐助的信息，以便使国内起草的这一计划书既能符合要求，又能最大限度地多从联总得到善后救济物资。"因我方人员工作努力而且竭诚合作，联总三位专家亦均兴奋从事"③，加之蒋廷黻及时提供联总的相关信息，9 个小组在经过一段时间的努力后，各个小组终于分别完成了一个专门报告，其核心内容是："所列物资，系大规模工作开始起，18 个月内之需要"，为自国外输入之物资，计重 1000 万吨，折合 25.5

---

① 行政院善后救济总署编：《中国善后救济计划》，上海市档案馆藏档案：Y3—1—274，第 5 页。

② 蒋廷黻：《善后救济总署之性质与任务》，《东方杂志》1945 年 10 月第 41 卷第 20 期，第 2 页。

③ 同上。

亿美元；国内所需经费，计法币27.27亿元，总数合计是30余亿美元①。

国民政府在向联总提出这一庞大的援助计划后，觉得这一要求看似巨大，但丝毫不过分，"以我国抗战之久，陷区之广，难民之多，多数都市破坏程度之高，则此数亦殊微也"②。计划报告完成后，由国民政府派专人将它们送达位于华盛顿的联总总部。当时蒋廷黻作为联总中央委员会的中国代表常驻华盛顿参加联总的有关活动，他收到国内送去的报告材料后迅速逐一进行审阅。

阅后，他对送达的计划报告"发生几种感想"：第一，对起草小组的工作给予总体肯定及赞扬。他说："余觉善后救济调查之工作出乎意料外之完善"，"虽在国内统计资料不完全之条件下仍能有此完整之统计数字"，"其思想之周到、计划之完善，可谓了不得之工作"，当然，他也客观地指出该计划"其中渔业计划及乡村工业计划稍差"。第二，他"发现善后救济调查委员会估计战后善后救济经费须二十七亿元，而系依照战前物价计算再加上二十五亿美金，已超过联合国经费之总数"，当时联总第一次筹得的全部基金总额也不超过20亿美元。其实，这一总体构想并非完全是蒋廷黻所说的"善后救济委员会估计"所为，他们的这一估计，在一定程度上是建立在蒋廷黻对他们的指导基础上的。蒋廷黻根据当时他从美国特别是联总了解到的联总接受的基金募集等信息判断，中国可以按上述规模作计划，然后将他的这一判断和就此做出的指示通过电报等手段传回国内，该委员会再把他的这些"意见"反映到计划报告中去。等到计划报告送达美国后，有些情况已发生很大变化，主要是一些捐助国将原来承诺的捐助金额进行压缩，联总获得的基金要比原来推断的少很多，因而中国分到的份额必将减少。同时根据联总规定，一些援助物资还需出资购买，但是国民政府提供此类外汇非常有限，中国代表也认为："自谋输入物资亦无外汇可资购买，在此情形下欲求维持原计划之规模，自属痴人说梦。"③

所以，在蒋廷黻等人看来，这份计划已经没有实现的可能，甚至还会

---

① 行政院善后救济总署编：《中国善后救济计划》，上海市档案馆馆藏档案：Y3—1—274，第8页。

② 上海市通志馆年鉴委员会编：《民国三十五年上海市年鉴》，中华书局1946年版，第11页。

③ 行政院善后救济总署编译处编：《行政院善后救济总署业务总报告》，上海市档案馆藏档案：Y3—1—278，第248页。

在联总授人以"狮子大张口"之口实，因此"我国自不能要求太大"，必须对原来的计划调低①。于是，在请示当时还兼任行政院院长的蒋介石后，蒋廷黻组织在华盛顿的中国代表团部分成员对计划予以适当修改。对计划进行修改的动议也得到了行政院的首肯，但嘱咐中国代表团，交通运输战时受损严重，并且它又是国家战后重建的基础性条件，故"交通运输事业不可做过多缩减"。蒋廷黻及其率领的中国代表团经过再三斟酌，最终将申请联总援助的食粮、衣物、建材及工矿业器材等物资进行了较大幅度的压缩，交通运输设备计划数为 3.3 亿美元，农业等其他方面计划数保持不变，并将要求联总援助的物资总价值调整为 9.45 亿美元，总重量为 400 万吨。这"无非为我国希望之数字，联合国方面至今尚无表示"，"其余由我国政府与人民自行设法"②。在此基础上，并根据蒋介石数次的"电示"，蒋廷黻又亲自"编制总报告及总计划"③。这样，向联总递交的这份《中国善后救济计划》共包括两部分、11 册，一是总报告与总计划，二是 10 个专门计划报告。

三 《中国善后救济计划》的提交

《中国善后救济计划》几经修改与调整后，1944 年 9 月 30 日，即联总规定的各受援国提交计划书的最后一天，蒋廷黻一上班便带着总计划和其他 9 个专门报告来到位于华盛顿的联总总部李门署长的办公室，代表中国政府将上述计划材料郑重递交给李门署长。值得一提的是，在递交这些材料的同时，蒋廷黻还向李门署长呈送了一封亲笔信。

信的全文如下：

中国代表致联合国善后救济总署署长公函

李孟④署长阁下：廷黻代表中国政府，函送贵署文献一件，题曰

---

① 《五月十一日　署长在善后救济问题讨论会演讲词记录》，1945 年 5 月 11 日，载行政院善后救济总署赈恤厅编印《怎样办理赈恤》，1946 年铅印本，第 48 页。

② 同上。

③ 蒋廷黻：《联合国善后救济会议经过》，载行政院善后救济总署编《中国善后救济计划》，附录一，上海市档案馆馆藏档案：Y3—1—274，第 42 页。

④ 李孟即为李门。

"中国善后救济计划"。是项计划，分订十一册，论述中国善后救济问题之性质，并提陈工作纲领及估计需要；至于本计划有关之财政及机构等问题，亦均——论列。计总计划一册，摘要论述中国之需要；分类计划十册，发表详细讨论粮食、衣服、房屋、医药卫生、交通运输、农业、工业、泛滥区域、社会福利及难民等问题。各项资料，尚未齐备，其中如房屋、渔业及乡村工业等问题，仍在搜集辑中，一俟编撰蒇事，当再函陈。

本文献举列中国政府拟请联合国救济善后总署资助各项目。其中需要较为迫切，应请贵署立予筹划之部，本代表拟即另提说帖，促请注意。

中国政府甚盼贵署将各项要求，早予审定。

蒋廷黻（签署）

一九四四年九月三十日[①]

由上可见，蒋廷黻在公函中主要向联总署长介绍了以下事项：一是简介《中国善后救济计划》的重要内容及所需援助的项目；二是敦请联总早日审议通过该计划，并据此尽快开展对中国的善后救济活动。

根据联总的规定，受援国的计划在提交联总后，联总将组织专门委员会对它们进行审议，不过这需要较长的时间，虽然计划还没有审议通过，但是，蒋廷黻对这一计划的最终通过并以此获得联总的善后救济援助充满信心。

他说：

因为时间的仓促及专家审查的费时，总署至今尚没有负责的答复。但是各国的代表，总署各级的长官，及美国舆论界和人民团体都对我国善后救济的计划表示极大的关心和同情。大体说来，各方均表示中

---

① 蒋廷黻：《中国代表致联合国救济善后总署署长公函》，1944 年 9 月 30 日，载行政院善后救济总署编《中国善后救济计划》，上海市档案馆馆藏档案：Y3—1—274，前附页。

国所提的数字虽大，却在情理之中 ①。

在这种情况下，1945 年 9 月中旬，蒋廷黻在处理完有关联总的事务后，便回国述职，并着手行政院善后救济总署的创建工作。19 日上午，在由王云五主持的国民参政会第五次会议上，蒋廷黻应邀就有关《中国善后救济计划》的情况进行了详细报告。

第三节 《中国善后救济计划》的主要内容

如前所述，《中国善后救济计划》（以下简称"计划"）包括总计划和 10 个专门报告。它们包括的内容十分广泛和丰富。

现将《中国善后救济计划》总计划的主要内容简要介绍如下。

一 关于中国开展善后救济的区域

计划指出：联总在中国开展的善后救济工作的中心"自当在敌人占领区域"，与此同时，"然亦须顾及自由中国"。"自由中国"即非"敌人占领区域"，就是在被列入善后救济范围的省、市，有的并非百分之百地被"敌人占领"，对这些地方，应该与该省、市"敌人占领区域"一样纳入善后救济范围，因为"现在许多闹饥荒的地区并不完全是敌寇的洗劫造成的" ②。计划规定，"救济善后区域将分区实施"；同时要求各地，"全部救济善后工作所需之经费及物资，与请求联合国总署援助之物资，在可能范围内，系分区估计" ③。

现将各区包括之省份、全部人口及沦陷区人口估计情况如表 3—1 所示。

---

① 蒋廷黻：《联合国善后救济会议经过》，载行政院善后救济总署编《中国善后救济计划》，附录一，上海市档案馆馆藏档案：Y3—1—274，第 43 页。

② 许涤新：《论当时的中国经济危机》，《群众》1946 年第 11 卷第 7 期，第 12 页。

③ 行政院善后救济总署编：《中国善后救济计划》，上海市档案馆馆藏档案：Y3—1—274，第 5 页。

表 3—1　　　　　　　　中国善后救济区域及其人口

区域	包括省份	全区人口（百万人）	沦陷区比例（%）	沦陷区人口数（百万人）
I	辽宁　吉林　黑龙江	38	100	38
II	热河　察哈尔　绥远	8	100	8
III	河北　山东　山西	82	100	82
IV	河南	32	67	21
V	江苏　安徽　浙江	86	75	64
VI	福建	12	25	3
VII	江西　湖南　湖北	66	50	35
VIII	广东　广西	46	25	11
IX	云南　贵州　四川	68	—	—
X	甘肃　宁夏　陕西	17	—	—
XI	台湾	6	100	6
	总计	461		266

　　资料来源：行政院善后救济总署编：《中国善后救济计划》，上海市档案馆馆藏档案：Y3—1—274，第 6 页。

　　注：沦陷区人口百分比系 1944 年 7 月时之情形。

　　从表3—1中可以看出，当时中国共有4.61亿人口，而沦陷区人口就占到2.66亿，沦陷区人口所占比例总体上看，几乎超过一半。"沦陷地区之人口，几等于全美国人口之二倍，亦较欧洲轴心国占领区域之人口为多"，他们"备尝战争之痛苦"。[1]1944年7月前，全国仅有云南等6个省份没有被日军侵占，其他20多个省份都不同程度地成为沦陷区，涉及东北、华北和台湾的全境以及华东、华中和华南的局部地区，其中辽宁、吉林、黑龙江、热河、察哈尔、绥远、河北、山东、山西和台湾10个省份几乎百分之百沦于日寇铁蹄之下；江苏、安徽、浙江、江西、湖南、湖北和河南7个省份的沦陷区域达到或超过一半；福建、广东和广西3个省份沦陷区域均达到四分之一。"战区及沦陷地区，均系中国农产较为丰富或工业

---

　　① 行政院善后救济总署编：《中国善后救济计划》，上海市档案馆馆藏档案：Y3—1—274，第 1 页。

较为发达之区。"①这20个省份所遭受日寇侵略的损失均很惨重，所以均被列入善后救济范围。1944年9月后又有贵州、云南等省份相继被日军攻占，沦陷区及其人口又有所增加。可见，中国需要救济的人数极其庞大，中国的善后救济工作十分艰巨。

众所周知，抗战损失以广东、浙江、江苏、安徽、福建、广西、河南、湖南和湖北等省最为严重；1946 年 6 月底，内战爆发后，战灾又以东北、华中和华北等地较为严重。然而，联总善后救济的目标是消除法西斯侵略造成的战争灾害，至于内战造成的灾荒，在联总看来，自然不在援助之列。因此，1947 年 7 月，联总要求停止淮河以北及其相邻区域的善救活动。三个月后，联总及美国政府又要求中国政府对北纬 34 度以北地区停止供应善后救济援助物资。

需要说明的是，《中国善后救济计划》完稿及向联总递交的时间是1944 年 9 月，虽然后来，贵州、云南、四川、陕西、宁夏、西康、青海、新疆和甘肃 9 个省份也遭受了日寇侵略，但是在 1944 年 9 月后，该计划已经递交给联总了，对上述 6 个省份沦陷区域的损失调查、统计并上报已经来不及了。故计划明确指出，"青海、西康、新疆诸省及西藏、外蒙古两区域，未曾列入救济善后区域。"②

二　关于中国开展善后救济的经费

鉴于日本侵华战争给中国人民所造成的严重破坏，故在抗战胜利后，兴办中国善后救济事业，所需物资及经费极为庞大。《中国善后救济计划》指出：计划所需之物资、经费，分为两部分筹集，一方面"为国外输入之部"，计重 1000 万吨，折合美金 25.3 亿美元；另一方面"为国内需要经费"，计战前法币 27.27 亿元，两项合计，总共为 34.39 亿美元。中国拟从国外输入物资中的约 37%，即总重量约为 400 万吨，总价值约为 9.45 亿美元的物资，计划由联合国救济善后总署予以资助③。

---

① 行政院善后救济总署编：《中国善后救济计划》，上海市档案馆馆藏档案：Y3—1—274，第 1 页。

② 同上书，第 11 页。

③ 同上书，第 7—8 页。

现将中国善后救济各项事业的需求与请求联总援助的物资列为表3—2。

表3—2　　　　　中国善后救济各项事业之需与请求联总援助之物资

项目	国内自筹经费（千法币）	所需国外物资价值（千美元）	所需国外物资重量（千公吨）	联总援助物资价值（千美元）	联总援助物资重量（千公吨）	援助比例（%）
粮食	100000	316840	3271	153881	1254	16.3
衣服	150000	979305	1098	154919	145	16.4
房屋	100000	25000	1050	5000	50	0.5
医药卫生	246515	66004	74	66004	74	7.0
交通运输	430964	663014	3397	330102	1606	34.9
农业善后	206700	86350	759	77476	663	8.2
工业善后	1153500	348500	564	115000	189	12.2
社会福利	160817	32531	27	32531	27	3.4
难民	39093	5633	1	5633	1	0.6
总数	2727164	2529677	10253	945046	4018	100

资料来源：根据行政院善后救济总署编《中国善后救济计划》，上海市档案馆馆藏档案：Y3—1—274，第9页的有关表格绘制而成。

注：国内办理救济事业经费即自筹经费中的一部分将通过出售该项救济品予以补助，并非全部由政府财政拨款。

从表3—2中可以看出，国内自筹经费27.27亿法币，是中国办理各项救济善后事业所出的全部经费。其中，社会福利及难民两项的费用既包括行政费又包括事业费；医药卫生的费用仅包括国内设备费及维护费，而不包括行政经费；交通运输及工业的费用仅包括修理及建筑费，而行政费等另外安排；至于粮食、衣服、住宅与农业善后四项所列经费则是"充管理及分配由联合国总署供应各项物资之用"[①]。在国内自筹经费27.27亿法币中，工业善后费用最高，达11.53亿元，约占40%；交通运输费用次之，为4.31亿元；用于救助难民费用最低，仅为0.39亿元。

---

① 行政院善后救济总署编：《中国善后救济计划》，上海市档案馆馆藏档案：Y3—1—274，第8页。

我们从表 3—2 中还不难看出，医药卫生、社会福利及难民的所需国外物资拟全部从联总的援助中获得；其他项目一部分通过出资向外国购买的方式获得，一部分从联总的援助中获得。在中国需从联总获得的援助物资中，交通运输类的物资价值最大，约为 3.3 亿美元；其重量也最重，约为 160.6 万公吨[①]，在整个中国拟请联总援助的救济善后物资中所占的比例也最高，约为 34.9%。这充分体现了蒋廷黻"交通优先权"的理念。而中国需从联总获得的援助物资中，价值最低的是泛滥区域的救济善后物资，仅有约 450 万美元；所需物资重量最轻的是用于难民救济的物资，仅有 1000 公吨；在所有需从联总获得的救济善后物资中，其价值所占比例最低的是房屋和泛滥区域，均约为 0.5%。这相对于庞大的难民群体来说，规模显然过低。在表中所列的需要联总援助的物资中，粮食、衣服、房屋、医药卫生、泛滥区域、社会福利以及难民 7 大类均属于救济项目，而交通运输、农业善后与工业善后 3 大类是属于善后项目。前者所占的比例约为 45%，而后者所占的比例则高达 55%。这是蒋廷黻"善后重于救济""寓善后于救济之中"思想的体现，但与当时中国的现状并不相符。

此外，计划还要求联总向中国共派遣 3256 名各类专家以指导和协助中国的救济善后事业，其中医疗卫生专家 885 人，农业专家 39 人，工业专家 1080 人，水利专家 22 人，社会福利专家 230 人，交通运输及难民治理专家多人。另外，计划还要求联总为中国在国外培训相关技术人员 379 人，其中医疗卫生 240 人，农业 39 人，社会福利事业 100 人[②]。

三 关于各类救济物资的具体计划数

《中国善后救济计划》除了总计划外，还附有分类计划 10 册，它们详细分析了各部门救济善后计划及需要。救济计划主要包括粮食、衣服、房屋及医药卫生等方面。

---

① 公吨即为当今的吨，由于当今没有"市吨"之说，为简便起见，"公"字予以省略。在本文中为保持与原始资料的一致性，原始资料中使用公吨的本文也采用"公吨"这一计量单位，下同。

② 行政院善后救济总署编：《中国善后救济计划》，上海市档案馆馆藏档案：Y3—1—274，第 10 页。

（一）粮食

计划指出："食粮问题，关系民心之切。其需要迫切者，应立谋供应"，战后中国需要粮食救济之人民，计分两类：一为"普通人民"，仅需平常粮食，以维生活；一为"妇婴学童"，则营养食品，需要尤切。因为"若辈之健康，与国民健康及国民建设，关系甚切"，对他们的救济，"未可忽视"[①]。因此，中国善后救济计划，"拟减少普通食粮之输入，益以营养食粮，如干制食品"，综合考虑，"第一、第二六个月应设法输入之食粮"，共计327万吨[②]。各区粮食分配标准，以沦陷县区多寡为根据。大城市如上海、天津、北平、广州、武昌、汉口和青岛等地，因为当地不产粮食，则配额较高。缺粮省份，如广东、河南、安徽等，它们"或因战事损害，不同寻常，或因黄淮泛滥成灾，配额亦高"。而山东和江苏等地，因为其粮食生产恢复较快，故配额较低[③]。

对于各类粮食所需的数量，计划以一年为期进行总体规划。普通人民全年需从国外输入的粮食总数约为306.5万公吨，拟请联总援助的粮食约为110.7万公吨，其他由中国政府出资购买，拟请联总援助的粮食超过30%。其中，大米150万公吨，60万公吨（前一数字为从国外输入总数，后一数字为拟请联总援助数字，下同）；小麦及面粉100万公吨，40万公吨；豆类20万公吨，10万公吨；鱼和肉类25万公吨，2.5万公吨；这些所需食粮均需联总一定比例的援助，其援助的比例从10%到50%不等。至于蛋类、干制蔬菜、水果和糖等需从国外输入的数量分别为0.5万公吨、1万公吨、4.5万公吨和1万公吨，它们全部由政府出资购买，不打算让联总进行援助。而植物脂肪—物资需要从国外输入4.5万公吨，准备全部由联总提供[④]。

妇婴、学童所需的拟从国外输入的粮食总数约为20.58万公吨，拟请联总援助8.4万公吨，其援助比例约为25%。其中奶粉4万公吨，2万公吨；肉汤粉10万公吨，4万公吨；钙素片0.2万公吨，0.02万公吨；糖6万公吨，

---

① 行政院善后救济总署编：《中国善后救济计划》，上海市档案馆馆藏档案：Y3—1—274，第12页。

② 同上书，第11页。

③ 同上书，第12页。

④ 参见行政院善后救济总署编《中国善后救济计划》，上海市档案馆馆藏档案：Y3—1—274，第14页。

2 万公吨。这些需从国外输入的食粮有一部分拟请联总援助，其比例从 10% 到 50% 不等。而鱼肝粉需从国外输入 0.38 万公吨，拟全部由联总援助获得。普通人民和妇婴学童两者所需从国外输入的粮食总量约为 327.08 万公吨，拟请联总援助的约为 119.1 万公吨，援助所占比例约为 31%[①]。

（二）衣服

计划指出：关于衣服类，"中国政府仅请联合国总署供应棉织品，以资救济之用"，所需种类，包括棉布、棉花、纺锭、棉织厂零件、棉线缝纫机和针等。"中国需要衣服救济之人民，可分两类：一为'全部救济'人民，一为'部分救济'人民，前者包括战后占领区及游击区无家可归之难民，约占沦陷区人口百分之五。其他沦陷区及自由中国境内人民则归入后一类。"也就是说，"无家可归之难民"自己已无衣服，所需衣服全部依靠救济，沦陷区其他人民有少量衣服，但不够穿，不足部分需要救济解决。分配标准及办法是："不问需要全部救济或部分救济之人民，均发给或准平价购买夏季衣服一套，冬季衣服一套。其需全部救济者，每二人另发棉被一条。"[②]

现将拟请联总援助的衣服救济项目如表 3—3 所示。

表 3—3　　　　　　　　衣服救济工作拟请联合国总署资助项目

	数量（单位：公吨）	价格（美金）
棉花	21331	9406971
棉布	84545	82191779
纺锭	20000	18000000
零件	6748	13496000
缝纫机	2133	5119200
线	29687	44530500
针	983	172221
总数	165427	172916671
减去工业善后计划内所列纺锭	20000	18000000

---

①　参见行政院善后救济总署编《中国善后救济计划》，上海市档案馆馆藏档案：Y3—1—274，第 14 页。

②　同上。

续表

	数量（单位：公吨）	价格（美金）
净计 总数	145427	154916671

资料来源：行政院善后救济总署编：《中国善后救济计划》，上海市档案馆馆藏档案：Y3—1—274，第16页。

从表3—3中可以看出，《中国善后救济计划》希望从联总获得总重量为145427公吨、价值为154916671美元的衣服类救济。其中，无论是重量还是价值，最主要的救济项目为棉布，需求最少的是针。棉花及棉布的申请援助数量仅占中国需从国外输入数量的10%，纺锭占40%，剩余部分由政府从国外购买；而零件、缝纫机、线、针中国需全部从国外输入。

（三）房屋

《中国善后救济计划》中所列房屋的需要，分为两大类：一为"临时住所"，它的功用是一方面供难民在回乡的途中住宿，此类设备，与普通住宅不同，应"分设沿途水陆交通站及各小站"；另一方面供那些遭受了日寇轰炸和"焦土政策"而"无家可归之难民"作临时住处。计划规定，"此类临时住所，应尽先利用庙宇、教堂、学校、祠堂及其他公有建筑之易于改装修理，而成临时收容处所"；另外，还须建立一定数量的难民招待所，"俾无家可归之人民及难民，到达目的地后，有所归宿"。此类难民招待所拟设立500所，所"招待"之难民须在13.5万人左右。二为"帮助人民修理、改装及重建其被战争毁坏之房屋"，这一计划必须在战争结束后的重建家园工作中全面推行。《中国善后救济计划》认为，此项工作意义重大，若此项任务"能早日实现"，"当为减少临时难民招待所之最佳办法"[①]。

房屋善后救济所需的物资的调查评估费时较长，有的问题还在继续研究，《中国善后救济计划》主要就难民招待所及修理改装战后房屋等各项需要提出总体报告，并且有的数字还不十分完备。

临时住所与房屋善后所需的从国外获得的物资，经过初步测算为价值2500万美元，重量105万公吨，拟请联总援助的价值为500万美元，重量

---

① 参见行政院善后救济总署编《中国善后救济计划》，上海市档案馆馆藏档案：Y3—1—274，第16—17页。

为 5 万公吨。主要包括：一是难民收容所，计划容纳 27.4 万人，中国自己解决 50% 的任务，另外 50% 拟请联总援助解决；二是房屋修缮所需的钉锥、门环等，需要从国外获得的这部分物资价值为 500 万美元、重量为 5 万公吨，它们拟请联总全部予以援助；至于木材，需从国外获得的木材价值为 2000 万美元，重量为 100 万公吨，需要联总援助的数字还没有确定，"此点日后当与联合国总署磋商"[①]。

（四）医药卫生

医药卫生计划，主要"以沦陷区为对象，办理医药救济、防疫、妇婴卫生、药品救济及一般保健事业"。针对医药卫生方面的救济援助计划种类及数量的确定，主要基于以下几个因素"予以细察"：一是日寇侵华战争历时"已久"；二是中国遭受日寇蹂躏、摧残的人口非常众多；三是中国遭受日寇铁蹄践踏之区域十分辽阔；四是中国人民大多营养不足且在战后遭受疫病肆虐，病死率不断提高[②]。

1943 年 11 月，联总一届大会拟定的医疗卫生救济善后政策及标准时规定，各受援国通过此项活动，必须达到"恢复最低限度之完备的卫生设施"，所谓"最低限度之完备的卫生设施"是参照欧洲沦陷区战前之标准而确定的，即每 3500 人中有 1—2 名医生，每 1000 人中有病床 3—7 张。而抗战胜利之初，中国每 4 万人才有 1 名医生，每 1 万人才有 1 张病床。中国当时的医药卫生现状与欧洲标准"相去甚远"。希望通过此次善后救济活动使中国医药卫生事业达到欧洲标准，绝无可能，因此，行总在制定医药卫生计划时"采取了谨慎的态度"，计划确定的医药卫生救济目标是通过此项救济活动，使中国卫生事业，较战前状况，"约略提高"，即每 3 万人有医生 1 名，0.5 万人有病床 1 张[③]。

《中国善后救济计划》指出：对于此项医药卫生计划，"中国政府深感此项计划，与联合国总署采取之政策相符合。此项计划系基于一种原则，即中国请求联合国总署帮助之范围及性质，在使联合国帮助停止之后，中

---

① 行政院善后救济总署编：《中国善后救济计划》，上海市档案馆馆藏档案：Y3—1—274，第 17—18 页。

② 同上书，第 18 页。

③ 同上。

国卫生事业，仍可继续发展，而不致降低标准"。为实施此项计划，国内准备支出法币2.46亿元，另外需由国外输入药品器材，总重量达7.4万公吨，总价值达6600万美元，对于这些药品器材，"拟全部请求联合国总署资助"。具体分配比例为医药救济：49%；防疫：26%；妇婴卫生：17%；医药器材：4%；人员训练：4%[①]。

四 关于各类善后物资援助的具体计划数

《中国善后救济计划》在提出了有关请求救济物资援助的具体计划数后，又提出了请求有关善后物资援助的具体计划数。

（一）交通运输

计划首先强调了交通运输善后的重要性。计划指出：要尽快恢复交通运输设施，"因无交通运输设备，即无法将粮食、衣服、药品及农业复兴等项物资，运至需要之地，难民亦无法返乡。反之，交通运输设备，早日恢复，各地物品畅通，有余即可济不足，则粮食及其他救济品之输入，亦可大量减少"[②]。

计划还就交通运输善后所需从国外输入的器材与拟请联合国总署援助的数量见表3—4。

表3—4　　　　　　　交通运输善后需由国外输入器材状况

项目	需由国外输入器材重量（千公吨）	需由国外输入器材价值（百万美元）	请联总援助器材重量（千公吨）	请联总援助器材价值（百万美元）
铁路运输	1755	350	759	173
公路运输	571	145	310	72
邮务器材	10	8	5	4
水路运输	971	83	487	39
电讯器材	90	77	45	39
总数	3397	663	1606	327

资料来源：行政院善后救济总署编：《中国善后救济计划》，上海市档案馆馆藏档案：Y3—1—274，第21页。

[①] 行政院善后救济总署编：《中国善后救济计划》，上海市档案馆馆藏档案：Y3—1—274，第18—19页。

[②] 同上书，第21页。

从表 3—4 中可以看出，联总在中国开展救济善后活动期间，中国为恢复交通运输事业需要从国外输入的各种器材包括铁路、公路、水运等方面，总重量为 339.7 万公吨，总价值为 6.63 亿美元。其中公路所申请的物资为数不少，中国政府希望通过此项善后援助，使"公路一项，较战前稍加扩充"，因为"救济善后期中，公路运输，当较频繁"①。无论是总体需要，还是各种具体器材的需要，拟请联总援助的部分均约占一半。计划指出：这些物资"仅为恢复国内主要交通线之用"，"短程及乡村运输器材，如木船，板车等项，则未列入"，并且，这些器材不包括所谓的第一、第二救济区，即东北四省与台湾②。

（二）农业

计划认为，中国农业善后工作，"系属当务之急，不容稍缓"。实施农业善后计划之目的，"在使因战事而受损害之农民，早日恢复生产，增加产量，以减少救济品输入之必要"。此项计划，主要从 4 个方面进行，分别是（1）粮食增产（包括五谷、菜蔬、牲畜和鱼类等）；（2）衣服原料增产（包括棉花、丝绸和毛纱等）；（3）出口物品增产，其目的是"以觅取外汇，偿付必需输入之物品"；（4）恢复乡村工业③。计划还指出，中国农民占 80%，农业善后"当为一巨大烦难之事业"，需要大量材料与长期努力④。

现在将此次计划所需国外输入的物资的基本项目摘要列为表 3—5。

从表 3—5 中不难看出，农业善后需要的物资种类繁多，包括种子、肥料、牲畜、兽医器材、植物病虫害预防、农具机器、渔业及乡村工业等。农业善后需由国外输入的物资总重量为 758975 公吨，总价值为 8635.1 万美元，其中计划要求联总援助的物资总重量达 662618 公吨，总价值达 7747.6 万美元。除牲畜及农具中的一部分外，其余全部均拟请联总予以援助解决。

另外，中国政府要求联总委派 39 名外籍农业专家来华指导农业善后

---

① 行政院善后救济总署编：《中国善后救济计划》，上海市档案馆馆藏档案：Y3—1—274，第 21 页。

② 同上。

③ 同上书，第 22 页。

④ 同上书，第 22—23 页。

工作；同时请联总资助中国农业专家 59 人"出国深造"[①]。

表 3—5 农业善后需由国外输入物资

项目	重量（公吨）	估计价格（千美元）
种子	6009	659
肥料	585430	27000
牲畜（137500）	95833	8125
兽医器材	4091	2940
植物病虫害预防	860	806
农具机器	63500	44071
黄河泛区农业善后	3252	2750
渔业	计划中数额未定	—
乡村工业	计划中数额未定	—
总数	758975	86351
计划要求联合国总署援助部分	662618	77476

资料来源：行政院善后救济总署编：《中国善后救济计划》，上海市档案馆馆藏档案：Y3—1—274，第 23 页。

（三）工业

计划指出："中国大部分工厂，设于中国东部，东南部沿海、沿江及沿铁路各城市"，"战事爆发后，不久即次第沦陷"，它们普遍存在"生产效率不高"等问题[②]。计划强调："工业善后部门所列工业，仅以制造救济善后物品为限，如粮食、衣服、房屋、公用事业、交通运输、电信等。所须机器工具，系充修理恢复各项主要工业之用。"计划指出：在获得各项机器及零件后，"中国政府将利用各种机件，在救济善后区域之中心地点，设厂制造。使紧急需要物品，供应无缺"。实施工业善后计划，总计需要从国外输入的机器及工具总重量为 56.4 万公吨，总价值为 3.49 亿美元，其中三分之一计划请联总援助。[③]

现将工业善后所需国外输入物资拟请联合国总署补助部分简要列表

---

① 行政院善后救济总署编：《中国善后救济计划》，上海市档案馆馆藏档案：Y3—1—274，第 24 页。

② 同上。

③ 同上。

如表 3—6。

表 3—6　　　工业善后所需国外输入物资拟请联合国总署援助部分简表

项目	重量（公吨）	价值（美元）
一、粮食工业：		
（1）面粉厂	5000	5000000
（2）榨油厂	3500	2000000
（3）炼糖厂	3000	3000000
二、纺织工业：		
（4）棉纺织业	24000	16000000
（5）毛纺织	1500	2000000
三、建筑材料工业：		
（6）水泥厂	20000	6000000
（7）锯木厂	1600	1000000
四、燃料工业：		
（8）煤矿	18000	5000000
（9）石油厂	12000	4000000
五、公用事业：		
（10）电力厂	30000	25000000
（11）自来水	8000	2000000
六、金属工业：		
（12）机器厂	18000	10000000
（13）电工器材厂	1200	3000000
（14）炼钢冶铁厂	24000	16000000
七、化学工业：		
（15）肥田粉厂	5000	5000000
（16）灰碱厂	2000	1000000
（17）烧碱厂	3000	2000000
（18）肥皂厂	3000	2000000
（19）造纸厂	4000	3000000
（20）橡皮工厂	2500	2000000
总数	189300	115000000

资料来源：行政院善后救济总署编：《中国善后救济计划》，上海市档案馆馆藏档案：Y3—1—274，第 25 页。

由表 3—6 可见，工业善后项目共包括 7 个大项，20 个小项。工业善后所需国外输入物资拟请联合国总署补助部分总重量为 18.93 万公吨，总价值为 1.15 亿美元。其中化学工业善后的项目最多，达 6 个。金属工业善后所需援助物资的重量最重，达 4.32 万公吨，价值最高，为 2900 万美元。

此外，计划指出，"实施是项计划，必须有充分的管理与技术人员，中国政府对此最为注意"。计划还强调："工业善后计划，能否早日实现，与人员是否完备，关系甚为密切。"为顺利开展工业善后活动，中国希望联总派遣外籍工业专家351人，技术工人729人，大概需要联总专家帮助中国培训工程师8022人，技术工人26983人[①]。

（四）泛滥区域

救济善后计划，关于泛滥区域者，计分二部：一为黄淮二河防汛善后工程，一为整治主要河道之堤防。

由于黄淮区域，农村人口稠密，受害人民达600万之众，因此，计划要求在解放以后，"应即整治河道"。针对第一部分的主要工程包括：黄河花园口堵口工程、黄河下段河堤修复工程、黄河下段堤防危险部分改善工程、淮河及其支流河堤修复工程以及河南、安徽泛滥区域排水改善工程等。用于此项工程的从国外输入的工具器材需要联总援助的，"为数不大"。总重量为5000吨，总价值为250万美元[②]。

计划还指出，除黄河淮水防汛善后工程外，中国应该将其他各主要河流的堤防修复，以保护各大平原。整治堤防水道工程，主要针对下列河流及水道：扬子江、汉水、赣水及其支流、鲁南大运河及其支流、苏北大运河、伊河、华北水道、珠江下游等。这些工程总长度为8898公里，土石方共计2.28亿方。总计所需材料，总重量为7100吨，总价值为法币400万元，"其中半数，拟请联合国总署资助"[③]。另外，中国政府要求联总派遣1—2名具有丰富的堵口、筑堤等经验的水利工程师，20名左右的水利技术工人[④]。

（五）社会福利

抗日战争结束以后，中国解放区域，尚有无数人民，无家可归、残疾、失业及缺乏谋生工具，而亟待救济。"是以社会福利计划，仅以人民中非得有组织之救济，难以安身立命者为限。""社会福利计划，旨在减低此

---

① 行政院善后救济总署编：《中国善后救济计划》，上海市档案馆藏档案：Y3—1—274，第24页。

② 同上书，第26页。

③ 同上书，第26页。

④ 同上书，第27页。

类人民之痛苦，并使其社会经济生活，早复常态"。计划要求社会福利事业开展之际，务必注意给被救济者予以"自治之机会"，同时要大力弘扬"中国传统的互助及家庭精神"，"以减轻公共社会救济之需要"。实施此类计划时务必注意"顾及当地情形及生活习惯"[①]。

为开展此类工作，计划要求设立区域救济队 30 个，每队工作人员 12 人；设立县福利救济事业中心站 300 个，每站工作人员 9 人；设立村镇救济组 800 个，每组 5 人。共计需要工作人员 7060 人。计划"拟请联合国善后救济总署延聘外籍专家"，人数初定 230 人，其目的是指导训练从事社会福利事业之人员，提高他们的工作效率[②]。

社会福利计划各项物资需要，所需经费总计法币 1.61 亿元，其中有相当一部分拟请联总援助[③]。

现将社会福利事业各项需要中拟请联总援助的统计为表 3—7 所示。

表 3—7 　　　　　　　社会福利事业拟请联总援助的各项需要

项目	价值（美元）	重量（吨）
一　区域救济队	30000	42
二　县福利事业中心站	105000	113
三　村镇救济组	120000	120
四　救济品、工具家用器皿及工匠工具	30551740	25370
五　托儿所	139960	93
六　难民招待所	874947	587
七　公共饭厅	280760	187
八　残废、老弱、孤儿院	153270	77
九　训练计划	275000	21
总数	32530677	26610

资料来源：根据行政院善后救济总署编《中国善后救济计划》，上海市档案馆馆藏档案：Y3—1—274，第 30 页的相关表格绘制而成。

从表 3—7 可以看出，社会福利事业需要从联总获得的援助总重量为

---

① 行政院善后救济总署编：《中国善后救济计划》，上海市档案馆馆藏档案：Y3—1—274，第 27 页。

② 同上。

③ 同上书，第 28 页。

2.661 万公吨，总价值为 3253.0677 万美元。其中，救济品、工具家用器皿及工匠工具所需最多，价值为 3055.174 万美元，重量为 2.537 万公吨。

（六）难民

计划指出，敌人占领中国沿海重要城市，并沿交通线向西侵略时，成千上万的人民，避难他方。太平洋战争爆发后，大量在香港、越南、缅甸、南洋诸岛和澳门等地的华侨纷纷到国内避难。救济难民计划，"应与社会福利计划有密切联系与配合，并与公共卫生事业、工业及社会计划团体，充分合作"①。

计划决定在重要地区设立难民站 500 所。其中大站 50 所，每所可以容纳 1000 人；二等大站 100 所，每所可以容纳 500 人；村镇小站 350 所，每所可以容纳 100 人，总计各站同时可以容纳 13.5 万人②。计划初步安排国内自筹经费法币 3900 万元，另外拟请联总援助价值 560 万美元的物资。请联总援助的物资中安排价值 83 万美元、重量 800 公吨的物资用于 500 个招待所所需设备的添置；剩下的 480 万美元的经费用于华侨的救济费及其贷款等③。

此外，计划还就财政等问题做了安排，限于篇幅，本书恕不一一述论。

五 编订《中国善后救济计划》的重要意义及不足之处

《中国善后救济计划》在蒋廷黻的指导和修订下，历时半年有余，数易其稿，终于在联总规定的期限内予以完成并提交。该计划的完成是蒋廷黻与行政院善后救济调查设计委员会共同努力的结果，是"集体智慧的结晶"。

此计划是配合国民政府提出的战后经济复兴计划而提出并实施的。中国政府希望通过此计划的实施和全国上下"埋头苦干、自力更生"，"向现代化之目标迎头赶上，以改善全体人民之生活，提高其衣食住行之水准，借助其机器与技术，以收突飞猛进之效"④。

---

① 行政院善后救济总署编：《中国善后救济计划》，上海市档案馆藏档案：Y3—1—274，第 30—31 页。

② 同上书，第 31 页。

③ 同上书，第 31—32 页。

④ 徐义生：《善后救济工作的行政制度》，上海六联印刷公司 1948 年版，第 1 页。

该计划分别介绍了中国拟接受联总援助的区域、中国善后救济的经费及各项救济善后项目经费的分配方案、各项具体的救济和善后项目经费的使用安排等重要事项。根据这项计划，中国开展救济善后的范围非常广阔，北到黑龙江，南到广东、广西，东到台湾，西到豫西等地。

对哪些地区，开展哪些主要善后救济活动，蒋廷黻等人作了一定的调研，力争活动有针对性，并取得成效，"我们在取予之间是十分慎重的"[①]。本计划确定救济援助的比例为45%，而善后援助的比例则为55%。这是明显地向外界传递这样一个信息，在中国，善后重于救济。这也是蒋廷黻善后救济思想中的"寓救济于善后之中"的理念在《中国善后救济计划》中的体现。蒋廷黻要求计划强调此点，无非是为了向外界表达他希望利用联总援助的契机，实现经济复苏的目标，并为最终在中国实现他多年前就提出的中国现代化的宏伟蓝图的强烈愿望。他强调："最佳之计划，乃以最有效方法使中国人民自助并缩短救济时期之计划。"[②]

近代学者徐义生也认为：

> 这个善后救济计划的范围是广大的，目标也是深远的。它不仅是一个战后紧急性的善后救济计划，而是带有建设现代化中国的初步蓝图。最完美之救济计划，系能有效帮助中国人民自助并缩短直接救济时间。中国政府深感实施周密的善后计划，当为达到此目的之基本。益有进者，中国善后必致力于经济建设，倘善后工作能有成效，经济建设当可提早；而经济建设，不但能促进中国之进步，且能对世界之稳定和繁荣，有所贡献。[③]

蒋廷黻在向联总按时提交该计划的几乎同时，也将该计划书在美国公布。公布之后，美国的舆论为此掀起了一场轩然大波。正如蒋廷黻后来所说："当时各方的感想，两句话可以包括：（一）数字何其大耶！（二）

---

① 《忠告联总署长拉加第亚》，《中央日报》1946年7月3日。
② 《我对联合国救济署发表战时救济计划》，载方庆秋主编《中华民国史史料长编》第64册，南京大学出版社1993年版，第1347页。
③ 徐义生：《善后救济工作的行政制度》，上海六联印刷公司1948年版，第2页。

参酌中国抗战之久和战区之大，数字却在情理之中。"①也就是说，当时有两种反映：一是很多人们普遍认为国民政府向联总提出的援助要求太高，数字太大，几乎完全超出了中国自身的吸纳能力；二是一部分人也认为，以中国所遭受的损失及对反法西斯战争做出的贡献，数字虽然偏高，但是并不过分。

1945 年，联总审议委员会对《中国善后救济计划》进行了审议，委员会根据当时联总所能筹集的基金规模、中国受灾实情及急需程度等多方面因素，将蒋廷黻在计划中确定的 9.45 亿美元的援助规模削减为 5.625 亿美元，另外增加海运费 1.125 亿美元，总计为 6.75 亿美元。蒋廷黻及其他国民政府在美代表获悉这一情况时，十分不满，并且多次向联总有关机构进行据理力争，认为 9.45 亿美元的援助规模是在原来 20 多亿美元规模的基础上削减下来的，因而要求联总维持"我国原已缩短后的申请额"，因为中国遭受战灾的损失最重，受灾人口最多，如果以受灾人口的多少进行计算，那么，中国的人均获得的援助数额远少于世界任何一个接受联总援助的国家。蒋廷黻等中国代表不仅直接向联总中央委员会申诉，而且计划起草委员会的财政顾问扬格也为中国极力争取，在他的帮助下，美国和加拿大两国的代表都为中国的这一计划表示理解。他们认为："中国已经遭受了难以想象的灾难，计划不应该再做缩减。"②不幸的是，联总在英国代表的主导下，经过各方权衡利弊，最终没有接受蒋廷黻及其他国民政府代表的申诉，维持原来联总做出的 6 亿多美元援助规模的决定③。尽管如此，蒋廷黻仍然对为中国争取更多援助出过力的人特别是扬格等受聘为行政院救济善后调查设计委员会的专家及顾问表示了感谢，他说："他们回国以后，发表不少极有利于我的言论。"④这话就是针对他们为中国援助规模不被削减而奋力争取而说的。从整体上看，联总对蒋廷黻指导编订的这一

---

① 蒋廷黻：《善后救济总署之性质与任务》，《东方杂志》1945 年 10 月第 41 卷第 20 期，第 3 页。

② Arthur N. Young, *China and the Helping Hand, 1937—1945*, Harvard University Press, 1963, p.370.

③ 参见张玉龙《蒋廷黻社会政治思想研究》，中国社会科学出版社 2008 年版，第 239 页。

④ 蒋廷黻：《善后救济总署之性质与任务》，《东方杂志》1945 年 10 月第 41 卷第 20 期，第 2 页。

计划给予了肯定。1945 年 10 月初，联总官员李佛尔在伦敦发表讲话，"对于中国战后救济善后计划之周详，备加赞誉"，认为"中国政府所具备之救济善后事宜之计划，较其他各国更具慧眼，且设想周到"①。因而在对《中国善后救济计划》作了如此修改后，联总批准了这一计划。这就意味着，中国正式取得联总援助的资格，并且，从总规模来看，其受援助的总规模是最大的。这不能不说是蒋廷黻等人的一大功绩，也是联总对中国遭受损失的认可。

尽管如此，《中国善后救济计划》还存在其他一些不尽如人意之处。首先，中国善后救济事业的兴办存在区域不平衡的问题。如前所述，《计划》决定对辽宁、吉林、黑龙江、热河、察哈尔、绥远、河北、山东、山西、台湾、江苏、安徽、浙江、江西、湖南、湖北、河南、福建和广东等省份兴办善后救济事业。这些省份基本上处在中国东、中部地区，它们在1944 年 9 月该计划定稿及提交联总前全部或部分遭受日寇侵略，成为沦陷区；而广大西部地区在此之前仅广西大规模沦陷，所以它也成为受善后救济援助省份，其他西部地区如云南、贵州等在此之前没有遭受大规模沦陷，所以没有被列入善后救济范围。事实上，1931 年 9 月至 1945 年 9 月，全国仅西藏和新疆没有遭受日寇侵略，其他省、市或全部，或部分遭受日寇侵略，只是有的在 1944 年 9 月后。有的省份（主要是西部地区）在此之前也同样遭受了日寇侵略，甚至大规模的侵略，如重庆就遭受了大轰炸等，自此之后侵略规模迅速扩大，民众损失同样十分惨重。例如，抗战胜利之初，四川西充灾民大约 74.32 万人，约占其人口总数的 78%，他们普遍"以野草、树皮、白土等果腹"②。贵州在抗战期间也蒙受了巨大的损失，数以万计的人员伤亡，财产损失也很惨重，高达近 2000 亿元，这是"吾黔空前未有之大劫也"③。抗战期间，在甘肃兰州，"敌机共八批，计 295 架，连日在城内外滥施轰炸，共投重磅炸弹约在二千左右，全城已

① 《联合国救济总署赞誉我计划周详》，载方庆秋主编《中华民国史史料长编》第 66 册，南京大学出版社 1993 年版，第 944 页。
② 四川省地方志编纂委员会：《四川省志》，四川科学技术出版社 1993 年版，第 227 页。
③ 聂尊吾：《馨园夜话》，《中央日报》1945 年 12 月 27 日。

毁房舍过半，惨象实难形容"①。而且这些省份同样为抗战胜利贡献了大量的人力、物力和财力。例如四川，它不仅在抗战中遭受了日寇侵略，还为抗战出动了 350 万兵力（即川军），70 万川军为抗战胜利流尽了最后一滴血，成为全国抗战兵员最多、官兵牺牲最多的省份，同时还是全国提供军粮最多的省份之一。抗战爆发后，随着正面战场的相继失利，东部、南部大片国土逐渐沦于日寇的铁蹄之下，这样，支撑抗战乃至战后重建所需的物资基本上有赖于西南、西北等地区。对此，1939 年 1 月召开的国民党五届五中全会有所认识："今长江南北各省既多数沦为战区，则今后长期抗战之坚持不懈，必有赖西南、西北各省之迅速开发，以为支撑抗战之后方。"②后来，蒋介石也曾指出：中国打败日寇，"本不在平汉粤汉两路以东少数之据点，而最后决胜之战场，必在两路以西之地区，此外长期抗战唯一之方略"③。这些地区战时不仅提供了抗战所需的人力及物力资源，同时还是西南及西北获取国际援助提供通道。还有，抗战期间，从中、东部地区逃亡西北地区的难民不在少数。战后难民救济和遣送任务十分繁重。如，1947 年，"陕甘一带急待还乡人数即有四十余万人"④。总之，西部地区"对中国抗战的贡献是独有的，不可以被忽略，否则，中国抗战史就不完整"⑤。

尽管抗战期间，西部地区同样遭受了日寇侵略，也同样在为抗战做贡献，但它们竟然在抗战胜利后未能得到丝毫善后救济援助，这就引起了西部地区人民的强烈不满，尤其是抗战老兵。例如，一位甘肃临洮籍抗战老兵就曾抱怨道："同遭日寇侵略，同为抗战出力，家乡救济物资分配为何

---

① 《甘肃省政府主席朱绍良就兰州连续遭日机轰炸给国民政府行政院的电报》，转引自赵国强主编《甘肃抗战实录》，甘肃文化出版社 2015 年版，第 118 页。

② 《对于政治报告之决议案》，载荣孟源主编《中国国民党历次代表大会及中央全会资料》下册，光明日报出版社 1985 年版，第 556 页。

③ 《蒋介石为概述抗战经过及方针与国策发告全国国民书（1942 年）》，载中国第二历史档案馆编《中华民国史档案资料汇编》第五辑第二编政治（一），江苏古籍出版社 1998 年版，第 196 页。

④ 《黄泛区难民遣送及漯河站匪劫振款案》，中国第二历史档案馆馆藏档案：21—2—643—3。

⑤ 管卫中：《甘肃抗战实录·序》，载赵国强主编《甘肃抗战实录》，甘肃文化出版社 2015 年版，第 2 页。

如此大不同！"① 为平民愤，行总曾向联总请示对西部地区开展一些善后救济活动，但却遭到了联总拒绝，其理由是：（1）援助规模有限，援助地区不宜扩大；（2）这些地区没有被列入计划；（3）这些地区大多地处偏远，交通不便。不过，考虑到云南在抗战期间的滇缅公路为抗战做出的巨大贡献及云南交通相对便利等因素，同意对云南进行适当的善后救济援助，但规模远小于其他省份，另外，由于重庆在战时聚集了大量难民，联总同意中国在重庆开展难民遣送等救济活动②。

其次，除了区域不平衡问题外，还存在不切实际、对困难估计不足、准备工作不充分等问题。蒋廷黻和计划起草委员会的其他成员没有对计划实施过程中可能遇到的诸如全面内战、通货膨胀以及自然灾害等困难严重估计充分，忽视了联总的援助需要国内相关经费与设施配套的要求。对此，联总也批评道："他们对联总援助的物资进行分配、使用所面临的困难及相关运行成本等情况严重估计不足。更谈不上找到解决这些问题的有效手段。"③ 从而使得这一计划打上了理想主义的色彩，并最终使它无法得到很好的贯彻实施，从而给中国的救济善后事业造成了许多不必要的损失。计划安排救济援助只有47%，善后方面的援助超过50%，特别是交通运输事业的善后物资与经费最多，达到34.9%，并且要首先实施。之所以对交通运输善后如此重视，蒋廷黻后来对此做出的解释是："我们在抗战时期备受运输不便之苦。如在战后，运输及交通不提前恢复，那末，纵使联合国总署送许多宝贵的物资，将来必堆集在广东、上海、天津、大连等处，与人民并无好处。"④ 诚然，抗战胜利后，中国满目疮痍，百废待兴，善后事业，尤其是交通善后，任务艰巨且紧迫，但在当时，救人无疑是最重要、最急迫的，因此善后救济事业物资与经费援助应该向救济方面倾斜。联总对此也有评论道："与其接受的救济援助相比，在所有接受联总援助的国

---

① 《抗战老兵吁救济物资分配不公》，《中央日报》1945 年 12 月 26 日。

② *UNRRA Report on Fulfillment of Country Programs*, November 1947, pp15-16.

③ Franklin Ray, *UNRRA in China*, New York, International Secretariat Institute of Pacific Relations, 1947, p.11.

④ 蒋廷黻：《联合国救济善后会议经过》，1945 年 12 月 11 日，载行政院善后救济总署编《中国善后救济计划》附录一，上海市档案馆藏档案：Y3—1—274，第 42 页。

家中，没有一个国家的善后援助比例超过中国。"①

再次，中国所获善后救济援助偏少。经过多方努力，中国最终获得了6亿多美元的各种善后救济援助物资，总额超过其他任何受援国，但是，相对于日本侵华战争带给中国 3500 万人的伤亡和 1000 亿美元的直接经济损失而言，则显得那么微不足道。更何况，就人均而言，中国所获援助则是最少的，远远低于欧洲一些国家。中国人均仅 1.25 美元，而捷克则为16.59 美元，希腊更是高达 52.45 美元②。因此，国内官员和学者都一致指责联总援助中国的实际规模过小，甚至按人均折算，远不及欧洲，从而影响其在中国开展的效果。1946 年，国民党六届二中全会在为此审议、通过的《对善后救济工作报告之决议案》中明确指出：

中国抗战最久，灾区最重，难民最多，闻联总近拟配给中国物资，总值仅有六亿七千余万美金，不敷分配，并要求联总仍照我国原期目的增加为九亿四千五百万美金价值之物资，以应需求③。

1947 年 10 月底，即在联总开展的善后救济事业行将结束之际，中美两国代表就"后联总时代"美国对中国的援助问题展开商讨。美方认为，联总对中国的救济援助，"看似规模宏大，数量不少，但这只是中国所需救济物资的 25%，并未解决中国难民的温饱问题"，所以，对中国的继续援助"十分必要"④。当然国外也有学者则大唱反调，认为规模小有小的好处。他说："不可否认的是，一个规模不大，但更有创意，更加务实的援助计划，似乎更符合中国的实情。"⑤

---

① Franklin Ray, *UNRRA in China*, New York, International Secretariat Institute of Pacific Relations, 1947, p.29.

② 《再论物资停运问题》，行政院善后救济总署鲁青分署《鲁青善救旬刊》1946 年第 12 期，第 6 页。

③ 《国民党第六届中央执委会第二次全会对善后救济工作报告之决议案》，中国第二历史档案馆馆藏档案：21—130—2，第 3 页。

④ United States Department of State, Foreign Relations of the United States,1947, Vol. 7, pp.1302—1303.

⑤ Franklin Ray, *UNRRA in China*, New York, International Secretariat Institute of Pacific Relations, 1947, p12.

最后，该计划还存在着一些技术上的缺点。比如，对粮食需求的数字，没有严格按照联总的有关食品热量标准的规定去测算，而是仅凭政府的粗略估计得出，因此，这一问题在计划接受审议时遭到他国代表的强烈质疑。又比如，联总一届大会通过的有关决议明确规定，工业和服务业善后项目只能以修复和恢复战前水准为限，新建或扩建项目不在联总援助的范围内。然而，计划要求将医院及其病房规模比战前增加一倍以上，这就明显有违联总的规定，因此，计划也难免遭到不少来自各方面的诟病①。

第四节 《中华民国国民政府联合国救济善后总署基本协定》的签订

1945 年 11 月 14 日，在经过数度商讨并报经行政院批准以后，蒋廷黻以"中华民国国民政府行政院救济善后总署署长"的名义代表国民政府与联总代表、联合国救济善后总署驻华办事处处长凯石在重庆珊瑚坝签订《中华民国国民政府联合国救济善后总署基本协定》（以下简称《基本协定》）。该协定最初是用英文缔订的，在蒋廷黻与凯石均表示同意《基本协定》的情况下，行总编译处又将它译成中文。

《基本协定》全文共 10 条，约 3500 字。现择其要点如下：

一 关于双方遵守的基本原则

《基本协定》指出，中华民国国民政府"表示同意联总大会对于政策之决议案"；联总根据有关协定及决议，愿意"以各种实际之救济，给予在中国领土之战争受害者"；中国政府与联总均认为，"彼此间关于善后救济之义务，应以友好合作之精神履行之，而履行是项义务之实际步骤中之细节，应以互相谅解为基础"②。

---

① 参见王德春《联合国善后救济总署与中国（1945—1947）》，人民出版社 2004 年版，第 46—48 页。

② 《中华民国国民政府联合国救济善后总署基本协定》，上海市档案馆馆藏档案：Y3—1—286，第 1 页。

二 关于物资及服务的供给

首先，《基本协定》规定了援助物资及服务的供给的总则。《基本协定》指出，"联总得以善后救济物资及服务供给中国，中国政府得为善后救济之目的，接受联总所供之物资及服务，并加以利用"；同时，"联总决定不要求中国以外汇付偿联总依据本协定所供给之物资及服务"[①]。

其次，《基本协定》规定了中国从联总获得物资的程序。《基本协定》强调，"行总代表中国政府得向联总驻华办事处提出关于其所需各项物资之具体请求，并依照每季之需要提出总数"，《基本协定》特别指出，这一要求必须在预期交货期限的 6 个月前提出，并且要尽可能地详细列出所需物资的种类、数量以及交卸物资的地点等。每提出一项要求，行总应该请相关技术人员与联总驻华办事处的技术人员对此进行认真商量后，再由行总代表中国政府正式提出[②]。

再次，《基本协定》规定了有关服务的问题。《基本协定》指出，中国如果确实需要，可以向联总提出"借用某种技术行政人员之请求"，但是必须遵循以下原则：有这种需要时，中国要向联总驻华办事处提出正式而具体的请求，并列出需要的人数、工作职责、应具备的资历等以便联总选拔；这些外籍人员在华服务期间，应该由联总驻华办事处负责管理；这些外籍人员在华工作期间，中国政府应该向他们提供"适宜之住所及其他必须之设备"；这些外籍人员在中国应该享有各种便利、优待和豁免等特权[③]。

三 关于物资的移交与分配

首先，《基本协定》规定了中国政府在物资分配方面的职责。《基本协定》指出，中国政府一方面要负责在中国境内分配联总所供善后救济物资；另一方面还"应采取适当之步骤，保证此种分配当遵循大会之政策"，

---

① 《中华民国国民政府联合国救济善后总署基本协定》，上海市档案馆藏档案：Y3—1—286，第 2 页。

② 同上。

③ 同上书，第 3—4 页。

并要求"省政府及其他各级政府遵照"①。

其次，《基本协定》规定了援助物资移交的程序。《基本协定》指出，"联总运华之善后救济物资，将交由驻华办事处收取。"然后由办事处在港口或其他地方将它们移交给中国政府，中国政府在接受了移交的物资后，应该向联总开具收据。"联总移交物资与中国政府时，双方应该商定点验货物之数量及品质之合理手续。"②

再次，《基本协定》规定了中国政府与联总就物资分配问题商讨的内容。《基本协定》规定："中国政府应以分配物资之计划及其实施办法与联总商讨。"商讨的内容主要包括：分配联总物资的机关及其分配过程；依照地域及主要消费者而决定的物资分配；物价政策及联总物资的特定价格及其与同样土产货品价格的关系；如何依照商品、地域及消费阶级，配发联总所供每项物资并统制其价格；处理、搬运及储藏联总所供物资的方法及设备③。

复次，《基本协定》规定了联总的有关知情权。《基本协定》指出，在中国开展善后救济活动期间，中国政府应该负责"使联总充分获悉关于在华分配物资之消息，此外，中国政府应负责给予联总代表以种种机会，以便观察物资每一阶段分配之情形"，"中国政府应准许联总代表在必要限度内，进入仓库、货站、分配站，以便获悉搬运分配货品之情形"④。

最后，《基本协定》还规定中国政府应该让联总与之一起发表有关善后救济物资移交、分配等方面的消息。

四　关于财务问题

首先，《基本协定》规定，中国政府"得应联总之请，随时以足数之中国法币代联总付款或拨交联总，以应必须使用中国法币之开销"。它主要包括：发给联总在华人员之薪金、生活费及其他以中国法币支给之开销，

---

① 《中华民国国民政府联合国救济善后总署基本协定》，上海市档案馆藏档案：Y3—1—286，第4页。

② 同上书，第4—5页。

③ 同上书，第5页。

④ 同上。

以及租金、仓储费、交通运输、公用事业费等①。

其次，《基本协定》规定，中国政府应该"按月向联总提交中国政府根据本协定出售、出租或转让联总所供善后救济物资及事业所得之净入账"②。

再次，《基本协定》规定，中国政府之政策，"得为善后救济之用途"，动用在购买力上与上一条上之净入账上之中国法币数额相等之款项，"至于动用之时间，应在出售联总物资获得入款后之一合理的时间以前"。所谓善后救济之用途，主要包括以下一些工作：一是凡中国政府办理或其指导下之有关急赈及卫生工作；二是依据本协定的规定办理的工作以及关于照管及遣送难民工作；三是凡中国政府办理或其指导下之有关工农业及交通善后工作；四是联总为办理其他区域善后救济工作之储存、处置及运输业务等③。

五 关于联总在华人员

《基本协定》规定，中国政府准许并赋权联总，在中国设立一办事处。联总驻华办事处的公职人员包括：善后救济所需要之人员、供应物资所必须之人员，技术或行政人员、会计及财务等人员。对于他们，一方面，要求中国政府得给予入境及行动之便利；另一方面，"联总应保证其在华人员具有优良之行为及健全之道德品性，如有违背是项标准之人员，联总应解除其职务或调回之"④。

六 关于对联总及其职员的各种优待、便利及豁免

《基本协定》规定，"中国政府应采取一切实际办法，以便利联总工作"，并"给予联总及其人员以各种之便利、优待及豁免"；"属于联总之善后救济物资或已运来华，或由中国过境，联总均有权将此项物资转移至其他区域而不受出口统制，及使用其他限制办法"等⑤。

---

① 《中华民国国民政府联合国救济善后总署基本协定》，上海市档案馆藏档案：Y3—1—286，第6页。

② 同上。

③ 同上书，第6—7页。

④ 同上书，第7—8页

⑤ 同上书，第8页。

七　关于税务的事项

《基本协定》指出，中国政府及其附属政治机构或其他任何公共团体，"对于联总之资产、财产所得及各种业务交易"，对于"联总及在联总监督之下国际志愿救济团体，发给其非华籍或非中国永久居民之官员、雇员及其他联总人员之薪金或报酬"等均"一律准予免税，亦不征收任何名目之捐税"。此外，"联总向中国政府及其附属政治机构或其他任何公共团体，缴纳捐税或任何名目之捐税的义务，均得豁免"，中国政府应该采取实际步骤，使上述规定落到实处①。

八　关于报告记录

《基本协定》规定，中国政府"应就其履行联总之义务所必需的善后救济工作，做成合理的统计记录"，并且要"咨商于联总"；"中国得应联总之请，以上述之统计记录及报告、情报等，供给联总"②。

综上所述，蒋廷黻与凯石分别代表中国政府与联总签订的《基本协定》主要就双方必须遵守的基本原则、物资及服务的供给、物资的移交与分配、财务问题、联总在华人员、联总及其人员的各种优待、便利及豁免、税务和报告记录等事项进行了规定。

蒋廷黻在与联总代表凯石签订了此协定后，向新闻界发表了谈话。他指出：

> 中国政府对于此协定开始生效，良用欣慰。协定表示中国于艰困之际获得实际的友谊援助。是项文献使联合国救济善后总署与中国政府达于有效率之合作乃人类福利及国际上为高尚之目标而合作之范本③。

---

① 《中华民国国民政府联合国救济善后总署基本协定》，上海市档案馆藏档案：Y3—1—286，第8—9页。

② 同上书，第9页。

③ 《我政府与联总签订基本协定后蒋署长发表谈话》，《行总周报》1945年11月第4期，第1页。

可见，蒋廷黻对《基本协定》给予了很高的评价，也对此协定签订后获得联总的实质性援助充满了期待。

从某个角度上说，《基本协定》即为《中国善后救济计划》的实施细则。同时，《基本协定》又与 1943 年签订或通过的《联总协定》、联总一届大会决议构成战后中国善后救济事业的法律基石。《基本协定》的签订标志着为中国进行的善后救济事业的准备工作的基本完成，它为即将开展的中国善后救济活动的顺利推进铺平了道路。也许是巧合，也许是特意安排，就在蒋廷黻与凯石在重庆签订《基本协定》的当天，即 1945 年 11 月 14 日，联总为中国运输善后救济物资的货轮首次抵达上海港，由此，联总对中国开展的善后救济援助活动正式拉开了帷幕，历时两年的战后中国善后救济事业也在行总领导与协调下逐步向全国推进。

第四章　行政院善后救济总署及其分署的创建

　　联总开展的战后善后救济活动首先在波兰等欧洲国家进行，其方式主要有两种：一种方式是联总组成"驻欧派遣团"（也称为代表团），由该机构将援助物资直接发放给灾民，受援国政府基本不插手，更未成立专门的经办机构，如意大利、希腊等国；另一种方式是接受善后救济援助的国家以出钱购买和受赠予的方式从联总获得物资，联总将援助物资运往受援国，然后由各受援国自行发放给灾民，由于受援规模不大，且主要是救济，基本没有善后项目，故物资发放一般由该国政府救灾部门直接办理，也没有为善后救济活动成立专门的机构，比如荷兰、比利时和苏联等国。但后来的事实表明，"惟两种方式，皆未能获得满意成绩"[①]。所以，为了有效开展中国救济善后活动，国民政府向联总提出，中国有别于欧洲，应该成立独立的机构，专门办理此项事业。此要求很快得到联总批准。中国政府经与联总多次协商，最后商定，在中国采取"两者之折中方式"，成立一个独立机构办理善后救济事业[②]。这样，创建行政院善后救济总署的工作随即被提上议事日程。

第一节　行政院善后救济总署的创建

　　抗战胜利后，中国之所以成立专门的善后救济管理机构，除了上述吸

---

　　① 行政院善后救济总署编译处编：《行政院善后救济总署业务总报告》，上海市档案馆馆藏档案：Y3—1—278，第4页。

　　② 同上。

取欧洲教训外，还有一个重要的客观条件，对此，后来担任了行政院善后救济总署副署长的浦薛凤作了深刻分析：善后救济事业开展之时，本来在行政院均有相关的业务主管机构存在着，何以此次善后救济事业不曾交给原有机构去办理而要另设机构呢？当时许多人都有这样的疑问。因为"行总业务开展之际，正当复员高潮之时"，"原有机构又要复员，又要办善救的工作，在人力、经费和时间各方面都有困难，另立专署负责办理，可说是环境所宜"①。不仅如此，专门成立的这个机构还必须高效和强有力，这是中国开展的善后救济事业能否顺利兴办并取得明显成效的一个重要条件。正如《中国善后救济计划》所说："实施善后救济计划，必需设立健全的行政分配机构。"②而这样一个机构的建立，涉及方方面面，"惟是项机构，应加缜密研究"。③

一　机构方案的确定与《善后救济总署组织法》的制定

1943 年 10 月，蒋廷黻受蒋介石与国民政府之命，主持即将开展的中国善后救济事业。接此任务后，如何创建这个机构成为他首先考虑的一个主要问题。在他看来，欲使联总在中国的善后救济事业顺利兴办，使中国的善后救济计划付诸实施并取得一定的成效，就必须认真贯彻执行联总的有关协定、决议，以及根据这些协定、决议而制定的计划，因为"计划虽好，如执行不顺利，将来仍不能收很大的效果"④。而要使联总的协定、决议以及中国的计划执行得顺利，就必须建立一个强有力的领导机构，唯此，才能达到满意的目的，否则，将会使中国的善后救济活动归于失败。若果真如此，在蒋廷黻看来，"外将对不起捐助物资的友邦，内将对不起备受艰难困苦的同胞"⑤。可见，在他看来，组建一个满意的中国善后救济事

---

① 浦薛凤：《行总结束感言》，载行政院善后救济总署编译处编《行政院善后救济总署业务总报告》，上海市档案馆馆藏档案：Y3—1—278，第 3 页。

② 行政院善后救济总署编：《中国善后救济计划》，上海市档案馆馆藏档案：Y3—1—274，第 29 页。

③ 同上。

④ 蒋廷黻：《善后救济总署之性质与任务》，《东方杂志》1945 年 10 月第 41 卷第 20 期，第 3 页。

⑤ 同上。

业的领导机构是多么的重要与紧迫。

（一）中国善后救济机构方案的确定

1944 年 10 月，蒋廷黻在参加完联总的早期活动并代表中国政府向联总成功递交《中国善后救济计划》书后，不敢在美国多留，立即赶回国内，主持开展善后救济活动机构的筹备工作。那么，这个机构将按何种模式组建？名称叫什么？即将成立的这个机构内部机关如何设置？职能怎样划分？对于这一系列重大问题，蒋廷黻不能不早作谋划，他一度为此整日苦思冥想，甚至还在从美国参加完联总的有关早期活动后返回国内途中的飞机上，关于领导中国善后救济工作的机构方案就成了他所"焦虑的问题"①。到了国民政府的战时首都重庆后，蒋廷黻仍在就这一方案的问题而谋划着。

为了慎重起见，他决定集思广益，听听别人对这一问题的意见，在这期间，他经常利用一切机会与人就这一问题进行交谈，甚至在每日的茶余饭后，他也要去邻居的家中走访。这些人包括他的同事、朋友，还有他的家人。果然，这些人往往也是积极向他建言献策，使他收到的"建议甚多"②。

蒋廷黻将别人对他的建议进行了归纳与整理，并把它们概括为三种不同的总体方案。

第一种方案，主张这一机构最好由当时兼任行政院院长的蒋介石亲自主持，由他再兼一个领导职务，即中国主抓善后救济活动机构的最高负责人。坚持这种方案的人认为，即将在中国开展的这场善后救济活动规模大，地区广，事项多，可谓千头万绪，而时间又十分紧张，根据联总的规定，各受援国的善后救济工作开展的时间原则上不得超过两年。要在如此短的时间内完成这一浩大的社会救济事业，需要全国上上下下、方方面面的积极支持与配合，特别是从中央到地方各级国民党党部及其行政部门的协调一致，而要把这些机构及人员团结起来，并对他们进行统一指挥与调遣的，非蒋介石莫属。所以，这部分人从确保中国的善后救济活动成功的角度主张："最好由行政院蒋兼院长亲自主持，以便指挥中央各部会署及地方各

---

① 蒋廷黻：《善后救济总署之性质与任务》，《东方杂志》1945 年 10 月第 41 卷第 20 期，第 3 页。

② 同上书，第 4 页。

省市县协同办理善后救济。"①

第二种方案，主张这一机构的规格应该是"委员会"比较合适。持这一观点的人认为，以前我国办理临时性的社会救济工作，无论在中央还是在地方，大都组织一个委员会来主持。例如，1931年夏，因为江淮等地发生严重水灾，而设置了国民政府救济水灾委员会；1933年秋，由于黄河决口酿成大灾，而设置黄河水灾救济委员会等。将该机构设置为"委员会"，其权威性可得到大大加强，可以网罗社会上热心善后救济事业的领袖，团结各方面的力量，共同完成这一宏伟事业②。

第三种方案，主张这一机构的规格应该是行政院所属的一个"部"。坚持这种观点的人认为，长期的日军的侵华战争给中国人民带来了巨大的灾难，现在联总正在计划向各受害国提供战后善后救济援助，中国也是其中的重要一员，为了向国内外表示中国对即将进行的这场善后救济活动的重视，同时也使这一运动的开展规范化、行政化和高效率，所以，领导中国的善后救济事业的机构应该就是行政院直属的一个"部"。

对于上述三种不同的方案，蒋廷黻都进行了认真而深入的分析与研究，并在此基础上对这三种方案的可行性一一进行评估。对于第一种方案，刚开始，他认为，这一意见可行，正准备采用这一方案并上报至蒋介石处，后来又有人出面明确反对，认为：一方面，兼院长实即国家元首，亲自主持，于体制不合，世界上其他国家没有由国家元首亲自出面担任此职的，若中国由蒋介石这位兼院长主持，有失中国人长期奉行的不卑不亢的传统。另一方面，由于蒋介石本人日理万机，在善后救济活动全面开始后，他不可能对有关善后救济的工作一一过问和处理，很可能是派一个官员代行其职权，那么，这位代替者在实际工作中将会"挟上以临下"，颐指气使，这样会使国民政府中的其他机关人员"受不了"。蒋廷黻觉得此言有道理，故最终"此议遂作罢"。对于第二种方案，蒋廷黻认为，善后救济是一种事业性质的慈善活动，"牵涉政治或政策甚少，主要的是执行。倘以委员会来执行一种事业，很容易误事的"。因此，这一方案他"差不多没有加以考虑"，便很快就否决了。

① 蒋廷黻：《善后救济总署之性质与任务》，《东方杂志》1945年10月第41卷第20期，第4页。

② 参见徐义生《善后救济工作的行政制度》，上海六联印刷公司1948年版，第3页。

对于第三种方案，蒋廷黻觉得，善后救济事业是短期活动，而"部应该是经常设置的机构，不适于有期限的善后救济事业"；善后救济活动是服务性的、事务性的，政治色彩较淡，而"部是一种行政机构"，善后救济机构如果是"部"，将会使善后救济活动"行政化"，这显然有违联总的宗旨，也与他本人开展这一活动的理念相违背，因此，这一方案也不可行[1]。

随着时间的推移，特别是对上述三种建议方案的分析乃至否定，蒋廷黻对应该成立一个什么样的机构的思路逐渐清晰起来。他认为，善后救济机构应该"是一种强有力的执行机构，少带行政性质，多带事务性质"。因此，他最终决定采用"署"的模式来组建善后救济机构，并起名为行政院善后救济总署[2]。

1944 年冬，蒋廷黻在重庆向蒋介石进行了工作汇报，首先他向蒋介石报告了联总成立的相关情况，然后汇报了关于善后救济机构的方案问题，得到了蒋介石的首肯。至此，有关善后救济机构方案的问题终于尘埃落定。

（二）《善后救济总署组织法》的起草

蒋廷黻向蒋介石汇报的善后救济机构总体方案，被蒋介石采纳，并且，蒋介石要求蒋廷黻以此方案为基础，迅速起草《善后救济总署组织法》。此后的一段时间，蒋廷黻"奉命起草组织法"[3]。

起草这样一部法律不是一件简单的事，为了慎重起见，蒋廷黻在正式动笔起草法律条文前，为这部法律草案确定了三个大的方向，蒋廷黻把它们称为三个特点。（1）善后救济总署计划兼用各种人员以满足总署工作的需要。（2）内部单位分厅、处、室。厅有储运、分配、财务和赈恤四厅，"因为业务都在四厅，责任重大，故不能不提高地位"，这四厅的地位都比总务、财务等处、人事等室高。（3）拟设置五个副署长，他在向立法院说明这一特点时，强调善后救济总署"公务繁忙"，只有设置五个副署长才能应付得过来，他希望设置五个副署长，还有一个考虑是，计划其中四个

---

[1] 蒋廷黻：《善后救济总署之性质与任务》，《东方杂志》1945 年 10 月第 41 卷第 20 期，第 4 页。
[2] 同上。
[3] 蒋廷黻：《干什么？怎样干？》，行政院善后救济总署广东分署《周报》1946 年 4 月 30 日第 2 期，第 2 页。

副署长兼任四个厅长，以切实提高四个厅长的地位①。这三个大的方向，在递交立法院后，被采纳了两个，否决了一个。即前两个获得通过，后一个没能批准，换句话说，立法院没有同意蒋廷黻希望即将成立的善后救济总署计划安排五个副署长的请求，而最初只同意设置一个副署长。其原因可能是1943年9月15日通过的《中华民国国民政府组织法》规定，各署（如卫生署）只能设副署长一人②，既然从事善后救济工作的机构是"署"，那么，就得按照《中华民国国民政论组织法》的规定办，与卫生署一样，只能设一个副署长。后来，经过蒋廷黻的再次极力争取，行政院、立法院同意再增加一个，达到两个，这已经是对善后救济工作最大的重视和照顾了，将即将成立的善后救济总署与各部、会平级对待，因为《中华民国国民政府组织法》第四章中的第21条明确规定："行政院各部，设部长一人，政务次长、常务次长各一人；各委员会设委员长、副委员长各一人"③。也就是说，行政院各部只设副职两人，委员会、署还只能设一人。若立法院答应蒋廷黻的要求，给行政院善后救济总署安排五个副署长，很容易使其他"部""会"纷纷效仿，也将向立法院提出增加副职名额的要求，从而引发连锁反应，这样整个国民政府的组织体制将会被彻底破坏。

根据这一大的方向，蒋廷黻起草了《善后救济总署组织法》（以下简称《组织法》），1945年1月中、下旬，蒋廷黻将该法相继递交行政院例会和立法院会议讨论，获得通过，最后于1945年1月21日由国民政府公布。

《组织法》共27条，约4500字。它的主要内容如下。

第一条、第二条，规定了善后救济总署的根本任务和主要模式。"行政院设善后救济总署办理战后收复区善后救济事宜"，并且，"善后救济总署办理善后救济事业，得分别性质，会同中央或地方机关办理，或委托有关机关办理，其办法由行政院定之"。

第三条，规定了总署的主要内设机构。总署内部分总署、厅处（室）、科三级。总署共设置四厅三处。分别是储运厅、分配厅、财务厅和赈恤厅；

---

① 蒋廷黻：《干什么？怎样干？》，行政院善后救济总署广东分署《周报》1946年4月30日第2期，第2页。

② 《中华民国国民政府组织法》（1943年9月15日），载中国第二历史档案馆编《中华民国史档案资料汇编·第五辑·第二编·政治》（一），江苏古籍出版社1998年版，第83页。

③ 同上书，第81页。

调查处、编译处和总务处。

第四条、第五条，分别就总署内部的专门委员会及总署的分署设立问题作出规定。条文明确指出："善后救济总署于必要时，呈经行政院核准，得设各种委员会及业务机构"，同时规定，"善后救济总署得于必要地区设分署，办理各该指定区域内之善后救济事务，其组织另以法律定之"①。

第六条至第十二条，分别就四厅三处的工作职责做出明确规定。《组织法》规定，储运厅主要掌管物资的点收、仓储保管、运输等事项；分配厅主要掌管器材的发放、民用物资的散放配售等事项；财务厅主要掌管财务的筹划运用、出纳保管、财务报告的稽核及编制、财务票据的处理与保管等事项；赈恤厅主要掌管难民输送及复兴、难民福利、工振等事项；调查处主要掌管流离人民的调查、战区社会情形的调查、工商业损害的调查、泛滥区域的灾情调查等事项；编译处主要掌管法规及报告的编译、参考材料的检讨编译、出版物的编译刊行等事项；总务处主要掌管收发分配撰拟保存文件、署令的公布、典守印信、本署经费之预算决算及出纳、稽核直辖机关的经费、本署财产及物品的保管等事项②。

第十三条至第二十四条，分别就善后救济总署的人员配置形式及人数做出规定。《组织法》指出："善后救济总署置署长一人，特任"，其职责为"综理全署事务，监督所属职员及机关。署长得出席行政院会议"；"置副署长一人，辅助署长处理事务"；置参事三人至五人，秘书七人至九人，厅长、副厅长各四人，处长三人，分别掌管各厅处事务；置视察二十四人至三十人，技正八人至十人，科长四十六人至五十二人，编审三十人至三十八人，技士二十人至二十八人，科员一百二十人至一百四十人；副署长、参事、厅长、副厅长、处长简任，秘书四人简任，其余的为荐任，视察八人简任，其余的为荐任，技正六人简任，其余的荐任，科长及编审全部荐任，技士八人荐任，其余的为委任，科员全部为委任，"前项人员，于必要时，得分别简派荐派或委派"；设会计处长一人，统计员一人，办理会计和统

---

① 第一条至第五条均见《善后救济总署组织法》，载行政院秘书处编印《行政院公报》第8卷第2期，1945年2月28日，第27页。

② 《善后救济总署组织法》，载行政院秘书处编印《行政院公报》第8卷第2期，1945年2月28日，第27—28页。

计等事项，受善后救济总署署长之指挥监督，并依国民政府主计处组织法之规定直接对主计处负责；"会计处需用佐理人员名额，由善后救济总署及主计处就本法所定荐任委任人员及雇员名额中会同决定之"；"设人事室，置主任一人，荐任，依人事管理条例之规定掌理人事管理事务。人事室需用人员名额由善后救济总署就本法所定委任人员及雇员名额中，与铨叙部会同决定之"；善后救济总署还需聘用国内外专门人员，酌情使用雇员；职员若因经商等原因离任，需经有关机构批准，并报行政院备案，然后从中央及地方机关的相当级别的职员或技术人员抽调加以补充。

第二十五条至第二十七条，分别就其他问题作出说明和规定。《组织法》强调，在中国的善后救济工作完成后，善后救济总署"应即撤销"；善后救济总署的各项办事细则，由总署拟定，然后"呈请行政院核定之"；本法自公布日即1945年1月21日起施行①。

此外，蒋廷黻还就行总一些内设机构的设置问题安排相关部门制定了法规，如《善后救济总署赈恤厅组织及各科执掌》②等。

（三）对《善后救济总署组织法》的修订

1945年1月21日，《组织法》向全国颁布后，在经过一段时间的实施后，由于出现了一些情况，该法的一些条文已不能适应需要。有鉴于此，蒋廷黻对该法的相关条文进行了适当的修订，并报请国民政府批准。行政院例会对此进行了讨论，决定同意对有关条文作适当修订。1945年4月10日，国民政府发表渝字第1030号公报，正式公布修订后的有关条文。

为了让善后救济总署及其各分署周知这一修订，1945年4月16日，蒋廷黻又专门签发1797号《善后救济总署训令》，要求各分署对此遵照执行。该训令全文如下：

> 查本署组织法第十四条及第十九条条文，奉国民政府明令修正公布，见四月十日渝字第一〇三〇号国民政府公报，除遵照并分行外，

---

① 第十三条至第二十七条均见《善后救济总署组织法》，载行政院秘书处编印《行政院公报》第8卷第2期，1945年2月28日，第28页。

② 有关《善后救济总署赈恤厅组织及各科执掌》的具体条文，参见行政院善后救济总署赈恤厅编《怎样办理赈恤》（铅印本），1946年刊行，第56—61页。

合行抄发修正条文，令仰知照，此令。

附抄发善后救济总署组织法第十四条及第十九条条文

署长　蒋廷黻

善后救济总署组织法第十四条及第十九条条文

第十四条　善后救济总署，置副署长二人，辅助署长处理事务，执行长一人，副执行长一人，囊助署长处理业务。

第十九条　善后救济总署副署长，执行长，副执行长，参事厅长，副厅长，处长简任，秘书四人简任，余荐任，科长编审荐任，技士八人荐任，余委任，科员委任，前项人员于必要时，得分别简派荐派或委派。①

通过前后条文的比较，我们不难发现，第十四条条文中将《组织法》中副署长人数增加了一名，达到两人；另外，增加了执行长及副执行长的内容。副署长和执行长都是作为署长的助手来安排的，但是，两者在帮助署长工作时，侧重点有区别，副署长负责"辅助"署长处理事务，而执行长却是"囊助"署长处理"业务"。而副执行长作为执行长的助手，则是帮助他处理业务。第十九条取消了有关视察与技正是否简任的规定，增加了执行长与副执行长简任的规定。

1946 年 7 月 20 日，此时中国的善后救济事业正在如火如荼地开展之中，为了更好地使各机构服务于中国的善后救济工作，蒋廷黻决定对有关机构的负责对象及职能作相应的调整。于是，他向诸如江西分署等各分署签发了《善后救济总署训令》（浦秘第三五五一号），公布《善后救济总署机构调整办法》（以下简称《调整办法》）。

该训令指出："兹将本署内部机构重行调整，并制定办法一种，即日实行"，要求"财务厅直接向执行长负责并受其监督"②。原来的《组织法》

----

① 《善后救济总署训令》，1797号，1945年4月1日，载行政院善后救济总署江西分署编《善救准则》，1946年铅印本，第36页。

② 《善后救济总署机构调整办法》，1946年7月20日，载行政院善后救济总署江西分署编《善救准则》，1946年铅印本，第37页。

规定，署长"综理全署事务，监督所属职员及机关"，意思是包括财务厅在内的所有总署机关都必须对署长一人负责，而《调整办法》规定，一是财务厅、储运厅、交通器材组不再直接向署长负责，而改为直接向执行长负责并报告工作；二是"分配厅应向执行长报告业务，并受其监督"，蒋廷黻对这一规定的解释是，"此次规定意在使执行长对于物资分配情况得有充分明了，惟关于此项事宜，执行长应向署长密切联系"，至于"各政府机关及联总等物资配发事项"，则"仍继续由署长亲理"，同时，行政院也要指派代表常驻分配厅，"俾得充分明了各项事务"；三是农业、工矿及卫生等各业务委员会的机构仍然维持原样，此次不作调整，但是"善后物资之出售或其他处置方式，应由执行长负责处理"；四是署长从行总工作人员中挑选一人常驻行政院，"以事联系，并备咨询；五是"执行长应与行总其他人员，同向署长直接负责"[①]。随着善后救济事业的全面推进，蒋廷黻公务过于繁忙，已经无力事必躬亲，因此，在增设了执行长一职后，决定将诸如财务厅等机关的许多事项交由执行长直接管理，以便使自己腾出更多的时间和精力考虑和处理其他更重要的事情。

二　行政院善后救济总署创建的简要历程

在中国善后救济机构的创建方案确定后，特别是《善后救济总署组织法》制定和公布后，有关机构的组建工作正式提上蒋廷黻等人的议事日程。

20世纪30年代末期，国民政府就在行政院内设置了中央振济委员会，负责对于遭受战争灾害的难民，"办理各种赈济工作"[②]。1943年9月，在国际上，第二次世界大战的形势有了较大改善，形势在向着有利于人民民主国家的方向发展；在国内，"抗战虽仍是艰苦，确已逐渐接近胜利的局面了"。于是，国民党中央执行委员会在第十一次全体会议上，议决了战后社会救济和经济建设的许多重要原则，通过了战后社会救济原则案，明确规定将社会救济"与国家复员计划及建设生产计划配合进行，以减少受救济人之数量，并培养其自力更生之能力，以发挥救济之最高效能"作

---

① 《善后救济总署机构调整办法》，载行政院善后救济总署江西分署编《善救准则》，1946年铅印本，第38—39页。

② 徐义生：《善后救济工作的行政制度》，上海六联印刷公司1948年版，第1页。

为战后救济的根本原则 ①。当时对于战后救济善后工作，原来计划由各有关主管部、委员会对其所管辖的事业及区域，分别制定相关救济善后的办法并具体实施。

1943 年冬，联总成立。为了取得联总对中国的援助；为了通过在国内开展救济善后义举赢得民众的政治支持，国民政府决定根据联总的相关要求，在行政院设立一个机构，统一计划、管理和实施有关的善后救济工作。因此，1944 年 3 月，国民政府在行政院下面专门设置了"善后救济调查设计委员会"，其人员由各部、会抽调的专门技术人员、行政主管人员以及聘请的外籍顾问专家组成，主要从事中国各地遭受战争损害的情况的调查工作，为下一步正式开展善后救济工作准备。这也是行政院善后救济总署的雏形。

1944 年 12 月 18 日，国防最高委员会例会决定在"善后救济调查设计委员会"的基础上，成立救济善后督办总署，仍隶属于行政院，并任命时任行政院政务处处长的蒋廷黻为总署督办。下设会办 5 人，并设 4 厅 5 处。对于督办总署的工作职责，督办总署宣布成立的当日，蒋廷黻在接受记者采访时表示，"督办总署之初步工作，为训练完善及救济人员四十名，及调查沦陷区各地之需要" ②。1945 年 1 月 1 日，救济善后督办总署在重庆两浮支路署址成立。

1945 年 1 月 21 日，即国民政府正式公布《善后救济总署组织法》的当天，行政院善后救济总署在重庆成立，它简称"行总"，以区别于联总 ③，以取代救济善后督办总署，其办公地点也从原来的两浮支路署址迁移至珊瑚坝。1945 年 12 月至 1946 年 1 月，行总人员在蒋廷黻署长的率领下，将署址迁往南京。几个月后，行总又迁往上海。经中央信托局协助，将上海福州路 120 号战时原日本三井洋行大楼，辟为善后救济大楼，行总上海总部、

---

① 徐义生：《善后救济工作的行政制度》，上海六联印刷公司 1948 年版，第 1 页。

② 《国防最高委员会昨决议设立救济善后督办总署》，《中央日报》1944 年 12 月 19 日。

③ 但是，也有人把它简称为"救总"。例如，时任行总副署长的蒲薛凤在后来写的《十年永别忆廷黻》中写道："盖'救总'（当时简称）组织大，范围广……"（参见朱传誉主编《蒋廷黻传记资料》〈二〉，天一出版社 1985 年版，第 196 页）不过，一般把行政院善后救济总署简称为行总，简称为救总的非常少见。后来文献中见得较多的"救总"一词则是"解放区善后救济总会"的简称。

联总驻华办事处及行总上海分署均在此办公。行总之所以从南京迁往上海，其中原因，行总副署长浦薛凤曾对此作了简要说明。

> 行总总署机构设在上海，因为联总运华物资绝大部分先到上海。码头、仓库以及分配也就不得不在上海就近办理，俾不误时间[①]。

行总是战后"因善后救济工作需要，而产生的一个新机构"[②]。行总的主要职责最初是"难民输送与复业，难民福利，难民工业，流离人民之调查，工商业损害之调查，泛滥区域之灾害调查，其他有关灾情之调查。"[③]后来，随着中国善后救济事业的全面兴办，行总的职权有所扩大，全面负责管理、协调善后救济工作。在行政院中，"其法律地位与其他各部会署完全相同"[④]。在中国，"北至东北九省，南迄海南岛，东至台湾，西达滇省之西，分布之广，约与美国全部面积相当"，其善后救济活动皆归行总管辖[⑤]。1946年，由中外各界人士共同发起成立的中国华洋义赈救灾总会宣布解散，其业务划归行总统筹管理，以便集中所有人力、物力和财力开展善后救济活动。

由于这一机构是行政院下属的临时性从事事务性工作的机构，中国善后救济活动一结束，作为这一活动的主管机构，即行总便将予以撤销。

根据《联总协定》和联总一届大会的有关决议，联总在各国开展的善后救济事业仅限于曾经遭敌侵略，现已被收回的区域，并不是在全国普及开展，而在内地那些没有遭受过敌人侵略的"自由区域"，仍计划由中央赈济委员会、社会部以及其他部、会共同办理。然而，这种"双轨制"的救济模式在实际推行的过程中困难甚多，不便掌握，因为一方面，收复区

---

① 浦薛凤：《行总结束感言》，载行政院善后救济总署编译处编《行政院善后救济总署业务总报告》，上海市档案馆馆藏档案：Y3—1—278，第4页。

② 《霍署长对参政会常会书面报告全文》，《行总周报》1947年第59、60期合刊，第1页。

③ 秦孝仪主编：《革命文献》第97辑，台北出版社1973年版，第47—48页。

④ 蒋廷黻：《干什么？怎样干？》，行政院善后救济总署广东分署《周报》1946年4月第2期，第2页。

⑤ 行政院善后救济总署编译处编：《行政院善后救济总署业务总报告》，上海市档案馆藏档案：Y3—1—278，第13页。

与所谓的"自由区域"常常是连在一起的，哪些是收复区，哪些是"自由区域"，往往不易区分；另一方面，"人民遭到战争的直接损害有时在内地也不下于收复区"，因此，如果"由数个机关来办理，实在是很不经济而易发生流弊的"[①]。有鉴于此，1945 年 7 月，行政院例会决定撤销中央赈济委员会，一切有关的救济善后工作均交由"行总"办理。不过，在办理两者的救济善后事务中，还是会有一些区别。例如，"行总"接受的来自联总的救济善后物资，除医药器材外，仅限于收复区的善后救济事业，因为，这是联总的规定，而且，联总在活动开展的过程中将派人实地调查，发现有将联总援助的物资用于非收复区，将视情节的轻重受到程度不同的处罚。因此内地那些没有遭受过侵略的区域的灾难救济，行总只能仍然按原来的办法向行政院请求拨款，然后再将它拨付给当地政府发放。不过，这种规定并没有完全付诸实施，换句话说，对大量"自由区域"的赈济工作，并没有由蒋廷黻领导的行总负实质性责任，而是由社会部、财政部等部门负责办理。

三　行总内设机构的设置

蒋廷黻根据蒋介石的要求，刚刚成立的行总将实行分层负责制，"以求行政效率的增进"[②]。总署下面设厅、处，厅、处下面再设科等，下级对上级负责。

这一机构在成立初期，尚属筹备设计性质，《组织法》中所规定的内部单位，并没有同时在行总成立之初全部组建。由于当时中国的善后救济事业还没有全面开展，还处在调查统计战后损失的阶段，所以，对于行总初期的工作职责，与其前身督办总署基本一致，为了节省国库开支，最初只在行总设立调查处及总务处两个内部机构，前者的职责为调查战时损害，后者的职责为训练培养工作干部。1945 年 7 月，财务厅组建完成，这也是此时行总组建的唯一从事重要业务的内设机构，其余的赈恤、分配和储运三厅都没有设立。8 月中旬，日本宣布无条件投降，中国的善后救济工作

[①]　参见徐义生《善后救济工作的行政制度》，上海六联印刷公司 1948 年版，第 4 页。

[②]　《蒋廷黻阐述善后救济总署任务》，载方庆秋等主编《中华民国史史料长编》第 65 册，南京大学出版社 1993 年版，第 159 页。

从此可以全面推行，为了适应这一变化，行总必须立即完成内部机构的设置工作，然而，当时蒋廷黻正在英国首都伦敦出席联总第三次全体大会，"国内负责乏人"，无法立即完成其他机关的设置[①]。9月，蒋廷黻回国后，在他的亲自主持下，赈恤、分配和储运三厅仓促完成组建工作，并迅速拟定相关的业务原则。不久，编译处、人事室等机构也相继组建。至此，行总本部的内设机构的组建工作基本结束。

此后，行政院为处理善后救济问题便利起见，于1945年10月30日的例会上批准设立善后救济审议委员会，内设主任委员1人，副主任委员1人，秘书长1人，及委员8人。主任委员由行政院院长宋子文兼任，副主任委员由行政院副院长兼任，蒋廷黻则兼任秘书，8名委员由行政院秘书长、政务处长及经济部等部的部长兼任。接着，农业、工矿、卫生和黄泛区复兴等专门委员会也陆续诞生。之后，为了加强协调工作，行总又在各厅下面相继设置了一些附属机构，如器材分配审议委员会等。有的厅还因工作的需要，在外地设置了一些厅属局，如储运厅为分区掌理进口物资之储运事宜，分别在上海、九龙、青岛、天津、大连、汉口6个口岸分别设置物资储运局。赈恤厅为了便利救济工作的开展，在一些地方设置难民招待所，如九江难民招待所等。农业业务委员会于1946年3月成立后，也在天津、青岛、上海和九龙等地分设牲畜饲养站。善后救济活动全面开展后，行总逐渐发现，"联总物资性质与所须举办之工作，每为现存机构所不愿或不能担任"，故行总"为使物尽其用，不得不自设机构，予以担任"。如渔管处、水运大队等[②]。这些附属机构统称"12处6局9站2队1所"。

要想使行总的工作效率最大化，行总应该达到什么要求呢？蒋廷黻认为，这个执行善后救济的机构应该达到以下两个方面的总体要求。

一方面，"应该办事迅速"。根据联总的有关规定，联总在各国开展善后救济活动最长不超过两年。而联总向中国提供的各种援助物资总价值达数亿美元，总重量达到数以百万吨，行总接收这些援助物资以及再将它们运往全国各地，工作量十分巨大。而且，中国在战时遭受的损失十分严重，

---

① 徐义生：《善后救济工作的行政制度》，上海六联印刷公司1948年版，第6页。
② 《善后救济方案与现实之距离》，《行总周报》1947年第39期，第2页。

需要救济的面非常广，需要善后、复原的项目非常多，因此救济善后的任务也非常艰巨。所以，蒋廷黻指出，行总应该办事迅速、有效，确保两年内完成各项善后救济任务。他告诫行总同仁："倘若我们应该作的事不能于两年内作完，我们就不能取得联总的协助了。"[①] 也就是说，联总将会按照联总的相关规定，废止与中国签订的《基本协定》，停止在中国的善后救济事业，其后果可谓不堪设想。

另一方面，应该加强团结合作。对于官场中的相互拆台、钩心斗角的情形及危害，作为政府官员中的一员的蒋廷黻深有感触。他说：

> 我在行政院政务处服务前后八年，深知机关长官难免好争职掌。在美国的时候，发现美国机关长官亦复如此。美国的这种现象虽然给了我不少的安慰，使我觉得不分中外，人同此心，心同此理，我仍觉得这种纠纷是无聊的，误事的，应该避免的[②]。

由上可见，蒋廷黻清楚地认识到，宦海无情，彼此钩心斗角，中外各国，概莫能外。但是，蒋廷黻仍然坚持认为，鉴于行总工作任务繁重，点多面广，时间紧迫，要想圆满完成任务，必须加强团结合作，不能因为官场之中的恶习十分普遍，我们就可以盲目跟风，否则"是无聊的，误事的"。而且，这种团结合作应该是全方位、多层次的，既要加强行总内部的团结合作，又要注意与其他方面的经常合作，特别是"与行政院所属的其他各部会署应该竭诚的分工合作，不可起摩擦，尤不可起冲突"[③]。

四　行总公职人员的选拔配备与培训

行总机构设立以后，中心工作就是选拔配备公职人员。

首先是行总最高长官即署长人选的确定。1945 年 1 月，行总正式成立后，

---

① 蒋廷黻：《善后救济总署之性质与任务》，《东方杂志》1945 年 10 月第 41 卷第 20 期，第 3 页。
② 蒋廷黻：《善后救济总署之性质与任务》，《东方杂志》1945 年 10 月第 41 卷第 20 期，第 4 页。
③ 同上。

蒋廷黻即被国民政府任命为行总署长。在此之前，他一直担任行政院政务处处长，1943年10月5日，他被国民政府任命为中国出席联总会议的首席全权代表参加有关联总的早期活动，这应该是兼职。后来，宋子文相继担任行政院代理院长、院长后，蒋廷黻曾经郑重向蒋介石提出，要求辞去行政院政务处处长一职，一心一意从事善后救济工作，因为蒋廷黻素来与宋子文不和，害怕宋子文给他"穿小鞋"，但是蒋介石对他说，你的困难我知道，但宋现在就职不久，你现在辞职，时机上似不相宜，稍缓之后，不如推说救济总署工作很忙，请辞政务处长兼职好了[①]。可见，蒋廷黻在开始主持行总工作后还兼任了一阵行政院政务处处长，不是由于政务处的工作离不开他，完全是蒋介石为了消除外界不良猜疑的权宜之计。不久，在蒋介石看来，时机已经成熟，然后接受蒋廷黻辞去政务处处长一职，由其专门担任行总署长一职。此时蒋廷黻还兼任联总的数项领导职务，特别是联总中央委员会委员。因此，到国外参加联总的各种会议就成了家常便饭，特别是作为联总中央委员会委员，每周都必须在华盛顿召开一次会议，中国的善后救济工作全面展开后，他必须留在国内处理公务，除了亲自参加联总及其远东区大会外，其他的会议往往委托他的部属例如刘锴、陈之迈等代表他与会。

　　蒋廷黻之所以被蒋介石任命为中国救济善后事业的掌门人，其原因不外乎以下几个方面：其一，20世纪30年代，蒋介石多次与蒋廷黻晤谈，发现蒋廷黻对治理国家很有思想，是个难得的人才，并对他器重有加；其二，蒋廷黻会一口流利的英语，与联总的倡导者、领导者美、英等国交流比较方便；其三，蒋廷黻曾经作为中国政府的特命全权大使出使苏联，具有一定的驻外工作经验；其四，蒋廷黻青少年时曾经留学美国，对美国的经济、社会、文化等情况有一定了解。综上所述，在中国即将接受联总援助开展救济善后活动之际，蒋介石认为蒋廷黻是担此重任的最合适人选。

　　但是，正当蒋廷黻积极谋划中国的救济善后事业深入推进之际，即1946年10月，即行总在南京召开第一次检讨工作会议不久，他却被行政院免去了行总署长一职，其背景也是非常复杂的。（1）蒋廷黻根据联总

---

　　① 参见《蒋廷黻兼具史识与辩才》，载朱传誉主编《蒋廷黻传记资料》（二），天一出版社1985年版，第152页。

的有关章程对解放区提供了一些救济善后物资，这在国民党政府，特别是其政敌看来是不能接受的，即使是在蒋廷黻对解放区的救济活动已经有所歧视的情况下提供的打了折扣的救济援助，似乎也超出了他们所能容忍的限度，他们纷纷指责蒋廷黻"通共"，这是蒋廷黻被免职的根本原因[1]。（2）多年以来，蒋廷黻一直深受蒋介石的器重，这引起了他的一些政敌的嫉妒，他们把蒋廷黻视为自己高升的"拦路虎"，对他大有必欲除之而后快之感，千方百计寻找打击蒋廷黻的机会，在他们看来，此次机会难得。（3）他个性耿直，处事原则性过强，灵活性不够，难免得罪一些同僚，甚至包括行政院院长宋子文，他们也伺机整他[2]。（4）1946 年，上海药商将作为救济物资的美军血清当作补身特效药在市面上销售，史称"美国血清案"[3]。该案的发生，使社会舆论一片哗然，美国民众也义愤填膺，人们议论纷纷，作为行总署长的蒋廷黻难辞其咎，这一事件成为蒋被免职的导火索，宋子文等人趁机将其免职。

1946 年 10 月，霍宝树接替蒋廷黻的行总署长一职，直至 1947 年 12 月底行总解散。

其次，配备行总副署长。蒋廷黻在自己被任命为行总署长后，即向行政院提名李卓敏、郑道儒为副署长，随即这一提名相继在行政院和立法院获得通过。1945 年 9 月，副署长郑道儒被国民政府任命为吉林省政府主席，根据蒋廷黻的提名，行政院例会通过，浦薛凤任总署副署长，以补郑之遗缺。

再次，选拔各厅、处负责人。蒋廷黻一面组建各厅、处等机构，一面挑选合适人选，担当各厅、处负责人的重任。经过努力挑选，并报经行政院例会讨论通过和立法院批准，各厅、处负责人的名单终于出炉。他们分别是：储运厅厅长陈农元、分配厅厅长汪伏生、财政厅厅长董承道、赈恤厅厅长潘

---

① 查尔斯·R·里利也认为，蒋廷黻被解职"是因为他允许善后救济总署援助共产主义者"。（参见［美］查尔斯·R·里利：《蒋廷黻：局内的局外人》，《档案与史学》1999年第3期，第73页。）

② 1946 年 10 月，在蒋廷黻被行政院正式免去行总署长职务的当天，傅斯年在就蒋廷黻被免职一事答记者问时，也称：这事早已料到，盖宋子文院长与蒋廷黻一年以来每多隔阂也（方庆秋等主编：《中华民国史史料长编》第 69 册，南京大学出版社 1993 年版，第 939 页）。

③ 参见朱汉国编《蒋廷黻》，《中华民国史》第7册传二，四川人民出版社2006年版，第423页。

小荸、调查处处长向景云、编译处处长沈惟泰、总务处处长胡可时、会计处处长余肇池。与此同时，各厅副厅长、各处副处长、参事、主任秘书和技正等人选也予以确定和公布（限于篇幅，这些人员的名单恕不一一列举）。

复次，选用一般人员。行总工作全面展开后，所需人员较多，对于这些人员，行总计划从何处选拔配备？对此，蒋廷黻答道："将来工作开始时，用人极多，不但需借用原有各机构人员，即社会团体亦需借重，例如，关于社会福利一般救济，当借重社会部，铁路、公路将借重交通部，工矿方面，借重经济部。"当然，对于这些人员的"全部统筹支配工作"，蒋廷黻指出，则由行总统一安排①。正式任用的职员必须依照公务员任用法的规定，经过正式的"铨叙"手续。在临时机关服务或担任临时性职务的人员，则可直接派遣人员充任，行总所需的大量专门技术人员，也以聘用人员充任，而不须经过正式"铨叙"手续。

最后，聘请外籍人员。蒋廷黻认为，由于我们自己的不敷使用，尤其是专业技术人才更是短缺，因此行总将要"聘请相当数量之专家帮忙"；关于他们的安置问题，蒋廷黻指出，将"依其性质参加本署或其他机关。工作受我国长官之指挥与命令"；"而其私人生活，则将受联合国特派人员之监督"②。蒋廷黻还规定，其日常生活招待问题则由行总总务处兼管③。外籍专家聘请的程序是，首先由有关善后救济工作的各部、会依照他们实际的需要，向行总申请所需专家的性质及人数，由行总会同联总驻华办事处仔细研究以后，再向联总申请，然后由联总向世界各国聘请；专家应聘之后，由联总负责派遣到中国来，然后由联总驻华办正式介绍给行总。至于调派他们到哪个地区、哪个单位去工作则由行总、联总驻华办及相关部、会共同商定。行总前后共聘用了958名外籍专家。

行总选拔配备各级公职人员时遵循的总体要求有以下几方面。

一是坚持高标准、严要求。蒋廷黻为行总挑选人才既注重"德"，也

---

① 《四月三日招待新闻记者署长谈话记录》（1945年4月3日），载行政院善后救济总署赈恤厅编印《怎样办理赈恤》，1946年铅印本，第42—43页。

② 同上书，第40页。

③ 蒋廷黻：《善后救济总署之性质与任务》，《东方杂志》1945年10月第41卷第20期，第5页。

注重"才"，坚持德才兼备的用人导向。"蒋廷黻论人注意'德''才'并重，可说是基于中国民族文化传统。"[①] 所谓"德"，行总规定，总署及其分署工作人员"不得聘任敌伪人员从事善救工作"[②]。也就是说，行总职员必须在"政治上"忠诚可靠。这是前提性条件，在此基础上再讨论"德"的其他要求。对此，蒋廷黻认为，行总职员一方面必须具备中国的传统美德，即高级职员必须在当地享有较高威望，能够服众，基层职员必须能吃苦耐劳，任劳任怨；另一方面，行总职员还特别需要愿意为中国战后善后救济事业服务的善心。所谓"才"，就是要能担当善后救济某一方面的工作，他在借转发国民党二中全会决议的《善后救济总署训令》（济人京字 2672 号）时指出："用人不可偏重历史关系应以才能为标准。"[③]

二是坚持职员来源多样化。行总及其分署的职员有的从行政院有关部会中选拔，有的从社会民间团体招募，有的从即将毕业的大学生中挑选。

三是坚持任用方式不拘一格。行总职员分正式任用和临时雇佣两种，前者又包括特任、简任、荐任和委任 4 种。仅署长蒋廷黻本人为特任，其他各级职员分别为简任、荐任和委任，后者主要是对底层人员的雇佣和对外国专家的聘用。

行总的法定任用员额是 278—340 人，在 1946 年和 1947 年的年度预算中，包括雇员在内，行政院许可的员额总数均为 421 人。但是，行总的职员是随着业务的消长和机构的增减而变化。起初，由于条件艰苦，职员寥寥无几，除了少数几位老资格的职员外，行总最初只能从大专院校中招募工作人员。职员最多的时候是在 1946 年 12 月，达到 1220 人。因为此时一方面业务最为繁忙，另一方面通过变卖救济物资，行总职员薪水大有提高，不少人千方百计挤进行总。整个行总存在期间，先后在行总服务过的职员共有 1682 人，加上被聘用的外籍专家 958 名，行总先后录用的职

① 《蒋廷黻兼具史识与辩才》，载朱传誉主编《蒋廷黻传记资料》（二），天一出版社1985 年版，第149页。

② 《救济工作人员应该具备的条件》，行政院善后救济总署鲁青分署《鲁青善救旬刊》1946 年第 11 期，第 3 页。

③ 《善后救济总署训令》（济人京字 2672 号），行政院善后救济总署河南分署《周报》1946 年 7 月第 26 期，第 3 页。

员总数为 2640 人[①]。

1947 年 12 月，即行总工作行将结束之际，行总人事室专门组织编写了《行政院善后救济总署职员录》（以下简称《总署职员录》），俗称花名册。它将先后任职于行总的中外籍人士的基本信息编印成册（仅限于总署直属部门，附属机构职员信息与行总各分署职员信息一道被编于《行政院善后救济总署附属机构职员录》中），它们以所属部门为序，依次为：储运厅、分配厅、财政厅、赈恤厅、调查处、编译处、总务处、会计处。每人一行，内容包括：姓名、性别、职别、籍贯、入职年龄、学历及毕业学校、主要经历、永久通讯处及备注（主要用于注明入职时间）等，共计 293 页。

根据对《总署职员录》所收录的国内人员的信息的清点、统计、整理、计算和分析，我们可以发现以下特点。

从职员性别上看，在先后任职于总署的 1682 名职员中，男性为 1193 人，占比为 71%；女性为 489 人，占比为 29%。从他们所属部门及所从事的工作看，女性职员工种相对轻松，劳动强度尤其是体力劳动强度相对较轻，主要供职于财政厅、编译处、总务处、会计处和人事室等轻闲部门，而储运厅、分配厅、赈恤厅、调查处等劳动强度较大的部门大多数为男性。

从职员年龄构成上看，总署各直属部门职员中，年龄大多集中于30-50岁。年龄最大的为64岁，最小的为19岁。年龄较大的主要在各部门"领导岗位"上，而年龄较小的主要服务于层级较低的岗位。

从职员来源的地域上看，总署职员来源广泛，可谓来自五湖四海。他们分别来自于江苏、浙江、上海、山东、东北、冀热平津、晋绥察、湖南、河南、湖北、江西、安徽、广东、广西等几乎全部善后救济事业所覆盖的省、市。其中以江苏、浙江、上海、山东等东部沿海省、市为主，这应该与总署先后设立于南京、上海密切相关。令我们颇感意外的是，此次战后中国善后救济事业主要集中于东、中部地区，广大西部地区因种种原因未能开展，但是，在总署工作的职员中却有27名来自四川、贵州和陕西等西部地区。

从职员学历上看，他们的学历普遍较高。根据清点、统计，在所有职

---

① 徐义生：《善后救济工作的行政制度》，上海六联印刷公司 1948 年版，第 8—9 页。

员中具有学士以上文凭的多达 829 人，占比为 49.3%，硕士乃至博士也屡见不鲜，甚至不乏国外名校的博士。如总署署长蒋廷黻是美国哥伦比亚大学历史学博士，副署长李卓敏是美国加州大学柏克利分校文学博士，另一副署长浦薛凤是美国翰墨林大学法学博士；分配厅厅长汪伏生是英国伦敦大学经济学博士，会计处处长余肇池是牛津大学经济学博士①。当时中国国民学历普遍偏低，而行总汇聚了如此众多的高学历人才，实属不易！

蒋廷黻十分重视对行总各级公职人员的培训工作。为了使培训工作有的放矢，他确定了关于培训人才的标准，蒋廷黻指出，"训练对象非为课本的，乃为训练工作人才"②。即行总培训的人员不能仅有书本知识，更要有实践知识，唯其如此，他们才能胜任工作。

整个培训活动，我们可以把它分为两种类型：一是国内培训。还在行总成立之初就已开始，善救事业全面展开后也进行过。关于具体做法，蒋廷黻要求行总与有关部、会合作开展培训工作。参与培训工作的既有国内专家，也有从国外聘请的专家。培训的重点是"特别注重于医药卫生，社会工作和运输人才"③。医药卫生人才主要委托卫生署代为培训，其他的则由有关内部机关自行抽调人员培训。之所以这样安排，蒋廷黻给予的解释是：

由于行总无法准确预计工作正式开展的时间，盖如现在训练千人，设训练完毕时，工作尚不能开始，则此一千训练已毕之人员将如何安插？是以本人正在考虑，或将抽调各机关人员加以训练，俾其训练完毕时，仍可回各机关工作，而至工作必要时本署仍可抽调④。

这一类型的另外一个途径是总署与国内大学合作。例如，为了造就大

① 上述资料、数据均为对《总署职员录》第1—293页的逐一清点、统计、整理及计算而成。参见行政院善后救济总署人事室编《行政院善后救济总署职员录》，上海市档案馆馆藏档案：Y3—1—999，第1—293页。
② 《四月三日招待新闻记者署长谈话记录》（1945年4月3日），载行政院善后救济总署赈恤厅编印《怎样办理赈恤》，1946年铅印本，第43页。
③ 徐义生：《善后救济工作的行政制度》，上海六联印刷公司1948年版，第5页。
④ 《四月三日招待新闻记者 署长谈话记录》（1945年4月3日），载行政院善后救济总署赈恤厅编印《怎样办理赈恤》，1946年铅印本，第43页。

批训练有素的公职人员，以备善后救济活动全面开展之后使用，行总还与重庆、成都和昆明三地的大学密切合作，在这些地方的一些大学里，普遍开设有关于"善后救济与复员的特殊课程，酌由学生选读或必修"①。

二是出国培训。善后救济活动全面开展之时才开始采用这一方式。为全面提高行总公职人员的"技能起见"，在联总的大力协助下，蒋廷黻及其领导的行总决定派遣一批人员出国培训，培训的重点是农业、工矿、交通、卫生和社会福利五项，选拔受训人员的方式是个人申请与机关推荐，最后由行总蒋廷黻署长及联总驻华办处长核准，受训时间为6—9个月，他们回国后将在行总或其分署主管善后救济的一方面重要工作。1946年7月12日，一批来自行总及其分署的人员即将从上海赴美受训，临行前，蒋廷黻特意会见了他们，勉励他们勤奋学习，尽快回国服务。

这些培训工作的开展，取得了一些效果，培养了一批专门人才，对即将进行的救济善后活动确有一些益处。但是，也给一些钻机取营之徒提供了可乘之机。不少官宦子弟利用职权趁机用国家财富去著名大学甚至国外"镀金"，为日后其个人发展铺路，一些人学成毕业后并没有从事救济善后工作。这不能不说是蒋廷黻及行总的一大渎职与过失。

鉴于这些人员来源十分复杂，他们之间不时互相排挤、拆台，工作效率难保满意，甚至工作中的事故也是屡见不鲜。可见，蒋廷黻对行总的要求不免流于形式。为此包括蒋廷黻本人在内的行总公职人员经常遭到世人的抨击。行总所聘用的外籍人员虽然对中国的善后救济工作做出了一定的贡献，但是，他们在中国的待遇过于优厚，过着奢侈的生活，为世人所诟病。

五　行总经费的安排及面临的困难

关于善后救济的经费问题，实际上包括两部分，一是行总的行政经费；二是行总开展的善后救济的事业经费。对于它们的来源，蒋廷黻指出，"本署之行政经费，由国库拨款，与各部会同一性质"；至于事业经费，则由联总承担②。

---

① 徐义生：《善后救济工作的行政制度》，上海六联印刷公司1948年版，第5页。

② 《四月三日招待新闻记者署长谈话记录》（1945年4月3日），载行政院善后救济总署赈恤厅编印《怎样办理赈恤》，1946年铅印本，第40—41页。

由于联总提供的援助规模相对有限，特别是用于实际工作的业务经费不足，而国民政府国库空虚，并且在抗战胜利后又忙于打内战，导致国民政府拨给行总的日常运营经费很少，并且当时国内通货膨胀严重，物价飞涨，拨来的款项经过一段时间后贬值严重。如台湾分署 1945 年底收到的经费存入台湾银行一年后就"大幅贬值，与它最初收到这笔资金时相比，购买力已不足 20% 了"①。这样，行总财政常常捉襟见肘，入不敷出，"时须借款弥补"，特别是在 1946 年 7 月间，"竟有库空如洗之现象"②。

而且，实际上，起初国库并未向行总拨过款。为了打败中国共产党，取得内战的胜利，在中国建立起国民党一党专政的独裁政府，蒋介石指使国民政府几乎将国统区的全部财力用于军事，保障其军事机器的运转，而对行总及其救济善后工作不予理会。因此，起初，"行总完全仰赖银行贷款及出售联总物资之收入"，"过去行总曾一度因经费无着，业务暂陷停顿"③。行总在成立之初似乎连自己也无力救济，办公场所简陋不堪。后来由于工作规模的扩大，财政部才开始拨付经费，然而，原来给行总的行政经费预算远不敷使用。例如，1946 年行总经费为 6420 亿法币，而国库只能拨付 4320 亿法币，仅为 66%，余下部分一靠银行贷款，二靠出售物资弥补④。当年夏，蒋廷黻就贷款一事与行政院院长宋子文进行商讨，宋同意由中央银行资助行总一些经费，但是，宋明确提出，贷款不能超过 300 亿法币。不足部分只能通过出售联总物资来弥补。而通过出售善后救济物资以补充行总行政经费之不足的办法遭到了来自各方面的责难。如，上海市参议员傅统先、吕恩潭和曹俊等人联名向市政府提交议案并要求转呈中央，议案指出：将救济中国之物资"提出三分之一价卖"，作为总署的行政经费，"是为以救济人民之物品救济政府官吏"，"似与救济原旨不符，应请停止出

---

① A Memoranium in Connection with the Surplus Property, March 5, 1947, p.25.

② 行政院善后救济总署编译处编：《行政院善后救济总署业务总报告》，上海市档案馆藏档案：Y3—1—278，第249页。

③ 《蒋署长开幕训词》，行政院善后救济总署编译处编印，1946 年铅印本，第 3 页。

④ 《联总远东区委员会十五次会议辑要》，行政院善后救济总署河南分署《周报》1946年8月第37期，第2页。

售该项物资充作救济行政经费，而应全部提出以救济平民"①。

对于行将开展的善后救济活动的困难，蒋廷黻自然有一定的认识。他指出："将来之困难亦当不为少。"他认为，困难主要表现在以下几个方面：其一，中国的善后救济活动准备全面进行时，国内的军事冲突仍然还在继续，而且国民政府要求要求要以军事第一为原则，而在蒋廷黻看来，"一面军事，一面救济"，这对中国善后救济事业的开展极为不利。其二，各地遭受战争的损害均相当严重，民众均困苦不堪，嗷嗷待哺，"民众团体政府无不希望本署对于该处特别予以救济"，而由于行总人力、物力和财力所限，无法做到这一点。其三，"善后救济事业不分中外往往易于发生舞弊情形"。他举例道：日俄战争，俄国红十字会曾发生一大舞弊案，这在俄国"甚至为大革命原因之一"；"美国亦有此种情形"，"几乎一谈救济即连带想及舞弊"。他对在中国会否发生这种事情深表忧虑，而"此次我国办理善后救济不惟全世界人士瞩目"，"于此若一有错误甚至影响国际地位、友邦赠我物资"②。其四，"国民政府虽已颁布行总的组织法，规定了行总的职掌，但是机关林立"，职能交叉，部门之间难免相互掣肘，因而，"求一个职责分明的机会去工作是件极不容易的事情"③。其五，"在目前政府规定待遇之下，行总极难得着相当数目的业务人员来参加。想到行总来做官的人虽不少，真正在业务上有经验的人士则不愿轻于一试"④。

对于上述困难，是回避，还是退缩？对此，蒋廷黻给予了明确回答。他说：

> 现在中国人所处之时代环境，根本是一困难之环境，不徒善后

---

① 《上海市临时参议会第一次大会为提请市府转呈中央以联合国善后救济物资全部救济人民而不应再予出售充作救济署行政经费的提案》，1946年3月28日，上海市档案馆馆藏档案：Q109—1—1998—19。

② 《五月十一日署长在善后救济问题讨论会演讲词记录》，1945年5月11日，载行政院善后救济总署赈恤厅编印《怎样办理赈恤》，1946年铅印本，第51—52页。

③ 蒋廷黻：《干什么？怎样干？》，行政院善后救济总署广东分署《周报》1946年5月第4期，第3页。

④ 同上。

救济工作困难，国家任何部门之工作无不困难，不做中国人则已，既为中国人，则唯有面临困难以努力克服之，除此之外，别无避免困难之道 ①。

可见，在他看来，回避是不现实的，他勉励行总及其分署要勇于面对困难，迎难而上，因为只有这样，才能完成联总及人民赋予的职责。

第二节　行政院善后救济总署各分署的创建

《善后救济总署组织法》第 5 条明确规定，必要时，行总应该在相关省市设立分署，以配合联总、行总在该地的善后救济工作。1945 年 10 月，联总援助物资开始运抵中国，中国的善后救济工作即将全面展开，于是，相关省市组建行总分署机构的工作逐步推进。

一　《善后救济分署组织条例》的出台

为了使各省市在创建善后救济分署时有章可循，根据《善后救济总署组织法》第 5 条的规定及其他有关因素，行总在署长蒋廷黻的亲自主持下，起草了《善后救济分署组织条例》（以下简称《组织条例》），在广泛听取各方面意见并几经修改后，呈请行政院例会批准，1945 年 9 月 12 日由国民政府予以公布。

《组织条例》的主要内容有以下七方面。

其一，关于各省、市设置善后救济分署的条件及其职责。《组织条例》规定，"善后救济分署得于受战事损害较重之地区设置分署"，接着又规定，"前项指定区域，应为一省或一市以上之地区"，即分署设置的条件有两个：一是受战争之害较重，二是地理区域应该是一个省或市成片的面积较大的区域。分署的职责是"在各该指定区域内办理善后救济事务，并协助其他

---

① 《蒋署长训示》，载行政院善后救济总署江西分署编《江西善后救济分署》，1946 年 8 月 21 日，创刊号，第 1 页。

中央机关执行善后事务"。

其二，关于各分署内部机构及其职能。《组织条例》明确规定，各分署设赈务、储运、卫生和总务四组。它们的职责分别是：赈务组负责紧急救济、难民安置及复兴、救济物资的贷售、发放、工赈等事项；储运组负责物资的收转、接运、输送、仓储、保管、筹划、应用等事项；卫生组负责公共卫生及医疗设施、防疫、药品经营等事项；总务组负责财政的计划运用及出纳保管、文书的收发撰拟、典守印信、庶务等事项。

其三，关于各分署人员编制及其职责。根据行总分署组织法的有关规定，各分署设署长1人，"综理分署事务"；副署长1~2人，"辅助署长处理事务"。实际上，各分署一般均配备了2名副署长，规模大的分署有的甚至配备了3名副署长，如河南分署等，规模小的则只配备1名副署长，如上海分署等。秘书2~3人。各组分别设正、副主任1人，"分掌各组事务"。设视察6~10人，技正5~9人，技士8~14人，组员28~42人。

其四，关于各分署人员聘用方式。《组织条例》要求，署长为简派，副署长及各组主任可简派，也可由总署直接聘用，秘书1人、视察2人、技正3人可简派，剩余的为荐派，技士和组员全部为委派。

其五，关于工作队的设置。《组织条例》指出，"善后救济分署设工作队，分赴区内各地实施救济"，至于工作队的编制及其他问题则由善后救济总署另行制定细则确定。

其六，关于各分署审议委员会的设置及其职能。《组织条例》明确规定，"凡设善后救济分署之地区，得另设各该区善后救济审议委员会"；其主任委员及委员均由善后救济总署从"该区域内政军各界及社会负有声望之人士中遴选之"，分署署长为当然委员；该委员会的职责是"审议及辅导分署工作，对总署负责"等。[①]

其七，关于其他机构的设置或人员的聘用。《组织条例》规定，善后救济分署可以根据需要设置各种委员会或业务机构，但是，必须事先征得总署核准；各分署必须聘用国内外专门人员，但是，"其员额不得超过

---

①　以上各条均见蔡鸿源《民国法规集成》第36册，黄山书社1999年版，第1—3页。

二十人"；分署"得酌用雇员"，但是，"其员额不得超过五十人"①。

1946 年 7 月 12 日，署长蒋廷黻签署了《善后救济总署机构调整办法》。该办法规定，"各分署署长及其所属人员，应就署长指定执行长之职权范围内受执行长之监督，尤其于物资储运有关之事宜，并应遵照执行长命令办理"，不过，它同时还强调，"各分署一切统筹计划及政策决定，仍由署长亲自监督"②。为了指导各地成立相关附属机构，行总还组织专门力量，根据《善后救济分署组织条例》的相关规定，分别编订了《各省市善后救济审议委员会组织规程》及《善后救济分署工作队组织规程》，对有关协调机构、附属机构的产生及运行做了具体规定，并分别于 1945 年 12 月、1946 年 1 月予以公布。③

二 行总各分署创建的简况

1945 年 8 月，日本投降以后，原来被敌人占领的沦陷区逐渐被中国军队收回，沦陷区被日军破坏严重，善后救济工作亟待展开，因此，为这些地区提供善后救济援助、服务的各分署的成立已成刻不容缓。1945 年 10 月，蒋廷黻从英国伦敦和美国华盛顿参加完联总有关重要会议回国后，即决定在全国收复区内共计设立 15 个分署。它们分别是东北、台湾、冀热平津、晋绥察、鲁青、苏宁、上海、浙闽、广东、广西、湖南、湖北、河南、江西、安徽等。这些分署按管辖地域的大小可分为两类。一类是一个分署只管辖一个省或市，如，台湾、广东、广西、湖南、河南、湖北、安徽、江西等分署；一类是一个分署需要管辖两三个甚至四个省或市，如，东北分署管辖黑龙江、吉林和辽宁三省，冀热平津管辖河北、热河、北平和天津四省、市等。需要说明的是，浙闽分署刚成立时拟统一管辖浙江和福建两省的善后救济工作，但是，由于两省因山脉阻隔，交通不便，加之两省受灾情况有别，统一办理不太合适，故浙闽分署运行不久，便向行总提出分开办理

---

① 蔡鸿源：《民国法规集成》第 36 册，黄山书社 1999 年版，第 3 页。

② 《善后救济总署机构调整办法》，1946 年 7 月 20 日，载行政院善后救济总署江西分署编《善救准则》，1946 年铅印本，第 37 页。

③ 有关《各省市善后救济审议委员会组织规程》及《善后救济分署工作队组织规程》的具体条文，分别参见行政院善后救济总署江西分署编《善救准则》，1946 年铅印本，第 48—49 页，第 50—51 页。

的请求。为此，蒋廷黻署长召开行总署务会议，进行专题研究，同意浙闽分署分开，成立浙江分署，掌管浙江一省的善后救济工作；而福建省的相关工作划归总署直辖，并成立福建办事处。

各分署机构成立后，其负责人即署长、副署长等人选，署址即分署办公地点等也随即确定。为便于与当地省政府协商、合作及援助物资分配、转运，行总规定分署署址一般设在省城。但是，也有个别例外。如鲁青分署原计划将署址设于济南，但是由于交通原因自始至终设在青岛，在省会济南仅设立办事处。署长延国符对此解释道："原拟依照规定前往济南，组织分署，惟当时津浦、胶济两线均告不通，且修复无期，总署物资无由运达，遂决定将署址暂设青岛"，后来"屡拟将署址迁往济南，但终以津浦胶济两路迄未修复，遂致终未实现"[①]。

现将全国各分署的有关信息见表4—1。

表4—1　　　　　　　　　全国各分署一览表

分署名称	成立时间	署长	署址
东北分署	1945年10月17日	刘广沛	长春或北平南河沿翠明庄
台湾分署	1945年11月1日	钱宗起	台北
冀热平津分署	1945年11月6日	童冠贤	北平东城青年会
晋绥察分署	1946年1月3日	张彝鼎	西安尚仁路443号
鲁青分署	1945年10月21日	延国符	青岛堂邑路11号
河南分署	1946年1月1日	马杰	开封
上海分署	1945年10月11日	刘鸿生	福州路120号
苏宁分署	1945年10月20日	陆子冬	镇江伯先路
浙江分署	1945年11月15日	孙晓楼	杭州湖滨路91号
安徽分署	1945年11月间	叶元龙	芜湖柳青园2号
江西分署	1945年11月12日	张国焘	南昌青年会或戊子街
湖北分署	1945年11月8日	周苍柏	汉口河街汇丰大楼
湖南分署	1945年10月18日	余籍传	长沙圣经学会

① 延国符：《行总鲁青分署业务总报告》，1947年铅印本，第1、5页。

分署名称	成立时间	署长	署址
广东分署	1945 年 10 月 16 日	凌道扬	沙面复兴路 1 号
广西分署	1945 年 10 月 12 日	黄荣华	柳州鱼峰塔

资料来源：本表系根据《行总周报》1946 年第 6 期及各分署《业务总结报告》整理绘制而成，由于出处太多，为免烦冗，恕不一一注明。

注：江西分署首先由张国焘任署长，几个月后，蔡孟坚继任，湖北分署首先由周苍柏任署长，几个月后，杨显东接任。

三　各分署内设机构的设置

各分署在成立后，相继依照《善后救济分署组织条例》的规定，组建了它们的内设机构，即赈务组、储运组、卫生组和总务组等，由各分署署长统一主持分署的各项工作，规模都比较小。

从 1946 年初开始，行总将从联总接收来的各种善后救济援助物资陆续分发到各分署，从此，各分署的业务逐渐增多，其内设机构也随着当地善后救济业务的增多而不断扩充，四组下面普遍设置数目不等的科。它们下面的附属机构也如雨后春笋般地诞生。例如，在赈济方面，各分署普遍在赈务组下面成立面向难民的服务处、登记站、招待站、转运站、保育院工作督导站等；在储运方面，增设了物资储运站、各类仓库以及管理站等；在卫生方面，筹办了难民医院和平民诊疗所等。不仅如此，为便利积极推进善后救济工作，行总规定："各分署凡包含两个省市单位以上者，得于各该分署所在地以外的省市地区设置办事处。"[①]这样，各分署还在该区业务繁忙的重要城市均开设了数量不等的办事处，负责当地的储运、赈济和卫生等方面的工作，并且根据业务量的大小组织了数目不等的工作队，工作队还普遍设有赈济、卫生、供应和总务四股。各分署的各种委员会也在不断增多，除了《善后救济分署组织条例》规定的审议委员会外，还有诸如设计考核委员会、物资赈务委员会、物资报销清查委员会、员工福利委员会、编辑委员会等署内单独成立的委员会；另有诸如联合分配委员会、卫生委员会、赈务委员会、难民管理委员会、儿童福利咨询委员会、社会

---

① 行政院善后救济总署《苏宁分署月报》1946 年第 2 期，第 3 页。

福利委员会、农业推广辅导委员会、工业善后委员会以及水利顾问委员会等与有关省内机关团体及联总驻华办事处人员共同组织的联系协调性质的委员会。

各地设立善后救济审议委员会。1945年12月，行总颁布《各省市善后救济审议委员会组织规程》，其中规定，"凡设善后救济分署之地区得设各该区善后救济审议委员会，冠以各分署所辖省市之地名"[1]。委员会成员一般为18人，必须从当地有名望人士中挑选，其目的是便于协调关系，提高工作效率。他们大多为当地政界、商界及士绅等。主任委员由总署任命，各分署正副署长为当然委员，一般每3个月开会一次，必要时可随时召开。其职责是讨论、审议各地分署善后救济计划、实施方案、业务协助及辅导事宜、工作中与其他方面关系的协调等。它隶属于总署，与各分署是平行关系。

当然，这些内设附属机构、委员会并非在所有分署内全部设置，其设置主要是根据当地的实际情况有针对性的设定，并报经行总批准后正式成立。因此，它们的数量在各分署不一样，有多有少。根据笔者的统计和比较，发现数量最多的是河南分署，1946年底，河南分署机构总数为42个。最少的是台湾分署，为14个。

分署机构并非一成不变，有时会根据业务规模的变化而有所增减。湖南分署在业务最繁忙时期（1946年3月—1947年3月），就分别增设了会计室、路工室、农业室、工业室和经济室5个部门机构。另外还增设了一些协调、监督机构，如外籍顾问室，其宗旨是聘请外籍专家充当顾问，以提高决策的科学性。上海分署增设秘书室、会计室、视察室、技正室、专员室和稽核室等。苏宁分署增设了秘书室、编译室、技术室、会计室和诊疗室等；设立协调机构如法规审查委员会和物资赈务委员会等。河南分署设立了秘书室、编译室、技术室、会计室和视察室。安徽分署设立了秘书室、会计室、工业技术室、农业技术室、经济调查室、分配室、视察室和儿童营养室等。

分署在所辖各县市还设立了各县善后救济协会，作为督导地方善后救

---

① 《总署颁布〈各省市善后救济审议委员会组织规程〉》，《中央日报》1945年12月19日。

济活动的基层机构。其运行经费，主要来源于两方面，一是各地自行筹措或地方政府拨款；二是分署补助，一般是每月 15 万—30 万元。

为加强对各分署的领导，总署还在各分署所在地设立总署办事处，如行总驻湘办事处等。善后战时调查工作除由行总调查处负责全国性的调查外，行总还在遭受战争之损害较重的省、市，分别设置一个独立的调查组。调查组设主任一人，由行总署内的技正或视察兼任，另外安排若干助理人员协助工作，这部分人主要是从各省、市招募。

四　各分署职员的配备

各分署的职员，由总署直接派遣的很少，仅限于高级行政人员和财务稽核人员。各分署署长被总署派往各地就任时，行总署长蒋廷黻均会亲自致函当地政府负责人，以示慎重。如 1945 年 11 月中旬，浙闽分署署长孙晓楼前往杭州就职前夕，蒋廷黻就曾亲自致函时任浙江省政府主席的黄绍竑：

> 现抗战胜利，我国善后救济全面展开，其关系国家建设与复兴，至为重要。兹由国府派孙晓楼为本署浙闽分署署长，并前往贵省办理善后救济事宜。特电请赐予协助，俾任务圆满完成为荷！ [①]

至于各分署内设机构负责人，则由分署署长遴选，然后报经行总批准，一般情况下，行总会完全同意各分署的意见。而大部分普通职员是由分署署长在当地聘用。各分署职员名额由行总核定，但是实际上都超过了核定数。职员最多的是湖南分署，达到 2200 多人；其次是河南分署，职员一般是 869 人，但最高时达到 1327 人。苏宁分署职员平时共计 380 人，一度达到 600 人。江西分署成立之初有职员 200 多人，1946 年善后救济工作最繁忙时也达到 900 多人。上海分署职员最多时达到 365 人，最少时仅为45 人。湖北分署业务最繁忙时多达 543 人，但最少时仅 18 人。可见，它们的人数也不是固定的，而是随着业务的消长而增减，"这和总署的情形

---

①《蒋廷黻致浙江省主席黄绍竑函》，浙江省档案馆馆藏档案：D48—2—21，转引自肖如平《抗战胜利后浙江的善后救济》，《抗日战争研究》2013 年第 1 期，第 128 页。

如出一辙"①。

各分署在聘用职员时基本上均秉承了总署在《组织条例》中确定的基本标准，为了使其在实际工作中具有较强的可操作性，有的分署往往根据当地情况对选拔职员的标准进一步细化。如台湾分署要求职员：一是在语言上，"要精通英语、日语、闽南话中的一种，能兼通一二种更好"；二是要具备一定的专业技术技能，"学有专长"，"如只能办普通文稿或会计事务或搞党务"，则"恕不领教"；三是要年富力强；四是还有一条"不公开"的标准。规定，"凡毕业证书由蒋介石署名的，不管是出身黄埔军校、中央军校，还是中央政治大学的"，则概不录用②。第四条标准颇耐人寻味，其目的估计是摆脱政治的干扰，开展善救工作能做到公平。可见，台湾分署具有与其他分署"找不到"的特色③。鲁青分署署长延国符则要求该署职员把"尽忠职务"作为第一要务④；同时确定了分署全体职员在善救工作中必须铭记的座右铭，即"不累于俗，不饰于物，不苟于人，不嫉于众，愿天下之安宁以活民命，人我之养毕足而止，以此白心"⑤。

从总体上看，行总各分署人员来源多样，有的直接由总署委派，有的从国民党当局各地方党政机关、学校、医院、军队、企业和科研院所等聘用，也有的聘用部分社会人员。如苏宁分署"有由总署分发者，有由各方面介绍者，有因业务之需要而由署长延聘者"⑥。

一些分署还专门招收一批具有某种专业技能的大学生从事善救工作。如鲁青分署曾经专门发布招聘启事，招聘一批大学毕业生充实善救工作队伍。并且明确规定应聘者需要同时具备以下三项条件：（1）食品学或营养学专业毕业；（2）取得大学学士或以上学位；（3）具有在医院或卫生

---

① 徐义生：《善后救济工作的行政制度》，上海六联印刷公司1948年版，第10页。

② 钱宗起：《台湾善后救济工作的回忆》，《中华文史资料文库》政治军事卷（六），中国文史出版社1999年版，第62页。

③ 钱宗起：《台湾善后救济工作的回忆》，《中华文史资料文库》政治军事卷（六），中国文史出版社1999年版，第70页。

④ 《救济事业便是最大的事业》，行政院善后救济总署鲁青分署《鲁青善救旬刊》1946年第8期，第5页。

⑤ 《善救工作者之座右铭》，行政院善后救济总署鲁青分署《鲁青善救月刊》1946年第1期，第3页。

⑥ 行政院善后救济总署苏宁分署《月报》1946年第1期，第5页。

福利机构实习或工作的经历。这些招聘来的大学毕业生主要从事以下具体工作：（1）为行总在各地开设的营养站（所）配置食物；（2）为一些特殊团体进行粮食配给；（3）观察、研究当地食品之营养价值与粮食消耗情况等。

1947 年 12 月，即行总工作即将结束之际，行总人事室还专门组织编写了《行政院善后救济总署附属机构职员录》（以下简称《附属机构职员录》）。它包括两大部分，分别是各分署职员录与总署附属机构职员录。将所有曾任职于行总各分署及总署各附属机构职员的基本信息编印成册。《附属机构职员录》共计 1285 页，包括两部分，前一部分（第 1—745 页）为各分署职员，后一部分（第 746—1285 页）为总署各附属机构职员，所收录的职员总数高达 14103 人。

由于工作量太大的缘故，对第二部分即总署附属机构职员情况，本书在此不作详细分析；仅对第一部分即各分署职员情况作一初步分析。各分署职员它们以所属分署为序，从《附属机构职员录》的"目次"上看，其顺序依次为：上海分署（第 1—34 页）、安徽分署（第 35—74 页）、江西分署（第 75—134 页）、台湾分署（第 135—150 页）……同一分署内，又以所属部门为序。每人一行，内容与《总署职员录》所收录信息门类一致，包括：姓名、性别、职别、籍贯、入职年龄、学历及毕业学校、主要经历、永久通讯处及备注（主要用于注明入职时间）等。

根据对《附属机构职员录》所收录的各分署人员的信息的初步清点、统计、整理、计算和分析，我们可以总结出以下特点。

从职员籍贯上看，为方便起见，职员以分署所属的当地人居多，如苏宁分署约 70% 职员是江苏当地人，只有不到 30% 的人来自外地。河南分署职员当地人与外地人人数所占比例相应为 74% 和 26%。福建办事处职员中福建籍的占比 75%。浙江分署职员中，浙江籍职员占比 54%。但有的分署职员中以外地职员为主，来自本地的职员不多，甚至很少。如，上海分署职员中，外地职员占比达近 90%，本地职员占比仅 10.4%。又如，台湾分署职员中，外地职员占比超过 70%（主要是福建籍），来自台湾本省的职员占比不到 30%，且基本均为职位较低人员。由于台湾分署职员主要来自福建等大陆省份，导致工作中沟通不畅，在一定程度上给台湾善后救济事业的兴办带来了麻烦。因为台湾在自《马关条约》签订以来的近半个世纪中，完全处于日寇的野蛮殖民统治之下，当时的台湾人民在日本殖民主义文化中长大，不少人只会日文，"没有几个会说国语，读汉文"。这样在善后救济实际工作中，有的职员讲普通话，有的讲闽南语，甚至有的讲日语。如此一来，在台湾分署及台湾社会中，犹如"一群文盲和另一群文盲在一个社会里相遇"，这样，沟通上的困难"毋宁是必然的"①。

从职员性别上看，各分署均为男性职员多于女性职员。苏宁分署职员中男女职员所占比例分别约为 84% 和 16%；而河南分署职员中这一比例则分别是 89% 和 11%；上海分署职员中这一比例分别是 82.7% 和 17.3%；江西分署职员中这一比例是 88.3% 和 11.7%。台湾分署、湖北分署、安徽分署职员中男性更是居多，占比分别高达 93%、96%、96.5%，相应的女性职员分别仅占 7%、4%、3.5%。在各分署中，有些从事繁重体力工作的部门或机构，职员基本上为男性，如储运组、工作队等。

从年龄上看，各分署职员大多年富力强。如台湾分署职员中，绝大部分职员年龄在 20-40 岁范围内， 50 岁以上的仅 6 人。湖北分署 40 岁以下职员占比超过 80%；江西分署 40 岁以下职员占比达 74.9%。上海分署也以年轻人居多。各分署一般只有署长及副署长等高级职员年龄较大。这主要是因为只有年富力强的职员才能胜任"善后救济"这一繁重的工作。

从职员学历上看，各分署职员学历普遍较高。苏宁分署职员具有本科及以上学历者在职员中所占比例约为 33%，基本上无文盲职员。湖北分署职员中拥有大学本、专科学历人员超过 40%。河南分署、江西分署及台湾分署职员中，大学本专科学历人员则略超过一半。上海分署职员中，大学及以上学历占比为 53.7%。在各分署职员中，均不乏双学位、硕士，甚至博士学位获得者。不仅如此，还有不少职员是海外名校博士，如，上海分署署长刘鸿生是圣约翰大学博士；晋绥察分署署长张彝鼎是美国哥伦比亚大学哲学博士；浙江分署署长孙晓楼是美国西北大学法学博士；台湾分署副署长高翰是美国加州大学哲学博士，台湾分署顾问陈方之则是日本帝国

---

① 汪彝定：《走过关键年代——汪彝定回忆录》，商周文化事业股份有限公司 1991 年版，第 36—37 页。

大学的医学博士；湖北分署署长周仓柏为美国纽约大学博士，两个副署长杨显东与周宗璜分别为美国康奈尔大学博士、法国巴黎大学博士。就连分署的一些"中层干部"都是如此。如台湾分署振务组专职委员刘永懋为哈佛大学哲学专业博士，卫生组主任经利宾则是法国里昂大学医学专业博士。有的分署不少中高层职员都精通英语，个别的甚至精通好几国语言①。

从职员政治面貌看，各分署职员基本上是国民党员、民主党派人士、无党派人士，共产党员基本没有，因为行总各分署均建立于"国统区"，受国民党当局支配和控制，不允许共产党员加入，以防止中共人员对国民党的渗透。但湖北分署例外，即湖北分署职员从政治面貌看来源广泛，既包括国民党员、民主党派人士、无党派人士，还包括一些共产党员。这主要是由于当时身为民主党派的署长周仓柏思想进步，一贯同情与支持共产党，作风也很开明，副署长杨显东更是和共产党关系密切。在他们的帮助下，一些地下共产党员在湖北分署身居要职。如吴显忠历任湖北分署驻宣化店办事处及驻襄樊办事处主任，后来还出任湖北分署农业复员委员会主任；雷鸣泽任湖北分署驻沙市办事处主任；王德璋任湖北分署专员兼武昌难民招待所主任；柯南山任湖北分署服务处处长。还有一些中共地下党员在湖北分署中担任秘书等职。特别值得一提的是，湖北分署正、副署长周仓柏与杨显东后来更是在中共地下党组织的积极争取下，加入中国共产党，成为我党在行总机构中的骨干力量。这大大有利于解放区争取善后救济物资。

从总体上看，行总各分署聚集了一大批年富力强、有知识、公道正派、爱岗敬业、乐于奉献的职员，为 1945—1947 年中国善后救济事业的顺利举办奠定了基础。

但是，在各分署及其职员中也不可避免地存在一些问题。

第一，部分分署高素质人才招聘困难。由于行总及其分署毕竟是一个临时性的机构，那么，其职员的工作自然也就是暂时性的，这给选聘职员尤其是"德才兼备"的人才带来了麻烦。例如在河南分署，"许多能够找到一个比较永久性质的职位的人"，或者"有能力、有才干的人，不愿为

①　关于分署职员特点的数据及资料除注明外均系对《附属机构职员录》清点、统计、整理、计算而得。参见行政院善后救济总署人事室编《行政院善后救济总署附属机构职员录》，上海市档案馆馆藏档案：Y3—1—1000，第 1—745 页。

善救事业工作"①。

第二，各分署及其职员隶属于国民党当局，他们在实际工作中常常受到国民党当局的影响甚至干扰，从而影响其公正性，尤其是对解放区的善后救济活动存在歧视的问题。联总驻华办事处官员对此也颇有看法："在中国人眼里，分署一贯被认为是政府的附属机构，政府的声音在分署咨询中如此的重要，即分署所制定的所有计划和政策几乎都代表着政府的意图。"②

第三，职员工作热情存在差异。各分署大部分职员勤勤恳恳，热情度极高。例如，1945 年 11 月上海分署成立后，即对上海市区与市郊一些重要城镇的受灾情况展开深入调查，"两月以来，郊区重要市镇，均已前往，足迹所至，都三十七处"③。在台湾分署，"一人办理数人之事，严守'宁缺毋滥'之旨"，以至于"署里无一闲员"④。有的职员有时因工作需要而身兼数职，例如，河南分署主导的黄河堵口复堤工程，"因工地太大，工作队人员不够分配，一个分队上下三四十里地的堤段，仅一两个人办理工赈，又要查工点名，又要清发面粉，又要兼办文牍会计各项表册公文，又要照料工粮的接运保管"⑤。湖北分署驻宣化店办事处职员工作认真负责，得到过他们救济的群众为其送去锦旗，以示感谢。其中一位灾民还称赞道："这样大公无私的工作精神，我们从来没有见过。"⑥许多职员以身为行总职员而自豪。所以一般情况下，行总各分署职员离职时，所在分署都会为其出具由分署正、副署长合署的《服务证明书》，内容包括姓名、性别、籍贯、职别与入职时间等，以示纪念和褒奖。

但有的分署少数职员工作敷衍塞责，他们自己也承认："办什么屁

---

① 《行总的过往今来及其困难与影响》，行政院善后救济总署鲁青分署《鲁青善救旬刊》1946 年第 16 期，第 4 页。

② *Draft of a Consular Report to the Embassy on UNRRA—CNRRA Operation for September*, 1946, September 3, 1946, p.11.

③ 《善后救济总署上海分署工作概况——截至三十五年三月十五日止》，上海市档案馆馆藏档案：Y3—1—864—54。

④ 陈云林总主编：《馆藏民国台湾档案汇编》第 71 册，九州出版社 2007 年版，第 311 页。

⑤ 《河南善后救济周报》，1947 年第 31 期，第 16 页。

⑥ 行政院善后救济总署湖北分署编：《半月通讯》1947 年第 4 期，第 12 页。

工，还不是签签到，看看报！"①特别是一些分署增设不少机构后，人员增加，本应力量得到增强，效率得到提高，而事实上，其后果是造成机构分散，职能交叉，各自为政，缺乏凝聚力，相互推诿扯皮，工作效率并没有得到提高，从而引起社会各界不满："救济分署的大小工作人员，一共有四五百人，他们的薪金数目都很高，但是实际上事情很少，根本用不到那么多人，有好多全是挂名的。"②1946 年 12 月中旬，刚履职的行总广东分署署长也尖锐批评了职员工作热情不够、效率不高的问题。他指出：职员们"到分署来，多数仅为解决个人生活，对本署任务或被忽视，不愿负责，有事互相推诿，彼此不但无联系，且相互牵制，致工作效率较低"③。

第四，各分署作为行总在各省、市的分支机构，成立后，为接收各种行总分配下来的援助物资并及时发放到灾民手中并协助开展工业、农业、交通等善后事业发挥了重要作用。但是，各分署也确实存在一些诸如与地方政府配合不够，甚至各自为政的问题。一些分署"在工作推进时，与地方政府配合得不够密切，使得他们的工作与信誉有不少的损失。在上层大致还没有什么，在下层就有一些不平和意见。某些地方，他们觉得地方工作人员不够热心，不够能干，而地方工作人员又觉得他们太洋气、太阔绰"④。

第五，各分署还存在一些诸如行政开支较大、人员薪资太高以及占用善后救济的宝贵资源等问题。本来行总及其分署所获经费严重不足，加之当时国内物价飞涨，预先拨付的经费到使用时已贬值不少。如此一来，本来就捉襟见肘的经费不足问题雪上加霜。在此情况下，行总及其分署职员理应勤俭节约，虽然蒋廷黻也曾一再强调，由于行总经费有限，公职人员待遇过低，十分清贫。但事实上有的行总及其分署一个职员每月薪俸起码是 10 万元左右，高级职员甚至高达 30 万元，而当时的军官一月仅有 4 万元，地方县政府的一个主任秘书仅有 5 万元。行总及其分署职员与军队、地方

---

① 《灾民饥饿，官员跳舞》，《群众》1946 年第 7 期，第 3 页。

② 《群众》1947 年第 3 期，第 5 页。

③ 《行总广东分署署长、副署长对工作检讨会工作提示》，载行政院善后救济总署广东分署编《善后救济总署广东分署工作检讨会会议记录》，1946 年铅印本，第 53 页。

④ 《大公报》1946 年 7 月 5 日。

政府职员的待遇迥异。这样，"相形之下，一方面容易发生'优越之感'，另一方面就有所谓'不平之气'"。这种情况下，"叫他们一同去做一件事，是不易合作的"①

对于行总的各种弊端，行总自己在即将解散时也作了深刻剖析："行总人事之复杂与机构之庞大，即为外界诟病之一端。吾人亦坦白承认行总初期负责设计与执行之人员，缺乏行政经验，因此决策行事，往往带有浓厚之理想色彩，而不能正视现实环境。"② 在此背景下，对于各分署在这次善后救济活动中的作用甚至存在的必要性也有不同的声音。例如，1946年春，在国民党中央七次二中全会上，中央委员韦永成提出，行总及其分署机构臃肿，人员过多，不仅如此，他们"所领薪水比各地公务员来得高"。不少人一针见血地指出，救济善后活动"不是救济人民，而是救济了一般官僚"。有鉴于此，他们提出，"机构方面，善后救济总署是应该有的机构，但各省机构似乎多余，不必要的。因为各省分署所有工作，在积极方面的可以委托各省建设厅去办，在消极方面的可以委托各省社会处去办"，只要一个行总从事善后救济活动即可，宜"将各省机构尽量缩小，只可留些技术人员，许多业务应交给各省政府机构办理"③。

第三节　行总、各分署与联总驻华办的关系及其他

为了帮助、指导和监督受援国开展善后救济活动，使它取得应有的实效，《联总协定》规定，联总在该国的善后救济活动即将全面开展之际，应该在该国设立联总驻该国的办事处，直接对联总负责，因此，联总驻华办事处（简称驻华办）的设立便是势所必然。行总及其各分署与联总及其驻华办事处的关系以及行总贪腐等相关问题该如何处理？这些都是不能回

---

① 《大公报》1946年7月5日。

② 《善后救济方案与现实之距离》，《行总周报》1947年第39期，第2页。

③ 《国民党中央执委会抄送七次二中全会关于暴露"善后救济"内幕咨询案》（1946年3月9日），载中国第二历史档案馆编《中华民国史档案资料汇编·第五辑·第三编·政治》（二），江苏古籍出版社1998年版，第404—405页。

避的问题。

一　联总驻华办事处的开办

1944 年 11 月联总在重庆设立中国分署，后行总迁至上海，联总中国分署也随之迁往上海，并更名为"联总驻华办事处"，与行总及上海分署同在一栋大楼内办公。

为了帮助中国开展善后救济事业，使中国的准备工作充分，根据联总的相关规定，"联总得在各委员会国设立办事处"[①]。1944年底，国民政府就向联总提出申请，请求联总在中国开办驻华办事处。很快，国民政府的这一要求得到联总的积极回应，迅速在重庆设立了一个办事处。不过，初期的办事处规模较小，只有少许医疗卫生行业的专家及医务人员、几名从事社会服务工作的志愿者以及几个负责难民工作的联总专家。此后，人数不断增多。联总驻华办的最高负责人是处长，前后共有两人担任了驻华办事处的处长，他们分别是凯石（Benjamin H.Kizer）和艾格顿。凯石的任期是1944年4月至1946年8月，而艾格顿的任期则是1946年8月至1947年7月。对于凯石，蒋廷黻和他共事较久，对他较为熟悉并颇有好感：

> 他在美国热心提倡区域的经济发展，有计划地为全体人民谋利益的发展。以先他虽没有到过中国，但是因为他是个通人而态度又正大，他在短期之内已经认识我们的问题和困难。他对我们的善后救济事业的热心不在任何人之下。办事处的同志都是和他志同道合的[②]。

至于艾格顿，来到中国不到两个月，蒋廷黻便离开了行总署长的岗位，他们打交道的时间很短，因此，蒋廷黻对他不甚了解。驻华办的人员一到中国，便满怀热情地投入工作中去。最初，通过与行总的几名普通职员的联系，使他们有机会与中国从中央到地方的医疗卫生、慈善福利等机构合作，在中国开展一种以预防、治疗霍乱为主要目的的疫病防

---

① 蒋廷黻：《善后救济总署之性质与任务》，《东方杂志》1945 年 10 月第 41 卷第 20 期，第 2 页。

② 同上。

治工作。随着队伍的不断壮大，他们还多次派出医疗小分队到沦陷区开展医疗服务工作，有时还对难民提供一些帮助。当然，此时物资较为缺乏，经费拮据，特别是交通十分不便，他们早期的工作困难重重，取得的成果也较有限。

中国的善后救济活动全面开展后，联总驻华办事处还在行总设有分署的地方都设有它的分处，如在青岛设立山东分处等。对于这一举措，联总是出于这样的考虑："研究各区内之政治、经济之一般情况，受灾及待赈情形，以及善救工作之检讨与咨询。"①分处职员有多有少，一般是5—20人，但后来人数突破了这一范围，如联总驻江西分处职员为36人。分处负责人一般为外籍人士，如联总驻江西分处主任为澳大利亚籍的邓肯（Dankan）。

联总驻华办的人数因此迅速增多，最多时为400余人，他们的身份基本上是"官员"，工作职责逐步转变为指导、监督、检查。而整个在华工作的联总工作人员总计有1300多人，主要为专业技术人员，其中借调在国民政府各部、委员会及行总总署的有500多人，约占在华工作的联总人员总数的40%②。由于行总的人事室对联总借调人员完全不过问。于是，在初期行总聘用的外籍人员就缺少了管理的机构，也不能与联总驻华办事处进行畅通无阻的联络，后来，为了方便起见，就在行总调查处内专门设置外籍人员的联系单位。至于驻华办的日常庶务问题，则由行总的总务处管理。

二　行总及其分署与联总及其驻华办的关系

蒋廷黻认为，行总和联总在工作关系上完全建立在中国政府与联总所签订的《联总协定》《基本协定》及联总大会决议的规定基础之上，它们"等于中国法律之一部分，其对于吾人之约束力与国府所颁法令相同"③。联总的责任是把物资准备好了以后运到中国；而分配的责任归行总，行总在接收物资之后必须全部运用在善后救济方面。联总作为国际善后救济事

---

① 陈云林总主编：《馆藏民国台湾档案汇编》第71册，九州出版社2007年版，第342页。
② 《霍署长对参政会常会书面报告全文》，《行总周报》1947年第59、60期合刊，第1页。
③ 《蒋署长开幕训词》，行政院善后救济总署编译处编印，1946年铅印本，第11页。

业的主导者，对行总的工作有权进行检查与指导。联总前后三任署长李门、拉加第亚（La Guardia）、鲁克斯（L.W.Rooks）和副署长韩雷生，还有联总各专门委员会等方面的负责人多次到中国视察，检查行总工作的情况并就有关问题作出指示。联总官员来中国视察期间，根据情况，行总前后两任署长蒋廷黻与霍宝树都会亲自或委托下属陪同视察并汇报工作、反映问题。行总可以随时与联总商讨相关问题。行总分配物资时，联总监视人从旁协助。"行总与联总共同工作，两位一体。"行总和联总还要于每周举行一次联席会议互通情况。总之，行总是执行机关，联总则是咨询及顾问机关。"行总的成功就是联总的成功，行总的失败就是联总的失败。"[①]

为了加强协调，行总认为，联总在中国开办办事处的同时，中国"应有一个驻外的小型机构，办理接洽事宜。凡物资之种类及启运日期等，均可经此机构，随时接洽，并预先告知国内，俾可依照计划，从容布置"[②]。因此，行总也在联总总部所在城市即华盛顿设立行总驻华盛顿办事处（又称"行总驻美京办事处"），负责行总与联总的联络工作。郑宝南被任命为办事处主任。行总和联总共同在行总各附属机关中设置业务联系委员会，各附属机关必须与所在地联总办事处密切联系，加强合作。在1946年9月于南京召开的行总第一次检讨工作会议上，联总驻华办事处处长艾格顿在致辞中论及行总与联总及其驻华办事处的关系时明确强调：

> 联总中国办事处的政策就是以各种方法协助行总。只要联总的救济工作存在，这个政策永远不会变的。联总无论站在什么立场，它在中国的目的只有一个，就是帮助贵国和贵国人民的善救工作。[③]

行总第二任署长霍宝树也曾经指出：行总"和联合国善后救济总署工

---

① 参见《李副署长卓敏招待沪市西文报纸记者致辞（译文）》，《行总周报》1946年1月第6期，第5页。

② 浦薛凤：《行总结束感言》，载行政院善后救济总署编译处编印《行政院善后救济总署业务总报告》，上海市档案馆馆藏档案：Y3—1—278，第4页。

③ ［美］艾格顿：《联总驻华办事处处长致辞》（译文），《行总周报》1946年9月第23期，第2页。

作配合进行的"①。从某种程度上说，"联总驻华办事处的机构及其职责相当于联总派往受援国的一个标准的派遣团"②。而行总则是"中国政府与联合国善后救济总署中国分署（即联总驻华办事处——引者注）往来折冲的一个机关"③。因此，无论援助物资的分配、运输、估价及使用，行总对每一大的事件的处理，均需与联总人员协商后才能办理。

至于行总各分署与联总驻华办分处的关系，也有明确而具体的规定。主要包括：（1）行总各分署原则上不直接与联总驻华办事处总部有过多业务上的联系；（2）各地方政府、行总分署和联总分处定期举行三方联席会议，此外还共同组建三人小组会议，三方各派一人参加，分别办理该地区的善后救济工作④。各分署必须将每日进行的各项重要工作译成英文，于第三日送达联总派驻机构；每月必须开展的主要工作，不得迟于每月的23日送达联总派驻机构⑤。（3）在各地的善后救济活动正式开展前，应当先由当地调查机构做初步的灾情调查、摸底，之后，联总派驻机构必须派员进行部分抽查或全面复查；当然，如果联总派驻机构认为在初查时欲参与，则可派员参与。（4）实际工作中，各分署无论分配物资、发放急赈物品还是派员监督工程均应与联总驻各分署所在地机构"会同办理"，"以使联总行总工作打成一片"⑥。（5）各分署署长若因出差等需要离开分署办公地时，必须指定"替代人员"，并及时"知照"联总派驻机构，以便联络。

需要指出的是，由于联总驻华办事处设在上海，所以上海分署没有像其他分署那样再设立分处，鉴于上海分署这种地域上的特殊性，根据联总与行总达成的有关协定，对上海分署又作了特殊的规定：上海分署必须按月向联总驻华办事处提供有关善后救济工作的行政及业务收支情况的定期报告，并须接受联总驻华办事处的要求，"不得不与联总的会计制度

① 《霍署长对参政会常会书面报告全文》，《行总周报》1947年第59、60期合刊，第1页。
② George W. Woodbridge ed., *UNRRA: The History of the United Nations Relief and Rehabilitation Administration*, Vol. I, New York: Columbia University Press, 1950, p.182.
③ 纳喜：《联合国善后救济总署及对中国救济计划》，载李门《联合国善后救济总署》，上海市档案馆馆藏档案：Y3—1—284，第7页。
④ 徐义生：《善后救济工作的行政制度》，上海六联印刷公司1948年版，第26—27页。
⑤ 行政院善后救济总署苏宁分署《月报》1946年第1期，第9页。
⑥ 郑通和：《六十自述》，三民书局有限公司1972年版，第41页。

一致"①。

行总与联总及其驻华办事处的这种相互交织的关系，有利有弊。一方面，有利于双方沟通、协调、配合及监督，提高办事效率。联总及其驻华办事处对行总及各分署的配合尤其是监督显得十分必要，对善后救济活动及时开展，预防行总及其分署的腐败，防止国民党当局将善后救济援助物资用于打内战等反动活动起了重要的指导、帮助或监督作用。另一方面，由于联总及其驻华办事处的官员并不十分了解中国国情，有时动辄对行总官员指手画脚，甚至瞎指挥，导致行总与联总及其驻华办事处关系一度紧张，隔阂日益增多。行总对此颇多怨言而又十分无奈："联总人员对于我国国情，亦时有未尽明了者，虽多数热心可嘉，而牵制亦势所不免"；"外籍人员因其对于我国国情认识不深，所发议论每难切中要点，而吾人又因协定之约束，不能不尊重客卿之意见。以致行总一部分公文必须中西并用，费时误事犹为细事，而整个政策，因客卿之参与行政工作，每致无法贯澈一致。"②

三 行总与各分署的关系

行总是中国根据联总的相关规定成立的专门负责中国范围内善后救济工作的最高机构，而各分署则是行总根据地形情况等因素在某一个地区设立的行总分支机构。

为了明确及加强行总与各分署的关系，增进总署与分署的分工和合作，在各分署署长人选确定后，1945 年 10 月底，蒋廷黻召开了由行总各厅、处以及各分署负责人共同参加的座谈会，就总署与分署的关系等问题进行了深入讨论。同年 11 月，行总与各分署负责人又先后召开了 5 次座谈会，经过讨论，最终确定采取集权与分权相结合的原则。即在总署的领导与监督的前提下，赋予各分署署长以适当的权力，统筹谋划本区域内的有关善救工作。这样，既能保障各分署的善救工作做到因地制宜，又能避免它们违背相关原则与政策。集权主要体现在援助物资及业务经费的分配上。各分署所需要的援助物资必须事先向总署提交申请报告，统一由行总根据实

---

① 参见徐义生《善后救济工作的行政制度》，上海六联印刷公司 1948 年版，第 5 页。

② 行政院善后救济总署编译处编印：《行政院善后救济总署业务总报告》，上海市档案馆馆藏档案：Y3—1—278，第 22、248—249 页。

际情况分配，它们所需业务经费也由行总拨付。至于援助物资的储存、使用，各分署根据需要可全权处理，按计划推进。总署的法令所规定的原则、实施的措施尽量富有弹性，以便各分署根据其地区大小、受灾程度及善后救济活动重点灵活掌握。

关于行总与其分署两者的关系，行总署长蒋廷黻后来总结道：

行总之工作必须在各地实地实现，故总署工作同仁应自视为分署之协助者或分署之公仆。诚然，总署之工作，攸关成败，但精神上深盼各分署以总署为其工作之工具而充分利用之[①]。

在此基础上，江西分署署长蔡孟坚也对此做了分析，他认为：

行总是我们统筹善后救济事业的最高机构，对于全国善后救济事业，不分地区，不分性质，都有整个的计划和打算，本分署直属行总，为实现行总计划的一个组织，所以对于行总的命令要切实执行，这样才能促使全国善后救济事业充分的发展，行总所负的任务也可如期完成。[②]

联总驻华办事处处长艾格顿还在行总第一次检讨工作会议上的致辞中论述了行总及其分署的关系。他说，"关于总署与分署的关系，我不禁要说几句话。这一种关系，在我未参加联总工作来到中国之前早就有些体验了"；"总署是为服务分署而存在的。真正的善救工作一定要在分署作"，"总署的任务是监督"，"使分署得到促使工作必须的指示与报告，必须的经费，必须的工作人员和必须的设备"。他还进一步指出，"各分署单向总署报告需要是不行的……一定要补充以救济计划"[③]。

---

① 《蒋署长开幕训词》，行政院善后救济总署编译处编印，1946 年铅印本，第 3 页。
② 蔡孟坚：《我们今后工作的基本原则》（代序），载行政院善后救济总署江西分署编《善救准则》，1946 年铅印本，第 1 页。
③ ［美］艾格顿：《联总驻华办事处处长致辞》（译文），《行总周报》1946 年 9 月，第 23 期，第 1 页。

可见，蒋廷黻、蔡孟坚和艾格顿分别作为行总、分署及联总的负责人对行总及其分署的关系进行了不同角度的阐述和界定，颇具代表性和权威性。概言之，行总要加强对各分署的领导，同时也要为各分署服好务；各分署要自觉维护行总的权威，坚决贯彻行总的命令和计划等。

四　行总及其分署的贪腐问题

古今中外，贪污腐败问题一直是各国政府除之不尽的顽疾。正如革命先行者孙中山所说："中国所有一切的灾难，只有一个原因，那就是普遍的又是有系统的贪污"，并且，"这种贪污是产生饥荒、水灾、疫病的主要原因"[1]。

为了消除腐败，国民政府于 1945 年元旦颁布的新《刑法》（同年 7 月 1 日开始执行）其中第 129 条第 2 款就明确规定：公职人员在履行公职时所接收或发给之款物应及时上缴或退还，否则，"当以渎职罪论"。并根据情节轻重，依法判处一年至七年有期徒刑，"并科以七千元罚金"[2]。1946 年元旦，行政院修订了《惩治贪污条例》中的第 3 条第 1 款，对贪污的惩处作出了更严厉的规定：公职人员将履行公职时所接收或发给之款物据为己有者，最低处七年以上徒刑，情节严重的处无期徒刑，乃至死刑[3]。为有效打击贪污等犯罪行为，行政院还专门出台政策，鼓励知情者"密告"。如规定：单位或部门长官涉嫌贪污，其部属可向上级机关"密告"，此行为不属于"潜越行为"而受到惩处[4]。

1945—1947 年，中国在兴办善后救济事业的过程中，同样不可避免地受到贪腐问题的困扰。这也引起了社会各界的关注，行总高层为防范和打击贪腐现象出台一些规定，做了一定的工作。

（一）行总及其分署对贪腐问题的防范

事实上，早在善后救济事业尚未全面开展之际，身为行总署长的蒋廷黻在其善后救济思想中就曾经指出，行总在开展善后救济活动时必须搞好

---

① 《孙中山全集》第 1 卷，中华书局 1981 年版，第 89 页。
② 中国法规刊行社编审委员会：《最新六法全书》，中国法规刊行社 1946 年版，第 213 页。
③ 同上书，第 239 页。
④ 《肃清贪污奖励密告政院通令提示要点》，《大公报》1947 年 11 月 13 日。

廉洁。这样，一方面是为了使有限的善后救济物资，特别是紧急救济物资足额发放给群众；另一方面也是为了保护政府及其职能部门在群众心中的良好形象。蒋廷黻认为，公务人员是行总开展善后救济活动的主体，因而，"公务人员必须廉洁"。要做到这一点，必须采取以下两项重要措施：其一，减少分发的中间环节，因为多转一次就多一层舞弊的可能。其二，善后救济事业要增加透明度。他反复强调：行总及其分署"倘若不幸发生舞弊的案情，不但物资的损失可惜，政府在国际上名誉的损失尤为可惜"[①]。蒋廷黻还从舞弊风险的角度把世界上的人分成三类，然后指出需要重点防范的人。

他认为：

> 世界上的人可分为三类：第一类不分有钱无钱绝对不舞弊，第二类不分有钱无钱遇有机会就舞弊，第三类本心愿奉公守法，但到饥寒交迫不得已的时候，也就舞起弊来了。行政长官应该特别注意的是第三类，必须设法使其有以养廉[②]。

从上可以看出，蒋廷黻认为，对于那些确实生活困难的公务人员，作为行政主管部门，应该从实际出发，帮助他们解决困难，只有这样才能使他们保持廉洁，也才能使他们安心工作。

副署长浦薛凤也指出：

> 行总员工待遇之高，行总是有物资有金钱的业务机构，为养廉起见不得不以稍高的待遇，减少职员内雇之变。同时行总需要高级的人才较多，亦不得不以稍高的待遇，使高级人员得安其位[③]。

---

① 蒋廷黻：《善后救济总署之性质与任务》，《东方杂志》1945年10月第41卷第20期，第4页。
② 同上。
③ 浦薛凤：《行总结束感言》，载行政院善后救济总署编印处编《行政院善后救济总署业务总报告》，上海市档案馆馆藏档案：Y3—1—278，第4页。

所以，行总在经费极度紧张的情况下奉行"高薪养廉"的理念，行总及其分署职员待遇要好于国民党当局党、政、军等各类公职人员。

为了进一步防范各级职员贪污腐败，行总还作出了其他一系列规定，如"救济物资必使分毫点滴用如所期"，行总职员"不得稍徇私弊"，否则"依法惩办不贷"①。各分署根据总署要求，结合自身实际，针对可能出现的贪腐问题分别提出了严格要求。如，湖北分署规定："其有徇私舞弊贪污枉法，一经检举发觉，定予依法严惩，决不稍假宽贷，俾仰怀遵勿忽。"②冀热平津分署规定："在分发救济物资时必须由工作人员亲自将物资送到受惠人手中，俾不致有中饱私囊的情形。"③浙江分署规定，在开展善后救济活动时，"面粉直接发给工人，不得借手工头"④。

黄河、江汉堵口复堤工程是行总主导的大规模工程，为了防范工作中出现贪腐问题，1946年，行政院专门出台了《黄河江汉堵口工程专款支用应行注意事项》，共7条，其中包括：（1）堵复工程专款，必须专户存储，不得转存他行；（2）此项专款必须专款专用，不得用于有关堵复工程以外之项目开支，一切开支均须经有关审计人员依法审核；（3）此项专款之支取，须凭直接负责机关负责人、主办会计人员及审计人员三方之印鉴；（4）此项专款应专设账簿登记，并每10日造一份财务收支报表，于每旬前三日内送交查核；（5）每月工赈工程所需工料价款，应于上月20日以前核实预算详表送呈有关部门审核；（6）凡购民间物料或土地及雇用民夫所需费用及工资，均应直接付给受款人，不得委托第三方代付；（7）此项专款之报销，均应按照核定预算，按法定手续办理⑤。

1946年5月，行总河南分署会同黄河水利委员会又制定了《工夫组织及管理办法》，其中第16条明确规定，各工作队在领取工资前，均须填写有关财务部门统一印制的收据，并且该工作队队长与排长共同签名，然后由监工员、工程师核定盖章，最后由出纳员亲自到工地当众发放给各工作

---

① 《总署严令饬属怀遵》，《行总周报》1946年第1期，第1页。

② 《善救要义》，载行政院善后救济总署湖南分署编《半月通讯》1946年第2期，第3页。

③ 《本分署三点方针》，行政院善后救济总署冀热平津分署《半月刊》1946年第3期，第2页。

④ 《浙江分署工赈原则》，《时事公报》1946年12月2日第5版。

⑤ 《黄河堵口复堤工程局经费卷》，中国第二历史档案馆馆藏档案：35—197，第14—15页。

队队长，"以示公开"。接着，第 17 条又规定，队长在领到该队灾民工资后应尽快于休息时间内立即分发给各工人，"如有延误、克扣或其他不实情事"，一经查实，则"立即撤销队长资格"①。为了按时、足额发放到工人手中，不致出现冒领及贪腐现象，工赈粮食发放时"决不假借第三者"。不仅如此，行总还要求各分署务必不定期派员实地调查工人工作、生活状况，"抽点工队名额"②。如调查发现工作队负责人有克扣工人面粉等违法现象发生，应当送交司法或警察机关依法惩处，"惟情节尚轻，均随地解决"③。

（二）行总及其分署贪腐问题概况

虽然行总及其分署为了防范贪腐问题的出现采取了一系列措施，但在实际工作中，行总各级职员的贪腐问题仍然时常出现。

概括起来，行总各级职员的贪腐问题表现在以下几个方面。

1. 缺斤少两或克扣工粮。

各分署在组织灾民开展各种形式的工赈活动时，行总及其分署的各级官员想方设法克扣灾民工粮或工资。如，1946 年，湖北分署在公安县陆湖堤及江陵县万城堤两项工赈工程中，发生了灾民所获工赈食粮严重不足的问题，原因是这些工赈食粮的大部分已被包工头或团头所"中饱"。湖北分署辖区石首县天大垸工程处处长赵南等人贪腐，武汉市所辖的三合乡陈长春和张三畏两名"团头"扣发灾民面粉工资，湖北分署所属第二粮库"领工"克扣赈粮等，这些案件均被当地灾民或分署职员揭发④。

有的分署官员在发放工粮或其他物资时存在缺斤少两的问题。如，台湾分署工赈所用的工粮缺斤少两是普遍现象。一袋面粉的标准重量是 73.2 斤，但是实际上只有 70 斤甚至更少⑤。有的行总工作人员克扣、贪污肥料。联总官员对此揭露道："他们宣称肥料在运输装卸过程中的损耗达到

---

① 《河南分署与黄河水利委员会等会商办理黄河堵口复堤工赈及黄泛区救济事项等》（1946 年），中国第二历史档案馆馆藏档案：21—17532—1。

② 黄河堵口复堤工程局编：《黄河花园口合龙纪念册》（1947 年 4 月），黄河水利委员会档案馆馆藏档案：MG3—3—14，第 34 页。

③ 《本署三十六年度第一次招待新闻记者，报告署务近况协助堵口成功及重建泛区计划》，行政院善后救济总署河南分署《周报》1947 年第 64 期，第 4 页。

④ 参见武汉地方志编撰委员会编《解放战争史料》，武汉出版社 2009 年版，第 499 页。

⑤ 苏瑶崇主编：《联合国善后救济总署在台活动资料集》，台北二二八纪念馆出版社 2006 年版，第 531 页。

20%，但我们经过调查发现损耗率只有 0.4%，然后他们就把这些肥料偷运出去，到市场上高价出售。"① 有的行总职员还内外勾结，"从破损的包里或直接打开包装偷运肥料"②。在河南分署，第 615 工作队队长曾将领到的面粉于换馍分发给灾民吃时，"用偷梁换柱的法子，克扣不少"③。有的地方发放工赈粮食时不同程度地出现了以次充好的情况。例如，黄河堵口复堤工赈时，从 1946 年 8 月起一些地方发放所谓的"通粉"，即将一等、二等和三等面粉混合起来发放，"好坏都在一起的"，个别地方甚至将四等面粉即霉烂变质、不能食用的面粉作为工粮发给民众④。民工在食用了这些劣质食品后，许多人出现了腹泻、恶心、头晕和四肢无力等不适症状，严重影响了民工的身心健康，同时也给工赈项目的顺利开展造成了不同程度的不利影响。如河南救济分署第一工作队发放给灾民的面粉即为劣质面粉，民工食用后，身心健康受到严重影响，"致碍工程进行"，后来，各工地民工"亦因之发生潜逃情事"⑤。湖南衡阳县政和乡的乡长，领了 450人的面粉做工赈工粮，但他只发给了 440 人，按规定每人应分得 7.5 斤，他只给每人发 6.8 斤，余下的悉数落入其个人腰包⑥。广东分署在工赈活动中也是"舞弊重重"，粮食等工赈物资仅按六五折分发，其余三五折落入行总分署官员囊中，引起各方猛烈抨击⑦。行总一些职员全身上下穿戴的，除了皮鞋是自己的外，其他"竟完全是美式装备"；至于老百姓得到的救济衣物，仅是一些破布或破棉大衣。在一些地方，质量好的、能够食用的面粉、罐头，相当一部分被国民党当局的县政府、国民党党部及商会头目据为己有，并未全部按规定分配给急需救济的人⑧。

---

① UNRRA—CNRRA Operations: The Fertilizer Scandal, July13, 1947, p.18.

② A letter from Maddwyn Bebb (UNRRA, USA) to Ed Painer, May31, 1947.

③ 《驻工各单位座谈会第八次会议记录》（1946 年 8 月 24 日），《黄河堵口复堤工程局月刊》1947 年第 3 期，第 32 页。

④ 《驻工各单位座谈会第五次会议记录》（1946 年 7 月 6 日），《黄河堵口复堤工程局月刊》1947 年第 2 期，第 31—32 页。

⑤ 《工料招购委员会常务委员会议记录》（1946 年 8 月 6 日），《黄河堵口复堤工程局月刊》1947 年第 2 期，第 39 页。

⑥ 行政院善后救济总署鲁青分署《鲁青善救旬刊》1946 年第 6 期，第 2 页。

⑦ 《广东善后救济问题》，《华商报》1946 年 1 月 25 日。

⑧ 行政院善后救济总署湖北分署编：《半月通讯》1947 年第 7 期，第 13—15 页。

2. 哄抬物价或盗卖物资。

有的分署职员哄抬物价，高价出售物资，谋取私利。联总在一份报告中披露："一名叫陈仪（音似）的官员向农民谎称混合肥料增产的效果更好，将并非农民急需的廉价肥料豆饼拌进一种叫硫酸铔的化肥中，然后再以高价转手卖给农民，牟取暴利。"[1] 在湖南分署，"一部分人凭借特殊势力，多方勾结，勒买食粮，操纵渔利"[2]。1947年初，行总渔业管理处事务科科长李云鹏等人擅自盗卖联总提供的善后救济援助物资牟利，被上海地方法院判刑，并被罚没财产[3]。

1947年春，为在江苏淮阴建设黑热病医院，行总特拨付9200多包面粉做工赈工粮之用。但苏宁分署技正杨定泰与行政院卫生署黑热病防治所所长孙志戎等人竟合伙将此全部转卖给一家名为"粮商振兴公司"的老板，牟取不当利益。行总总务处处长徐世长之妻、医务室主任刘德溥，将接收的联总援助的部分西药拿到市场上出售，然后将国产低价药品抵充，以此获取私利[4]。在江西，还发生了一件舆论反响强烈的咄咄怪事。1947年9至10月，江西分署高级职员如分署专员、储运室主任与运输大队大队长等人利用联总援助的车辆，大肆在外承揽运输业务、倒卖物资。如倒卖煤炭多达400余吨，利用分署车辆运"运赴沪上出售"，牟取暴利，"价值二三十亿元"。为堵住其他高级职员的嘴，因而让他们也"均沾红利"，但"胖手胚足之低级职员未获分毫"。这些低级职员获知情况后，"群情愤慨"，联名"向署方声讨"，一时"声势颇为浩大"，他们"罢工者罢工"，喊出了"有利大家分"的"革命"口号。分署为息事宁人，避免事态扩大，引起社会各界关注乃至不满，"挽救得法"，即"凡争吵者各给予数百万元"。这些低级职员也得利后，"立即销声匿迹"[5]。此案最终还是被媒体披露，人们议论纷纷。1947年5月，浙江省公路局临海工程队总工程师石汉水和宁波第七区张文生科长贪污用作修复黄泽公路工赈粮的2371

---

① UNRRA—CNRRA Operations: The Fertilizer Scandal, July13, 1947, p.18.

② 《基础政治不良影响救济工作》，行政院善后救济总署湖南分署《善后月刊》1945年第12期，第2页。

③ 《李云鹏等盗卖物资疑被提公诉》，《申报》1947年2月26日。

④ 《行总同人互助会函补充集团贪污内幕资料》，《申报》1947年8月30日。

⑤ 《分署巧施百了计》，《江西民国日报》1947年10月24日。

包（约 104 吨）大米，然后将其卖给一家名为"宁波大业米厂"的大米加工厂①。联总驻华办事处获知此事后，立即指派官员贾德（Jande）与浙江分署视察室主任张中楹前往宁波调查处理，处理的结果是，一方面，石汉水、张文生和大业米厂老板被追究刑事责任；另一方面，所贪污的大米悉数追回②。在安徽分署，"人们不时看到皖分署的吉普车在街上兜风，毛毯、奶粉、罐头等救济物资大批堆在大商店的橱窗里兜售，各地救济院院长一个个肠肥脑满"。其中凤阳县救济院院长田涛盗买盗卖救济物资两批，一批为 20 吨，另一批约值 2 亿元；定远县财政整理委员会主任杜叔平贪污 1.7 亿元难民救济金；定远县救济院院长武君实贪污救济粮，共计小麦 20 吨，其他物资约值 3 亿元；颍上县淮堤委员会主任、县参议员刘某（原文如此——引者注）利用淮堤修建费 1.3 亿元"营私"。行政、司法部门也"不失时机，趁火打劫"。怀远县警察局凡遇过境难民均勒索"手续费"5 万元至 10 万元不等③。

一些分署职员还责任心不强，玩忽职守，致使救济物资被盗。例如，1946 年 5 月，湖北分署第 5 粮站被盗面粉两大包，湖北分署第 11 粮站职员何灝兴和韩紫椿等人玩忽职守致使粮站 40 包面粉被盗④。1946 年 11 月 17 日夜，行总河南分署用于救济灾民的接待站——漯河站被 4 名匪徒持枪抢劫，打伤接待站值班人员 2 名，其中 1 人因伤势过重而不治死亡；匪徒抢走接待站内"赈款"现金 17.3 万元，面粉 4 袋，棉大衣 3 件。案发后，国民党军驻漯河第 47 师司令部责令当地政府及其警察局"限期破案"，结果仅抓获一名罪犯，其他则逃之夭夭，所抢物品也只部分追回。此案一度令当地民众人心惶惶，影响恶劣⑤。

3. 挪用、侵吞援助款物。

行总及其分署不少职员往往利用职务上的便利，挪用、侵占或侵吞

① 《变售公路赈米舞弊真相渐白》，《宁波日报》1947 年 7 月 13 日。
② 《赈米舞弊案即可提起公诉》，《宁波日报》1947 年 7 月 26 日。
③ 《安徽的善后救济》，《时文报》1947 年 7 月 19 日。
④ 《善后救济总署湖北分署、汉口地方法院检查处关于张公区、云礁区、宝善区职员串通盗卖物资案的指令、公函、代电》，湖北省档案馆馆藏档案：LS30—2—64—12。
⑤ 《黄泛区难民遣送及漯河站匪劫振款案》，中国第二历史档案馆馆藏档案：21—2—643—12。

援助物资，获取不当利益。如，一度位高权重的行总副署长李卓敏长期侵占汪精卫公馆及高档家具，雇用18名佣人照料日常起居，且其佣人资费均由行总事业性经费支付。行总储运厅厅长陈广沅涉嫌物资运输费提成等腐败问题；另有5名处长涉嫌职务侵占和物资运输费提成等腐败问题[①]。1946年冬，行总总务处出纳科科长吴燧人私自挪用公款27亿元发放高利贷，以牟取巨额私利，"且此案牵扯不止一人"[②]。1947年12月，行总专员蓝春池私自出售联总援助的卡车牟利[③]。不少救济经费被地方政府官员挪作他用甚至直接进入官员腰包。比如，贵州省独山县被收复后即对当地百姓进行救济，"谷部长带来五百万赈款，原是为救济难民之用的，但当时的孔县长，挪用了一百五六十万元，购买军粮，交给驻军充饥。萧县长接任后，又因垫付军队副食费，支用了一部分。到了刘县长接事时，余下来的款子，只有二十万五千元"[④]。1946年冬，浙江宁波陶公乡乡长陈运山利用职权，侵吞包括衣物在内的价值3万多元的救济物资[⑤]。1947年4月，浙江慈溪县卫生院将行总拨给的用于救济灾民的牛奶截留，然后由该院职工全部私分，被群众揭发[⑥]。行总东北分署官员每周违规领取联总提供的骆驼牌香烟1条、克宁奶粉一听及罗斯福布（即当时美国新产品涤卡）4米[⑦]。1946年冬，湖北分署第12粮站主任李培慈在办理汉黄、黄宣等公路工赈时，存在弄虚作假问题，要求工程处虚构单据，"捏造报销情事"[⑧]。1947年夏，武汉市张公区牛奶站职员周镜云、涂玉、龚正宽和朱柳生4人侵吞牛奶220箱并予以出售非法获取暴利[⑨]。察哈尔通城县在抗战胜利后，将原日寇建立的用以收容难民的难民区改造为救济院，以收容、救济无依

① 《行总六高级职员被检举集团贪污》，《申报》1947年8月15日。
② 《行总出纳舞弊私放高利贷案》，《大公报》1946年12月22日。
③ 《行总职员舞弊又一起》，《申报》1947年12月20日。
④ 吴景超：《劫后灾黎》，1947年铅印本，第13页。
⑤ 《陶公乡公所侵吞救济衣案》，《时事公报》1946年11月30日。
⑥ 《慈溪卫生院救济牛奶舞弊》，《时事公报》1947年5月5日。
⑦ 《救济总署趣闻》，《中苏日报》1947年5月28日。
⑧ 《善后救济总署湖北分署关于严惩汉黄、黄宣等公路工赈食粮贪污案的指令、呈报、批示》，湖北省档案馆馆藏档案：LS30—1—754—3。
⑨ 《善后救济总署湖北分署、汉口地方法院检查处关于张公区、云礁区、宝善区职员串通盗卖物资案的指令、公函、代电》，湖北省档案馆馆藏档案：LS30—2—64—11。

无靠的老弱病残及失去父母的难童，但是院长等人利用多报人数和开支的办法，骗取救济款物①。

4.官员任人唯亲。

根据行总有关组织法，处长提拔任用，须由署长亲自签署任命状。但胡可时由行总渔业管理处副处长升任处长时，"并无署长霍宝树签发派令"，而是由副署长李卓敏擅自做主提拔使用，而胡可时被公认为是李卓敏"亲信"，李对胡的提拔属典型的任人唯亲，违规提拔，因此遭到揭发。江苏省监察使署对此调查后也认定李卓敏"纵权跋扈"②。此外，李卓敏另一亲信、行总所属汽车管理处原副处长方龙章曾因贪腐被革职，不久，竟又被李卓敏恢复原职③。1946年春，行总拟选聘一批有专业基础的人员赴美深造，李卓敏利用职权，竟将其不够条件的妹妹选上。1946年7月，行总考虑到运行经费之紧张，决定不再聘任新职员，但是，李卓敏却唯独将其姐李球聘任为行总所属的农业业务委员会科员，领取不菲薪资④。李卓敏还私自提高行总个别单位待遇，如提高行总所属驳船装运所职工待遇，使其提高后的各项待遇比行总其他部门职员高出一倍，并且"此事未得署长允许，系李卓敏专权所致"⑤。难怪人们对执掌行总人事大权的李卓敏十分不满，指责行总"任用职员全仗李卓敏一言所系"⑥。李卓敏最终于1947年9月18日被行政院停职，并移交监察院审查。

另外，在行总内，即使已有的经费使用效率不高，浪费惊人，不少分署的日常行政经费多于善救业务费用。例如，湖南分署邵阳办事处，1946年4月用于救济的费用约为1500万元，而行政费用则高达3500万元⑦。

（三）行总及其分署贪腐问题频发的原因

1945—1947年，中国善后救济事业兴办过程中，作为该事业的主办机

---

① 通城县政协文史资料委员会编：《通城文史资料》第7辑，1992年编印，第42页。
② 《彻查行总舞弊案监察署怀疑七点》，《申报》1947年8月27日。
③ 《行总同人互助会函补充集团贪污内幕资料》，《申报》1947年8月30日。
④ 《"行总肃清贪污委员会"举发李卓敏渎职新事实》，《申报》1947年9月16日。
⑤ 《彻查行总舞弊案监使署怀疑七点》，《申报》1947年8月27日。
⑥ 《行总同人互助会函补充集团贪污内幕资料》，《申报》1947年8月30日。
⑦ 行政院善后救济总署编译处编印：《行政院善后救济总署业务总报告》，上海市档案馆馆藏档案：Y3—1—278，第45页。

构，行总贪腐问题频现，究其原因是多方面的。

第一，当时中国社会大环境十分黑暗。国民党当局甚至蒋介石本人对各级官员腐败听之任之，甚至故意纵容。后来，曾担任过所谓"台湾省主席"的吴国桢指出："蒋介石对其下属的腐败是乐意的，因为一个人如果腐败了，那么对他就更加唯命是从了。"[1]这样，国民党反动政权，从上到下腐败透顶，正如行总副署长李卓敏在即将被侦讯之际，接受媒体采访时所说："中国社会太黑暗！"[2]在这种黑暗环境中，行总一些职员难以做到"出淤泥而不染"。

第二，制度不健全，管理不到位。如前所述，为了打击贪腐，国民党当局出台了不少法律法规。行总及其分署为了保持队伍的"廉洁"，在文章和会议讲话中一再强调要廉洁奉公，但只是停留在表面上。行总也先后制定了一些规章制度，但从总体上看，这些法律法规、内部制度均不够全面、系统，运行及监督机制不够健全，不少法规、制度形同虚设。虽然行总及其分署有诸如救济款物监督管理委员会，但由于一些救济机构主要负责人一般是由当地有声望的绅士担任，在该机构内往往是一手遮天，监督管理机构形同虚设，上级检查流于形式。如一些救济院明知上级单位要来检查，就急忙做一些表面文章，改善一下灾民的伙食，检查组一走，立即恢复原样。这样，腐败分子就有机可乘了。

第三，行总各级官员缺乏自律。历时14年的日本侵华战争给中国人民带来了巨大伤害，成千上万的灾民亟待救助，联总诸如英、美等国慷慨解囊，运送大批物资帮助中国政府救济灾民，在此情况下，行总全体职员理应恪尽职守，将援助物资全部、高效地用于救济灾民。中国善后救济事业开展之初，为了"养廉"，行总不少职员薪资很高。但是，行总不少职员仍不知足，缺乏自律，忘记了联总善后救济的崇高使命，漠视了灾民挣扎于死亡线上的现状，辜负了国家和人民的嘱托，一心只想损公肥私。

第四，包庇纵容，打击不力。打击贪污行为时，检察、法院等司法机关常常受到国民党当局官场不同程度的干扰甚至阻挠，使贪腐问题常常"大

---

① 吴修墦：《从上海市长到"台湾省主席"——吴国桢口述回忆》，上海人民出版社1999年版，第261页。

② 《行总高级职员被控霍宝树谈欢迎调查》，《大公报》1947年8月16日。

事化小、小事化了"，腐败分子能够逍遥法外，得不到应有的惩罚。如，1947 年春在江苏淮阴建设黑热病医院时发生的盗卖工粮案，经人检举后，江苏省地方政府、当地地方法院及行总均"反应消极"①。这种对贪腐问题的失之于宽，失之于软态度，使腐败分子有恃无恐，愈发猖狂。

另外，当时中国善后救济业务的繁忙及工作的疏漏也为贪腐现象的滋生提供了温床。据时任江西分署官员的徐浩然事后回忆："当善后救济物资大量运来的时候，这边忙收进，那边又忙运出，忙不过来的时候，有些新到的物资来不及造册，就堆在那里变成没有户口的册外物资，给贪污盗窃造成可乘之机。"②

（四）行总及其分署贪腐问题的特点

关于行总及其分署贪腐问题的特点，可以归纳为以下几方面。

第一，从地域范围上看，贪腐问题几乎遍及行总每一个角落。从总署到各分署；从总署及其分署机关到其服务站、工作队等附属机构，几乎全部"沦陷"，无一幸免。有的权力较大的部门，贪腐问题尤为突出，如行总储运厅、分配厅被时人称为"肥水厅"，贪腐问题更是多发、频发。曾经在行总工作过的彭古丁后来指出：对于援助物资，"先受惠者仍是近水楼台先得月的'行总'及各地分署的行政官员，待遇之优厚令人咋舌"③。

第二，从贪腐人员职级上看，从总署副署长李卓敏到总署分配厅厅长汪伏生、储运厅厅长陈广沅、财务厅厅长董承道到渔业管理处处长胡可时和总务处处长徐世长等，再到各科科长、救济站站长、工作队队长乃至一般职员，每个层级的职员都有人员牵扯贪腐问题。甚至行总两任署长蒋廷黻、霍宝树也因贪腐问题被人指责，最后两人均遭弹劾问责，贪腐问题是其中原因之一。

第三，针对行总贪腐问题，行总高层及地方法院存在"只拍苍蝇、不打老虎"或处理过轻等消极应付的问题。行总贪腐问题被曝光后，迫于各方面压力，行总负责人被迫应对。面对不断被揭露的行总腐败问题，身为署长的霍宝树一方面表示"愿负全责"，另一方面却害怕因失职担责，对

① 《苏宁分署舞弊检举》，《中央日报》1947 年 9 月 25 日。
② 参见熊瑛《抗战后江西曾受到联合国救济》，《江西晨报》2015 年 3 月 23 日。
③ 彭古丁：《"救己总署"引出的风波》，《世纪》1997 年第 6 期，第 29 页。

162

行总出现的各种问题，哪怕是铁证如山的案件都百般抵赖，拒不承认，对外辩称是"污蔑"①。各地法院在查办行总贪腐案件时，往往也只"拍苍蝇"、不打"老虎"。如1947年上海地方检察处对发生在上海、涉及一时轰动全国的"行总舞弊案"的19人展开"侦讯"。12月中旬，在历时3个多月的"侦讯"工作完成后，决定对行总副署长李卓敏、分配厅厅长汪伏生、储运厅厅长陈广沅和总务处处长徐世长等9人不予起诉，其理由是"犯罪嫌疑不足"②。而对其他涉案的包括财务厅厅长董承道、渔业管理处处长胡可时在内的10人向上海地方法院予以起诉。1948年4月1日，上海地方法院对行总腐败窝案作出判决：决定对董承道、胡可时两名厅长、处长无罪释放，其他人员一一判刑。如，行总物资购销处下属企业负责人侯霭昌（科级）以"收取不正当利益"、总务处福利科科长蒋仁麟以"侵占公物"等罪名均被判处有期徒刑3年半③。不难看出，这些被免于起诉或被起诉但最终又无罪释放人员基本上是行总副署长、厅长或处长等层级较高的"要员"，地位较为显赫；而遭判刑等惩处的这8人均非行总主要部门"一把手"，而仅为科级职员。至于一直漠视乃至偏袒行总腐败分子的行总署长霍宝树更未因此受到任何实质性的惩罚。又比如，1947年1月，河南分署会计室主任朱揆元舞弊，仅将其下属、佐理员程森楚"押送法院，依法惩处"，而他自己则逍遥法外④。如前所述的1946年11月行总河南分署漯河接待站被抢案，当地政府在案发后仅根据国民政府颁布的《公务员惩戒法》对接待站正、副负责人启动了问责程序，以"失职罪"这一罪名分别给予他们"弹劾"和"减俸"之处理，但并未追究他们的刑事责任。这一处理显然过轻。不仅如此，还有大量的贪腐问题最后竟不了了之，腐败分子没有受到任何形式的处分。

第四，新闻媒体的及时披露是行总及其分署贪腐问题曝光的主要途径。在揭露行总贪腐问题上，新闻媒体机构充当急先锋，发挥了不可替代的骨干作用。"各报社曾将分署弊端如出售烟煤、经营粮食、揽载各货、瓜分

①《对载行总舞弊事霍宝树称愿负全责》，《新民晚报》1946年8月15日。
②《被控贪污之李卓敏等九人不起诉理由》，《申报》1947年12月22日。
③《行总职员贪污宣判》，《申报》1948年4月2日。
④ 萧乾：《中州轶闻》，中华书局2005年版，第110—111页。

呢绒、私麦旧衣等，均予以披露。"[1] 例如，上文提到的察哈尔通城县救济院院长骗取救济款物时就接到群众揭露并及时刊发："好多物资被官员私分或卖作他用。"鉴于此，还有人讥讽道："救济院，济肥了院长。"[2]1946年初，香港的《华商报》批评行总广东分署的救济工作是"救而不济"，并指出，"这并不是僧多粥少、无济于事，而是贪污的黑手把这小量的救济品，曲曲折折，落进私囊里去了"[3]。国民党东北保安部队司令部机关报《中苏日报》1947 年 5 月 28 日刊发了一篇题为《救济总署趣闻》的文章，首先揭露了东北分署一些官员每周领取骆驼牌香烟、克宁奶粉与罗斯福布若干的贪腐问题，并批判东北分署"救人先救己"[4]。文章一发表，迅即在社会上引起强烈反响。不久，时人将善后救济总署讥讽为"救己总署"[5]。此后人们往往就用"救己总署"一词讥讽行政院善后救济总署及各分署的假公济私等贪腐问题。特别值得一提的是，当时最大的一桩贪腐案即"行总舞弊案"，就是由《申报》《大公报》等主流报纸首先揭露的。可见，行总贪腐问题中的不少案件正是当时新闻媒体的及时报道、披露和跟踪，才使案件得到曝光与及时查处。

行总这一系列的贪腐问题引起各方强烈不满和猛烈抨击。如有人认为湖南分署"一面造灾，一面救灾，造救之间，唯我发财"[6]。《大公报》记者也对湖南分署的贪腐揭露道："衡阳救灾弊端百出"，"灾官生财有道，灾民控告无门"[7]。广东立法会议员朱立勤在立法会上厉声质问行总广东分署署长凌道扬："工赈工作，只照六五折分发，其余三五折飞往何处？这种作弊的事实只有丧尽天良的人才做得出来。"[8] 曲江汽车业工会也举报说，行总公路局利用行总配发供运输工赈物资使用的汽车拉运私货，

---

① 吴宗慈：《民国江西通志稿》第 32 卷，1947 年铅印本，第 66 页。

② 通城县政协文史资料委员会编：《通城文史资料》第 7 辑，1992 年编印，第 42 页。

③ 《广东善后救济问题》，《华商报》，1946 年 1 月 25 日。

④ 《救济总署趣闻》，《中苏日报》1947 年 5 月 28 日。

⑤ 《救济总署趣闻》，《中苏日报》1947 年 5 月 28 日。

⑥ 《基础政治不良影响救济工作》，行政院湖南善后救济分署《善后月刊》1945 年第 12 期，第 3 页。

⑦ 《大公报》1946 年 7 月 18 日。

⑧ 《粤救济分署贪污救济品》，《解放日报》1946 年 7 月 19 日。

从中牟利，而对堆积如山的工赈物资却不迅速拉运①。上海"行总舞弊案"曝光后，民众讥讽行总官员："侧身救济好招牌，恭喜诸君随便发洋财。"②针对行总的贪腐问题，周恩来、董必武代表中共中央在致联总理事会的信中也指出："中国善救工作之严重缺点，如联总中国分署三百人员申诉书所提者，即贪污腐化。"③

行总及其分署的贪腐问题的大量存在与蔓延，无疑是受国民党当局贪污腐败问题的日益猖獗的深刻影响，这些贪腐问题，引起了广大民众对包括行总及其分署的强烈不满，最终导致社会各界对国民党信心渐无，其反动政权的最终覆灭亦是历史的必然，无可改变。

---

① 《粤救济分署贪污救济品》，《解放日报》1946年7月19日。
② 正人：《赠行总贪污者》，《民声报》1947年9月21日。
③ 《周恩来、董必武致联总理事会函》，载中共代表团驻沪办事处纪念馆编《中国解放区救济总会在上海·文献与资料》，学林出版社1996年版，第23页。

第五章 急赈活动的开展

1945—1947 年，中国开展的救济活动共分为四个方面，分别是急赈、特赈、工赈和遣送难民，而急赈和特赈又是最紧迫的。因此，在有关准备工作基本就绪的前提下，行总便着手在全国开展急赈等方面的紧急救济工作。

第一节 救济物资的争取、储运及急赈政策的制定

从联总获得救济物资是行总在全国进行急赈等救济活动的物资基础，因此，在救济活动全面开展之前，以蒋廷黻为代表的行总负责人不遗余力地利用一切机会开展争取救济物资的活动。在争取到救济物资并完成了相关的储运等准备工作后，行总制定了一系列有关急赈的政策。

一 日本侵华战争给中国造成的人员与房屋损失

1931 年 9 月至 1945 年 8 月，日寇在中国持续杀人放火。早在抗战之初，日寇就狂妄地提出："烧杀以助军威，奸淫以助军乐，抢劫以助军食。"[1]1940 年 11 月，日寇指挥部竟丧心病狂地下达命令，要求："凡是敌人区域内的人，不问男女老幼，应全部杀死"；并要求将所有房屋及日本不能运走的粮食烧毁，锅、碗要打碎，百姓取水的井"要一律埋死或投放毒药"[2]。

这样，在中国广大地区，北起黑龙江，南至海南岛，东起海滨，西到重庆，日寇铁蹄所至，生灵涂炭，屠刀所向，尸骨遍地。据不完全统计，

---

① 参见湖南省政协文史资料研究委员会编《最悲惨的年代——日寇侵湘暴行实录》，岳麓书社 1997 年版，第 8 页。

② 同上书，第 12 页。

仅在 1937 年 7 月至 1945 年 8 月，日寇在中国制造的屠杀惨案就高达数万起，规模较大的多达 4000 余起。在此过程中，日寇残杀中国人的手段共计 250 多种，几乎用尽了他们所能想象出来的所有残暴手段，"更令人发指的是，这些手段，大多数也用在中国妇女和儿童身上"。日本侵华战争期间，先后被杀害的中国同胞数以千万计①。

抗战期间，江西省全部 81 个县、市中，先后有 76 个县、市遭受了日寇的"窜扰及轰炸"，占比达 94%，江西省因战死亡 31.3 万人，其中儿童 3.4 万人，伤 19.1 万人，"创巨痛深，自古未有"②。湖南全省曾被日寇铁蹄践踏的有 50 多个县，其中被完全占领的则有 47 个县。在这些地方，"丁壮丧亡、老弱转徙"③。仅在 1946 年 1 月至 8 月间，广州一地"被毙经检殓者"就多达 7726 人④。

抗战期间，日寇为达到"以战养战"之罪恶目的，肆意掠夺中国粮食。例如，在台湾，"战时日本对于台省食粮极尽罗掘之能事"，仅在 1941—1943 年，台湾平均每年所产稻米的约 23% 被日本掠夺⑤。又如，在战时，湖南被日寇劫走的粮食竟多达 4000 多万石，几乎占全省一年粮食产量的三分之一⑥。日本侵略者往往将掠夺来的粮食一部分运往日本，一部分留在中国供侵华日军享用。

由于日寇在战时的破坏及掠夺，战后灾民也很缺乏衣服。并且，战后初期，论及衣料需要的迫切程度，"自由区"甚于"光复区"。他们衣料的缺乏，实已达到了极严重的程度。以黄泛区为例，10 年黄河泛滥后的灾民几乎到了无衣可穿的地步：10 岁以下的男孩，裸身赤体，一丝不挂；成年男子一律赤膊；妇女则赤皮露肉，衣不遮体，少女们尴尬无比，羞于见人。1945 年冬，在湖南的广大灾民"御寒无具，束手待毙，不死饥饿，即死于冻馁"⑦。

① 参见《日本侵华战争到底对中国造成多大的伤害》，http://www.toutiao.com。
② 江西省政府统计处：《江西省抗战损失调查总报告书》，1946 年铅印本，第 2 页。
③ 赵恒惕：《发刊词》，《湘灾导报》1945 年创刊号，第 1 页。
④ 林天乙：《浅析战后广东的粮荒》，《中国社会经济史研究》2002 年第 1 期，第 108 页。
⑤ 台湾省行政长官公署宣传委员会编：《台湾月刊》1946 年第 1 期，第 51 页。
⑥ 湖南省地方志编纂委员会编：《湖南通鉴》上卷，湖南人民出版社 2007 年版，第 648 页。
⑦ 湖南灾荒急救会：《湖南灾荒急救会征信录》，1946 年，湖南省档案馆馆藏档案：35—1—299，第 8 页。

因此，1945—1946 年，一方面由于长达数年的日本侵华战争的严重破坏；另一方面，连年的严重自然灾害的雪上加霜，中国百姓所赖以生存的粮食、衣物严重短缺。我国沦陷区每年粮食的总供给量，在战前是 650 万公吨；日本侵华战争发生后，供给量减少的数额，据可靠估计，高达 77 万公吨，占总供给量的 10% 以上①。粮食供给量的减少，使战后本来就十分严重的粮食短缺问题雪上加霜。

还有，战时中国房屋损毁也极其严重。战时多数城市的房屋，因经轰炸或军事的攻防而变为断垣残壁，或竟成为废墟②。行总顾问吴景超在察看了全国许多地方后著文介绍灾情时指出：在不少地方，"有许多房子，破墙还留着，但是，上面无瓦盖，地基上长的是青草"；一些县城，房屋被毁在 90% 以上，甚至有好些县政府，因为县城中没有一所完整可以办公的屋，到现在还流亡在乡下；江西有一个叫祥符观的乡村，在战前是相当繁荣的，"但我在那儿，不但看不见旧的房子，连旧房子的痕迹也看不见"③。1937 年，江西有房屋 221.7 万栋，战时有 39.2 万栋被毁，占比达 17.7%。尤其是南昌，1937 年有房屋 4.52 万栋，战时有 3.52 万栋被毁，占比高达 77.9%④。

当时的战地记者冯英子后来回忆道：

> 湘赣公路为日军占领的地段，南北 10 里的房子都被烧光，由西山到赣江一带的村落，估计烧掉三分之二以上，完整的几乎一间都没有了。西山欧阳村全村被一把火烧光，胡村 100 多户人家的房子和高安龙潭 300 多户人家的房子都被统统烧光⑤。

苏宁地区战时房屋损毁同样严重。"沪宁铁路沿线10公里内，房屋

---

① 《论战后救济与复兴》，《时事新报》1945 年 1 月 1 日。
② 同上。
③ 吴景超：《看灾归来》，行政院善后救济总署鲁青分署《鲁青善救旬刊》1946 年 11 月第 34 期，第 1 页。
④ 江西省政府统计处：《江西省抗战损失调查总报告书》，1946 年铅印本，第 6 页。
⑤ 冯英子：《赣江两岸所见》，《新民晚报》1982 年 9 月 12 日。

烧毁十之八九，宁芜铁路沿线2.5公里左右民房都化为灰烬。"①据初步统计，抗战期间江苏全省房屋损失超过456万间，这里包括房屋在内的物资损失，"其数至足惊人"②。湖南战时损毁的房屋也很惊人，高达94万栋，其中22个县、市房屋损毁超过80%；长沙、衡阳等9个县、市战时被损毁的房屋超过90%③。特别是在长沙，处处"破瓦荒堆、颓墙四壁"，几乎找不到一座在战火中幸免于难的"完整的房屋"④。在拥有16万人口的常德，其房屋损失正如《纽约时报》战地记者所说：要在城里找到一件完好无损的东西"实在是难乎其难"⑤。在广西，战时的柳州房屋破坏也高达90%以上，"桂林亦复如此"⑥。据不完全统计，湖北地区因战灾毁坏房屋达74.3万余栋⑦。

各分署在向行总的报告中指出，凡是实际经过作战的地方，房屋破坏的比例普遍在20%—80%⑧。身为行总署长的蒋廷黻对房屋破坏的程度也深有感触。他说，房屋破坏程度之高"已出吾人意料之外"⑨。

在许多地方，战灾还直接导致商品严重短缺，市场一片萧条。例如，在台湾，"一切副食品都从市场销声匿迹，简直就成了饥馑状态"，"停战当时的商店，几乎完全看不到商品，剩下的只有那商品架子和墙壁寂寞地立在那里"⑩。

可见，中国百姓因日寇侵略而陷入了饥寒交迫的悲惨境地。他们食不果腹，衣不蔽体，居无定所，成为灾民。全国有统计的灾区达19省之多，

---

① 中共江苏省委：《侵华日军在江苏的暴行》，中共党史出版社2001年版，第90页。

② 《江苏省善后救济调查报告底稿》，中国第二历史档案馆馆藏档案：21—2—208，第3页。

③ 行政院善后救济总署湖南分署经济室：《湖南善后救济区域现状调查报告》，1946年，湖南省档案馆馆藏档案：77—1—26，第3页。

④ 张志浩：《劫后长沙剪影》，《湘灾导报》1945年创刊号，第15页。

⑤ 李新：《中华民国大事记》第4册，中国文艺出版社1997年版，第1039页。

⑥ 蒋廷黻：《行总三十五年工作概述》，载行政院善后救济总署编译处编印《怎样办理赈恤》，1946年铅印本，第30页。

⑦ 行政院善后救济总署湖北分署编：《湖北的善后与救济》，1947年铅印本，第19页。

⑧ 行政院善后救济总署编译处编：《行政院善后救济总署业务总报告（1945年10月—1946年9月）》，1946年铅印本，第21页。

⑨ 蒋廷黻：《行总三十五年工作概述》，载行政院善后救济总署编译处编印《怎样办理赈恤》，1946年铅印本，第30页。

⑩ 吴浊流：《无花果：台湾七十年的回想》，前卫出版社1989年版，第155—156页。

它们的灾民均在百万人以上，总计达数千万人之多，他们基本属于"非赈不生"的灾民。例如，安徽灾民有 100 多万人，江西灾民有 200 多万人，江苏灾民约 300 万人，湖北灾民超过 200 万人，河南灾民多达 400 万人，广西灾民有 100 多万人，广东灾民有 150 余万人，山东灾民达 250 万人，浙江灾民超过 150 万人，山西灾民约 150 万人，福建灾民有 150 万人，东北方面也有 100 余万人，湖南灾民更是多达 500 万人。还有一些省份未能完全调查清楚，无法统计[1]。

湖南过去常以"鱼米之乡"的美名而闻名天下，此时却成为全国灾情最重的地区。因为在抗战胜利后，他们普遍"生计尽失，饥馑相仍"[2]。食草根、泥土、树皮以维持生命的人就有数百万之多，正如行总湖南分署署长余籍传所说："灾民相率掘食草根树皮，过着非人的生活。"[3] 加之洪涝灾害等自然因素的影响，全省仅 1946 年就缺粮约 74 万吨，不少灾民以树皮、草根充饥，甚至有"割食死尸者"[4]。湖南衡阳附近有一个村共有 140 人，而饿死和逃亡的就达 60 人[5]。全省饿死或因饥饿而自杀者不计其数。

抗战胜利后，在全国其他地方，草根、泥土、树皮都同样成为极普通的食品。甚至"遍地草根，已有抢食一空之势"[6]。在有些地方，甚至还发生了人吃人的惨剧。素称文弱的浙江，到处发生农民的抢米暴动。抢米的农民说："我们的肚里没有一粒米，请你们剖开肚皮看。"[7] 成千上万的人民因为贫病交加而挣扎在死亡线上，急需救济。素被党棍官僚视为肥缺的广州，在 1946 年 3 月 21 日至 29 日一周的时间内便饿死 900 余人；潮汕地区有一个 400 人的乡村，10 日内饿死的达 121 人[8]。苏宁分署所辖

---

① 《联总统计中国灾民达三千万人》，载方庆秋主编《中华民国史史料长编》第 69 册，南京大学出版社 1993 年版，第 131 页。

② 赵恒惕：《发刊词》，《湘灾导报》1945 年创刊号，第 1 页。

③ 余籍传：《一年来的湖南善救工作》，行政院善后救济总署湖南分署《善后月刊》1947 年第 20 期，第 4 页。

④ 宋斐夫：《湖南通鉴》上卷，湖南人民出版社 2007 年版，第 648 页。

⑤ 《大公报》1946 年 5 月 26 日。

⑥ 《联总统计中国灾民达三千万人》，载方庆秋主编《中华民国史史料长编》第 69 册，南京大学出版社 1993 年版，第 131 页。

⑦ 《文汇报》1946 年 5 月 15 日。

⑧ 《新闻报》1946 年 3 月 29 日。

地区，"抗属难胞，呻吟于沟壑，饥寒遍野"，这些地区"昔年富庶，面目全非"[1]。在湖北，"据联总职员目击之报告，当地植物已被当地人民及前往汉口途中的难民，咬嚼一空，寸草不剩"[2]。在全国不少地方，"那无数的垃圾堆，几乎寻不出好几具饿死、病死者的遗骸"。[3]当时流行的一首民谣真实地反映了当时中国灾难的场景："三千五千，死在路边。三万五万，逃至车站。百八十万，方算逃难。"[4]

　　难怪在1946年6月26日，联总署长拉加第亚在美国众议院拨款委员会报告称：中国饥荒情形之严重，难以形容，实属凄惨之至[5]。可见，日本侵华战争给中国造成的人员与房屋等损失何等严重，行总在全国有关地区开展的急赈等紧急救济活动是何等的重要与刻不容缓。

二　战时及战后国民政府的救济活动

　　20世纪20年代，国民政府建立后，在行政院设立了赈务委员会，专司社会救济之职。1937年9月，随着日本侵华战争的持续和深入，因战致灾的灾民在迅速增多，为此，行政院成立了"非常时期难民救济委员会"，各省、市也随即设立分会。该机构属于协调性质的机构，决策权有限。1938年4月，为更有效开展救济工作，行政院又在前两个机构的基础上成立了中国战时最高社会救济工作的领导机构——行政院赈济委员会。该机构的职权主要有：一方面，负责指导、监督救济机关或团体；另一方面，负责赈济款物的筹措与分配等。如前所述，因"振"是"赈"的本字，有救济与（精神）振奋之意，国民政府内政部在20世纪30年代规定，各级赈务（济）委员会之"赈"字一律用"振"字代替[6]。所以，后来行政院赈济委员会改为行政院振济委员会。这一机构的设立，标志着战时中国救

---

①　行政院善后救济总署苏宁分署《月报》1946年第2期，第3—4页。

②　《联总发表中国灾情报告》，《新华日报》1946年4月11日。

③　特约记者：《边缘的饥馑》，《观察》1946年第1期，第4页。

④　参见李正华《湘桂败退与西南难民潮》，《历史教学》1994年第4期。

⑤　《外人口中我国之饥荒情形》，载方庆秋主编《中华民国史史料长编》第69册，南京大学出版社1993年版，第621页。

⑥　参见蔡勤禹《国家、社会与弱势群体——民国时期的社会救济（1927—1949）》，天津人民出版社2003年版，第89页。

济工作进入到新的阶段。

实事求是地讲，以蒋介石为代表的国民党党部、国民政府及国民参政会对战灾的救济是重视的。战时，蒋介石先后下达战区救济难民的命令共达 16 项；其夫人宋美龄于 1939 年 4 月将国外捐赠给其私人的两万元，专门拨付给位于黄泛区的河南尉氏县，并嘱咐此款必须"专用紧急救济与防治传染病"①。1939 年，国民党中央党部在其《抗战建国纲领》中第 27 条指出：要重视"救济战区难民及失业民众"②。其确定的基本目标是，"不令难民失所"，"免冻饿之忧"③。要求各主管机关对于一切善后救济事宜必须"切实筹划，积极进行，以利民生"④。并且制定了专门的战时党部救济办法。抗战期间，行政院以训令形式先后向经济部、赈委会等相关机构下达救灾指令共计 18 次，同时要求其他相关部门予以配合，以提高赈济效率⑤。

早在 1938 年初，蒋介石就强调要高度重视灾民救济工作，因为在他看来，"救济难民与前方军事同样重要"⑥。国民党广东省党部在向民众宣传时，更是一针见血地指出："赈济灾民即是增加抗战力量。"⑦不久，国民参政会也提出，"当前之施政中心，除积极响应抗战建国纲领外，尤在救济并组织难民，使之贡献于抗战"⑧。1938 年 6 月中旬，正在前线与日军作战的国民党一个名叫蒋在珍的师长向上级报告指出："千万居民流离失所，男女老幼奔走号呼，呻吟塞途，奄奄一息，嗷嗷待哺。"⑨3 日后，国军又一高级将领——商震军长直接向蒋介石报告说：当地"求救难民不

---

① 《蒋夫人代转捐款，赈济尉氏灾民》，《大公报》1939 年 4 月 13 日。

② 《中国国民党抗战建国纲领》，载秦孝仪主编《中华民国重要史料初编——对日抗战时期》第 4 编第 1 册，台北出版社 1988 年版，第 50 页。

③ 《振济委员会孔祥熙兼委员长对该会科长以上职员训词》，载秦孝仪主编《革命文献》第 96 辑，台北出版社 1973 年版，第 430—431 页。

④ 《战时救济经费卷》，中国第二历史档案馆馆藏档案：二—8—6957，第 22—23 页。

⑤ 详情参见《郑州文史资料》第 2 辑，1986 年油印本，第 25—27 页。

⑥ 1938 年初蒋介石对上海社会局局长潘公展的讲话，转引自张秉辉《抗战与救济事业》，1938 年版，第 8 页。

⑦ 《国民党广东省党部告民众书》，广东省档案馆：M2—25—532，第 2 页。

⑧ 《国民参政会首次大会宣言》，《新华日报》1938 年 7 月 16 日。

⑨ 《关于黄河堤防被敌炸毁决口泛滥成灾的函件》（1938.6—1939.3），中国第二历史档案馆馆藏档案：二（2）—2043，第 21 页。

下数千人，若不急谋赈济，影响抗战前途实大"①。接到报告后，蒋介石立即电告时任行政院院长的孔祥熙，要求他："迅予核拨急赈款项并赶筹施赈办法，以急施赈济。"②

根据蒋介石指示，1938 年 6 月下旬，孔祥熙主持召开了行政院有关机关座谈会，要求赈委会"迅速派员办理急赈，对于受灾地方人民均应设法救济"。会上，还决定由孔祥熙亲自担任国民政府赈济委员会（简称赈委会）委员长，统筹国统区救灾事宜③。1938 年 7 月底，蒋介石在赈委会递交的救济报告中批示道："妥善办理赈济事宜，早日救民，以期早登衽席。"④1939年 11 月 22 日，国民党中执委秘书处将地方灾情陆续函告行政院，要求其"拨巨款振灾救黎"⑤。

自 1937 年 7 月卢沟桥事变以来至次年 7 月，由于大量东北、华北等国土被日寇侵占，这些地区的难民大量南下。为救济这些灾民，国民政府特拨专款共计 700 余万元。对他们"或施急赈，或于收留，或于资遣，或助输送，曾受救济扶助之难民亦达五百万以上"⑥。1938 年 10 月，武汉沦陷前，行政院赈济委员会动员一切力量，将湖北部分难民转移至湖南、四川与陕西等地；不能及时转移的，则设立若干收容所对难民予以临时收容，避免了人员的更大伤亡。

在湖南，1940 年 10 月 6 日，赈委会根据湖南灾情报告，当即拨发湖南救济款 6 万元，并要求"星夜驰往，抢救难民"，强调"务饬多救一人之命，国家多留一分元气"⑦。在贵州，抗战时期，贵州赈济会利用自筹资金、行政院赈济会所拨经费及民间慈善团体所捐资金与物资对灾民开展救济活

① 《关于黄河堤防被敌炸毁决口泛滥成灾的函件》（1938.6—1939.3），中国第二历史档案馆馆藏档案：二（2）—2043，第 22 页。

② 《关于黄河堤防被敌炸毁决口泛滥成灾的函件》（1938.6—1939.3），中国第二历史档案馆馆藏档案：二（2）—2043，第23页。

③ 《行政院昨日会商救灾情事》，《大公报》1938 年 6 月 24 日。

④ 《蒋委员长轸念灾黎》，《大公报》1938 年 7 月 30 日。

⑤ 《救济战区难民》，《中央日报》1938 年 11 月 23 日。

⑥ 《行政院善后救济总署业务总报告》，载中国第二历史档案馆编《中华民国史档案资料汇编》第五辑第二编财政经济（八），江苏古籍出版社 1998 年版，第 506 页。

⑦ 《振委会速拨救济费派员施放》，《大公报》1940 年 10 月 8 日。

动，为此共计救济灾民 12.2 万人，支出费用 1.6 亿元①。1944 年开始的豫湘桂战役后，随着"二战"形势的根本改观，中国的抗战形势也出现了积极的变化，赈委会又对一些战时背井离乡的难民返回原籍提供不同形式的帮助。

战时，为"扩大救济工作的效果"，国民政府还积极发动社会团体尤其是慈善团体的救济力量，使它们"与政府的振济政令，紧密协调，互相呼应，群策群力"②。1937 年 3 月，世界红十字会在上海设立救济总监处，将东南沿海地区划分为淞沪、苏北等 8 个救济区，分别设立救济监理部。8 月，淞沪抗战爆发后，中国红十字会与红十字会立即投入战场救护工作，设立 4 所临时医院及 100 余所难民收容所。共计抢救伤员 1000 余人，救助难民超过 15 万人③。浙江的民间慈善团体也在战时全力救济灾民，凡是过境浙江的灾民，都会得到他们一定的资助，并被免费接运至苏州、湖州等地；不能遣送的，则在杭州等地设置难民收容所予以收容，并设立临时医院对病人予以救治。1937 年 12 月，南京沦陷后，世界红十字会南京分会对南京灾民进行救助，先后设立临时收容所 10 所、粥厂两所，免费供应灾民餐食，共计救济南京灾民 10.6 万人④。1938 年 10 月，武汉沦陷后，共有 111 个民间慈善机构迅速对武汉灾民提供一日两餐稀粥的形式进行救助，仅汉口总赈济会在两个半月时间内就救助灾民 6.4 万人⑤。中国红十字会在抗战期间从事了大量的战地救护活动，在对抗战伤员救护的同时，也救助了大量的战地灾民，尤其是在淞沪抗战期间，规模最大，效果也最显著。

抗战胜利后，国民政府仍然拨付了一些经费及物资开展救济活动，但是，由于此时联总准备援助中国一批物资在中国中、东部部分地区开展善后救济活动，所以，国民政府主导的救济活动主要在联总的善后救济活动未能覆盖的西部地区，对善后救济区域也提供了部分经费及物资，主要用

① 参见周术槐《抗日战争时期贵州省赈济会的难民救济活动及其社会影响》，《抗日战争研究》2010年第3期。

② 秦孝仪主编：《革命文献》第 96 辑，台北出版社 1973 年版，第 430—431 页。

③ 参见周秋光《熊希龄集》下册，湖南人民出版社 1996 年版，第 2243 页。

④ 参见《士迈士呈送南京国际救济委员会工作报告》，《民国档案》1998 年第 2 期。

⑤ 参见周秋光等《中国慈善简史》，人民出版社 2006 年版，第 288 页。

于善后救济活动的配套使用，但规模有限。

与此同时，抗战胜利之初，一些地方自行开展了一些救济活动，作为善后救济的补充。比如，湖南先是成立了"湖南省善后建设促进会"，1946年4月，在此基础上又成立了"湖南灾荒急救会"，其宗旨是"向省内外筹募赈款救济全省灾民"，共筹集赈款15.24亿元。各地湘籍同乡共同成立湘灾筹振委员会，共筹集善款19.18亿元。另外，各级党政机关、军队及学校等共筹集善款22.94亿元；个人捐款0.14亿元[①]。这些款物基本用于购买灾民急需的粮食及药品以赈济灾民。其方式是，"就近以有济无，互助互济"[②]。通过此运动的开展，"流风所播，成效大著"，"一部分非赈不生的人得到了解救"[③]。

抗战胜利后，一些社会团体也在积极从事救济工作。如中国红十字会于1947年在全国发动社会募捐活动，亦即"五十亿运动"，计划通过募捐筹集50亿元经费，经过努力，共计筹集资金18.3亿元[④]。利用这笔经费，中国红十字会在全国许多地区开展了多种形式的救济活动。

三　向联总积极争取救济物资

1943年9月，即联合国善后救济总署成立的前一个月，国民党五届十一中全会审议并通过了《确定战后社会救济案》，强调我国战后社会救济工作"应与国际救济机构密切联系，必要时得合作举办"[⑤]。所以，国民政府在依靠自身力量开展救济活动外，还极力争取联总物资援助，以扩大战后救济灾民的规模和力度。联总提供的救济物资是行总在全国相关地区开展急赈和特赈的基础。因此，以蒋廷黻为代表的行总负责人利用一切机会和场合向联总介绍中国灾情，努力争取各种救济物资。

（一）利用1943年正在美国大西洋城出席联总成立大会的机会以中

---

① 湖南灾荒急救会：《湖南灾荒急救会征信录》，1946年，湖南省档案馆馆藏档案：35—1—299，第5页。

② 《湖南省政之新展望——王主席对省参议会施政报告词》，《大同》（半月刊）1946年第12期，第16页。

③ 施金炎：《湖南省政府经济工作通志》，湖南人民出版社2006年版，第155页。

④ 《红十字会月刊》1947年第2期，第12页。

⑤ 秦孝仪主编：《革命文献》第80辑，台北出版社1973年版，第340页。

国首席全权代表的身份多方宣传、游说和争取。11月18日，蒋廷黻在会议间隙接见记者时就强调指出：中国目前急需粮食援助，其数量约为870万吨，"以供待振人民六个月之需"，中国政府能自本国境内及其邻近土地获得550万吨，剩下的320万吨，"望由总署供应"[1]。

（二）利用赴美参加联总四届大会并当选联总理事会主席的机会争取更多的粮食援助。1946年3月11日，蒋廷黻飞赴美国，参加3月15日在大西洋城举行的联总第四届理事大会。行前，他对记者说，此次赴美除参加大会外，尚须与联合国粮食统计委员会接洽我国配粮总额，并与联总当局研讨我国下半年援助物资供应计划[2]。并要求粮食部特派员杨锡志担任中国代表团顾问，随蒋廷黻一起前往美国，协助他交涉中国的粮食援助问题。在大会上，蒋廷黻为我国饥民疾呼："中国若干区域之人民，今已以草泥充饥，中国今日之食粮情形，实较所预料为恶。筹请下一季中，予中国更多之食粮接济，籍以阻止目前之危机，恶化成为更大之灾祸。"[3]16日，蒋廷黻在联总理事会议上当选联总理事会主席，他充分利用担任联总这一要职的有利条件，着手解决以美、英等国代表把持的联总分配粮食等救济物资不公的问题。蒋廷黻指出，麦克阿瑟要求总署于1946年上半年运送面粉150万吨至日本，而中国自总署开展救济活动以来，仅获得谷物17.5万吨，这对拥有数千万亟待救济的灾民的中国来说十分不公。与此同时，蒋廷黻还代表中国政府向联总控告英国利用其作为联合国粮食局一员的资格，"假公济私"，向当时还是其殖民地的香港一地供应大米3.4万吨，而偌大的中国仅从该局获得3.7万吨大米[4]。经过数度交涉，联总署长拉加第亚签署紧急命令，同意将1946年下半年中国所应分得之米量，由8万吨增加至12万吨。并且还明确规定，此次中国所增加的4万吨中的一半，由美国负担，其余一半将由泰国负担，1946年6月30日以前必须全部运

---

① 《我国战后救济需要 出席救济善后会议蒋代表谈》，《中央日报》1943年11月19日。

② 《蒋署长飞美参加联总四届大会并接洽粮食救济》，行政院善后救济总署广东分署《周报》1946年4月第1期，第20页。

③ 《联总四届大会辑要》，行政院善后救济总署广东分署《周报》1946年4月第2期，第14页。

④ 《蒋廷黻当选联总理事会主席》，载方庆秋主编《中华民国史史料长编》第69册，南京大学出版社1993年版，第866页。

往中国[①]。

（三）利用美国前总统胡佛来华视察的机会向其争取粮食等物资的援助。1946 年春，美国前总统、现任美国急赈委员会主席的胡佛在开罗发表演讲指出，今后 4 个月内，如果不能向中国等地人民提供足够的谷类，他们将面临严重的饥馑。胡佛在与美国时任总统杜鲁门通过无线电话简单商谈后，决定亲自前往包括中国在内的远东国家视察灾情。正在美国参加联总四届大会并与美国国务院、联总及其他国际机构官员商谈中国救济援助问题的蒋廷黻立即结束在美国的工作日程，乘机回国，与即将来华视察的胡佛会面，拟当面向他介绍中国面临的严重饥寒问题。会见过程中，蒋廷黻向胡佛详细介绍了中国的灾荒情况以及希望得到美国政府与联总大力援助的要求。会见结束后，蒋廷黻还亲自陪同胡佛前往中国各地灾区视察，"俾美国救济工作人员更明了应将援华之食粮及供应品赶速运华"[②]。胡佛即将结束中国的考察行程之际，百忙之中的蒋廷黻又在上海再次会见并宴请了他。在宴席上，蒋廷黻仍然不忘恳请胡佛帮助中国的救济事业，蒋廷黻的挚诚感动了胡佛，再加上几天的实地考察，使他对中国的灾情有了真实的了解，所以，胡佛表示回国后，一定如实反映中国的灾情以及加大援助力度的请求。

（四）利用在国内主持召开联总远东区大会的机会继续宣传中国的粮荒并要求进一步加大对中国援助的力度。在联总远东区大会期间，根据大会的日程安排，蒋廷黻代表行总专门向与会代表作了有关中国粮食救济的报告。他在报告中指出，经过 8 年之抗战，粮荒更甚，几有 3280 万人面临饥馑，其中约有 700 万人即将饿死，以湘、桂、粤省灾情最重[③]。因此，他希望中国能够从联总得到更多包括粮食在内的援助物资。

经过蒋廷黻等行总负责人向联总坚持不懈的游说和斗争，日本侵华战争给中国造成的人员及物资损失逐渐被国际社会，特别是联总所了解，也

---

① 《蒋署长飞美参加联总四届大会并接洽粮食救济》，行政院善后救济总署广东分署《周报》1946 年 4 月第 1 期，第 20 页。

② 《蒋总署长回国陪同胡佛视察》，行政院善后救济总署河南分署《周报》1946 年第 15 期，第 3 页。

③ 《联总远东区十五次大会会议辑要》，行政院善后救济总署广东分署《周报》1946年8月第16期，第12页。

得到了他们的广泛同情。美国总统杜鲁门私人代表哈里逊在 1946 年 5 月考察中国部分省份饥荒情况后，当即表态："联总对华粮食救济，可以增多。"[1]

至 1947 年底中国的善后救济活动结束为止，中国共从联总获得超过100 万吨的粮食援助，其中仅大米就有 30 多万吨。除此之外，还从联总那里获得了不少的衣料及衣服等救济物资。这些救济物资的获得，特别是粮食援助物资的获得为行总在全国相关地区开展急赈等救济活动奠定了良好的物质基础。

四　联总援助物资的储运与分配

1945 年底，联总的援助物资陆续运抵上海港。当时分管储运工作的行总副署长浦薛凤要求行总及其分署的储运机构：对于援助物资的储运，"一切处理，须有缜密的计划"，以确保物资储运工作有条不紊地开展。具体说来，一方面，在援助物资运来之前，行总储运厅要与联总有关部门针对即将运来的物资进行充分的协调，以便心中有数，包括即将运来的物资的种类、数量、运抵时间、运输船只之吨位等，"均须预行商定"，并要求联总"先期通知"；另一方面，物资运抵的港口要尽量分散，"尤不宜限于一处"，并且按照就近原则卸货。也就是说，物资"应归何处使用，即宜尽量直接驶运最近之港卸货，以免集中一埠，发生存储转运种种困难"。另外，他还要求行总及其分署必须准备充足的仓库以暂时存储物资[2]。

从 1945 年底至 1947 年底，联总援助的约 236 万吨善后救济物资先后运抵中国。这些物资主要在上海港、广州港与烟台港卸货并存储，然后再运往其他地区，其中绝大部分是在上海港，因为上海港地理位置相对居中，从上海港运往全国各地距离相对要近，并且上海交通线路相对较多。

如何将这些援助物资特别是粮食、营养品、衣服等急赈物资公正地分配给各分署？行总在经过充分调研与论证后，最终确定了物资分配的原则，分别是：（1）各地受灾之轻重、缓急程度及灾民之多寡；（2）当地农作

---

① 《美总统私人代表哈里逊考察鄂省粮食情况》，行政院善后救济总署湖北分署编《半月通讯》，1946 年第 2 期。

② 浦薛凤：《行总结束感言》，行政院善后救济总署编译处编：《行政院善后救济总署业务总报告》，上海档案馆馆藏档案：Y3—1—278，第 4 页。

之丰歉情况及其自力更生之能力；（3）当地交通之通塞与否，实际运达之可能性等[①]。

这些援助物资的储运与分配共包括四个环节，霍宝树署长对此总结后指出："物资由联总运华为第一节，由行总到分署为第二节，由分署分配工作队为第三节，由工作队发放至难民为第四节。"[②]

联总将援助物资运抵中国港口后，在国内的物资运输主要有3种方式，分别是铁路、公路和水运，另外有极少的物资通过空运。3种主要运输方式中，一般以公路为主，铁路次之，水运再次之。当然，在南方一些地区，由于河流密布，水运相对发达，并且运费也较便宜，所以它们有的是以水运为主。如湖北分署，其善后救济物资总运量为6.27万吨，其中水运4.26万吨，占运输总量的68%；公路1.34万吨，占比为21%；铁路0.67万吨，占比为11%[③]。需要指出的是，在上述交通均不便的情况下，各分署则采用人力搬运的方式运送。

根据与联总签订的有关储运与分配协议，行总在分配给各分署联总提供的援助物资的过程中，分配物资的种类、数量等必须征得联总的同意。

从联总参与善后救济物资的储运与分配的形式及程度上看，这批物资的分配，前后经历了3个阶段。

第一个阶段：1945年11月，即联总首批援助物资抵达上海之时起，到1946年3月中旬。在此阶段，行总自主分配联总提供的各类善后救济援助物资，联总则处于咨询地位。工作开展不久，联总代表即对行总所申请的物资种类、数量及分配方案不断进行质疑、责难甚至抗议，导致分配工作进行得颇不顺利。

第二个阶段：1946年3月下旬至7月上旬。为使分配工作如期完成，经行总、联总双方代表多次商议，决定成立一个由双方人员共同组成的协商机构——联合申请及分配委员会。该机构的主要职能是决定物资所要分

①　行政院善后救济总署编译处编：《行政院善后救济总署业务总报告》，上海档案馆馆藏档案：Y3—1—278，第23页。

②　《霍署长对本署同仁训话》，行政院善后救济总署鲁青分署《鲁青善救月刊》1947年第2期，第2页。

③　参见周仓柏《善后救济总署湖北分署业务总报告》，1948年铅印本，第8页。

配的物资种类及所分配的地区。个别特殊地区的物资调剂及物资最后分配单的签发则由行总有关部门负责。此一阶段，物资分配以行总为主，联总部分参与。

第三个阶段：1946 年 7 月中旬至 1947 年 7 月下旬。由于内战及行总工作失误等方面的原因，引发联总驻华办事处 300 多名员工集体上书联总总部，指责行总已沦为战争工具。联总因此全面停止运输来华物资数月。为解除联总的停运令，行总又与联总驻华代表谈判，并共同制定了物资分配协商制度。据此，无论行总总署或分署，甚至工作队向各地所发送的所有物资分配单，均须经联总、行总双方代表签字才能有效。此一阶段，联总全面参与援华物资的分配。

善后救济援助物资储运与分配的具体操作程序是：首先是行总将粮食等救济物资尽快分送给各分署及所辖各受灾县。联总安排大型远洋货轮将诸如大米、面粉、小麦等粮食及其他救济物资运到中国诸如上海、广州等各口岸，轮船靠岸后，行总即安排人员在口岸码头上办理交接手续，又由行总安排专门的卸货工人将这些物资卸下，然后根据联总运来的数量、各分署需要的急缓程度等因素安排相关分署调运一定数量的粮食至其所辖地区。各分署都在当地设置了数目不等的储运站，作为接收行总分配的粮食等救济物资并将它们迅速转运至各县进行分配与救济的中转站。以广西分署为例，予以具体说明。广西分署在广州等口岸分得粮食等物资后，首要任务是将粮食等救济物资分送给各受灾县。梧州是广西分署接收物资的总口岸，分署在梧州设有储运站，办理由广州运抵该站的物资，其他交通方便的地方如桂林、柳州、南宁等地设有五个储运站，作为邻近各县的配运中心。广西赈粮等物资的运输，大部分是靠水运，由梧州出发，水运可分为抚河、柳河、邕河三大路线。由抚河上驶，可以到达桂林等储运站；由柳河可以到达柳州储运站；由邕河可以到达南宁等储运站。粮食等救济物资到了储运站后，即由各储运站通过迅速而有效的方式通知各受灾县前往领取。倘若交通方便，车辆和船只可以直达而无须转运的受灾县，则可由储运站负责运送；而交通不便，车辆和船只无法直接抵达的县，只好通过人力搬运的方式运送①。

---

① 参见吴景超《广西分署救济工作观感》，《行总周报》1946 年第 22 期，第 2 页。

　　善后救济援助物资运抵中国后，出现了一定程度的积压等问题。这些物资不少甚至积压在港口长达几个月也不见运走，"仓库地面，尽为呆搁"，甚至物资频繁丢失亦是在所难免[①]。这对中国善后救济事业的顺利开展造成了不小的不利影响。造成物资积压的主要原因是，第一，联总运送援助物资的货轮"货单极不完备"，货箱上不填或错填货物名称的情况屡见不鲜，这样，搬运工须将数千个货箱——打开方能知道里面装的究竟是何物，特别是一些物资还"未必于中国有用"[②]；第二，联总大批物资运抵中国后，基本上都在上海港卸货，而不是分门别类，运往物资急需地区，而上海港毕竟容量有限，加之战火破坏，上海港不堪重负，积压是顺理成章的事；第三，行政院拨付给行总的用于转运物资的经费不敷使用，无力支付庞大的运输费用，有时不得已只能贷款[③]；第四，战时诸如铁路、公路等交通线路损毁严重，车辆和船舶也几乎损坏大半，国内运输能力大打折扣。另外，由于战火破坏等因素，各分署可支配的仓储严重不足，当时在上海、广州等地，行总及其分署共计征用的临时性仓库为100多座，总库容仅73万吨，相对于230多万吨的善后救济物资，显然不敷使用，并且不少损毁严重。如在湖北分署，一些地方"仓库大多成为败瓦颓墟，其幸存者，又多充塞敌伪物资与军需粮秣"[④]。因而，有的物资即使运抵内地后，也不能得到妥善的储存，只好将一些物资甚至粮食堆放在露天。

　　可见，造成善后救济物资大量积压，不能及时运出和储存，联总、中国政府及行总均难辞其咎。

　　善后救济援助物资在储运、分配过程中，物资周转环节过多。由上可见，联总提供的援助物资，往往先进入行总直属的各储运局的仓库，然后从此分发给各分署，再转运至相关分署所开设的仓库，由它们转发到各分署下设的工作队，运交给各工作队的仓库，最后，"配到当地受领机关的，

---

　　① 《联总物资停运问题》，行政院善后救济总署鲁青分署《鲁青善救旬刊》1946年第5期，第4页。

　　② 《忠告署长拉加第亚》，行政院善后救济总署鲁青分署《鲁青善救旬刊》1946年第3期，第2页。

　　③ 《再论物资停运问题》，行政院善后救济总署鲁青分署《鲁青善救旬刊》1946年第12期，第7页。

　　④ 周仓柏：《善后救济总署湖北分署业务总报告》，1948年铅印本，第7页。

再转受领者的仓"。在同一座城市，行总、各分署及其办事处都设有仓库，它们常常"彼发此收，此发彼收，转来转去"，颇费周折，这样，救济物资发放到灾民手中时，已是"远隔了十万八千里"[①]，其造成的麻烦与浪费可想而知。

储运物资还存在管理不善导致物资变质的问题。例如，湖北分署在1946 年 8 月中旬，从其下设的穗丰仓库调出罐头食品 5804 箱及 179 听，到 8 月底整理完毕后，发现其中有 738 箱及 241 听已经变质。9 月初，湖北分署接受牛奶援助 2736 斤，发放时发现 348 斤牛奶已变质，不能饮用[②]。

当然，对于行总为物资储运、分配所作出的努力及其取得的成效必须肯定，至于存在的问题也不容忽视，但是要客观、公正评价，必须结合它的规模及面临的恶劣环境。对此，联总远东分署署长富兰克林·雷曾指出："对如此堆积如山的物资进行采购、运输、储存及分配，事实上很难完美无缺地操作，出现各种失误实在难免。"[③]

五　行总急赈政策的出台

在确定获得联总的援助物资，并且这些物资即将不断运抵中国的情况下，行总开始制定有关开展急赈的政策。这些政策主要通过《善后救济总署训令》等方式向社会发布。

有关急赈的政策及规定主要体现在以下几个方面。

第一，关于急赈的条件和对象。

在什么情况下，应该进行急赈呢？哪些人可以得到行总的急赈呢？对此，行总署长蒋廷黻举例进行了说明。他认为，经过恶劣战争的市镇，必须有短期的救济。

他指出：

> 这种市镇很可能的经过一个时期的飞机轰炸，以后又经过双方炮

---

① 行政院善后救济总署湖北分署编：《半月通讯》1947 年第 6 期，第 12 页。

② 行政院善后救济总署湖北分署编：《半月通讯》1947 年第 7 期，第 8 页。

③ Franklin Ray, *UNRRA In China*, New York, International Secretariat Institute of Pacific Relations, 1947, p.17.

火之战，最后又经过巷战。在收复之初，高度百分比的房屋被破坏了，许多人民连躲避风雨的地方也没有。作战的时候，粮食的供给或许断绝：敌人必尽量搜刮当地存粮以维持敌军的给养。就是敌人退了以后，或因交通的阻碍，或因通货的缺乏，或因难民的胆小，粮食仍旧不能靠通常商业供给。市内的水电或者一时不能恢复，街道也要扫除。瘟疫很容易发生。①

也就是说，如果由于战斗的打响，敌人的破坏或掠夺等原因导致部分城市或乡镇的房屋损毁严重，粮食供应断绝，交通陷于瘫痪，水、电、医药匮乏，广大百姓将极有可能陷入严重的生活困境，那么"在这种情形之下，我们应该办理紧急救济"②。

1945 年 5 月 11 日，蒋廷黻在善后救济讨论会上的讲话中又以上海为例再次对此做了说明。

他说：

> 吾人可得想象，克复上海须经激烈战争，现在我国及盟国空军已向上海轰炸敌人军事设施，将来登陆以后，尚有炮火之破坏，最后或以巷战及敌人实施焦土政策之破坏，是以不能不想到上海因作战交通断绝秩序未复制状态下乡下人民不敢入城，必有若干时日粮食不能运入，居民有不能得到食物之可能，而房屋破坏几分之几尚不可知，如收复后之柏林，其房屋已成一片焦土，是以必须紧急救济③。

可见，经历了日本侵略后，中国的许多城镇需要急赈等紧急救济。此外，广大农村地区，由于战争的破坏、自然灾害的影响，人民生活面临极大困难，必须依靠救济时，行总也同样应该在这些地区开展急赈救济活动。总之，不管是城市还是乡村，只有那些经历了日本侵华战争的严重伤害或

---

① 蒋廷黻：《善后救济总署之性质与任务》，《东方杂志》第 41 卷 20 号 1945 年 10 月，第 5 页。
② 同上。
③ 《五月十一日 署长在善后救济问题讨论会演讲词记录》，1945 年 5 月 11 日，载行政院善后救济总署赈恤厅编《怎样办理赈恤》，1946 年铅印本，第 49 页。

严重自然灾害损害的地区行总才能开展急赈活动，这些地区的"赤贫无依，短期内非受赈不能生活者"才能得到急赈救济①。

第二，关于急赈的种类。

1946 年初，行总出台了《善后救济总署赈恤业务原则》（以下简称《业务原则》），其中明确规定了急赈的种类。《业务原则》规定："在各收复区域或其他灾重区域，首应举办急赈。"它共包括三大类：一是粮食救济，所谓粮食救济，就是行总将从联总那里接收的大米、面粉等粮食援助物资通过直接或间接的方式发给食不果腹的灾民以解决其暂时饥饿的急赈活动，并且这"又为急赈首要工作"；二是衣服救济，所谓衣服救济，就是行总将联总援助中国的衣物布料做成衣服，或将联总分配的旧衣等通过各分署的工作人员直接分发给灾民，以帮助他们蔽体和御寒的急赈活动，这"为急赈次要工作"；三是房屋救济，所谓房屋救济，就是对那些因为战争或自然灾害的破坏导致房屋损毁无家可归的人民提供暂时住所以及帮助修建房屋的急赈活动②。由于战争破坏严重，全国特别是沦陷区有大批房屋被毁，因此，房屋救济一直为外界所关注，甚至不少人对蒋廷黻及其领导的行总能否开展房屋救济、救济的效果能否令人满意深表疑虑。

第三，关于急赈开展的原则与目的。

根据联总提供的救济援助物资的数量、国内接受救济地区的广度以及必须得到救济的灾民的人数等因素，行总将"救急不救贫""急则治标"确立为急赈开展的两大原则。急赈的目的是行总及其各分署"以最直接有效之方法，抢救挣扎饥饿线上至灾难人民"，收容安置因为战争和自然灾害的原因而无家可归者，向他们提供最基本的衣食住等方面的生活保障，使他们免于冻死、饿死之痛苦，暂时渡过难关③。

行总的总体原则得到了各分署的认同，各分署均分别结合所辖地区的实际，进一步明确急赈的原则。如鲁青分署规定，急赈的原则之一是"能

① 社会部：《社会工作通讯月刊》1946 年第 1 期，第 1 页。
② 《善后救济总署赈恤业务原则》，载行政院善后救济总署江西分署编《善救准则》，1946年铅印本，第 73 页。
③ 《行政院善后救济总署业务总报告》，载中国第二历史档案馆编《中华民国史档案资料汇编·第五辑·第三编·政治》（二），江苏古籍出版社 1998 年版，第 451 页。

给饿人一口,不给富人一斗"①。湖北分署还特别强调了急赈物资分配的公平、合理之原则,规定"对于各县救济物资的分配,要迅速要合理,不要有人情面子的地方多发,没有的少发,甚至于不发"②。

第四,关于急赈开展的方式。

《业务原则》指出:各分署在开展粮食救济时应该通过三种方式进行,分别是设立粥厂、直接供应粮食、直接发放现款等。至于具体通过哪一种方式或几种方式进行,"应由各分署或其他机构斟酌实际情形决策施行"。

各分署在开展衣服救济时应该通过就地散发衣服或棉衣棉被等方式进行,以为灾民"蔽体御寒之用"。各分署在开展房屋救济时应该分阶段、通过不同方式进行。"各灾区无家可归之难民,应优先利用庙宇、教堂、学校、祠堂等公共建筑,加以改装或修理",以供"临时收容住宿";"因战事受惨重破坏之城市,本署及所属各分署亦当协助重建工作"。③蒋廷黻对解决灾民住的问题似乎蛮有把握。他说:"解决住的问题自有办法",不过,他也承认,"其中困难尚多"。他认为,对于建造房屋所需的木材,中国不应该向联总申请援助,因为"一二百万美金之木材将来在运输上即成问题,一百万元木料或须十船运输,但百万元机器有一船已足运至国内",更何况,我国西部"本为产木区域",所以,建筑住宅部分将来应该向联总申请"五金材料及匠工工具"较为合算,另外还要在国内加紧建立砖瓦厂。如果修建临时性的过渡房屋,"当利用旧砖残瓦"④。关于修复受损房屋的问题,国民党中央也提出决议案,指出,"抗战期间各地房屋毁坏极多,应利用善后救济物资中建筑材料,并拨发巨款,广建平民住宅,并当指派专员负责,限期完成"⑤。

此外,为了指导蒋廷黻及行总在国内开展急赈等救济工作,1946 年 3

---

① 行政院善后救济总署鲁青分署《鲁青善救旬刊》1946 年第 7 期,第 29 页。

② 行政院善后救济总署湖北分署编:《半月通讯》1947 年第 10 期,第 13 页。

③ 《善后救济总署赈恤业务原则》,载行政院善后救济总署江西分署编《善救准则》,1946 年铅印本,第73页。

④ 《五月十一日　署长在善后救济问题讨论会演讲词记录》,1945 年 5 月 11 日,载行政院善后救济总署赈恤厅编《怎样办理赈恤》,1946 年铅印本,第 49 页。第 53—54 页。

⑤ 《二中全会十七次大会通过善后救济报告决议案》,载方庆秋主编《中华民国史史料长编》第68册,南京大学出版社1993年版,第836页。

月中旬，国民党六届二中全会第十七次大会专门通过善后救济报告决议案，就急赈等救济活动对蒋廷黻领导的行总提出其他一些指导性意见。主要有：关于救济的性质与范围，决议案指出，"虽因属国际组合关系有所规定，但应斟酌实际被灾情形，善为运用，以宏实效"；关于救济物资可否变通的问题，决议案指出，"救济物资往往不适合救济者之需要，亟应统筹规划，酌情变通，使供应适合要求，人达所望，物尽其用，庶能收宏施广济之效能，而无所偏废"；关于出售救济物资及其所得资金的用途问题，决议案指出，"日用必须之物资，应尽量发放，如必须配售，则其价值应低于一般物价，稳定地方之指数，以免刺激当地之物价，籍收平抑物价之效"，"标卖物资所得款项，应全部用于善后救济事业，不使稍有浪费，并严防经办人员发生情弊"；关于行总与地方机构合作的问题，决议案明确规定，"各省市县物资之分配，应就地方机关团体参议及公正人士遴选人员，组织审议委员会，负责妥议，以求适当"①。

行总制定的一系列政策、国民党有关机构通过的决议案等为行总及其各分署在全国相关地区开展粮食救济、衣服救济和房屋救济等急赈活动提供了指南和法律依据。

第二节　粮食救济活动的开展

如前所述，粮食救济是行总急赈的首要工作。所以，行总领导各分署开展的最重要也是最急迫进行的急赈即为粮食救济。各分署根据行总和其他机构制定的相关政策相继在所辖地区进行了多方面的粮食救济活动。

行总及其分署主要通过集体供食、办理平价食堂、直接发放粮食等方式在全国相关地区开展了粮食救济活动。

一　集体供食

抗战胜利之初的1946年，由于缺粮严重，全国许多地区发生了"春荒"，

---

① 《二中全会十七次大会通过善后救济报告决议案》，载方庆秋主编《中华民国史史料长编》第68册，南京大学出版社1993年版，第835—836页。

行总决定在受灾相对更为严重、饥民非常集中的地方，进行粮食救济等的急赈活动，主要对象湖南及广西等饥馑程度极为严重的省份，对他们的粮食救济又主要采取集体供食的形式进行，在这些地区普设粥厂、馒头站和施食站，每日按时免费直接提供粥、饭等以解饥民之急。

各地开设的粥厂，行总原则上要求各分署派驻当地的工作队负责办理和运行。在少数地方，出于救济工作联络便利的考虑，由工作队与当地政府或热心救济工作的社会团体共同办理，所需人员不敷使用时，就聘请当地热心慈善公益事业的人士协助办理，甚至在必要时，还以工赈方式招募灾民服务。在各地设立一些粥厂为灾民提供一日两餐食品，每餐也仅有一小碗稀粥，根本难以维持一个人每天的正常营养需要，但这实际上也是无奈之举。因为需要得到粮食救济的灾民太多，而行总所能支配的粮食又极其有限。对此，行总晋绥察分署驻沪代表陈锦桥也指出：

> 因为难民多，为多救治几个人，我们不得不采用了那种陈旧的"粥厂"的救济方式。我们也晓得难民每天只吃两餐小米粥，是不能维持他最低营养需要的。并且和最初行总的工作原则是不太符合的，因为行总要求把难民"更生"起来[1]。

尽管如此，有时需要提供食物的饥民人数实在太多，而粥厂的供应能力毕竟有限，除了继续在各地增设粥厂外，蒋廷黻署长还利用在美国参加联总有关会议的机会，向美国政府与联总介绍了中国粮食救济的情况，请求他们向中国及时提供流动厨灶，以解决集体供食时的食品供不应求的问题。美国政府与联总对此非常重视，立即与流动厨灶的生产企业联系，以较快的速度采购、运输流动厨灶至中国，行总立即将这些流动厨灶运抵湖南分署使用。这样在灾区可以巡回供应食品，以"救济乡僻地方之难民"[2]。该方法初次使用，就收到了良好的效果。根据使用的效果，蒋廷黻署长决定将这一流动厨灶的使用范围进一步扩大，上海分署、苏宁分署、河南分

---

① 陈锦桥：《救济工作中体验到的几个问题》，《行总周报》1947年第47期，第3页。

② 《行政院善后救济总署业务总报告》，载中国第二历史档案馆编《中华民国史档案资料汇编·第五辑·第三编·政治》（二），江苏古籍出版社1998年版，第454页。

署以及广东分署等分署都逐渐使用了这种流动厨灶。为了适应流动厨灶不断增多，所需厨师也在不断增多的客观情况，行总还在湖南衡阳设立了一家厨师训练所，专门培训使用流动厨灶的专业厨师。急赈期间，行总共在全国设立了 32 座这种流动厨灶，每座在半小时内可煮成足可供应 600 人享用的汤菜粥，每座每天可以满足 1 万人的粥食等的供应需要[①]。

饥民赴粥厂就食前，事先需经相关机构调查、登记、审核后发给食粥证，并统一编号分队依次领取食品，有时饥民在粥厂免费食粥时还可以一并领到免费供应的罐头食品，而有时则搭配供应一些蔬菜与食盐。全国各分署共计设置了 200 多所的食粥厂，馒头站、施食站也有几百所。最多时，集体供食的各种供应站达到近 1000 所。每所每天供应的人数是 2000—4000 人[②]。

除了开设粥厂、馒头站等向灾民提供稀粥和馒头外，一些分署还结合本地实际开展了其他的粮食救济活动。如，台湾分署就在所辖地区开设了一些汤粉供应站，向灾民免费供应汤粉。1946 年 10 月，台湾分署为此专门颁布《分署营养汤粉供应办法》，拟对灾民开展以汤粉为主食的粮食救济活动。活动项目为先后设立 50 所供应站以供应汤粉，供应对象为那些"慈善机关所收容之难民与赤贫民众"，供应地区范围仅限于台北和台南两市。其具体做法是，由分署将汤粉拨给相关慈善机关，并由它们自行调制与分发，灾民凭当地政府出具的"赤贫调查名册"按日领取、食用，标准为每人每日四盒。汤粉供应持续了两个多月，累计发放汤粉 1.4 万箱，受益灾民在 5 万人左右[③]。

集体供食的方式主要用于 1946 年的春荒，是粮食救济初期采取的重要方式。1946 年的集体供食取得了较大成效，它不仅帮助人们渡过 1946 年的严重春荒，同时还可使人们有时间和力量从事春耕生产，逐步走上自救的道路。"因而有是年之秋收，自此次秋收之后，各地之饥馑程度，即

---

① 《行政院善后救济总署业务总报告》，载中国第二历史档案馆编《中华民国史档案资料汇编·第五辑·第三编·政治》（二），江苏古籍出版社 1998 年版，第 454 页。

② 同上。

③ 陈云林总主编：《馆藏民国台湾档案汇编》第 45 册，九州出版社 2007 年版，第 37 页。

已大见减轻。"①但是，这种方式也有一些不足之处。例如，由于供应量较大，各所使用的人力、物力都十分巨大；有时饥民聚集太多，领取食品时耗时，并且现场往往拥挤不堪，维持秩序非常困难；在乡村，饥民所住的村落距离施食地点很远，往返不便等。

二　办理平价食堂

办理平价食堂这一办法主要是在物价较高的城市中采取。1945年冬季和1946年冬季，全国物价上涨很快，甚至超过以前上涨的速度，特别是在一些城市里。这样，一部分低收入城市平民的生活日见艰难。因此，行总为配合冬令赈济，在一些"生活程度较高之城市"，开办平价食堂，其目的在于"减轻一般平民之负担，并谋营养值改善与增进"②。

为了集合尽可能多的力量办理平价食堂，行总要求各分署在采取开办平价食堂这一粮食救济方式时注意与当地公立与私立社会慈善服务机构或社会团体密切合作，共同办理。行总明确要求各分署在选择平价食堂的具体地址时一定要考虑到尽可能地把它设置在贫民居住集中的区域，以方便灾民就餐。

平价食堂所需食米或面粉及罐头食品等，由当地分署免费供应，其数量为每所每日以500人为标准，每餐每人一菜、米饭或馒头，定量食用，茶水则可任意饮用，每人每日需12两米或面粉，蔬菜8两，油5钱，肉类或黄豆1.5两，盐4钱（在供应馒头时则蔬菜减半，并没有肉类及黄豆），每人每日食用两餐，上下午各一次，因此，每所平价食堂每天需要向饥民提供1000份餐食。其中蔬菜、油盐和燃料，由食堂按需要采购，就餐时，食堂按成本价酌情收取就餐者的餐费。平民按时入堂购买餐证，凭证就餐。

由于在开展这一活动时，行总及其各分署得到了有关机关及社会团体的密切合作，平价食堂的办理规模不断扩大，平民因为餐费低廉、经济实惠而就餐踊跃。据统计，行总先后共在全国40多个城市和地区开办了

---

① 《行政院善后救济总署业务总报告》，载中国第二历史档案馆编《中华民国史档案资料汇编·第五辑·第三编·政治》（二），江苏古籍出版社1998年版，第454页。
② 同上。

平价食堂[1]。如，湖南分署先后开办较大规模的平价食堂就有 5 所，其中 3 所在长沙，2 所在衡阳。平价食堂开办期间，米、麦等主食与肉类罐头免费发放，只是蔬菜、燃煤、油盐等需交费，但一般费用不高，每份约需 350 元。湖南灾民因此受惠人数多达 66.85 万人[2]。在 1946 年的冬季粮食救济活动中，广东分署在平价食堂用膳者也有 17.8 万人之多[3]。

有的分署举办平价食堂时与特定单位合办，主要供应该单位困难群众或其他特定困难人群，如苏宁分署 1946 年 12 月开始于金陵大学合作创办的平价食堂，饭食主要供应该校困难学生。江西分署特意在南昌、九江等地开办一批性质类似平价食堂、名为"济众食堂"的食堂，专门面向市内生活困难的小商贩及劳工，向他们低价供应饭食。具体餐费标准有两种，分别是每餐 500 元、300 元。前者荤菜、素菜及汤各 1 份；后者则只有素菜及汤各 1 份，没有荤菜。有时食堂会以干汤粉与蔬菜做成羹，向他们免费供应，以增加他们的营养。"济众食堂"自开办以来，前往就餐者甚众，共计 0.48 万人[4]。

总之，蒋廷黻及其领导的行总开办平价食堂的决策是基本正确的，取得了较大成功。

由于需要救济的人员众多，而行总所能支配的救济物资又十分有限，对需要救济的灾民全面平摊式救济根本不可能。所以，上海、南京与天津等一些地方还通过平抑粮价的办法来实现对大部分民众的救助。

三　直接发放粮食

由于一些地方，特别是广大农村地区，地理位置十分偏僻，且村落也很稀疏，每村人口也不多，通过前两种方式对他们进行粮食救济，成本显然过高，因而也是不现实的。所以，行总决定在这些地方采取直接发放粮

---

① 参见《行政院善后救济总署业务总报告》，载中国第二历史档案馆编《中华民国史档案资料汇编·第五辑·第三编·政治》（二），江苏古籍出版社 1998 年版，第 455 页。

② 行政院善后救济总署湖南分署：《行政院善后救济总署湖南分署业务总报告》，1948 年铅印本，第 75 页。

③ 《国民政府公报》第 2679 号，1946 年 11 月 20 日。转引自龚喜林《抗战胜利后难民的救济与遣返》，《兰台世界》2008 年 10 月（上），第 69 页。

④ 行政院善后救济总署江西分署编：《江西善后救济》1947 年第 6 期，第 10 页。

食给饥民的办法，帮助他们渡过暂时的饥荒。

在开展这种形式的粮食救济活动时，行总要求各地按以下步骤实施。

首先，调查。发放以前应该有精密正确的调查，最好不要由警察厅或保甲等组织来负责这项调查工作，最好是发动当地的大学生、中学生代为分区调查，以求迅速和确切。这些学生在完成这一工作后，行总各分署可以酌情给他们发放一定的酬金。

其次，分送。各分署应该安排工作队直接将面粉或大米等粮食送到贫困的老百姓手中。工作队员在分送时尤其需要考虑当地的实际情况，如果一个村落的住户过少，整袋粮食送出去的时候，有可能被一些奸商套购，这时，工作人员应该半袋半袋地送，这样可以防止转卖和套购，以免损害贫民的利益，而商人却从中获利。这样做虽然费时，而且难免有损耗，但是从整体上看是有利的。

再次，领取。蒋廷黻与行总要求饥民在领取粮食等救济品时，要一家一户地分送。倘若发放区域十分广泛，不宜按户分送和领取，可以采取聚集受赈人到公共场所领取的办法，领取时各分署可会同当地政府机关、社会团体或新闻界人士监督实施，以免产生舞弊。

最后，收据。无论是分送还是聚集在一起领取，工作人员都应该取得受赈人的收据，由核发人与证明人一并签字或盖章。

蒋廷黻及其领导的行总就如何开展直接发放粮食的问题所提出的意见，无疑具有指导性的作用，并要求各分署照此执行。但是，在具体工作中，有的分署完全按照这种程序运作，例如，河南分署、湖南分署和冀热平津分署等；也有的分署在贯彻的过程中有所变通乃至走样，它们先向老百姓发放证券，老百姓凭借证券前往规定地点领取，例如广西分署等。

广西分署采取的方法与全国其他分署所使用的方法大部分相同或类似，即通过工作队入户分发的方式发放。广西分署在各受赈县设立了一个专门接收粮食等紧急救济物资和管理工作队的事务所。各乡镇设立一救济站，设立工作队一个或两个，招募工作人员数名。他们经常进村入户，按户查明该户的人数及家庭受灾情况，然后据此按程度给他们发放领取救济物品的证券，饥民拿到该券后，即可到救济站领取粮食等救济品。每人每日可以领取粮食6两，可一次领取10天即6斤粮食。

另外，在一些地方，利用乡镇及村街长而不是工作队发放粮食等救济品的情况也时有所见 [①]。还有的地方一时没有粮食发放给灾民的，适当给予灾民现金补助，以便他们去市场购买食品，渡过难关。

1947年2月，福建办事处开始在其所辖地区开展了冬令粮食救济活动，确定的对象是：（1）贫苦出征军人家属；（2）鳏寡孤独残疾者；（3）无正当生活来源之灾民；（4）家有2名以上未成年子女的赤贫者。向他们提供大米、面粉、汤粉等食品和棉衣、棉被、布鞋等衣物。使用救济物资共计6200多吨，福州、厦门、永溪和泉州等37个县市的约31.2万名灾民因此受益 [②]。同时，浙江分署也开展了冬令粮食救济活动，向符合条件的灾民发放一些粮食，如面粉等，并且规定了发放的标准："大口每人面粉二斤半，小口每人一斤四两。" [③]

1947年7月，联总、行总与湖南省政府签订了《联总行总粮食在湘施用办法》，规定由省政府拨积谷5000吨，善后救济总署湖南分署配拨米麦及其他食品各5000吨，共计1.5万吨，主要用于赈济灾情极为严重的宜章、攸县两个县 [④]。

一些分署除了在其管辖范围内开展粮食救济活动外，还专程前往外省救济流亡在外的所辖地区难民。如河南分署就曾经派员前往陕西对逃亡于此的约2.1万名河南难民开展粮食救济等急赈活动，共计为他们发放小麦7660斤、面粉6500袋及现金6000万元（法币） [⑤]。

在开展粮食救济等急赈活动中，行总曾经对湖南分署的粮食救济给予了一定的倾斜。其主要原因在于战后湖南的灾情极为严重。对此，作为行总署长的蒋廷黻极为明了和重视，加之蒋廷黻本人是湖南邵阳人，他对家乡有一种难以释怀的情结。因而，蒋廷黻指示行总赈恤厅和分配厅，要求他们在向各分署分配粮食等急赈物资时，应该对湖南分署给予适当的倾斜。

---

① 参见吴景超《广西分署救济工作观感》，《行总周报》1946 年第 22 期，第 2—3 页。

② 《难民接受行总福建办事处冬令救济》，载行政院善后救济总署福建办事处编《福建善救月刊》1947年第1期，第3页。

③ 《浙江分署发放面粉》，《申报》1946 年 3 月 3 日。

④ 行政院善后救济总署湖南分署：《行政院善后救济总署湖南分署业务总报告》，1948 年铅印本，第 33 页。

⑤ 行政院善后救济总署河南分署《周报》1947 年第 24 期，第 14 页。

所以，"各项救济物资，增配湘省甚多"，仅在1946年初，总署就拨给湖南分署2.22万吨大米[①]。湖南分署获得的粮食救济也是所有分署中最多的。原来计划通过长江、湘江以及洞庭湖航道将这些粮食运往全省灾情严重地区，不幸的是，当时正值冬季，它们的水位降低，无法正常通航。后来，假道津浦、陇海和平汉等铁路辗转将急赈物资运往指定地点，分发给灾民，使数百万饥民得以渡过暂时困难。此外，如前所述，蒋廷黻从美国弄回的流动厨灶也首先被安排在湖南灾区使用。

急赈活动中到底有多少人获得了行总的粮食救济？由于各种复杂的情况，很难得到一个十分准确的统计数字。依据行总的估计，如就已发粮食的数量为标准，以连续接受10天的粮食救济的人为计算对象，则约有2700万人[②]。在一些地方，领取赈济粮的队伍十分壮观，比如在鲁青分署，"领振者，每人同时领到三种物资，肩负手提，络绎于途，蔚为大观"[③]。

在上述各项粮食救济活动中，行总各分署分别获得的粮食救济总量兹列为表5—1。

表5—1　　　　　　行总各分署接受粮食救济数量一览表　　（单位：长吨[④]）

分署	数量	分署	数量	分署	数量
鲁青分署	21436.03	江西	4323.65	苏宁	28465.99
浙江	4226.28	上海	441.50	安徽	21302.00
冀热平津	17504.87	台湾	2000.90	湖北	5758.52
河南	18563.77	晋绥察	8706.50	福建办事处	10800.20
广西	29779.18	东北	3499.04	总计	269578.09
广东	47370.00	湖南	45399.66		

资料来源：《行政院善后救济总署业务总报告》，载中国第二历史档案馆编《中华民国史档案资料汇编·第五辑·第三编·政治》（二），江苏古籍出版社1998年版，第456页。

[①] 《和平日报》1946年2月18日。

[②] 丁文治：《联总物资与中国战后经济》，上海六联印刷公司1948年版，第22页。

[③] 三种物资即面粉、豆粉和玉米。参见董逸亭《安邱战灾急赈撮述》，《鲁青善救月刊》1946年11月第25期，第12—13页。

[④] 长吨即"英吨"，1吨＝1公吨＝1.1长吨。

由表 5—1 可见，行总共向各分署发放粮食救济物资 26.9 万余长吨，占行总分配给各分署粮食总量的 29.6%。湖南、广东获得的粮食最多，均超过 4 万长吨，上海得到的最少，仅为 400 余长吨。

如前所述，行总在开展粮食救济时取得了不少成绩。但是，也存在一些问题。主要有以下几个方面：第一，各分署工作队的数量相差很多。有的分署多，例如湖南分署；有的分署少，例如江西分署。因此，发放粮食时，像江西分署这样工作队少的分署比其他工作队多的分署显得缓慢一些，在其他分署工作全面进行之时，江西分署的有些地方根本见不到工作队的影子。同时，它们的工作面过于狭窄，在发放面粉等救济粮食时，由于人手不够，只发给少数地方的灾民，只有少数区域得到好处，而没有尽可能地普遍惠及各地灾民。例如，赣县的面粉只在县城内发放，其他一些地方进行粮食救济时，只在灾情较重的区域实施[1]。广西兴安县共有 18 个乡镇，工作队发放了赈粮的只有 8 个[2]。第二，联总运抵中国的大批罐头食品，行总未能及时运往内地，分发给灾民，导致相当多的罐头腐烂变质。这里就存在着行总工作不力的问题。这是不容否认的事实。当然，这里面还有一个实际情况，即这些罐头食品有些是"美国在战时为士兵所制的口粮，大多是三年以前的陈物，很多丧失营养成分。更因为起卸转运，抛来抛去，以致破裂腐烂"……[3]但这并不能掩盖行总的工作失误的事实。这些腐烂变质的食品没有被分拣出来，而是直接分发给灾民，结果灾民吃了这些腐烂变质的食品后，均不同程度地出现了头痛、恶心和呕吐的症状，他们的身心健康因此受到严重的伤害。因而那些分到和吃了腐烂变质的食品的灾民颇有怨言，他们纷纷对此抗议道："猪都不吃的坏面粉发给我们，好的留给'公家人'自己吃哩！"[4]第三，行总所定的接受粮食救济的灾民标准是"他的收入不足购买家庭人口每日必需粮食"，这一标准显然过低。事实上，当时中国食不果腹的人民太多，按照行总确定的标准，大部分人都符合救济标准，而粮食救济的规模又有限，这样，许多人即使符合标准

---

[1] 吴景超：《江西分署善救工作》，《行总周报》1946 年第 31 期，第 1 页。
[2] 吴景超：《广西分署救济工作观感》，《行总周报》1946 年第 22 期，第 3 页。
[3] 汪伏生：《善后救济问话》，《行总周报》1946 年第 34 期，第 2 页。
[4] 行政院善后救济总署湖北分署编：《半月通讯》1947 年第 6 期，第 27 页。

也不一定能得到救济。

对此，行总晋绥察分署驻沪代表陈锦桥也曾经指出：

> 我们实际开始工作以后，发现这种急赈的业务，几乎是一种不能结束的工作，尤其是到了北方的农村，一般百姓都是十分贫穷。如果我们以"他的收入不足购买家庭人口每日必需粮食"作为接受紧急灾民的标准，那么几乎百分之八十以上的人口都符合标准。[①]

有的分署标准进一步具体化，例如晋绥察分署将"一日能否喝上两碗小米粥"作为是否接受粮食救济的标准。但是，在山西，当时一般公务员，甚至是中、高级的公务员，家庭人口较多的，"大都天天也只能吃两顿小米粥"。这样由于粮食等救济物资有限，要对所有"一日不能喝上两碗小米粥"的人给予粮食救济，是根本无法办到的。由于不少公务员也符合这一标准，他们也可堂而皇之地获得救济所用的粮食，因而，许多很好的食品，如牛乳、豆粉、罐头食物，甚至于面粉，除了收养孤老残疾的救济机构外，都不能直接发给灾民去食用，而是被公务员拿去了，出现了公务员与灾民争夺食品的问题，无形之中就产生了消极腐败现象，势必影响到社会的"安定"。[②]

第三节　衣服救济活动的开展

急赈活动开展期间，行总将衣服救济列为仅次于粮食救济的第二大救济项目，所以，衣服救济工作紧随粮食救济之后逐步在全国有关受赈地区开展起来。

一　颁布《衣类整理分发办法》

为了使行总及其各分署在开展衣服救济的活动中有章可循，1946 年 3

---

① 陈锦桥：《救济工作中体验到的几个问题》，《行总周报》1947 年第 47 期，第 1 页。

② 同上书，第 2 页。

月 26 日，蒋廷黻签署《善后救济总署通令》（济恤京字第 10382 号），颁布《善后救济总署救济物资之衣类整理分发办法》（简称《衣类整理分发办法》）。该通令指出：

> 令本署各分署　滇西办事处
>
> 　　查联合国救济善后总署拨济我国之物资已陆续运抵各口岸，就中衣类物资数量既多价值昂贵者亦属不少整理分发易生流弊。兹为继续办理以杜流弊，务使难民实得其惠起见，特订定救济物资之衣类整理分发办法。除分令外，合行检发该项办法。令仰遵照办理并转饬所属遵照此令！
>
> 　　附发救济物资之衣类整理分发办法及难民领物簿式样各一份。
>
> 署长　蒋廷黻①

可见，蒋廷黻代表行总颁布《衣类整理分发办法》，一方面是为了防止各分署及其工作队在开展衣服救济时出现流弊情况；另一方面是为了对他们进行业务方面的规定与指导。

在通令的后面附有该办法。它总共包括三部分的内容。

（一）总则。其中规定："总署及其各分署或其他机构所有员工、工友一律不准穿用救济物资之衣类，违者除穿用之本人应受严厉处分外"，上级主管人员也要承担连带责任；"负责经管人倘有盗卖及其他类似情事，一经查实即以贪污论，从严惩办，其上级主管人，应逐级受连带惩处"②。

（二）整理。其中规定："经分配运到之衣类物资，开封点查时，除负责经管人外，主管机关应另派员到场监视"；"运到之衣物如有破坏，得采以工代赈之方式雇佣难民中之妇女缝补或改作(给以相当工资)"；"运到之衣类物资，品价高贵，难民不适用者，得拣出呈准上级机关，调换布料衣物发给难民"③。

（三）分发。其中规定："衣类物资之分发，应与当地有关机关团体

---

① 《善后救济总署通令》，1946 年 3 月，《行总周报》1946 年第 10 期，第 3 页。

② 同上。

③ 同上。

及公正士绅，组织分发及监视委员会共同办理，委员无定额"，并且都是业余兼职；"各分署或其他机构领到衣类物资起封分发时，至少须有监视委员二人在场监视"；分发时可以分别采用抽签、按难民登记次序编号分发、按难民到场先后次序编号分发和其他"足以表示公平之方法"[①]。

联总供应我国做衣服救济用的物资，可以分为衣服、纺织品及靴鞋三大类。行总鉴于衣服救济之需要，尽量以各国捐赠的旧衣、旧鞋等物资为主体，并将联总供应的布料，部分做成冬衣，直接发放给灾民。发放方式是基本上配合各次粮食赈济活动，与粮食等救济品一同发放，广大灾民在获得粮食的同时亦能获得衣服等救济。

二 衣服救济工作的概况

行总及其各分署在开展衣服救济时的主要工作有以下几个方面。

其一，整理旧衣、旧鞋。

根据行总向联总递交的"衣着救济计划"，联总供应中国做衣服救济的物资，分为衣服、被子与鞋、帽三大类，具体包括棉花、布匹、毛线、毛毯、棉被、垫褥、蚊帐、针线、衣服、鞋、袜、帽、手套及纺锭、棉织厂零件、缝纫机等各种缝制用具等。在被服材料中，联总输入棉花较多，辅以纺织工具等，希望以此"增进我国之纺织设备及其生产量"[②]。旧衣、鞋种类繁多，适合中国南方、北方地区的衣、鞋；男女老幼所穿衣、鞋；春、夏、秋、冬各季所穿衣、鞋应有尽有。这些物资将全部用于急赈。

各国捐赠的这些旧衣、旧鞋式样不一，由于中国与西方国家的风俗习惯相差悬殊，这些旧衣、旧鞋大多不适合中国人特别是农村人穿用。所以，在发放之前必须进行整理，将那些适合中国人穿用的予以发放，其他的予以改装。旧衣服按照男女、季节、成人与儿童等因素进行整理，并在整理工作完成后，加以分类、编号，然后贴上标签。再根据灾情及其他情况分配给各分署，如浙江分署分得50包。一般来说，一包从联总运来的原装

---

① 《善后救济总署通令》，1946年3月，《行总周报》1946年第10期，第3页。

② 行政院善后救济总署编译处编：《行政院善后救济总署业务总报告》，上海市档案馆馆藏档案：Y3—1—278，第72页。

旧衣可以供应 50 人穿用。

有的衣服式样奇特，或较为破烂，不宜穿用，这些衣服约占总数的三分之一，对于它们则需要进行改装然后再发放给贫民。至于旧鞋的处理，一般是在一合适地点进行拣选，如果发现其式样和尺寸适合一般难民穿用的，随即通过各分署分发给百姓。如果完全不适合国人的需要，或者损坏程度太高，经过修理仍然不能穿用的，那么就将该鞋拆解，材料作补鞋之用。

需要改装或修理的旧衣鞋，分别交到行总在各地所设立的缝纫工厂，拨发工具材料及工资，选择有修补经验的难民制作。为此，行总共配发了缝纫机 6000 架。

其二，配发衣物。

行总在将旧衣、旧鞋配发各分署之前，事先将拟配送的数量及质地、到达的时间等情况通知相关分署，以便相关分署作适当的准备，根据当地实际情况，制订配发计划。

原则上，各地配发的数量应该根据各地的气候、灾情及实际需要等因素而定。一般而言，由于北方气温低，因此北方地区所配的布料较多。南方地区炎热、潮湿，因而多配蚊帐。至于衣服和鞋子，各分署分配的式样和质地大体上看，"亦互有不同"[1]。灾民根据衣服受灾程度的轻重，分为"无家可归之难民"与"一般贫民"两类。他们获得的衣服救济力度也有差别，即"有全部救济与部分救济之列"。前者除给予其足够的衣服外，还要给予他们"被毯等御寒用品"，而后者则"仅视实际需要，予以部分之济助"[2]。

行总规定，就地区而言，衣服等救济物资分发按以下顺序进行：（1）凡需要急迫之区域，不论以前曾否分配，应予优先配发。（2）凡需要次急之区域，但以前并未配发者。（3）除上述（1）、（2）两项外，再次应配发给有大量难民或经调查其需要尚在急增者。（4）对于被遣送过境或还乡难民之衣者，务使其获得旅途上所必要之衣着，并应划拨一部

---

① 行政院善后救济总署编译处编：《行政院善后救济总署业务总报告》，上海市档案馆藏档案：Y3—1—278，第73页。

② 同上书，第68页。

专供被遣送难民之用①。

受赈人领取衣服、被子和鞋子等救济品时，均采取抽签的办法确定其获得的物资，以示公平。在行总看来，"盖衣类之品种，差异甚大，受赈人数众多，使所有之衣着各逐其欲，乃一不可能之事，以抽签定其所属，固较为公允"②。这种抽签式的分配方法，虽然照顾到了公平，可以减少矛盾与冲突，然而新的矛盾与问题又接踵而至。因为在抽签过程中，"男女老幼往往抽得与其性别、年龄相反之衣物，仍不能满足所需"。不仅如此，"每包衣着，均包括若干贵重之被服，如毛毯、被褥和床单等。数量甚少，亦拌入抽签配赈，此在抽得者所获之价值，往往超过若干人所得他类衣物之总值；吾人虽经在分量上力求差别之减少，但仍难期诸受赈者各个受惠之程度相等"③。如此一来，又产生了新的不公平，故抽签的办法，"实际结果，亦不圆满"④。

其三，缝制冬衣。

联总在向中国提供为数不少的旧衣和旧鞋的同时，还向中国提供了一定数量的被服材料。急赈期间，行总根据各地的实际受灾情况，将其中的一部分应用于衣服救济活动中，并将其制成棉衣，然后在1946年冬季大量分发给各地的贫民和难民。此项棉衣，按每套需用面布14尺，里布11尺，棉花1.5市斤及线400码为标准予以定制。基本上由各分署安排其在当地所设立的缝纫工厂或手工工场承制。为缝制冬季所穿的寒衣，行总共计用去布料300万套。各分署所分得的布料如下：东北分署35万套、河南分署27万套、冀热平津分署27万套、晋绥察分署24万套、鲁青分署21万套、安徽分署12万套、湖北分署18万套、江西分署12万套、湖南分署27万套、浙江分署9万套、上海分署6万套、苏宁分署27万套、广东分署15万套、广西分署24万套、台湾分署9万套、福建办事处9万套⑤。不难看出，在15个分署中，东北分署无疑是分得最多的，台湾分署与福建办事处分得最少。

---

① 行政院善后救济总署编译处编：《行政院善后救济总署业务总报告》，上海市档案馆藏档案：Y3—1—278，第73页。

② 同上。

③ 同上。

④ 同上。

⑤ 同上书，第74页。

其中原因自然是东北地区气候寒冷,所需寒衣最多;台湾与福建气候温暖,且需要的人数不多。另外,在冬季衣服救济时,行总还共计向各分署配发了 182 长吨的毛线,然后由各地自行组织人力,织成毛衣赈发给灾民御寒。

在一些分署,缝纫厂、场能力缝制能力有限,在冬季来临时无法及时按规定赶制出足够的寒衣,或为争取时间抢救灾情时,则将布料剪成套料,连同规定数量之棉花、针线和纽扣等,运发难民自行缝制,"俾便及时着用"[①]。

各分署为了及时缝制、发放寒衣,让广大灾民免受寒冻之苦,"均尚能尽其最大之效率",对于布料的剪裁、发放,"亦能符合规定"[②]。可见,从实际情况看,各地分署对缝制、发放寒衣工作均给予了高度重视,它们的工作及其成效也得到了行总的肯定。

三 衣服救济工作的成就

由上可见,急赈活动期间,行总及其分署为对灾民开展衣服救济活动做了大量的工作,也取得了一定的成效。

现将急赈期间,行总对各分署配发的衣物数量列表如下。

表5—2 各分署赈发衣着统计表 （单位：长吨）

分署	重量	分署	重量	分署	重量
上海	50.81	河南	7677.21	广东	1420.00
苏宁	1307.00	安徽	1261.00	浙江	717.00
鲁青	2017.53	湖北	1549.00	福建办事处	556.28
东北	1265.15	湖南	1592.00	冀热平津	3445.97
江西	2405.00	台湾	280.47	晋绥察	1792.00
广西	1138.22	总计	28474.64		

资料来源:《行政院善后救济总署业务总报告》,载中国第二历史档案馆编《中华民国史档案资料汇编·第五辑·第三编·政治》（二）,江苏古籍出版社 1998 年版,第 458 页。

---

① 行政院善后救济总署编译处编:《行政院善后救济总署业务总报告》,上海市档案馆藏档案:Y3—1—278,第74页。

② 同上。

由表 5—2 可见，行总共将 2.8 万多长吨的衣鞋等衣着类救济品通过各分署分发给各地。其中河南分署分得的衣服救济物资最多，达 7677.21 长吨，几乎占总数的三分之一。最少的则为上海分署，仅得 50.81 长吨。行总在各分署开展的衣服救济为各地的百姓提供了不少的衣服、鞋子和被服等，在一定程度上解决了他们缺少衣物的暂时之需，对帮助广大贫民特别是难民度过寒冬更是功不可没。

不过，在此过程中，也出现了不少问题，具体表现在以下三方面。

第一，救济物资不能很好地适合灾民的需要，例如高跟鞋和丝袜子等旧衣、旧鞋分配给农村灾民。这些物品主要在城镇居民中使用，大多不合农村习俗，普通难民尤其是广大农村灾民"对其利用之价值，几等于零"，而"在城市中之公教人员，则需要甚殷"，因而将其分给农村灾民，不如分给城市灾民更恰当。又如，雪衣、冰靴等此类衣鞋，仅"限于极少数人始能着用"，即使在城市，一般百姓"亦不甚普遍适用"。故"若干方面曾倡议出卖"，但行总考虑到此举"有背捐助者之原旨"而予以拒绝，坚持向灾民免费发放，"俾能直达最需要者之手"。结果，不少灾民分得这些物品后，纷纷"将其变卖，另易所需之衣服"，这样一来，"旧衣充斥市场，反予商人牟利之机会"[1]。在此种情形下，少数分署采取变通的办法，私下曾"试用交换之办法"，即将拟交换之旧衣，逐件估价并编号，标明拟交换花布的数量，其交换对象仅限于公教、文化人员，以换得棉花、布匹，然后将其即缝制成棉衣、棉被等，"振发难民"。事后，在行总及其分署看来，"此为不得已之一种办法"，平心而论，这是"各得所需"，既避免了因不适合穿而造成的闲置或浪费，又"似较出卖稍近事理"[2]。

第二，没有根据季节适时向灾民提供急需的衣着。如，在冬天时分发单衣，而在夏天则发给毛衣。

当然，造成这些问题的原因是多方面的。这里面既有行总及各分署对蒋廷黻制定的有关政策在执行时打折扣的问题，属于行总工作上的失误，也有许多实际困难，行总一时也无法解决的。比如，这些旧衣大部分是英

---

① 行政院善后救济总署编译处编：《行政院善后救济总署业务总报告》，上海市档案馆藏档案：Y3—1—278，第73页。

② 同上。

国、美国、加拿大及澳大利亚等国人民捐助的，大半是从摆放在教堂或其他公共场所旧衣捐献箱中收集而来，捐满一箱后，即打成一包，衣包之中，可能是男装、女装、童装；可能是冬衣、夏衣；可能是内衣、外衣。鞋包之中可能有男鞋、女鞋；可能有大鞋、小鞋、高跟鞋和跳舞鞋混在一起。一船装来的联总援助物资，往往是千包万包，数量甚多，对它们一一分类改装，费时、费力、费钱之多，几乎不可想象，因此只好将它们混合装运和分发①。

第三，有的分署将一些质量相对上乘的衣、被、鞋、帽等物资予以侵占、私分或变卖，以牟取私利，而将一些破旧不堪的衣着等物资分给灾民。这严重背离了联总善后救济援助的宗旨，导致了贪腐问题的发生和蔓延，也严重损害了急需救济的灾民的利益。难怪湖北灾民曾对此抱怨道："救济物资，我们得到的都是破布，破棉大衣！"②

第四节　房屋救济活动的开展

如前所述，多年的日本侵华战争使中国各地房屋损失也很严重。还在抗战期间，国民政府即决定尽快修复被战火损毁的房屋，以便广大灾民"居者有其屋"。1943 年 9 月，国民党五届十一中全会审议并通过的《确定战后社会救济案》确定房屋修复的原则是："对于遭受战事破坏之城市乡镇，致无适当住所之居民，应予以合理之住宅救济，由政府出资或贷款，普遍倡办各种经济卫生住宅，使人民得以复居。"③但是，一方面由于是在战时，环境恶劣；另一方面，国民政府财政空虚，无法拿出足够的财力开展此项工作，因此国民政府对房屋的修复工作力度十分有限，可谓乏善可陈。

战后，中国善后救济事业全面开展后，行总也将房屋救济列为其重要工作任务。关于房屋救济的范围，1946 年 1 月 5 日，蒋廷黻署长在行总会议上的讲话中曾经指出：

---

① 参见汪伏生《善后救济问话》，《行总周报》1946 年第 34 期，第 2 页。
② 行政院善后救济总署湖北分署编：《半月通讯》1947 年第 6 期，第 27 页。
③ 秦孝仪主编：《革命文献》第 80 辑，台北出版社 1973 年版，第 340 页。

以材料有限，经费困难，故决定暂就城市破坏达百分之五十以上者先行建筑，百分之五十以下者暂时不建筑。现各省建筑城市之经费为极大，如江西要求一百亿元，广西要求二千亿元，湖南要求一千九百亿元。偌大经费何能筹划？故仅能就破坏程度极高之城市先行建筑[①]。

可见，蒋廷黻在考虑房屋救济时，由于援助物资及经费有限，开展全面的房屋救济似乎很不现实，故计划只在损毁最严重的一些城镇进行，是小范围的。蒋廷黻的这一设想随即被上升为行总的政策。行总赈恤厅就房屋救济的原则问题发出通知，强调：一是"根据署长指示"，房屋重建只限于房屋破坏在50%以上的城市。"这就是说，如果一个城市只有若干所房屋破坏"，破坏程度不超过50%，"本署就不考虑重建问题"。二是"各地小学校请求重建也应依据上面的原则"，只限于房屋破坏程度达到50%以上的城市，"否则，不拘任何理由，我们都不负重建的责任"。三是"房屋重建计划应于事先呈核"，只有按要求进行了"事先呈核"并获得批准的，才能得到行总的房屋救济[②]。

根据蒋廷黻署长的指示和行总赈恤厅的通知，各分署按照兼顾"治标治本两方面"之原则，相继进行了房屋救济工作[③]。它主要包括修缮过渡性住房、修建平民住宅、补助维修公共建筑和充实房屋建筑工业等方面。

一　修缮过渡性住房

在房屋救济工作开展的初期，最迫切需要解决的住房问题当是为无家可归者提供过渡性住房。这在破坏程度不高的地方，似乎没有太大困难，正如蒋廷黻所说，"设如某城有四五千家户口，为敌人所毁坏者仅四五家"，

① 蒋廷黻：《行总三十五年工作概述》，载行政院善后救济总署赈恤厅编《怎样办理赈恤》，1946年铅印本，第31页。

② 行政院善后救济总署赈恤厅编：《怎样办理赈恤》，1946年铅印本，第12页。

③ 行政院善后救济总署编译处编：《行政院善后救济总署业务总报告》，上海市档案馆馆藏档案：Y3—1—278，第75页。

则他们可以投靠亲友，而不作为行总的紧急救济对象[1]。但是，对于那些毁坏严重的城市，行总必须安排过渡性住房作为急用。

灾民的临时性住房问题主要通过两个途径解决，一方面，各分署先利用庙宇、教堂、学校、祠堂以及其他公共建筑并对其稍作整理，然后安排灾民临时居住；另一方面，上述建筑仍然不能满足需要时，则迅速搭建帐篷或简易棚屋。行总还从联总获得了一批活动房屋等援助物资。对于这批物资，行总分类进行处理。帐篷及篷布等临时性质的物资，主要用于难民救济站、给养站、临时之仓库、工人宿舍、幼儿园、小学及卫生站等。大型活动房屋等永久性质的物资，主要用于卫生事业、工厂厂房等。

在上述物资分配的过程中，按以下顺序确定分配优先权：医院、学校、无家可归之难民、受灾严重的城镇。就地域而言，上海、南京两地获得活动房屋最多，其次分别是浙江、河南、江西、湖北、湖南和广西等省。另外，有的分署在行总援助不足的情况下自行筹措资金与物资修建临时性房屋。例如，广西分署还自行筹集 500 万元为桂林等地灾民搭建了临时棚屋，先后分两期实施，共计搭建棚屋 184 间[2]。

二　修建平民住宅

对于平民住宅的修建问题，蒋廷黻曾经代表行总与联总有关机构就房屋修缮贷款的问题多次协商，并最终签订了协议。协议明确规定，由行总出面统一担保，从联总获得贷款，帮助中国受灾人民修建房屋。这一措施主要在房屋损毁严重的城市实施，并且要优先满足那些无家可归的人的需要，特别是从事社会公共服务事业的人、工农大众使用。另外，行总还将联总供应中国的 5218 长吨的大、中、小型活动板房发给了各分署，作为当地的医院、学校和福利机构等公益事业的临时用房。

在一般省份，各分署一方面为灾民提供避难之所，另一方面，为配合当地市政建设，有的分署还会同当地政府集中、连片修建一些房屋，即平民住宅。例如，浙江分署在 1946 年 2 月至 5 月，利用联总提供的援助物

① 《四月三日招待新闻记者署长谈话记录》，载行政院善后救济总署赈恤厅编《怎样办理赈恤》，1946 年铅印本，第 40 页。

② 《灾荒煎熬中的广西》，《桂林通讯》1946 年第 5 期，第 8 页。

资在全省房屋损毁严重的农村地区搭建了大量茅草棚屋，仅在富阳和武康两县就搭建了100座，"凡直系血统三口以上者，均可免费供给"[1]。广西分署修建的平民住宅，主要集中于柳州及桂林二都市，共计花费3.7亿元。湖南分署先后拨付4.72亿元，分发给29个县、市，用于建筑平民住宅[2]。1947年2月—10月，湖南分署在长沙、衡阳等市会同当地市政府修建了不少所谓的"善救新村"，所修建的各类房屋共计156栋，可以安置灾民逾万人。但事实上，这些分署都是把住宅建造在大都市或县城内，一般平民，特别是农民，很难得到这些好处。而江西分署在开展房屋救济工作时灵活运用行总的有关政策，还创造性地把用于安置灾民的一部分房屋建在广大农村。它先后在南昌、德安、高安及武宁等地农村通过"冬垦复村运动"等形式修建农舍500栋，受益灾民达4566人[3]。江西分署这样做的好处十分明显，一方面，广大农村灾民有了安身之所，无须再露宿野外，或寄靠在亲戚朋友家里或离家前往县城等处住宿；另一方面，又可使他们"就近耕种田地，使荒田可以开辟，对于加增生产上也有其贡献"[4]。

三　补助维修公共建筑与充实房屋建筑工业

各地的许多公共建筑，例如学校、医院和社会慈善机构等用房在战时受损严重。由于此类用房为公共社会生活所必需，因此行总一般都是尽力帮助修复。这一类房屋救济的实施程序是：该需要修复的工程的所有者向行总各分署申请，分署在收到申请后，尽快派人前往调查，根据实际情况，分署决定是否对该项工程给予补助以及补助的数额、时间等。房屋救济期间，接受了补助维修的公共建筑不在少数。

为了使中国在战后的房屋重建过程中获得较多的建筑材料，加快中国战后房屋重建工作的步伐，其根本途径在于充实房屋建筑工业等方面。蒋廷黻在《中国善后救济计划》中向联总提出了有关建筑材料的援助计划。要求联总供应中国的建筑材料包括两部分：一是材料部分。主要有轻结构

---

① 《行总浙署设计造屋救房荒》，《申报》1946年5月18日。

② 吴景超：《劫后灾黎》，商务印书馆1947年版，第95页。

③ 行政院善后救济总署江西分署编：《江西善后救济》1947年第4期，第13页。

④ 吴景超：《江西分署善救工作》，《行总周报》1946年第31期，第1页。

钢、五金器材、洋钉、制钉钢条、窗玻璃、屋顶器材、水管、电灯水泥和三夹板等。二是设备部分。主要有焊接工具、压缩氧气、木板与水泥之磨光工具、圆锯和木匠工具等。上述联总实际运送给中国的房屋建筑材料，行总都将它们分发给各地用于房屋救济工作。

为开展房屋救济工作，行总还共计向房屋损失严重的省份拨付房屋救济专款 123 亿元，其中湖南 25 亿元，湖北 17 亿元，江西 17 亿元，广西 23 亿元，河南 11 亿元，浙江 30 亿元[①]。由于受援物资及经费与全国房屋救济所需存在巨大差距，虽然行总及其分署虽已尽力，但"其成果，未能尽如理想"，而是"实属甚微"[②]。

综上所述，日本侵华战争给中国人民造成了严重的损失，其中就包括人员、衣服和房屋等方面。无论在战时还是在战后，中国各方面力量都在努力救灾。这些力量及其救济活动主要包括三部分，一是战时与战后国民政府及其地方政府的救济活动；二是战时与战后社会慈善团体如中国红十字会、中国红十字会等的救济活动；三是战后行总主导的善后救济活动。

仅在 1937 年至 1945 年这八年抗战期间，国民政府就共计拨付 183.22 亿元用于救灾[③]。抗战期间，国民政府对难民开展了诸如紧急救济、运送配置、教育培训、职业介绍与指导等形式的救济活动。据不完全统计，战时国统区各级救济机构共救济难民 1956 余万人，约占战时难民总人数的三分之一[④]。因此，针对战时救济的效果，时人评价道："政府虽筹款救济，然杯水车薪，未能普及。"[⑤] 战后有人也认为："当时政府及社会团体虽热心救济，但以战局紧张，人心惶惶，未能集中精力，是以收效甚微。"[⑥] 战时与战后各社会慈善团体救济规模也有限，实际救助了 300 多万人。战时与战后国民政府与各社会慈善团体共计救济了 2000 万人左右。而战后

---

① 行政院善后救济总署编译处编：《行政院善后救济总署业务总报告》，上海市档案馆馆藏档案：Y3—1—278，第 75 页。

② 同上书，第 76 页。

③ 秦孝仪主编：《革命文献》第 96 辑，台北出版社 1973 年版，第 14—15 页。

④ 同上书，第 9—10 页。

⑤ 《关于战区灾情及救济情事的函件》，中国第二历史档案馆馆藏档案：二—2—3044，第 32 页。

⑥ 《监察委员会关于战后救济难民建议书》，中国第二历史档案馆馆藏档案：二—2—8154，第 13—14 页。

行总主导的善后救济活动仅急赈活动中就先后救济了约 5237 万人（包括粮食、衣服等）①。不难看出，无论是抗战期间还是抗战胜利后，国民党当局都把打仗作为重点，因而它将十分有限的财力主要用于军事，救济灾民的财力投入并不是太大，救济的效果更是难以让人满意。而社会慈善团体本身实力有限，救济规模不可能很大。对因日本侵华战争造成的灾民的救济任务主要还是由行总利用联总提供的援助物资及经费举办的善后救济事业来完成的，它的贡献无疑是最大的，这是客观事实，不容抹杀。

对于包括粮食救济、衣服救济和房屋救济等方面的急赈活动，是战后行总开展的第一项大规模的救济活动，行总及其各分署均给予了足够的重视，在他们看来，"在新收复区办救济是第一次和人民群众直接接触，如办不好，便影响整个政治"②。

行总署长蒋廷黻在 1946 年 9 月的行总检讨工作会议上对即将结束的急赈工作进行了总结。他认为，通过开展急赈，"行总确已挽救许多生命"，仅"湘桂两省约有五百万人接受联总之食粮，过去曾有两个月时间，湘桂两省曾有三百万人仰仗联总食粮生存"，这是值得肯定的成绩③。

为了监督和指导行总在全国的救济工作，联总要求其驻华办事处前往各地巡查，加强敦促、检查。联总驻华办事处通过明察暗访的方式进行了认真的调查，并在此基础上向联总递交了考察报告。报告对蒋廷黻领导行总开展的紧急救济工作给予了肯定，并指出："除去必要的平价销售的和各种不可避免的损耗外，联总援华的 70%—80% 的救济物资特别是粮食确实按要求及时分发到了真正需要救济的难民手中。"④

对于行总在国统区开展的急赈活动，受惠的百姓也表达了感激之情。曾经有报道说：

---

① 行政院善后救济总署编译处编：《行政院善后救济总署业务总报告》，上海市档案馆藏档案：Y3—1—278，第77页。

② 钱宗起：《台湾善后救济工作的回忆》，《中华文史资料文库》政治军事卷（六），中国文史出版社 1999 年版，第 61 页。

③ 《蒋署长开幕训词》，行政院善后救济总署编译处编印，1946 年铅印本，第 5 页。

④ George W. Woodbridge ed., *UNRRA: The History of the United Nations Relief and Rehabilitation Administration*, Vol. I, New York: Columbia University Press, 1950, p.409.

一位活过八十多岁的老头，手里捧着在乡公所领的五斤半麦粉，不知是喜悦还是感叹，带着颤抖的声音说道：我活到这么大年纪，没有见过像今年这样的年岁。我从前只见送钱送米去完饷交军粮，从没见过哪一年送麦粉给我们吃的①。

但是，蒋廷黻也承认，"吾人力所能及之工作并未全部完成"，"行总不能供应所有饥民之需要"，全国仍然有不少人饿死或冻死，从效率上看，也有"事倍功半之感"②。就各分署而言，救济力度及成效也参差不齐。有的分署急赈成效较为显著，而有的分署则不尽如人意。例如，广东分署，就连国民党当局要员在考察了广州市的救济工作后，对广州市的救济工作"感到万分痛心"，他还拿广州与南京进行了比较，得出的结论是：在广州，"一群一群的难民露宿街头，到处讨饭与喘息"，至于"道旁遗尸路上"等各种揪心的现象也不时映入眼帘，在平价食堂及平价购买站的门前，灾民们在暴雨烈日之下，从早到晚，扶老携幼排着长队，"等待一些的分惠"，而"南京的确没有像广州这样"③。在安徽分署，一些救济院恢复、设立后，它们的运行经费非常困难，院内各种设备也极简陋，加之"工作人员多不了解法令"，不少救济院"院内救济业务空洞"，"利用善后救济物资充实救济院致鲜成效"④。有的分署工作效率低下，急赈物资发放不及时。例如，在湖南分署，"去年（即 1945 年——作者注）发美国寒衣，长、衡（即长沙、衡阳——作者注）等均在本年（即 1946 年——作者注）2、3 月方发给灾民，而邵阳则直到 4 月份才到乡下，灾民热天去领寒衣"⑤。

在急赈过程中，各分署并非完全、绝对执行联总、行总关于救济物资必须全部用于救济因战致灾的灾民的相关规定，而是不同程度地存在变通甚至违背的情形，即利用善救物资救济因自然灾害导致的灾民。如，1946年 7 月 25 日，鲁青分署所辖的青岛台东区爆发洪涝灾害，民众财物损失

---

① 特约记者：《谷仓边缘的饥馑》，《观察》1946 年第 1 卷第 9 期，第 16 页。
② 《蒋署长开幕训词》，行政院善后救济总署编译处编印，1946 年铅印本，第 5 页。
③ 《广东善后救济审议委员会难民救济座谈会》，广州市档案馆馆藏档案：7—05—489。
④ 安徽地方志编纂委员会：《安徽省志·民政志》，安徽人民出版社 1993 年版，第 197 页。
⑤ 《民国日报》1946 年 8 月 26 日。

殆尽，居无定所，衣食无着。鲁青分署获知此情况后，即刻派员前往调查核实，根据灾情轻重，分别发放领物证1—2张，凭证领取面粉0.5—1袋，共计发放面粉34袋①。又如，1946年8月中下旬，潍坊东关因暴雨河水泛滥，致使当地民众死亡10人，其余灾民流离失所。鲁青分署迅即派第五工作队前往救济，共计短暂收容、救助灾民72人，其间每人每日发放面粉1斤②。又如，湖北分署利用救济物资先后救济了火灾灾民3.9万人，洪灾灾民19.2万人，雹灾灾民0.15万人③。再如，台湾分署规定，"在一年内受风、水、地震灾害的贫户，均有优先受赈的权利"④。台湾澎湖县因自然环境恶劣，粮荒连年，全县共7.4万人口，赤贫人口约6万人。分署打破惯例，在此特设办事处，派员对澎湖群众常年施赈。那些常年深居高山，几乎没有受到战争损害的高山族困难同胞，台湾分署也给予了特别照顾：每户分发五人用蚊帐一顶，衣服或布料两套，获得此种救济的山区高山族人民共计1.7万多户⑤。1945年12月初，台湾台南县发生强烈地震，倒塌房屋共计4500余栋，受灾人口超过5800人。地震发生后，"平静之乡村，瞬成人间地狱"，到处"哀声四起，秩序混乱，凄惨莫名"⑥。当时正在台南开展救济工作的分署第三工作队获知情况后，立即将准备用于战灾救济的物资改做在他们看来更为急迫的地震灾害救济。不仅如此，台湾分署还从仓库中另外调拨一批物资进行救济。此次救灾，分署共计向灾民发放面粉200包，汤粉300箱，旧衣15包，棉被500床，篷帐80顶⑦。1946年初，台北和高雄等地相继发生重大火灾。为助灾民御寒，台湾分署向他们发放了210床棉被。1946年夏，台湾遭受了严重的台风灾害，台湾分署对台北、新竹、台南、高雄、基隆和花莲等地急需粮食、衣服的9.9万灾民给予了

---

① 《台东区大雨成灾》，行政院善后救济总署鲁青分署《鲁青善救旬刊》1946年第15期，第11页。

② 《白浪河因水暴涨》，行政院善后救济总署鲁青分署《鲁青善救旬刊》1946年第15期，第12页。

③ 参见周仓柏《善后救济总署湖北分署业务总报告》，1948年铅印本，第14页。

④ 钱宗起：《台湾善后救济工作的回忆》，《中华文史资料文库》政治军事卷（六），中国文史出版社1999年版，第63页。

⑤ 陈云林总主编：《馆藏民国台湾档案汇编》，第45册，九州出版社2007年版，第27页。

⑥ 同上书，第25页。

⑦ 同上书，第26页。

及时救济，赈济他们面粉 1.51 万包，旧衣 32 包[①]。就连一些平时生活困难的被释放的犯人，台湾分署也对他们施以衣服、棉被等物资，予以救济。严格地讲，这是不符合联总、行总救济原则和政策的。

如前所述，多年的日本侵华战争造成了数以千万计的灾民，他们普遍急需救济。尽管如此，在许多地区，尤其是在广大农村，国民党当局对他们横征暴敛的现象屡见不鲜，使得广大灾民的困难处境更是雪上加霜。例如，国民党大员张厉生到河南视察灾情时在当地召开的会议上露骨地叫嚣："河南固然有灾，但是军粮亦不能免亦不能减，必须如期完成任务。"[②]在安徽，"收税人时常提走了他们的锅，抬走了他们的床，搬走了他们的桌椅"。在江西，有的灾民家被日寇烧光，但当地政府还要给他们每户摊派 3000 元税费，不论人口年龄大小，每人每月须上缴 3 升米，此外还有所谓的修路费、清洁捐等[③]。不仅如此，在江西更是出现如此奇观：一方面，因为灾荒要求行总提供面粉救济灾民；另一方面，又从江西调运大批稻米充作军粮，"一批一批的面粉运进江西，一船一船的粮食运出省外"[④]。

救济工作中，灾民所得物资往往不是他们最急需的。例如在湖北分署，有的地方灾民急需的是衣服，而分署不能给他们发放衣服，只有粮食；有的灾民急需耕具与农作物种子，而分署没有这些物资提供给他们，只有衣服及食品；有的灾民急需医药，却得不到医药救济，得到的只有罐头；有的地方的灾民"需要食盐以济淡食，而我们没有"。[⑤]

此外，急赈活动开展过程中，不少地方治安状况十分恶劣，偷盗、抢劫及贪腐等事件屡有发生[⑥]。

在急赈活动中出现上述情况或问题，原因是多方面的。一是联总、行总及其分署工作上的失误。联总的一些规定过于原则乃至死板，缺乏变通

---

① 陈云林总主编：《馆藏民国台湾档案汇编》，第 45 册，九州出版社 2007 年版，第 26 页。
② 开封市政协文史资料研究委员会编：《开封文史资料》第 5 辑，1987 年编印，第 74—75 页。
③ 行政院善后救济总署江西分署编：《江西善后救济》1946 年第 2 期，第 62 页。
④ 《摊派繁重，胥吏催缴如火急》，《行总周报》1946 年第 8 期，第 27 页。
⑤ 行政院善后救济总署湖北分署编：《半月通讯》1947 年第 5 期，第 6 页。
⑥ 有关急赈过程中出现的侵占、挪用等贪腐问题，第四章"行总及其分署的贪腐问题"一目中做了论述，在此恕不再赘述。

的空间，从而影响了救济的效果。如联总规定，"善后救济物资不能出售"，必须原封不动地发放各灾民，导致在许多地处偏远、交通不便的地区，"失去了急赈的时效"①。至于行总及其分署的失误，作为行总署长的蒋廷黻也承认："行总之机构本身实不无缺点，此乃我辈之疏失，道义上不敢辞其咎"。二是急赈过程中，"运输工具大缺乏"救济物资不能及时运输和分发。三是"吾人局部失败之另一重要因素为缺乏经费"②，用于急赈的救济物资也有限，僧多粥少，不能保证所有应该救济的灾民均能得到有效救济。此外，当时的客观环境也比较恶劣，特别是急赈活动大规模开展之际，国内爆发了内战，并且战火愈演愈烈，也在很大程度上影响了急赈活动的正常开展。客观地看，行总及其各分署开展的急赈取得了一定的成绩，但是也存在一些问题。

---

① 行政院善后救济总署湖北分署编：《半月通讯》1947年第5期，第6页。
② 《蒋署长开幕训词》，行政院善后救济总署编译处编印，1946年铅印本，第5页。

第六章　特赈活动的开展

特赈是 1945—1947 年中国救济事业的四个方面之一，也是比较重要的救济活动。它是属于社会福利事业的范畴，特赈的对象主要包括难童、无依无靠的老人及残疾青壮年三类人群，另外还有少量针对清寒学生及抗战烈士遗属的特赈。因此，特赈活动主要包括救济难童及清寒学生、"安老恤残"等方面。行总高度重视特赈活动，在联总的帮助下，先后向全国 640 家难童收容站、1410 家儿童福利机构和 1570 家孤老伤残救济院等特赈机构，提供了 96361 长吨的各类食品以及大批衣服、被褥、医药用品，使千万计的难童、清寒学生、孤老伤残者得到了特赈救济，帮助他们渡过了暂时的难关[①]。

第一节　战后儿童的悲惨处境与行总特赈政策的制定

儿童是国家的希望，民族的未来，日本侵华战争给中国造成了大量难童，对他们的救济是必要而紧迫的。

一　日本侵华战争给中国儿童造成的深重灾难

历时 14 年的日本侵华战争，使中华民族蒙受了惨重损失，"受祸至烈"，尤其是年幼的少年儿童。

他们所遭受的损失主要有：（1）大批少年儿童失去鲜活的生命。日本侵华战争期间，"一般儿童，更难逃厄运，死于疾病饥寒者，不知凡

[①] 参见王德春《联合国善后救济总署与中国（1945—1947）》，人民出版社2004年版，第111页。

儿"①。在天津，"凡是带火柴的儿童都要被杀"，更有甚者，"在尉氏一带的敌军竟把儿童抓来烹食"②。日寇铁蹄所至，"到处是死婴，到处是儿童尸体"③。在上海，仅上海普善山庄，1941年就收埋了13.11万具儿童尸体④。（2）不少女性难童受到日寇奸淫，甚至因此致死。日寇在中国烧杀掳掠，无恶不作，还把中国妇女作为其发泄兽欲的工具，甚至连年幼的女童也不放过，不少女童被因此折磨致死。这是"无可掩饰的事实"⑤。（3）有的儿童不幸被日寇抓走后，被他们"施之以奴化教育"，企图泯没中国儿童的民族意识与抵抗意识，以便日后成为他们的工具，为他们做苦工，甚至为他们侵略中国、奴役中国卖命。（4）在有的地方，日寇竟然将中国儿童作为他们"活的血库"，为那些在战争中受伤的日寇官兵输入所谓的"纯洁""精壮"的鲜血⑥。不少儿童身心健康因此备受摧残。

除此之外，许多青壮年也在日寇侵华战争中丧生。他们有的因参加国共两党的抗日军队而战死疆场；有的作为"良民"在家乡被日军攻占时而惨遭杀戮；有的被日军掳去充作劳工而活活累死。这样，年幼的儿童失去父母的依靠，成为无人抚养的孤儿，生活完全没有着落，疏于教育，乏有关爱，身体、心灵均备受摧残。还有的儿童虽然父母均健在，但是战时严酷的环境，使民众极端贫困，不少父母因无力抚养而将儿童遗弃，尤其是女童。"遍地血腥的中国，只能听到哀哭无援的战区儿童的声音！"⑦

日本的这场侵略战争还对中国儿童尤其是沦陷区难童的身心健康造成了严重摧残。难童普遍存在不同程度的心理卫生疾病或变态行为。日本侵华战争爆发后，随着战事的不断扩大，难童的数量与分布区域迅速扩大，

---

①　谷正纲：《现阶段推行儿童福利的方针》，载秦孝仪主编《革命文献》第100辑，台北出版社1984年版，第208页。

②　社论：《救济难童问题》，《新华日报》1938年7月21日。

③　郑龙昌等：《抗战期间宜昌救助难民、难童记》，载中国人民政治协商会议武汉市委员会文史委员会编《武汉文史资料》2000年第8期，第23页。

④　《申报》1941年10月14日。

⑤　郭德洁：《谨为难童请命》，《广西妇女》1940年第4期，第1页。

⑥　郑龙昌等：《抗战期间宜昌救助难民、难童记》，载中国人民政治协商会议武汉市委员会文史委员会编《武汉文史资料》2000年第8期，第23页。

⑦　同上。

他们的心理健康问题日益突出。早在1943年，隶属于国民政府的中央卫生实验院以钱灏为代表的心理学专家曾对位于重庆的第一保育院的全体儿童进行了团体测验与个案研究，发现该院共有78个儿童存在典型的心理障碍或变态行为倾向。他们大致可分为三种类型：（1）分裂型心理障碍。主要表现为胆怯、孤僻、怪异、沉默寡言、不爱交朋友等。（2）情绪低落型心理障碍。主要表现为抑郁、悲观、情感脆弱、萎靡不振等。（3）偏执型心理障碍。主要表现为固执、疑心重、喜怒无常、嫉妒心强、心胸狭隘等。

可见，日本侵华战争伤害最深的无疑是年幼无知、生活不能自理、无依无靠的儿童。据不完全统计，日本侵华战争造成的难童约有400万人，"其亟待救济者，至少亦有数十万人"[1]。

难童的悲惨遭遇引起了社会各界的高度关注，人们一致认为：中国儿童的不幸，"不仅是人道的问题"，他们事关"中华民族的未来"，因而对难童的救济是"不容忽视的"[2]，纷纷要求有关机构对他们进行必要而及时的救济。早在 1938 年 4 月，著名爱国将领冯玉祥就呼吁道："儿童是民族的骨干，儿童是国家的新力量"，因此，"努力养育他们，是同胞们迫切重大的任务"[3]。邓颖超也指出：救济儿童，"是丰富伟大的事业"[4]。不久后，《新华日报》也曾以社论的形式刊文，介绍难童的境遇，文章指出："由于战线的延长，敌人的残暴行为日烈"，"敌人对待我国的儿童，其残酷手段，较之成人，更为毒辣"。文章号召人们："为了保护我们后一代的战士，加强救济儿童，保护儿童"，毫无疑问，"这一工作是必要的"[5]。

因此，"在这些被救济的人中，我们最应注意的是儿童，因为他们是将来社会的骨干"[6]。这日益成为当时中国社会各界的广泛共识。

---

① 《行政院善后救济总署业务总报告》，载中国第二历史档案馆编《中华民国史档案资料汇编》第五辑第二编财政经济（八），江苏古籍出版社 1998 年版，第 507 页。

② 郑龙昌等：《抗战期间宜昌救助难民、难童记》，载中国人民政治协商会议武汉市委员会文史委员会编《武汉文史资料》2000 年第 8 期，第 23 页。

③ 冯玉祥：《二十七年儿童节纪念大会》，《新华日报》1938 年 4 月 4 日。

④ 邓颖超：《从开封来的儿童们》，《新华日报》1938 年 4 月 4 日。

⑤ 社论：《救济难童问题》，《新华日报》1938 年 7 月 21 日。

⑥ 吴景超：《难童有什么前途》，《世纪评论》1947 年第 20 期，第 5 页。

二　战时及战后国民政府与民间慈善团体儿童救济活动

抗战爆发后，国民党当局与社会慈善机构采取了一系列措施，对难童进行了及时与初步的救济。

早在1938年3月，蒋介石要求各地"确切调查难民中之孤儿，设法移送后方安顿"①。为了集中有限的物力与财力对急需救济的难童展开救济，国民党当局对需要救济的儿童年龄作了必要的界定，并且几经变更。最初于1937年11月确定的标准是，"不能自立生存的胎儿、婴儿，以至12岁以下的幼童"，即0-12岁；次年6月，行政院赈委会将其调整为10.5-16岁；10月又恢复为0-12岁幼童②。1938年6月，行政院赈委会颁布《难童救济实施办法大纲》，要求各地尽快成立难童收容院，收容对象为1.5岁至16岁且父母双亡的难童；对1.5岁以下难童，"如有特殊情况者，也应设法收容"③。

1938年3月，国民党当局教育部出台了共计15条的《战区儿童教养团暂行办法》，规定各战区的县一级地方当局必须组建一两个教养团，用于收容当地难童。1938年10月，即中国全面抗战爆发一周年之际，国民参政会第一次大会召开，会议审议并通过了一系列关于救济难童的提案，分别是：（1）各省、市、县必须根据实际情况增设一批孤儿院，收养当地难童；（2）抗战阵亡将士未成年子女视为难童，予以妥善收养；（3）政府设立各级救济难童的专门机构，"以资统筹而固国本"。1940年3月，行政院赈济委员会出台《振济委员会直辖儿童教养院组织通则》，据此，赈济委员会开始直接开展儿童收容、教养活动。河南、广东与福建等地也相继组建了15家大型的儿童教养院。"八年抗战里有整千整万的受难儿童被国家救济着。"④1943年9月，国民党五届十一中全会审议并通过的《确

---

① 《大公报》1938年3月26日。

② 谷正纲：《现阶段推行儿童福利的方针》，载秦孝仪主编《革命文献》第100辑，台北出版社1983年版，第203页。

③ 《难童救济实施办法大纲》，载秦孝仪主编《革命文献》第96辑，台北出版社1973年版，第475页。

④ 张正楷：《难童新保姆——记振委会各教养院接收经过》，载秦孝仪主编《革命文献》第100辑，台北出版社1983年版，第121页。

定战后社会救济案》确定的原则是，"对于贫苦无依之老弱残疾、难童孤儿，或资送回籍，或留养当地经常救济设施，应为有计划之措直，并采用积极救济方法，俾化无用为有用，变消费为生产"①。

根据国民党当局的要求，抗战期间，国民政府中央赈济委员会及各省、市分会作为官方的儿童救济机构迅即投入到救济与保育难童的活动中去。他们首先派员赶赴战区，积极抢救儿童，然后将从前方抢救出来的儿童，一方面在战区附近找一相对安全的地方，设立临时运接站，暂时予以收养；另一方面，委托国际慈善团体驻华机构暂时代为收养。最后将他们转运至后方，为扩大儿童收容规模，国民政府要求各地尽量对后方已有儿童救济机构扩容，增添设施，同时在后方设立一批新的诸如儿童教养院、儿童教养所、儿童感化院及儿童保教院等救济机构予以收容、教养。截至1947 年6 月底，国民政府社会部直属儿童收容、教养机构共有28 个，各省、市自行设立的机构达48 个，各县、市设立的此类机构更是多达1069 个②。儿童救济机构的扩容、增设为战时及战后国民政府有效救济难童奠定了基础。

除了政府外，一些民间慈善团体在战时与战后也参与了儿童的救济工作。1938 年3 月，由"宋氏三姐妹"及何香凝、邓颖超等知名人士共同发起，在武汉创建了"战时儿童保育会"。其宗旨是："保育战时儿童"，"保卫儿童生命之安全，使之成为健全之公民"。广东、浙江、福建、江西、湖南等11 个省份及陕甘宁边区、香港等地区设立了分会。它们所需物资及经费的来源主要有两方面：政府拨付少部分，国内外爱心人士捐助了绝大部分。保育期间，除了供应他们必需的食粮、衣物以维持生存外，保育会还因材施教，对他们进行必要的识字、算数、技能等方面的培训。该机构直至1946 年9 月解散，前后存在了八年半。其间，战时儿童保育会在有关省、市共计设立规模不等的保育院46 所，同时该会还请求在华外国教会机构设立保育院6 所，截至1943 年12 月底，战时儿童保育会收容、

---

① 秦孝仪主编：《革命文献》第80 辑，台北出版社1973 年版，第340 页。
② 中华民国主计部统计局编：《中华民国统计年鉴》，1948 年，第367 页。

保育难童近 2.9 万名①。整个抗战期间，该机构救济的难童肯定超过 3 万名。

1937 年 10 月，在行政院赈济委员会主任孔祥熙的倡导下，中华慈幼协会成立。淞沪抗战开始后，战区父母双亡、无依无靠的儿童迅速增多。为救济这些难童，中华慈幼协会在上海创办了"上海战区儿童收容所"，收容在沪杭宁一带流浪的儿童超过 1000 名；接着，又设立了"上海战区婴儿收容所"，收容的难婴超过 100 名②。后来，该会又在郑州、洛阳、宜昌及西安等地共计设立了诸如慈幼院等救济儿童的机构 52 家，收容、教养难童超过 1 万名③。

1938 年 4 月开始，中国战时儿童救济协会成立，并先后在湖北汉口、江西上饶、湖南东安及四川万县等地设立儿童教养院 6 所，共计收容、教养难童 2700 多名④。

作为中国近代以来规模最大、影响最深远的民间慈善团体，中国红十字会把救济难童作为自己义不容辞的责任，开展了一系列针对难童的救济活动。早在 1922 年，中国红十字会就加入了国际儿童救济协会，中国也因此成为其会员国。自此，中国红十字会通过创办难童留养院等形式救济那些因战灾或其他灾难造成无依无靠、残疾的儿童，并取得了一定的成效，也得到了当时国内外各界的好评。日本侵华战争爆发后，中国红十字会除了大规模开展战地救护外，还将救济战区儿童作为其工作的一个重要部分，主要通过设立育婴院、儿童收养站、儿童保健门诊及儿童乐园等方式对战区儿童进行救济。与此同时，中国红十字会还对其他从事儿童救济工作的民间机构提供面粉、营养补助品及医药卫生用品等物资援助，其中仅医药卫生用品就多达 5 吨⑤。这些机构共计 20 家，包括湘东女难童教养院、贵州儿童福利指导所、东北儿童教养院、重庆北泉慈幼院等。

抗战胜利后，中国红十字会总会及其各分会又积极从事儿童福利工作。

① 熊芷：《战时儿童保育总会六年来工作总报告》，载秦孝仪主编《革命文献》第 100 辑，台北出版社 1984 年版，第 236—237 页。
② 《赈济委员会孔祥熙兼委员长对该会科长以上职员训词》，载秦孝仪主编《革命文献》第 96 辑，台北出版社 1973 年版，第 432 页。
③ 参见孙艳魁《战时儿童保育会的难童救济工作初探》，《江汉论坛》1997 年，第 5 期。
④ 参见周秋光等《中国慈善简史》，人民出版社 2006 年版，第 293 页。
⑤ 王一正：《本会儿童福利工作之回顾》，《红十字月刊》1947 年第 23 期，第 4—5 页。

如，武进分会设立儿童福利站 1 所，专门收容贫困、失学儿童，每天向他们供应牛奶等食品，还对他们开展一些简单的文化教育活动，共计 500 名儿童受益①。重庆分会设立儿童福利社 1 所，专门面向困难儿童，向他们供应食品、衣物等生活必需品。平凉分会设立"恤孤育幼院" 1 所，面向无依无靠之女童，"开办以来，成绩颇多"②。

从 1946 年夏开始，中国红十字会先后在上海、南京、广州、武汉等地创办了 12 家儿童营养站，向外免费供应牛奶、面包及冰激凌等。供应对象主要是 12 岁以下的贫苦儿童、乳母和孕妇等。每个营养站每天大致可供应 500 人。

1946 年开始，中国红十字会还在一些地方设立了诸如儿童营养站、儿童福利站、难童教养站、失学儿童教育班、恤孤育幼院等儿童救济机构。仅在安徽亳县，中国红十字会利用其设立的这些福利机构，救济难童 760 多人；在山西平凉，收容父母双亡的难童十多名。在长春市创办盲哑学校，培养盲哑学生 80 多人③。另外，在有的地方，还为儿童创办了暑期补习班、儿童阅览室等。

中国红十字会及其分会赠送给清寒学生、贫儿及孤儿一批救济物资。如总会赠送给他们的衣物共计 4462 件，超过 3500 人因此受益；上海分会给 3200 多名儿童分发童衣 3800 多件；南京分会向 2100 多名儿童赠送衣服 2500 多件。另外，该会还将美国红十字会赠送给他们的一些礼品转赠学生④。

中国红十字会在抗战胜利之初，在部分地区的学校尤其是小学还开办了学校卫生试验区，以推行其儿童福利事业。如 1947 年春，它先后在南京市的玄武门小学、三牌楼小学、渊声巷小学等 7 所小学开办卫生试验区，为所在学校的学生特别是困难儿童进行各种体检和疾病预防工作。其间，它共为 1.28 万名儿童进行了健康体检，为 1.29 万名儿童注射了霍乱疫苗，为 5205 名儿童进行了牛痘接种，为 1.7 万名儿童开展了沙眼、皮肤病等疾

---

① 中国红十字会总会编：《中国红十字会的九十年》，中国友谊出版公司 1994 年版，第 106 页。
② 同上书，第 107 页。
③ 中国红十字会总会编：《中国红十字历史资料选编》，南京大学出版社 1993 年版，第 43 页。
④ 王一正：《本会儿童福利工作之回顾》，《红十字刊》1947 年，第 23 期。

病治疗工作[①]。

三　行总特赈活动的有关政策及对特赈人员的训练

由上可见，由于国民政府及民间慈善团体的努力，不少难童得以收容、教养，但是，相较于实际难童人数，战时及战后真正得到救济的毕竟是少数，仍然还有大量的难童挣扎在死亡线上，亟待救济。战后，恰逢联总向中国提供了不少善后救济援助物资，利用这批援助物资的一部分开展针对儿童的特赈活动无疑是 1945—1947 年中国善后救济事业的"题中应有之义"。

那么，此项工作的开展要解决哪些主要问题？应该从哪些方面着手？需要制定哪些指导各分署开展特赈活动的有针对性的政策？这是行总在特赈活动于全国推行前必须正视并做出回答、切实解决的首要问题。为此，作为行总署长的蒋廷黻一方面通过发表《善后救济总署的性质与任务》等文章、会议讲话以及接受记者采访；另一方面通过签署或核准《善后救济总署赈恤业务原则》《善后救济总署儿童救济工作大纲》《善后救济总署各分署办理失依难童临时收容及安置计划纲要》《善后救济总署难民临时收容所儿童福利工作应行注意事项》《善后救济总署各分署举办儿童寄养办法》《善后救济总署儿童供食计划纲要》等法律法规的多种方式对上述重要问题做出解答。

首先，对行将开展的特赈活动的重点对象进行了明确界定。

蒋廷黻指出："儿童因战事致与家庭离散者以及残疾人民如手足已无、四肢不全以及双目失明或老年失子致抚养无人者。此三种人民必须予以救济。将来拟设儿童教养院及老弱残疾收容所收容之。"[②]也就是说，蒋廷黻计划将难童、残疾者和老弱者三种人确定为特赈的对象。行总还认为，"对此类特殊者"，应该"举办特赈，予以特殊之待遇，使能各遂其生，皆有所养"，"盖以此类人民，非得有组织之救济，必难安身立命，其需要实最迫切"[③]。

---

① 王一正：《本会儿童福利工作之回顾》，《红十字刊》1947 年，第 23 期。

② 《五月十一日 署长在善后救济问题讨论会演讲词记录》，1945 年 5 月 11 日，载行政院善后救济总署赈恤厅编《怎样办理赈恤》，1946 年铅印本，第 50 页。

③ 《行政院善后救济总署业务总报告》，载中国第二历史档案馆编《中华民国史档案资料汇编·第五辑·第三编·政治》（二），江苏古籍出版社 1998 年版，第 464—465 页。

虽然蒋廷黻计划将难童、残疾者和老弱者三种人确定为特赈的对象。但是由于这三种群体十分庞大，行总从联总处获得的用于特赈的救济物资数量有限，时间又较短，加上其他种种困难，行总在开展特赈活动时，必然有所侧重，不宜均匀分摊，否则，难收理想效果。那么，哪一种人应该成为特赈的重点呢？蒋廷黻对此作出了十分明确的回答。他认为，对儿童的救济应该作为行总特赈活动的重点。

蒋廷黻指出：

> 在这种救济之内，最要紧的是无家可归而又无人照顾的儿童。这种儿童，将来在收复区内究竟有多少，此刻不能预计。我们必须尽我们的力量去帮助他们[1]。

关于儿童特赈的实施原则，行总规定：第一，不管是收复区的儿童，还是非收复区的儿童，只要他们"因战事影响而需要救济者"，均应作为特赈的对象而受到行总的特赈救济；第二，根据儿童的体力与兴趣等实际情况，"订定富有教育意义之劳动服务与劳作训练各项设计，以便分派十二岁至十六岁至难童加入活动"；第三，除非因为特殊事故，例如父母精神失常、患有必须隔离的传染病以及他们行为不良等，否则，不得使儿童"脱离其家庭生活，以维持其家庭之完美为原则"[2]。

关于接受特赈的儿童的年龄及种类，行总也有明确规定：接受儿童救济的年龄范围为胎儿至十六岁儿童；符合特赈条件的儿童共有 10 类，分别是：流浪儿童、失依儿童、无住所之儿童（有父母亲友而无居住处所者）、营养不良之儿童、残疾儿童、赤贫儿童、贫苦孕妇、疾病儿童、贫苦之解组家庭儿童与非婚生儿童等[3]。

蒋廷黻署长还告诫人们，对难童的救济绝非易事，它是行总开展的特

---

[1] 蒋廷黻:《善后救济总署之性质与任务》,《东方杂志》第 41 卷 20 号 1945 年 10 月, 第 5 页。

[2] 《善后救济总署儿童救济工作大纲》, 载行政院善后救济总署江西分署编《善救准则》, 1946 年铅印本, 第130—131 页。

[3] 同上书, 第 131 页。

赈活动的难点所在。他说："不过根据以往的经验，这种救济是不容易的。"①也就是说，对于那些年迈的老人和残疾人应当给予临时收容和适当救济，但是更应该重视对儿童的救济。对符合条件的儿童开展有针对性的特赈既是行总特赈活动的重点，也是其难点所在。

其次，对行总儿童特赈工作的目标及内容进行了确定。

关于儿童特赈的工作目标，行总规定：通过对儿童"施以各种救济，期能协助政府实现四善原则——善生、善养、善教、善保，培育健全生活，优良国民，以增进民族活力，奠定建国基础"②。所谓"善生"，是儿童能否成为身心健康的人的基础性条件，也是行总保障儿童人权的首要目标；所谓"善养"，是儿童茁壮成长的不可缺少的条件，在儿童成长过程中，必须向他们提供必要的营养；所谓"善教"，是儿童成人后能否成为社会有用之才的客观条件，俗话说："养不教，父之过；教不严，师之惰"，因此，对儿童进行正确的教育也是必不可少的；所谓"善保"，是儿童人身安全、心理健康的外部条件，保护儿童身心健康与安全是全社会义不容辞的责任。

因此，蒋廷黻提醒人们，对儿童的救助，既要体现在物资生活方面，还要体现在对儿童的教育方面。对儿童的教育，既要重视普通的"国民教育或职业教育"，也要重视对他们的心理健康教育③。

这是因为：

> 儿童在收容所或救济院长大者容易发生不正当的心理。等到他们离开院所踏进社会的时候，他们常感觉社会的寡情而要回到院所。在另一方面，社会常发现这种儿童不守规矩，不懂世情，不负责任。④

---

① 蒋廷黻：《善后救济总署之性质与任务》，《东方杂志》第41卷20号1945年10月，第5页。

② 《善后救济总署儿童救济工作大纲》，载行政院善后救济总署江西分署编：《善救准则》，1946年铅印本，第130页。

③ 《五月十一日　署长在善后救济问题讨论会演讲词记录》，1945年5月11日，载行政院善后救济总署赈恤厅编《怎样办理赈恤》，1946年铅印本，第50页。

④ 蒋廷黻：《善后救济总署之性质与任务》，《东方杂志》第41卷20号1945年10月，第5页。

对于儿童的这些心理问题，蒋廷黻认为应该"由国家做父母，以教养此种可怜幼童"①。计划从多个方面入手，甚至"预备请中外专家共同努力，设法改良"，同时他对矫正儿童心理问题充满信心，在他看来，只要多管齐下，方法得当，对儿童心理的改良是能够成功的②。

对儿童救济工作的内容，行总规定应该从以下几个方面着手：（1）对无依无靠儿童的临时收容、安置与教养等；（2）向难童发放寒衣与食物等；（3）向贫困儿童供应特殊营养；（4）有针对性地开展其他有关儿童福利工作③。

再次，儿童特赈机构开办的方式也得到明确。

行总规定："为推进儿童救济工作，得组织各种委员会，并运用已有之儿童福利机构协助进行。"为了使有限的特赈援助物资充分发挥作用，赈济更多的难童，行总决定对于开展儿童特赈活动的机构及设施采取两种方式获得，一是自办。行总及其各分署利用联总提供的设备、现款等在全国各地开办场所，添置设施，使之符合开展特赈所必须的条件。二是利用中国原有的社会福利设施。这两种方式要以后者为主。行总在《善后救济总署赈恤业务原则》中明确规定："本署及所属各分署以不另设机构办理为原则"，尽量利用原有社会慈善机构或设施，另外自办类似机构，只能是在过去没有，而现在又非有不可，必须兴办的情况下才能创办④，以便最大限度地节约资源。但是，那些中国原有的社会福利设施由于大多年代久远，并且普遍经历了战火的摧残，不同程度地被破坏，欲使其在行总开展的特赈活动中较好地发挥作用，必须进行不同程度的恢复。因此，行总又规定，"各收复区或其他灾区原有公私立老弱残疾等救济机构，因战事摧残，计划恢复，经其申请资助时，当地分署或其他机构，应予物资或经济之补助"；并且还规定，"其办理著有成绩者，得供给物资与人才或订

---

① 《五月十一日　署长在善后救济问题讨论会演讲词记录》，1945 年 5 月 11 日，载行政院善后救济总署赈恤厅编《怎样办理赈恤》，1946 年铅印本，第 50 页。

② 蒋廷黻：《善后救济总署之性质与任务》，《东方杂志》第 41 卷 20 号 1945 年 10 月，第 5 页。

③ 《善后救济总署儿童救济工作大纲》，载行政院善后救济总署江西分署编《善救准则》，1946 年铅印本，第 131—132 页。

④ 《善后救济总署赈恤业务原则》，载行政院善后救济总署江西分署编《善救准则》，1946 年铅印本，第 76 页。

约合作"[①]。

最后，重视对行总特赈工作人员的训练。

特赈救济，相对其他救济种类，有其特殊的地方，因为它的工作对象是儿童、老弱者和残疾者等。对他们进行救济，既要有力量、有热情，还要有一定的医疗卫生知识，尤其是心理护理知识。而这些专门的知识又是当时行总及其各分署开展特赈工作的工作人员所非常欠缺的。所以，为了使特赈工作顺利推进并取得一定的成效，在行总看来，人才培养不可或缺，势所必然。

因此，行总特会同联总驻华办事处、各分署所在地区的省市社会处等机构，于1946年夏，相继在各地举办特赈工作人员讲习班。培训对象为行总及其分署招募的当时在各地慈幼、救济机构服务的工作人员。每一期讲习班的学习期限大约为两个月。担任讲习班授课任务的老师基本上是行总及其各分署从各地著名大学及科研院所聘请而来的知名专家、教授等。培训的主要课程有：新的社会学理论、特赈工作的意义及要求、医疗卫生常识等。他们在接受培训的过程中，做到"学""习"并重，另外还有一定的业务讨论活动。不仅如此，讲习班举办期间，行总还请求联总派来了一批外籍专家来为他们巡回授课。例如，美籍专司社会福利工作的专家甘蒲小姐应邀来到中国，在各地巡回为他们讲授了名为"儿童福利及机关管理"的课程，效果良好，受到了各界好评。

通过为期两个月的讲习班的培训，他们既学习了许多宝贵的新理论知识，又获得了亲自动手操作的机会，增长了实际操作的技能，为特赈活动在全国相关地区全面推进奠定了基础。

第二节　行总及各分署儿童特赈活动的开展

各分署根据蒋廷黻署长的指示及行总颁布的一系列指导性文件，相继

---

① 《善后救济总署赈恤业务原则》，载行政院善后救济总署江西分署编《善救准则》，1946年铅印本，第76页。

从多个方面开展了以儿童为救济对象的特赈活动。

一　对失依儿童的收容、教养

救助失依难童，特指那些主要因战灾，父母双亡或与父母失散而无依无靠、流离失所、生活困难之儿童。1946 年秋，行总在全国各地普遍开展以解决流浪儿童生活为目标、以收容为主要形式的失依儿童的救济运动。

对失依儿童的收容、教养，基本上是按照如下手续来进行的。

首先，行总指示各分署发动所属工作队在当地尽力展开对失依儿童的收救。在此过程中，各分署还函请该分署所辖地区的地方政府、社会团体及警务部门协助工作队开展工作，对他们了解的有关失依儿童的信息要及时告知工作队，以便工作队对他们进行及时的救助和收容，特别是要求当地警务部门注意了解那些夜深人静之际仍然无家可归、露宿街头的失依儿童，一旦发现有类似情况，便尽快通知工作队，使工作队对他们进行救助、收容，当然，警务部门也可直接将他们送达最近的各分署设立的收容机构。

其次，为保险起见，工作队在发现有失依儿童需要收容时，一般请为人正直、在当地有一定威望的人予以证明，确属失依儿童的正式编入收容机构，若该儿童尚有父母和家庭者，便迅速将其送回父母身边。

再次，确属失依儿童的，在正式列编收容机构后，收容机构的工作人员为他们填具表格，开具收容证明书，对他们进行一些体格上的检查，为他们洗澡、理发，最后给他们统一编号、编组，以便统一管理。

负责收容失依儿童的机构，既有地方原有救济福利机关设置的收容机构，也有行总各分署自行设立的收容机构。凡参与收容失依儿童的地方原有救济福利机关设置的收容机构，行总要求各分署依据其实际情况及需要，对它们给予一定的救济物资的帮助，或现款的补助。为保证收容的工作质量，维护被收容者的权益，行总要求它们的工作必须符合行总的相关规定，行总及其分署还常常定期或不定期地对它们的工作进行检查和指导。由各分署自行设立的收容所，蒋廷黻则要求它们在添置设备和提供生活必需品时应该尽量适应儿童的成长需要。

根据行总相关要求，部分分署新建了一批儿童救济机构，或对各地原有儿童救济机构给予了一些必要的物资或经费的支持。

　　湖南分署积极扶持成立于战前的一些公立或私立儿童保育机构，为他们提供力所能及的物力及财力支持，以使其尽可能多地救济难童，例如曾拨款 20 万元资助湖南第一、第二孤儿院与长沙贫儿院等。此外，湖南分署还直接创办了一些儿童保育机构，如 1946 年 4 月至 7 月，先后创办长沙育幼院、长沙孤童教养学校、衡阳育幼院 3 所救助机构，收容流浪难童，要求加强儿童营养，促进难童的身体发育，并对他们开展基本的学业教育。既教育他们文化知识，也培养他们的职业技能，还注意培育他们健全的人格，以使他们长大后能够自食其力，成为社会的有用之才。湖南分署自办或间接帮助的保育机构共计 48 个，它们"收容儿童数达四五千人，计直接间接受本署救济之儿童总数约达两万人"①。

　　1946 年，儿童特赈活动开展以后，广西分署分别给所辖地区的 3 家规模较大的原有儿童救济机构给予现款援助，其中，向柳州儿童教养院拨款 0.2 亿元，向广西省会育幼院拨款 0.1 亿元，融县孤儿院 0.03 亿元。与此同时，当年李宗仁夫人郭德洁在桂林市甲山山麓，创办了一个名为"广西省会第二育幼院"的儿童救济机构，院长由郭德洁亲自担任，所需物资及费用主要来源于三方面，分别是当地政府拨付、行总广西分署提供及民间热心人士捐助。在该院创办后，原有的"广西省会育幼院"更名为"广西省会第一育幼院"。

　　同年，江西分署对那些战时被战火损毁或因年久失修而处于倒塌、半倒塌的儿童救济机构的房屋进行修复，共计修复了 7 所相关机构的房屋，包括南昌市救济院育幼所、南昌市第一师范育幼所、南昌市托儿所、赣县托儿所、鄱阳县育婴所、南城县育幼所、永新县育婴所等，江西分署共计拨款 2.23 亿元（包括急赈救济机构、儿童救济机构及安老机构）②。苏宁分署对各地原有的 50 多个救助儿童的慈善机构予以资助，以使其继续发挥救济儿童的慈善功能，主要有南京市立救济院、镇江孤儿院、江都育婴堂和川沙养老所等。

　　儿童在收容所期间，除了向他们提供生活必需品，满足他们的基本物

---

　　①　《湖南分署福利工作概述》，行政院善后救济总署湖南分署《善后月刊》1947 年第 10 期，第 6 页。

　　②　行政院善后救济总署江西分署编：《江西善后救济》1946 年第 6 期，第 6 页。

质需求外，各收容所还积极考虑他们的教育、培养问题。对于那些已经到了上学年龄的儿童，各收容所则按照他们的年龄大小和智力高低，就近联系当地小学接受教育；针对那些一时还不能到学校接受教育的儿童，则由各收容所临时编班，在所内接受教育。不仅如此，为了培养儿童的职业意识和兴趣，奠定职业基础，各收容所还酌情设立了一些劳动和手工工场，指导他们学习简单的劳动技能和手工工艺。对于少部分有一定文艺天赋和爱好的儿童，则安排他们进入习艺所学习，他们的日常活动都是以集体活动的方式予以进行，例如集体游戏、体操、远足野餐和表演戏剧等，其目的是促进他们活泼进取与团结合作的品质。

1946 年，安徽分署在蚌埠明光福音堂创办"灾童养育所"，共开设 3 个班，救助儿童 180 名，聘请热心慈善事业的教师授课，教育儿童识字、说话和唱歌等。分署通过驻蚌埠办事处补助 1872 包、重达 80 吨的面粉，"作为该所灾童之主要食粮"[1]。在蚌埠，安徽分署会同蚌埠救济院设立"难童教养所"，收容 60 名 12 岁以下贫苦无依儿童，并"施以补习教育"。在安庆，安徽分署会同安徽省社会救济处拨款帮助因战乱损毁的安徽私立忆然育幼院修复宿舍，使其得以收容难童 150 名[2]。

在这些儿童救济机构中就收容了一批后来成为名人的难童，例如后来成长为著名特型演员的古月及其姐。关于无依无靠的儿童被行总收容、教养时的生活、学习方面的具体情况，以行总广西分署收容、教养的古月及其姐为例予以介绍、说明。

　　抗战期间，年幼的广西籍的古月（其真实姓名是胡仕学）姐弟俩随父母逃难至贵州，成为难民。抗战胜利后，他们随父母被遣送回广西原籍。不知什么原因，这对儿童与父母失散，最后还是流落街头靠吃"百家饭"度日。1946 年 3 月由行政院善后救济总署广西分署职员颜退省先生收留，并很快将他们送到设在桂林市七星岩的难民收容所，安排他们住进临时用帆布支起的帐篷里，同年 4 月 2 日又被送到设在良丰（今桂林市雁山区）的临桂儿童教养院予以收容、教养。该院不

---

① 安徽地方志编纂委员会：《安徽省志·民政志》，安徽人民出版社 1993 年版，第 198 页。
② 同上书，第 198—199 页。

久就迁到桂林市桃花江畔的丽狮路原盐务局旧址内，并更名为"广西省会第一育幼院"，该院当时共计收容难童500多人，由行政院善后救济总署广西分署提供粮食、衣物及各种营养品等救助物资，以解决该院难童生活和读书费用，该院前期院长黄鸥鹍，中期院长为慈善家楼亦文女士，后期院长为赖起。

第一育幼院中的难童统称院童，编制上分设三个大队，每个大队设四个中队，每个中队设若干小队。第一大队（一至四中队），郭有期任队长。第二大队（五至八中队），陆元英任队长。当时我就在二大队六中队。第三大队（九至十二中队）是女童队，沈瑞芝任队长，另外还设一个特别队又称十三中队，并单独设立为第四大队。是一些年龄较小的在里面，古月就被编在这个中队里，他姐姐胡娇姣编在第十中队，按文化水平编学习班，古月编在低年级，他姐姐编在中年级。每个大队的宿舍里，院童睡的是上下两层铺的杉木床，古月睡在下铺。院童穿脏了的衣物，各人自己洗，古月从来不洗自己的肮脏衣服，总是由姐姐帮洗的。

院童过的是集体生活，在严寒的冬季和雨天除外，每天早上集队到一公里远的桃花江边洗漱，晚饭后每人提着两个空铁罐从江里提水到菜地浇菜，劳动过后又在江里沐浴、游泳、嬉水。这时候古月总是依偎在姐姐身旁，若离开了姐姐的视线，胡娇姣便会大声"仕学！仕学！"地呼唤，生怕他会发生任何意外，可见姐姐对弟弟分外关心。在课余时间古月很少出教室活动，常喜欢留在教室内，用铅笔在纸上学画画，他最爱画蜻蜓、蜘蛛、青蛙、金鱼及鸟雀之类，由于画的水平不断提高，教美术课的梁廷珂老师还常夸他。我和他在一起玩耍的时候两人最爱唱《马赛曲》《念故乡》《兄妹开荒》《卖报歌》以及由田汉先生作词的《院歌》："书声迎着朝阳歌声伴着星光……"

在晴朗的夏夜，院童们都在操场边的草地上纳凉聊天，古月却拿把小扇捕捉从远方闪闪飞过来的流萤，把它装进小玻璃瓶里赏玩，直到熄灯号响过之后才回到宿舍就寝[1]。

---

[1]　参见王向东《回忆我和著名演员古月在一起的时光》，http://bbs.tiexue.net/bbs95-0-1.html。

现将各分署收容、教养儿童的有关情况列为表 6—1。

表 6—1　　　　　　　行总各分署失依儿童收容统计表

分署	设立机构	单位数量（家）	受惠儿童数（人）
晋绥察冀热平津	难童工读工厂	2	500
	儿童习艺所	1	81
	失依儿童收容所	1	72
鲁青	家庭助养	500	500
河南	孤儿院	1	200
	儿童教养院	2	1000
	工读学校	7	1700
上海	收容街童中心站	3	
安徽	合肥保育所	1	42
	儿童教养所	100	7000
	中心育幼院	3	900
江西	流浪儿童收容所	1	107
湖南	衡阳育幼院（一）	1	900
	衡阳育幼院（二）	1	600
	长沙市示范育幼院	1	650
	孤儿教养学校	1	600
广西	难童临时收容所	3	2214
	柳州失依儿童临时收容所	1	150
	全县失依儿童临时收容所	1	150
	梧州育幼院	1	150
	南宁育幼院	1	200
	岑溪育幼院	1	100
	难童生产工艺训练班	1	16
广东	难童收容所	1	300
浙江	失依儿童教养所	4	760
台湾	补助收容		942
合计		640	19834

资料来源：《行政院善后救济总署业务总报告》，载中国第二历史档案馆编《中华民国史档案资料汇编·第五辑·第三编·政治》（二），江苏古籍出版社1998年版，第466—467页。

由表6—1可见，1945—1947年，全国共计12个分署开展了失依儿童收容、教养活动，各分署设立的收容儿童的机构共有640个，其种类较多，有工读工厂、习艺所、孤儿院、教养院、工读学校、保育所等，可谓形式多样，丰富多彩。收容的儿童共计1.9万余名。在各分署中，它们收容、教养的儿童数量有多有少，且颇有悬殊。鲁青分署设立的儿童收容救济机构最多，为500个，其次为安徽分署，有104个；安徽分署收容、教养的儿童最多，共达7942人，其次为广西分署，有2980人。

收容、教养儿童的工作，各个分署都表现出了较高的热情，他们都结合当地的实际情况开展了这项工作，并取得了较大成效。如上海分署在1946年12月，"鉴于入冬天气寒冷，难童时有冻毙"之情况，"特于本月三日起，至各街巷送难童、丐童至收容所与养济所予以救济"，他们3天就收容了100多人，其衣食均由行总上海分署提供①。但由于台湾"失依之儿童，数不多见"，故先后仅收容942人，并对当地收容失依儿童的社会团体进行补助，148名失依儿童因此受益②。

失依儿童在收容所等救济机构中度过的时光毕竟是短暂的。在经过了短期的收容后，这些儿童便被重新进行安置。安置的方式也是多种多样，不同的情况采取不同的安置方式。父母仍然在世的或有直系亲属的，行总各分署则协助他们返回家乡寻找父母或亲属；父母均不在人世或难以找到亲属的，则由各分署再将他们转移至另外适当的机构或者再设立教养机构予以养育，甚至寻找适合收养的家庭予以寄养。倘若他们的年龄已达14岁以上者，分署尽力为他们介绍就业使他们逐渐走上正常人的发展道路。

二　儿童福利工作的开展

在旧中国，人民群众普遍贫困，其少年儿童的身心健康水平十分低下。历时多年的抗战期间，许多儿童为了躲避战乱，常常随父母逃离家园，过着颠沛流离的生活，因而，他们的本来已是非常糟糕的身心健康此时更是雪上加霜。鉴于这种情况，行总决定对于中国境内的这些贫困家庭的儿童实施特赈救济活动，举办儿童福利工作，根据儿童的家庭及个人的情况，在保持其家庭生活完整的前提下，改善儿童的衣、食、住等方面的基本生活条件，并辅之以医药、卫生、教育与娱乐等方面的服务。

---

① 《流浪儿送收容所　三日来已有一百余人得救》，《新民报》1946年12月7日。

② 陈云林总主编：《馆藏民国台湾档案汇编》第45册，九州出版社2007年版，第37页。

为推进这项工作，行总向各地下拨了大量营养食物、衣服、被褥、医药用品等救济物资。各地则分别设置了开展儿童福利工作的机构——儿童福利站及其性质十分类似的教养站、游憩站、服务站、义务学校等。它们开办的方式有两种：一是由行总各分署自办；二是行总在各地以委托或代办的形式开办。这些机构的任务就是向符合条件的儿童发放营养食品、衣物和药品，进行生活指导、家庭访问等。基本上，福利站等儿童福利机构每天都会为当地附近的贫困儿童服务。在人数较多的地方，行总各分署还招募一些年龄较大的中学生参加此项工作，他们在各分署儿童福利工作人员及外籍专家的指导与协助下开展工作。根据当地儿童的实际情况及特点，每一个儿童福利机构又都有其工作重心。

关于行总儿童福利救济工作的情况，以冀热平津分署最有代表性。现以此为例予以简要说明与分析。从 1946 年夏开始，冀热平津分署相继在北平、天津、石家庄、保定及唐山等交通比较便利、经济相对发达的地区设立儿童福利站或贫童义务学校，救济、教育那些因种种原因导致家庭经济非常困难的儿童，特别是父母因战灾双亡而无依无靠，且未被儿童养育院、收容站收容的难童。其中分署在北平与天津开办的儿童福利站、贫童义务教育学校最多，均为 17 个，其他地区均为 7 个。后来，随着国内局势的一度好转，特别是交通条件的不断改善，冀热平津分署又分别在昌黎、沧县、通县、青县、涿县、昌平、房山、宛平、怀柔、密云等地开设数量不等的儿童福利站或贫童义务教育学校，至此，冀热平津分署开设的儿童福利站或贫童义务教育学校总数达到 702 个。冀热平津分署特制定《冀热平津分署营养工作纲要》《分署免费供应牛奶办法》等文件，以规范难童福利救济工作的正常开展。各福利站或贫童义务教育学校一方面为儿童供应牛奶等营养食品以使其得以生存；另一方面，分署还对这些儿童进行文化教育、休闲娱乐、体育锻炼、身体检查等方面的工作，此外，分署在北平等地还举办了母亲训练班。对儿童食品救济方面，按照行总及分署规定，每名符合条件的儿童每日可到福利站饮奶一次，其数量根据儿童年龄不同而有所增减，一般每次在一磅左右；若其家长经过分署相关机构简单培训能自行调制乳品者，该儿童家长可将所分乳品带回家调制、喂养，并且一次可领取 3 日的份额，以减少往返劳顿。在儿童教育方面，福利站或贫童义务教育学校每星期举办一场儿童见面会,其目的是面对面地教育儿童一些简单、常见的汉字、算数及基本的医疗卫生知识。儿童饮乳或教学前后,各儿童福利站或义务教育学校还会组织儿童进行为期半小时左右的娱乐活动,如做游戏、唱歌等,有时还要组织儿童开展一些力所能及的劳动,以实现行总关于儿童救济要"教""养"并重的目标。

经过半年努力,截至1946年冬,冀热平津分署用于儿童福利工作的救济物资种类繁多,有食品、衣物,还有药品,甚至还有一些现金;这些救济物资的数量也相当可观。其中以食品方面为主,主要有面粉18.7万磅、奶粉2.67万磅、蒸汽乳18.4万听、肉类罐头1.94万听及少量鱼肝油等;衣物方面的物资共计4.81万件,共有21.74万名难童、产妇、孕妇因此不同程度地受益,其中儿童从中受益者超过3万名[①]。

由于牛奶等营养品数量有限,因此,各分署都规定发放营养品的对象只能是当地的苦难儿童。如,鲁青分署规定,"营养品以贫困之初小一年级学生及幼稚园学生为限,必要时初小二年级学生亦可供应"[②]。

台湾分署只在公立学校设立牛奶供应站,为这些学校的贫苦儿童提供营养。具体标准是,"每四星期为一期,每三个贫弱学生每日服用一罐"[③]。为避免供应站职员及学校负责人将牛奶私吞或到市场变卖牟取暴利,分署要求牛奶供应"由学校当局负责,将食后空罐洗净,封入原箱保存,听候本署派员点收"[④]。当时台湾分署共设立此类供应站235所,惠及贫困儿童15万名。至于那些在私立学校上学或未上学贫困儿童,1946年10月,分署则专门出台了《儿童福利事业奶粉供应站设立办法》,各地在贫困儿童较为集中的街道或乡村适当设立牛奶供应站,免费为他们供应奶粉。受惠儿童必须符合三项条件:在私立学校上学或未上学,"家境贫寒","经医师检验认为身体孱弱之儿童"。在台湾先后共设立此类牛奶供应站88所,

---

① 行政院善后救济总署冀热平津分署编:《行政院善后救济总署冀热平津分署业务总报告》,1947年铅印本,第12页。

② 《行政院善后救济总署鲁青分署关于委托各小学发放贫困学童营养品暂行办法》,《鲁青善救旬刊》1946年第9期,第12页。

③ 陈云林总主编:《馆藏民国台湾档案汇编》第45册,九州出版社2007年版,第34页。

④ 同上。

超过 9 万名儿童因此受益[①]。

1944 年 3 月，行政院院长孔祥熙指出："儿童救济事业办理的方式，我们要多多策动社会的力量，对于地方上私人举办的慈善机构，尤应尽量协助其发展，辅导其改进，使其发生积极作用。"[②]据此，有的分署及当地政府对一些积极救济儿童的民间宗教慈善机构给予了一定的补助。

天主教上海教区面对上海日益增多的难童，全力投入了救济难童的活动。为此专门组建了 7 个救济难童的机构，如一心教养院，"抢救失学儿童"，除文化教育外，还"授以木工、裁缝及修鞋等技能"，共计收容 8—12 岁难童 600 名；又如，若瑟孤儿院收容孤儿 120 名。时人称赞天主教上海教区"成绩昭昭，在人耳目"[③]。1945 年底，行总上海分署曾多次对天主教上海教区给予面粉、毛毯、衣服、窗帘和桌布等救济物资援助。它同时还向漕河泾难童收容所、上海灾童教养院、赫德路儿童院、福哑学校、上海福幼院及上海儿童保育会等社会救济机构、学校发放 1.8 万包面粉等救济物资[④]。1946 年 12 月 22 日开始，上海分署又在上海市 24 个儿童救济机构设立发放站，向全市符合条件的难童大规模发放救济物资，其中包括罐头食品 1000 箱、寒衣 600 包、鞋子 200 双[⑤]。行总上海分署给予各类儿童救济机构的援助，"裨益殊匪浅鲜"[⑥]。

抗战胜利后，北平、天津等地的一些民间团体也加入到救济儿童的队伍中，它们为了救济难童，纷纷在各地开设了数量不等的机构，如北平民间慈善团体就在北平开办了多所"康乐园"；天津一些慈善团体也在天津开办了所谓的"东正慈幼院""儿童义务教育训练班"等机构，以救济、教育贫困儿童。这些机构也得到了国民政府及行总冀热平津分署一定的物资及经费补助。

有的分署还与一些民间慈善机构合作设立营养站等救济机构，办理儿童福利工作。经双方协商，这些营养站所需的鲜奶、奶粉、面包、鱼肝油、

---

① 陈云林总主编：《馆藏民国台湾档案汇编》第 45 册，九州出版社 2007 年版，第 35 页。
② 秦孝仪主编：《革命文献》第 97 辑，台北出版社 1973 年版，第 217 页。
③ 周应时：《天主教上海教区救济事业之检讨》，《社会月刊》1946 年第 1 期，第 8 页。
④ 《行总上海分署发放面粉》，《文汇报》1945 年 11 月 26 日。
⑤ 《行总分发救济品，嘉惠贫苦儿童》，《文汇报》1946 年 12 月 22 日。
⑥ 《上海市救济院难民、难童收容所业务报告》，《社会月刊》1946 年第 2 期，第 3 页。

汤粉等食品均由行总各分署提供，所需日常运营费用则由行总各分署及中国红十字会各分会分别负担 50%[①]。如，从 1946 年 7 月起，行总苏宁分署就曾与中国红十字会南京分会合作办理了 5 所儿童营养站。由中国红十字会南京分会会长沈惠连任营养站主任，各营养站设专职干事一人主持该营养站日常工作。至当年 12 月底这些营养站关闭，它们共计向儿童供应牛奶 3.7 万听，受惠儿童 5.2 万人次[②]。从 1946 年 10 月底至 11 月底，行总苏宁分署还与中国红十字会武进分会合作办理了 5 所儿童营养站，对难童进行了为期一个月的特赈。每日接受饮奶特赈的儿童超过 2000 人[③]。又如，从 1946 年 9 月起，中国红十字会上海分会在行总上海分署的物资援助下设立营养站，共计 5 个分所。其中以第一所为主，所址在上海分会办公楼二楼。该所先后接受符合条件的难童约 400 人饮奶。他们每天上午 8 点至 10 点，由其家长或监护人陪同前往营养站饮奶一杯，截至当年 12 月底，第一所共计向儿童供应牛奶 0.54 万听，接受儿童饮奶 2.3 万人次[④]。1947 年初，另外 4 所相继开办，但规模均远小于第一所，创办时间也很短，所供应的牛奶及受惠儿童均不多。

另外，1946 年冬，行总河南分署先后与中国红十字会安阳分会、郾城分会分别合办了一座营养站，前者每日到站饮奶儿童为 280 至 300 人不等；后者每日接待饮奶儿童以 150 人为限[⑤]。行总广东分署与中国红十字会广州分会合办一座营养站，每日接待饮奶儿童以 100 人为限。1947 年 3 月，在联总、行总救济物资的直接帮助下，中国红十字会江都分会设立一座营养站，对难童进行了为期一个月的特赈，共计供应牛奶 3300 余听，451 人因此受益[⑥]。行总及其分署与中国红十字会各分会合办的针对儿童的营养

---

① 胡道珂：《儿童福利工作在中国——民国三十五年度的调查》，载中国红十字会总会编《中国红十字会历史资料选编》，南京大学出版社 1993 年版，第 378—379 页。

② 中国红十字会南京分会编：《中华民国红十字会南京分会三十五年度工作简报》，1946 年铅印本，第 4—5 页。

③ 《中国红十字新闻》，《红十字月刊》1946 年第 11 期，第 33 页。

④ 中国红十字会上海分会编：《中华民国红十字会上海分会三十五年度工作特辑》，1946 年铅印本，第 26—27 页。

⑤ 《中国红十字新闻》，《红十字月刊》1947 年第 16 期，第 41 页。

⑥ 《中国红十字新闻》，《红十字月刊》1947 年第 13 期，第 40 页。

站，虽然数量、规模及开办时间均有限，但它们均"颇具成效，深受人民爱戴及外人好感"①。

现将行总各分署设置儿童福利机构的基本情况列为表 6—2。

表 6—2　　　　　　　　行总各分署儿童福利机构统计表

分署	设立机构	单位数量（家）	受实惠儿童数（人）
冀热平津	贫童义务学校	702	34950
上海	夏令儿童游憩站	5	1000
苏宁	儿童福利站	6	1200
安徽	难童教养站	616	41940
浙江	儿童教养站	27	2819
福建办事处	贫苦儿童服务站	53	13127
	儿童福利站	1	1218
合计		1410	96254

资料来源：《行政院善后救济总署业务总报告》，载中国第二历史档案馆编《中华民国史档案资料汇编·第五辑·第三编·政治》（二），江苏古籍出版社1998年版，第468页。

由表 6—2 可见，设立了儿童福利机构，并开展了相应的儿童福利工作的分署并不多，总共只有 6 个，占行总分署总数的 40%。儿童福利机构的名称也各不一样，其工作的侧重点也有区别。6 个分署总计 1410 个，其中设立的福利机构单位最多的是冀热平津分署，单位数为 702 个，其次为安徽分署，单位数为 616 个。救济的儿童数量安徽分署最多，为 41940 人，其次为冀热平津分署，达 34950 人。各分署通过设立儿童福利机构救济的儿童，总计为 96254 人。

三　儿童供食运动的发动

为了指导各分署进行儿童供食运动，行总出台了《善后救济总署儿童供食计划纲要》（以下简称《纲要》），并及时下发各分署，要求他们遵照执行。《纲要》规定：各分署在开展儿童供食运动时应该将普通食品中适合儿童食用的大米、面粉、罐头、水果、肉类和蔬菜等以及特种食品牛

---

① 《中国红十字新闻》，《红十字月刊》1947 年第 17 期，第 39 页。

奶、黄油、白糖等的大部或全部用于儿童供食运动的开展以满足儿童生长发育的需要。《纲要》规定儿童供食运动的受惠对象是那些既没有被收容所收容，也没有得到儿童福利机构特殊救济的贫困儿童。另外《纲要》还对儿童供食的原则、方式等问题做了明确规定①。

各分署根据行总出台的文件精神，迅速开始了儿童供食运动。运动开展的过程中，行总要求各分署积极与全国社会福利机构、民间团体、当地政府以及学校当局等方面密切合作，共同推进这项运动。给儿童供食采取集体供食和个别供食两种方式进行，集体供食要求各分署自行设站或委托有关机构、学校办理，或与有关机构合办。儿童供食站一般设立于贫苦儿童比较集中的地点以便于给尽可能多的儿童供食。一般要求儿童到供食站直接领用，但是对于二岁以下的婴儿、孕产妇、生病的儿童可以由其家庭派人到站按周代领营养品。个别供食是针对那些家庭所在地十分偏僻，儿童人口不多、不宜设立儿童供食站这些地方的儿童而开办的业务，由行总各分署安排专门工作人员上门送发。为了确保公正和准确，在向儿童供食前行总各分署均要派遣工作人员对受惠对象进行调查摸底，其方法主要有家庭走访、个案调查和调阅地方政府、社会福利机构等组织的统计数目等，摸清儿童的真实经济状况及总人数。

根据施放的食品和开展的业务的不同，儿童供食站分为营养站、牛奶站、奶粉配给站、供饮站、供应站、施奶站、学校儿童营养品补助站等，其中以营养站居多。如，1946年10月至1947年初，湖南分署在诸如长沙等54个县市的中小学校共设立儿童营养站2.8万多个，委托学校按在校生人数配发营养品，"受惠人数230余万人"②。

现将各分署开展儿童供食运动的有关情况列为表6—3。

由表6—3可见，全国共有15个分署全部开展了儿童供食运动。它们所设立的机构共计超过3万个，种类也多种多样，其中以牛奶站最多，这与联总援助了中国许多牛奶及奶制品密切相关。设立单位最多的分署为湖

①　参见《善后救济总署儿童供食计划纲要》，载行政院善后救济总署江西分署编《善救准则》，1946年铅印本，第148—151页。
②　《姚署长向记者团介绍本署工作》，行政院善后救济总署湖南分署《善后月刊》1947年第11期，第10页。

南分署，达 2.82 万个，其中湖南分署设立的牛奶站就超过 2.8 万个。受益儿童达到 7176913 人，其中仍然以湖南分署所辖地区的儿童受益最大，超过 230 万人的儿童得到了营养品的救济。儿童供食运动是蒋廷黻领导的行总开展的针对儿童的特赈活动中参加分署最多、设立单位最多、受益儿童最多的一项具体工作。

表6—3   行总各分署儿童供食运动统计表

分署	设立机构	单位数量（家）	受惠儿童人数（人）
东北	牛奶站	33	209894
	难童供应站	7	
冀热平津	牛奶站	99	970092
	营养站	11	
鲁青	营养站	11	7335
河南	牛奶站	89	1138571
上海	牛奶供饮站	6	180000
	儿童衣服食品分发站	26	
	奶粉配给站	6	81939
苏宁	营养站	53	20889
安徽	供食站	499	101949
江西	营养站	31	21675
	牛奶供应站	58	45545
湖南	牛奶站	201	50157
	营养站	28003	2308387
湖北	牛奶站	197	404655
	饮奶站	107	55640
广西	牛奶站	11	3300
广东	牛奶站	51	275110
	施奶站	50	1445620
	营养豆场	1	120475
	广州儿童	1	46
浙江	牛奶站	18	2695
	儿童营养品供应站	154	72984
福建办事处	儿童营养品供应站	13	2519
台湾	牛奶站	235	149113
	奶粉供应站	88	87323
合计		30059	7176913

资料来源：《行政院善后救济总署业务总报告》，载中国第二历史档案馆编《中华民国史档案资料汇编·第五辑·第三编·政治》（二），江苏古籍出版社1998年版，第470页。

※ 受惠儿童数量一栏中有的是空缺，原文如此。

需要强调的是，上面提到的"儿童福利工作"与这里的"集体供食运动"，两者虽然均为儿童特赈活动的项目之一，有一定的相同点与联系，但是区别也是显而易见的。第一，从开展的对象标准看，前者开展的对象是非常困难的儿童；后者困难程度适当降低了一些。第二，从开展的分署、地区看，前者开展的分署、地区不多，在 15 个分署中，只有 6 个分署在其所辖地区开展了此项活动，受益面十分有限；后者几乎所有分署都开展了。第三，从开展的效果看，前者只设有 1400 多个机构，约 9.7 万名的儿童受惠；后者共计设立了 3 万多个机构，救济了 700 多万名儿童。

此外，行总还在全国一些地方开办托儿所，为劳动妇女特别是参加工振的劳动妇女的婴幼儿予以免费养育。行总还在医药保健方面也对儿童进行了身体保健方面的特赈。各分署与当地医疗卫生机构合作，在联总委派的外国医疗卫生方面的专家的指导、协助下，创办了巡回医疗卫生队，专科诊疗所等机构，为贫苦儿童提供身体检查与保健服务，并为各小学学生办理疫病防疫及治疗，以期与儿童收容、儿童供食等活动密切配合，共同促进儿童的身心健康。例如，（1）在浙江分署，由联总派来的医疗专家与医生在杭州市负责开办了皮肤病及沙眼诊疗所，专门为各牛奶站、教养站的儿童进行身体检查及疫病诊治；（2）上海分署安排有联总牙科医生主持的牙齿卫生讲习班，调集小学教师及护士，主要讲习口腔卫生，并于各医院设儿童门诊部，免费为小学生医治牙病；（3）河南分署举办了社会福利工作讲习班，专设保健一系，训练护士，结业后分配到时各育幼机构工作；（4）台湾分署于台北设儿童保健馆及草山林间学园，从事增进儿童之健康工作；（5）苏宁分署南京办事处在首都，与母婴保健委员会合作，由该会指派医生、护士，定期至各营养站为儿童及孕产妇检查身体，指导儿童卫生工作。这一工作的开展，也"颇具成效"[①]。

有的分署还组织困难程度不同的难童积极参加各类体育、文艺活动，促进他们的交流，愉悦他们的身心，增进他们的身心健康发育。如上海分署曾多次安排、协调有关儿童救济机关组织儿童参加体育、文艺活动。

---

① 《行政院善后救济总署业务总报告》，载中国第二历史档案馆编《中华民国史档案资料汇编·第五辑·第三编·政治》（二），江苏古籍出版社 1998 年版，第 465 页。

1946 年及 1947 年，上海分署连续两年在"儿童节"期间组织难童参加联合游艺大会以及其他文艺活动，全市 3000 多名难童参加[①]；1946 年底至 1947 年初，上海市举办了儿童与青年健康比赛，由行总上海分署出面协调，难童还被专门安排一组，参加活动的难童多达 5109 名[②]。

综上所述，日本侵华战争给中国儿童造成了巨大的伤害，成千上万的儿童需要救济。在抗战期间及抗战胜利后，包括国民党当局、民间慈善团体及行总三方面力量参与了儿童救济活动。据不完全统计，从 1937 年 7 月至 1945 年 8 月全面抗战时期乃至抗战胜利后，全国为救济难童先后成立了诸如难童收容所、战时儿童保育会、战时儿童救济协会、上海儿童国际救济会等救济难童的救济机构，这些机构或完全官办，或官民合办；或民办官助，在此期间，它们共计救济难童超过 15 万人[③]。政府力量是主体，民间慈善机构次之。

1945—1947 年，行总开展的一系列针对儿童的特赈活动，取得了一定的成效。一是拯救了大批难童。行总在其业务报告中总结道：在开展对儿童的收容后，"露宿街头之失依儿童，已告绝迹"[④]。这显然有夸大其词之嫌，但使其中超过 700 万名挣扎在死亡线上的儿童得以渡过暂时的难关幸存下来却是不争的事实。开展的儿童福利工作，一方面使贫困的儿童得到了救济，促进了他们身心的健康发育；另一方面，还可使他们家庭的生活负担得到一定程度的减轻。而广泛开展的儿童供食运动则使更多的儿童及其家庭受益，发挥了它应有的作用。利用联总提供的各类援助物资及经费，行总通过儿童特赈活动，共计救济了超过 720 万名的困难儿童，相比于国民党当局等在战时及战后的救济人数，这无疑是一个巨大的数字。因此，在救济因战致灾的儿童方面，行总利用联总援助而开展的儿童特赈活动贡献是最大的。

二是开展儿童特赈活动，对于增强社会生产力，推动社会文明程度的

---

① 《本市各慈幼团体筹备庆祝儿童节》，《文汇报》1946 年 3 月 21 日。

② 《儿童健康比赛》，《文汇报》1947 年 4 月 3 日。

③ 《抗战六年来之社政》，载秦孝仪主编《革命文献》第 96 辑，台北出版社 1973 年版，第 38 页。

④ 《行政院善后救济总署业务总报告》，载中国第二历史档案馆编《中华民国史档案资料汇编·第五辑·第三编·政治》（二），江苏古籍出版社 1998 年版，第 466 页。

提高，遏制社会风气的退化与堕落乃至战后重建家园均具有重要意义。

三是儿童特赈活动期间，行总曾聘请了美国、加拿大等国的儿童专家培训了不少儿童养育方面的专业技术人员，为以后中国儿童福利事业的发展奠定了基础。

基于行总儿童特赈活动的显著成效，时人对这一活动给予了高度肯定。官员吴景超指出："各地救济分署的工作，对于这些儿童，真是一种福音。无论是难童托养所也好，难童教养站也好，这些机关给成百成千的难童一个新的天地，一种新的享受，是他们做梦也想不到的。"[1] 不少从中受益的灾民对行总主导的儿童特赈活动也给予了高度评价乃至真诚感谢。如台湾分署在开展儿童特赈活动期间就曾收到了灾民热情洋溢的感谢信。

> 感谢列位先生的仁慈。生命危急中的两个乳儿，用了贵署的牛乳，天天看出日日加强元气，天天看出他们的手足活动。今天听见笑声，不禁举笔感谢。没有东西可以报答，只求我听信的上帝祝福诸位先生五体康安。[2]

尽管如此，行总主导的儿童特赈活动存在的问题也不少，不足之处更不容忽视。

首先，儿童特赈活动受益面不大且不均匀。虽然有超过 700 万名儿童在不同程度上受益，但是，这一数字相比当时中国贫困且需要救济的儿童而言无疑是少数，大量难童生活贫困，甚至挣扎在死亡线上；不仅如此，得到这一救济的基本上是战后行总举办善后救济事业的中东部地区及少数西部地区儿童，大量西部儿童未能从中受益。

其次，用于救济儿童的特赈物资质量堪忧，影响了儿童身心健康。一些儿童收容院分得的救济粮食竟然已霉烂变质，儿童食用了这样的食品后，使他们本来就脆弱不堪的身心健康再受伤害。因此，有的儿童收容机构为此愤怒指责道："行总给的面粉，连畜生都不能吃。"[3] 一些儿童救济机构

---

[1] 吴景超：《难童有什么前途》，《世纪评论》1947 年第 20 期，第 6 页。

[2] 陈云林总主编：《馆藏民国台湾档案汇编》第 72 册，九州出版社 2007 年版，第 74 页。

[3] 《参观上海儿童营》，《新民报》1947 年 10 月 23 日。

利用行总援助的面粉制作的面酪，几乎没放油，甚至连盐都没有放，"真像一桶猪食"①。不仅如此，甚至个别儿童救济院内出现了虐待儿童的情况。如当时复旦大学自办报纸《沪风》在 1947 年 7 月 16 日的报纸上披露了一收容儿童的救济机构虐待难童的问题。该救济院内卫生状况极差，难童伙食也不理想，温饱无法满足，但是强迫儿童从事他们难以完成的生产劳动，若他们不干，甚至稍有怨言，就会遭到鞭打或拳打脚踢，"很多儿童被他们像打狗一样地打得不敢呻吟"，这些难童"无时无刻不挣扎在死亡线上"②。

再次，国统区政府所办及行总所设难童救济机构中的难童生活同样艰难，夭折事故也不时发生。如，自抗战全面爆发至 1944 年 12 月，社会部所属难童救济机构共计收容难童 2789 名，其间共有 289 名难童夭折，比例超过十分之一③。广西柳州一家政府主办的慈幼院，因为物资及经费短缺，前后仅存在了 6 个多月，仅收容了 43 名难童，其中竟有 20 名难童在该院收容期间夭折④。事实上，抗战胜利后，无论是行总单独所设的儿童救济机构，还是行总援助的民间慈善团体所设儿童救济机构、行总与民间慈善机构合办的儿童救济机构，因为经费困难、物资短缺、社会环境恶劣等问题均存在所救济的儿童生活处境困难的问题，因为各方面原因而导致的儿童夭亡问题屡见不鲜。

此外，部分难童救济机构负责人存在不同程度的贪污问题，使本来就捉襟见肘的救济物资及经费更显紧张；一些政府或行总出台的儿童特赈政策并未得到很好的执行，政府或行总物资及经费使用效率不高。所有这些问题或不足之处最终都在不同程度上影响了行总开展的儿童特赈活动的效果。

第三节　行总及各分署安老恤残活动的开展

何谓"安老恤残"？统指为人处世的美德与社会发达、文明的标志，

---

① 叶楚生：《上海市儿童教养所》，《儿童福利通讯》1947 年第 6 期，第 11 页。
② 《救济院内血泪多，良心何在人道何在》，《沪风》1947 年 7 月 16 日。
③ 参见秦孝仪主编《革命文献》第 100 辑，台北出版社 1984 年版，第 415—416 页。
④ 《柳州公立慈幼院三十二年度工作报告》，中国第二历史档案馆馆藏档案：116—912—7。

其意思是尊重老人，使其安逸；抚恤伤残，使其有所养。安老恤残也是行总特赈活动的主要内容之一。

一　民国以来安老恤残的优良传统

我国自古以来就有尊老、养老的优良传统。孔子云："老者安之"；孟子云："老吾老以及人之老"；《礼记》亦云："老有所终"。在古代，我国还专门设立了敬老的节日，即"重阳节"。民国时期，尊老、养老的优良传统进一步发扬光大。尤其是国民党当局倡导的"新生活运动"开始后，尊老、养老的风气日渐浓厚，国民政府成立了中央民族健康委员会，明确要求各地将促进老年人的健康与形成全社会尊老敬贤之风气作为老年人工作的目标。

1938年，国民政府内政部出台了《各地方救济院规则》，在其第13条中规定，老人符合以下3项条件者应当予以收容：（1）无力自救之男女；（2）年龄在60岁以上；（3）无人抚养。至于残疾人的年龄则没有明确限制。1945年，行政院内政部又出台《倡导民间善良习俗实施办法》，其中规定，为倡导尊老、养老，各县、市必须成立长老会、安老会等敬老、养老机构。上述文件颁布后，各省、市也制定了与之配套的规定，如上海市政府就曾于1947年7月制定了《上海市尊老敬贤办法》，该文件共计7条，对尊老敬贤的对象作出明确规定，其中，老人必须符合以下3项条件方可得到"敬"，分别是，（1）上海市居民；（2）年龄80岁以上；（3）品行端正。敬老活动主要有：（1）举行敬老会；（2）举行公宴；（3）举行集团庆寿；（4）赠送礼物，等等。根据国民政府有关规定，各地每年均举行了不同形式的敬老活动。如，1943年9月，在重阳节即将来临之际，福建省在省会福州就举行了敬老会，这也是民国以来全国首次省级大型敬老活动。该省民政厅厅长高登艇出席了活动并讲话。他指出：全社会应该既要爱护青年人，也要尊老、养老，因为，青年人是国家的动脉，而老年人则是国家的导师，"老不仅应有所养，更应有所用"[①]。1946年9月，中央民族健康委员会、南京市卫生局等单位联合主办了规模宏大的敬

---

① 参见蔡勤禹《民国的敬老尊贤风习》，《文化学刊》2013年，第3期。

老茶话会，共计82位老人应邀出席。

那些无依无靠的孤寡老人、残疾人，国民政府将其视为社会的弱势群体予以特殊关怀，要求各省、市、县必须根据实际情况在当地设立适当的安老恤残救济机构，并且对进入这些救济机构的老人、残疾人在衣、食、住等方面的生活条件进行界定。衣着方面，必须达到蔽体、保暖与整洁的标准；伙食方面，所提供的食品必须适合老年人咀嚼并且要有足够的营养；住宿方面，则以阳光充足、空气流畅为标准。至于这些安老恤残机构向老人提供的具体生活费标准，各地因经济发展程度的差别而有所不同。如，1935 年，湖南省规定养老院中每位老人的生活费分为 4 等，分别是特等、甲等、乙等与丙等。每人每月生活费因等级不同而有差别，特等是 2.2 元，甲等是 1.8 元，乙等是 1.4 元，丙等是 1 元[①]。1946 年，四川省江北县养老所给每人生活费 200 元[②]。从总体上看，他们的生活费是偏低的。在这些养老院内，一般为老人配备了诸如教室、宿舍、工作室、游戏室、饭堂与澡堂等生活、学习及娱乐设施。在这些养老院里，教员根据老人的身体状况，为他们开设了专门的文化知识、生产技能等学习课程，一方面愉悦他们的身心，另一方面让他们掌握一定的劳动技能，以便他们尽其所能，从事一些力所能及的生产劳动。所产生的效益，主要用于补助养老院的经费、改善老人生活条件。用于收容几乎没有劳动能力的残疾人的各级残废所在配备了与养老院几乎一样的设施外，还专门配备服务于残疾人的专任教员，向他们传授简单的生活、劳动等技能以及文化知识等。

二　战后行总安老恤残活动的开展

日本侵华战争期间，不少年迈体弱者失去儿女的依靠，常年颠沛流离，孤独无助。至于战后幸存下来的青壮年，又有不少是"肢体缺残，谋生维艰"，因而对他们的救济，"必须成为战后社会救济主题之一"[③]。而且，在战后的中国，"亟待救济之贫苦老弱，则为数至巨"[④]。在此情况下，蒋廷黻署

---

① 参见《湖南年鉴》，1935 年铅印本，第 810 页。
② 四川省地方志办公室编：《四川省志》，四川人民出版社 1996 年版，第 359 页。
③ 《行政院善后救济总署业务总报告》，载中国第二历史档案馆编《中华民国史档案资料汇编·第五辑·第三编·政治》（二），江苏古籍出版社1998年版，第464页。
④ 吴开先：《社会救济事业之重要》，《社会月刊》1945 年第 7 期，第 3 页。

长首先向全社会提出："我们应该办理老弱残疾的救济"①。不久，他进而明确指出："残疾人民如手足已无、四肢不全以及双目失明或老年失子致抚养无人者"，"必须予以救济"，将来"拟设老弱残疾收容所收容之"。②

因此，除了救济贫苦儿童外，行总对部分贫苦成年人尤其是老年人、残疾人也开展了特赈活动，即安老恤残。当然，由于年老者没有类似儿童的发育和教育问题，也没有类似残疾者自食其力的问题，对他们主要只是收容与安顿的问题，因此，蒋廷黻认为，对于年老者的特赈工作，"自属比较简单"③。

（一）帮助恢复安老机构及设施

在蒋廷黻及其领导的行总看来，解决老弱者的特赈问题，要充分发挥安老机构的作用。由于战后百废待兴，政府的财力十分枯竭，联总给予行总的物资和现款的援助也都有限，所以，行总无法拿出足够的财力、物力、人力及时间来扩展安老机构，只能对原有的机构及设施进行一定的补助，使其得以恢复和充实，继续履行安老的职能。所以，"老弱伤残救济事业，亟应分别恢复或充实，俾此类人民得有安身立命之所"④。为此，蒋廷黻核发了由行总赈恤厅编订的《收复区安老机构接受本署补助办理业务及福利工作标准》这一重要文件，用以指导各分署的这一方面的工作，使他们做到有章可循。

该文件主要就接受行总补助的安老机构的资格认定、工作人员的标准集日常工作的要求等问题作出明确规定。现择其要点如下。

第一，关于接受行总补助的安老机构的资格。该标准规定，有资格接受行总补助的安老机构，"应具有健全合理之行政组织，分层负责，通力合作，私立安老机构并应聘请热心安老人士组织董事会或理事会，负责筹

---

① 蒋廷黻：《行政院善后救济总署之性质与任务》，《东方杂志》第 41 卷 20 号 1945 年 10月，第 5 页。

② 《五月十一日署长在善后救济问题讨论会演讲词记录》，1945 年 5 月 11 日，载行政院善后救济总署赈恤厅编《怎样办理赈恤》，1946 年铅印本，第 50 页。

③ 《四月三日招待新闻记者署长谈话记录》，1945 年 4 月 3 日，载行政院善后救济总署赈恤厅编《怎样办理赈恤》，1946 年铅印本，第 40 页。

④ 《行政院善后救济总署业务总报告》，载中国第二历史档案馆编《中华民国史档案资料汇编·第五辑·第三编·政治》（二），江苏古籍出版社 1998 年版，第 472 页。

措经费，考核工作"①。

第二，对安老机构上至主任下至医生、护士等主要工作人员的资格进行了规定。例如，主任或院所长要求大学以上毕业，专业为社会福利或社会学，具有相当的组织能力与行政经验；生活管理员要求大学或高中毕业，具有生活管理经验②。

第三，安老机构收容的对象年龄必须在 60 岁以上，并且是遭受了战争影响，暂时无法与家人取得联系，而又饥寒交迫者，或者是身体衰弱，确无依靠的孤独者。收容对象被收容前，应该由个案工作人员进行调查与登记，以确保被收容者符合上述条件③。

根据蒋廷黻核发的上述文件的规定，行总及其各分署核实共有 1570 个符合补助条件的安老机构。对于这些机构，行总采取多种方式进行补助，以帮助它们尽快恢复，迅速投入到安老工作中去。

补助的方式主要有以下几种：（1）协助恢复：平时办理成绩颇佳，但是由于战争的破坏，本身已无力恢复，行总则予以补助，使其恢复；（2）修缮补助：原有的房屋及其家具，由于战事的影响，必须经过修缮才能使用，行总则可给予补助，以便及时修复；（3）设备补助：原有设备破旧不堪，或者因为收容者增多，原有设备不够使用，行总将予以补助，助其修复或添置；（4）协助筹设：因为当地原来没有，现在确实需要，行总可给予补助，使其及时成立一新的安老机构；（5）业务开支补助：原有的业务经费，因为战事的影响而不够开销，或已无法像以前按时领取，行总即给予补助，新设立的安老机构，业务经费尚无着落，行总也将给予补助，但是，对同一个机构的补助期限为3-6个月；（6）实物补助：原有的或新设立的安老救济机关，因为业务的正常开展缺少物资而需要行总补助，行总则将根据实际情况予以补助，以帮助其正常运转；（7）技术帮助：安老机构出于提高业务水平的需要而要求行总进行技术上的指导时，行总及其各分署应该及时指派相关专家予以辅导。

---

① 《收复区安老机构接受本署补助办理业务及福利工作标准》，载行政院善后救济总署江西分署编《善救准则》，1946 年铅印本，第 177 页。

② 同上书，第 178 页。

③ 同上书，第 179 页。

在行总的大力协助下，符合条件的安老机构相继开展了安老的工作。这些机构在接收老年被收容者时通常按照他们的性别、年龄、籍贯性格、爱好及家庭背景等因素编号，并据此安排他们的宿舍、用餐的座次。年老被收容者正式进入安老机构后，安老机构便负责他们的衣食住的日常生活及身心保健工作。衣服以蔽体、保暖、整齐、清洁为原则，均不使用统一式样和颜色的制服，也不佩戴统一的标记；食物以能够适合老人咀嚼、果腹、卫生为标准，在条件允许的地方，工作人员有时还根据老人的状况对他们予以个别的补充营养；住宿往往安排在阳光充足、空气清新、温度适宜的场所，每个房间安排的人数以不过分拥挤为原则。生活管理人员还会根据被收容者的爱好及身体情况每日安排他们进行一定的户外锻炼与文体娱乐活动。对于那些有宗教信仰的被收容者，安老机构的工作人员还会引导他们开展一些宗教活动，必要时还通过行总分署从联总驻华办事处聘请各类传教士带领他们诵读宗教经典。湖南分署补助"安老恤残"机构25家，使4550名老弱病残灾民得到救济。江西分署拨款修复了南昌市安老所、赣县博爱院等安老救济机构。

有的分署对那些从事安老工作的社会团体给予了必要的补助，那些得到善后救济物资及经费补助的这些机构情况得到有效改善，在这里的孤寡老人生活条件也相应得到提高。如北平由天主教创办的名为"东方养老堂"，主要从事孤寡老人的安老工作，平时收养老人近百人，战时因北平沦陷而损失惨重，财务状况急剧恶化，老人每日所需营养品已无法照常供应，老人终日以菜根为食，被褥残破不堪，老人在冬夜"常常和衣而睡"，不管冬夏，老人只有一两件破外衣，夏天热，冬天冷，机构内部设施损坏后无力维修与更新，甚至机构大有难以为继之势。获知此情况后，行总指示冀热平津分署立即派员为其送去一批救济物资与经费，使得该机构的状况大大改善，收容的老人生活条件也自然改善明显，断供多时的营养品恢复供应，衣着也有所改善，年逾古稀的老人在夏天能够穿上丝汗衫了，即使是寒冬时节，老人们"在棉被窝里睡得很安心"。仅冀热平津分署就对52家类似的养老院给予了善后救济物资补助，其中北平有29家[①]。天主教上

---

① 行政院善后救济总署冀热平津分署编：《行政院善后救济总署冀热平津分署业务总报告》，1947年铅印本，第13页。

海教区专门组建了安老会（院），专门收养年逾六旬且无依无靠之男女老人。使他们"乐享余年，并教以轻便工作"。共计收容老人 350 名，其中，男性 180 名，女性 170 名[①]。行总上海分署为其提供了诸如面粉、大米、牛奶等食品以及衣物、被褥等善后救济物资。

有的分署还对那些没有被有关收容救济机关收容的老人给予补助或救济。截至 1946 年 10 月底行总大规模安老恤残工作基本结束时，冀热平津分署共计向符合条件的老人发放了粮食、衣服等救济物资，其中，面粉 43.2 万磅、奶粉 1.98 万磅、蒸汽乳 0.98 万听、肉类罐头 0.58 万听，另外还有衣物等 0.89 万件，所辖地区共计 1.04 万人因此受益[②]。

为了确保对老年人的特赈工作顺利进行，行总一方面要求各安老机构定期向所在地的行总分署递交工作报告，各分署及时予以汇总，并向行总赈恤厅递交总结报告；还要求行总各分署安排专人时常到这些安老机构进行检查和访问，随时实地了解工作动态，以加强对这一工作的指导和监督，最大限度地保障老年人的利益。在总共 1570 家安老机构中，共收容了 153535 人[③]。从整体上看，这项工作开展得较为成功，得到了被收容者和社会的好评。

但是，少数分署安老工作则差强人意。如，安徽分署所辖的休宁县救济院共计收容孤寡老人 30 名，因为上级拨付的善救经费严重入不敷出，饮食无法保障，这样，孤寡老人在每月月初、月中或附近居民有婚丧嫁娶等活动时，都出门乞讨。芜湖县救济院同样因为经费短缺，每位孤寡老人一日只能吃两顿，一顿米饭，一顿粥；所住房屋破败不堪，为应付严重不足的开销，救济院要求孤寡老人中的男性出去打苦工，女性则要在救济院内缝制布鞋出售。这些人中不少年老体衰，身患多种疾病，无钱医治，任由死去。

（二）开展伤残自立活动

之前，各地救济院所，大多将青壮年残疾者与孤寡老人同时收容，然

---

① 周应时：《天主教上海教区救济事业之检讨》，《社会月刊》1946 年第 1 期，第 9 页。

② 行政院善后救济总署冀热平津分署编：《行政院善后救济总署冀热平津分署业务总报告》，1947 年铅印本，第 13 页。

③ 《行政院善后救济总署业务总报告》，载中国第二历史档案馆编《中华民国史档案资料汇编·第五辑·第三编·政治》（二），江苏古籍出版社 1998 年版，第 473 页。

而，对于青壮年残疾者，长此救济，不仅增加社会负担，而且会使他们感觉无聊，失去生活乐趣，可谓弊病不少。倘若另辟蹊径，通过培养残疾人自立的能力，让他们掌握一定的工作技能，让他们逐步走上自食其力的道路，可谓一举两得。

对此，1945年4月3日，蒋廷黻在向记者发表的谈话中论及老弱残疾者的收容时首先指出：

> 人生如仅为衣食而无工作，亦为生活上之一大苦痛，极老而无工作能力者，自属无法可想，但一部分之残疾者当设法使其能有工作，俾其能自食其力，以免其生活上之孤单[①]。

1945年5月11日，蒋廷黻在善后救济问题讨论会上发表演讲时再次就残疾者的自食其力问题强调指出：

> 有许多人虽残而不废。要他们即时自养，事实上有困难。经过相当时期的训练和学习，他们可以全部的或局部的自养。在公立院所受救济的人多半不快乐，一则因为他们感觉自己太无用了，于是丧失自尊心，二则因为他们闲暇无事，不免感觉无聊。如果他们能学一技一艺，纵使是极简单的技艺，不但公家的负担可以减少，他们的生活乐趣也可以提高[②]。

由上可见，蒋廷黻在1945年的4月和5月连续两次就残疾者的自食其力问题代表行总阐述基本政策，可见他对这一问题的高度重视。在他看来，让残疾者自食其力，不仅有利于其个人，也有利于社会。对于那些一时还不能自食其力者，要加强对他们的培训，以最终使他们全部或部分自食其力，这是解决伤残人员未来的根本途径。

[①] 《四月三日招待新闻记者署长谈话记录》，1945年4月3日，载行政院善后救济总署赈恤厅编《怎样办理赈恤》，1946年铅印本，第40页。

[②] 蒋廷黻：《善后救济总署之性质与任务》，《东方杂志》第41卷第20号1945年10月，第5—6页。

根据蒋廷黻的上述指示，行总着手对青壮年残疾者的救济模式进行调整，将原来的单纯救济模式改为培养自立能力的模式。行总赈恤厅为此制订了教养伤残计划，并会同社会部、卫生署、中央卫生试验院、中央医院及联总驻华办事处的代表，筹划建立用于培养伤残者自立能力的机构——伤残教养院，专门"收容抗战受伤之退伍军人及人民"，负责"对其身体加以保护治疗，施以职业训练，期其残而不废，能以自立谋生"[①]。因此，它有别于普通的外科医院。行总先行供给价值 10 万美元的各种伤残所需的医药及设备，在全国共计创办 5 所这样的伤残教养院，分别设立于南京、北平和广州等地。其人员分别来自于中外，中方人员主要从社会部及其附属机构抽调，外方人员主要由行总与联总驻华办事处协调，从美国、加拿大等国招募相关专门医务人员。

残疾人中包括军人和平民。行总提出了"伤残重建"的救济理念。在行总看来，伤残人员，"大多残而不废"，倘若"长此救济，不仅增加公家负担，抑且坐丧其生活乐趣"，"若能予以教养，经过相当时期，自可达到全部或局部之自养"[②]。

第一所伤残教养院成立于 1946 年 8 月，院址为南京中央医院对面的一块较大空地，共建筑 20 幢新式永久性房屋，另外在这些建筑的旁边安排一所活动板房，开办时设立了 50 个床位。随着工作的推进，床位也在不断地增多，各种设备也在不断增多，规模日益扩大。它采用最新而又有效的方法开展工作，积累经验，示范全国，为其他几所伤残教养院的设立与运行提供借鉴。

伤残教养院对伤残者的自立能力的培养分 3 个步骤进行，分别是物理治疗、职业治疗和职业训练。所谓物理治疗，就是采用诸如水疗、热疗、电疗、光疗和按摩等物理方法对伤残者进行身体上的治疗和康复的方法。所谓职业治疗，就是采用逐渐运动方法，尽可能恢复伤残者的肉体及精神机能的治疗方法。所谓职业训练，包括两方面的内容：一为院内训练，在伤残教养院内，设置实习工场，根据伤残者的身体状况及劳动能力，传授职业及

---

① 《本署与社会部合办伤残教养院》，《行总周报》1946 年第 18 期，第 3 页。
② 行政院善后救济总署编译处编：《行政院善后救济总署业务总报告》，上海市档案馆藏档案：Y3—1—278，第85页。

手艺技能，包括园艺、制瓷等；二为院外训练，由于伤残者的身体或个性限制，院内设置的实习工场不能满足他的需要，伤残教养院可以委托院外其他适合训练的习艺场所对其进行培训。

在一些地方，行总分署机构还对一些原有恤残机构提供了物资或经费援助，以便它们最大限度地收容残疾人。如，江西分署曾出资修复了南昌市残疾所、九江县残疾院等恤残机构。

此外，1947年6月，行总还在上海委托中华职业教育社设立一所伤残重建服务处，其目的是利用上海市原有的医院、普通商场及小型工场等场所，为伤残者提供训练及就业的机会。行总向其提供了十余种相关物资及7000万元经费[①]。

总之，蒋廷黻就解决伤残者的特赈问题的理念是正确的，为此采取了一些可行的措施，取得了一定的成效，在一定时期内基本上达到了既让他们自食其力，减轻社会负担，又使他们心里得到了一份自尊，觉得自己是一个对社会有贡献的人，为他们走好后面的人生之路起到了鼓舞作用。同时也为以后中国残疾人的抚恤、教育与就业问题的解决提供了借鉴。

三　对清寒学生的特赈

抗战期间，不少学生因为战争的影响，家庭贫困，无力继续供他们学习，甚至连最基本的生活都十分困难。行总认为他们应该与难童及老弱伤残者一样得到行总之特赈，以帮助他们渡过难关，顺利完成学业，促使他们日后成为国家的建设者。

为此，行总赈恤厅颁布了《善后救济总署清寒学生救济办法大纲》。该大纲规定："凡现在收复区中等以上学校肄业之学生，家境确属清寒者，得就本署各地区物资分配情形，依本办法大纲之规定酌予救济"[②]。

根据该大纲的有关规定，贫困学生除学费外，因为生活需要向救济机关申请救济时，必须详细介绍其需要，经办机关对他的谈话全部记录，然

---

① 行政院善后救济总署编译处编：《行政院善后救济总署业务总报告》，上海市档案馆馆藏档案：Y3—1—278，第84页。

② 《善后救济总署清寒学生救济办法大纲》，载行政院善后救济总署广西分署编《善后救济章则汇编》第2辑，1946年铅印本，第61页。

后进行调查，如属实，则对他进行必要的特赈。救济的物资主要有衣物和食品，分别包括旧衣旧鞋、棉花棉布；大米、面粉、杂粮和奶粉等。

行总在对贫困学生进行救济时贯彻了"自助"的原则和"取予有道"的精神，除因病且经过医生证明属实外，贫困学生在获得救济的同时，应该在不耽误学业的前提下，参加一些公益性工作。例如，办公室工作文件抄写、图书馆的管理、为救济机关担任调查或发放救济物资的工作、整理校园校舍的工作等。

根据总署要求，各分署迅即开展了以清寒学生为对象的特赈活动。1946 年 7 月，鲁青分署派工作队给辖区内所有女子中学的贫苦师生每人发放一双由联总提供的皮鞋。11 月，给 5245 名流亡至青岛的贫苦学生发放御寒棉衣。12 月，鲁青分署还与有关机构合作，又"配发每人黑布两段，另发棉花一斤，纽扣一套，针一枚，俾便自行缝制"[①]。为解决贫苦小学生营养不良问题，鲁青分署前后三次给部分小学生发放奶水，每次 15 听。还给部分小学贫苦教员一人发放联总提供的皮大衣一件。鲁青分署共计救济贫苦师生 34120 人[②]。在山西，晋绥察分署按全济每月每人发放面粉 1 小袋，半济减半救济贫寒学生。所谓全济，即为家庭接济断绝且无亲友"可资依靠"者；所谓半济，即为"家庭接济虽告断绝但尚有亲友依靠"者。晋绥察分署为此在山西共计发放面粉 2436.12 吨，罐头 1026.61 吨[③]。安徽分署在蚌埠中学设立进修班，对贫困青年"配发面粉，每生每月补助六斤，并且以两个月为限"[④]。安徽分署也对安徽其他地区学校的清寒学生进行了特赈救济，但需符合下列条件之一：（1）"原籍政情特殊有家归不得者"；（2）"家庭音问，久经阻绝或其家流寄后方贫困迄为得归者"；（3）"家庭贫困确无接济者"[⑤]。不仅如此，安徽分署对文化人士和教员进行救济，但必须是"从事教育或文化事业在八年以上者"，且"直系亲属在五口以

---

① 《寒衣奶水救济学生》，《行总周报》1947 年第 42、43 期合刊，第 31 页。

② 延国符：《行总鲁青分署业务总报告》，1947 年铅印本，第 25 页。

③ 《救济太原市各中学贫苦学生》，行政院善后救济总署晋绥察分署《周报》1946 年第 23 期，第 1 页。

④ 行政院善后救济总署安徽分署《善后救济》1946 年第 4 期，第 8 页。

⑤ 行政院善后救济总署安徽分署编：《善后救济总署安徽分署工作报告》，1947 年，第 99 页。

上并须赖赡养者"，或"原籍政情特殊有家归不得者"①。

据统计，1945—1947年，全国共有30万人从这项活动中受益②。针对贫困学生的特赈活动，为他们在一定时期内基本解决温饱问题，增进身心健康，了解社会，完成学业起到了一定的作用。

同时，一些分署对贫寒学生开展了特殊的工赈活动。为此，1946年底，鲁青分署出台《救济清寒学生实施办法草案及救济清寒学生委员会组织简则》，专门针对贫苦学生开展工赈活动。由分署、学生团体及学校共同办理。具体项目包括：学校或行政机关办公室文书抄写、档案管理等，学校图书整理、校园卫生打扫，辅助幼儿园教育儿童游戏，缝制衣服，在学校周边开展种菜等基本农业生产……。

值得一提的是，对抗战烈士遗属的救济也是行总的一项特赈活动。各分署联合当地政府部门及抗战烈士遗属会等民间团体一起办理。其程序是：首先，确属生活困难的烈士遗属向遗属会等团体申请并进行登记；然后由遗属会将名单汇编成册并递交给分署；分署经过调查核实其身份和经济状况，确定符合救济标准者，一一发给"难胞领物证"；最后遗属凭此领取救济物资。1946年4至5月，鲁青分署在青岛为抗战烈士遗属发放特赈款共计0.53亿元，面粉共计1.33万袋，小麦共计1.53万公斤③。

---

① 行政院善后救济总署安徽分署编：《善后救济总署安徽分署工作报告》，1947年，第99页。

② 《行政院善后救济总署业务总报告》，载中国第二历史档案馆编《中华民国史档案资料汇编·第五辑·第三编·政治》（二），江苏古籍出版社1998年版，第475页。

③ 参见《救济抗战烈士遗属》，行政院善后救济总署鲁青分署《鲁青善救旬刊》1946年第11期，第13页。

第七章　遣送难民活动的开展

所谓难民，英文单词是 refugee，也有人称之为 displaced person。意思是避难者或背井离乡的人。"难民"一词在中文中的意思是"由于战乱、自然灾害等原因而流离失所、生活困难的人"[1]。其中，战乱是导致难民大量出现的最主要原因，从某种角度上说，难民常常是战争的衍生品。每一次大战都会使成千上万的平民背井离乡，流离失所，沦为难民。历时 14 年、战火几乎烧遍了整个中国的日本侵华战争也造成许多人民失去家园，成为无家可归的难民。抗战期间，国民政府认定的所谓难民，"是指居住战区或临近战区或在后方受敌人直接损害的人民"[2]。这一标准本身似乎就比较苛刻，但是按此标准划定的难民数量仍然十分庞大。蒋廷黻根据内政部的"研究调查与估计"推断，日本发动的这场侵略战争使超过 4200 万中国人民为躲避战火而被迫逃离家园，沦为难民[3]。而联总远东区委员会的大致估计是："中国待遣送回乡者约二千万人，重庆一地即有三十万人。"[4]抗战胜利后，这些难民大多迫切希望返回故土，重建家园。

本书所探讨的难民，由于研究范围与角度的限制，特指由于"战乱"即历时 14 年的日本侵华战争而被迫流离失所、生活困难的难民，而由于

---

① 中国社会科学院语音研究所词典编辑室编：《现代汉语词典》，商务印书馆 1986 年版，第 982 页。

② 秦孝仪主编：《革命文献》第 96 辑，台北出版社 1973 年版，第 293 页。

③ 蒋廷黻：《行总三十五年工作概述》，载行政院善后救济总署赈恤厅编《怎样办理赈恤》，1946 年铅印本，第 28 页。关于日本侵华战争造成的难民总数说法不一。除了蒋廷黻认为是 4200 万人外，行政院赈济委员会战后的统计数字是 49014892 人（秦孝仪主编：《革命文献》第 96 辑，台北出版社 1973 年版，第 9—10 页）；而孙艳魁认为难民总数应该在 6000 万人以上（孙艳魁：《苦难的人流——抗战时期的难民》，广西师范大学出版社 1994 年版，第 46 页）。笔者在此采用蒋廷黻的说法。

④ 《行总周报》1946 年第 4 期，第 3 页。

地震、洪涝灾害等"自然灾害"造成的难民，则基本不在本书探讨范围内，如用英文表述，即为 displaced person by war。

面对如此庞大的难民群体，国民政府及社会团体根本无力全面救助。因此，遣送难民也就不可避免地成为行总长期、紧迫而艰巨的任务。行总开展的遣送难民的活动主要包括 3 个方面，分别是国内难民遣送回原籍、逃回国内的华侨返回原来的居留地以及外侨遣送回本国。

第一节　难民遣送的相关政策及准备工作

为了使成千上万流离外地的难民被成功遣送回原籍，行总制订了一系列计划，出台了一系列政策。

一　战时国民政府的难民遣送活动

1931 年 9 月 18 日，日本侵略者制造了"九一八事变"。事变爆发后不到半年时间，东北三省就沦于日寇的铁蹄之下，三千万东北同胞从此过起了亡国奴的生活，他们中的许多人被迫逃离家园，中国也就出现了因日寇侵略造成的成千上万的难民。1937 年 7 月 7 日，日寇又炮制了"卢沟桥事变"，日本侵华战争演变为全面战争，中国难民也随即大规模增长。正如行总在其制定的《中国善后救济计划》中所说："一九三七－三八年战役之后，人口大量西移，数以百万计，嗣后敌人迭次西向追迫，难民数量随时增多。"[1]北平、天津相继失守后，仅在天津各条大小不一的街道上就挤满了不少于 50 万的中国难民，"八一三沪战即起，各地难民，逃避来京，每日千数百人不等"[2]。

在这些背井离乡的难民中，还有不少人逃往西北、西南等大后方地区。据行政院赈济委员会的统计，战时"贵州一省外省难民有 6 万人，云南一

---

① 行政院善后救济总署编：《中国善后救济计划》，上海市档案馆馆藏档案：Y3—1—274，第 28 页。

② 《世界红十字会关于南京大屠杀后掩埋救济工作报告》，《档案与史学》1997 年第 4 期。

省有 10 万人，四川一省有 20 万人，西北陕甘两省有 50 万人"[①]。他们饱受各种离乡之苦。当时，社会各界对难民救济、遣送问题达成共识。有的人认为，"多救济一个难民，即为民族多充实一分力量；能减少敌人蹂躏一个同胞，即为建国多保持一份元气。"[②] 也有的人认为，"安辑流亡，收拾人心，增强国力，助成抗战建国大业"[③]。因此，对难民的救济与遣送也就被国民政府提上议事日程。

抗战期间，由行政院下属的赈济委员会与军事委员会政治部、战地党政委员会三个机构共同商定了《战政振三机关工作配合办法》。要求各地在抗战的不同时期采取不同的措施，在战争初期，"着重抢运难民，运赴安全地带"；战局稳定后，"则随军推进，施放急振"。除了安排相关分署开展难民遣送工作外，各战区政治部也负有协助办理的职责[④]。

这样，抗战期间，国民政府对难民开展了诸如紧急救济、运送配置、教育培训、职业介绍与指导等形式的救济活动。此外，还要对那些不能在当地生存的难民进行有组织的遣送。

1938 年 4 月，行政院赈济委员会在全国专门设立了 6 个救济、遣送难民的大区，在难民遣送较为集中的路线上还设立了 26 个难民遣送总站、132 个分站及 160 余个难民临时居留所，每一个单位均安排了数目不等的人员进行协调、管理，以便难民遣送工作顺利推进。1939 年，国民党当局在其《抗战建国纲领》中第 27 条就指出：各级政府要重视"救济战区难民及失业民众"[⑤]。其基本目标是，"不令难民失所"，同时要让难民"免冻饿之忧"[⑥]。

1943 年 9 月，国民党五届十一中全会审议并通过了《确定战后社会救济案》，其中确定的难民遣送原则是，"对于遭受战事或天灾及其他非常

---

① 行政院赈济委员会编：《本年度善后救济计划》，《经济周报》1946 年第 6 期，第 2 页。

② 梁子善：《抗战时期的难民救济政策》，《时事月报》1938 年第 12 期，第 37 页。

③ 秦孝仪主编：《革命文献》第 90 辑，台北出版社 1973 年版，第 421 页。

④ 同上书，第 52 页。

⑤ 《中国国民党抗战建国纲领》，载秦孝仪主编《中华民国重要史料初编——对日抗战时期》第 4 编第 1 册，台北出版社 1988 年版，第 50 页。

⑥ 《振济委员会孔祥熙兼委员长对该会科长以上职员训词》，载秦孝仪主编《革命文献》第 96 辑，台北出版社 1973 年版，第 430—431 页。

灾变之灾民难民,流亡在外者,应由政府资助其回籍,或移速人口稀少地区,及配置于各种建设部门,辅导其复业、就业或改业"①。

国民政府在战时遣送难民按照标本兼治、分途推进的方针,将在战区的难民内迁。1938 年 10 月,武汉失守前夕,来自全国各地的难民滞留于武汉的超过 150 万人。国民政府要求赈济委员会动员各种运输力量,将滞留在武汉的难民遣送至湘西、湘南、广西、四川与陕西等地,并采取多种措施,"恢复其自立之能力",组织难民开展屯垦等生产自救等活动,以解决他们的临时生活困难②。为此,武汉的武昌与汉阳两地共同成立了"武阳疏散人口委员会",他们利用粤汉铁路将一部分难民遣送至湘、桂两省;利用轮船经过长江水道将难民遣送至重庆。

战时,一些民间慈善团体也参与了遣送难民的工作。如,1937 年 11 月,上海沦陷后,在苏南、浙北等地聚集了大批从上海来的难民,中国红十字会江苏分会、国际红十字会浙江分会立即行动起来,对所有过境的难民予以资遣,逐日雇用车辆、船舶将他们遣送至当时相对安全的苏州、湖州及浙西一带。12 月初,杭州沦陷前夕,国际红十字会浙江分会又立即遣散滞留于此的难民。南京沦陷前夕,中国红十字会江苏分会加紧组织滞留于南京的难民疏散。

据不完全统计,抗战期间,包括国民政府赈济委员会及民间慈善团体在内的各个救济机构及团体总计救济、遣送难民 1952.5 万人(其中绝大部分是临时救济)③。

二、难民遣送相关政策的制定

由上可见,战时为了躲避战乱,全国东、中部地区不少百姓被迫背井离乡,被疏散至西部大后方。抗战胜利后,他们急需返回故土,重建家园,开展生产自救。而此时,联总在中国开始兴办善后救济事业,国民政府因财力枯竭,无力单独开展难民遣送工作,故国民政府要求行政院善后救济总署

① 秦孝仪主编:《革命文献》第 80 辑,台北出版社 1973 年版,第 340 页。

② 中国第二历史档案馆编:《中华民国史档案资料汇编・第五辑・第二编・财政经济》(八),江苏古籍出版社 1997 年版,第 506 页。

③ 秦孝仪主编:《革命文献》第 96 辑,台北出版社 1973 年版,第 10 页。

利用联总提供的援助物资及经费在中国举办大规模的难民遣送活动。

对于战后难民遣送工作，行总给予了高度重视。署长蒋廷黻认为，"难民于战时流至后方，备尝艰辛，纯出于爱国思想，渠等理应获得吾人之协助"[①]。后来，他又进一步明确提出，"因作战时间太久，远离家乡、流亡后方的难民助其回家是本署应负之职责"[②]。不仅如此，在行总看来，"在农业社会的中国，这大量人民的返乡与复员也就是农业生产力的复员"，因此，"这项工作正是行总使命中应该从事的工作"[③]。行总及其负责人对难民遣送工作的重要性认识，自然也得到了各分署的赞同。如广东分署指出："输送难民归乡，从事生产，实为战后复员之第一要着。"[④]

可见，遣送难民无论从道义上讲，还是从实际需要上讲都是十分必要而紧迫的，同时这一工作又是行政院善后救济总署及其分署义不容辞的责任。不过，身为行总署长的蒋廷黻也清醒地认识到，由于难民人数众多，地域广阔，因而遣送工作"至为繁重"[⑤]。那么，要想使这一工作顺利推进，取得成效，就必须及早谋划，精心准备，所以，在难民遣送活动全面开展之前，蒋廷黻及其行总为此制定了基本政策，做了不少的前期准备工作。

在制定、公布遣送难民的设想、政策等方面，蒋廷黻主要是通过以下几个方面的途径来完成的：1945 年 10 月在《东方杂志》上发表《善后救济总署之性质与任务》、1946 年春在行总广东分署主办的广东分署《周报》上以连载的形式刊登的《干什么？怎样干？》、1946 年 1 月在行总署务会议上的讲话（即《行总三十五年工作概述》）、1945 年至 1946 年接受新闻记者采访的一系列谈话等。

特别是在此基础上，他主持编订了《善后救济总署遣送难民回籍办法》，

---

① 蒋廷黻：《蒋署长开幕训词》，行政院善后救济总署编译处编印，1946 年铅印本，第 7 页。

② 蒋廷黻：《行总三十五年工作概述》，载行政院善后救济总署赈恤厅编《怎样办理赈恤》，1946 年铅印本，第 28 页。

③ 行政院善后救济总署调查处编：《行政院善后救济总署业务总报告》（1945 年 10 月—1946 年 9 月），1946 年铅印本，第 19 页。

④ 《为本署决先在梧州至广州一线雇船免费输送难民归乡经派人员赶往办理》，广州市档案馆馆藏档案：4—02—4801—1。转引自黎淑莹《抗日战争胜利初期广州难民遣送考述》，《暨南学报》2013 年第 3 期。

⑤ 蒋廷黻：《行总三十五年工作概述》，载行政院善后救济总署赈恤厅编《怎样办理赈恤》，1946 年铅印本，第 28 页。

并在呈请行政院核准后，于1946年4月17日签署《善后救济总署训令》（发文济渝参字第1806号）向全国各分署公布了这一办法，并要求各分署遵照执行，务必在全国迅速进行这项活动。

蒋廷黻在《善后救济总署训令》中指出：

> 令各分署
>
> 查关于各地难民之遣送，前经拟定办法草案呈院核准，顷奉行政院本年四月三日节玖字第一○○六一号指令闻"原办法经酌加修正，修正本随令抄发"等。因附抄发善后救济总署遣送难民回籍办法一份，奉此除公布并分行外，合行抄发是项办法。令仰遵照此令。
>
> 附抄发善后救济总署遣送难民回籍办法一份。
>
> 蒋廷黻[①]

蒋廷黻及其领导的行总通过上述多种途径规定了全国各分署在各地开展遣送难民的救济活动时应该遵循的方针政策与规章制度。

这些方针政策与规章制度归纳起来，主要有以下几个方面。

（一）关于难民遣送的标准

如前所述，全国在战后大约有四千多万难民。联总在中国开展的善后救济活动时间较短，所给予的救济物资及经费有限，因此，行总不可能帮助所有的难民返乡，而只能有选择地进行重点帮助。为了使难民遣送工作有条不紊地开展，行总就必须首先确定接受遣送的难民标准。

最初，蒋廷黻在《善后救济总署之性质与任务》一文中就此指出：

> 在此次长期抗战中，不少的同胞扶老携幼离开家乡。有些逃离不远，等到军事过去了，又回到原有的田庄去工作。有些则不远千里来到自由的国土，参加抗战建国的伟大事业。假若这些人需要我们的帮助，我们应该尽我们的力量。
>
> 到后方来的同胞，已经有相当的职业和相当的社会地位，他们在

---

① 蒋廷黻：《善后救济总署训令》，《行总周报》1946年第15期，第2页。

后方已经生根了。我们自然不应该鼓励这些人回老家，因为祖国各城各村都可以作我们的家乡。此外，还有些人虽然急欲回到老家，他们能自备资斧，无须我们帮助。穷苦的难民要回家乡而又无法回去的，我们才应该给他们设法①。

由上可见，蒋廷黻最初拟计划以下几种难民不能由行总帮助返乡：一是逃离不远，等到军事过去了，又回到原有的田庄去工作的难民；二是到后方来的同胞，已经有相当的职业和相当的社会地位，他们在后方已经生根了的难民；三是虽然急欲回到老家，但他们"能自备资斧"，自己有能力返乡的难民。换句话说，上述三种人不符合行总难民遣送的标准。只有那些"不远千里来到自由的国土"，在后方还没有"相当的职业和相当的社会地位""急欲回到老家"，但他们又不能"自备资斧""要回家乡而又无法回去"的穷苦难民返乡时才能得到行总的帮助，才能由行总出资或提供救济物资将其遣送回家。这就是蒋廷黻首先确定的难民遣送的基本标准。

之后，行总赈恤厅根据蒋廷黻确定的上述基本标准并结合当时的实际情况，在其制定的《善后救济总署赈恤业务原则》中进一步规定"遣送回籍难民"的标准。

（子）因受战事损害转徙异乡，留养于各地难民收容所或其他救济设施者。

（丑）拥有难民证明文件，经调查属实，认为确系流亡无资回籍者。

（寅）抗战期内转徙异乡，收入低微，子女众多，无力取得他种资助回籍，经调查属实者②。

---

① 蒋廷黻：《善后救济总署之性质与任务》，《东方杂志》1945 年 10 月第 41 卷第 20 期，第 6 页。

② 《善后救济总署赈恤业务原则》，载行政院善后救济总署江西分署编《善救准则》，1946 年铅印本，第 74 页。

不难看出，这个标准比蒋廷黻最初确定的基本标准更加具体，也比较好操作。在上述两个初步标准的基础上，蒋廷黻亲自签发的《善后救济总署遣送难民回籍办法》更进一步明确规定了难民遣送的标准。即：

（子）因受战事损害转徙异乡，留养于各地难民收容所或其他救济设施者。

（丑）拥有难民证明文件，经调查属实，认为确系难民无资回籍者。

（寅）经有关机关或依法设立之慈善团体依子丑两项规定正式备文造册送请遣送之难民，经本署审查认为符合遣送标准者。

（卯）技工、熟工、劳工流落异乡，现已失业，而原籍需要是项供应，自身无力回籍经调查属实者。

（辰）流亡异乡，收入低微，而其子女超过三人以上，无法取得他种资助回籍经调查属实者。

（巳）连续失业六个月，无力生活，经调查属实认为有遣送必要者[①]。

另外，《善后救济总署遣送难民回籍办法》还作了补充规定，"前项合于遣送标准之难民，其回籍后能自行谋得生活不须再予救济者得提前遣送"[②]。不难看出，其中规定的标准更全面、更具体、更明确、更富有操作性。至此，难民遣送的标准得以正式确定。

（二）关于难民的调查登记与审查

要想使所有由行总遣送的难民均符合标准，就必须在遣送工作开始前对难民进行调查、登记以及审查。为此，行总对此作出了一系列明确的规定。

行总各分支机构或地方政府依照难民遣送的标准对难民"作初步调查、填发登记表并造具名册，听候审查"[③]。

难民如果全家需要遣送，"得由家长代表申请登记，但每名应各填登

[①] 《善后救济总署遣送难民回籍办法》，《行总周报》1946 年第 15 期，第 2 页。

[②] 同上。

[③] 同上。

记表一份"，同时还需一一"呈验大小口之难民证明文件是否符合"。

行总及其分署或分支机构应该与当地社会行政机构相互配合，共同办理难民接受遣送的资格审查，"其不合规定标准者应不予遣送"①。

（三）关于难民遣送的注意事项

对难民在遣送过程中应该注意的事项，行总也一一作出了明确规定。比较重要的内容主要有以下几个方面。

难民遣送的起点与路线问题。后方暂时以重庆、贵阳和西安三地（后来又增加了昆明一地）为起点，由行总分设临时机构办理起运事宜，各省区分署及其他机构应该斟酌境内难民分布情况，配合接运。

难民遣送的交通工具问题。规定"遣送交通工具以火车、汽车、轮船为主，均免费搭载，或商定记账优待办法"，其费用由行总及其各分署或其他机构支付。而对于那些"距离原籍不远或无法觅得交通工具"的难民则只好采用徒步的方式进行遣送。

难民遣送时各分署的职责划分问题。规定"凡在甲省难民返回乙省原籍，其收容与遣送应该由甲省分署负责办理"，而难民到达目的地即乙省原籍时的遣散及他们回家后的衣食住等的供应则由乙省分署负责②。

各分署为了较好地贯彻蒋廷黻及其领导的行总制定的方针政策与规章制度，顺利推进难民遣送工作，一般都根据上述总体要求，结合本地实际，制定了用于指导本地工作的规章制度。例如，江西分署制定了《善后救济总署江西分署加强遣送难民回籍计划》；广西分署制定了《善后救济总署广西分署遣送难民回籍实施细则》等③。

蒋廷黻及其领导的行总制定的方针政策与规章制度以及各分署据此制定的实施办法、实施细则等地方性法规，为行总及其分署全面推进难民遣送工作奠定了基础。

---

① 《善后救济总署遣送难民回籍办法》，《行总周报》1946 年第 15 期，第 2 页。

② 《善后救济总署赈恤业务原则》，载行政院善后救济总署江西分署编《善救准则》，1946年铅印本，第 74—75 页。

③ 有关《善后救济总署江西分署加强遣送难民回籍计划》及《善后救济总署广西分署遣送难民回籍实施细则》的详细内容，分别参见行政院善后救济总署江西分署编《善救准则》，1946年铅印本，第 91—98 页；行政院善后救济总署广西分署编《善后救济章则汇编》第一辑，1946年铅印本，第 65—70 页。

三 各级遣送机构的成立及交通工具的确定

为了更好地开展难民遣送工作，行总在全国一些地区设立了各级难民遣送机构。在那些难民较为集中、交通比较顺畅的地区的大城市设置若干难民输送站。1946年初，重庆、贵阳和昆明成为首批成立的输送站。1947年5月，贯穿东西的大动脉——陇海铁路得以全线修复，为了配合黄泛区的难民遣送工作，行总又决定在西安设立输送站。这4个疏送站基本上是在战后中国善后救济事业没有覆盖的地区即大后方，它们成为行总开展难民遣送工作时的第一级机构。与此同时，行总又在宜昌、上海和汉口等地相继设立了一批大型难民招待所和难民接运处，是为第二级机构。

在此基础上，行总还要求各分署在难民返乡时必须经过的主要路线上分区设立收容站、转运站或服务站，办理运送及接运等业务，以配合上述机构的疏送工作，它们是第三级机构。至此，行总用于遣送难民的机构从上往下全部设立，形成了全国难民遣送网。

要对为数众多的难民从避难处遣送回籍，交通工具的确定与调配无疑是个急需解决的关键问题。历经十余年的抗战，中国原有的铁路、船舶和公路设施损坏严重。交通工具也是十分缺乏，对此，行总感叹道：难民遣送，“运输之需要量大增，深感供不应求”①。行总各级机构为了办理难民遣送的救济业务，克服种种困难，绞尽脑汁，千方百计地寻找交通工具，以便加快难民疏送的进程。

综合起来，行总用来疏送难民的交通工具共有以下5种。

一是汽车。在那些抗战期间公路损坏有限，或者损坏严重但很快给予了修复，能够勉强投入使用的地区，则运用汽车作为难民遣送的工具。使用之初，蒋廷黻指示行总赈恤厅的负责人与交通部公路总局签订了使用汽车运输难民的办法。汽车是行总用来遣送难民的最主要的交通工具。这种交通工具，“施行以来，尚称顺利”②。

二是火车。在那些可以利用铁路运输的地区，行总要求总署的职能机构及其分署的各级遣送机构尽量使用火车来遣送难民。在行总看来，运用

① 《行政院善后救济总署业务总报告》，载中国第二历史档案馆编《中华民国史档案资料汇编·第五辑·第三编·政治》（二），江苏古籍出版社1998年版，第432页。
② 同上书，第433页。

火车遣送难民，优势明显，一方面"载量既巨"，另一方面"费用较省"。难民遣送活动期间，行总署长蒋廷黻亲自与交通部主要负责人就难民乘坐火车的票价问题进行了商谈，并最终签订了二五折优待的实施办法。随着时间的推移，火车这种交通工具的使用量不断增长，主要原因是铁路在战后逐步得以修通，铁路运营里程在不断增多。使用火车遣送难民，"收效颇宏"[①]。

三是船舶。在那些靠近江、河、湖泊的地区遣送难民，行总往往使用轮船这一大型船舶作为交通工具。如果是由国营招商局的轮船运输的，经行总赈恤厅与交通部协商，票价一般按七五折计算。但是，利用大型轮船运输，往往会受到季节等因素影响。比如，这种交通工具在冬季难以使用。因为此时不论南北，中国的江河水位都较低，大的轮船不能航行，而仅靠小的轮船运送难民，显然速度太慢，特别是遣送业务非常繁忙的时候。在这种情况下，蒋廷黻在呈请行政院核准的前提下，决定临时使用木船为运输工具。

四是飞机。这种交通工具在遣送难民的过程中使用频率较低，一般难民难以有机会乘坐。飞机只在以下两种情况下用来遣送难民：少数归国华侨为了赶上返回原来居住国的海上轮船的班期而乘坐飞机；其他适当的交通工具十分缺乏，并且经济条件又许可的难民。所有使用飞机遣送难民的任务都由空运大队承担。

五是兽力车。在那些汽车、火车、船舶都不能顺利到达的地方，则只好使用兽力车担当交通工具。

另外，在上述 5 种交通工具都无法使用的情况下，则采取徒步的方式对难民予以遣送。

第二节　国内难民的遣送及其成效

由于国内难民人数众多且地域极其分散，因此，对国内难民的遣送工作千头万绪，任务十分繁重，从前期准备到大规模遣送需要做的工作都是

---

① 《行政院善后救济总署业务总报告》，载中国第二历史档案馆编《中华民国史档案资料汇编·第五辑·第三编·政治》（二），江苏古籍出版社 1998 年版，第 433 页。

十分重要的，并且又是困难重重的。

概括起来，行总为遣送国内难民所做的主要工作大致有以下几个方面。

一　开展难民发动工作

难民遣送工作开展前夕，信息十分不畅，行总与即将被遣送的难民互不了解。一方面，行总各级机构对难民的准确情况了解得不够。例如，难民主要分布在哪些地区？每个地区究竟有多少难民？一些难民的个人信息更是缺乏，例如他们的姓名、性别、职业、身体状况、原籍等。另一方面，难民对行总即将开展的遣送活动的有关情况特别是相关政策知之甚少，甚至有些难民根本不知道抗战胜利后联合国善后救济总署在中国开展善后救济事业这一基本事实。在这种情况下，行总认为，为了确保遣送难民的工作顺利进行，必须在活动全面开始前，充分发动难民，让他们了解行总开展难民遣送的有关政策。所以，行总采取会同行政院其他有关部门共同发布公告的办法，以达到发动难民的目的。

例如，1946年1月，行总署长蒋廷黻联合社会部部长谷正纲为发动重庆难民而向他们发布了布告。

布告全文如下：

> 社会部、善后救济总署布告
>
> 本部署奉令拟辅助来渝难民调查办法，亟应先做调查，期得详确数字以资统筹经费。会同有关机关成立各省来渝难民调查委员会负责主持并于市属各区设立调查队经办调查事宜。凡属战区各省因战事变迁来渝之难民现无职业者或从事劳动，同居亲属在三口以上无力还乡者，希自本月七日至十六日前往住在区公所或警察分局分驻所依照规定手续，接受调查，以便本署根据调查结果统筹办理调查程序，分区公布。此布。
>
> 中华民国三十五年一月　日
>
> 部长：谷正纲
>
> 署长：蒋廷黻 [1]

---

[1] 《社会部、善后救济总署布告》，《中央日报》1946年1月8日。

不难看出，蒋廷黻等在此布告中向广大难民传达了行总即将开展遣送难民活动的信息，同时也提出了难民接受遣送的条件及先期调查的期限等问题。

又如，为了防止舞弊事件的发生，使不符合遣送标准的人无法冒领相关证件，在上述布告发布之前，蒋廷黻就和社会部部长谷正纲向"湘桂来渝难胞"联合发布布告。

布告全文如下：

> 社会部、善后救济总署布告
> 查关于疏遣湘桂来渝难胞事宜，业经本部署约集各有关机关商定办法，按名发给还乡证，编组运配并经抽签排定先后，遇有轮位依次启行。但此次发给还乡证系以前赈济委员会所发难民证为根据，深恐为时已久，难免发生流弊。兹为严厉防杜弊端，务期真正难胞得受实惠起见，除于登轮之前会同主管机关按照会商凡揣有法币十万元以上者不予遣送之决定认真检查外，凡有以难民证暗作买卖或冒领顶替者一经发觉即行究办。如经人检举查属实在者并予检举人奖金三万元。如办理是项事务之职员有不法舞弊情事并准任何人众检举告发，一经查实立即加重惩处并予检举人奖金五万元。特此布告。
> 中华民国三十四年十月　日
> 部长：谷正纲
> 署长：蒋廷黻[1]

蒋廷黻等发布这一布告，其目的在于，不仅要防止不符合标准的难民弄虚作假，套取补贴，更要防止从事难民遣送工作的工作人员徇私舞弊，以在群众心目中树立行总清正廉洁的形象，保证难民的切身利益，为行总的难民遣送工作顺利推进扫清障碍。

为了让更多的人特别是难民知道布告的内容，蒋廷黻等往往通过多种方式和途径来发布。比较重要的有以下几种：其一，在报纸的显著位置上

---

[1]　《社会部、善后救济总署布告》，《中央日报》1946 年 10 月 18 日。

多次刊登，例如《中央日报》等；其二，在收复区的农村村落、城市的街头张贴；其三，通过广播多次播发。这些布告的及时发布对发动群众，让群众知晓行总的有关政策发挥了不可低估的作用。

二、难民遣送工作的基本程序

难民遣送工作早在 1945 年 9 月即已着手进行，行总要求"每一分署皆在其管辖区内，交通重要的地点，设有遣送站或招待所，完成全国难民遣送网"①。主要从遣送在渝的湘桂难民开始。早期主要以汽车通过公路输送，1946 年春季后，随着各江河水位的上涨，轮船可以大量投入使用，这样，遣送的人数也可大量增加。对此，1946 年初，蒋廷黻在行总的一次会议上部署难民遣送工作时指出：要加紧疏送难民返乡，目前以公路配运，"每月可望速送二万人，三四月间俟长江水涨，当可大量疏送"②。

在遣送难民前，行总在全国实行了所谓的"难民全国护照制度"，每一名符合遣送条件的难民，登记时都会得到由行总颁发的"难民证"或"还乡证"。其中注明了该难民的姓名、性别、原籍、返乡旅程以及行总临时发给的食品、衣物、药品及现款等物资种类、数量等。"为避免所经分署重复登记、发放及管理方便起见"，难民被遣送时必须随身携带"难民证"或"还乡证"，同时发放机构也必须留存根③。为保证将登记的难民如期、悉数遣送完毕，行总规定，接受遣送的难民登记截止时间为 1947 年 3 月底，此后不再接受登记。

为了提高遣送的准确性及效率，相关遣送机构都要将目的地大致相同的难民进行统一编队。一般每 20 人编为一小组，每 3 至 5 小组编为一大组。由难民在其中间推选组长，组长在沿途承担一定的照料普通难民的职责。每一批难民遣送的全程，陪同的行总职员必须有记录在案，内容包括难民的姓名、人数、年龄、目的地及遣送费用等信息。同时行总职员还要负责

---

① 行政院新闻局编；《两年来的善后救济》，1947 年，上海市档案馆藏档案：Y3—1—344，第 17 页。

② 《政院救济总署 本年中心工作》，《中央日报》1946 年 1 月 8 日。

③ 行政院善后救济总署编译处编；《行政院善后救济总署业务总报告》，上海市档案馆藏档案：Y3—1—278，第 55 页。

与途经地分署及目的地分署进行联络与交接。

为了使所有领到难民证或还乡证的难民得到及时、准确遣送，不致发生错遣和漏遣，每一次遣送前，行总署长蒋廷黻还都会与社会部部长谷正纲联合向全社会发布公告，将诸如此批难民遣送的时间、出发地点等信息告知难民。例如，1945 年底，在遣送重庆的湘桂难民时就曾经通过报纸刊登、张贴海报和广播播发等多种方式发布了这样的公告：

> 社会部、善后救济总署为办理已登记湘桂难民编组公告
>
> 查湘桂来渝难民前经本部署公告登记并经将已编组者分批遣送完竣。各在案其尚未编组之湘桂难民兹特办理继续编组：（一）此次编组难民以由湘桂来渝已领有社会局还乡证者为限。（二）编组登记日期自三十五年一月五日至一月十二日止。（三）登记地点：重庆两路口社会部重庆社会服务处及海棠溪分处。（四）遣送日期一月十五日上午九时在东水门码头集中上船合行。公告仰各按时前往编组以便遣送。如逾期不来登记，不再予以遣送。已领还乡证一律作废。幸勿自误为要。此布。
>
> 中华民国三十四年十二月　日
>
> 部长：谷正纲
>
> 署长：蒋廷黻 [①]

难民在遣送途中行总将安排一定数量的工作人员护送。难民在遣送途中的膳食由行总及其分署负责。他们的伙食费一般以每人每日300元的标准开支，12岁以下儿童的膳食在成人的基础上减半，3岁以下的婴儿则不发膳食费。当然，这一标准在具体执行过程中，不同分署略有区别。难民出发时，行总及其分署负责协调当地医务人员对他们的健康状况进行严格检查，并打防疫针。如难民还在出发点尚未出发时害病，由行总在当地的定点医院免费治疗，为让难民了解这一政策，有病能够得到及时治疗，行总还专门为此发布通告。例如，行总为在重庆的难民曾经发布过这样的

---

① 《社会部、善后救济总署为办理已登记湘桂难民编组公告》，《中央日报》1946 年 1 月 8 日。

通告：

　　善后救济总署通告
　　本署为在渝贫苦难民患病无力就医，经洽定本市指定医院免费治疗并已于一月十六日实施，特此通告。
　　申请地点：本市学田湾赈恤厅特振组
　　二、申请时间：每日上午九时至十一时，下午二时至四时
　　三、申请条件：（一）持有难民证者；（二）经社会服务机关介绍者；（三）患急性疾病亟待治疗者①。

　　如难民在途中害病，其治疗问题也由行总及其分署负责。常见性疾病由行总及其分署负责派遣的随队医务人员随时诊治；其他疾病则一律由沿途的卫生署所属的医疗机构代为诊疗，其费用由医务机关开具票据到所在地的行总相应分署报销。难民在遣送途中因病或因其他原因死亡的，其丧葬事宜及费用亦由行总及其分署负责。跨省难民被遣送到达目的地后，由行总安排的工作人员向当地分署的接运站、所进行移交，并出具移交公文。然后由当地的接运站将接收的难民就地解散，让他们自行返回原来的村庄和住所。在本省需要遣送回本县的难民，一般由所在地的行总分署负责遣送。
　　难民到达目的地解散时，行总各分署一般会发给他们一定数量的生活费，其标准为：解散地离其家每100里每人发给1000元，50里以下者则不发生活费。当地政府每月必须将该地接收的被遣送难民的人数报行总在当地的分署备案。根据蒋廷黻的设想，遣送回去的难民，应该从此能够在家乡进行生产，自谋生计，不再需要政府或行总的救济，否则还不如不遣送②。

三　难民遣送活动的概况
　　根据国民政府及行总的有关规定，行总15个分署及福建、云南、烟

① 《善后救济总署通告》，《中央日报》1946年2月1日。
② 参见行政院善后救济总署赈恤厅编《怎样办理赈恤》，1946年铅印本，第4页。

台 3 个办事处相继开展了难民遣送工作。它们遣送难民的经费及物资主要来源于两部分，一部分是从行总此前拨付给各分署、办事处的一般善后救济业务经费及物资中支付；另一部分是行总为弥补难民遣送工作经费及物资之不足，而根据实际情况另外拨付的专门用于难民遣送的经费及物资。

安徽分署一成立，就在交通枢纽之地如安庆、芜湖、屯溪和蚌埠等地设立遣送站(所)，"专司其事"①。"举凡自上游各省回归之难民，持有川、湘、鄂、赣等省正式资遣凭证者，各站所均以短期之招待，以三日为限，其急于返乡，不愿逗留休息者，亦得加发伙食费三日，以示矜恤。"② 按大人、小孩确定补助标准，年满 12 岁者即被视为大人，12 岁以下为小孩。最初是大人每人每日 200 元，后来因为物价上涨，补助标准也不断提高，分别为 300 元、400 元和 600 元，小孩减半。家庭特别困难，经调查属实，"特发谋生基金五千元"③。

广东分署积极组织力量遣送过境广东的国内难民，多渠道筹措用于难民遣送的物资及经费，并及时向难民发放。国内难民遣送的资费一般为：一次性由县救济机构发给难民一个月伙食（一般为大米 60 磅），难民上车、上船之际一般还会根据路途远近，酌情发放一些营养品及每天 500 元的茶水费④。1946 年 1 月至 1947 年 7 月，广东分署共计遣送国内难民 5.53 万人⑤。

湖北分署遣送难民时，一方面组织火车、轮船、汽车疏运在武汉等地的难民，一方面给那些自行返乡的难民安排交通工具，并给予适当的食品、药品等物资及路费。共计遣送难民超过 14 万人，其中以江苏、浙江、江西、安徽等地难民为主⑥。

上海分署遣送难民主要依靠陆运、水运及就地遣散三种方式。陆运的交通工具主要是火车，水运的交通工具主要是轮船。难民离开临时收容所

---

① 行政院善后救济总署安徽分署编：安徽分署《善后救济》1946 年第 1 期，第 9 页。

② 同上书，第 10 页。

③ 同上。

④ 黄国梁：《书告留广州难胞》，《大光报》1946 年 9 月 2 日。

⑤ 行政院善后救济总署广东分署编：《行政院善后救济总署广东分署业务总报告》，1947 年铅印本，第 14 页。

⑥ 周仓柏：《善后救济总署湖北分署业务总报告》，1948 年铅印本，第 23 页。

即将返乡时，行总上海分署向每位难民提供三等或四等火车票、轮船统舱船票。根据每位难民的行程及返乡所需时间，发放途中伙食费，其标准是，乘坐火车者，每人每天 300 元，乘坐轮船者，每人每天 150 元，另外，向每人发放安恤金 100 元。就地遣散者，主要是针对为数不多的沪籍难民，根据其困难程度，每人可获一次性补助金 1.2 万元至 1.5 万元。上海分署为此共计拨款 3 亿元，共计遣送国内难民 5.1 万人[①]。

苏宁分署所辖的南京、徐州、镇江等地地处水陆交通要道，过境难民众多。分署在这些地区先后设立了难民收容所、中转站。对过境难民进行收容、遣送协助他们安排转运车、船，提供临时食宿及医疗救助。难民到达后，凭难民证予以登记，然后发给一定的生活、差旅费，引导他们抵达车站、码头，统一遣送回籍。自 1945 年 12 月至 1946 年 10 月底，苏宁分署共计遣送难民 15.8 万人[②]。

广西分署在 1945 年 11 月至 1947 年 11 月，为每位在遣送途中的难民，每天提供大米 1 斤，菜金 100 元，或者每人每天发放生活费 300-400 元，3 岁至 12 岁以下儿童减半，3 岁以下婴儿则不发。行总广西分署为遣送国内难民共计支付了 1.4 亿多元。共计遣送难民 3.69 万人，其中国内难民 3.29 万人，占境内应遣送人数的 88.1%[③]。

江西分署为遣送难民，先后在南昌、九江等地设立接运站等机构，为此支付的经费多达 1.37 亿元，共计 5.6 万余名难民被遣送。在江西分署所辖地区中，各县、市遣送的规模大小不一，有的甚至相差极其悬殊。遣送规模最大的是九江，多达 2.47 万人，其次是南昌，为 1.41 万人，最少的是宜春，仅 37 人[④]。

抗战胜利后，河南分署为帮助流离于陕西等地的难民尽快返乡，特在难民集中地及主要途经地设立难民返乡服务处。难民遣送过程中，随着难民人数的急剧增加，河南分署又会同河南省社会处、联总驻豫办事处成立

---

① 《上海分署副署长王人麟报告》，载行政院善后救济总署编《善后救济总署第一次工作检讨会议记录》，1946 年铅印本，第 18 页。

② 行政院善后救济总署苏宁分署《月报》1946 年第 10 期，第 7 页。

③ 广西壮族自治区地方志编撰委员会编：《广西区志·民政志》，广西人民出版社 1996 年版，第 144 页。

④ 行政院善后救济总署江西分署编：《江西善后救济》1947 年第 6 期，第 4 页。

了河南难民遣送督导委员会，负责难民遣送路线的制定、难民遣送的督导、协调及考核等工作。符合条件的难民可获得在临时机构的暂居权，但时间一般不得超过 3 天，其间，河南分署给予每人 4.5 斤口粮。难民们统一由难民服务处依据返乡路线编组遣送，其间，根据难民返乡所需的时间及方式，服务处给他们提供一定数额的"膳食代金"、副食品补助及免费乘车证明。河南分署先后遣送了国内难民 35.86 万人[①]。

1945 年 10 月，为了方便难民遣送，湖南分署分别在长沙、衡阳、邵阳、岳阳、零陵、沅陵、常德、安江和郴县等地设立 9 个难民服务处，并在冷水滩等地设立 5 个难民遣送站。凡是符合条件的难民，均可得到湖南分署相关遣送机构的帮助，对他们进行免费接送，并给予途中所需的食宿帮助。若当地没有难民服务处或遣送站的则由临近的救济机构负责遣送。1945 年 11 月至 1947 年 10 月，湖南分署共计遣送国内难民 27.55 万人[②]。

台湾分署遣送难民的工作中，以接运在外地的台湾籍难民返乡为主。这些人员大约有13万人，无力返乡需要救济者有3万多人，战后主要流离于东北、平津、武汉、南京等地。在台湾分署看来，"台胞返台后之安插颇费脑筋"，鉴于"台湾船只之出入口，均在基隆与高雄两码头"，因此台胞遣送返台时，台湾分署必须与"各有关机关密取联系"，协调相关事宜，"船只进港情报由交通机关通知"，难民上岸后，均须经过相关医疗卫生机关的简单检查，然后安排他们由陆路返乡的行程。台湾分署共计接运2.03万名台湾难民返乡。台湾分署遣送外省难民人数最少，只有129人，主要是福建籍及浙江籍[③]。他们大多由台湾分署发放一定的路费，负责协调车船予以疏运。

战时山东百姓"流落东北及日韩等地者，为数甚多"，而"逃亡苏豫各省者，亦复不少"[④]。1946 年 1 月，鲁青分署开始开展难民遣送工作，1947 年 4 月结束。为此，鲁青分署专门在青岛设立难民遣送站，并在济南、

---

① 行政院善后救济总署河南分署《周报》1947 年第 26 期，第 3 页。
② 行政院善后救济总署湖南分署编：《行政院善后救济总署湖南分署业务总报告》，1947 年铅印本，第 5 页。
③ 陈云林总主编：《馆藏民国台湾档案汇编》第 45 册，九州出版社 2007 年版，第 55 页。
④ 延国符：《行总鲁青分署业务总报告》，1947 年铅印本，第 41 页。

潍县及临城等地设立分站。鲁青分署对于被遣送之难民，一方面，向他们提供返乡的车、船票；另一方面，根据路途远近及返乡所需时间，按照标准发放"膳食费"。鲁青分署共计支付 1.77 亿元及一大批物资，共计遣送国内难民 3.53 万人[①]。

行总福建办事处同样积极遣送滞留于福建的 3 万多名无力返乡的外省籍难民，他们以苏、浙、湘、鄂、粤及台湾籍为主。1946 年 1 月，行总福建办事处相继在福州、厦门成立了 3 个用于遣送难民的接运站，为待遣难民提供膳食、衣物及应急药品等，同时帮助联系返乡交通工具，发放一定的差旅费，根据难民返乡目的地的情况，分多路对难民予以遣送。1947 年 5 月，福建办事处难民遣送活动基本结束，先后遣送国内难民 4350 名[②]。

烟台办事处成立较晚，接受登记的难民主要来自山东解放区，遣送工作开始时，内战已燃至山东解放区，因此，烟台办事处的难民遣送工作几乎没有像模像样地开展，前后仅遣送了 13 名难民。

一些地区难民遣送任务十分繁重，仅仅依靠分署力量难以应付，因此，这些地区动员社会力量协助分署完成难民遣送工作。例如，广东分署积极发动外乡人组织的同乡会参加"筹款遣送难民回籍运动"[③]。根据此倡议，每个驻广州的同乡会设立一个诸如"广州市某县同乡会难民回籍遣送会"的机构，负责办理该县难民遣送回籍的一些事项，包括难民登记、难民证件发放和交通安排等。难民遣送之际，同乡会要及时将有关情况通报给其政府部门，以便安排救济款物等。难民回籍时所需交通工具，一般由同乡会协调各地的交通运输公司提供免费或半免费的服务。难民遣送途中所需的诸如饮食等临时性开销费用，一般由同乡会在其同乡中募捐获得，必要时也可向行总广东分署申请拨付。这种利用同乡会的形式遣送难民回籍确实在一定程度上减轻了政府及行总各分署的压力[④]。

有的分署在难民遣送过程中即时安排难民参加义务劳动。如湖南分署

---

① 延国符：《行总鲁青分署业务总报告》，1947 年铅印本，第 42 页。

② 行政院善后救济总署福建办事处编：《福建善救月刊》1947 年第 8 期，第 3 页。

③ 《为策动本市各同乡会筹款遣送难民回籍运动仰送办理具报由》，广州市档案馆藏档案：10—04—462。转引自黎淑莹《抗日战争胜利初期广州难民遣送考述》，《暨南学报》2013 年第 3 期。

④ 参见黎淑莹《抗日战争胜利初期广州难民遣送考述》，《暨南学报》2013 年第 3 期。

规定，所有需要在难民服务处或遣送站居留一段时间的，除老弱病残与儿童等无劳动能力者外，均须参加临时性的义务劳动，包括打扫居留地及其附近的卫生、协助埋葬遇难难民的遗体等。

行总主导的此次难民遣送活动，无疑以行总各分署与办事处为主，另外还有三种其他情形。

（1）由总署赈恤厅直接运送。此种情形主要是在难民遣送活动开展之初进行，遣送对象主要是滞留于重庆的难民，运送工具主要是轮船、木船，时间为1945年9月19日至1946年2月13日，共计遣送难民8312人[①]。

（2）委托交通部各路、局运送。时间为 1946 年 1 月至 6 月。运送线路共计 2 条。一是将滞留于昆明、贵阳、重庆的难民运至广西的梧州、柳州或湖南的长沙、衡阳、沅陵等地；二是将滞留于潼关的难民运送至河南的郑州或洛阳。运送工具主要是汽车。两条线路共计运送返乡难民71988人[②]。

（3）由行总直属疏运站运送。一是重庆疏运站，时间为 1946 年 2 月至 1947 年 5 月，运送工具主要是轮船、木船、汽车与飞机。共计运送难民 24357 人，其中 2052 人由疏运站给予资费、食品帮助，然后由他们“自觅工具返乡”。当时在重庆滞留了一些四川难民，但当时四川不在战后中国善后救济事业开展范围内，不能得到疏运站运送帮助，他们自身又无自行返乡资费，多次恳请重庆疏运站帮助，最后经请示总署，同意将这些四川籍难民运送至成都，共计 374 人，其中 27 人通过公路运送，347 人以飞机运送。二是贵阳疏运站，时间为 1946 年 4 月 1 日至 1947 年 2 月初，共计设立工作队 3 个，分别驻遵义、独山和安顺。运送工具主要是汽车，另有少量安排飞机。难民运送目的地，主要有广州、贵县、长沙、衡阳、柳州等，共计运送难民 18174 人。三是昆明疏运站，时间为 193 月 20 日至 1947 年 1 月底，先后分 64 批，主要利用汽车运送，共计运送难民 11226 人。四是西安疏运站，抗战胜利后，滞留于陕、甘、宁、青等地外省难民不下10 万人，该站原计划 1946 年开始运送难民返乡，但由于中原地区于 1946

---

① 行政院善后救济总署编译处编：《行政院善后救济总署业务总报告》，上海市档案馆馆藏档案：Y3—1—278，第 55 页。

② 同上。

年6月开始爆发大规模内战，交通受阻，直至1947年5月交通基本畅通才开始运送，至7月结束，主要通过陇海铁路运送，运送对象主要是黄泛区难民。先后分19批，共计运送难民11079人。1947年5月上海分署业务结束后，由于遣送难民的需要，行总临时设立的机构，主要负责接运各地过境上海的难民，时间为1947年6月至10月，主要运送工具是火车与轮船，共计运送难民7088人[①]。

四　行总难民遣送工作的成效及不足之处

综上所述，1945—1947年，在各省流亡的国内难民中，从籍贯上看，有的是本省其他县市的，有的则是外省逃难至该省的，如，当时在江西的难民中，除了江西籍的外，还有大量其他省、市的难民，包括广东、安徽、福建、河南、山东、江苏、湖北、河北、四川、浙江、湖南与广西等省、市的难民。抗战胜利后，全国在行总的统一领导下，组织开展了大规模的难民遣送活动，这一活动具有范围广的特点。东北自葫芦岛，西南至成都、保山，东南自上海、浙江，西北至兰州、归绥，"除察哈尔、热河、青海、西康外，每省境内均有难民遣送或接应"，编织了一幅水陆交通相连接的全国性难民遣送网络[②]。

战后国内难民的遣送工作到1947年底基本结束，前后历时一年多。在此过程中，国民政府及一些社会慈善团体自行组织过一些难民返乡，但由于财力空虚等原因，规模不大，难民遣送工作主要是行总主导完成的。行总各分署、各疏送站都根据行总的统一安排和部署，对自己所辖地区的难民进行了遣送。

在历时一年多的时间里，蒋廷黻领导行总及其分署，克服疏送机构少、经费短缺、交通不便等种种困难，遣送了149万余名无力返乡的难民，实属不易。行总在其业务总报告中指出："在当前交通情况之下，获致如此

---

① 行政院善后救济总署编译处编：《行政院善后救济总署业务总报告》，上海市档案馆藏档案：Y3—1—278，第55—56页。

② 《行政院善后救济总署业务总报告》，载中国第二历史档案馆编《中华民国史档案资料汇编·第五辑·第三编·政治》（二），江苏古籍出版社1998年版，第435页。

之成果，在主观方面，似已克尽应有之努力。"[①]蒋廷黻本人对这一成绩的取得也深感欣慰。1946年9月5日，他在行总第一次工作检讨会议上的讲话中总结难民遣送工作时指出："遣送难民还乡，成绩确属十分满意。"[②]不仅如此，在遣送的过程中，行总各分署还尽量为难民提供方便和舒适的条件，为此博得了许多难民、中外人士的称赞和联总的肯定。在这方面比较突出的分别是贵州和湖南等省份。"中外人士曾对贵州、湖南等地办理之成绩，加以赞誉，难民亦多表示谢意，咸以此种待遇，得未曾有。"[③]对此，他也感到非常欣喜。他说：

> 余所以认为满意，不徒见于遣送人数之多，亦由于处理方式之美善。据外勤视察人员报告，贵州安置难民之办法，难民皆表谢意，彼此相告，皆谓此等待遇，得未曾有。若干中外友人均异口同声赞誉湖南安置难民之得法[④]。

此外，还有一些分署难民遣送工作完成比较完美。安徽分署把难民遣送工作作为救济工作的重中之重，在各分署中此项工作开展得也最早。湖北分署把难民遣送工作作为其最主要的工作，"占分署工作分量三分之一"[⑤]。台湾分署难民遣送工作也扎实有效，"所有流离省外的台胞，依据调查，截止三十六年二月底止，畿已全数返省，各归家乡。需要本署协助返乡者，亦均由本署遣送完成。本署开办前期涉外台胞家属呼吁接送留外台胞之呼声，已不复再闻，至外省流落台湾之难民，亦告绝迹"[⑥]。

现将各分署、各疏送站遣送难民的人数列为表7—1。

---

① 行政院善后救济总署编译处编：《行政院善后救济总署业务总报告》，上海市档案馆馆藏档案：Y3—1—278，第57页。

② 蒋廷黻：《蒋署长开幕词》，行政院善后救济总署编译处编印，1946年铅印本，第6页。

③ 《行政院善后救济总署业务总报告》，载中国第二历史档案馆编《中华民国史档案资料汇编·第五辑·第三编·政治》（二），江苏古籍出版社1998年版，第435页。

④ 蒋廷黻：《蒋署长开幕训词》，行政院善后救济总署编译处编印，1946年铅印本，第7页。

⑤ 武汉地方志编纂委员会编：《解放战争史料》，武汉出版社2009年版，第516页。

⑥ 陈云林总主编：《馆藏民国台湾档案汇编》第45册，九州出版社2007年版，第56—57页。

表 7—1　　　　　各分署、各疏送站遣送难民人数统计表　　　（单位：人）

机构名称	遣送人数	机构名称	遣送人数
苏宁分署	157612	冀热平津分署	35114
上海分署	51534	晋绥察分署	1486
湖南分署	275513	东北分署	30833
湖北分署	149507	台湾分署	11693
广东分署	55269	滇西办事处	279
广西分署	32857	重庆疏送站	24357
江西分署	56400	昆明疏送站	11226
浙闽分署	7564	赈恤厅	8312
浙江分署	9870	公路总局	71988
安徽分署	70816	上海接运处	7088
河南分署	358671	烟台办事处	13
鲁青分署	35301	贵阳疏送站	18174
		总计	1481477

资料来源：《行政院善后救济总署业务总报告》，载中国第二历史档案馆编《中华民国史档案资料汇编·第五辑·第三编·政治》（二），江苏古籍出版社 1998 年版，第 437 页。

由表 7—1 可见，各分署、各疏送站共遣送难民约 148 万人，其中绝大部分是由 15 个分署负责遣送的。在所有机构中，河南分署遣送的人数最多，达到 358671 人，烟台办事处遣送的人数最少，仅为 13 人。

难民遣送回籍后是否就万事大吉了？时人对此曾一度忧心忡忡：

这许多难民回籍后，是否就可以解决了生活？试想频年征战，田园荒芜，庐舍为墟，一旦回籍，又将何以谋生？万一为生活所迫铤而走险，是否影响社会治安？即使不至于此，亦必将继续其难民生活，流浪乞食，遣而复返，救济机关又将如何处置？我们就整个社会救济方略而言，深感这个临时收容难民的办法，未免过于消极，既未策动他们致力于垦荒耕种等生产事业，又未有开办工厂或公共事业以吸收彼等劳力，更未教以习艺，训练其生活技能，陡然把九百吨物资给他们坐食半年，他们来时是难民，去时又是难民，消极救济的成效如此，实在不无遗憾。①

面对社会各界的担忧，对于那些被遣送回籍的难民或没有被遣送仍留在当地的难民的生计，国民政府重视开展职业培训及职业介绍，以帮助他们自食其力，重建家园。为此，1945 年冬，行政院责成社会部颁布《中华民国国民就业法》，以推动民众尤其是难民的就业工作。根据该法案的要求，全国各地都成立了数量不等的就业机构，其职能是失业调查、协助相关单位人才招聘及考试、个人求职登记、职业培训等。为使就业法更具操作性，1946 年 6 月，社会部又制定了《各省市推进职业介绍实施办法》，要求"各省市负责筹设独立职业介绍机构，并督导各级社会服务处及人民团体兼办职业介绍设施"，还规定在必要时要对它们"择优予以奖助"②。

不久，社会部相继出台了《职业介绍设施标准》与《职业机构奖助标准》两份文件，"前者所以充实各职业介绍机构之业务内容，后者所以发动社会力量，兴办职业介绍，补助政府力量之所不及"；并明确规定，"辅导职业训练为职业介绍机构首要任务"③。

各地根据行政院社会部的要求，开展了一些相关工作，并取得了一定的成绩。比如，1946 年底，河北省在其向社会部、行总递交的报告中指出："石门市社会服务处职介组暨第一、第二收容所经登记并介绍成功之失业人员共有 959 人，沧县、徐水、成安、抚宁、高阳、井陉、临城等县政府经登记并介绍成功之失业人员共有 420 人，两共 1379 人。"④又如，江苏省也同时报告，仅 1946 年 7 月至 9 月，"无锡、徐州、吴县、南通、武进、镇江、江都等七县业已登记之失业人员共有 1728 人，成功介绍职业者 932人"⑤。截至 1947 年底，全国各类职业介绍机构共计 264 家，其中由社会部直接设立者 8 家，各省市政府机关设立者 12 家，各省市国民党党部机

---

① 周国彬：《广州资遣难民工作之检讨》，载秦孝仪主编《革命文献》第 100 辑，台北出版社 1984 年版，第 77 页。

② 秦孝仪主编：《革命文献》第 100 辑，台北出版社 1984 年版，第 311 页。

③ 同上书，第 311—312 页。

④ 同上书，第 312 页。

⑤ 同上书，第 312—313 页。

关设立者 6 家,各县市政府机关设立者 87 家,各县市国民党党部机关设立者 104 家,各级工会组织设立者 20 家,各类社团机构设立者 23 家,各类厂矿企业设立者 4 家①。

然而,毋庸否认,难民遣送这一工作也不可避免地存在着一些不足之处。主要有以下几个方面。

(1)与庞大的难民人数相比,成功遣送回籍的难民比例不高。149 万余难民得到遣送回乡,人数不少,但是与数千万待遣难民相比较,则又显得不多,比例不高。对此,行总后来也承认,虽然遣送的难民总数不少,但是,"在全部流难人数之比例上,则实觉太小"②。

(2)就地区而言,难民遣送工作成效参差不齐。如前所述,一些分署难民遣送工作有声有色,如湖南分署、安徽分署、台湾分署等。但是也有相当一部分分署此项工作不尽如人意。正如蒋廷黻所说:"其他省份则成绩参差,武汉之安置难民工作确曾一度极为困难。"③ 因而,他们的难民遣送工作不乏非议。例如,在广东分署,滞留在广州的难民"皆谓工作队遣送工作,诸多推诿";有的人更是指出,"各省工作队以广西为最佳,广州则最腐败"④。鲁青分署由于战乱导致交通阻断,难民遣送工作举步维艰,遣送人数仅占应遣送人数的 1% 左右。

(3)有的机构对难民遣送工作重视不够、责任心不强、效率低下,难民遣送途中秩序混乱、各类事故频发。有的地方的难民登记及遣送工作"非常滞缓",例如,行总在重庆遣送难民时,难民在江边等候一整天还不能办理完登记手续。他们在那里扶老携幼,衣食无着,显得痛苦异常,怨声载道。蒋廷黻及其领导的行总因此受到了立法院的指责。难民遣送途中安全事故不断,特别是利用木船遣送时,更是事故频发,发生翻船事故的比例竟高达 7%,死亡人数则达到 9‰;利用汽车运输时也发生过数起中

---

① 主计部统计局:《中华民国统计年鉴》,中国文化事业公司 1948 年版,第 371 页。

② 行政院善后救济总署编译处编:《行政院善后救济总署业务总报告》,上海市档案馆藏档案:Y3—1—278,第 57 页。

③ 蒋廷黻:《蒋署长开幕训词》,行政院善后救济总署编译处编印,1946 年铅印本,第 7 页。

④ 《难民遣送有名无实》,《中山日报》1946 年 10 月 2 日。

途翻车的交通事故，造成了一定的人员伤亡[①]。湖北分署共发生木船翻沉事件 9 起，造成不少难民意外死亡。正因为如此，在湖北分署遣送难民过程中，"一部分东下难民，借口由渝来汉途中遭受阻风等危险，不敢再坐木船"[②]。战后，大部分难民依靠自身努力返乡，有些无力返乡、符合遣送标准的难民亦是自己返乡，沿途历经艰辛，有些甚至靠沿途乞讨才得以返乡，还有的最后客死他乡。各地分署负责难民遣送的职员殴打难民的情况也屡见不鲜，例如，广东分署驻广州市从事难民遣送的工作队就被爆出多次殴打难民的事件[③]。有的地方由于难民来源复杂，寻衅滋事、打架斗殴等影响社会治安的事件也时有发生。因此，一些分署请求当地警备部队或警察帮助维持治安和协助遣送难民，难民遣送秩序才有所好转。

（4）有的地方难民遣送工作成效不巩固，出现反复现象。一些难民被遣送回籍后，因内战爆发，其家乡再次陷于战火，不少难民被迫再次背井离乡，以"另图生路"。有的难民在遣送途中，因为内战导致前方交通阻断，无法继续前行，被迫"逗留中途，进退维谷"，其"处境较在逗留地时更为困苦"，"要求另送货申请救济者，所在多有"。行总面对此种情形，"切感力不从心之苦"[④]。在湖北分署，"日寇侵略造成的难民，莆以救助，尚未安居，而国内烽火又起，返乡难民再度流离失所"[⑤]。湖北分署面对这种难民天天从他们的家乡往外跑，有的已经遣送回去，又再度的流亡出来的现象，不无感叹道："行总的工作，往往在这种'招待了又招待，遣送了再遣送'的环境中，弄得毫无办法。"[⑥]

另外，在一些地方，也出现了少数难民赖在行总及其分署设立的难民招待所、接运站里，拒绝遣送，成为"职业难民"的情况，从而给个别分署乃至行总的整个难民遣送工作造成了麻烦。湖北分署就曾经对此抱怨道：

---

① 《行政院善后救济总署业务总报告》，载中国第二历史档案馆编《中华民国史档案资料汇编·第五辑·第三编·政治》（二），江苏古籍出版社 1998 年版，第 436 页。

② 周仓柏：《善后救济总署湖北分署业务总报告》，1948 年铅印本，第 24 页。

③ 《广州区工作队再次殴打难民》，《中山日报》1946 年 10 月 5 日。

④ 行政院善后救济总署编译处：《行政院善后救济总署业务总报告》，上海市档案馆藏档案：Y3—1—278，第 57 页。

⑤ 行政院善后救济总署湖北分署编：《半月通讯》1947 年第 7 期，第 2 页。

⑥ 周仓柏：《善后救济总署湖北分署业务总报告》，1948 年铅印本，第 25 页。

部分难民"在安逸的招待所里，简直不想出去，因为在外面，他们找不到比这更舒服的生活，希望终老是乡者大有人在，弄得下一批难民到达，无法容纳，造成纠纷"①。在广州，许多难民不愿被遣送回籍，甚至被遣送回籍后又返回原被救济之地，占住宿舍不肯腾退，形成一种新的社会游民。为解决这一问题，广东分署被迫出台规定，为确保难民途中安全并顺利抵家，分署工作队必须派员全程护送，不论其乘坐车船或者步行。然而，由于难民遣送规模浩大，一一派员护送，显得力不从心，故在实际遣送工作中，对于那些人数不多，且目的地过于偏僻的，则由分署工作队免费提供车船票，自行返乡。出发前，由工作队给每位难民发放一张"难民归乡证"，原滞留当地期间所发证件则悉数"缴销"。倘若有人无故"延迟不归乡者"，各救济机构不再对其提供救济服务②。

1945—1947 年，行总主导的难民遣送活动之所以出现如此多的不足之处，原因是多方面的，其中最主要的是战后交通不畅及诸如交通工具等物资与经费的缺乏。正如行总署长蒋廷黻所说："皆自始设备及工具均不足用。"③行总副署长浦薛凤也曾经对此指出："遣送大批难民回乡，简直不允许片刻停留的，可是交通工具、住宿地点、卫生设备、粮食供给，没有一样不是困难重重，而且不是初料所及的。"④各分署在实际工作中对此更是有切肤之痛。河南分署就不止一次就交通不畅及物资缺乏给难民遣送造成的麻烦进行抱怨：许多难民"以交通梗阻，致多滞留汉口徐州等地"，不能顺畅运抵目的地⑤。"陇海东段平汉北段之火车均未畅通，外籍难民不能回乡，衣食缺乏，冻馁堪虞"；"由陕州返豫难民，不易蹭车，纵然蹭车，因非直达，抵洛后每因换车困难，超过停留期间，所发面粉副食不敷应用"⑥。湖北分署指出："北上难民，又以铁路时通时阻"，从而难

① 行政院善后救济总署湖北分署：《湖北的善后和救济》，1946 年铅印本，第 17 页。
② 《广东省善后救济审议会提案》，广州市档案馆藏档案：10—04—462—5。转引自黎淑莹《抗日战争胜利初期广州难民遣送考述》，《暨南学报》2013 年，第 3 期。
③ 蒋廷黻：《蒋署长开幕训词》，行政院善后救济总署编译处编印，1946 年铅印本，第 7 页。
④ 浦薛凤：《行总结束感言》，载行政院善后救济总署编译处编《行政院善后救济总署业务总报告》，上海市档案馆藏档案：Y3—1—278，第 3 页。
⑤ 行政院善后救济总署河南分署《周报》1946 年第 33 期，第 3 页。
⑥ 同上书，第 23 页。

以顺利返乡[①]。

其次，日本侵华战争使一些难民的原籍损毁严重，后来居留的大后方状况要好于原来的居留地，使得他们中的不少人不愿返乡而宁愿留在大后方，给行总的难民遣送工作造成被动。正如行总在其《业务总报告》中所说：有的难民返乡意愿不强，"致使吾人之遣送工作，大受影响"[②]。在有的地方进行难民遣送时，内战的硝烟弥漫在当地，不可避免地对难民的家乡造成破坏，使得一些难民也不愿返乡；在有的地方，难民返乡后，难以找到合适的生路或难以开展生产自救，也使得他们迟迟不愿返乡。对此，鲁青分署曾经指出："就所发之遣资言之，以限于规定，欲求一饱尚不可能，至还乡后之复员就业诸问题，更无论矣"；不仅如此，"尤感痛心者，厥为难民还乡后之安全，豪无保障，局势一有变动，生命立刻不保，此种事实，遂使大多数难民不敢贸然返乡，遣送业务之不能完成，此为一大原因"[③]。湖北分署也认为，一些难民，由于"原籍军事紧张，无家可归"，而不愿返乡[④]。

最后，由于行总利用联总的援助开展难民遣送工作没有经验可循，时间仓促，从而导致行总及各分署自身在难民遣送过程中出现了不少人为的失误，事后，行总署长蒋廷黻也承认："机构之本身亦有缺点。"[⑤]

第三节　行总侨遣活动的开展

抗战期间，许多华侨纷纷归国。这一情况的出现是由两方面的因素造成的。一方面，日本对中国发动的侵略战争激起了海外华侨的强烈愤慨，他们纷纷"牺牲了他们的事业，投奔祖国"，参加抗日战争[⑥]；另一方面，

---

① 周仑柏：《善后救济总署湖北分署业务总报告》，1948 年铅印本，第 24 页。
② 行政院善后救济总署编译处编：《行政院善后救济总署业务总报告》，上海市档案馆藏档案：Y3—1—278，第 56 页。
③ 延国符：《行总鲁青分署业务总报告》，1947 年铅印本，第 21 页。
④ 周仑柏：《善后救济总署湖北分署业务总报告》，1948 年铅印本，第 24 页。
⑤ 蒋廷黻：《蒋署长开幕训词》，行政院善后救济总署编译处编印，1946 年铅印本，第 7 页。
⑥ 行政院新闻局：《两年来的善后救济》，上海市档案馆藏档案：Y3—1—344，第 17 页。

第二次世界大战全面爆发后，"侨胞在外，多遭浩劫"，尤以东南亚各地最为严重，他们纷纷逃回祖国，"家人离散，生活弥艰"①。抗战胜利后，他们大都需要返回原居留地。其中无力出国确须协助才能返回原侨居地的，经行总估计，全国约有 6 万人，他们被称为"归侨"。战后在国内涌现大量难民的同时，在国外还出现了不少中国籍的侨民（他们被称为"难侨"）。难侨的存在是由于抗战全面爆发后，一些中国籍侨民家园被毁，只能纷纷流落于欧洲及东南亚等国外而成为难侨。经行总调查，难侨约有 5.5 万人，他们都亟待回国②。此外，抗战期间，还有不少外籍侨民（简称"外侨"）滞留于中国，他们中不少同样需要行总协助遣送出境。可见，对行总而言，侨遣活动包括三部分，分别是归侨、难侨及外侨的遣送，遣送任务之艰巨可想而知。

一　行总侨遣政策的制定

针对归侨的遣送问题，早在抗战期间，即 1943 年 3 月，行政院侨务委员会即已着手筹划，并在其第 198 次常务会议上审议、通过了《拟具战后协助归侨重返海外恢复事业办法（草案）》，共计 13 条，对涉及归侨遣送的一些问题如登记、交通、补助等作出规定。同年 9 月，在国民党五届十一中全会上，国民党当局就在审议并通过的《确定战后社会救济案》中确定了归国侨胞的遣送原则："对于因战事归国之侨胞，一俟原居留地回复应给予以种种便利，协助其返还并施以救济。"③

1945 年，难民遣送活动开始后，为了使归侨、难侨遣送工作顺利推进，蒋廷黻及其领导的行总通过向联总提交议案、答记者问、颁布《行政院善后救济总署侨赈原则》等方式制定、公布了一系列有关华侨遣送的政策。概括起来，主要有以下几个方面的基本政策。

第一，华侨回国是否需要当地政府的许可？早在 1943 年 11 月下旬联总成立时，联总特别小组委员会在讨论"协助流离失所人民之政策"的过

---

① 《行政院善后救济总署业务总报告》，载中国第二历史档案馆编《中华民国史档案资料汇编·第五辑·第三编·政治》（二），江苏古籍出版社1998年版，第438页。

② 同上。

③ 秦孝仪主编：《革命文献》第 80 辑，台北出版社 1973 年版，第 340 页。

程中，英国代表曾提议，所有流离失所之人民，如在缅甸、马来西亚、越南者，"于战后归家时，必须首先获得当地或适当政府之许可"。由于在上述国家的侨民大多为华侨，若这一提案获得通过，势必严重影响来自中国的难侨的正常遣送，所以这一提案理所当然地遭到中国首席谈判代表蒋廷黻的强烈反对，他主张，因为遭受侵略而流亡的人民应该无条件地让他们在战后返回故乡[①]。蒋廷黻的这一提案获得了大会的通过，这为流落海外的难侨的遣送扫清了道路。

第二，关于遣送原则。归侨在国内正式遣送前，其必须经过有关机构的资格审查，那些本人有经济能力自行返回原侨居地的侨民，行总不负遣送之责，凡接受遣送的侨民必须是赤贫、无力自行返回原居留地的人。

第三，关于遣送机构的分工。各地归侨返回原侨居地，由行总及其各分署，与国内其他相关机构，如侨务委员会、外交部等密切协作，将归侨遣送至国境出口地点。而国境以外的遣送工作，则由联合国善后救济总署负责办理[②]。

除了这些原则性的规定外，行总并没有制定用于指导全国 15 个分署的具体政策，其原因是每个地区归侨的数量、侨居地及其习惯有很大差别，在遣送时应该区别对待，行总难以制定出一部适合所有分署的具体政策性法规。因此，行总署长蒋廷黻要求各分署自行制定有针对性的具体政策。不过，在各分署出台政策前，蒋廷黻特委托归侨人数众多、遣送工作最重要的上海分署先行出台一部地方性法规，并报行总审核。蒋廷黻对上海分署报批的《善后救济总署上海分署救济遣送侨胞暂行办法》基本满意，但是对其中的第 4 项和第 6 项的内容作了修改。1946 年 4 月 5 日，蒋廷黻以"善后救济总署训令"的形式对该办法连同修改意见向上海分署作了批复，指示它在根据修改意见对该办法作适当修改的前提下，即可在实际工作中贯彻实施。也就在同一天，蒋廷黻同样以"善后救济总署训令"的形式对该办法连同修改意见转发给其他 14 个分署，要求它们以上海分署出台的

---

① 《被侵略流亡人民应自由返其故居》，载方庆秋等主编《中华民国史史料长编》第62册，南京大学出版社1993年版，第679页。

② 《行政院善后救济总署侨赈原则》，载行政院善后救济总署福建办事处编《福建善救月刊》，1946年，第6期，第2页。

暂行办法及修改意见为参照，结合本地实际出台有关政策①。

二　行总侨遣活动的简况

侨民遣送工作，是一项非常烦琐、艰巨的工作，涉及方方面面的关系，从审查侨民资格到将其遣送至目的地，是由行总与其他相关机构分工合作的结果。行总从 1945 年 11 月开始对侨民的救济遣送工作进行筹备。当时联总派遣了由威廉氏（Mr.P.Willams）率领的"联总流离人民调查团"来到中国，并分赴全国各地视察，帮助行总开展侨民的遣送工作。

（一）遣送归侨返回原居留地的简况

行总从 1945 年 11 月开始在侨胞分布较为集中的广州、汕头、福州、厦门和上海等地设置归侨出国的口岸，并在这些地方相应设置了遣侨机构。1946 年 6 月，经蒋廷黻与联总署长拉加第亚数度商谈，联总还在香港成立了服务于中国侨民遣送工作的专门机构——香港遣送办事处，不久，还为中国侨民遣送工作拨专款 170 万美元。

归侨的遣送工作共分 4 个步骤进行。

首先，由行总确定各地归侨调查的主要项目，包括：（1）该地归侨总人数；（2）归侨遣送目的地；（3）归侨姓名、性别、年龄、职业、健康状况、经济状况等。在此基础上形成"归侨调查须知"，下发各地执行。经行总协调，由各地侨务委员会负责、各地政府协助，统一调查、登记归侨有关情况，同时审查他们的各种所必需的国内外证件。若确属战时回国，除给予登记外，同时发给归侨出国复员证，还要制作名册分别送给行总、外交部、联总等机构。

比如，截至 1945 年 10 月，滞留广西的归侨高达 11 万余人，自己无力返回原侨居地、需要行总援助的不下万人②。为了帮助顺利遣送归侨，在行总广西分署的协调下，1946 年 4 月下旬，在柳州成立了柳州华侨协进会，作为归侨与广西分署的中介及协助机构。"其时侨胞来会登记者，将

---

① 有关蒋廷黻签发的两个"善后救济总署训令"及《善后救济总署上海分署救济遣送侨胞暂行办法》的具体内容，参见《行总周报》1946 年第 10 期，第 2—3 页。

② 广西壮族自治区地方志编纂委员会编：《广西通志·侨务志》，广西人民出版社 1994 年版，第 118 页。

及千人。"① 其中主要是东南亚华侨,最多的是缅甸侨民。他们亟须"遣返复员"。早在 1943 年,由于大量来自缅甸的华侨的进入,国民政府曾在融县等地设置了归侨新村,最多时安置侨民数千人。1946 年 7 月,行总广西分署署长黄荣华还致电省政府、各区专员公署、各县政府,要求它们协助侨务机构调查广西归侨情况并"登记列册送署","以凭救济、遣送"②。

其次,各归侨凭有效的国内外相关证件与侨务委员会所发的复员证到外交部领取出国护照,外交部及联总在接到侨务委员会出具的名册后,按照名册上的信息分别向各侨居地政府协调归侨的入境手续等问题。

再次,由行总安排其所属侨遣机构——各分署、疏送站、办事处等,将归侨运送至出国口岸,于出国前,对他们一一复查证件、检查身体、打防疫针等。并且,他们在口岸候船、等候遣送期间,所需食宿物资或经费均由行总负担。例如,在归侨被遣送出国前,广西分署在逐一核实华侨身份,给他们发放了领米证,凭证临时领取大米、牛奶及旧衣等救济物资,直至被遣送离桂。遣送出国、境外者,经过有关机构协调,广西分署还给他们每人发放途中所需的旅宿费、补助费共计 50 美元③。

最后,由联总接洽船只,将归侨接运至各原侨居地。归侨遣送期间,有一些归侨因为种种原因不能遣送回原侨居地的,由行总或当地政府提供食品等物资,就地遣散。战后中国善后救济事业结束后,还有一些行总未能来得及遣送的归侨遣送工作转交国际难民组织远东局负责。

归侨返回原侨居地后,能否顺利融入当地社会,还需要得到外国政府许可。"其入境条件及手续,每以各地对于华侨所持态度之不同,而有宽严之差别。"从总体上看,外国"鲜能重视我侨胞复员之诚意"。甚至,"少数国家且对华侨之复员多所顾虑"④,例如,菲律宾、缅甸、印尼等。后经联总与相关国家协调,大批归侨才得以顺利返回原侨居地。当然,有的国家对归侨返回原侨居地持配合态度,例如,新加坡、马来西亚等。

---

① 《柳州华侨协进会档案》,广西档案馆馆藏档案:14—1—2—91。
② 《行政院善后救济总署广西分署档案》,广西档案馆馆藏档案:68—1—6—7。
③ 《为滞柳归侨联合请求自陆路遣送返原侨居地由》(14 号),柳州市档案馆馆藏档案:1—2—44。
④ 行政院善后救济总署编译处编:《行政院善后救济总署业务总报告》,上海市档案馆馆藏档案:Y3—1—278,第 60 页。

在被遣送的归侨中，有一个代表性的群体，即"南侨机工"。现以对"南侨机工"的遣送为例，具体介绍当时归侨遣送的情况。

1937 年 7 月，抗战爆发后，不少旅居南洋的华侨出于对祖国的热爱和对日寇的憎恨，纷纷回国，为抗战出力。其中一些人抵达昆明后，在接受国民政府安排的短期培训后，即被派往中缅边境，通过"中缅公路"，将美英盟军提供的军事援助物资从缅甸运回国内，这些人被称为"南侨机工"。他们为抗战胜利做出了不容抹杀的重要贡献。抗战胜利后，他们亟待返回原居留地与家人团聚。对这批"南侨机工"的遣送成为国民政府必须面对的实际问题。如前所述，"南侨机工"是回国抗日的军事人员，自然难以纳入难民范畴。但联总仍然规定："南侨机工遣送出国须与联合国善后救济总署洽商方可解决"，要求其遣送程序与难民一样[1]。遣送不够顺利原因有，难侨遣送之初并没有专门研究"南侨机工"问题；外交部、交通部、侨务委员会及行总等机构协调不畅；交通阻断。

"二战"结束后，英法等国企图重新控制南洋诸国，对战后返回原居留地华侨采取抵制乃至刁难政策，"对于侨胞复员事宜，有规定返境条件的，有规定返境手续的，有规定返境之生活问题的，甚至有籍词排斥，故意作难的"[2]。1945 年 11 月，行政院在重庆召开"南侨机工"复员南返会议，会议要求行总负责办理"南侨机工"遣送问题。1946 年 6 月中旬，国民政府提出"南侨机工"遣返方案。要求行总安排交通工具将"南侨机工"送至可以出境的口岸，再由行总提请联总将他们转运至原侨居地。7 月初，行总为此召开专题会议，商讨遣送具体事宜。会议决定：（1）提请侨务委员会负责"南侨机工"人员登记和核查；（2）提请外交部协助办理护照等以及对原侨居国的刁难进行交涉；（3）广州为此次机工遣送的唯一口岸；（4）行总、联总按照分工运送人员[3]。随即，遣送工作进入实施阶段。首先，侨务委员会安排其下属机构"华侨互助会"主要在重庆、贵阳和昆

---

[1] 《侨务委员会等各部呈行政院资送南侨机工办法及会议记录》，转引自谢培屏主编《战后遣返华侨史料汇编》第 3 册，台北"国史馆"2005 年版，第 306 页。

[2] 行政院新闻局：《侨胞复员概况》，1947 年铅印本，第 4 页。

[3] 《行政院善后救济总署函外交部抄附遣侨问题会议记录》，转引自谢培屏主编《战后遣返华侨史料汇编》第 3 册，台北"国史馆"2005 年版，第 331 页。

明等地具体开展登记工作。为了避免遗漏，"华侨互助会"在报刊上发布公告，设立多处登记站，还要求大家相互转告。原计划登记期限为一个月，但事实上拖延达十个月。主要还是信息不畅所致。先后有 1748 人登记。其次，由国民政府外交部向诸如马来亚、越南和菲律宾等"南侨机工"主要侨居国提出交涉，要求它们对"南侨机工"遣返工作提供支持。这些国家基本上改变了刁难态度，如马来亚宗主国——英国外交部答复："凡有适当证明文件，或文件遗失，经本部查证属实，不附任何条件均可入境。"[①] 随即，国民党当局外交部通知"'南侨机工'服务团"："英方对于华侨返回马来亚，现并无限制，惟申请入境者，须由当地中国领事馆代表转送新加坡民政署核准。"[②] 行政院责成行总启动相关工作。自此，"南侨机工"遣送工作进入实质性实施阶段。1946 年秋，行总将需返回的"南侨机工"花名册呈送联总驻华办事处，并协调联总安排"南侨机工"出境船只。首先是行总组织一批汽车将机工从重庆、贵阳和昆明转运至广州；然后由行总指示行总广东分署配合联总有关机构将机工转运至香港；他们再从香港乘坐联总安排的诸如"丰庆"号、"丰祥"号和"海利"号等轮船抵达新加坡、马来亚等目的地。1947 年 5 月，"南侨机工"遣送工作基本完成。

此外，在归侨遣送活动中，针对一些残疾归侨，行总及其分署给予了特殊安排。例如，1946 年初，33 名盲侨从日本回国，行总要求鲁青分署设立盲侨收容所予以收容并进行初步治疗。5 月下旬，这些盲侨陆续遣送回日本原侨居地。

（二）遣送难侨返回国内故居的简况

抗战期间，由于战争的影响而被迫流落海外的同胞为数众多。他们中，有的是日本侵华战争期间，故乡被日寇占领，"不愿受敌统治"，因而被迫"远迁至国外"，这些人中以东南沿海地区居多，远迁的目的地主要是东南亚各国；有的是在战时被日寇强征至国外做苦工。在他们中，许多人"处

---

① 《外交部函附侨务委员会关于马来亚返国华侨机工出国手续经过》，转引自谢培屏主编《战后遣返华侨史料汇编》第 3 册，台北"国史馆"2005 年版，第 369 页。

② 《外交部批示关于华侨返回马来亚英方并无限制函》，转引自谢培屏主编《战后遣返华侨史料汇编》第 3 册，台北"国史馆"2005 年版，第 289 页。

境艰困",常年生活在水深火热之中,成为难桥^①。在难民遣送工作的同时,行总便与联总、所在地的政府部门以及中国驻外使、领馆协作,将不少难侨遣送回中国故土。

在菲律宾的难侨主要是我国南部沿海地区遭敌侵略时躲避战乱的民众,另有少部分是海员及被胁迫赴菲务工的贫苦劳工。他们先后于1945年底及1946年初由联总派轮船接运回国;还有少部分由中国驻菲律宾领事馆请求美国派军舰运回中国。在澳大利亚的难侨主要是驻澳美军解雇的造船工人,他们于1945年10月间被遣送回国。在德、意两国的难侨主要是学生和商人。1946年5月至1947年3月,他们共分3批遣送回国。在越南的难侨较多。他们分海路和陆路遣送回国。工人、商人及少数水手共分7批由海路回国,另外人员则由陆路回国。在新几尼亚的难侨,主要是日本在侵华战争期间强虏前去做劳工的军民,不少人不堪折磨,客死他乡,存活下来的于1946年由澳大利亚政府遣送回国。在缅甸的难侨于1946年被缅甸政府以不法分子的名义强迫遣送回国,抵达上海后,经过中国警方的调查取证,认定他们均系"良民",并无犯罪事实,因而被中国警方释放回籍。与此同时,在新加坡、马来西亚、暹罗、荷属印尼等地的难侨也一一被遣送回国。

难侨被遣送回国后,一些分署针对难侨返乡之初的实际困难提供适当的帮助。如,广西分署就对难桥中的回国学龄侨民(又称之为侨生)的就学等问题提供帮助。广西分署规定,凡"公立或已备案之私立中等以上学校肄业之侨生",在下列三种情况下可申请救济:(1)其家长所在之侨居地情形混乱;(2)汇款不便;(3)侨生突害病无力就医者。至于具体数额,"则视情节之轻重既定"^②。

(三)遣送外侨返回他国的简况

战时,居留在中国的外侨也不少,其中不乏生活困难者,需要遣送回国。他们一般可分为两类:一类是友邦国家的侨民;另一类是德、意等敌方国家的侨民。行总在努力开展归侨和难侨遣送工作的同时,也根据联总的相

---

① 行政院善后救济总署编译处编:《行政院善后救济总署业务总报告》,上海市档案馆藏档案:Y3—1—278,第63页。

② 参见《广西日报》1947年3月23日。

关政策和部署，积极履行国际义务，帮助身在中国的困难外侨返回他们的家乡。

遣送友邦国家的侨民则由行总负责，各分署设立相应的遣送机构。对于这些友邦国家的侨民接受遣送的资格，行总赈恤厅做了明确规定。例如欧侨，行总赈恤厅规定，第一，凡欧籍人民于 1939 年 9 月 1 日以后，因德、意政府或军队之侵占而远离其祖国或原居住地者；第二，其他欧籍人民于 1937 年 7 月 18 日以后，由外国来华，且因中日战争影响以致流离失所者；第三，不在上述时期来华，后因中日战争或欧战之影响不能返其祖国或原居住地者；第四，此前居住于德、奥的居民于 1933 年 1 月 10 日之后，因宗教信仰、政治信仰或种族歧视而被迫逃亡至中国者；第五，捷克籍居民于 1938 年 9 月以后逃离捷克来华者。上述五种情形，"均有受救助、遣送之资格"。不过，行总赈恤厅特别强调，"于此应注意着"，"二战"期间，"守中立之国家（如瑞士、西班牙、土耳其、葡萄牙等）"，均"不在联总在华遣送工作之列"[1]。据调查，当时滞留于中国的符合遣送条件的欧侨有 1.6 万人。又如，韩侨及琉球籍侨民，联总在确定外侨遣送范围时，认为韩侨及琉球籍侨民与德、意、日侨民一样，"处于敌侨之地位"，因而"不属于行总与联总之救济遣送范围"，但是，后来行总态度有所变化，认为"韩国及琉球，初系被迫参战，迨战争结束，均已脱离日本，故仍视为友邦，其侨民之遣送，自应酌予协助"[2]。这样，行总一些分署所遣送的外侨临时增加了韩侨及琉球籍侨民。例如，冀热平津分署为遣送韩侨而设立韩侨管理所。所有符合遣送标准的外侨均由行总安排专门的交通工具将他们运送至沿海港口，再由联总负责将他们运送至他们各自的故乡。

至于敌国的侨民按照敌侨处理办法办理，由中国国防部和外交部两大机构合作遣送，行总不负遣送责任。因为联总对此有明确规定："非联合国人民不得救济。"所以，1946 年，滞留在湖北谷城的 7 名外籍侨民向湖北分署申请救济希望助其回国，分署在收到申请后即向行总报告，行总随

---

① 参见行政院善后救济总署赈恤厅编《善后救济总署赈恤厅三十五年度工作报告》，1946 年铅印本，第45页。

② 行政院善后救济总署编译处编：《行政院善后救济总署业务总报告》，上海市档案馆藏档案：Y3—1—278，第 65 页。

即对他们身份进行调查，发现他们均系德、意籍侨民，是敌侨。行总根据联总上述规定，指示湖北分署拒绝对他们予以救济与遣送。

当然，也有例外，众所周知，日本与德、意大利一样，均为法西斯国家，其滞留于中国的侨民自然也均为"非联合国人民"，因此，对他们同样"不得救济"。然而，事实上，一些分署仍然对日本籍侨民进行了救济与遣送，特别是台湾分署遣送的外国难民主要是日本人。

这主要是受国民政府对待日本战俘及日本侨民的政策的影响。战时，日本侵略者给中国造成了巨大的伤害，但中国政府出于人道主义的考虑，以博大的胸怀对待日本战俘及日本侨民，未按国际社会对待战俘及其侨民的惯例处理，而是将他们遣送回国。1945 年 9 月，日本侵略者向中国政府无条件投降后，国民政府即着手日本战俘及日本侨民的遣送工作。中国方面安排了天津、青岛、上海、海口、连云港、广州、基隆、高雄等 12 个集结点，中国方面动用了大量的公路、铁路运力将他们运抵上述地点，然后由美国第七舰队动用海运力量，将他们运抵日本。这些日本人短期在中国逗留期间的食粮及日常生活用品均由中国方面提供。1945 年 11 月，国民政府专门拨款 100 亿元，用于采购上述物资。截至 1946 年 12 月底，遣送日本战俘及侨民工作基本结束。连同行政院善后救济总署及其分署在内，中国方面共计遣送日本战俘及侨民超过 223 万人（其中绝大部分为国民政府出资遣送）[1]。

三　行总侨遣活动的成效

行总的侨遣工作于 1947 年冬基本结束。在历时一年多的时间里，行总各分署相继开展了归侨遣送工作。现将它们遣送成绩列为表 7—2。

表 7—2　　　各分署及其他遣送机构遣送归侨人数统计表　（单位：人）

遣送机构	遣送人数	遣送机构	遣送人数
苏宁分署	27	上海分署	4583
湖北分署	5	广东分署	10938

[1]　参见张海鹏主编《中国近代通史》第 9 卷，江苏人民出版社 2013 年版，第 629—630 页。

续表

遣送机构	遣送人数	遣送机构	遣送人数
广西分署	1401	江西分署	2
福建办事处	2884	河南分署	999
鲁青分署	65	冀热平津分署	415
东北分署	118	台湾分署	84
滇西办事处	266	重庆疏送站	2046
贵阳疏送站	311	昆明疏送站	4212
赈恤厅	42	总计	28792

资料来源：行政院善后救济总署赈恤厅：《善后救济总署赈恤厅三十五年度工作报告》，1946 年铅印本，第 31 页。

※ 表中个别数字存在误差，原文如此。

由 7—2 可见，除湖南分署、浙江分署、安徽分署和晋绥察分署外，共有 11 个分署参加了归侨遣送工作。另外还有各疏送站、办事处等侨遣机构。它们共遣送了 28792 人，但是，各机构遣送的人数差距悬殊。多的机构遣送人数超过万人，少的仅寥寥几人。这些归侨主要的遣送目的地是缅甸、荷属印尼、越南、菲律宾、新加坡、马来亚、暹罗等国家和地区。其中，返回缅甸的 10755 人，返回荷属印尼的 809 人，返回新加坡、马来亚的 13649 人，返回越南的 109 人，返回菲律宾的 1107 人，返回暹罗的 1360 人[1]。从整体上看，成功遣送回原侨居地的归侨约占需要遣送的归侨一半，"就整个人数比例观之，行总似只达成协助半数复员之任务"，没有被遣送的，个中原因，行总认为，是入境困难等因素所致；至于那些能够被成功遣送的，"大都均获协助，返回原侨居地，吾人于此，差堪自慰"[2]。不难看出，行总对归侨遣送工作是基本满意的。

与此同时，难侨的遣送工作也在紧锣密鼓地进行，前后经过的时间也是一年多。现将行总开展的难侨遣送工作的成绩列为表 7—3。

---

[1]　行政院善后救济总署编译处编译处：《行政院善后救济总署业务总报告》，上海市档案馆馆藏档案：Y3—1—278，第 62 页。

[2]　同上。

表7—3　　　　　　　　难侨回国及待遣人数统计表　　　　（单位：人）

侨居地名	回国人数	待遣回国人数
菲律宾	6587	
新几尼亚	1141	
澳大利亚	1341	
德、意	656	
越南	1364	
荷属印尼	1975	2000
新加坡	829	2000
暹罗	167	300
北婆罗洲	15	2500
日本	32118	
缅甸	261	250
其他		800
合计	46454	7850

　　资料来源：《行政院善后救济总署业务总报告》，载中国第二历史档案馆编《中华民国史档案资料汇编·第五辑·第三编·政治》（二），江苏古籍出版社1998年版，第447页。

　　表7—3中的回国人数指的是在行总等机构的努力下，成功遣送回国的难侨人数；而待遣回国人数指的是虽经努力，却最终未能成功遣送回国的难侨人数。菲律宾、新几尼亚、澳大利亚、德、意、越南等国符合遣送条件的难侨均被遣送回国。但是在荷属印尼、新加坡、暹罗、缅甸等地共有7850人因为种种原因未能遣送回国。在总共46454名回国人员中，来自日本的最多，达到32118人。

　　另外，行总"对于外侨在我国境内之救济与遣送，均予一视同仁，与国内难民同等待遇，并予以法律上必须之保障"，要求有关分署积极开展遣送外侨的活动。在此过程中，先后有15个分署中的13个从事了外侨遣送工作。当然，由于外侨滞留的地区差异较大，因此，从人数上看，各分署外侨遣送的成绩也有天壤之别。遣送人数最多的是冀热平津分署，多达17747人，成为唯一人数过万的分署；遣送人数在数千人的，共有3个分署，分别是上海分署 4344 人，台湾分署 3221 人，苏宁分署 2811 人；其他分署遣送人数在数十人至数百人不等，最少的是鲁青分署，仅 1 人[①]。

从 1945 年冬至 1947 年夏，行总共遣送了 35134 名外侨，其中欧侨6930 人，韩侨 19983 人，琉球籍侨民 8221 人[②]。

综上所述，行总在战后进行国内难民遣送的过程中，也开展了针对归侨、难桥及外侨的侨遣活动。这一活动的开展取得了明显成效，得到了包括侨民在内的中外各方人士的肯定。但也存在一些不容忽视的问题。例如，在汕头等一些口岸，归侨拥挤不堪，滞留时间过长，秩序混乱，导致口岸疏运归侨工作不顺利，其原因是，一方面，部分侨胞回归原侨居地心情过于迫切；另一方面，行总个别机构宣传不到位，归侨对相关政策及注意事项不够清楚。

---

① 行政院善后救济总署编：《行政院善后救济总署业务总报告》，上海市档案馆馆藏档案：Y3—1—278，第 65 页。

② 《行政院善后救济总署业务总报告》，载中国第二历史档案馆编《中华民国史档案资料汇编·第五辑·第三编·政治》（二），江苏古籍出版社1998年版，第448页。

第八章　工赈事业的兴办

什么叫工赈？工赈即为以工代赈的简称，是指国家或地方政府组织灾民或难民参加某项工程建设或其他生产活动，使他们因此而获得一定的现金或物资报酬，用以代替直接拨款或发放物资的救济活动。工赈与急赈、特赈、遣送难民一样，都是1945—1947年行政院善后救济总署利用联合国善后救济总署提供的善后救济物资在中国开展救济活动的主要方式。所不同的是，急赈、特赈、遣送难民是属于直接救济，又称消极救济；而工赈则是属于间接救济，又称积极救济。工赈是四种救济方式中规模最大、开展时间最长、成效最显著的一种救济形式。

第一节　工赈的范围与待遇

一　开展工赈的重要意义

工赈是赈济灾民的一种重要手段。工赈思想及实效早在我国古代就屡见不鲜，不少文献典籍对此均有所记载。例如，《康济录》中就有此记载："万历间，御史钟化民救荒，令各州县查勘该动工役，如修学、修城、浚河、筑堤之类，计工招募，以兴工作，每人日给米三升，借急需之工，养朽腹之众，公私两利。"①工赈思想及实践古代早就萌芽，但是"工赈"及"以工代赈"名词，则最早出现在清朝："动用赈余银两，以工代赈。"②

---

① 《康济录》，转引自路兆丰《中国古代的工赈思想》，《社会科学》1988年第6期，第62页。

② 《筹济录》嘉庆十五年事，转引自路兆丰《中国古代的工赈思想》，《社会科学》1988年第6期，第62页。

国外也不乏工赈活动。例如，20世纪30年代，美国总统罗斯福推行"新政"，其中一项重要政策即为"工赈"（work relief）。

就是在20世纪二三十年代的中国，政府当局对工赈的意义也有所认识。他们认为，"为一时救急计，则以急赈为宜，若为增进社会生产力及铲除灾源并筹各地永久福利计，则工赈实为当务之急"[①]。工赈活动"事关实惠，款不虚糜，防患恤灾，一举两得"[②]。为了救济贫民，政府也曾经在一些地区开展了以工代赈的赈济灾民工作。当时的学者对政府工赈活动及其成效给予了赞同。如黄泽仓指出："救灾之法，莫善于工赈。"[③]

可见，工赈并非蒋廷黻等领导的行总的发明。但是，1945—1947年中国从事的工赈事业，与古今中外其他所有的工赈活动有所不同。以前的工赈所需资金和物资都来源于政府或民间捐助；而战后中国开展的工赈所需经费特别是所需物资基本上都来源于联合国救济善后总署的援助，实施过程中需要遵循联总的各项规定及政策。这在中国乃至世界，都是一项前所未有的创举，没有任何现成经验可供借鉴，没有任何相关政策可供遵循，需要全面探索。

对于1945—1947年利用"联总"提供的善后救济援助物资开展的这一工赈活动，行总负责人在经过充分调研，并听取各方面意见后，提出了自己独到的理念。

关于工赈的作用与地位，1946年4月3日，蒋廷黻在向记者发表谈话时指出，工赈事业的兴办，将救济与善后融为一体，"寓救济于善后之中"，具有十分重要的作用，具体表现在以下三个方面：一是可恢复因战事而遭破坏的"国家重大工程"；二是可以此救济生活困难的灾民，甚至还能使他们因此有一定的积蓄，为工赈活动结束后灾民回家恢复生产、重建家园奠定一定的经济基础，达到"以救济办理善后"之目的；三是通过工赈救济灾民，还可使灾民在得到工粮或工资后有一种领取劳动报酬而不是被救济之感，从而"免受粮之工人心理上之不安"，让他们在得到救济后还有

① 《救灾周刊》1921年第12期。
② 行政院救济水灾委员会：《国民政府救济水灾委员会报告书》，1931年铅印本，第13页。
③ 黄泽仓：《中国天灾问题》，商务印书馆1935年版，第87页。

一种难得的尊严感，以体现对被救济者的人格尊重①。所以，在蒋廷黻看来，工赈活动的开展，可收一举三得之效，真是功莫大焉！

5月7日，蒋廷黻在召集行总全体公职人员开会时又一次强调了工赈在战后中国善后救济事业中的地位及其开展这项工作的理由。他说："善后救济工作业务推动方法首当注重于以工代赈"，因为"救济实不足解决吾人之问题"，故"善后一定须注意以工代赈"②。

同年冬，为了让人们更好地理解和掌握他的这一"以工代赈"思想的具体内涵和重要意义，蒋廷黻在其《干什么？怎样干？》一文中特意以修复津浦铁路和黄河泛滥区的堵口工程为例来说明通过开展不同的工赈项目，灾民所获得的各种实实在在的利益③。

蒋廷黻的继任者霍宝树也对工赈活动的举办给予了高度评价。1947年2月，行总署长霍宝树在行总工赈会议上就强调指出：

> 以工代赈是善后性的救济工作。凡有难民之处都应展开工赈，一方面难民得免饥饿，同时可为社会完成建设，推行的方式有修路、筑堤、堵口、浚河……各分署办理工赈大半都组有工赈工作队，协助工赈业务的推行④。

1946年6月，行总颁布《善后救济总署办理工赈原则》（以下简称《工赈原则》），它以法律的形式强调了开展工赈的极端重要性：其一，"工赈可树良好风气"；其二，工赈可"导引难民恢复本业"；其三，"工赈结果可使社会获得各种便利及实益"⑤。

---

① 《四月三日招待新闻记者，署长谈话记录》，载行政院善后救济总署赈恤厅编《怎样办理赈恤》，1946年铅印本，第41页。
② 《三十四年五月七日，署长召集全体同仁第一次训话训词》，载行政院善后救济总署赈恤厅编《怎样办理赈恤》，1946年铅印本，第38页。
③ 参见蒋廷黻《干什么？怎么干？》，行政院善后救济总署广东分署《周报》1946年5月第3期，第4页。
④ 霍宝树：《善救工作之过去与未来》，行政院善后救济总署编译处编印，1947年铅印本，第4页。
⑤ 《善后救济总署办理工赈原则》，载行政院善后救济总署江西分署编印《善救准则》，1946年铅印本，第185页。

尽管如此，当时社会上一些人对工赈活动的开展仍不够理解，他们"或攻击工赈制度，谓救济物资，系联总所赠与，行总不应用以代替货币，以作有代价之付给"[①]。对此，霍宝树予以反驳与解释，他指出：以工代赈是善后性的救济工作。凡有灾民之处都应展开工赈，一方面灾民得免饥饿，同时可为社会完成建设[②]。他再次强调指出："此次战后救济，工赈极为重要。"[③]

随着时间的推移，以工代赈的重要意义逐渐被包括行总各分署、有识之士和广大灾民在内的越来越多的人所理解和接受。苏宁分署认为，工赈"更发扬国人劳而后获之美德"[④]；湖北分署认为，"工赈不但是赈济工作的核心，而且也是赈济方式的最终趋势"[⑤]。学者俞良认为，"工赈不但减少了直接救济之浪费，而且还能使消费的救济物资，成为生产的资本；工赈不但使工人个人受益，并且增加社会财富"[⑥]。

值得强调的是，工赈事业的兴办，还得到了蒋介石及其国民政府的支持。1946 年 6 月，行政院根据蒋介石的指示，专门就工赈工作发布 2947 号训令，要求"相关省府及驻地司令长官通饬所属，凡难民生产及工赈等事尽量协助保护"[⑦]。这就为以工代赈工作的开展扫清了障碍。

二 工赈的范围与重点

为了使即将全面推进的以工代赈工作有章可循，使它得以顺利进行，行总及其各分署制定了一些法律法规，出台了许多相关政策。特别是明确了工赈中"工"和"赈"的关系、工赈的范围与重点。

第一，关于工赈开展的目的及"工"和"赈"的关系。行总规定，"一

---

① 霍宝树：《行政院善后救济总署业务总报告·序》，行政院善后救济总署编译处编：《行政院善后救济总署业务总报告》，上海市档案馆藏档案：Y3—1—278。

② 霍宝树：《善救工作之过去与未来》，行政院善后救济总署编译处编印，1947 年铅印本，第 4 页。

③ 行政院善后救济总署编译处编：《行政院善后救济总署业务总报告》，上海市档案馆馆藏档案：Y3—1—278，第 89 页。

④ 行政院善后救济总署苏宁分署《月报》1946 年第 1 期，第 3 页。

⑤ 行政院善后救济总署湖北分署编：《半月通讯》1947 年第 6 期，第 7 页。

⑥ 俞良：《工赈基本认识》，《行总周报》1946 年第 41 期，第 1 页。

⑦ 《奉令协助总署办理工赈案》，中国第二历史档案馆馆藏档案：4—2—16352，第 12 页。

切工赈计划，为应社会与难民之需要，及达到难民'获得工作'之目的起见"①。即工赈开展的目的是给广大难民提供工作岗位，使他们通过"获得工作"，为社会经济建设做出一定贡献来达到获得救济的目的。正如行总在其工作总结报告中所说，"工赈之着重点在赈，即对人之赈济"②。也就是说，工赈是"为着人而设的"，因而"工赈之重心是在人"③。工赈是"'工'与'赈'两者矛盾中之调和的一种综合的社会设计"④。在"工"与"赈"两者的关系上，"工"与"赈"要紧密结合，不可分离，但"赈"是目的，"工"只是手段，"工程设计，不过为达成此种救济目的之工具"。因此，工赈是一种"工作救济"，因而也是一种"间接救济"⑤。同时，行总与有关机构通过向难民提供工作机会，可以完成一些社会所急需的民生工程建设任务，从而又达到了善后的目的。此外，《工赈原则》还规定，在必要时，工赈应该与急赈、特赈等"其他赈济工作配合办理"，互为补充，扬长避短，以尽量满足难民的基本需求⑥。

第二，关于工赈开展的范围及行总的合作机构。《工赈原则》规定，工赈的范围十分广泛，包括水利灌溉、公路和铁路的修复、房屋的修缮及家庭手工业等许多方面。总之，"凡有难民之处，即予展开工赈工作，凡能予以工作机会，而使其得温饱，同时为社会完成有用之建设目的者，事无巨细，工无大小"，都属于工赈的范围⑦。从隶属关系看，蒋廷黻认为，工赈又可分为"中央与地方两种"，"铁路、公路之修复属于中央，而都市如自来水、电灯厂之修复则属于地方"。对于这些工赈项目，"是以余

---

①　《善后救济总署办理工赈原则》，载行政院善后救济总署江西分署编印《善救准则》，1946年铅印本，第184页。

②　行政院善后救济总署编译处印：《行政院善后救济总署业务总报告》，上海市档案馆馆藏档案：Y3—1—278，第89页。

③　俞良：《工赈基本认识》，《行总周报》1946年第41期，第1页。

④　同上。

⑤　行政院善后救济总署编译处印：《行政院善后救济总署业务总报告》，上海市档案馆馆藏档案：Y3—1—278，第89页。

⑥　《善后救济总署办理工赈原则》，载行政院善后救济总署江西分署编印《善救准则》，1946年铅印本，第185页。

⑦　行政院善后救济总署编译处印：《行政院善后救济总署业务总报告》，上海市档案馆馆藏档案：Y3—1—278，第89页。

之主张以工代赈愈多愈好，以工代赈愈多，则直接救济愈少，此为必须贯彻之方针"①。蒋廷黻认为，行总在全国各地举办以工代赈工程建设时，既可以与诸如交通部、水利委员会等中央部会密切合作举办跨省的公路与铁路的修复、水利建设等项目，也可以与诸如湖南省政府等省级政府"合作办理省公路的重修"，还可以"与市政府合作办理水电、街道、码头的复原"②。即在开展工赈活动时，行总应该与各级政府机构或团体进行协调、合作。

第三，关于工赈开展的重点。行总认为，对于种类繁多的工赈活动，必须有轻重缓急之分，非常重要的和非常急迫的，在时间上要优先安排，在工粮与其他物资供应上要给予倾斜，而不能等量齐观。那么，哪些是属于行总应该考虑的重点呢？蒋廷黻明确要求：工赈工作"应以关系全民生计最大之水利灌溉工程居于首位。行有余力，再注意铁路与公路之修复"③。也就是说，工赈活动要以水利灌溉工程、铁路与公路的修复为重点。行总还特别规定，各分署在进行铁路与公路的工赈时，"应与主管机关（即交通部——笔者注）洽商，选择接近难民区域及经济价值较巨或事实需要较切之路线首先举办，施工范围并以修复原有线路为原则"④。就地区而言，行总规定，"农业区域之计划，应较在城市之相似计划优先实施"⑤。

三 工赈的对象与待遇

哪些人有资格参加工赈？他们的待遇如何？对此，行总也作了具体规定。

第一，关于工赈的对象。1945 年 5 月，蒋廷黻就指出，灾民"要做工始能有饭吃"⑥。同年 9 月，他又指出，"吾人应明告各省人民：'不工

① 《三十四年五月七日，署长召集全体同仁第一次训话训词》，载行政院善后救济总署赈恤厅编《怎样办理赈恤》，1946 年铅印本，第 38 页。
② 蒋廷黻：《干什么？怎么干？》，行政院善后救济总署广东分署《周报》1946 年 5 月第 3 期，第 4 页。
③ 《蒋署长开幕训词》，行政院善后救济总署编译处编印，1946 年铅印本，第 9 页。
④ 《善后救济总署赈恤业务原则》，载行政院善后救济总署江西分署编印《善救准则》，1946 年铅印本，第 76 页。
⑤ 行政院善后救济总署编译处编印：《行政院善后救济总署业务总报告》，上海市档案馆馆藏档案：Y3—1—278，第 90 页。
⑥ 《三十四年五月七日，署长召集全体同仁第一次训话训词》，载行政院善后救济总署赈恤厅编《怎样办理赈恤》，1946 年铅印本，第 38 页。

作即不能得救济'"①。据此，行总进一步多次以法规的形式作出规定，各分署"应即举办工赈，使年壮力强需要救济之难民均得工作机会，籍以自食其力"②；"凡身体健全与能操作之难民，皆应使之工作"③。其出发点是规定那些身体健康、有劳动能力的灾民要想获得粮食等救济，就必须参加各种善后事业，以劳动换取报酬，否则就不能获得行总的各种救济，防止他们当"懒汉"。对于参加工赈灾民工作地点的安排，必须遵循"就近原则"，即出于方便难民的考虑，行总规定，"在可能范围内，难民工作地点应在其家园附近，俾可早日整理其家宅及田地，以期恢复永久职业，以谋自给"④。

第二，关于参加工赈灾民的待遇。《工赈原则》首先明确规定了行总及其各分署支付参加工赈灾民报酬的形式："实施工赈计划所雇佣劳工之待遇，应参照所在地区难民最低生活之需要，以现金或实物支付，如在缺乏食粮、衣着及其他主要日用品之地区，参加工赈工作者之报酬，即以所需之物品为宜。"⑤即灾民报酬支付形式主要是现金和实物，实物又包括粮食、衣服等。

接着，行总又规定了参加工赈灾民报酬的标准："工人所得之报酬，应以足够维持本人及辅助其家庭生活为标准，尤以工人因工作所需之营养，应予注意，应发工资如超过所发实物数额时，余数可改发现款，俾能购买所需未予供应之物品，如发给食粮以代一部分之工资，暂以每人每日以一点五市斤（合〇·七五公斤）为标准"，并且还规定，视情况需要，工赈标准应予以适当提高⑥。

自灾民参加工赈工程劳动的第一天起，开始计发报酬，其工粮发放标准最初为 1.5 市斤，但是，很快发现这一标准过低，不够辛勤劳作的难民一天食用。不久，根据各方意见，蒋廷黻主持召开了行政院善后救济总署

---

① 《蒋署长开幕训词》，行政院善后救济总署编译处编印，1946 年铅印本，第 8 页。

② 《善后救济总署赈恤业务原则》，载行政院善后救济总署江西分署编印《善救准则》，1946 年铅印本，第 75 页。

③ 同上书，第 185 页。

④ 同上书，第 189 页。

⑤ 同上。

⑥ 同上。

署务会议，专题讨论了提高工赈工粮的标准问题。经过讨论，决定将标准定为 2 市斤，同时还决定根据工赈工程的性质与工地情况，为参加工赈工程劳动的难民配发一些罐头等副食品。这一标准实行近半年后，1947 年春，刚于 1946 年冬接替蒋廷黻担任行总署长的霍宝树，主持召开了工赈专题会议，又将工粮标准提高至 2.5 市斤。不过，此时离工赈活动结束已为期不远，这一标准实行的时间很短。难民仅完成了基本工作量，则只向其发放基本工粮，若有难民超额完成工作任务，超出部分则以现金支付报酬。然而，由于行总及其合作者经费都十分紧张，事实上，许多应该支付的现金报酬并未完全支付，而是打了永远没有兑现的"白条"。此外，在工赈工作实施的过程中，行总及其各分署往往还根据难民及其家属的实际情况，给他们配发一定数量的衣物。

综观整个工赈活动，工人报酬支付主要有三种方式：（1）粮食。粮食主要以面粉为主，大米、玉米比较少。（2）粮食加现金。如 1946 年安徽分署在开展市政工赈时，规定"每人每日除发面粉 1 市斤半外，另发国币 1500 元"[1]。（3）现金。如安徽分署 1945 年 12 月规定，以现金支付的报酬，成年男工日薪 1500 元，女工 1200 元，童工 1000 元[2]。广西分署在桂林组织灾民清理桂林市桂南路等街道上的各类垃圾时，每天动用灾民 400 人，每人每日工资 450 元[3]。也有以布匹做工赈工资的，如浙江分署在临榆县开展市政工程工赈时，"每日拨难民百人轮流做工，每人每日分配白布六尺，以做工资"[4]。绝大部分工人报酬支付采用第一种方式，后几种方式在实际工作中采用得少。

行总还规定，如果工程在进行过程中，由于天气、自然灾害、材料供应不上或其他非难民自身原因造成工程暂时停工，工人无法正常施工时，行总及其合作者仍须向停留在工地的难民发放一定数量的工粮，以维持其最基本的生活需要。为此，各分署都对此规定了具体标准，但标准有别。

① 行政院善后救济总署安徽分署编：《行政院善后救济总署安徽分署业务总报告》，1947 年铅印本，第 17 页。
② 行政院善后救济总署安徽分署编《善后救济》1946 年第 1 期，第 13 页。
③ 《灾荒煎熬中的广西》，《桂林通讯》1946 年第 5 期，第 6 页。
④ 林鸿：《以工代赈，榆关整修街道》，《益世报》1947 年 5 月 27 日。

例如，1946年3月，行总河南分署出台《黄河工赈面粉发放办法》规定：
"因特殊情况如下雨等自然因素影响不能施工或者工人因病不能工作的，
照常发给其面粉。"①鲁青分署规定，"若在工赈中出现因气候、自然灾
害或材料供应不及时等问题致工程无法实施时，工人每人每日发工粮一
斤半"②。

若难民住地离工地 60 华里以上者，则往返一次给予一定的路程口粮
补贴。根据距离远近，补贴标准略有差别，一般是 3 市斤面粉。如果难民
在施工期间因病不能劳动，一般也按天发给他适当的疾病口粮，但是不能
超过 5 天；若超过 5 天仍然不能劳动者，便发给他回家口粮，予以除名。

在实际操作中，不同的工赈项目，工赈报酬标准与发放办法会有所变
化。以最大的工赈项目——黄河堵口复堤工赈为例，工人工赈粮的发放标
准及发放方法随着工赈活动的不断推进而有所不同。发放标准共分三个阶
段：第一个阶段，黄河堵口复堤开始至 1946 年 10 月，每人每天发放面粉
2.5 市斤；第二阶段，1946 年 11 月至 1947 年 2 月 25 日，每人每天发放面
粉减至 2 市斤；第三阶段，1947 年 2 月 26 日至工程完工，根据工人要求，
发放标准恢复至第一阶段水平。

工粮发放办法也分阶段实施。工赈活动之初，工人不多。行总各分署
每天派人给工人发放工粮，每个工人均需亲自去领取，而且工人在领取工
粮时，都要在花名册上按一下手印以示已领取。后来，随着工赈活动规模
的扩大，工人数量迅速增多，比如，黄河堵口复堤工程"紧张之际，仅东
西坝两处，即有工人五六万名"③，整个黄河堵口复堤工程"每日民工最
多时，约在六十一万五千人以上"④。这样，如果再照过去的老办法发放
工粮，似乎不可行。因此，从 1947 年初开始实行按组集中发放的办法。
各分署将工人编为若干组，一般每 30-35 人编为一组，设组长一名。组长
每 5 天代表该组领取面粉，然后分给大家。如此一来，工粮发放效率大大

①　《黄河工赈面粉发放办法》，行政院善后救济总署河南分署《周报》1947年堵口工赈纪念
专刊，第11页。

②　《本署与省府商讨推进善后工程》，行政院善后救济总署鲁青分署《鲁青善救旬刊》1946
年第9期，第4页。

③　行政院善后救济总署河南分署《周报》1947 年第 71、72 期合刊，第 9 页。

④　行政院善后救济总署河南分署《周报》1947 年两周年纪念特刊（第 100 期），第 15 页。

提高。当然，行总为防止冒领工粮或组长克扣工粮的情况发生，也制定了一系列制度。

另外，关于工赈活动期间工人的作息时间问题。工赈期间，各分署对灾民组成的工人确定了作息时间，一是为了工赈项目能够按期完成；二是为了加强对工人的管理，防止各种事故的发生；三是为了防止工程方为赶工期，逼迫工人加班加点劳动，保障工人的合法权益。但是，由于我国幅员辽阔，地区之间气候、人们的生活习惯等方面存在差异，所以，行总并没有对工人的作息时间作出统一的规定，要求各分署根据各自情况自行制定。由于各个工赈项目的工种、特点、地域等有所不同，各分署也没有制定统一的作息时间，而是针对不同项目，根据具体情况制定作息时间，甚至一个项目中不同的工种，作息时间也会不同。例如，安徽分署针对无和段江堤修筑项目而制定的作息时间是，每天早晨 6 点用早餐，尔后赴工地做工，每工作 2 小时中间可稍做休息；中午 12 时吃午饭，饭后有一个小时的午休时间，晚上 7 点收工。"为使此项时间整齐划一"，在工地上，每隔 1 里，立一旗杆，"以升旗为做工标识，以降旗为收工标识"[1]。

第二节　工赈实施的基本路径

工赈活动在全国各地的全面开展一直得到行总的高度重视。早在 1945 年 5 月 11 日，行总署长蒋廷黻就向行总各级负责人明确规定："以工代赈为本署最主要之工作。"[2] 当年冬，行总开始在冀热平津分署、鲁青分署和苏宁分署 3 个分署进行工赈业务活动。1946 年 1 月 5 日，蒋廷黻在行总全年工作计划会议上要求行总各分署在对各地穷苦人民开展急赈、特赈等直接救济活动的同时，迅速采取切实可行的措施，"办理以工代赈，使

---

① 行政院善后救济总署安徽分署编：《善后救济总署安徽分署修筑无和段江堤总报告》，1947 年铅印本，第 2 页。

② 《五月十一日，署长在善后救济问题讨论会演讲词记录》，1945 年 5 月 11 日，载行政院善后救济总署赈恤厅编《怎样办理赈恤》，1946 年铅印本，第 50 页。

本年内无一人因冻饿而死"[①]。此后,工赈活动相继在全国各地迅速展开。

工赈项目的实施,一般遵循以下路径展开。

一　选定工赈项目的合作者

根据相关规定,一般情况下,工赈的各项具体建设工程,应该由国民政府相关部委、地方政府等与行总协作,共同办理。那么,对于行总而言,工赈工作实施的第一步就是选择、确定具体工赈工程的合作者。因此,对于较大工赈项目,首先,蒋廷黻根据联总提供的善后救济援助的物资种类及数量,拟定即将开展的相关工赈项目,然后根据该项工程的管辖范围、专业属性,选择相应的合作对象。例如,有关农田灌溉和江河湖泊堤岸的修复,就与水利委员会合作;有关铁路、公路、桥梁等修复,则与交通部联系。对于自来水厂和发电厂的修复、下水道的疏浚等市政方面的工赈项目,行总一般把当地政府机关作为自己的合作者。至于一些小规模的工赈项目,例如,兴办家庭手工作坊等,行总一般也是采取与难民所在地的地方政府合作的办法进行办理。

二　确定参与工赈工程项目的灾民

行总在确定了工赈工程的合作者后,便着手选定参加该项工赈工程的劳动者即符合参加工赈救济条件的灾民。为了及时、准确地选定参加工赈工程的灾民,行总通常先去了解该项工赈工程施工地点附近的待赈人员的基本信息,包括他们的生活困难情况、他们所掌握的工作技能、当前的工作状况以及待赈人员具体人数等。

行总为完成此项工作,一般采取以下几种办法:一是调阅曾经向难民收容所(站)申请救济的符合条件的被遣散难民以及当地居民的详细登记记录;二是会同有关地方政府,例如县政府等,到当地进行实地调查;三是利用当地的各种社会团体、人们自发组成的各类"义务团体"等,到当地居民中进行实地调查、走访;四是会同国民政府的社会部、各级地方政

---

① 蒋廷黻:《行总三十五年工作概述》,载行政院善后救济总署赈恤厅编《怎样办理赈恤》,1946年铅印本,第29页。

府的社会局等各级民政机构摸清当地灾民的情况。此外，在诸如地处十分偏僻、灾民非常零散等特殊条件下，行总及其各分署有时还利用招募来的参加善后救济活动的志愿者个人前去逐一调查核实。

通过上述几种方法的调查、摸底，行总及其各分署对拟将举办的工赈工程所在地的难民情况有了一定的了解。然后，行总根据该项工赈工程所需劳力的数量及对劳工工作技能的要求等情况，遴选参加该项工赈工程的劳动者——灾民。在挑选时，行总特意要求重点照顾以下三种难民：其一，当地公有救济机构或私有慈善团体向行总及其分署提名、推荐的贫民；其二，曾经接受过行总及其各分署金钱或食物方面的救济且身体健全的灾民；其三，仍然滞留在行总及其各分署所开办的难民收容所（站），无法返乡的并且身体健全的难民。此外，所有被征用参加工赈劳动的灾民，其年龄必须在 14 周岁以上，14 岁以下儿童不能雇用。所征用的灾民要尽量发挥他们的工作技能，扬长避短。

三　确定工赈工程计划项目

根据行总负责人的指示及行总制定的相关政策，各分署及其合作机构在工赈业务开始之前，根据当地需要通过以工代赈进行救济的难民的数量和工作技能等情况，以及当地急需恢复的民生工程现状，共同确定工赈工程计划项目。

倘若各方不能及时提出合适的工赈项目时，为了保证当地符合标准的灾民得到工赈的及时救济，行总及其各分署则主动采取一些措施，尽快确定工赈项目。这些措施主要包括：（1）与当地相关省、市、县政府协商，选择一些公用建设事业作为工赈项目；（2）与当地一些社会团体、学校及医院等联系，把修理这些单位因为战争的破坏而遭损毁的房舍及清理因为战火而形成的垃圾等工作作为工赈项目；（3）战争期间广大国统区关闭了不少合作社，若了解到它们战后重新开业需要劳力时，可将它们作为工赈项目。通过这些措施确定的工赈工程项目，一般是一些较小规模的工程项目，在这些项目中安排需要救济的灾民工作，同时安排相应的官员、专业技术人员进行业务协调、技术指导与监督。这些小型工赈项目大多是与百姓生活密切相关的工程，项目种类及地域范围一般比较宽泛。例如河南分署认为："粮食增产，恢复交通，增进生活福利，挽救儿童失学，是善后救济当务之急，故在举办各县小型工振暂行办法中，规定应办的工程范围，是小型农田水利，修补道路桥梁，复建卫生院及小学校房舍，以及其他急需的小型工程。"[1]接着，它又进一步强调指出："工振设施，随处可有，无区域、人数之限制。凡有难民之处，本署应即展开工振工作。凡能予以工作机会而使其得温饱，同时为社会完成有用之建设目的者，事无巨细，工无大小，皆属本署工振之对象与范围。"[2]甚至，在一些分署看来，诸如整修道路、修理门窗和粉刷墙壁之类的工作亦可纳入小型工赈事业范围。一些分署在开展工赈活动时注意根据灾民年龄、身体及技能状况安排不同的工作。安徽分署认为，那些"乡间妇女及十五岁以上二十岁以下，几多体力较弱，对于修路或其他繁重工作难以胜任，且远离乡井，事实上亦多困难。"因此，针对他们，主要是提供一些"轻快适宜之工作"[3]。

　　工赈工程项目确定后，承办单位即开始拟定该项目开展的详细计划。其中包括实施该项工程计划的目的、预计将要达到的目标、承办单位自身所能提供的器材、物资、技工、监理、运输以及其他有关内容。计划拟定后，由承办单位报送行总。工赈活动开展之初，不管其规模大小，全国所有的工赈工程计划均由行总署长主持行政院善后救济总署署务会议审议，获得通过后，行总就以工赈方式对该项工程项目予以协助。随着工赈活动的不断推进，全国各地需要审议的工赈工程计划迅速增多，行总决定将较大规模及中小规模的工赈工程计划的审议权下放给各分署，若该项工程获得当地分署的批准，行总即通过分署对其进行协助。而诸如津浦铁路、黄河堵口工程等特大工程项目的审议仍然由行总署长主持总署署务会议来完成。

　　在合作机构及其合作工赈计划项目确定后，工程正式开工前，行总及其各分署便与合作承办单位签订有关该项工赈工程的合同，在合同中明确规定行总及合作机构的职责及权力，但是主要是行总对合作机构行为的规范与约束。例如，合同规定，合作机构物资和经费使用限制、行总对此进行督导与审核的权力以及受理灾民参加该项工赈工作的申请等问题。

---

① 　行政院善后救济总署河南分署《周报》1946 年第 63 期，第 11 页。

② 　同上。

③ 　行政院善后救济总署安徽分署《善后救济》1946 年第 3 期，第 26 页。

四　实施工赈工程计划

工赈工程项目开工后，行总便向合作机构兑现协助责任，向它们提供一些物资，这些物资绝大部分是粮食，它们必须发给参加工赈项目的灾民。如果需要器材或其他方面的物资，行总则根据该项工程的价值与成本等因素酌情给予补助。

为了保证联合国救济善后总署提供的包括粮食在内的各种援助物资、经费用于救济灾民等各项中国善后救济事业，而"不致被包工者染指"[①]，行总规定工赈必须采用征工制而非包工制，"规定所有工作之实施，只限于非包工部分供应协助，承办机构倘以包工方式完成计划成本之任何部分，不能列为行总业务"[②]。此规定得到了各分署的支持。湖北分署认为，"包工制度舞弊甚大，所发工粮往往为包工或团头所中饱，未能到达灾工的手里"。行总及其各分署在工赈工程进行的过程中，极力避免使用包工制，而改用征工制，即直接征用难民务工。在必须部分使用包工制的工程项目，行总及其各分署也仅对工程的非包工部分提供工粮等方面的协助，至于工程计划中使用包工制实施的部分，则一概不负协助之责。不妨试举一例：在公路修复工程计划中包括挖土、填土、压路、路基筑造与架桥等部分，其中架桥由于需要技术较高的专业技术人员施工，必须通过包工制另外从社会上招用专门技术工，那么，行总及其各分署只对前四项没有使用包工制的部分提供相应协助，而不对架桥部分提供工粮等协助，所需发给工人的工粮或其他报酬以及所有建设器材、原料等一概由承办单位自己承担。为了便于管理，各分署一般把参加劳动的灾民以排为单位编在一起，每排25人，设"排头"一人司管理之责。"排"即是工赈工程进行过程中灾民管理的基层组织。

工程完工后，行总或其分署与工程承办单位各自派出人员联合对该项工程进行验收。大部分工赈工程项目在1947年行总解散前完工，但是，也有个别项目在中国善后救济事业结束、行总业已解散时还未能完工。这

---

① 行政院善后救济总署编译处编印：《行政院善后救济总署业务总报告》，上海市档案馆馆藏档案：Y3—1—278，第91页。

② 同上。

些工程由原来的承办单位继续施工直至完成。

在工赈活动开展的过程中，行总及其各分署均不可避免地遇到了许多这样或那样的困难与阻力。不过，"所幸各地分署均能与承办机构，切实合作，克服一切困难，使工程之进行，多能顺利完成"①。

第三节　工赈的成效与局限

在行总及其各分署、各地方政府、各合作机构的共同努力下，1945 年至 1947 年，在全国各地相继开展了工赈活动，并取得了明显的成效。当然，也存在一些不容忽视的局限性。

一　通过工赈，兴修了一大批工程项目，为战后保障人民生活，重建家园、恢复生产创造了有利条件

工赈活动主要集中于水利、交通、房屋、市政、协助难民从业等几个方面，取得了丰硕成果。

（一）水利工赈

水利工赈，直接关乎农业粮食生产和国民生计，因而在所有 6 个工赈方面中，最被行总重视；其规模也最大，行总先后用于该项目的工粮及其他物资所占比例最高，约占全部工赈工程总量的 40%。

水利工赈包括以下三部分。

（1）修复大型溃堤和堵口。行总的主要任务是配合水利委员会（后改为水利部）的战后水利恢复计划，协助相关管理机构，对全国各主要河流的病险堤坝进行修复，决口进行堵塞。全国主要河流的溃堤修复和决口堵塞基本上都是通过实施大规模的工赈计划来完成的。主要有黄河堵口复堤工程、江汉堤防工程以及长江堤防工程等，其中以黄河堵口复堤工程最为浩大、任务最为艰巨。对此，中外人士均有共识。时人认为，"堵塞计

---

① 行政院善后救济总署编译处编印：《行政院善后救济总署业务总报告》，上海市档案馆馆藏档案：Y3—1—278，第 92 页。

划是不像一般决口那样简单的"①。蒋廷黻也承认："此诚为本署计划中之最大工程。"②联总对此曾感慨道："在联总援助的所有单项善后工程中，黄河堵口工程既是最著名的工程，同时不管从技术上、经济上，还是从政治上讲，也是一项最难完成的工程。"③治理黄河工程分三段进行，分别是：上游花园口堵口、下游中国共产党控制的解放区黄河复堤、河北长垣及河南境内黄堤抢修等。抗战胜利结束之时，正值长江汛期，水位普遍上涨，导致武汉附近的长江和汉水河堤相继溃决，酿成巨大灾难。对江汉堤防工程的工赈工作从 1946 年初在蒋廷黻署长的亲自督导下开始，共分两期。第一期在 1946 年的汛期到来之前完工，参加工赈的灾民达 5 万余人。这一年虽然在汛期到来后，长江水位普遍都较高，但由于第一期的及时治理，武汉附近没有出现大的险情。1947 年初，完成第二期。除了江汉平原一带之外，行总还决定对长江中下游其他地方的堤防进行修复，该工程地跨鄂、赣、皖、苏四省，采取分段的办法，由湖北分署、江西分署、安徽分署和苏宁分署分段各自对其所在地区的河段进行修复。由导淮委员会、行总安徽分署和安徽省政府共同举办了淮河复堤工程等。淮河工程因黄河改道而起，河流因泥沙淤积而下泄不畅，被灾面积逐年扩大④。故此项目工程量也很巨大。珠江水利工程，政府为此拨款 44 亿元（法币），联总通过行总共拨工粮 1.2 万余吨和 542 吨各种施工器材⑤。该工程包括修治其下游三角洲区域、西江、北江沿河一带围堤以及入海航道的疏浚工程等。此外，安徽分署通过工赈修复了芜和江堤；苏宁分署通过工赈修复了苏北运河河堤；晋绥察分署通过工赈开展了永定河、子牙河等的复堤工程；浙江分署通过工赈开展了江南海塘及钱塘江塘等的筑堤工程。修复大型溃堤和堵口，是行总水利工赈中最主要的部分。

（2）兴修大型农田水利。行总的主要任务是根据当地需要，配合各地省、市政府，兴修一批重要的水渠、堤坝与水闸以增加农田灌溉面积，

① 陶述曾：《黄河花园口是怎样堵塞的》（上），《中央日报》1947 年 5 月 2 日。

② 《蒋廷黻举行记者会》，《中央日报》1945 年 12 月 1 日。

③ *UNRRA Operational Analysis Papers, No.53*, Washington D.C., 1948, p.256.

④ 参见刘宠光《黄河夺淮和导归故道问题》，《新华日报》1946 年 5 月 30 日。

⑤ *UNRRA Operational Analysis Papers, No.53*, Washington D.C., 1948, p.264.

提高产量，满足人民需要。主要有官厅水库等。由于官厅水库是永定河治理计划的首要工程，具有重要的经济价值。在行总署长蒋廷黻的亲自协调下，由冀热平津分署和晋绥察两分署联合办理，并共同拨付 3000 多吨工粮进行以工代赈的活动。不仅如此，行总还特拨专款 100 亿元、价值 100 亿元以上的所需设备和其他物资，以帮助完成这一工程。

（3）兴办小型地方水利工程。它主要由 4 部分组成，即疏浚河道、灌溉设施、开凿水井和挖掘水塘等，其目的是开发水上交通、方便农业生产、防汛抗旱等。前两部分均由行政院善后救济总署办理；后两部分则由各分署代替总署协助地方政府予以开展。例如，浙江分署协助浙江省水利厅举办了金华江和曹娥江等 148 处防洪工赈工程；广东分署协助修筑清远河堤、芦邑水闸等 65 处小型水利工程；广西分署协助广西省政府修复安县秦堤决口，修筑宜山县洛寿渠等 65 处各类小型水利工程；湖南分署修筑安仁永乐渠工程等。

水利工赈的实施，使大片被淹农田得以复耕。据统计，行总所有水利工赈工程，受益农田达 1.6 亿多亩[1]。水利工程的兴修，对当地的防汛、抗旱，保障农业生产具有重要作用。黄河堵口复堤工程工程量最大，其产生的效益也最大。工程完工后，河南东部、安徽北部和江苏北部多达 7000 平方公里的黄泛区得以恢复生机，1400 余万亩肥沃的农田陆续复耕，受惠灾民达 500 万人[2]。经过修复黄河溃堤和堵口，"昔日荒漠之地，今已变成绿野了"[3]。1946 年底，时任联总驻华办事处负责人福兰克雷认为，黄河堵口复堤工程并非简单的工程项目，"并为一救济河南及下游数百万农民问题，更为世界整个之粮食增产问题"[4]。淮河复堤工程累计完成土方 1560 多万方，受益农田 2700 余万亩[5]。官厅水库的兴修，使它成为中国相当长时期内最大的水库，对华北地区的灌溉、防洪具有极其重要的作用。湖南安仁永乐渠修复工程竣工后，灌溉面积由之前的 1 万亩增加到 1.65 万亩，

---

① 行政院善后救济总署编译处编印：《行政院善后救济总署业务总报告》，上海市档案馆馆藏档案：Y3—1—278，第 93—94 页。

② 同上书，第 93 页。

③ 行政院新闻局编：《两年来的善后救济》，上海市档案馆馆藏档案：Y3—1—344，第 20 页。

④ 张季春：《黄河堵口复堤工程纪实》，《黄河堵口复堤工程局月刊》1947 年第 2 期，第 8 页。

⑤ 韩启桐：《黄泛区的损害与善后救济》，上海六联印刷公司 1948 年版，第 65 页。

每年可增产谷 1.4 万石，"若每石以时价 3000 元估计"，共值国币 4.2 亿元，"而秋冬所增收之杂粮及扩充灌区后之增益尚未计也"[①]。行总署长蒋廷黻对水利工赈取得的成效"深引为慰"[②]。

（二）交通工赈

交通工赈的规模在所有工赈门类中名列第二，所占比例约为 20%，仅次于水利工赈。主要包括三部分：（1）公路。主要协助修复因日本侵华战争而遭破坏的原有重要公路干线；也有因恢复国民经济和开展赈济便利的需要而新建的部分公路；还有一些县境内的乡间公路。（2）铁路。主要针对战后急需修复的重要铁路干线进行修复。（3）重要桥梁。主要对于那些地处战略要冲、被战争破坏的重要桥梁进行修复。其中重要公路和铁路工赈所需工粮和器材由行总拨付各分署，行总派员督察实施；乡间公路及桥梁工赈则由各分署根据实际需要协助地方政府办理。

根据蒋廷黻主持制订的《中国善后救济计划》中对交通工赈项目的计划以及行总的其他相关规定，各分署在行总及其署长蒋廷黻的统一领导下，陆续开展了交通工赈活动，并取得了一定的成效。

第一，公路工赈及其成效。行总通过以工代赈形式修复的重要公路几乎遍布全国所有分署。由于福厦、京杭、沪杭、沪常等重要国道，有的是东南沿海地区公路交通大动脉，有的是将联总从外国运到中国上海港的善后救济物资外运至各分署的公路要道，所以，行总特拨专款、工粮与器材，对它们进行了重点修复。各个分署都在其所辖地区兴修了一批公路。例如，鲁青分署协助修建了济青、丝明、济长等公路。湖北分署协助修建了汉宜、武界等公路。浙江分署协助修建了杭淳、杭海等公路。湖南分署协助修建了零东、零道、邵新和衡常等公路，总长度超过 280 公里[③]。据统计，行总及各分署共协助修复重要公路超过 100 条，修复和新建了各级公路超过

---

① 《介绍安仁永乐渠》，行政院善后救济总署湖南分署《善后月刊》1947 年第 12 期，第 23 页。

② 《蒋署长开幕训词》，行政院善后救济总署编译处编印，1946 年铅印本，第 6 页。

③ 参见行政院善后救济总署湖南分署编《善后救济总署湖南分署业务总报告》，1947 年铅印本，第 12—15 页。

2.2 万公里，其中县乡公路超过 7000 公里，桥梁 600 多座 [1]。当地的交通状况因此有了较大改善。

第二，铁路工赈及其成效。在行总协助恢复交通计划，开展交通工赈的过程中，铁路项目也是重要项目之一。铁路工赈的重点是被日本侵华战争破坏严重、国家铁路交通大动脉的重要线路，例如，津浦线、浙赣线、粤汉线、湘桂线、平汉线、陇海线和京沪线等。但是，铁路的工赈计划实施要远比其他交通工赈计划实施复杂得多、困难得多。由于铁路线很长，跨越国统区和解放区，有关铁路全线恢复通车需要国共两党的合作。为了防止铁路全线贯通后，国民党军队乘机运兵进入解放区，危害解放区人民的利益，中共中央不愿使国统区的铁路过早地与解放的铁路接轨，所以，许多铁路，例如津浦线，其修复工作仅限于国统区内。经过几个月的紧张施工，1946 年初开始，津浦线、浙赣线、粤汉线等局部恢复通车。但是，到 1947 年行总解散时，湘桂线仍在施工中，其后续所需资金、工粮和器材等全部由国民政府交通部负责。通过工赈，主要修复了数百公里的铁路。可见，铁路工赈的成效有限，只是阶段性的、局部的。

（三）房屋工赈

多年抗战，各地被毁房屋数以千万间，因此，房屋重建的任务十分繁重，这一任务行总也采取了工赈的办法来完成。由于行总所能支配的工赈物资有限，加之时间也非常仓促，所以，此次房屋工赈重点解决各地灾民及贫民的居住问题以及诸如社会救济福利机关等的公共房屋的整修。为解决各地灾民及贫民的居住问题，行总采取了两项工赈措施：（1）利用原有的庙宇、教堂及其他公共房屋稍作修缮以供急需；（2）适度新建一批用于安置难民的"难民新村"。为解决公共房屋的整修问题，行总拨付一批工粮及必需的器材，协助相关公共事业团体对原有房屋进行修复。例如，1946 年底至 1947 年初，江西分署与南昌市政府合作修建了平民住宅 20 栋，厕所 10 间 [2]。历时一年多的房屋工赈，共修复大、中、小学校舍 3000 多所，医院及卫生机关 300 余处，其他房屋 200 多所；新建"难民新村"等约 40

---

① 行政院善后救济总署编译处编印：《行政院善后救济总署业务总报告》，上海市档案馆馆藏档案：Y3—1—278，第 95 页。

② 行政院善后救济总署江西分署编：《江西善后救济》1947 年第 3 期，第 8 页。

处[1]。房屋工赈的开展，为战后重建创造了有利条件。

（四）市政工赈

抗战期间，全国许多城市与广大农村一样，受损严重，大多残破不堪，满目疮痍，特别是与广大人民生活息息相关的市政工程，例如码头、道路、给排水系统、环境卫生等更是亟待修复。战后市政工程破败与脏、乱、差，"关系观瞻者小，有碍卫生者殊大"[2]。

此类工程，所需财力和物力都较大，实施周期也很长，光靠当地政府似乎难以胜任，所以，行总决定将市政工程善后也列入工赈范围。在市政工赈举办的过程中，行总也专门划拨了一定数量的工粮和资金，授权各分署协助当地市政府，根据当地市政破坏程度及其恢复的价值等情况综合考虑，制订并实施市政工赈的计划。行总及其各分署与当地市政府紧密配合，分工协作，共同努力，"60 余处城市之整修已大体复员"[3]。例如，1946年，浙江分署在杭州、松阳、嘉兴等 10 地开展市政工赈，"小巷之内亦在铺修计划之列"[4]。市政工赈的开展，有力地帮助部分城市恢复各项功能，城市面貌也得到较大改观，正如时人所说："昔日泥泞之后，不复再见，全城街道当可焕然一新。"[5]

（五）协助难民就业工赈

在水利、交通、房屋与市政等工赈的同时，行总还开展了协助难民就业的工赈活动，又称之为辅助社会福利事业工赈。行总希望借此帮助他们逐步走上自力更生的道路。这一活动是从两方面进行的。一方面，针对那些有一技之长的灾民，行总及其各分署分别举办一批手工工场，为他们创造一些就业机会；另一方面，组织各地能够务工的灾民，集中进行工业生产，以初步实现自给自足。

---

[1]　行政院善后救济总署编译处编印：《行政院善后救济总署业务总报告》，上海市档案馆馆藏档案：Y3—1—278，第 96 页。

[2]　行政院善后救济总署浙江分署编：《行政院善后救济总署浙江分署业务总报告》，1947年铅印本，第 51 页。

[3]　丁文治：《联总物资与战后中国经济》，上海六联印刷公司 1948 年版，第 22 页。

[4]　行政院善后救济总署浙江分署编：《行政院善后救济总署浙江分署业务总报告》，1947年铅印本，第 51 页。

[5]　林鸿：《以工代赈，榆关整修街道》，《益世报》1947 年 5 月 27 日。

1946 年 3 月，行总署长蒋廷黻与中国工业合作协会（简称"工协"或"工合会"）负责人签订了《救济收复区工业生产合作社办法》。其宗旨是：一方面，协助恢复各地原有的工业生产合作社，收容并安置已丧失了工作的社员，继续从事生产事业；另一方面，帮助、指导灾民、失业工人、荣誉军人、退伍士兵及正在服役的军人家属组织新的合作社，以此使他们获得工作机会。经营规模以中小企业和乡村工业为主。根据有关协定，其所需机器、原材料和粮食等均由行总拨给。社员入社前由行总供给食宿，并对他们进行必要的技术培训。至于生产过程中所需的流动资金则由"工协"提供。其中，一部分直接由"工协"拨付，另一部分则由其代为借贷。行总及其分署解散后，则由"工协"继续办理。这一活动的开展，为工赈活动提供了新的途径。

手工工场以女工从事的缝纫等手工制造业为重点。从 1946 年初起，行总先后于南京、上海、汉口、北平和广州等五市联合新运总会妇女指导委员会，共同开办一些缝纫工厂，专门收容女性灾民。开办之初，行总署长蒋廷黻与新运总会妇女指导委员会负责人商议，双方各拨付 500 万元作为启动经费，然后由各分署负担日常所需经费。另外，生产所需的缝纫机及其他物资、器材也悉数由行总各分署提供。其他各地则由各分署根据实际需要及自身实力自行开设缝纫等。其主要业务是改制联总从西方各国运来的救济衣物，承担灾民寒衣的制作任务等。

在各分署中，以湖南分署成绩最为突出。为了收容安置刚返乡的难民及救济大量失业的手工业工人，湖南分署于1945年12月至1947年10月，先后在长沙、衡阳各兴办了2家工厂，在岳阳兴办了1家工厂，共计5家工厂。它们实际上就是手工作坊，包括缝纫、织染、刺绣、印刷、制鞋、制扇及卷烟等门类。行总解散后，所办工厂相继移交地方各机构继续经营，工人们则照旧上班。1945年底至1946年春，江西分署在西山南麓创办工赈纸厂，在景德镇创办工赈瓷厂，在南昌近郊创办工赈砖瓦厂、南昌妇女缝纫工厂，在萍乡、九江也分别创办了妇女缝纫工厂等。仅南昌妇女缝纫工厂就拥有大、小平房8栋，在开工之初就招收女工100多名。为此，江西分署先后分别拨工赈救灾经费600万元、3亿元、2亿元赈济战争灾民[①]。1946年，安徽分署会同安徽省社会处接管原安徽省赈济分会下辖的六安毛毯厂（即第11厂），并将其改为安徽省游民习艺所，收容难民50人，安徽分署拨给一些缝纫机，对他们培训缝纫技术，从事被服缝纫工作。此外，安徽分署拿出行总提供的137架缝纫机，在蚌埠、阜阳等地开办缝纫厂，安排没有生活来源的妇女3015人从事简单的缝纫工作[②]。1946年，广东分署联合新运妇女指导委员会创办广州手工工场，通过以工代赈形式，"救济失业女工及劳苦妇女，招收女工60名"[③]。1946年秋冬之际，苏宁分署分别在南京设立缝纫厂两家，在镇江设立缝纫厂一家。招募灾民做工，主要业务是缝制寒衣，免费发给灾民过冬。其中一家与南京市女青年会合办。

此外，行总还以工赈方式办理了灭虫、清扫、造林、育苗和垦荒等其他项目。例如，浙江分署协助农林部门办理了农林工程14处、垦荒0.8万亩、植树0.54万株；广东分署协助农林部门办理了农林工程8处；湖南分署协助开垦临岳荒地1.1万亩；安徽分署发动滞留芜湖失业难民成立夏令清洁服务队，从事市政清扫活动，并开展了灭蝗工赈，共扑灭蝗虫0.34万市斤[④]。东北分署也在锦州等地发起城市清扫运动。"难民全体不分男女，每日上午九时，分赴各街道，担任清扫街道垃圾工作。"[⑤] 先后共有10个分署参与开展了其他工赈活动。事实证明，此法不失为工赈之一良策。

二 工赈活动的开展，挽救了数以千万计的灾民的生命，体现了一定的人文关怀，提高了灾民的生产积极性，在一定程度上改善了社会风气

现将水利、交通、房屋、市政和协助就业（含其他）等各类工赈活动发放款物、赈济灾民人次等列为表8—1。

[①] 行政院善后救济总署江西分署编：《行政院善后救济总署江西分署业务总报告》，1947年铅印本，第26页。

[②] 行政院善后救济总署安徽分署《善后救济》1946年第3期，第26页。

[③] 《与妇女新运会合办手工工场》，《行总周报》1946年第33期，第14页。

[④] 行政院善后救济总署赈恤厅编：《善后救济总署赈恤厅三十五年度工作报告》，国家图书馆藏，1946年手写本。

[⑤] 许飞：《以工代赈，锦州难民扫街》，《益世报》1947年6月21日。

表8—1　　　　　　　　　　各类工赈活动发放款物一览表

	工粮 （单位：万吨）	现款 （单位：亿元法币／台币）	用工数 （单位：亿个）
水利	16.62	129.37 / 0.14	0.59
交通	8.06	79.96 / 0.03	0.34
房屋	6.2	58.15 / 0.1	0.19
市政	2.29	3.06 / 0.12	0.11
就业（其他）	0.99	20.8 / 0	0.03
合计	34.16	291.34 / 0.38	1.26

注：拨付现款部分，用于大陆地区的用法币，用于台湾的用台币；协助就业项目拨付的台币为零，因行总未在台湾开展此类工赈活动。

资料来源：根据行政院善后救济总署编译处编印《行政院善后救济总署业务总报告》，上海档案馆馆藏档案：Y3—1—278，第94、95、97—100页的有关数据计算、归纳、整理并绘制而成。

从表8—1中可以看出，在工赈活动开展期间，行总共拨助工粮达34.16万吨，现款法币291.34亿元，台币0.38亿元，被赈济的工数达到1.26亿个。在整个工赈过程中，用于水利工赈的款物占全部工赈款物的52.7%，交通工赈占21.7%，房屋工赈占16.7%，市政工赈占6.2%，促进就业（含其他）工赈占2.7%。无论是拨付的工粮、现款，还是赈济的人次，均以水利工赈规模最大，超过一半，交通工赈次之；房屋工赈、市政工赈和协助难民就业等类工赈规模相对较小，这与它们的工程量大小密切相关。这也说明，蒋廷黻提出的工赈活动首选水利，其次为交通的基本政策在实际工作中得到了较好的贯彻。

需要说明的是，第一，据行总统计，工赈活动开展期间，行总共拨助工粮达36.89万吨，现款法币278.59亿元，台币0.38亿元，被赈济的工数达到1.29亿个[1]。这与笔者根据行总在其《业务报告》中提供的各类工赈数据相加所得数据有一定差异。两者相比，有多有少，工粮数前者比后者多了2.76万吨，而现款（法币）又少了12.75亿元，台币部分两者一致，

---

[1]　参见行政院善后救济总署编译处编印《行政院善后救济总署业务总报告》，上海市档案馆馆藏档案：Y3—1—278，第100页。

工数前者比后者多了 0.03 亿个。第二，上述行总所说的 36.89 万吨工粮中"含有少量其他物品"，比如衣物等。行总为此给出的解释是，"因无法剔除，故全部作为食粮计算"[①]。也就是说，36.89 万吨工粮中不全是工粮，还包括衣物等其他物品，鉴于在统计过程中，不太好将它们准确分开，无法分别计算出工粮和其他物品的准确数量，因为工粮毕竟在其中占绝大部分，故只好将它们统一计算为工粮。第三，工赈仅有被赈济者的工作天数即工数，而没有准确的被赈济的人数。故行总按照每个参加工赈的灾民共参加 15 个工数折算，来推算工赈受惠人数，"行总估计，最少当有八百万人"[②]。但笔者认为，行总以每个参加工赈的灾民工作天数为 15 天来推算受到工赈救济的人数，这似乎不够准确。事实上，许多灾民并没有做够 15 天，这样，得到工赈救济的人数不止 800 万人，应当超过千万人。治理黄河工程，地跨冀、豫、鲁三省，业务最繁忙时，每天雇用的灾民人数达到 60 多万人。为完成黄河堵口复堤工程，仅河南分署就前后共用去工粮 2.85 万吨[③]；湖南分署也通过协助修建零东、零道、邵新和衡常等公路，先后救济了 100 多万人，获得的工粮超过 1 万吨[④]。

总之，通过行总开展的工赈活动，上千万的灾民或在一定程度上暂时解决了温饱问题，生命得以延续；或使他们原本极端低下的生活水平得到了些许提高。"彼等原系灾黎，而以其劳力，换取赈济工粮，且所食者，均为洋面，远较其在家食树叶杂粮野菜为优。"[⑤]

工赈活动开展期间，工人们得到了各种人文关怀，他们在苦难、辛劳中心灵得到了些许慰藉，有利于医治他们的战争创伤，也为工赈工程的顺利推进扫除了种种障碍。如前所述，行总及其分署规定，工赈项目施工期间，因天气、器材未到位等，或工人突然患病等不可预知的主、客观原因而不能正常施工的，照常发给工人报酬，或给予适当补助，以维持他们的基本

---

① 参见马黎元《行总之食粮赈济》，上海六联印刷公司 1948 年版，第 41 页。

② 同上。

③ 行政院善后救济总署河南分署《周报》1947 年两周年纪念特刊（第 100 期），第 16 页。

④ 参见行政院善后救济总署湖南分署编《善后救济总署湖南分署业务总报告》，1947 年铅印本，第 12—15 页。

⑤ 《百忙闲话花园口》，行政院善后救济总署河南分署《周报》1947 年堵口工赈纪念专刊，第 13 页。

生活。为保障工人健康，一些分署十分重视工地的卫生防疫工作。安徽分署在开展淮河无和江段工赈项目时，鉴于"如此多人聚集简陋之茅屋为时已久，流行疾病，极易蔓延"之情况，要求该项目督导队专门设立卫生股，"统筹民夫之医药卫生事宜"；同时，成立流动防疫医院队，每队设医师2人，护士3人，"疾病伕工可向该队请求医治"①。一些分署为使灾民安心劳动，采取各种措施为他们分忧解难。如，苏宁分署曾协调一些民间社团组织在南京、镇江等地创办"贫苦劳动妇女托儿所"，为参加工赈活动的育龄妇女的子女提供免费养育，以解决她们的后顾之忧。为了丰富工人的业余生活，有的分署在工地组织工人开展一些有益的娱乐活动。如河南分署认为，"工地同仁工作辛劳，对于休息身心之正当娱乐，实应提倡"，并在黄河堵口复堤工地上设立了"联合俱乐部"，规定"凡驻工各单位皆可参加，共同组织"②。

工赈活动的开展调动了广大群众的生产积极性，有利于重建家园、恢复生产。工赈布告发布后，许多地方的灾民有的主动，有的在当地政府的统一组织下参加工赈活动。例如，据当年曾经参与黄河堵口复堤工赈活动的河南籍灾民吴书款回忆，1946年8月，他"听说要堵黄河口子，就回到本村，伙同吴凤礼组织了二十多个人，九月十六日出发去参加了堵口工程"③。施工期间，工人们常常早出晚归，一般"须很早爬起来往河边跑"，否则就会迟到，完不成任务④。灾民们尽职尽责，"虽在严寒酷暑，狂风飞沙之日，工作亦从无间断"⑤。在河南，没有参与工赈活动的百姓也在自己的家乡辛勤劳作，"工地一带，男工女织，各食其力，村无闲逸"⑥。1946年，浙江分署在杭州等10地开展市政工赈时，"难民莫不

---

① 《修筑无和段江堤概况》，《行总周报》1946年第38期，第5页。

② 《驻工各单位座谈会第五次会议记录》（1946年7月6日），《黄河堵口复堤工程局月刊》1946年第2期，第32页。

③ 吴书款：《逃荒纪实》，《扶沟县文史资料》第7辑，政协河南省扶沟县文史资料委员会2004年编辑出版，第174页。

④ 晓歌：《花园口堵口工程记》，《华商报》1946年5月29日。

⑤ 《黄河花园口合龙纪念册》，1947年4月，黄河水利委员会档案馆馆藏档案：MG3—3—14，第34页。

⑥ 《百忙闲话花园口》，行政院善后救济总署河南分署《周报》，1947年堵口工赈纪念专刊，第13页。

踊跃前往"①。

工作期间，大部分工人能够遵守工地各项规章制度，诚实肯干，按照作息时间出、收工。例如，在安徽分署的工赈活动中，"伕工对于作息时间，均能恪遵不逾"，以至于工赈工程管理者也不胜感叹："吾人只知军令如山，初未料及工纪似铁也。"②

有的灾民还为工赈工程的完成献出了自己的生命。如黄河堵口复堤工程期间，共有25人因意外事故"因公殉职"，还有17人在工地劳动时病故。这17人中，15人是因积劳成疾或冻伤致死，8人因施工时落水溺亡。他们中年龄最大的62岁，最小的仅19岁③。另外还有29人因公致伤致残。令人稍感欣慰的是，他们或其家属事后均得到了一笔数目不等的慰问金或抚恤金④。

工赈活动的开展，还有力地避免了社会风气的进一步恶化。抗战胜利前后，许多地方"社会的动荡与生活的艰涩常使市民感到无望，经常以自杀、吸毒、嫖妓、赌博等行为来宣泄对社会的不满与报复"⑤。不少地区的难民，有的因为饥饿沦为乞丐，有的"因生活所迫，卖儿卖女，逼良为娼"，还有的"甚至铤而走险，沦为盗匪"⑥。结果，不少地方"治安恶劣，不能安居"⑦。工赈活动的开展，使一些灾民获得了宝贵的工作机会，并因此得到了基本的生活条件，从而使他们避免了沦为"乞丐""娼妓"或"盗匪"的厄运，最终也为社会风气的逐步好转提供了可能。工赈对社会风气改善的效果总体上看是比较理想的，也得到了当时社会舆论的好评："工区周

---

① 林鸿：《以工代赈，榆关整修街道》，《益世报》1947年5月27日。

② 行政院善后救济总署安徽分署编：《善后救济总署安徽分署修筑无和段江堤总报告》，1947年铅印本，第2页。

③ 《黄河花园口合龙纪念册》，1947年4月，黄河水利委员会档案馆馆藏档案：MG3—3—14，第82页。

④ 《监察院调查黄河堵口复堤工程局被诉无救生设备工人落水案》，中国第二历史档案馆馆藏档案：8—0—1727—2。

⑤ 参见韩文具、乔菊英《试论抗战期间难民西迁给西部城市带来的负面效应》，《知识经济》2008年第3期。

⑥ 河南西华县地方志编纂委员会：《西华县志》，中州古籍出版社1993年版，第118页。

⑦ 行政院善后救济总署编译处编印：《行政院善后救济总署业务总报告》，上海市档案馆馆藏档案：Y3—1—278，第225页。

围数里，乞丐与娼妓、盗匪等几乎绝迹，可知工赈之已收宏效。"①

三 工赈活动存在征工难、运行、协调机制不健全、效率低下、业绩参差不齐等局限性

由上可知，通过工赈活动的开展，包括水利、交通、房屋等一大批工程得以完成，上千万人的生命得以挽救。但毋庸讳言，工赈活动开展过程中也存在诸多局限性。

1.在不少地方出现了灾民短缺或征用难的问题。前面提到，灾民踊跃参加工赈，但显然并非普遍现象。事实上，在一些地方出现了不同程度的工赈灾民短缺或招不到工人的情况。待遇低是导致这一问题的根本原因。例如，当时在湖北一些地方，工人从事其他工作，每日可得报酬至少3000元，甚至高达5000元，折合成面粉将近有10市斤甚至超过10市斤。在此种情形下，如灾民劳动一天，仅发给他们2市斤面粉作为报酬，其"结果并不能达到工赈之目的，反可造成民灾之现象"②。国民政府官员在视察浙江分署工赈工作时也发现，"分署规定每工发给面粉2斤，以时价折算，不过600-700元，而老百姓做其他劳工，每日可得工资二三千至四五千元不等。工赈原含有救济的意义，如果做工一日，仅得面粉2斤，不足以赡养家庭。故不少灾工对工赈并不发生兴趣"③。也就是说，当时，在部分地区，一些工程项目征用普通民工，开出的报酬是日薪3000-5000元，可买面粉10市斤，甚至10余市斤；而参加工赈的灾民每日所得报酬仅为2市斤面粉，多的也只有2.5市斤，以现金支付的，日薪仅1000元左右，甚至有的只有区区几百元。由于两者待遇相差悬殊，一些灾民宁愿以普通民工身份参加其他工程项目，而带有救济性质的工赈项目往往难以征用到足够、合格的灾民。有的地方有工程项目，也能招到灾民，但是当工程即将开工，灾民即将前往工地时，甚至在施工期间，这些灾民又突然被地方政

① 《百忙闲话花园口》，行政院善后救济总署河南分署《周报》，1947年堵口工赈纪念专刊，第13页。
② 武汉地方志编纂委员会编：《解放战争史料》，武汉出版社2009年版，第504页。
③ 《张祖良等关于浙江分署工赈的视察报告》，中国第二历史档案馆馆藏档案：21—1235—10。

府征去做其他的"紧急工作"去了，从而耽误了工赈项目的进度和工赈的救济效果。另外，行总在各地开展工赈活动的同时，也在开展急赈等直接救济活动，而且急赈的待遇与工赈待遇相差无几。即灾民不参加劳动和参加劳动，获得的救济差不多，这样，许多灾民当起了"懒汉"，坐等救济，不劳而获。还有，工粮发放、领取不便。工粮无法由粮站发放，因为在当时，一些发放工粮的粮站组织机构并不健全，人员也不够，有的工务所施工地带每所至少安排 6 人以上在施工，而粮站规定的编制仅设干事 5 人，雇员6 人，而且"实际派用者又仅半数"。加之按照规定，粮站必须在施工地点设立工粮仓库，工粮的押运、管理与配发均须粮站负责，这对他们来说，"事实上万难做到"，还有，这些粮站从上级得到的日常业务经费少之又少，"一切运缴杂费，不够周转"，在此情况下，不少粮站迫不得已而"只好借权他人，于是粮站之设遂成赘疣矣"①。工赈报酬支付方式也没有因地制宜，区别对待。工赈过程中，工人报酬绝大部分是工粮，并且主要是面粉，这对北方人适用，而对南方人似乎不合适，因为南方人以大米为主食。如果能够根据情况分类实施似乎更恰当。对此，联总官员也意识到："假如工赈所发的是钱，不是面粉，工人拿着钱就可以购买他们习惯上合宜的食品。"②

2. 缺乏专业技术人才，是工赈项目普遍存在的问题。对于大多数工赈项目而言，"设计必定是多样的，有许多不同的工程设计，例如筑路、修堤、农垦，使劳动者在有计划的进度下进行工作"③。因而，每一个工赈项目都需要大量懂专业技术的人员。而灾民大多缺乏这些专业技术技能。"由于受行总关于雇佣工人规定的严格限制，分署雇佣工赈工程急需的人员时只能从普通的灾民中挑选，但这些人往往胜任不了这些技术活。"④这也在相当大程度上影响了工程进度和质量。

3. 在一些地方，出现了工人消极怠工、劳动效率低下的问题。虽然在工赈活动中，行总及工赈项目承办单位对工人的工作任务有明确规定，例

---

① 武汉地方志编纂委员会编：《解放战争史料》，武汉出版社 2009 年版，第 499 页。
② 丁文治：《联总物资与战后中国经济》，上海六联印刷公司 1948 年版，第 27 页。
③ 俞良：《工赈基本认识》，《行总周报》1946 年第 41 期，第 1 页。
④ UNRRA—CNRRA Story 3, May 10, 1946, p.6.

如，从事土石方开挖工作的，每天至少须完成 1.5 方土石的量。但是实际情形并不如此。因为当时急赈和工赈同时存在，灾民不工作也有被救济的权利，那么"他只要随便做一点工，都应该收到应得的待遇，我们事实上不能因为他工作没有达到最低标准，便不给他吃饱。所以维持难民的工作效率，在实际工作中是很困难的一个问题"[1]。这显然是激励和奖惩制度、机制不健全，干不干一个样，干多干少一个样，从而导致工人消极怠工，劳动效率低下。

4. 工赈活动普遍存在各方协调、运行机制不健全的问题。有的地方有工赈项目，但招不到足够、合格的灾民；有的地方，有不少急需工赈进行救济的灾民，但在当地难以找到合适的工程项目：有的地方有工赈项目，也招到了灾民，但工程规划、设计工作还没有完成；有的地方，工程即将开工，但所需物资如设备、材料与工粮等不能及时运抵工地；有的工赈项目施工所必需的器械、工具严重不足……"有许多水利工程，必须使用特种器械，才能奏效。比如嘉兴城疏浚城河，因缺乏抽水机，试了一个星期，只得中途停止。其他如吴兴港的疏浚，因缺乏挖泥机，亦难施工。"[2] 工赈活动开展过程中，其项目审批手续也很繁琐。一般情况下，每项工赈工程，"必须先由地方造送工赈计划并附工程图说及预算，然后调查核实，予以准拨"。对此，行总各分署抱怨"手续繁核，旷日费时"，并且当时各地普遍缺乏技术人员，这样一些分署的合理要求往往都不能得到应有的满足[3]。

5. 行总规定工赈必须采用征工制而非包工制，但是，包工制仍然在一些地方存在。这其中有复杂的因素。第一，负责工程实施的工程局只负责工程本身是否完成，至于是否有工粮能不能足额发给民工或其他舞弊事件发生，似乎与他们关系不大，故他们对此责任心不强。第二，包工制效率明显高于征工制。按征工制所征用的基本上是灾民，其劳动能力参差不齐，尤其是工程所需的专业技能普遍缺乏，甚至在一些地方征用老弱灾

---

① 陈锦桥：《救济工作中体验到的几个问题》，《行总周报》1947 年第 47 期，第 2 页。

② 《张祖良等关于浙江分署工赈的视察报告》，中国第二历史档案馆馆藏档案：21—1235—9，第 3 页。

③ 武汉地方志编纂委员会编：《解放战争史料》，武汉出版社 2009 年版，第 504 页。

民，故工作效率比较低下。而按包工制招工时，可以有选择权，只征用身强体壮且有一定职业技能的人才，因而工作效率比较高。湖北分署"沙洋齐家渊，有工程100公尺，分四段施工，两段包工，每工日做一方半，而两段征工，则3工日做一方"，两者效率之高低可见一斑。但是，工赈之最主要目的是"赈"而不是"工"，如何找到两者平衡点似乎成了当务之急。1946年10月，湖北分署出台规定：如果工赈项目的"主办机关"主动要求采用包工制，"本署可予以同意"，但前提是"工人必须从难民中选出，工粮直接发给工人"①。可见，行总关于工赈项目只能采用征工制而非包工制的规定，在实施过程中并非得到完全贯彻，而是打了折扣或变通。一些主办机构在承办具体的工赈工程时，有时故意避开行总的监督，违反行总制定的工赈工作侧重于赈的原则，忽视"赈"而偏重于"工"，擅自向群众征工征料，或对工人报酬不按时支付，打起了"白条"，以追求本部门利益的最大化，使参加工赈工程劳动的难民的权益得不到切实保障。对于这一问题，行总署长蒋廷黻在发现后及时进行了批评，并警告承办单位："今后，任何工程如有征工征料，增加民众负担之情事，行总应即收回一切供应，不参加该项工程。"②此后，这一矛盾才有所缓和。

6. 工赈活动中，个别官员责任心不强，玩忽职守，造成了严重损失。正如行总在其《训令》中所说："近日据报工作仍不免有管理散漫、人事庞杂不相统属、监工人员不负责任、工人各自为政，有时工地不见监工人员，形成无政府状态。"③由于官员玩忽职守，导致事故不断，损失惨重。如，1947年3月，在湖南分署一工地，"草棚不戒于火，焚毁一部，并延烧稽料四万余斤"④。一些地方还存在虚报工程量，借此套取工赈食粮、资金和器材，以及倒卖盗卖等贪腐问题。

7. 就各分署言，工赈成效参差不齐。"全国发动工赈工程951件，湖南占500多件，而由分署自设工程处者，除湖南外，别无先例。"⑤可见，

---

① 武汉地方志编纂委员会编：《解放战争史料》，武汉出版社2009年版，第502页。

② 《蒋署长开幕训词》，行政院善后救济总署编译处编印，1946年铅印本，第6页．

③ 《训令》，《行总周报》1947年第9期，第1页。

④ 《本局大事记》，《行总周报》1947年第17期，第3页。

⑤ 《行总工赈工作检讨会议杂记》，行政院善后救济总署湖南分署《善后月刊》1947年第11期，第16页。

湖南分署工赈成效卓著。台湾分署效果也较好。正如其在《业务报告》中所说："对于分署来说，在台湾最主要的贡献就是实施工赈工程。完成的工作量和工人从中获得的救助是相当可观的。"①但是，有的分署工赈效果不尽如人意，由于各方面原因工赈活动较少。例如，"鲁青分署在青岛和山东所办的工赈，事实上是限于政治局面的胶着，交通处处阻塞，处于无法大量开展的苦境，仅就可能的范围内，作了小小的工赈"②。个中原因固然是多方面的，其中一个是一些分署所辖地区的政府不重视、不配合。"一些县、市地方政府作为各项工程的受益者和发起者之一，但在许多时候，不能提供有关材料的经费，结果不少原已计划好的必要工作被迫取消。"③有的分署"花费了相当多的时间、物力和财力在一些大城市开展的下水道清淤工程，由于市政府当局未能足额拨付经费，雇佣清洁工进行日常清扫和维护，不少下水道再次因垃圾而堵塞"④。为此，联总、行总官员颇为不满，并警告："如果政府不能将分署用联总资金所做的工作继续下去，那么大量的金钱和努力都是白费的。"⑤

必须指出的是，工赈活动全面开展之际，正是国共两党全面内战爆发之时，内战的进行，使工赈活动遇到波折乃至破坏。试举一例，河南伊川永新渠1947年10月开工不久即"因战事停工，所余未用面粉243970市斤，全部损失"⑥。为此，河南分署大倒苦水："社会的不安定，致复兴建设无法进行，若干地区受时局影响，工赈工作迟迟不能动工，或动工之后，又中途停顿，甚至救济物资受到损失，已成的工程，又被破坏。"⑦

总而言之，工赈具有工和赈的双重性、群众性、实用性、多样性等方面的特点。工赈活动取得了较大成效。通过工赈，修复和新建了一大批关系国计民生的大工程，有利于扩大再生产，发展经济，提高人民生活；通

①　UNRRA—CNRRA Story 3, May 10, 1946, p.15.

②　《鲁青分署的工赈与特赈》，行政院善后救济总署鲁青分署《鲁青善救旬刊》1946年第9期，第4页。

③　Memorandum Subject: Notes on Projects in Taiwan, 1947, p.7.

④　UNRRA—CNRRA Story 3, May 10, 1946, p.17.

⑤　Ibid, p.18.

⑥　行政院善后救济总署河南分署《周报》1947年第23期，第41页。

⑦　行政院善后救济总署河南分署《周报》1946年第35期，第16页。

过工赈，挽救了上千万人的生命。但必须指出，工赈活动也存在许多不足之处。其原因是错综复杂的，既有客观原因，也有主观因素。总体看，成效大于局限。因此，行总主导的工赈活动得到了行政院的积极评价："行总的工作成绩最能具体表现者，当为各地举办之工赈工程，弥补了八年来被战争破坏的各种公共建设，解决了一千万难民失业问题。"[①] 时人也对此称赞道："工赈自不失为最佳的救济方式。"[②]

---

① 行政院新闻局编：《两年来的善后救济》，上海市档案馆馆藏档案：Y3—1—344，1947 年，第 19 页。

② 马黎元：《行总之食粮赈济》，上海六联印刷公司 1948 年版，第 41 页。

第九章　农渔善后事业的兴办

除了急赈、特赈、工赈以及遣送难民等救济活动外，善后事业也是1945—1947年中国善后救济事业的不可或缺的重要方面。它包括农渔善后、工业善后、交通善后、医疗卫生善后及教育善后等几个方面。本章主要论及利用联总提供的各种农渔善后物资及经费在中国开展农渔善后事业的有关问题，当然，战后，国民政府主要利用国内资源从事了一系列战后复员事业，但这不是本章的重点研究对象，而是将其作为研究善后事业的一个重要背景。行总在全面开展急赈、特赈、工赈以及遣送难民等救济活动的同时，以蒋廷黻为代表的行总还在认真考虑、规划、准备战后中国包括农渔善后在内的各项善后事业。

第一节　农业善后的前期准备工作

中国历史悠久，人口众多，自古以来就是一个"以农立国"的国家，农业兴则天下稳，农业在国家发展过程中的地位不容低估，因此，农业的恢复与善后是战后中国善后事业的重要组成部分。而农业的善后千头万绪，涉及的面很广，欲使农业善后事业顺利推进并取得成效，必须事先进行通盘考虑，缜密规划，认真准备。

一　日本侵华战争给中国农业造成的严重破坏

长期以来，中国农业人口占总人口的大部分，农业劳动生产率很低，耕地产量较低，广大百姓往往辛勤劳作一年，仍不能填饱肚子，遇上灾荒年月，忍饥挨饿更是不可避免的事。造成这种困难局面的原因是多方面的，既有社会稳定程度方面的因素；也有生产技术、生产工艺和生产工具等十分落后的因素；另外还有当时难以有效防御的自然灾害，例如洪涝、干旱、虫灾等。当然，战争的危害是最明显的。历史学家邓拓（又名邓云特）指出："战争是造成灾荒之一人为条件。战争与灾荒，此两者在表面上有相互影响之关系。换言之，战争固为促进灾荒发展之有力因素"，"此等掠夺战争之直接结果，即为整个社会经济之衰败，尤以农业方面所受打击为甚"[1]。日本侵华战争给中国农业造成的危害尤为严重。

1931 年 9 月 18 日，"九一八事变"爆发，中国开始遭受日寇的野蛮侵略。1937 年 7 月 7 日，"卢沟桥事变"爆发，日本全面侵华战争开始，中国本已十分脆弱的农业开始遭受长达十余年的战火蹂躏，损失惨重。日寇在中国先后设立了米粮统治委员会（简称"米统会"）、小麦统治委员会（简称"麦统会"）、油料统治委员会（简称"油统会"），以掠夺中国的农产品。

战时，一方面许多农民被日军抓去充作行军的向导、壮丁，服劳役；另一方面大量男性青壮年被国民政府征用服兵役或其他劳役，甚至因战伤亡；没有被抓走的农民为躲避战火也纷纷离开家园，或逃往外地，或就近躲入深山老林，致使农业劳动力严重不足，田地因为无人耕种而大量荒芜。在山西，"迫战事发生，人民相率逃亡"[2]。据不完全统计，抗战期间，国统区普遍存在劳动力短缺的问题，缺乏劳动力的农户占全部农户的 21.2%，少数省份超过 40%[3]。不少地方，"土地荒芜，路断行人，家有饿妇，野无壮丁"[4]。男性青壮年劳动力的严重不足，使得大量妇女或儿童成为农村劳动力。

在广袤的农村进行的大规模军事行动也对农村及农业生产破坏严重，密集的枪林弹雨，特别是连天的炮火常常将村庄和田地夷为废墟。日本侵华战争期间，前后被日军占领而沦为沦陷区的共有 17 省之多，且都是农产品主产区，"肥沃农田多成废圻"，荒芜的耕地面积非常巨大，其比例

---

① 邓云特：《中国救荒史》，生活·读书·新知三联书店 1958 年版，第 101 页。

② 行政院善后救济总署晋绥察分署编：《善后救济总署晋绥察分署工作总报告》，1948 年铅印本，第 15 页。

③ 《农村劳动力锐减问题》，《新华日报》1945 年 3 月 26 日。

④ 魏永理：《中国近代经济史纲》下卷，甘肃人民出版社 1990 年版，第 651 页。

约为各地耕地总数的 10% 到 30%[①]。如湖南因战灾毁坏耕地就多达 1459 万亩，超过全省耕地的五分之一[②]。日军为了维护战争机器的运转，还常常到农村去掳掠牲畜、粮食，有时甚至连农民用作种子的粮食也不放过，导致农业生产严重缺乏牲畜和种子。江西九江居长江中游，在江西最早沦陷。据 1945 年 11 月的调查，九江耕牛损失 1.1 万多头，全省损失耕牛近 27 万头，40% 的农具被损毁，灾民"无力以复耕"，特别是"赣西及赣南五十里至一百里间渺无人烟之地，触目皆是"[③]。湖北省战时耕牛损失 29.8 万头，农具损失 658 万余件[④]。在河南，"生产正一天天向停顿的路上走，农民生产的本钱——牲畜，被拉去抢去的、或不得已卖去的很多，在一个农村几乎找不到几匹牲口"[⑤]。据统计，江西一省因为缺乏耕牛、农具及种子而荒芜的农田达 400 万亩[⑥]。在战时，湖北全省荒废农田 800 余万亩[⑦]。1946 年，河南摞荒耕地约占全省耕地总数的 30%，而广东和湖南因战火直接毁坏及因缺乏劳动力、牲畜、农具、种子而无法耕种予以摞荒的则占耕地总数的 40%，三省耕地荒芜达 6900 多万亩[⑧]。荒芜的田地，仅黄泛区就高达 1400 多万亩[⑨]。浙江因战损失农田 2800 万亩，其中，桑田损失 100 万亩[⑩]。日寇铁蹄踏入山西后，"牲畜农具亦随之惨遭损失，致辖区内耕地荒芜"，"总计荒弃地不下十余万顷"[⑪]。在山东，农具损

---

① 行政院善后救济总署编译处编：《行政院善后救济总署业务总报告》，上海市档案馆藏档案：Y3—1—278，第 132 页。

② 《湖南善后救济区域现状调查报告》，中国第二历史档案馆馆藏档案：21—2—280—7。

③ 吴景超：《灾荒严重的中国》，《行总周报》1946 年第 28 期，第 2 页。

④ 湖北省地方志编纂委员会编：《湖北省志·经济综述》，湖北人民出版社1994年版，第 89页。

⑤ 《大公报》1946 年 5 月 25 日。

⑥ 行政院善后救济总署江西分署编：《行政院善后救济总署江西分署业务总报告》，1947 年铅印本，第 3 页。

⑦ 湖北省地方志编纂委员会编：《湖北省志·经济综述》，湖北人民出版社1994年版，第 89页。

⑧ 《益世报》1946 年 8 月 31 日。

⑨ 《行总农渔》1946 年第 2 期，第 3 页。

⑩ 《浙江省善后救济资料调查报告》，浙江省档案馆馆藏档案：D48—2—21，转引自肖如平《抗战胜利后浙江的善后救济》，《抗日战争研究》2013年第1期，第127页。

⑪ 行政院善后救济总署晋绥察分署编：《善后救济总署晋绥察分署工作总报告》，1948 年铅印本，第 15 页。

失达三分之二，耕地荒芜达 26%[①]。另外，安徽等地的情形也大致如此。由于劳动力短缺、生产资料不足等问题，导致全国耕地摞荒问题严重，据统计，20 世纪 40 年代，全国拥有耕地 40 亿亩，但仅耕种了 12 亿−18 亿亩，大部分耕地处于摞荒状态[②]。

这样，因为日本侵华战争给农业各种生产要素造成的严重破坏，使得抗战胜利之初，全国诸如粮食、棉花等农业生产产量较战前大幅减少。据统计，1946 年全国农产品的总产量仅相当于战前水平的三分之二；而 1947 年则进一步下降到不足六成[③]。在 1936 年，河南全省农作物总产量为 1055.2 万吨；而在日本侵华战争期间，全省农作物共计损失 5319.2 万吨之多，年均减产高达 56%，仅粮食总产量就减少了 48.2%[④]。黄泛区农业损失总计 4.75 亿元（法币，以战前币值计，下同），其中河南泛区 2.25 亿元，安徽泛区 1.81 亿元，江苏泛区 0.69 亿元。农作物减产十分严重[⑤]。1936 年，浙江全省棉产量多达 158 万余担，1944 年则锐减至 3.25 万担，粮食产量下降也十分明显[⑥]。在山西，"粮食减收约 1500 万石，棉花减收亦约 800 余万斤"[⑦]。在山东，粮食等主要农作物减收近 70%[⑧]。在台湾，"劫后台湾经济凋敝，生产锐减，尤以农产为最"[⑨]。日本侵略者对中国农业不遗余力地破坏，用心极其险恶，正如行总所言："日人时施暴行，如焚烧农庄、粮食、屠戮牲口，造成恐怖现象，希图削弱中国人民之抵抗。"[⑩]

与此同时，战火还严重损毁了广大农村的交通，联总大量的善后救济

---

① 延国符：《行总鲁青分署业务总报告》，1947 年铅印本，第 34 页。

② 参见史全生《中华民国经济史》，江苏人民出版社 1989 年版，第 496 页。

③ 参见本书编写组《中国近现代史纲要》，高等教育出版社 2015 年版，第 193—194 页。

④ 参见《日本侵华战争造成中国直接经济损失超 1000 亿美元》，http://www.krzzjn.com，2017 年 6 月 10 日。

⑤ 参见韩启桐等；《黄泛区的损害与善后救济》，1948 年铅印本，第 30、33 页。

⑥《浙江省善后救济资料调查报告》，浙江省档案馆馆藏档案：D48—2—21，转引自肖如平《抗战胜利后浙江的善后救济》，《抗日战争研究》2013 年第 1 期，第 127 页。

⑦ 行政院善后救济总署晋绥察分署编：《善后救济总署晋绥察分署工作总报告》，1948 年铅印本，第 15 页。

⑧ 延国符：《行总鲁青分署业务总报告》，1947 年铅印本，第 34 页。

⑨ 台湾省行政长官公署宣传委员会编：《台湾月刊》1946 年第 1 期，第 51 页。

⑩ 行政院善后救济总署编：《中国善后救济计划》，上海市档案馆馆藏档案：Y3—1—274，第 1 页。

物资无法及时运抵农村①。

由上可见，日本侵华战争给中国农业造成了无与伦比的破坏。而农业长期以来是中国的基础性产业，地位之重要性无可替代。对此，不少有识之士均有清醒的认识。早在 20 世纪 30 年代，中国著名乡村农业教育家杨绍春指出："农业不振，则原料不给。原料不给，则工无可制，商无可运。故一国之农业衰退即可使其国之工商基础不安。"②梁漱溟更是直接针对中国的现状提出："中国眼前无论从哪方面来看，头一步必定是在农业上想办法。"③抗战期间，不少学者认为，农业是中国持久抗战的保障。抗战胜利后，又有学者站在国家重建的角度探讨了农业的基础性地位，他们认为"际此建国时期，更应发展农业，以改进人民的生活"④；"只要国家踏上了工业化的征途"，那么，"国家的一切都离不开农业"⑤。鲁青分署更是认为："八年战争中，因为我们村村为营，处处作战，农村所受摧残远较城市为巨。战后，城市之所以仍然疲敝凋零，物资奇缺，大部分就是因为滋养城市的农村，尚未走上复员之路。这是中国经济问题的症结。"⑥战时，国民政府为了尽可能地降低战灾对农业的损失，也对农业发展给予了一定的重视，特别是强调了农业在国民经济中的基础性地位。在 1938 年召开的国民党临时全国代表大会上，国民党当局指出："中国为农业国家，大多数人民皆为农民，故中国之经济基础，在于农村"，要求在战时及战后"以全力发展农村经济，奖励合作，调节粮食，并开垦荒地，疏通水利"⑦。1939 年春，行政院召开第一次全国生产会议，提出了战时及战后农业政策的重点，包括：积极发展战区尤其是收复区的农业生产；实行有计划、有组织的农业生产，使农业与工业相互配合，以协调各

①　*UNRRA Operational Analysis Papers*, *No.53*, Washington D.C., 1948, p.245.

②　杨绍春：《乡村教育纲要》，中华书局 1934 年版，第 4 页。

③　梁漱溟：《乡村建设理论》，邹平乡村书店 1937 年版，第 393 页。

④　黄光华：《从农业的本质论我国农业教育之改革》，《协大农报》1945 年第 1、2 期合刊。

⑤　腾维藻：《农业影响工业化之理论的探究》，《农业经济集刊》1945 年第 2 期。

⑥　《鲁青分署在特殊环境下所办的农业善后》，行政院善后救济总署鲁青分署《鲁青善救旬刊》1946 年第 19 期，第 4 页。

⑦　荣孟源主编：《中国国民党历次代表大会及中央全会资料》下册，光明日报出版社1985 年版，第239页。

生产部门的力量；增加农产品的出口，以提高其经济地位①。抗战胜利后的 1945 年 5 月，国民党"六大"通过了《农业政策纲领案》等有关农业复员的决议案，提出了恢复与发展农村经济的措施。7 月，国防最高委员会召开第 141 次常务会议，通过了《复员计划纲要》，指出农业复员的首要工作是恢复农村生产，农业复员时期的政策要以"增加农业生产，兴修农田水利，疏导农村金融为目的"②。自此，农业复员事业逐步展开，行总协助农林部也随即兴办了农业善后事业。

然而，抗战胜利之初，在国统区，国民党当局，"威信和影响力也许已经达到它们的最低点"，而与之相适应的是，农民"对政府的愤怒正明显地回响在全国的农村"③。所以，国民党当局制定的农业政策并未得到很好的贯彻，同时，这也不可避免地对战后中国农业善后及复员造成不利影响。

二 农业善后的总体规划

蒋廷黻为了使联总准确了解中国战后的农业形势，为农业善后获得联总尽可能多的援助，1945 年在联总副署长韩雷生来中国视察时，曾经专程陪同他到广西、湖南等地视察。应行总要求，1946 年夏，联总派遣美籍农业专家豪摩尔（Hamer）等前往浙江视察农业灾情和指导浙江农业善后工作。通过视察，联总官员对中国各项事业遭受战争损害的情况有了进一步的了解，为中国向联总争取农业善后援助创造了条件。视察完毕后，蒋廷黻对战后中国的农业形势感慨万千。他说：

> 上次与韩雷生君视察各地时曾在广西、湖南所经城市附近三五十里乡村考察。有些地方真是惨不忍睹，不仅房屋全毁，即牛、羊、鸡、犬亦难觅得。目前许多乡村耕牛、农具以及种子、肥料均极度缺乏。耕牛更为一大问题，始终无法解决；又因肥料无着，许多田地不能

---

① 参见陈翰笙等编《解放前的中国农村》第一辑，中国展望出版社 1989 年版，第 408 页。

② 秦孝仪主编：《中华民国重要史料初编》第七编第 4 册，台北出版社 1981 年版，第 405 页。

③ 参见［美］易劳逸《蒋介石与蒋经国（1937—1949）》，中国青年出版社 1989 年版，第 34—35 页。

生产①。

看来，经过一段时间的实地考察，蒋廷黻本人也对中国战后的严峻农业形势有了切身体会，对他重视农业善后事业、及时提出农业善后规划起了促进作用。总之，战后中国的农业形势是："寇骑所至，庐舍为墟。食粮、劳力、生产工具，莫不征发以去，而所余者则为老弱人民、残破农庄、荒芜田亩而已。"②可见，战后中国的农业形势是何等的严峻！加强农业善后势所必然。

对于即将推行的战后中国农业善后的意义，蒋廷黻有着独特而正确的认识。他认为：

> 中国究竟是农业国家，农民占全部人口百分之七十，均为纯善国民，理应获得政府之协助。故农业善后工作应做得有效而普遍。自即日起以迄来年秋收，粮食如缺乏，实因农业善后工作未能开始。但来年秋收以后，中国应靠自己之生产解决粮食问题，如仍期待友邦之帮助，实难以设词启口③。

可见，在蒋廷黻看来，农业善后，是一普惠于天下的事业，对安定社会、经济复苏意义非凡。因此，行总在其制定的《中国善后救济计划》中指出："中国农民占百分之八十，农业善后当为一巨大烦难之事业，需要大量材料与长期努力。"④随即，行总确定了农业善后的目标：（1）恢复因战祸而破坏之农业耕作能力，以增加产量；（2）防治水旱虫灾及牲畜疾病，以减少损失；（3）改良农具；（4）试办乡村工业⑤。

---

① 蒋廷黻：《行总三十五年工作概述》，载行政院善后救济总署赈恤厅编《怎样办理赈恤》，第31页。
② 行政院善后救济总署编译处编：《行政院善后救济总署业务总报告》，上海市档案馆馆藏档案：Y3—1—278，第132页。
③ 《蒋署长开幕训词》，行政院善后救济总署编译处编印，1946年铅印本，第7页。
④ 行政院善后救济总署编：《中国善后救济计划》，上海市档案馆馆藏档案：Y3—1—274，第23页。
⑤ 《农业善后方案之主旨》，《行总农渔》1946年第3期，第7页。

对于农业善后的困难程度，1946 年初，蒋廷黻在行总署务会议上指出：

> 吾人平时总以为我国人民之主要财产为土地，故战时损失不致如欧美国家之大，而农业复员必可迅速完成。经实地调查以后始觉农业复员工作亦甚困难[①]。

他告诫行总全体公职人员，战后中国农业的困难形势超乎想象，农业善后不可能一蹴而就，要对农业善后事业的艰巨性有清醒的认识。因此，蒋廷黻在行总署务会议上要求将农业善后作为行总 1946 年的七大重要工作之一。

1946 年 9 月上旬，在南京召开的行总第一次工作检讨会议上，蒋廷黻更加明确要求，从 1946 年秋季开始，行总及其各分署要配合当地各级农林部门大张旗鼓地开展农业善后工作。届时联总也将大规模地向中国运送棉种、肥料、农业机器及农具等，这无疑为中国善后工作创造了非常有利的外部条件。因而，"各位应列农业善后工作为今后之首要工作"，"自本年秋收以迄来年秋收之期间，吾人应替农民服务"[②]。

10 月，刚刚接替蒋廷黻就任行总署长的霍宝树也指出："善后工作之首要，当在农业，吾人应如何籍新式农业技术之指导，利用联总之农业物资，以增进农业生产，实为善后部门中最主要之工作"，"对于农田、水利、灌溉工程，关系全民生计，应分别举办"[③]。

为了使农业善后尽快实施并取得成效，蒋廷黻接触善后救济工作之初就开始进行规划，并为此积极向联总争取用以实施农业善后规划的各种物资。早在 1943 年 11 月 17 日联总成立之际，中国首席谈判代表蒋廷黻在美国大西洋城接受记者采访时就把"复兴农业之工具"作为中国希望联总重点援助的善后救济物资之一，其中包括肥料、肥料制造机、农具、种

---

① 蒋廷黻：《行总三十五年工作概述》，载行政院善后救济总署赈恤厅编《怎样办理赈恤》，第 31 页。

② 《蒋署长开幕训词》，行政院善后救济总署编译处编印，1946 年铅印本，第 7 页。

③ 《行总霍署长宝树训词》，载行政院善后救济总署广东分署编译处编《行政院善后救济总署广东分署第一次工作检讨会议专刊》，1946 年，第 3 页。

子及牲畜之良种。他认为这是中国"庶以后不复需粮食上之救济"的前提①。蒋廷黻认为，中国农业技术太落后，因此中国战后农业的善后必须得到外国特别是美国农业技术人员的指导，否则，效果会大打折扣。他进一步明确指出：希望"美国技师在农业、畜牧、耕作及土壤保护等各方面，协助中国"，使它成为中国战后农业复兴的重要因素②。

11 月 25 日，蒋廷黻因为其他公务缠身，特委托中国代表团成员邹秉文在美国大西洋城召开的联总一次大会上的一个专门会议上提出，希望联总协助中国恢复农业的 5 个方面，主要有：聘请包括外国专家在内的 79 名农业技术人员，期限为 2—3 年，为中国培训农业工作人员 80 人；由美国提供其德夫佛斯种及斯敦维尔种棉籽 6000 吨，以使中国在北方地区种植棉花 100 万英亩；希望获得 174000 头饲养之家禽，其中既要有乳牛、乳羊和水牛，又要有绵羊等；希望在海运恢复后"立即以硫酸亚及磷酸化学肥料各 50 万吨，供给中国"；还希望供应中国一些机器，设立工厂一处，使它能够每日生产阿摩尼亚 700 吨，年产硫酸亚 100 万吨，并且提供以 5000 辆小型曳引机及附件为主的农业器具③。

为了使联总提供给中国的各种农业善后援助物资及早而充分地发挥作用，他还要求行总各部门、各分署负责人对所辖地区的农业善后事业早规划，"审慎考虑各分署之需要"，根据当地的实际情况申领适合的物资，"应绝对注意该项器材是否适于当地之环境，否则器材必然浪费无疑"④。

三 农业善后专门机构的成立

行总在《中国善后救济计划》中指出："惟实施是项计划，端赖干练人员、优良组织及完备之物资工具。"⑤为方便办理战后中国农业善后业务起见，根据蒋廷黻署长的提议，1946 年 3 月 14 日，行总正式成立了农业

---

① 《中国战后需要大量救济品》，载方庆秋等主编《中华民国史史料长编》第 62 册，南京大学出版社 1993 年版，第 634 页。

② 《在纽约招待记者，蒋廷黻谈救济善后会议》，《中央日报》1943 年 11 月 8 日。

③ 《联合救济会议我邹代表提出复兴中国农业计划》，《大公报》1943 年 11 月 27 日。

④ 《蒋署长开幕训词》，行政院善后救济总署编译处编印，1946 年铅印本，第 8 页。

⑤ 行政院善后救济总署编：《中国善后救济计划》，上海市档案馆馆藏档案：Y3—1—274，第 23—24 页。

业务委员会，其职责为"主持有关农业之紧急措施与协助农业复员"[①]。下设秘书、器材及设计三组，另加会计室一个，共四个部门。各组、室主任由专门委员及技正兼任，其下依业务需要而分别设专员、技正、技士、科员及雇员等，共计53名各级公职人员。蒋廷黻署长早于2月26日签署总署训令，任命许复七（技正）为农业业务委员会主任委员。与此同时，行总还在天津、青岛、上海和九龙等地分别设立牲畜饲养站，负责办理联总运华牲畜的到岸、点收、防疫、检验、饲养、管理分配及运输等事宜。

1946年夏，蒋廷黻与农林部负责人联合签发《各省农业善后推广辅导委员会组织通则》[②]。根据此通则，各省先后成立农业善后推广辅导委员会。该会设主任委员1人，副主任委员2人，委员7—15人，由各省建设厅厅长农林部驻省代表、联合国善后救济总署代表、行总驻各省代表、中国农民银行代表、省农业改进机关首长及其省内有关机构代表举行会议确定人选。该会的性质是：设计、联系机构。其职责主要有：统筹规划全省农业善后事宜；统筹分配行总及农林部拨付全省农业的物资；配合各有关农业机关善后工作经费，实施省农业善后计划等。行总各分署还均设立农业技正，统一由农业业务委员会指导与监督，负责办理各该区域内的农渔业务。

1946年5月，蒋廷黻签署《善后救济总署训令》，公布《善后救济总署乡村工业示范组简则》[③]。以此为依据，乡村工业示范组首先在湖南邵阳成立。该组设主任1人，专门委员1人，技术员若干人。下设两个科，分别是总务科与财务科，科长2人，科员若干人。其职责为管理试办乡村工业的有关事务。

1946年9月，为了配合机械耕作业务的开展与推广，在蒋廷黻的提议下，行总与农林部联合组成机械农垦物资管理处。其职责为三个方面：一是各项机垦业务的计划；二是机械物资的处理、分配、利用、保养；三是机械操作及维修人才的培训等。

---

① 王宜权：《粮食增产之实施方案》，《行总农渔》1946年创刊号，第2页。
② 有关《各省农业善后推广辅导委员会组织通则》的详细内容，参见行政院善后救济总署江西分署编《善救准则》，1947年铅印本，第266—267页。
③ 有关《善后救济总署乡村工业示范组简则》的详细内容，参见《行总周报》1946年5月第14期，第3页。

另外，根据蒋廷黻的要求，行总与农林部还于1946年3月、7月分别联合成立了渔管处、曳引机管理处等机构，分别专门管理渔业善后及曳引机的接收、分配等方面的相关事务。

四　与农林部签订《行总与农林部农业善后合约》

根据蒋廷黻在中国善后救济事业开始之际确定的善后事业由行总与有关部门合作办理的原则，在农业善后实施的过程中，行总需与国民政府对口部门，即农林部合作，共同开展农业善后的有关工作。而且蒋廷黻认识到，"机械化的事业容易管理，其有关的行政比较简单。凡事涉及零星的、利用人力兽力的事业，其有关的行政就困难了"，而当时中国的农业远非机械化，只是"零星的、利用人力兽力的事业"，因此，中国农业善后的大困难"多在行政"，农业善后必须"与农部密切合作"[1]。为了使两者的合作有序进行，1946年初，蒋廷黻在重庆与行政院农林部负责人共同签署了《行总与农林部农业善后合约》（以下简称"合约"）这一法律文件，并报行政院备案。

合约共分十一条。现将合约的主要内容简介如下。

第一，农林部经由行总接受联总提供的农渔善后物资时，应该向行总递交相关物资的详细使用计划及其实施办法；农林部所接受的所有农渔善后物资只能完全应用于农渔善后事业，不得挪作他用，更不能对外出售。

第二，联总提供的种子、病虫害防治所需的器材、畜牧兽医器材等农渔善后物资全部由农林部接收使用，行总不予存留。

第三，联总提供的化学肥料、牲畜、农业机械及渔业器材等农渔善后物资，农林部则须向行总开列每项需要数量，行总以此为根据予以拨发；若申请物资不够使用时，可以再次申报，若申请物资使用有余时，剩余物资须在行总解散前半年返还行总，由行总予以变卖。

第四，联总提供的农渔善后物资，除农林部所需要利用者外，其余物资则由行总统一安排，或作他用，或予以变卖，但在变卖前与农林部、联

---

① 蒋廷黻：《干什么？怎样干？》，行政院善后救济总署广东分署《周报》1946年5月第3期，第5页。

总组织委员会商定变卖方法及价钱等事宜。

第五，农林部在使用联总提供的农渔善后物资开展农渔善后工作时所产生的行政事务费用，均应该由农林部向行政院专案申请拨付。但是在从港口将这些物资运抵内地分配中心（以通铁路及公路线上之县政府为限）期间，所有运输、仓储及管理等事务及其经费均由行总负担[①]。

第二节　农业生产善后的实施与成效

农业生产善后是整个农业善后的重中之重，它包含多个方面，对解决广大中国人民的衣、食问题意义也十分重大。因此，蒋廷黻及其继任者霍宝树为此投入的人力、物力和财力最大。抗战尚未结束时，刚刚就任行总署长的蒋廷黻便邀请联总农业专家来华协助贵州和广西等部分战区的农业生产善后工作。

1946 年春季，蒋廷黻一方面相继签署两个《善后救济总署训令》，公布《善后救济总署农业业务原则》与《善后救济总署各分署农业工作范围》，为即将进行的农业生产方面的善后工作提供法律依据[②]；另一方面继续在国统区的部分地区试办农业善后事业。在联总农业善后援助物资运抵中国以前，行总就指示其财务机构给广西和湖南等地的分署拨款，专作"办理农业善后之用"。据初步统计，截至 1946 年秋，累计为此拨出专款 7 亿—8 亿元。在蒋廷黻看来，"此数虽少，均已善加利用，诚足欣慰"[③]。根据行总的部署，从 1946 年秋季开始，行总及其各分署配合农林部门不断扩大开展农业善后工作的范围，不断加强开展农业善后工作的力度。自此，农业善后规划在全国范围内得以实施。

---

① 以上各条均见《行政院善后救济总署业务总报告》附录六，上海市档案馆馆藏档案：Y3—1—278，第281页。

② 有关两个文件的详细内容，分别参见行政院善后救济总署江西分署编《善救准则》，1947年铅印本，第251—254页、第255—257页。

③ 《蒋署长开幕训词》，行政院善后救济总署编译处编印，1946年铅印本，第 7 页。

一　水利工程的修复

长期以来，我国是一个以农业为主的国家。农业生产的成败与否，事关国家的治乱兴衰，而水利事业又是农业生产的关键所在。所以，历代统治者莫不高度重视兴修水利。日本侵略中国以来，尤其是 1937 年 7 月，抗战全面爆发后，全国主要水系沦为日寇铁蹄之下，损毁严重，破败不堪，"危机四伏，非及时抢修，一旦洪水猝至，祸患不堪设想矣"[①]。例如，黄泛区的河水"所有河道皆不能容纳，故两旁田舍尽成泄水尾闾"[②]。许多农田经过黄河泛滥，农田"堆积泥土浅者数尺，深者逾丈"，"尤可惨者，此种淤出地面，今已满生芦茅丛柳，广袤可达数十里，非经彻底清除，万无复耕之可能"[③]。因此，霍宝树署长指出："仅就堤防一项而论，两年来所可能减少之农业损失，其价值当已达超于联总助我资金之总数。"[④] 然而，"农为立国之根本，水为农业之命脉；土壤水分充足，而脊硗可变为膏腴；水量缺乏，则肥沃即成为不毛"[⑤]。行总晋绥察分署认为，水利善后事业"能以少量物资而能收最大效果者"[⑥]。

对于水利事业，国民政府是重视的。最初，在中央设立了水利咨询机构——全国水利委员会，后来又在此基础上设立水利部，以统筹全国疏导、防汛、排水与灌溉等项事业。"水利事业专设一部以司其事者，实为现代国家中所罕见，亦可见我政府重视水利事业之一端。"[⑦] 为促进与规范水利建设事业，国民政府也颁布了一些法规，如，1938 年 10 月颁布的《经济部协助各省办理水利工程办法》、1941 年 1 月颁布的《水利建设纲领》及 1943 年 1 月颁布的《非常时期强制修筑塘坝水井暂行办法》等。

---

① 《水利善后事业辑要》，《行总周报》1946 年第 4 期，第 5 页。

② 刘宠光：《黄河夺淮和导归故道的问题》，《新华日报》1946 年 5 月 30 日。

③ 韩启桐等：《黄泛区的损害与善后救济》，1948 年铅印本，第 6 页。

④ 霍宝树：《行总结束感言》，载行政院善后救济总署编《行政院善后救济总署业务总报告》，上海档案馆藏档案：Y3—1—278，第 3 页。

⑤ 阳信县建设局：《凿井浅说》，《山东省建设月刊》1931 年第 12 期，第 2 页。

⑥ 行政院善后救济总署晋绥察分署编：《善后救济总署晋绥察分署工作总报告》，1948 年铅印本，第 10 页。

⑦ 行政院善后救济总署编译处：《行政院善后救济总署业务总报告》，上海市档案馆藏档案：Y3—1—278，第 203 页。

抗战胜利后，为配合国民政府农田水利建设事业，行总计划将水利善后事业"作为基本任务之一"，利用联总的援助物资，与国民政府水利部合作恢复因战而毁的水利系统。为此，行总与水利部签订了四项协议：

（一）重建黄河汛区包括堵复花园口之缺口，使黄河恢复故道，其次则为修复故道河堤，再其次则为汛区之整理与重建。

（二）抢修全国重要水系之主干河堤包括扬子江堤防、江汉堤防、淮河堤防、鲁南及苏北运河堤防、白河水系堤防、永定河官厅水库、珠河三角洲堤防等。

（三）江浙之海塘工程包括杭州湾沿岸，即钱塘江喇叭口地带及长江口以南之海岸。

（四）补充计划包括华阳河流域旧洪区及工程整理、金水河流域旧洪区及工程整理、洞庭湖干堤整理、桑干河灌溉、淮河航道修复、浙江省灌溉排水工程等[①]。

上述计划均为行总与水利部共同举办，分工协作。具体分工是，工程及技术方面由水利部负责，工程所需器材则由行总供应，工粮发放、工作场所的环境卫生及工人疾病治疗等也均由行总负责。此外，行总还负责与联总协调，从美国、加拿大和澳大利亚等国借用部分水利技术专家。

战后水利工程的修复，主要从两方面开展，一方面，行总利用联总援助的食粮、水利器材，通过以工代赈方式兴办。另一方面，国民政府各级政府及水利部门通过向普通农民征工方式兴办，向民工发放的工资、粮食及水利器材大多由各级政府筹集解决，当然，在有的地方，行总会向当地提供一些器材等物资，以示支持。

战后修复的主要水利工程有：（1）扬子江堤防工程。施工日期为：1946 年 4 月至 1947 年 11 月。干流各段修复工程先后完工，同时完成包括赣江大堤、信河、饶河、修河及上新河等在内的支流大堤之"培修"，共

---

① 行政院善后救济总署编译处编：《行政院善后救济总署业务总报告》，上海市档案馆馆藏档案：Y3—1—278，第 210 页。

计完成土石方 177.81 万方，修建涵洞 5 座，大堤铺草皮 4.45 万平方米[①]。
（2）江汉堤防工程。江汉堤防工程主要位于湖北省境内，全长 1800 多公里，工程修复工作主要由江汉工程局主持，自 1946 年 1 月开始施工，至 1947 年 10 月底基本完工。共计完成土石方 887.8 万方，用于护堤的柳枝共计使用了 359 万余斤[②]。（3）苏鲁运河及其支流堤防。1947 年 3 月 18 日开工，11 月中旬完工。共计完成土石方 157.1 万方[③]。（4）白河水系工程。战时，白河水系已是"千疮百孔，形势日劣，实为国家一大隐忧"。行总为此工程提供水泥 4000 多吨，国民政府拨款月 100 亿元。1946 年春开工，1947 年 6 月完工。共计完成土石方 243.7 万方[④]。（5）珠江三角洲堤防。复堤工程全长 300 多公里，由珠江水利局牵头办理。1946 年 3 月开工，1947 年 10 月底全面完工。完成土石方共计 403.4 万方，种植草皮 1.5 万平方米[⑤]。

行总通过工赈，修复的各类水利工程数量多，规模大小不一，灌溉面积广。据统计，各分署修复的水利工程及灌溉农田数据如下：浙江分署 259 项，灌溉农田 558.8 万亩；行总福建办事处 87 项，灌溉农田 13.5 万亩；广东分署 99 项，灌溉农田 21.4 万亩；安徽分署 10 项，灌溉农田 31.4 万亩；江西分署 4 项，灌溉农田 642.5 万亩；鲁青分署 6 项，灌溉农田 1.65 万亩；台湾分署 8 项，灌溉农田 38.5 万亩；晋绥察分署 75 项，灌溉农田 108.3 万亩。另外，苏宁分署 16 项，湖北分署 14 项，湖南分署 11 项，冀热平津分署 18 项。共计 607 项。水利工赈为行总所有工赈项目中数量最多、规模最大的种类[⑥]。

这些水利工程的修复，使大片农田得到灌溉，特别是几个大型水利工赈项目，灌溉农田面积十分巨大。如，"修建黄河堵口工程，1400 余万亩之肥沃农田从此复耕；扬子江水利工程的兴修，保障农田达 2700 万亩；修筑淮域工赈工程受益农田 2700 余万亩"。台湾分署仅修复后的台南县

---

① 行政院善后救济总署编译处编：《行政院善后救济总署业务总报告》，上海市档案馆馆藏档案：Y3—1—278，第 211 页。

② 同上书，第 213 页。

③ 同上书，第 213—214 页。

④ 同上书，第 215—216 页。

⑤ 同上书，第 216 页。

⑥ 同上书，第 93—94 页。

嘉南大圳就灌溉着台湾超过三分之一的耕地[①]。

除了通过修复水利工程，扩大农田灌溉面积外，一些分署还通过采用新型灌溉技术，扩大灌溉面积，提高灌溉效益。联总援助中国一批新式农业善后机械，如开塘机、抽水机及凿井机等。其中，湖南分署分得开塘机3部，抽水机160部。由于这些机械对当时中国的大多数农民来说是"新玩意"，普遍不会使用，尤其是开塘机。为此，一些分署在联总专家的帮助下开办了训练班。例如，1946年2月至12月，湖南分署在联总农业专家康纳尔（John Coner）协助下，在衡阳创办了开塘机训练班，共计招收学员17人。1947年夏，湖南分署又在长沙举办了为期15天的新式抽水机训练班，共计招收学员42人[②]。

此外，由于日本侵华战争造成中国大量林地被毁，"间接影响水患，贻害非轻"，尤其是在黄泛区。因此，战后中国必须组织力量植树造林，以保护生态环境与农田。1946年春，安徽分署与安徽省农林局等机构合作，培育防沙造林苗木2000多万株，包括洋槐、柳树与乌桕等，在凤台、阜阳、寿县等地植树造林，面积多达3万亩[③]。1946年4月，鲁青分署先后与山东省农林局、济南农林职业学校合办苗圃105亩，培育各类苗木275万多株，利用这些苗木在黄泛区进行了植树造林[④]。

二　农业耕作动力及农具的补充

据不完全统计，抗战期间，我国共损失266万头水牛、228万头黄牛、99万匹马、98万匹骡和196万头驴等大牲畜[⑤]。因此，蒋廷黻认为，在农业善后的具体工作范围内，"最大的困难是田庄上的动力"，"沦陷区各省的报告均说耕牛缺乏，从河北、山东一直到广东、广西都是如此。北方

① 行政院善后救济总署编译处编：《行政院善后救济总署业务总报告》，上海市档案馆馆藏档案：Y3—1—278，第93—94页。
② 行政院善后救济总署湖南分署编：《行政院善后救济总署湖南分署业务报告》，1947年，第20页。
③ 《农业工作简报》，《行总农渔》1947年第10期，第38页。
④ 延国符：《行政院善后救济总署鲁青分署业务总报告》，1947年铅印本，第5页。
⑤ 参见王德春《联合国善后救济总署与中国（1945—1947）》，人民出版社2004年版，第124页。

大平原尚可利用机器，南方稻田则不简单，非特别努力不能解决，致成为战后粮食生产最大的阻碍"[1]。

为了解决此问题，国内外有关专家向蒋廷黻提出了几个方案。最初他们建议蒋廷黻请求联总从印度购买10万头水牛，然后由联总将这批牛转运至中国。但是，蒋廷黻很快就发现这条建议实际意义不大。其原因是：第一，"印度并无专门经营水牛买卖的牛场或牛商"。他分析道："在印度如同在中国，乡下人家养一头牛，如生有小牛，则可出卖一头"，10万头水牛必须从全印度的所有村庄里一家一户地去收买，"这是很费力的"。第二，就算是经过千辛万苦买够了10万头牛，"又有海洋运输问题"。他指出："轮船公司很少有运牛的经验，究竟水牛在船舱里应怎样安排，很少人知道。"第三，就算是经过努力用轮船将这些牛运抵中国的上海、广州等港口，如何将它们分配并输送到广大农村去，"又是个大问题"。他担心："我们的行政机构及业务机构能否善为处理，不无疑问。"第四，即便是这10万头牛全部送达田庄，"结果又怎样呢"？他为此做了认真分析。他说："据中农所的统计，福建一省有八十万头牛，湖南在战前有一百五十万头牛。"在他看来，这10万头水牛对于缺少数百万头牛的中国农村来说，无异于杯水车薪，"补充的动力实在太小了"[2]。

不久，一些专家们又向蒋廷黻提出新的方案："到澳洲北部去捕野牛。"[3]蒋廷黻对此介绍说：

> 这个计划曾在雪梨远东区域会上详加讨论。各国的代表，连澳洲的外交部长在内，均以议题新奇，大感兴趣。澳洲的报纸，为迎合社会的好奇心，大谈特谈水牛。管理动物园的专家，都说野牛天性不驯，用以耕田殊不可能。于是改变方向，想专捕小牛[4]。

---

[1] 蒋廷黻：《善后救济总署之性质与任务》，《东方杂志》第41卷第20期1945年10月，第7页。

[2] 同上。

[3] 蒋廷黻：《干什么？怎样干？》，行政院善后救济总署广东分署《周报》1946年5月第3期，第6页。

[4] 同上。

　　不难看出，所谓的新的方案一经出炉，便在澳洲引起一场轩然大波。人们为此展开了热烈讨论，其结果是由捕野牛改为捕小牛，并且联总还专门派专家到澳洲调查研究，但最后都没有了下文，其原因正如蒋廷黻所说："澳牛如印牛一样的难运输，难处理。"①

　　综上所述，上述两个方案带有很大的空想性，"只可远观而不可近玩"，没有实现的可能。蒋廷黻清醒地认识到，要切实解决农业耕作动力短缺的问题必须另辟蹊径，寻找其他有效办法。在经过充分调查研究的基础上，蒋廷黻提出在南北不同地区使用不同方法的计划，即针对南方耕牛缺乏的现状，"采用好几个方法同时并进"。主要有：在国内多设耕牛养殖场，加快繁殖耕牛的速度，以满足国内对耕牛的需要，这是其一。其二，从比较不缺牛的区域买牛以供给极缺牛的区域。"就是这样，耕牛问题还是不能完全解决。"那么，一方面，在交通方便特别是公路旁边的平地，可以利用机器耕田，因为"现在美洲、澳洲种稻者全用机器"，所需机器通过联总从美洲与澳洲获得；另一方面，通过联总从诸如美国、加拿大等国外大型农场获得一些耕牛，以作补充。至于北方，由于多是平原，一般采用机器耕作。对于拟用的机器，蒋廷黻向人们介绍道："幸而美国现在有制造厂专门为小田庄设计了一套机器，其构造十分简单，十四五岁的幼年经训练后都可以驾驶。"②

　　根据蒋廷黻确定的上述规划，行总一方面在国内对原有饲养场进行改、扩建，并新建一批耕牛饲养场，加大耕牛繁育速度，跨地区进行调剂，以有余补不足；另一方面，在上述努力仍不能满足需要的情况下向联总请求援助，要求向中国尽快提供耕牛和耕地用的机器。行总最初向联总申请25000 头耕畜，以供应缺少耕牛且不能使用机器耕作的偏僻丘陵地区和山区；要求联总提供 20000 吨小型及大型耕地机，以适应我国"战时荒芜之大片农地复耕之需求"③。同时行总要求联总争取在 1946 年 6 月底以前全

---

　　① 蒋廷黻：《干什么？怎样干？》，行政院善后救济总署广东分署《周报》1946 年 5 月第 3 期，第 6 页。

　　② 以上均见蒋廷黻《善后救济总署之性质与任务》，《东方杂志》第 41 卷第 20 期 1945 年10 月，第 8 页。

　　③ 行政院善后救济总署编译处编：《行政院善后救济总署业务总报告》，上海市档案馆藏档案：Y3—1—278，第 132—133 页。

部或大部运到中国，联总负责人当时表示欣然同意。然而，后来由于联总经费不敷使用，对于各国所申请的援助物资数量进行了压缩，牲畜的进口数量仅为 5000 余头，水牛的申请因为其价格过高而被联总取消，故直接可以用于耕作动力的仅有从美国输入的军骡 792 头，其中有两头因故死亡，有 300 头在太原作价出售，490 头在天津作价出售[①]。这些军骡耕地能力比土骡强三分之一，但所需饲料难以适应，其能力逐渐降低。

　　长期以来，牲畜病害的防治工作在我国一直没有得到重视，一旦发生瘟疫，牲畜死亡无数。战时及战后，许多地区的耕牛感染各种瘟疫，甚至在有的地区疫情还十分严重。如江西每年的瘟疫感染耕牛多达 1.84 万头，给江西战后农业善后、复员工作造成了严重的不利影响[②]。因此，在引进耕牛的同时，行总还重视对耕牛疫病的防治工作。为消除耕牛疫情给农业善后、复员造成的危害，联总在中国开展善后救济事业之际，行总向联总申请价值 75 万美元的兽医器材，此外还与农林部合作，在全国设立 5 个 A 级血清研究所、10 个 B 级血清研究所以及 12 个兽医诊疗所，在每省设立 1 个畜牧试验场。在各分署努力下，各省兽疫防治工作均取得了一定成效，其中以海南岛、湖北、江西、河南及广东等省成效最佳。在此期间，共注射耕牛 25 万头，其中仅江西在 1947 年 10 个月内就注射了 10 万头。1947 年春，行总江西分署与江西省农业院、江西省兽医专科学校等单位共同组建了"耕牛防疫大队"，分别前往耕牛疫情严重的地区开展耕牛疫病防治工作。根据计划，这一工作前后分两批进行。第一批主要在吉安、永修及吉水等地对耕牛进行疫苗注射，共计对 2.87 万户农户的 3.02 万头耕牛进行了疫苗注射。第二批主要对赣南地区 4.13 万户农户的 5.62 万头耕牛进行了疫苗注射。根据 1947 年币值估算，江西分署救治的耕牛总价值高达 258.27 亿元[③]。在广东、台湾、湖南和福建等省治愈患有猪瘟病的生猪 11.2 万头[④]。

---

　　① 行政院善后救济总署编译处编：《行政院善后救济总署业务总报告》，上海市档案馆藏档案：Y3—1—278，第 142 页。

　　② 行政院善后救济总署江西分署编：《江西善后救济》1947 年第 3 期，第 5 页。

　　③ 行政院善后救济总署江西分署编：《江西善后救济》1947 年第 4 期，第 14 页。

　　④ 《行总兽疫防治之成效》，《行总周报》1947 年第 33 期，第 4 页。

此外，行总在一些条件适宜的地区以试验及示范的方式逐步推广机器耕作。曳引机是代替牛作耕作动力的主要机器，到善后救济工作结束时，行总共从联总处接收 1342 架曳引机，连同挂车、犁耙等附件，重约 9000 吨。曳引机工作效率高，"用曳引机耕作，每日可耕 30 亩左右，熟地则每日可耕百亩。如用牛力，平均每日只垦荒地 2 亩，与曳引机工作效率相较，达成 1 比 20 之比"[①]。

由于中国农民长期以来使用耕牛等牲畜耕地，而且他们科技知识普遍缺乏，正如蒋廷黻所说："中国的农民与近代的科学可说是不发生关系的。"[②]因此，曳引机对他们来说完全是个新事物，对他们进行曳引机的使用培训是迫切且必不可少的。所以，1946 年 2 月，少数机械陆续到达后，行总即与农林部在上海共同开办培训班，由各分署派人参加培训。4 月，一部分曳引机装配完毕，由河南分署最先使用，其原因是河南黄泛区农田荒芜情况严重，并且面积广阔，比较适宜于曳引机等机械作业。为此，河南分署创办了曳引机培训班，以管理、驾驶曳引机。在此基础上，组建了 3 个曳引机复垦队，拥有曳引机 200 多部，经常在尉氏、扶沟、西华、太康、淮阳等地使用曳引机帮助农民耕地，共计耕地 57 万亩[③]。江西分署在联总农业技术专家的帮助下，培训了一批新型曳引机管理、使用与维修等方面的技术人员，主要在南昌、高安、永修、新建等地实施，受益农田超过 40 万亩[④]。1947 年 8 月至 11 月，湖南分署在岳阳举办了为期 3 个月的曳引机训练班，培训学员达 100 余人。

在此基础上，曳引机的使用不断推广到其他一些分署。全国使用曳引机耕作的农田超过 150 万亩。从使用效果看，则以河南分署为最佳。

而对有的农具如播种器及手用中耕器这些农民普遍不会使用的"洋玩意"，联总驻华农业专家则向行总建议，这些农具先在当地农业学校或农场试用，然后再予以推广。

---

① 武汉地方志编撰委员会编：《武汉解放战争史料》，武汉出版社 2009 年版，第 500 页。
② 蒋廷黻：《中国近代化的问题》，《独立评论》1937 年第 225 号，第 17 页。
③ 行政院善后救济总署编译处编：《行政院善后救济总署业务总报告》，上海市档案馆藏档案：Y3—1—278，第 239 页。
④ 行政院善后救济总署江西分署编：《江西善后救济》1947 年第 4 期，第 21 页。

在农具方面，不管是畜用农具还是手用农具，当时都十分缺乏。为此，蒋廷黻曾经在《中国善后救济计划》中提出了需要农具18.4万套、原材料6.3万吨的要求。后来在农业善后全面开展之际，霍宝树又向来华视察善后救济工作的联总署长拉加第亚反映了中国小型农具极度缺乏的情况，并要求将此申请数量增加至共约140多万件，这一情况得到了联总的重视，批准将其数量增加至近100万件。截止到1947年善后救济事业结束前夕，行总共接收畜用农具14.3万多件、手用农具约60万件[1]。这些农具分别编配成套，运送至华北、华中与华南等地，向因战事影响缺少农具的农民免费发放。其中，分配给湖南分署铁铲1.48万件、畜用犁0.84万套以及数目不等的播种器、斧头、技剪等，并于1946年冬由湖南分署先后分3次分发给54个县、市的农民[2]。

为了给农业生产善后尽可能多的提供农具，蒋廷黻还计划利用联总援助的原材料"在国内设农具工厂十九所、铁铺一千八百所，大量制造农具"[3]。1943年底，由农林部、中国农民银行共同出资，在重庆创办了中国农机公司。1946年秋，该公司在上海创办了上海农具总厂。1947年8月，上海农具总厂全体职工开始为行总河南分署制造农具，经过两个月奋战，最终"于10月31日完成3.55万具山锄的制造，随即发往河南协助泛区农户复垦"[4]。1947年底，行总与中国农机公司在广州等地开办了6家农具分厂，生产并配售农具348套，取得了一定的效果[5]。鲁青分署"为应农民之需"，特以生铁铸造锄头、犁子等9000多件，并免费分发给农民[6]。而对有的农具如播种器及手用中耕器这些农民普遍不会使用的"洋玩意"，联总驻华农业专家则向行总建议，这些农具先在当地农业学校或农场试用，

①　行政院善后救济总署编译处编：《行政院善后救济总署业务总报告》，上海市档案馆藏档案：Y3—1—278，第140页。
②　行政院善后救济总署湖南分署编：《行政院善后救济总署湖南分署业务报告》，1947年，第12页。
③　蒋廷黻：《行总三十五年工作概述》，载行政院善后救济总署赈恤厅编《怎样办理赈恤》，第31页。
④　农委会：《行总农具制造设备之利用概况》，《行总农渔》1947年第11期，第26页。
⑤　同上。
⑥　《农业善救工作》，《行总周报》1946年第30期，第13页。

然后再予以推广。

1945—1946年，联合国善后救济总署与行政院善后救济总署合作办理战区善后救济事宜，为适应黄泛区及盐垦区垦荒的需要，输入各式农业机械等。美国人W.韩丁（W. Hinton）等曾为我国农垦系统培养了农机技术骨干和不少农用拖拉机驾驶人员。同时，联合国善后救济总署与行政院善后救济总署合作办理战区善后救济事宜，曾为发展华北乳业，引进大批乳牛。

三　各种种子的发放

在行总及其分署看来，要实现农业复员，提高农产品产量，满足人民生活需要，必须在农业方面进行改良。晋绥察分署认为，"农业关系本区民生，应复员与改良并重，始可收预期效果"[①]。农业改良的一个重要方面就是农产品种子的品种引进、改良，包括小麦、蔬菜及棉花等。

蒋廷黻认为，在农业生产所需的种子培育技术方面，首先"必须由农林部及其中央农业试验所负担"[②]。抗日战争胜利后，农林部、教育部相继复员，分别接收沦陷区的一些农业高等院校及农业科研、试验机构。例如，战时的华北农事试验场是一个综合性的科研机构，科研业务涵盖农业、林业与畜牧业。战后分别由中央农业实验所、中央林业实验所、中央畜牧实验所接管，并在此基础上成立了一些二级研究、试验机构。例如，中央农业实验所北平农事试验场、中央林业实验所华北林业试验场以及中央畜牧实验所华北工作站等，此后又另外成立了农林部华北兽医防治处。这些机构在原有的基础上，继续发展和进行农、林、牧、兽、药等各方面的科学试验。

中央农业实验所北平农事试验场在农业科学实验方面增加了"抗病育种""蔬菜品种整理"等项目。又如，充分应用田间试验的新技术，重视应用生物统计原理，纠正了日占时期那种试验项目过于复杂而设计又过于简单、试验重复太少以及小区排列不合理的缺点。在小麦育种、小麦耐寒性、

---

① 行政院善后救济总署晋绥察分署编：《善后救济总署晋绥察分署工作总报告》，1948年铅印本，第15页。

② 蒋廷黻：《干什么？怎样干？》，行政院善后救济总署广东分署《周报》1946年5月第3期，第5页。

抗病性检定、大麦育种、棉花杂交育种、美棉栽培试验、美棉病虫害防治试验等方面均取得了不少成绩[1]。

可喜的是，上述机构在这方面的工作卓有成效，为农业善后提供了许多优良的种子，得到各方好评。正如蒋廷黻所说："中农所的工作已得政府的承认和国际专家的敬佩。特别在改良稻、麦、棉种方面，全国的农民受惠很多。所以在技术上，我们已有善后的干部。"[2]然而，由于农业善后对种子的需求太大，仅靠国内的培育和提供是远远不够的，还必须借助他国特别是联总的支援。

蒋廷黻也一直重视棉花种子的争取、发放与种植。在1946年初的行总署务会议上他专门阐述了有关棉花的问题。他指出：

种子于去年曾要求联总定购棉种一千二百多吨，去年美国因人工缺乏所定棉种无法供给，今春种棉不多。须待今秋方可大量运来。预计两年内可将全国棉区棉种全部改良，将来棉花产量必能提高[3]。

可见，棉花种子是蒋廷黻向联总申请最多的种子。他希望通过从外国引进棉花良种，增加棉花产量，以解决中国人的穿衣问题。

行总共向联总申请棉花、蔬菜、杂交玉米、大豆、林木与牧草等种子6000余吨，但是后来由于联总经费紧张，上述所需种子并非全部到达。据初步统计，1946年与1947年行总分别共收到857.1吨及3683.1吨的种子，共计4540.2吨各类种子[4]。这些种子根据蒋廷黻代表行总与农林部负责人共同签订的《行总与农林部农业善后合约》，由行总统一交给农林部，农林部又将它们转交农业辅导委员会，该委员会再根据各省实际情况及需要分发给国统区26个省，其中江苏省分得的种子最多，达362.8万磅。另外

① 参见《近代抗战胜利后农业逐渐恢复》，http://new.060s.com/article/2016/10/08/2247043.htm。
② 蒋廷黻：《善后救济总署之性质与任务》，《东方杂志》第41卷第20期1945年10月，第7页。
③ 蒋廷黻：《行总三十五年工作概述》，载行政院善后救济总署赈恤厅编《怎样办理赈恤》，第31页。
④ 行政院善后救济总署编译处编：《行政院善后救济总署业务总报告》，上海市档案馆藏档案：Y3—1—278，第133、135页。

还给中国共产党领导的解放区分配了 380 多吨[①]。

至于发放的方式，最初，行总署长蒋廷黻计划采取多种形式进行发放："在被灾很重的区域，这种供给是无偿的"；"在其他各地，则必须收价"。对于所收价款的去向，蒋廷黻也作了说明。他强调："所收价款，按照公约，将作为救济善后之用。"[②] 后来，在霍宝树主持行总工作后，决定全部免费发放，均不收费。

棉花种子主要有两种品种，分别是德字棉(Delfos)、斯字棉(Stoneville)。具体发放工作是由华中棉产改进处主持的，分别发给江苏、浙江、安徽、江西、山东、河南及湖北七个当时的棉花主产大省。苏宁分署配发德字美棉种子。其间，为帮助农户熟练掌握美棉种植技术，会同农林部华中棉产改进处，在太仓、嘉定等地设置植棉指导区。配发美棉活动集中在 1946 年 3 月至 11 月进行。苏宁分署在南通、江阴、太仓等 11 县开展美棉发放、种植活动，要求各指导区派人下乡指导农户施肥、防治病虫害、棉花采摘及运输等工作。共向 9512 户农户发放 120 吨种子，种植面积超过 2.85 万亩，平均亩产 160 斤，比采用本地种子产量提高 120%，且棉花质量也要好[③]。

从国外引进的棉花种子在中国的使用取得了明显成效。"它们的栽培均取得了良好的栽培效果。与当地品种相比，棉绒更长，皮棉质量更佳，而且单位产量平均都有较大幅度增长；在浙江，每亩平均增产竟高达50%。"[④] 在山东，由于该省位于黄河下游，土壤多为沙质，比较肥沃，气候也较为温和，且日照充足，"适于棉花尤其是美棉的生长"，因此，"自输种美棉以来，不仅中棉面积渐为美棉所夺，而种植面积亦逐年增加"[⑤]。

蔬菜等食品种子种类较多，包括菠菜、番茄、南瓜、甜椒和葡萄等数

---

① 行政院善后救济总署编译处编：《行政院善后救济总署业务总报告》，上海市档案馆馆藏档案：Y3—1—278，第 137 页。

② 蒋廷黻：《善后救济总署之性质与任务》，《东方杂志》第 41 卷第 20 期 1945 年 10 月，第 7 页。

③ 行政院善后救济总署苏宁分署《月报》1946 年第 15、16 期合刊，第 3 页。

④ *UNRRA Operational Analysis Papers, No.53*, Washington D.C., 1948, p.247.

⑤ 山东省档案馆、山东省社会科学院合编：《山东革命历史档案资料选编》第 22 辑，山东人民出版社 1986 年版，第 407 页。

十个品种，由农业辅导委员会主持，各分署予以协助，发放给江苏、浙江与安徽等 24 个省。如，苏宁分署配发蔬菜等种子。1946 年 7 月，苏宁分署收到总署分配的种子 618 桶，其中 138 桶交给农林部直属的中央农业推广委员会支配，该委员会将 18 桶发给其直辖农场使用，120 桶发给南京市郊县种植，480 桶则由苏宁分署分配给徐州、镇江等 19 个灾区的农民使用[①]。湖南分署先后于 1946 年 5 月、9 月，向 54 个县、市发放各类蔬菜种子 1.05 万袋，每袋包括 26 种不同的种子[②]。

玉米共有 54 个品种，共计 164 吨，由中央农业实验所主持发放给河南、河北、山东及江苏等 17 个省。大豆品种由于只适宜在华南湿热地区栽种，故仅发放给江苏、广东、广西、福建和台湾 5 省。牧草共有 32 个品种，由中央畜牧实验所主持发放给江苏、安徽、江西等 18 个省进行种植，"以便避免当地水土流失，大坝免遭狂风暴雨的破坏"[③]。林木种子共有 14 个品种，共计 1.5 吨，由中央林业实验所主持发放给江苏、湖南、湖北等 15 个省进行种植。当然，因为树苗的种植、生长周期很长，直至中国善后救济事业行将结束之际，"仍难以对其种植效果做出确切的评估"[④]。

从总体上看，种子的引进、栽种效果较好，"尚称满意"。棉种与杂交玉米，"皆有显著之增产"，与国内土种相比，每亩产量高出 20%—30%。蔬菜种子，在 1946 年运抵的，包装良好，标记清楚，分配便利，"栽种之成绩亦佳"；而 1947 年运抵的，"多属陈种"，故"未能充分发挥作用"[⑤]。

四　发放化学肥料与对肥料制造设备的利用

要想使农业生产取得好收成，肥料必不可少。它包括有机肥料（又称"天然肥料"）与化学肥料（简称"化肥"）两种。事实上，我国农民过去长期施用有机肥料，例如，人的屎尿、厩肥、绿肥、豆饼等。化肥在

---

① 行政院善后救济总署苏宁分署《月报》1946 年第 15、16 期合刊，第 3 页。

② 《本署成立以来工作报告》，行政院善后救济总署湖南分署《善后月刊》1947 年第 11 期，第 15 页。

③ *UNRRA Operational Analysis Papers, No.53*, Washington D.C., 1948, p.248.

④ Ibid.

⑤ 行政院善后救济总署编译处：《行政院善后救济总署业务总报告》，上海市档案馆藏档案：Y3—1—278，第 137—138 页。

农业生产中同样具有不可替代的作用，但化肥在中国使用量一直很少。20世纪30年代，沿海地区才开始尝试施用化学肥料（当时有人称之为人造肥料）。战后，"荒芜之田园亟待复兴，对于肥料之需求至为迫切"[①]。台湾分署署长钱宗起指出："善后工作，以农业为首位，农业善后，又以肥料为首要。"[②]可见，化肥对中国农业善后的作用何等重要！

因此，蒋廷黻迫切希望得到联总的化学肥料援助，但争取联总化肥援助的工作并非一帆风顺。

正如蒋廷黻所说：

> 人造肥料合于中国农地使用者有"硫酸铔"一种。联合国已将是项肥料全部分配欧洲各国。我国近已提出抗议，要求比例分配[③]。

可见，最初人们发现中国适用的化学肥料很少，并且就是这很少的肥料还不能分配于中国，中国遭到了联总的歧视。经过包括蒋廷黻、霍宝树两任署长及行总其他官员的严正交涉，联总才改变错误政策，纠正了对中国歧视的态度，逐渐给中国提供化学肥料。

蒋廷黻计划从联总获得超过 50 万吨的化学肥料。但在农业善后事业进行期间，联总共向中国运送了 23 万余吨，其中 1947 年运抵中国的化肥数量最多，达 42152.85 市担，总数不及计划数的一半。在各省中，台湾省分配的最多，达 13.87 万吨，超过总数的一半，这大大出乎人们的预料。

台湾相较于其他大陆省份，使用化肥的历史悠久，使用量也相对较多。然而，抗战爆发后，台湾外来化肥的渠道基本中断，加之台湾本地化肥工业极端落后，产量很低，仅为 2000 吨，根本满足不了台湾农业生产的需要，从而使台湾出现了严重的"化肥荒"。"台湾农民素习依赖于化学肥料"，因此，肥料的严重不足，在很大程度上制约了台湾农业的发展，农业产量

---

① 行政院善后救济总署编译处编：《行政院善后救济总署业务总报告》，上海市档案馆馆藏档案：Y3—1—278，第 138 页。

② 钱宗起：《台湾善后救济工作的回忆》，《中华文史资料文库》政治军事卷（六），中国文史出版社 1999 年版，第 67 页。

③ 蒋廷黻：《行总三十五年工作概述》，载行政院善后救济总署赈恤厅编《怎样办理赈恤》，第 31 页。

下降很多，特别是主粮大米较过去几乎减少了一半。对此，行总署长蒋廷黻感叹道："台湾本来产米丰富，应该有剩余的，不幸因为肥料，台湾的产量大为减少，不但不能够运到大陆上来，而且倒反需要大陆方面接济，我们必须运送大量的粮食倒台湾去。"①

对于台湾的肥料问题，1946 年 1 月，蒋廷黻在行总会议上专门提及了。他说："今年台湾发生粮荒，即因缺乏肥料。台湾当局曾要求供给肥料二十万吨。经多方设法本月份可运往五千吨。"② 可见他对台湾同胞化肥需求的重视。

根据台湾分署申请，行总将联总援助化肥的 60% 分配给了台湾，这些肥料从 1946 年初到年末运送完毕。行总决定采取配售的办法将这些肥料发到农民手中。行总、联总驻华办与台湾省政府共同订立了低廉的售价，所得价款除台湾分署必要的日常开支外，指定由台湾省政府拨充修筑水利设施之用。为了保证肥料发挥最大作用，产生最大效益，在首批肥料抵达后，分署即与行政长官公署农林处和联总驻台办事处协调，确定了化肥配送的缓急原则，即"按照各种农作物需肥时期，与各地需肥之缓急"③。

台湾分署要求各县、市农会严格按照联总和行总的相关规定配发肥料，严防贪腐问题发生。为此，分署做出以下几条规定：首先，必须以原纯化肥发放，不准混入其他肥料；其次，配发肥料时不准收取任何形式的手续费；再次，为保证配发公平，分署定时或不定时地到所辖地区检查，分署署长钱宗起曾经亲自前往台南和高雄等地检查配发工作，同时还鼓励农民就肥料发放过程中出现的各类问题进行检举揭发。

台湾农民偏好硫酸铔、硝酸铔等，而对于磷酸等肥料则表现出冷漠，为了充分利用所有肥料，台湾分署广泛宣传那些农民比较陌生的肥料的功效及使用方法。

另外，行总向解放区免费拨发化肥 4400 吨。余下 9.29 万吨，根据早先签订的合约，行总悉数将其拨给农林部分配。其中 5.32 万吨由农业银行

---

① 陈云林总主编：《馆藏民国台湾档案汇编》第 71 册，九州出版社 2007 年版，第 325 页。

② 蒋廷黻：《行总三十五年工作概述》，载行政院善后救济总署赈恤厅编《怎样办理赈恤》，1946 年铅印本，第 31 页。

③ 陈云林总主编：《馆藏民国台湾档案汇编》第 45 册，九州出版社 2007 年版，第 62 页。

向江苏、浙江、福建和广东四个沿海地区省份的农民以贷款方式发放。3.97万吨则由农林部分配给相关分署，并由它们在安徽、广西、湖南、湖北等19个省份免费向农民发放。例如，1946年9—10月，湖南分署先后分两次向农民发放石灰氮、硝酸铵与硫酸铵等化肥2624吨，并编印了化肥使用手册，随同肥料一并发放[①]。安徽分署于1946年10月，将行总分配的1167吨化肥分发给蚌埠和芜湖等地[②]。

根据农业专家的估计，我国每年所需的化肥约在50万吨上下，而此次联总提供给中国的化肥仅23万余吨，并且要分1946年和1947年两年运达，缺口较大。为了满足农业生产的需要，蒋廷黻及霍宝树均认为中国有必要自行建厂生产化肥。蒋廷黻在向联总递交的《中国善后救济计划》中明确阐述了获得化肥制造设备的要求，但因联总经费压缩的缘故，此项计划被取消。幸亏永利化学公司在抗战开始前从国外订购了一批这种设备，但无法从国外进口至国内，遂将其无偿转赠给联总。1946年冬，联总在行总署长霍宝树的要求下运送给中国。因而，中国获得了重达4900多吨、价值120多万美元的肥料生产设备。1947年，行总利用其中的一部分与永利化学公司联合在南京创办了硫酸铔制造厂；又通过国民政府资源委员会在台湾基隆创办了石灰氮制造厂。利用这些生产设备，中国自行生产了一些化肥，以补各地之不足。

联总提供的这些化学肥料的使用，对战后中国农业的恢复作用非常明显，"经施肥之各地农产，平均增产二成"[③]。尤其是在台湾，化肥的大量援助，使得台湾农业生产形势有一定的改观，农产品尤其是稻米的产量增长明显。比如，高雄及台南2个县、区，1946年度的稻谷产量，较1945年度增产了15万吨以上；又如，台北、新竹等县、区，1947年度比1946年度增收4.6万吨以上[④]。1946年度和1947年度，台湾甘蔗种植面积及产量也因农业善后事业的开展而"突破历年记录"，砂糖产量更是较往

---

① 行政院善后救济总署湖南分署编：《行政院善后救济总署湖南分署业务报告》，1947年，第11页。

② 《三十六年协助推广化学肥料之情形》，《中国棉讯》1948年第7期，第128页。

③ 行政院善后救济总署译编处编：《行政院善后救济总署业务总报告》，上海市档案馆馆藏档案：Y3—1—278，第139页。

④ 陈云林总主编：《馆藏民国台湾档案汇编》第45册，九州出版社2007年版，第63页。

年"增加十倍以上"，这"对于本省糖业复兴之贡献匪鲜"[①]。有的地区，如安徽，使用化肥非常晚，抗战全面爆发前，化肥仅在一些农业试验场进行棉花种植试验时才使用，直到 1946 年中国善后救济事业大规模开展时才有史以来第一次在农业生产中大量使用化肥。利用联总援助的化肥生产设备所生产的化肥对战后农业恢复、将来的化肥制造工业也发挥了一定的作用。

在化肥分配过程中，总体上看，各分署能够自觉执行联总、行总的相关规定，也得到了社会各界的赞誉。例如，台湾当时的新闻媒体就曾对台湾分署化肥分配工作给予了高度评价：台湾分署"对肥料分配之能平稳达上预期进展"，这完全得益于它"能虚心、热诚、公正、积极有以致之！"[②]

不过，化肥分配实际工作中仍存在一些瑕疵。例如，联总要求肥料免费发放给农民，但在实际工作中，在不少地区，农民在得到这些肥料时都交了一些钱，并非完全免费。联总为此多次与行总及分署表达了不满，但是行总部分分署对此充耳不闻，我行我素。不仅如此，在有的地方，分署或地方政府、农会向农民的收费甚至高于化肥的市场价。比如，有的肥料市场价是每磅 3.6 至 5 美分，而它们则收了农民 8 至 10 美分，甚至更多，高出市场价一倍多甚至两倍以上，它们因此获利超过 30 万美元[③]。更有甚者，一些地方，"农会常巧立名目，向农民收取额外之费用"，有的以次充好，有的虚报冒领，有的内外勾结，偷盗肥料，以中饱私囊[④]。

五　防治病虫害药械的发放

长期以来，我国农作物病虫害十分严重，而广大农民对农作物病虫害的防治，"大率听其自然，无法积极处理"[⑤]。战时，各地因战导致自然环境的恶化，农作物病虫害较过去有增无减。战后这一局面未能有效遏制，

[①]　陈云林总主编：《馆藏民国台湾档案汇编》第 45 册，九州出版社 2007 年版，第 64 页。

[②]　《台湾新生报》1947 年 2 月 9 日。

[③]　UNRRA—CNRRA Operations: The Fertilizer Scandal, July13, 1947, p.17.

[④]　Ibid, p.18.

[⑤]　行政院善后救济总署编译处：《行政院善后救济总署业务总报告》，上海市档案馆馆藏档案：Y3—1—278，第 142 页。

在一些地方甚至还有蔓延之势。例如，1946 年秋，各地蝗灾严重，尤其是豫皖汛区一带，米蛀虫也曾肆虐一时，对当地农业生产造成了严重损失。据 1946 年的调查统计，全国各地水稻螟虫造成的损失和棉花黄蛉病造成的损失均超过 2 亿元，飞蝗为害的损失也高达 1.16 亿元[①]。

抗战胜利结束后，国内防治农作物等病虫害的工作逐步被提上议事日程。比如，一些全国性植物保护的专门机构及一些高校所属的农学院纷纷迁回南京、北平等重要城市，过去实行的蝗患旬报制度逐渐在全国得到恢复，蝗患调查报告也不时见诸报端。不仅如此，农林部还在全国各地设立了一些农业研究机构，就如何有效防治农作物病虫害、提高农作物产量开展研究。如，1947 年，农林部在南京设立全国烟产改进处，并恢复中央棉产改进所。

1933 年到 1940 年这 7 年间，欧、美等国用于防治农作物病虫害的杀虫药剂已有重要发展。"二战"结束后，曾一度被视为军事秘密的药剂配方、合成公式等逐渐得以解密，并提供给各国用于防治农作物病虫害，使害虫防治工作进入一个新的阶段。1946 年，农林部所属的中央农业实验所等在 666 粉剂与毒饵诱杀蝗虫方面的试验取得成功，完成了滴滴涕的合成与鱼藤精乳剂研制。

同时，为了有效防治病虫害，需要大量植物病虫害防治的药物及器械，除了扩大国产外，行总等致力于引进最新药剂防治害虫，如从联合国善后救济总署得到大量滴滴涕，666 粉剂等农药供应。蒋廷黻在向联总递交的《中国善后救济计划》中明确要求联总提供总重量为 860 吨、总价值为 80 余万美元的植物病虫害防治的药物及器械，后经联总修改，分为成品、原材料及生产所用的机器三部分。1947 年 8 月，所有物资全部运达。这批药械分配给中共解放区 109 吨，其余由行总拨交农林部。原材料与机器由该部属下病虫药械制造厂使用，到行总解散时，共生产滴滴涕、砒酸钾等药剂 18 万公斤、喷雾器 4000 架[②]。所有成品则免费发放所需各省，以防治小麦、棉花、蔬菜、杂粮、烟草和果树等病虫害。由于这些物资数量有限，

---

① 《行总发动农民捕蝗》，《行总农渔》1946 年第 4 期，第 9 页。

② 行政院善后救济总署编译处编：《行政院善后救济总署业务总报告》，上海市档案馆藏档案：Y3—1—278，第 142 页。

使用区域往往会有所集中。例如，棉病虫药剂集中使用于黄河流域、长江流域等美棉种植区；黑穗病防治药剂集中使用于东部及北部的小麦主产区；烟草病虫防治集中于山西、安徽、河南三省的烤烟产区。以苏宁分署为例，一是向徐州、镇江等地发放用于防治小麦黑穗病的毂仁乐生 815 磅；二是向南通、无锡等地发放用于防治蔬菜等病虫害的砒酸铅与砒酸钙 1.33 万磅；三是向无锡、镇江等地发放用于蚕室消毒的硫黄粉 0.8 万磅[①]。这些药、械的使用，对病虫害的防治效果较好，受益农田达数百万亩。

行总在这些农作物病虫害严重的区域内多措并举，除了利用联总供应的农药及其器械，普通喷洒药品灭蝗外，还实施"挖沟圈打"的办法消灭蝗虫。一些分署为此成立了专门的捕蝗工作队，同时，"奖励农民自动捕捉"，规定每蝗蝻 2 两可换取面粉 1 斤，先后发动农民 65 万余人参与灭蝗，捕获蝗蝻 1500 多吨，受益农田 760 万亩[②]。1946 年春，河南开封、巩县和淮阳一带又发现跳蝻，行总立即发动当地学生及农民 1.5 万人捕捉，消灭跳蝻 45 万斤。为治理螟、蝗灾，不少分署给予了高度重视，为此出台了相关法令。如，1946 年，苏宁分署颁布《善后救济总署苏宁分署治螟实施办法》和《善后救济总署苏宁分署治蝗实施办法》。治理螟、蝗灾，主要在春、秋、冬三季进行，三季工作各有重点。

如此一来，"据不完全统计，行总在联总的帮助下，先后在江苏、安徽、河南、河北、热河、湖北和湖南等省，消灭蝗虫数百万斤，得以保全的农田达 1380 万亩"[③]。有的蝗灾严重地区，地方政府也鼓励农民捕蝗，参照行总各分署标准，按"一比一之标准奖收蝗蝻"[④]。

除了蝗虫等，还有米蛀虫。防治区域主要为江西、安徽和湖南三省，防治面积约为 150 万亩，估计因此可减少稻谷损失 150 万石。此外，防治各类菜虫 20 万亩，果树病虫害防治 40 万亩。"际此我国战后粮食缺乏之时，此项工作，实具重大之意义。"[⑤]

---

① 行政院善后救济总署苏宁分署《月报》1947 年第 8 期，第 10—11 页。

② 《行总发动农民捕蝗》，《行总农渔》1946 年第 4 期，第 9 页。

③ 同上。

④ 《农林部三十五年度治蝗报告辑要》，《行总农渔》1947 年第 5 期，第 35 页。

⑤ 《农业病虫害之防治成效》，《行总周报》1947 年第 35 期，第 2 页。

六 垦荒复耕运动的开展

早在抗战时期，国民政府就积极发展垦殖事业，以扩大耕地面积，提高农产品产量，并且为此出台了一系列相关政策，如，1938 年颁布的《非常时期难民移垦规则》（不久修改为《非常时期难民移垦条例》）、次年行政院核定的《筹设国营垦区计划纲要》等，取得了明显成效。

战后，行总各分署还通过向农民提供农具、种子等物资和一些经费，在部分地区组织开展了垦荒复耕活动。在农田复耕方面，湖北分署最有代表性。湖北分署认为，"救济农村最好的办法，自然非复耕莫属"。[①] 它将对因战灾损毁的农田复耕视为战后农业善后事业的头等大事。1946 年初，湖北分署与湖北省政府共同成立了"荒废农田复耕督导大队"，下设 8 个分队，主要督导或帮助汉宜、襄沙和粤汉等铁路沿线 5 公里范围内荒废农田复耕工作。同年秋，在该机构基础上又成立了"湖北省农业复员委员会"，从事湖北全省农田复耕、农业恢复工作。

行总及其分署协助农民进行农田复耕主要通过两个途径实现。一方面，对一些极端贫困，无力购买农具、种子的农民提供农田复耕专项无息贷款，专门用于购买农田复耕所必需的种子、肥料和农具等。贷款分两年偿还本金即可，两年偿还的比例是 2∶3。为保证这一贷款专款专用，分署在贷款发放后进行定期或不定期检查，若发现有挪作他用或贪腐等问题，即将贷款立即收回。贷款为农民解了燃眉之急，对农业善后事业大有裨益。因此，这一善举得到了广大农民的广泛好评。一位湖北荆门籍农民对此称赞道："这是抗战以来第二件大喜事，第一件是敌人投降，我们从流亡回到家乡，现在正苦于无种下秧，救济总署就来了。"[②] 但是，这一惠及千家万户的善举一度被误会，受到不少农民的冷落，推行遇到较强阻力。因为在此之前，当地农民一直受到政府、地主的残酷剥削和欺压，无息贷款这一突然从天而降的好事被认为是一个骗局。加之当时一些别有用心的人在农民中散布一些谣言，如，有人散布说：农贷是高利贷，利息很高，今年借了钱，"明

---

① 行政院善后救济总署湖北分署编：《半月通讯》1947 年第 11、12 期合刊，第 9 页。

② 行政院善后救济总署湖北分署编：《半月通讯》1947 年第 4 期，第 7 页。

年就得还三倍"；还有人说：如果要了这种贷款，"几年后地就保不住了"；甚至个别人说，如果借了这种钱，你的儿子必须去当兵，如果没有儿子，女儿就得嫁给分署工作队的人，如此等等，不一而足 [①]。这些蛊惑人心的言语确实给行总各分署开展农贷工作带来了不少麻烦。后经行总工作人员的耐心解释，情况才有所好转。

通过这种优惠贷款，不少农民购买了农业生产资料。如湖北分署以此帮助农民购买农具 2.2 万件、各种肥料 81.4 万斤、农作物种子 65.3 万斤，修复农田 11.97 万亩，共计 10.8 万农民从中受益 [②]。抗战期间，湖南诸如岳阳、湘潭等不少地方田地荒芜，人烟稀少。战后，湖南分署在一些地区开展了"复耕地熟荒"的活动。这一活动分两期进行，从 1946 年 3 月起，湖南分署为支持农民垦荒复耕，联合湖南省建设厅、社会处及农改所等单位组织 12 支工作队，向 44 个县、市分 4 批共计发放了农业贷款 4.73 亿元，帮助农民垦荒、复耕农田共计 20.9 万亩 [③]，成绩斐然。1946 年，浙江分署也兴办了垦荒事业，共计"垦荒计 11 件"，开垦荒地 7.86 万亩 [④]。

1946 年春，晋绥察分署分别在山西运城和临汾等地发放农贷 1100 万元，在阳曲、太谷和榆次等地发放农贷 1338 万元，在介休、永济和平遥等地发放农贷 2600 万元，分别用于购买棉种、麦种及农具，以推行复耕垦荒运动，提高农产品产量 [⑤]。广西分署还向一些灾民发放贷款"以经营小本生意"，每户贷款 1 万元，共计 206 万元 [⑥]。1947 年初，行总福建办事处先后在南靖县、平和县及建瓯县进行了垦荒工作。垦荒扩大了农田面积，提高了农业产量，特别是粮食产量。但是，个别地方过度垦荒，造成水土流失。

第二种方式是举办合作农场。由于战乱造成中国各地耕牛、农具及

---

① 参见行政院善后救济总署湖北分署编《半月通讯》1947 年第 4 期，第 7 页。

② 同上。

③ 《三十五年度本署工作报告》，行政院善后救济总署湖南分署《善后月刊》1947 年第 9 期，第 31 页。

④ 行政院善后救济总署浙江分署编：《行政院善后救济总署浙江分署业务总报告》，1947 年铅印本，第 50—51 页。

⑤ 《扩大垦荒复耕面积》，行政院善后救济总署晋绥察分署《周报》1947 年第 46 期，第 9 页。

⑥ 《灾荒煎熬中的广西》，《桂林通讯》1946 年第 5 期，第 9 页。

劳动力损失严重，为恢复农业生产，一些分署在部分人烟稀少、荒地较多的地区组织了合作农场，引导灾民加入，每个农场的播种面积从 500 亩至 2000 亩不等。

在当时，中国农民耕地主要依靠耕牛，但是耕牛因为战灾损失巨大，虽然行总各分署以免费或无息贷款等形式向农民提供了为数不少的耕牛，甚至行总还采取措施，迅速繁殖耕牛以供应农村，但仍然显得杯水车薪。有鉴于此，行总利用联总提供的援助在部分地区推广使用曳引机耕地。

江西分署采用了新型农业复耕灌溉技术，制订了机械灌溉复耕计划，设立了"曳引机复耕区"。江西分署协助当地政府开办了永修张公渡复兴农村试验区、高安祥符合作农场、吉水扶植自耕农示范垦场、赣南示范农场、贵溪犁田合作农场等。其中，张公渡复兴农村试验区是行总主导的集体垦殖的试验区。抗战前，永修县张公渡一带是个极其普通的农村地区，不被人重视。战后，因为南浔铁路修复后途经此地，交通开始便利起来，故江西分署与永修县政府、江西省垦务处协商，决定在此地开办"张公渡复兴农村试验区"。该试验区虽然为江西分署与其他单位合办，但在其开办第一年内，所需的物资及经费基本上由行总江西分署提供。援助物资包括面粉、农具及帐篷等，帮助试验区建设垦民及职员宿舍、办公场所、仓库共计 96 栋，援助经费共计 1.5 亿元[1]。江西永修张公渡复兴农村试验区，是行总利用善后救济物资开展的农场垦殖最为典型，创办得最为成功的试验区，一度被誉为"江西农业科学的摇篮"[2]。此外，从 1946 年 11 月开始，江西分署还与江西省垦务处合作开展"冬垦复村运动"。其主要内容是在江西 61 个受灾县、市，发动农民开垦熟荒。农民每开垦一亩熟荒，都会得到一定的奖励。江西分署为此拨付了一些物资，如种子、肥料、帐篷等。这些措施，对提高农作物产量、推进农业现代化大有裨益。

截止到 1947 年 11 月，河南分署在黄泛区共计设立了 79 处合作农场，垦荒、复耕耕地共计 58.8 万亩，"成效甚著"[3]。1947 年，安徽分署也曾

① 行政院善后救济总署江西分署编：《江西善后救济》1947 年第 7 期，第 14 页。
② 同上书，第 15 页。
③ 行政院善后救济总署编译处编：《行政院善后救济总署业务总报告》，上海市档案馆藏档案：Y3—1—278，第 239 页。

在阜阳、寿阳、凤台、颖上、怀远、泗县、灵璧及太和等地共计设立复垦农场 8 所，复垦耕地 14.8 万亩[①]。1946 年冬，湖北分署在襄阳"垦殖了樊北合作农场和鄂北农场"[②]。

此外，有的分署在农业善后事业兴办过程中，还进行了茶园复兴活动。以安徽分署为例，自古以来，安徽盛产茶叶，被誉为"茶叶之乡"。战时，因日寇封锁，茶叶难以外销，导致茶叶生产陷于停顿，茶园荒芜。为复兴茶叶生产，安徽分署与安徽省农林局、祁门茶叶改良场等合作，制订并实施了茶园善后计划，确定了划区分期，次第推广的原则。安徽分署据此在皖南、皖西分别成立复兴茶园工作总队，并下设分队。自 1946 年 10 月至 1947 年 8 月，共计整理茶树 80 多万株，增产茶叶 3 万担，受益茶农超过 30 万人[③]。

为了适应农业善后的需要，行总在国民政府的支持下，创办了一批农业技术人员培训班。1944 年初，为给即将举行的善后事业提供必要的专业技术人员，行政院在重庆等地分多批选拔了共计 500 余名的农业方面的技术人员，从 4 月开始，分批前往美国接受专业培训。1945—1946 年，行总官员邹秉文多次与美国康奈尔大学、密歇根大学、爱荷华大学等知名大学，以及万国农具公司联系，争取出国留学奖学金名额，由中华农学会分批选派一些年轻、有培养价值的学生前往上述高校留学。这些学子普遍具有爱国之心、报国之志，并且聪颖好学，勤奋上进，后来他们中的大多数学有所成，回国报效祖国，成为我国农业科技各部门的学术业务带头人和新领域的开拓者，为中国农业恢复乃至新中国的农业现代化建设做出了自己的重要贡献。

如前文所述，行总及其分署相继在各地举办了一些关于新式农具使用的培训班，如开塘机培训班、抽水机培训班及凿井机培训班等。此外，有的分署还专门开办了农业技术人员综合性培训班。如，1946 年秋冬之季，

---

① 行政院善后救济总署编译处编：《行政院善后救济总署业务总报告》，上海市档案馆馆藏档案：Y3—1—278，第 240 页。
② 陈肇良：《垦荒在鄂北》，载行政院善后救济总署湖北分署编《半月通讯》1947 年第 19 期，第 60 页。
③ 《安徽分署之农业善后工作》，《行总农渔》1947 年第 9 期，第 22 页。

行总委托鲁青分署在青岛分两次举办了综合性农业培训班。培训学员共计69 人，主要是来自邻近的青岛、高密、即墨和胶县等地的农民。培训内容比较广泛，包括农业常识、联总提供的新式化肥、喷雾器及农具使用方法；病虫害防治；粮食和蔬菜等种子消毒方法；农业耕作新技术的推广与应用；农村互助合作经营模式的开展等。

概而言之，农业生产善后涉及方方面面，在蒋廷黻及霍宝树两任署长的领导下，行总紧密配合农林部门，工作开展得基本顺利，也取得了不少成绩，通过农业善后，恢复耕地 3200 余万亩（包括黄河归故后形成的可耕地 600 余为亩），增加粮食产量 640 万吨（包括减少水旱虫害损失而增加的 100 余万吨），约为联总直接供应的粮食援助的 5 倍。训练各类农业技术人员 2000 余名[1]。这些成绩对战后衰弱不堪的中国农业生产的恢复起了推动作用。1947 年，大米、小麦等主要粮食作物产量达 22.5 亿担，与战前的 1936 年产量大致相当[2]。尽管如此，由于受内战影响，抗战胜利后的农业仍然是在低水平上重复。当时的粮食问题仍然困扰着国民政府："各地粮情之紊乱，粮价之暴涨，无凭遏止。"[3] 至于经济作物产量的恢复，则起色不大。例如，棉花 1947 年总产量仅相当于 1936 年产量的一半左右[4]，这与国内市场对棉花的需求相比差距很大。总之，战后中国农业虽有一定恢复，由于当时政府的腐败，搜刮人民，通货膨胀，物价飞涨，农业科技尚不具备顺畅发展的条件。1949 年 10 月，中华人民共和国成立后，农业科技才迈向现代型的发展阶段[5]。

在农业善后实际工作中，各分署的成绩参差不齐。蒋廷黻对一些农业善后工作开展得较好的分署表示满意，不时进行表扬，特别是对广西分署在这方面的工作更是赞赏有加。他说：

> 据报广西省之成绩甚佳，农民得自行总之少量种子、农具或牲畜

---

① 《农渔善后之效果》，《行总农渔》1947 年第 12 期。

② 严中平等主编：《中国近代经济史统计资料选辑》，科学出版社 1955 年版，第 360 页。

③ 青年远征军第 208 师政治部编：《中国国民党第六届二中全会辑要》，1946 年油印本，第 67 页。

④ 严中平等主编：《中国近代经济史统计资料选辑》，科学出版社 1955 年版，第 360 页。

⑤ 参见《近代抗战胜利后农业逐渐恢复》，http://new.060s.com/article/2016/10/08/2247043.htm。

均充分发挥效能。余所以特别提及广西，不仅由于该分署确曾办理农业善后，实亦见于广西之成绩斐然，兹愿向黄分署长表示谢忱①。

行总开展农业善后取得了较大成效，这与联总大批物资和专家的援助密切相关，是应该肯定的。但是，联总在此过程中也有一些令人诟病的地方：一是援助数量打了折扣。蒋廷黻代表中国政府曾向联总申请总重量为66万余吨、总价值为7700余万美元的用于农业善后的援助物资，并且已获联总同意，但最终只有总重量为35万多吨、总价值为4300多万美元的物资运抵中国。而且，援助物资中76%是化肥，由于此前中国农民鲜有使用，宣传工作不力，农民使用这些化肥的积极性普遍不高。而战时损失惨重、战后奇缺的农具，如犁、耙等小型农具及耕牛等提供不多，难以满足需要。二是运输太迟缓。蒋廷黻署长早在1945年就请求联总在1946年春耕全面开始前夕将所有物资的全部或大部运至中国，但事实上，蒋廷黻的这一要求只是一厢情愿。农业善后物资往往不能赶在农耕到来前送到农民手中，延误了农时，使农业善后事业的兴办效果打了折扣。三是物资不能同时配套到达。例如，曳引机的机身到了，但车胎未到；抽水机到了，而引擎及水管还在国外。四是联总提供的一些援助物资质量堪忧。比如，联总所提供的种子，有的是存留多年的陈旧种子，给农业生产造成了不利影响。这些情况，虽经行总两任署长蒋廷黻和霍宝树多次交涉有所改善，但是并未完全杜绝，这在一定程度上妨碍了中国农业善后的正常开展。

从中国自身来看，也有一些不足之处。一是物资分配不均、不科学。虽然联总及行总要求物资分配以是否急需为原则，但在实际分配工作中，主观性色彩浓厚，有失公平，许多急需援助物资的农村尤其是交通不便之地得到的物资很少。二是国内运输不及时。战时中国交通设施损毁严重，缺乏足够的交通工具，物资运输颇费周折，不少物资送到农民手中时早已过了农时。三是有的地方官员不能洁身自好，徇私舞弊问题不时发生。如，台湾省农林处处长赵连芳一方面"将从日本战败后移交给中国的制冰厂据为己有，将联总援助台湾的化肥硫酸铔加以蒸馏，提取氨气作为其制冰厂

---

① 《蒋署长开幕训词》，行政院善后救济总署编译处编印，1946年铅印本，第7页。

的原材料"；另一方面，他还"非法占有联总提供给台湾的部分新种牛，盗用近百万元台币作为饲养它们的经费"①。

第三节　乡村工业示范项目的兴办

农业、农村和农民问题（亦即"三农"问题）一直以来是中国一个社会突出问题，这个问题的解决与否，直接关系到中国社会的稳定与整个经济社会的发展。近代以来，许多仁人志士不断探讨这个问题的解决办法。蒋廷黻作为中国近代知识分子的杰出代表、行政院善后救济总署的署长，以一个中国知识分子与政府高级官员、慈善机构的主要负责人三种角色集于一身的身份积极研究中国农村的复兴问题。抗战胜利后，利用联总的援助物资兴办乡村工业示范项目就是其中的一个重要尝试。

一　兴办乡村工业的初步规划

如何从根本上解决农村问题，使他们迅速发展起来？联总、行总官员为此做了大胆尝试，即利用联总援助物资在中国乡村发展一批乡村工业。

他们之所以最终决定在中国尝试兴办一批乡村工业项目，是基于多方面的考虑，同时也经过了一个曲折的发展过程。

首先，在乡村兴办一批乡村工业项目，可以就近向广大农民提供生产、生活所必需的工艺品，并推动整个农村经济的发展。联总计划在中国开办一批工业项目，其目的是"使中国今后能够自行生产百姓生活必需品及重建家园的物资"，以期实现生产自救②。而在此之前，中国工业基本上集中于大城市，尤其是沿海大城市，并且这些工业在战时基本被日寇摧毁，而长期以来广大农村地区工业企业极少，在乡村建立一批工业企业可以提高当地农民收入与对工艺品的购买力。蒋廷黻主持制订的《中国善后救济计划》也强调了乡村工业恢复与兴办的目的："恢复乡村工业，籍以解除

① The Fertilizer Question in 1946, CNRRA—UNRRA News, June 4, 1947.
② CLARA, *UNRRA Relief for the Chinese People*, Shanghai, Information Department of the CLARA, July 1947, p.4.

农民困苦，稳定农村经济。"①同时，此举还可就近满足农民生产、生活对工业产品的需求，并以此为契机，逐步推动中国农村经济的发展。因此，联总官员曾强调指出，中国应"重视兴办乡村工业、家庭工业与个体手工业"②。蒋廷黻对此也认为：

> 我国的农业须要改良的地方很多，战后农民的问题必极复杂，说来说去，我们所能够帮助农民的，可用一句话包括起来：帮助农民享受近代科学和工程学的恩赐，如何把科学和工程学运用到我们无数的、面积极小田庄上去，困难极大了。这或者是我们现代化过程中颇严重的问题③。

不难看出，在蒋廷黻看来，帮助农民致富，推动农业繁荣，最根本的途径就是"帮助农民享受近代科学和工程学的恩赐"。而中国广大的农民所经营的都是孤立的、"无数的"、"面积极小"的田庄，要把科学和工程学运用到那些无数的、面积极小田庄上去，以此达到让农民"享受近代科学和工程学的恩赐"的目的，必须设法解决现有困难。

其次，在乡村兴办一批乡村工业项目，有利于优化中国工业布局，促进中国工业的协调、均衡发展。由于多方面原因，中国工业极端落后，门类不够齐全，工业企业为数不多。就是这些为数不多的工业企业，如上所述，还基本上集中于大城市，尤其是沿海大城市，中国工业布局极不均衡，严重影响了中国工业可持续发展。因此，一部分中国知识分子与政府官员希望通过联总在中国开展的善后救济事业普遍而有效地推进中国的工业化、近代化，并最终实现中国现代化的宏伟蓝图。

最后，外国乡村工业建设的开展及其取得的成效为中国乡村工业的兴办提供了经验与鼓舞。"二战"胜利结束之初，在美国陆军部的主导下，

---

① 行政院善后救济总署编：《中国善后救济计划》，上海市档案馆馆藏档案：Y3—1—274，第23页。

② CLARA, *UNRRA Relief for the Chinese People*, Shanghai, Information Department of the CLARA, July 1947, p.6.

③ 蒋廷黻：《干什么？怎样干？》，行政院善后救济总署广东分署《周报》1946年5月第3期，第5页。

墨西哥、阿根廷等部分拉丁美洲国家开展了乡村工业示范建设，在农村兴办了一批乡村工业项目，并取得了积极效果，推动了当地乡村经济的发展。这在一定程度上为中国举办类似的乡村工业建设项目提供了信心和宝贵的经验。

综合上述因素，蒋廷黻等人终于萌生了在中国兴办乡村工业项目的念头。在以蒋廷黻为代表的行总官员看来，"考虑我国农业之重要，参证各国工业建设之新动向"，我国"如能建设地方性之小型工业，由农民参加工作或股本"，让他们"以最经济简单之方法，生产当地必需品"，以便"渐次改善农民生活与耕作方法"。如此一来，"则地方经济必日趋活跃，购买力自行提高，庶乎工业蒸蒸日上，而有以奠定其合理稳定之基础"[1]。

尽管如此，对于在中国兴办乡村工业项目这一开创性工作，蒋廷黻起初仍然是顾虑重重，犹豫不决。因为在他看来：

> 乡村工业在现阶段的中国经济自有其重要性，但救济确不容易。以往政府及社会团体对于乡村工业的努力多半是实惠不及于民。原来这种乡村工业规模很小，单位很多，分布的区域又很广，而内部的各种技术问题，又包含许多是我们知识阶级所不了解的。纵使我们有最贤明的推动方法，必须积年累月始能收宏大的效果。这种工作似不宜于有期限的、求速效的行总[2]。

蒋廷黻认识到，乡村工业在当时中国经济中的重要地位，理应得到扶持和发展，但是要对它进行扶持，谈何容易？因为"乡村工业规模很小，单位很多，分布的区域又很广，而内部的各种技术问题，又包含许多是我们知识阶级所不了解的"，可谓困难重重，积重难返。振兴乡村工业绝非一朝一夕，"纵使我们有最贤明的推动方法，必须积年累月始能收宏大的效果"。因此，他认为，"这种工作似不宜于有期限的、求速效的行总"

---

① 行政院善后救济总署编译处编：《行政院善后救济总署业务总报告》，上海市档案馆藏档案：Y3—1—278，第 155 页。

② 蒋廷黻：《干什么？怎样干？》，行政院善后救济总署广东分署《周报》1946 年 5 月第 3 期，第 7 页。

来主持开展。

　　然而就在此时，蒋廷黻署长听到了来自各方面的声音，这些声音既有来自国内的，也有来自国外的。在国内，蒋廷黻不赞成由行总主导兴办乡村工业的观点在当时引起了不少争议。不管是工业专家还是农业专家都参与了这场讨论。他们不约而同地提出，战时，我国沿海大城市首当其冲地受到敌人的打击与占领，仅有的一点近代工业均遭到了致命的摧残。造成这种情况的原因是中国仅有的少数工业过于集中于大都市。有鉴于此，应该积极推动乡村工业的快速发展。蒋廷黻接受了专家们的倡议，对行总能否创办乡村工业的态度有所变化。西方工业先进国家的官员也向他提出一种新的建议，正如蒋廷黻自己所说：他们"希望我们在我们的善后计划中注重乡村工业、家庭工业和手工业"[①]。至此，蒋廷黻终于坚定了兴办乡村工业项目的决心。

　　不过，由于此项工作拟广泛开展于广大农村，在这里普遍存在交通不便、设施缺乏的不利条件，难以迅即在全国大规模进行，只能先在个别地方试验，建设一批乡村工业示范项目，以形成经验，"供人民模仿"，然后再根据这些地区的试办情况逐步推广于全国[②]。

二　乡村工业试办的前期工作

　　1945年冬，行总署长蒋廷黻与联总农业代表克莱蒙（Harry Clement）讨论了中国试办乡村工业的问题，经多次商讨，决定先选择适宜地点两处，以示范方式予以试办，方法力求简易，取材力求经济，以方便农民学习仿效。若试办成功，再向其他地区推广。行总经与联总驻华办研究决定在湖南邵阳及广东曲江两地进行试办，其中又以邵阳为主。之所以把乡村工业示范项目主要放在湘中的邵阳地区进行试办，行总为此给出的理由是，"内地乡村设备不全，交通不便，如各地建厂，则经费、人才，均受

----

　　①　蒋廷黻：《善后救济总署之性质与任务》，《东方杂志》第41卷第20期1945年10月，第8页。

　　②　行政院新闻局：《乡村工业示范》，1947年铅印本，第3页。

限制，不如集中办理，收效较宏"①。而邵阳"矿产、农产非常丰富，战前原手工业极发达，交通也很便利，并且所受战灾最烈，最宜于作示范工业区域"②。这恐怕只是部分理由，甚至只是托词，还有一个容易被人忽视的情况，即邵阳是身为行总署长的蒋廷黻的故乡，他对故乡怀有一份浓厚的"桑梓之情"。这也可视为蒋廷黻利用职务上的便利，为其家乡谋取一份"私利"吧！

接着，行总向联总申请了一部分试办乡村工业所必需的器材，并要求联总指派一批相关专家来华，以协助建厂与培训技术人员。这些专家大多是以前曾在中美洲办理过乡村工业且成效突出者。其中最著名的技术专家当属葛得烈（Carl Godevey）、炳恒（Guy Benheun）等。他们的任务是向中国内地乡村农民介绍有关新技术，改良原有设备；协助当地尽快建厂，早日投入生产，以供应农村生产、生活需要。

乡村工业示范的业务范围包括：（1）技术服务，如协助地方工业改善管理、改良设备、协助运输；（2）研究调查有关乡村工业设计、开发方案之改进，例如，聘期中外专家调查湖南、湖北及广东等省的自然资源，特别是矿产资源，以使所创建的示范工厂能因地制宜，提高效率；（3）推广新式机器制造以增进农村之工业；（4）鼓励并协助农民尝试就地对农产品进行深加工，提高农产品附加值；（5）培养当地农民技术人才③。为使这一尝试取得成功，还应该"利用当地各有关大学社团及各研究机构，切实合作，研讨设计"④。

1946 年 5 月，为使乡村工业示范事业顺利开展，行总专门在湖南邵阳成立了领导机关即乡村工业示范组，并为此出台了该机构的《组织规程》。根据该文件的规定，示范组设主任 1 名，主持示范组的日常工作；专职委员 2 名，分别由中外人士担任，他们各司其职，中方委员主要负责协调与联总、行总的联络工作，外方委员是外籍技术专家，主要负责工业技术指

---

① 行政院善后救济总署编译处编：《行政院善后救济总署业务总报告》，上海市档案馆藏档案：Y3—1—278，第 156 页。

② 霍宝树：《善救工作之过去与未来》，行政院善后救济总署编印，1947 年铅印本，第 4 页。

③ 行政院新闻局：《乡村工业示范》，1947 年铅印本，第 2 页。

④ 《邵阳华中乡村工业示范处业务情况及被遣工人滋事调查报告》，湖南省档案馆馆藏档案：LSG2—5—256。

导方面的事项。根据行总署长蒋廷黻的提议，由湖南湘乡籍的蒋光增担任；中方委员是曹永泰，外方委员则是斯德裴。示范组还分别设立了秘书室、会计科和业务科等管理部门及化验室、图书室等附属机构。为方便工作开展起见，经行总同意，示范组还分别在上海、长沙、汉口与广东曲江设立办事处。另外还从长沙一些高校中招聘了18名理工科大学生从事技术员或外文翻译工作。机构成立后，随即在湖南邵阳及广东曲江等地开展前期调查工作，为正式建厂做准备。调查的项目包括：当地工业的种类、原料的生产状况、市场需要、战时损失情形等，并尽量译成外文供外国专家参考；同时将外国专家在中美洲开办乡村工业的效果、经验等译成中文，供国内技术人员参考。

行总所属的乡村工业示范组在即将举办乡村工业示范时，还开设了技术人员训练班，为将来在中国农村普遍举办乡村工业培养技术人才。培训对象主要是一些高中毕业生与部分大学工科毕业生，分别对他们给予一年或两年的技术训练。总共招收、培训了两批学员，第一批为30人，第二批为20人。在培训过程中，他们常常能得到外籍技术专家的言传身教，一边学习理论，一边进行实践操作。他们都能勤奋好学，基本上都学有所成，培训结束后，大部分学员成为乡村工业示范组举办乡村工业示范的技术骨干。

1946年9月，联总指派的专家基本到齐，申请的援助物资也都运到。首先在湖南邵阳进行乡村工业的示范工作。

三　乡村工业试办的简况及成效

作为中国乡村工业试办的最主要部分，邵阳乡村工业试办期间，先后共开办了四家重要工厂。现将其有关情况简要介绍如下。

1946年12月，乡村工业示范组在邵阳开办了第一家工厂。该厂共分4部分，分别是硫酸制造、炼焦实验、制糖及杀虫剂实验。硫酸制造是由外籍工程师葛得烈（Carl Godevey）主持设计，为一小型铅室法硫酸厂。1947年4月，开始正式出产硫酸，每日产量为1000斤。1947年7月，开始试制硫酸铜，其结果也较为理想，共出产结晶硫酸铜30斤，它可用作制造防治病虫害药剂的原材料。炼焦实验部焦炉及副产品收集器也是由葛得烈设计，其目的在于改良邵阳土法炼焦，收集其中的副产品，比如氨气与硫酸化合可制成硫酸铵肥田粉，用以解决邵阳肥料不足的问题。杀虫剂实验部由美籍工程师克莱梅（Kramer）利用土产陶器，设计反应室，试制砒霜钙，1947 年 10 月进行试验，尔后经过改装，效果良好。

1947 年 5 月，第二家工厂正式开工生产。其主要产品为水泥。由于生产设备在生产过程中历经多次改装，工作状态良好，所产水泥质量不亚于美国同类产品。该厂自开工后到行总解散，共生产水泥 620 袋，其中一半供应当地农村及市场需要，另一半用于乡村工业示范组各部门修建工程。

第三家工厂于 1947 年春开工生产。它的产品包括两部分：肥料和水。其工作宗旨，一方面净化当地饮用水以供应百姓日常生活所用；另一方面将人畜粪便加工制造成复合肥料，为发展农业生产提供了效果非常理想的肥料。到年底，该厂共制造复合肥料 1785 石。共计供应卫生、安全的饮用水 120.6 万加仑，售水收入共计 1455.3 万元[1]。

1947 年春，第四家工厂的厂房修筑完成。该厂主要有机械的装修与配制等业务。该厂主要在外籍工程师布朗（Brown）和麦克纳（Meclarney）的指导下进行建造，由于他们指导有方，该厂的有关机器短期内便迅速安装到位并投入生产。尔后经过了几次技术改革，生产效率得到进一步提高。前三个工厂所使用的机器大部分在这里进行装配与维修，该厂为邵阳乡村工业的试办工作做出了贡献。

除了上述四家规模较大的工厂外，联总还为行总在邵阳开办其他小型工厂提供了不少机器设备援助，凭此建立起来的小工厂主要有：水玻璃厂、小漂白粉厂、榨油厂、制糖厂、小碾米厂和踏板织机厂等[2]。

联总专家还专门设计了榨糖设备以取代当地原有的"石滚榨糖机"，利用当地产的甘蔗榨糖，产量为每天 9 担左右，产生的废渣通过发酵等工序制成肥料。新设备的设计与应用，较过去大大提高了工作效率，"减少人力三分之一，省时百分之十五，糖汁增加百分之十"，农民因此受益

---

① 行政院善后救济总署编译处编：《行政院善后救济总署业务总报告》，上海市档案馆馆藏档案：Y3—1—278，第 158 页。

② 参见王德春《联合国善后救济总署与中国（1945—1947）》，人民出版社2004年版，第143页。

不少[①]。

　　1947 年底，联总在中国开展的善后救济事业基本结束，但应中国政府请求，在中国开展的乡村工业示范项目并未立即停止。1948 年 4 月，乡村工业由国民政府新近创建的善后事业委员会继续开展，并对原有机构进行了改组，成立了"乡村工业示范处"并取代了先前的"乡村工业示范组"，该机构总部也由湖南邵阳迁至上海，马杰（原行总河南分署署长）被任命为该示范处处长。与此同时，在原邵阳乡村工业示范组基础上成立了"乡村工业示范处华中分处"，其工作重心也由原来的"示范"向"推广"转变。为适应这一转变，华中分处对原"示范"时期的项目进行了较大幅度的调整：（1）取消肥料厂，将新修建的 16 座公共厕所全部无偿转让给当地政府；（2）将自来水厂转让给当地政府经营、管理；（3）对硫酸厂继续经营，但对业务进行了适当精简，人员也进行了裁减；（4）对邵阳机械厂进行扩建[②]。

　　联总为乡村工业示范项目除了提供一些器材、技术外，还先后多次拨款，共计 11.9 万美元，其中大部分用于在邵阳兴办的乡村工业项目中[③]。邵阳乡村工业示范项目的兴办，时间虽然不长，但还是取得了一定的实际成效。概括起来，主要体现在以下两个方面。

　　一方面，邵阳乡村工业示范项目兴办过程中，坚持因地制宜的原则，充分利用当地各类资源，引进了一批新设备、新技术，并在此基础上兴办了一批重要企业，培养了一批急需的专业技术人才，促进了当地经济的发展，并对中华人民共和国成立后邵阳乃至湖南工业发展奠定了基础。兴办的这些乡村工业，门类广泛，涵盖机械、铸造、制革、农药、硫酸、水泥、粮油加工、肥料、自来水等行业。在此期间，通过技术改良，将当地一直使用的木质织布机改为铁木织布机，将石磙榨糖机改为机器榨糖机，其结果是大大提高了工作效率。客观地说，乡村工业项目采用的技术设备等大

---

　　① 行政院善后救济总署编译处编：《行政院善后救济总署业务总报告》，上海市档案馆藏档案：Y3—1—278，第 159 页。

　　② 参见黄小彤《战后工业化的努力——乡村工业示范的兴起和发展》，《中国农史》2006年第 1 期。

　　③ 行政院善后救济总署编译处编：《行政院善后救济总署业务总报告》，上海市档案馆藏档案：Y3—1—278，第 157 页。

多是西方 19 世纪的技术遗产，进入 20 世纪后，在西方工业化程度很高的国家和我国沿海少数经济发达地区，逐渐被日新月异的先进技术所取代。但是，鉴于此类工业项目投资少、技术简单、容易操作、就近取材与就近销售等特点，它对解决内地农村过剩劳动力的出路、增加农村商品供应、推进农业现代化等方面具有一定的积极作用。后来有学者也对此给予了肯定：这些乡村工业，"虽然规模很小，设备也很落后，但对于毫无工业基础的邵阳来说，总算带来了一些新东西"，也正是这些工厂的兴办，"诞生了邵阳第一批现代工业和第一批产业工人"[①]。后来，将机械分厂的一部分设备运至长沙机床厂，促进了该厂的进一步发展，利用余下的设备又创办了邵阳水轮厂；所创办的纺织分厂被邵阳原有的利湘织布厂兼并，并在此基础上创办邵阳纺织厂，该厂在中华人民共和国成立后的相当长时期内成为邵阳规模最大、设备最先进、生产效率最高、上缴利税最多的大型骨干企业。

另一方面，通过乡村工业示范活动所兴办的这些企业，为邵阳灾民提供了大批就业岗位，对他们渡过战后难关贡献不小。示范组确定了"不与民争利"之宗旨，各分厂生产的产品基本上实行的是平价销售，获利甚薄，从而向当地百姓提供了不少实惠。中华人民共和国成立后，这些拥有一技之长的熟练工人，积极响应党的号召，"分赴各地参加建设大军，其中许多人锻炼成为新中国的建设人才，为祖国的建设做出了卓越的贡献"[②]。

当然，必须指出的是，从总体上看，邵阳乡村工业示范项目的兴办，作用是比较有限的，邵阳乃至湖南的整体工业水平及社会经济发展水平并未得到质的飞跃，仍然处在比较落后的地位。这与当时、当地整体经济发展水平十分低下密切相关，在整体经济发展水平非常落后的情况下，指望利用联总援助的器材与技术兴办乡村工业来实现当地经济腾飞，显然是不现实的。正如"乡村工业示范处"处长马杰所说："只有在一种统筹全局、伟大而正确之国民经济建设总原则下及其配合中，乡村工业本身始能发

---

① 陈汉云：《蒋廷黻先生事略》，载中国人民政治协商会议邵阳市委员会文史委员会编《邵阳文史资料》第 8 辑，1987 年铅印本，第 213 页。

② 唐秋生：《邵阳乡村工业示范组始末》，载中国人民政治协商会议邵阳市委员会文史委员会编《邵阳文史资料》第 4 辑，1985 年铅印本，第 68 页。

展"，也才能真正达到以此推动当地经济发展的目的[①]。

邵阳乡村工业试办期间也出现了一些问题，例如，示范组管理者缺乏经验、管理不善、与工人沟通不畅，一度在部分工厂出现了工人与管理者对立的情况，甚至个别工厂出现了短暂的罢工现象。这些问题在不同程度上影响了乡村工业项目兴办的成效。

除在邵阳兴办乡村工业外，行总还在河南中牟建立小型工厂，试办乡村工业，因为"中牟黄汛区复员工作，较曲江更行急迫"，故提前举办[②]。短短几个月时间，相继建立了翻砂、机械纺纱、面粉和榨油等5个工厂。但是，不久行总就将这些工厂转托河南公谊服务队单独办理。至于广东曲江方面，则推迟至1947年春季开始进行，联总向其提供了一些设备和技术人员，试图"开办棉纺织厂、小造纸厂和服装厂等"。然而在试办过程中，一般各厂规模很小，还时开时关[③]。因此，在善后救济事业开展的两年多时间里，主要集中在湖南邵阳一地试办乡村工业，其他地区所兴办的乡村工业时间短，规模小，成效低。

中华人民共和国后，因受"左倾"思想所限，时人对当年乡村工业的兴办也有一些评价，但是，这些评价颇具"负面性"。例如，当时有人认为抗战胜利后开展的乡村工业示范活动完全是"美帝国主义收集中国资源情报"，"高价卖给中国剩余设备"和严重扰乱中国市场秩序的反动活动[④]。平心而论，这些评价有失偏颇，乡村工业试办过程中虽然存在着不少问题，但所带来的积极效果是不容抹杀的。

第四节　渔业善后事业的兴办

日本侵华战争前，中国大连渔民常常在近海捕鱼，并以此为生。战争

---

① 马杰：《乡村工业与中国工业化》，《乡工》1949年第7期，第4页。

② 行政院善后救济总署编译处编：《行政院善后救济总署业务总报告》，上海市档案馆藏档案：Y3—1—278，第155页。

③ *UNRRA Operational Analysis Papers, No.53*, Washington D.C., 1948, p.271.

④ 湖南省地方志编撰委员会：《湖南省志》第1卷，湖南人民出版社1980年版，第833—834页。

爆发后，日本的军舰与飞机对沿海一带进行了长时间的封锁与狂轰滥炸，致使海洋渔业设备几乎全遭摧毁，渔民财产损失严重，渔业遭受重创。在山东，渔业损失十分惨重，渔轮、渔船损失均超过一半[1]。台湾渔业因战灾同样损失不小，"战后渔具破损，失业日增"[2]。从全国范围看，"战前全国渔船队共有机动船 700 余艘，战后仅剩下 13 艘，致使海产之供应，遭受严重之打击"[3]。

1944 年，蒋廷黻主持制订《中国善后救济计划》时，由于缺乏可靠的统计信息，无法详细制订渔业善后计划，但强调了以后补充制订计划并以此向联总申请援助的权利。次年，行总决定开展渔业善后事业，根据联总相关规定，但已不能单独做计划，而只能将它作为农业善后计划的一部分，在"农业计划项下包括渔业"[4]。

一 渔业善后机构的设立

为便于领导渔业善后工作，1946 年 7 月，行总与农林部联合成立了渔业善后管理处（简称"渔管处"），当然，此举也是为了理清"渔轮之产权关系"[5]。该机构日常办公地点设于农林部院内。行总任命许复七为渔业管理处首任处长，著名渔业专家王以康为副处长。

行总根据一些分署的要求及实际情况，还在部分地区设立渔业管理处的分支机构，如在鲁青分署设立了渔业辅导处，负责鲁青分署渔业善后事业的实施工作。鲁青分署还联合鲁青地区相关机构，成立了渔业复兴委员会。其工作职责分别是，制定渔业经济发展规划；协助鲁青分署向行总申请渔业善后物资及经费；研究渔业生产技术的提高与应用；探讨改善渔民生活的途径等。

同时，为使新式渔船在中国发挥其应有的作用，则必须尽快培养一批懂技术、会操作的专门技术人才。为达此目的，行总与农林部委托渔管处

---

① 延国符：《行总鲁青分署业务总报告》，1947 年铅印本，第 34 页。

② 陈云林总主编：《馆藏民国台湾档案汇编》第 45 册，九州出版社 2007 年版，第 31 页。

③ 孟锦华：《我国渔业善后救济展望》，《行总农渔》1946 年第 3 期，第 1 页。

④ 《蒋署长开幕训词》，行政院善后救济总署编译处编印，1946 年铅印本，第 8 页。

⑤ 《善后救济方案与现实之距离》，《行总周报》1947 年第 23 期，第 2 页。

开设训练班，招收学员，进行新技术培训。其培训方式共分两类，分别是直接训练和分科训练。

所谓直接训练，是指招收那些过去驾驶旧式渔船捕鱼的人员，直接让他们登上新式渔船，由外籍船员领导从事各项实际操作练习，使他们能够在尽可能短的时间内掌握使用新式渔船及其设备捕鱼的技能。1946 年 7 月开始，在王以康主持下，分多批在国内培训渔业技术人员。聘请国内知名渔业专家薛芬和杨月安担任教员。截止到 1947 年 12 月底，共有 753 人接受了此类培训，他们普遍"成绩优良"[①]。

分科训练是指招收那些已有一定航海课程基础的海事学校毕业生或肄业生进行进一步航海理论培训，学习结束后再安排到新式渔船使实习。渔管处成立后，就筹办此类第一期培训班。该培训班共有 25 名学员。培训时间为 1946 年 11 月至 1947 年 3 月，共历时近 5 个月。1947 年初，行总因为经费及场所紧张，难以继续开办训练班，遂委托复旦大学代办第二期训练班。此外，行总还在台湾等其他地区设立渔业培训机构，聘请联总渔业专家，培训渔业善后事业所需的专业技术人员。比如，行总在青岛就创办了所谓的"青岛水产学校"等机构。分科训练的总人数合计为 260 人。1947 年，农林部还协助行总在上海新设中央水产实验所，从事渔业、水产等行业的研究、实验及人才培训工作。

领导、培训机构的设立及一批人才的培训为渔业善后事业的兴办奠定了基础。

二　渔业善后事业的初步规划

行总在规划中国渔业善后事业时计划安排多少经费？这项工作的重点是什么？准备从哪些方面开展？这些问题一时成为社会各界特别是行总及其各分署公职人员非常关注的问题。

1944 年 9 月，著名渔业专家王以康受行政院农林部委派，前往华盛顿协助蒋廷黻等人开展渔业复员项目的物资申请工作。而在此之前，受行政

---

① 行政院善后救济总署编译处编：《行政院善后救济总署业务总报告》，上海市档案馆藏档案：Y3—1—278，第 170 页。

院指派，陈修白、邹源琳、沈汉祥、斯颂声及康姓人员（具体姓名不详）共 5 人前往美国接受渔业专业培训。1946 年春，王以康率领部分渔业专家和技术人员分赴沿海各大渔场，调查战时渔业受灾情况，为即将开始的渔业善后救济物资分配及渔业善后规划做准备。

1946 年 5 月开始，联总从美国、新西兰与澳大利亚等国采购的渔业援助物资陆续运抵中国。其中包括各种渔轮、渔船 126 艘，一大批造船用的木材、制冰设备、水产品加工设备、柴油机、渔网、棕绳、渔具等。

对此，1946 年 9 月初，蒋廷黻在行总第一次检讨工作会议上强调："沿岸渔业复员之定款为三千六百万美元"，大部均"用于购置新式渔船"[1]。拟以此输入渔船及造船、修船器材 9.5 万吨，其中动力渔轮 730 余艘。

他要求行总从以下几个方面入手，兴办渔业善后事业：第一，尽快恢复渔业的原有生产能力，使数百万以捕鱼为生的渔民恢复生产，重建家园；第二，初步建立新式渔业，提高劳动生产率，增加渔业产量；第三，改善鱼产品的存储与加工条件，以便于鱼产品的销售；第四，调查全国各地尤其是沿海一带的渔业资源及其他情况，为渔业善后奠定基础；第五，利用新式动力渔轮培训渔业技术人员。因为"中国渔人尚无应用新式渔船之经验，必须加以训练"[2]。工作重点为第二项。这也是蒋廷黻最初计划将 3600 万美元的联总援助资金大部分"用于购置新式渔船"的出发点。

他还确定了渔业善后事业开展的基本原则。他指出：

> 至于沿海各省渔业利益问题甚为复杂。行总、联总之任务为协助沿海居民获得生产性之职业，并使全国增加鱼类食品，行总不能帮助某一个人或某一个团体获得利益。应拟定计划，在不妨碍私人利益之条件下，使沿海人民普遍获益[3]。

也就是说，蒋廷黻要求行总及农林部在联合进行渔业善后工作时要从恢复中国渔业尤其是沿海渔业的大局出发，尽可能多地考虑中国渔业的整

---

① 《蒋署长开幕训词》，行政院善后救济总署编译处编印，1946 年铅印本，第 8 页。
② 同上。
③ 同上书，第 8—9 页。

体利益或大多数人的利益，而不能为个别人或个别团体牟取私利。

除了利用联总善后救济援助物资开展渔业善后事业外，蒋廷黻还建议国民政府出面贷款发展中国渔业。

后来，他的故友、幕僚专门著文回忆了此事：

> 他在民国卅五年时，发现国人在吃的方面，大多营养不良，而国内又缺少大草原，不能发展畜牧事业，所以开拓海洋渔业，实为改善民生的要着。是年二月他到美国提出一个贷款五千万美元发展渔业计划，美国认为此一计划，对改善中国民生非常重要，反自愿贷给一亿三千万美元，不料这个计划携回国内待讨论实施时，行政院认为不是当务之急，就把它搁置了[①]。

虽然由于行政院的干扰，这一贷款发展渔业的计划最终未能变为现实，但足可证明蒋廷黻对中国渔业恢复与发展的热心。

接着，行总确定了关于渔轮分配之原则，主要有：其一，渔轮分配应根据各渔区生产之需要，及其对渔业做有效利用之能力，而为适当之比例分配；其二，此项分配之渔轮，凡属中国沿海各渔区均可申请获得；其三，申请人以具有合法资格之渔业经营人为限，且须能出具充分之保证，担保所得渔轮确保渔业之用；其四，除上述原则外，并当考虑申请人遭受战争或其他损害而必须复员之迫切程度，利用渔轮之财力及技术等项，以作是否分配之决定[②]。

根据行总对渔业善后的总体规划，一些分署也结合本地实际，制定了自己的渔业善后规划，如鲁青分署等。早在1946年冬，鲁青分署署长延国符对鲁青分署渔业善后事业作了初步规划。他指出："鲁青渔业过去颇盛，现遭摧残急待复兴。"[③]为此，鲁青分署向行总申请配发一批渔业善后援助物资，主要包括四类，分别是渔网、芦绳一寸者、芦绳八寸者及丝

---

①　《蒋廷黻兼具史识与辩才》，载朱传誉主编《蒋廷黻传记资料》（二），天一出版社1985年版，第152页。

②　《动力渔轮之分配管理》，《行总农渔》1946年第6期，第1页。

③　延国符：《行政院善后救济总署鲁青分署业务总报告》，1947年铅印本，第5页。

绳四分者。

三　对建立新式渔业的尝试

1946 年 8 月起，根据《联总》协定，联总援助的渔轮开始陆续运抵上海港，共计 127 艘。每艘渔轮的马力为 200 多匹，速度为每小时 10 海里，续航力 5000 海里，船身最长的 85 尺，最短的 60 尺，载鱼量为 50—70 吨[①]。它们都装配有无线电、定向器、冷藏机、卷网机、海深测量器及电动绞车等设备。每艘渔轮还配备了 5—7 名外籍船员。对于渔轮的处理，行总及农林部负责人原计划除一部分出让给民营渔业公司，大部分由渔管处分配给各地渔民使用。

然而，他们很快就意识到，我国过去捕鱼所用的渔具简陋，捕鱼方法落后，抗战时又遭受日本侵略者的种种摧残，捕鱼业更是雪上加霜。战后联总援助中国大批新式渔轮、渔具，以帮助中国恢复渔业。这些海轮虽然在国外使用效果颇佳，但能否适用于中国尚不得而知，如何运用这些新式"装备"，适应我国渔业现状，发挥它们的最大效能，"均有待于分别研究与试验"[②]。有鉴于此，渔管处有必要利用这些海轮中的一部分进行出海试验及调查沿海捕鱼区的情况，为真正建立新式渔业做准备。为此，在行总的直接领导下，渔管处及有关方面分别从"渔捞""渔具"及"渔产加工保藏"等方面开展了所谓的"渔术"研究与试验。据统计，从 1946年到 1947 年，渔管处利用部分海轮出海 346 次，一方面试验海轮在中国沿海的适应情况；另一方面尝试捕鱼，检验其捕鱼数量。经过多次试验，发现这些海轮在中国沿海可以使用，并且每次捕鱼效果理想。据初步统计，从 1946 年 8 月到 1947 年底，这些渔轮分别向上海市场投放 8000 多吨鱼产品，向基隆投放了近 4000 吨，向青岛也投放了约 2000 吨[③]。

在此情况下，时任行总署长的霍宝树决定将这些海轮通过以免费发放或以一定价格出售等形式分发给有关渔业单位，并配合建立一些渔业加工厂，发展新式渔业。台湾分署将行总分配的十多艘新式渔船配发给渔民，

---

① 孟锦华：《我国渔业善后救济展望》，《行总农渔》1946 年第 3 期，第 1 页。

② 《渔术研究试验》，《行总农渔》1947 年第 12 期，第 4 页。

③ *UNRRA Operational Analysis Papers, No.53*, Washington D.C., 1948, p.276.

同时发放面粉空袋，并且明确要求渔民将此改作渔船帆布。台湾分署还将台湾渔业善后的重点放在澎湖县。"洽商当地人士，集中力量，择经济价值较大之渔业工程"，开展修复或重建工作[①]。其中主要工程有 3 项，分别是：（1）马头镇菜园口鱼池，该工程主要是在菜园口修建 10 口较大的养鱼池，并在其四周开凿大小不一的水门，在其周围修筑了一条长达 430 米的防波堤。（2）白沙乡石沪，该工程主要是在大海、湖泊水深 3 米左右的地方"垒石作沪"，即用石头围成一个养鱼的鱼栅栏。石头之间留少许缝隙，以便在涨潮时，"鱼随水涌入"，到潮水退去时，渔民"于空隙处结网捕鱼"。（3）大屿乡渔港。主要是修复了渔港防波堤 200 米，码头 80 米。另外在原来基础上将渔港挖深 3 米左右[②]。

由于当时我国的机械轮船还处于启蒙阶段，未能大量使用，因此，要顺利开展渔业善后事业，仍然需要许多木船用以恢复旧有渔业。

因此，渔业善后期间，渔管处还一度计划利用联总提供的造船设备、材料和技术建造一批新的渔轮（船），包括机械船舶与木船等。根据行总要求，联总为此向中国提供了一批制造和维修渔船所用的木材和其他材料，并于 1946 年冬运抵设在上海附近一个名叫小不点岛（Point Island）的小岛上的一个规模较大的造船基地。渔管处也很快投入筹建渔船的工作中。但他们很快发现造船、修船都还需要一笔可观的流动资金。为筹措此经费，1947 年 2 月，渔管处多次与当时的中国农民银行上海市分行副总经理罗俊商讨，并草拟了《行总、农林部与中国农民银行合作建造渔轮办法纲要（草案）》及《建造渔船推进委员会组织规程（草案）》两份文件。遗憾的是，中国农民银行总行始终未能批准，加上有关各方为了利益分配问题而争论不休，直到联总在华的善后救济使命行将结束之时，依然在一些关键问题上没有达成共识，造船计划因此而胎死腹中，最后在行总解散时将所有剩余渔业善后财物移交给国民政府后来成立的"善后事业保管委员会"处理了事[③]。不过，在部分地区，一些分署仍然自行设法解决购买木材等原材料，如鲁青分署就曾发动青岛等地的渔业组织与金融机构，共同设法筹集资金，

---

① 陈云林总主编：《馆藏民国台湾档案汇编》第 45 册，九州出版社 2007 年版，第 31 页。

② 同上。

③ 参见王德春《联合国善后救济总署与中国（1945—1947）》，人民出版社 2004 年版，第 145 页。

以购买制造渔业所需的木船原材料，包括木材等。位于青岛西北胶州湾的阴岛区，区内居民大多以捕鱼为生，因日寇侵略，渔业经济濒临绝境，渔民生活困苦不堪，为解决他们的生活困难，鲁青分署还特派第一工作队前往调查，配送救济物资。又如，福建办事处向渔民发放木材和渔具等，在厦门和漳州等地，向受灾严重的渔民发放贷款，以帮助他们尽快恢复渔业生产。

过去，我国的水产品加工工业要比其他工业更为落后。霍宝树等行总负责人认为，渔业善后事业开始后，特别是新式海轮投入使用后，捕鱼产量将迅速增加，要有效储藏、运输和远销外地，必须具备合格的存储设备。所以，渔业产品的冷藏及制罐问题亟待解决。为此，行总向联总申请提供渔业存储设备的样品、技术及原材料。联总共向行总支援了 1.7 万立方米的存储设备和大量生产所用的器材等物资。行总与农林部利用联总提供的物资建立了相关存储设备加工厂、制冰工厂、鱼肝油厂和鱼肉罐头制造厂，共计 75 个大小不一的生产单位[1]。制冰冷藏设备以沿海各渔区及重要商埠需要较多，拟酌量设置或与原有厂商合作办理。罐头制造设备主要放在台湾。

水产品加工厂的开办，一方面可使沿海地区的渔业不至于有过剩之虑；另一方面也可使内地免去"食无鱼的痛苦"。然而，以中国幅员之辽阔，人口之众多，仅靠行总这一临时性机构的努力还远远不够。

可见，行总在农林部的配合下，在联总的援助下，进行了创办新式渔业的尝试，开办了一批水产品加工厂，开展筹建渔船及培训技术人员等工作，也取得了一些成绩，为中国新式渔业的普及做出有益的尝试。此后，中国新式渔业也"规模初具"[2]。

综观 1945—1947 年中国渔业善后事业，蒋廷黻在渔业善后计划中要求的许多援助并没有得到全面满足。例如，申请 3600 万美元的总援助，实际运达的仅 2500 多万美元，严重影响了计划中的渔业善后事业的正常进行；又如，行总有些计划不够周密，准备不足，使许多拟开展的工作难

① 丁文治：《联总物资与战后中国经济》，上海六联印刷公司 1948 年版，第 32 页。
② 《农渔善后之效果》，《行总农渔》1947 年第 12 期，第 5 页。

免有事倍功半之憾。一些渔业公司由于经营不善，处于比较严重的亏损状态，需要动用联总的棉花基金予以补贴。渔业善后没有产生预期的立竿见影的效果，因而一度饱受非议。但从长远来看，渔业善后对中国后来的渔业现代化建设还是具有一定的作用，它使中国较早具备了一定规模的先进捕鱼船队和一批鱼产品加工工业，培养了一批基本掌握较先进技术的专门人才。

1947 年 12 月，联总在中国开展的善后救济事业结束，由行政院善后事业委员会继续从事渔业复员工作。1949 年 5 月，上海即将解放之际，国民党驻上海复兴岛军队（交警大队）强行掠走渔管处所属几乎全部渔轮（船），作为撤离上海、逃往台湾的交通工具。渔管处工作几乎因此陷于瘫痪。不久，中华人民共和国成立，渔业恢复工作在党和政府的统一领导下有序进行。

第十章 工业善后事业的兴办

工业是一个国家国民经济的重要组成部分，同时又为其他行业的发展提供重要支撑。抗战胜利后，行总在开展中国善后救济事业的过程中，将工业列入善后的范围之内，并把它摆在十分重要的位置上，其目的是"利用联总供给之器械材料及人力协助各项公用事业及民生日用工厂恢复生产"[①]。联合国善后救济总署也对中国的工业善后给予了足够的重视，为此拨出专款 7000 多万美元用于购置各种中国工业善后所需的物资，"帮助中国修复和改造战时被毁和严重破坏的最基本的工业企业，并援建一批中国国内最急需的生产生活必需品的企业以及生产急需原材料和中间产品的企业"[②]。1945 年—1947 年的中国工业善后事业在一定程度上对中国工业现代化进程起了推动作用。

第一节 工业善后规划及政策的制定

为了使工业善后工作有序推进，行总根据当时中国工业的实际情况，分析了日本侵华战争给中国工业造成的严重损失，强调了工业善后的重要性，出台了有关政策。

一 日本侵略战争给中国工业造成的损失

中国长期以来秉承"崇士农而贱工商"之遗风，工业建设一直落后于

---

① 《善后救济总署训令》，《行总周报》1946 年第 13 期，第 2 页。

② *UNRRA Operational Analysis Papers, No.53,* Washington D.C., 1948, p.288.

欧美等西方工业发达国家。清朝中后期，开始"西风东渐"，传统的"重农抑商"政策有所转变，这种状况才逐步有所好转，中国的近代新式工业也发轫于此。然而到抗战开始前夕，全国各种工业的工厂，规模比较大的不过 3000 余家，其中 92% 集中在河北、天津、山东、江苏、福建、上海和广东等沿海地区，48.7% 集中在上海一地，它们几乎都在艰难困苦中求生存[①]。而且，这些工业基本上都是轻工业，"中日战争爆发前夕，中国工业尚在初期发展阶段，仅建立小规模工业，制造国民日常生活必需用品"[②]。虽然当时的国人能够认识到重工业的地位，并为此付出了不懈努力，但由于各方面因素，终究未能真正建立起比较完整的重工业体系。

在日本侵华战争爆发之前，由于东部沿海地区交通相对便利，资金、技术及人才等条件也相对有利，所以，企业家们普遍将企业设在津、沪、苏等东部沿海地区。战争爆发后，沿海地区也首当其冲地受到日寇的残暴侵略与破坏，除 600 多家企业内迁外，绝大部分企业濒临倒闭。

日本侵华战争爆发前，上海是全国民族资本主义企业最为集中的地区。当时全国民族资本主义企业总厂数的 50%、资本总额的 40%、总产值的 46% 均集中于上海。仅在 1937 年 8 月至 11 月历时 3 个月的淞沪会战中，就有共计 2270 家企业被毁，其中虹口、杨树浦被毁企业占比高达 70%，闸北更是高达 100%。此外，上海之外的长江三角洲地区企业被毁占比达 50%[③]。抗战期间，上海棉纺织业产量急剧下降，"上海棉纱产量，以战前的 1936 年为 100，则 1942 年为 9.1，1943 年为 4.3"[④]。据初步统计，被战火完全摧毁的企业，仅上海一地，就高达 905 家[⑤]。"据市政府社会局的统计，闸北地区几乎全部、杨树浦和虹口地区 70%、南市地区的 30%

---

①　《论战后救济与复兴》，载方庆秋等主编《中华民国史料长编》第 65 册，南京大学出版社 1993 年版，第 28 页。

②　行政院善后救济总署编：《中国善后救济计划》，上海市档案馆馆藏档案：Y3—1—274，第 24 页。

③　参见《日本侵华战争造成中国直接经济损失超 1000 亿美元》，http://www.krzzjn.com，2017 年 6 月 10 日。

④　杨心仪等：《战时上海经济》第 1 辑，1945 年铅印本，第 193—194 页。

⑤　《论战后救济与复兴》，载方庆秋等主编《中华民国史料长编》第 65 册，南京大学出版社 1993 年版，第 28 页。

的企业遭到破坏。中外各方都估计,上海华商企业的损失在 80 亿元以上。"①还有不少企业战时被日寇强占。在上海,福新第一、三、六厂被日本三兴面粉公司侵占,江南造船所则被日寇的三菱重工霸占。

抗战期间,浙江共计 245 家工厂被日寇侵占,占全省工厂总数的 29%,资本总额占全省的 57%,工人数占全省的 73%②。日本侵华战争爆发前,浙江拥有大小不一的棉纺织厂共计 32 家,一年的布匹产量为 64.4 万匹,1945 年则骤降为 7.8 万匹③。

在河北,矿产方面,战时原有矿产,一部分被敌据为己有,继续开采,以达到其"以战养战"的罪恶目的;另一部分则因战事破坏而矿井被炸毁,设备残缺不全,不能正常生产,损失也很惨重。比如,开滦、井陉、门头沟等大煤矿,战前"除供给一般人民消费外,并为各种工厂、铁路及海运动力源泉",沦陷期间,"日寇以榨取军需生产为目的",许多重要矿业及其资源成为日军持续侵略和占领中国的动力④。

山东工矿业战后水平不及战前一成。发电厂只有少部分勉强能够发电。山东煤矿在战前的年产量约为 800 万吨,除供当地使用外,每年可将其中的 320 万吨销往南京和上海等地,"自遭战事之损失,各煤矿多未能复工,产量当不及战前十分之一"⑤。纺织业损失更为严重,尤其是坐落于济南的成通和成大两大纺织厂,前者损失织布机 1.16 万锭,后者损失 1.96 万锭。抗战胜利之初,全省纺织业产量不及战前 50%⑥。

20 世纪 30 年代,广东拥有一批大型的具有近代化色彩的省营企业,其中不乏规模宏大、技术先进、资金雄厚市场广阔之辈,在全国都占有举足轻重的地位。1938 年 10 月,广东的省营工厂在广州沦陷前未能及时内迁,

---

① 唐振常主编:《上海史》,上海人民出版社 1989 年版,第 798 页。

② 许延浚:《浙江省工业现状及其发展》,《东南经济》1941 年第 2 期,第 49 页。

③ 《浙江省善后救济资料调查报告》,浙江省档案馆藏档案: I048—2—21,转引自肖如平《抗战胜利后浙江的善后救济》,《抗日战争研究》,2013 年第 1 期,第 127 页。

④ 行政院善后救济总署冀热平津分署编:《行政院善后救济总署冀热平津分署业务总报告》,1947 年铅印本,第 117 页。

⑤ 行政院善后救济总署鲁青分署编:《行政院善后救济总署鲁青分署业务总报告》,1947 年铅印本,第 1 页。

⑥ 延国符:《行政院善后救济总署鲁青分署业务总报告》,1947 年铅印本,第 26 页。

结果在广州沦陷后"荡然无存"①。汕头、中山和江门等地的民营企业战时"或被占夺或被钉封，均遭蹂躏"②。广东省营纺织厂战前是一个拥有丝织、棉织、毛织、麻织和绢织 5 个分厂的大型纺织企业，战时饱受战灾摧残。丝织分厂被日寇占领后改作"修械制弹厂"，毛织、麻织和绢织等分厂设备悉数被日寇拆解运走，仅棉纺织厂保留 3200 余枚纺锭，勉强能够生产。

福建厦门共计 21 家工厂被敌强占，包括 2 家棉纺织厂、1 家铁制家具厂、4 家制糖厂和 3 家食品厂等，资产损失 720 万元③。

台湾的工矿业在日本侵华战争期间损失也很惨重。仅从 1944 年 10 月至 1945 年 8 月不到一年时间，台湾工业因为战灾而损毁的工厂有 202 家，其中 152 家严重受损，27 家中度受损，23 家轻度受损，涉及化工、电力、冶炼、机械制造、食品和纺织等行业。"几乎所有的工厂都已残破不堪，短期内无法恢复。"④

其实，内地工矿业遭受战灾的损失丝毫不亚于沿海地区。在湖北省，战前有机械制造企业 156 家；钢铁企业，有著名的汉冶萍公司，其分厂每日可生产矿砂超过 5000 吨；煤矿业，有源华、富源、富华和利华等大型煤矿，战前，它们年产量近 48 万吨；纺织业共有纺锭 32 万多枚、织布机 3500 余台。1938 年 10 月武汉沦陷时，大批工厂被迫西迁，途中，多次遭受日机狂轰滥炸，不少船只和 4980 吨设备、原材料"毁于一片火海"。战时武汉 516 家民营企业中，有 59% 的企业被毁。汉口第一纱厂战时损失 80%，武汉震寰纱厂损失严重，东华漂染公司等 18 家企业申请援助。当时湖北省规模最大的官营企业即武昌机器制造厂，开工不到 2 个月就被日机炸毁。未能及时迁走的企业，其厂房、设备、原材料等，有的被炸毁，有的被拆解，有的被日军强行占领用于其军工生产，有的被改头换面作为他用。日本侵华战争期间，湖北省工业机械、原材料共计损失 3.4 万吨，比

---

① 广东省政府编译室编：《战时粤政（1939.1—1945.9）》，1945 年铅印本，第 34 页。

② 陈仲章：《广东工业建设研究》，《广东建设研究》第 1 卷第 1 期，第 31 页。

③ 福建省政府统计室：《抗战一年中福建实业损失概况》，载福建省政府秘书处公报室编《闽政月刊》1938 年第 1 期，第 50—51 页。

④ 台湾省行政长官公署宣传委员会编：《台湾月刊》1946 年第 1 期，第 55 页。

战前减少 60%，武汉三镇彻底被毁的企业占比为 12%①。

在安徽，1938 年 11 月初，日本组建所谓的"华中矿业公司"，总部设在安徽当涂，旨在掠夺包括安徽、江苏、浙江在内的南方地区丰富的各类矿产资源。仅以安徽为例，自 1938 年至 1945 年，日寇掠夺了安徽铁矿石 420.1 万吨、铜矿 0.3 万吨、煤炭 457.7 万吨②。战前，芜湖境内共有规模不一的各类工厂 170 多家，拥有工人共计 3000 多人，战时芜湖沦陷后，"除少数工厂内迁外，大部生产工具，均资敌用"③。工矿企业大部分被日寇破坏或占领，例如裕中纱厂、益新面粉厂和明远发电厂等。裕中纱厂时为安徽最大企业，日军占领该厂后，机器或被抢走，或被破坏，厂房更是被强征为日军伤病医院。明远发电厂损失原材料 45.3 万件，价值 1.6 亿元。日本还在侵华战争期间，组建了所谓的"华中水电公司"，吞并了安徽的安庆电厂与芜湖电厂、浙江的嘉兴电厂、江西的南昌电厂与九江电厂等。上述三省 50% 以上的电力被日寇侵占。安徽淮南煤矿也在抗战期间损失煤炭上千万吨④。

在江西，抗战爆发前夕，江西省政府开始制订并实施"江西省工业之通盘计划"，一方面大规模开采省内矿产资源，另一方面设法改进生产技术。抗战爆发时，全省共有大型厂矿企业 181 家，按 1946 年的币值计算，日本侵华战争造成江西企业直接经济损失 209.48 亿元，间接损失超过 472 亿元。这些企业，尤其是江西的一些传统产业如陶瓷等，"处于艰难挣扎之境地，处处凋敝不堪"⑤。江西省重工业理事会和本省合办的各工厂都先后因战灾而停工，"兴业公司接办的各工厂也大多数停工了"，人们"都眼看着整个工业逐渐趋于灭亡之道"⑥。至于民营企业，更是"无力维持再生产，处境困难万分，挣扎至今，已属奄奄一息"，时人大有"今不如昔之感"⑦。

在湖南，敌人入侵后，"厂矿精华，惨遭破坏"，平均损失高达 70%，

---

① 参见《日本侵华战争造成中国直接经济损失超 1000 亿美元》，http://www.krzzjn.com，2017 年 6 月 10 日。

② 安徽省档案馆编：《日本侵华在安徽的罪行》，安徽人民出版社 1995 年版，第 96—97 页。

③ 吴企云：《皖南工业建设问题》，《东南经济》1941 年第 7、8 期合刊，第 25 页。

④ 王鹤鸣、施立业：《安徽近代经济轨迹》，安徽人民出版社 1991 年版，第 333 页。

⑤ 行政院善后救济总署江西分署编：《江西善后救济》1947 年第 3 期，第 7 页。

⑥ 徐劢文：《一年来之江西工业》，《工商知识》1946 年第 5 期，第 6 页。

⑦ 余行鲁：《江西之民营工业》，《经建季刊》1947 年第 2 期，第 13 页。

较大厂矿损失达 90% 以上，其中湖南省营纺织业损失 3 万多纱锭①。在东北，抗战结束时，"东北全境近 70% 的电力、800 家重型工矿企业的全部和 15000 家中小企业的 60%，以及学校、医院、桥梁、水坝和公共建筑等，几乎破坏殆尽"②。

在山西，"本区工矿事业，战前已初具规模，尤以晋省之西北各厂及阳泉、口泉等矿为最有名，战时经敌人摧残破坏，损失殆半，其规模较小者亦以机具器材原料均感缺乏，多被迫停顿。故本区工矿损失程度，约在 50 以上"③。具体说，在山西的西北实业公司因战灾损失约 2 万亿元，西北制造厂损失达 8000 亿元，晋北矿务局、阳泉矿务局的损失也分别超过 1000 亿元和 800 亿元④。

由上可见，日寇对中国工业造成的损失，主要通过两大途径来实现的，一个途径是使用炮火摧毁，另一个途径是强行侵占，将中国的工矿业据为己有，"日本对于占领区域，采取以战养战政策。不惟其驻在军队之给养，仰赖当地之富源，并极力搜刮产品与资源，以补充其战时经济"，并且侵占的方式极其野蛮，"经常以武力掠取"⑤。1946 年 3 月初，行政院副院长翁文灏在国民党六届二中全会上指出，战时，山东的博山、章丘、淄川等地以及山西大同、井陉等地所产的煤炭，通过铁路运抵青岛，然后装船运往日本。华北地区所产的煤炭，25% 被日寇运往其东北占领区及日本国内⑥。不难看出，"敌对我国经济资源之搜刮，以至无所不用其极之程度"⑦。

日本侵华战争给中国各级、各类工矿业及资源造成了严重损失，以

---

① 行政院善后救济总署湖南分署编：《行政院善后救济总署湖南分署业务总报告》，1947 年铅印本，第 1 页。

② 刘广沛：《东北分署报告》，《行总周报》1946 年第 24 期，第 9 页。

③ 中共山西省委党史办公室编：《抗日战争时期山西人口和财产损失课题调研成果·专题卷》，山西人民出版社 2010 年版，第 314 页。

④ 《国民政府山西省政府民政厅关于抗战时期全省人口伤亡和财产损失的呈报》，（1946 年 8 月 5 日），山西省档案馆馆藏档案：B13—1—78—1。

⑤ 行政院善后救济总署编：《中国善后救济计划》，上海市档案馆馆藏档案：Y3—1—274，第 1 页。

⑥ 翁文灏：《收复区敌产的接收与处理》，载李学通选编《科学与工业化——翁文灏文存》，中华书局 2009 年版，第 634 页。

⑦ 胡雨林：《赣北、鄂南前线敌后视察报告》，1940 年 10 月 10 日，转引自陈荣华等《江西经济史》，江西人民出版社 2004 年版，第 651 页。

纺织业为例，中国战前拥有纺锭约 500 万枚，被日寇占领或破坏者超过
94%①。在全国，"内迁之无论其仍留内地或选择原地者，均属残破不堪。
其在抗战初期不及内迁之工厂，则不为炮火摧毁，即为敌人所侵夺、利用，
或运回岛国"②。无怪乎人们感叹："战后我国工业，残存者不及什一。"③
战后，国统区工业因此遭受严重衰退，1947 年较 1936 年，工业总产值下
降了三成④。时人不无痛心地指出："整个的工业逐渐趋于灭亡之途，这
实在是一件痛心的事！"⑤

　　日本侵华战争期间，企业被毁或被侵占，导致工人生活每况愈下。
在上海，普通工人"1936 年生活指数为 100，1941 年上涨为 826.84，到
1945 年飞涨为 6058103，1945 年较 1936 年上涨了 50874 倍"⑥。"在抗战
后期，启新洋灰公司的工人吃的是用橡子、麻渣子、怀玉米、棉籽饼、豆
饼等混合成的六合面。"⑦在台湾，"工厂不冒烟，失业工人多"成为一
种普遍现象⑧。因而台湾工人生活同样非常困难。抗战胜利之初，全国失
业人数更是陡增，广大工人与城市居民面临几乎无法生存的境地⑨。

　　日本侵略战争给中国工业所造成的破坏不仅仅体现在物资财富方面的
严重损失，更重要的是，它打断了中国现代化与工业化的历史发展进程。
正如美国政府所说：历时十四年的日本侵略战争，"对中国经济的主要影
响不仅仅是体现在财富的破坏上，或生产方向的新改变上，更重要的是，
在中国工业化进程的破坏上"⑩。有研究表明，1937 年卢沟桥事变爆发前
10 年，中国现代化工业年均增长 7.6%，并且这主要是基础工业的增长。

---

① 行政院善后救济总署编：《中国善后救济计划》，上海市档案馆馆藏档案：Y3—1—
274，第 14 页。
② 行政院善后救济总署编译处编：《行政院善后救济总署业务总报告》，上海市档案馆馆
藏档案：Y3—1—278，第 174 页。
③ 同上书，第 172 页。
④ 《江西近代工矿史资料汇编》，江西人民出版社 1989 年版，第 94 页。
⑤ 同上书
⑥ 蒋立主编：《解放前后上海物价资料汇编》，上海人民出版社 1958 年版，第 330 页。
⑦ 史全生主编：《中华民国经济史》，江苏人民出版社 1989 年版，第 405 页。
⑧ 钱宗起：《台湾善后救济工作的回忆》，《中华文史资料文库》政治军事卷（六），中
国文史出版社 1999 年版，第 67 页。
⑨ 参见本书编写组《中国近现代史纲要》，高等教育出版社 2015 年版，第 193 页。
⑩ 《中美关系资料汇编》第 1 辑，世界知识出版社 1957 年版，第 189 页。

1936 年，以现代化为特征的工业生产占全国工业总产值的 65%，占工农业总产值的 24.48%[①]。日本侵华后，这种发展势头被遏制，中国现代化工业进程被打断。

二　战后国民党当局对工业恢复与重建的规划

工业从某种角度上说，是一个国家的主体经济门类，事关国家的长远发展与社会进步。不少仁人志士逐渐认识到了工业对国家发展的重要性。民国著名学者郭有志曾经指出："中国应该积极工业化，这是毫无疑问的"，因为"中国之能否成为一现代国家，完全要看中国之能否完成她的产业革命"[②]。

抗战胜利后，由于日本侵华战争的严重破坏，中国工业经济的发展处于停滞甚至倒退的状态，因而急需恢复与重建。而工业恢复与重建所面临的形势是错综复杂的，既有有利因素，又有不利因素。有利因素主要体现在：一是战后接收了大量日寇遗留在华的产业及物资财富；二是美国当时为中国提供了一些必要的援助及发展进口贸易；三是战后经济建设与人民生活需要为工业建设释放了巨大的市场需求。它们为战后工业恢复与重建创造了比较有利的条件。但也有不少不利因素，主要体现在：一是抗战胜利后"内战"又起，导致国内政局极其不稳定，社会动荡不安；二是工业基础设施及产业设备损毁严重，特别是东北、华北等工业基础较好的地区，抗战期间损毁严重，内战爆发后，又成为内战的战场，使这些地区本来已脆弱不堪的工业基础设施再次蒙受摧残；三是战后国内物价飞涨、货币贬值严重，社会各界产业投资意愿难以建立与巩固。

在这种复杂形势下，国民党当局决定着手工业恢复与重建。抗战胜利后，中国社会各界逐步达成了重要共识：为适应战后经济恢复与建设的需要，国家必须尽快将经济体制从战时向平时转移，以提高劳动生产率与经济效率为中心，重点调整经济政策，改革与完善企业经营机制，尤其是国营企业。日本宣布无条件投降后，国民政府加紧推进战后经济制度的构建、

---

① 参见《日本侵华战争造成中国直接经济损失超 1000 亿美元》，http://www.krzzjn.com，2017 年 6 月 10 日。

② 郭有志：《中国本位的职业教育》《新中华》1946 年，第 1 期。

调整进程。1945 年 9 月 13 日，蒋介石就指示有关部门："我国战后经济与贸易二种事业，必须确定制度，使能切实执行，合理发展，不再踏过去听其自然、漫无限制之覆辙"，并要求其"依据民生主义之准则及中央已定方针，分别设计具体方案"①。据此，有关部门拟定了《确立战后我国之经济事业制度》的意见书，认为欲使战后经济"谐和发展早观其成，必先确立制度，以为准绳"，该意见书重点阐述了构建新的国营事业管理制度的原则与要点，分别是：（1）实行"政企分开"，仿照美国等西方国家企业经营模式，全面推行公司制；（2）以企业化为原则，重新厘定企业人力资源、财务等各项管理制度；（3）对国营、民营企业一视同仁，公平竞争②。同年 11 月，蒋介石审核批准了该意见书。

抗战胜利后，为了向全国人民表示对战后经济恢复与重建的重视及信心，1945 年 11 月，在行政院已有主管经济的部门——经济部的情况下，国民党当局还成立了最高经济委员会，统领全国经济工作，该委员会委员长由时任行政院院长的宋子文兼任。在他的主导下，国民政府很快出台了中国战后经济恢复与重建的基本纲领。其要点包括三部分：第一，大力扶植民间各类经济发展，统筹、协调国营经济、民营经济两者在国民经济体系中的关系，从而使它们的各种资源配置轻重合理，比例协调。第二，扩大政府收入，尽量平衡政府收支，协调、处理好政府各部门，特别是经济部门之间的关系。第三，本着互惠互利的原则，与友邦国家开展各领域的广泛合作③。

同时，国民党当局认为，这一事业的推进必须因地制宜，有所侧重，分步实施。早在抗战期间，即 1943 年，国民政府在第二次全国生产会议上就提出了战时及战后经济复员的方针是："以农立国，以工建国。"④ 即从产业结构上看，农业是基础，工业是主体。从工业内部行业看，国民政府工业恢复的重点应该是轻工业，而非重工业。早在抗战胜利之初，即 1945 年 9 月，

① 转引自郑会欣《从统制经济到开放市场：论战后初期国民政府对外贸易政策的转变及其原因》，第五次中华民国史国际学术讨论会，浙江·溪口，2006 年 7 月。
② 周开庆主编：《经济问题资料汇编》，京华书局 1967 年版，第 81—82 页。
③ 参见张海鹏主编《中国近代通史》第 10 卷，江苏人民出版社 2013 年版，第 224 页。
④ 参见朱伯康等编《中国经济史》下卷，复旦大学出版社 2005 年版，第 645 页。

蒋介石在"全国教育善后复员会议"期间设宴招待与会代表发表的讲话中也指出："今后五年之内,建国工作最重要项目,不能放在一无基础的重工业上,诚如总理所说,'建国之首要在民生',而应首先注意民生所需的农业和轻工业。如何使人民吃得饱,穿得暖。"[1] 而从地域上看,应该优先发展沿海地区,尤其是工业重镇上海。1945 年 10 月 9 日,翁文灏在接受记者采访时指出,"上海为工业生产重心,各工厂之恢复,自为今日当务之急"[2]。

所以,战后为使国家尽快完成重建家园的伟业,包括矿业在内的工业恢复,就显得极为必要,任务也极为繁重,主要是:(1)政府拨专款协助战时被迫内迁的工厂"东迁",然而这一工作,"非庞大资金与不懈努力,难于有成"[3]。对经营资金紧张的企业,政府给予适当的复员贷款,其利息及还款期限也得到适当照顾与优待。(2)为企业生产提供能源与原材料的供应等。

三　工业善后的总体规划

抗战胜利后,在国民党当局着手工业恢复与重建之际,行总希望利用联总提供的工业善后援助物资及经费,兴办工业善后事业,为国家工业恢复与重建乃至实现国家工业化增砖添瓦,做出自己应有的贡献。

事实上,对于中国近代工业的发展问题,作为中国近代著名的学者,蒋廷黻一直表现出了非常浓厚的兴趣。还在 20 世纪 30 年代初,蒋廷黻当时正在南开大学从事中国近代史的教学与科研工作,他曾经倡议成立了一个名叫"工业研究所"的科研机构,研究如何用现代科学技术方法制造国货,以满足人民的生产、生活需要。

1944 年 2 月 10 日,蒋廷黻以行政院政务处处长的名义在美国向美国工商界人士发表演说,系统阐述了他对战后中国工业化及拟请求以美、英为主的联总帮助中国开展工业善后的初步规划。

---

① 蒋介石:《建国时期,教育第一——主席招宴全国教育善后复员会议会员席上训词》,《教育部公报》1945 年第 9 期,第 2 页。

② 《对中央社记者的谈话》,载李学通选编《科学与工业化——翁文灏文存》,中华书局2009 年版,第 615 页。

③ 行政院善后救济总署编译处编:《行政院善后救济总署业务总报告》,上海市档案馆藏档案:Y3—1—278,第 172 页。

他强调指出：

> 国防与国民福利乃驱中国于工业化之途之两项动力。中国军事力量以及国民经济均有弱点，此则由于同一根本原因，即中国经济生产不能得现代科学技术与组织之助益是也。中美工商协会已为于战后协助中国克服迟滞展开一途径。过去一百年来妨碍中国工业化之原因甚多，最初为反对西方事物之盲目偏见，其后则为政治上之不安定现象。战后将为中国政府与全国人民团结一致努力工业化之第一次。中国将获得科学与技术，并希望因此能造成全国之繁荣。吾人深知中国之工业化，永远不能达到美英苏等国之程度，然吾人亦能应用科学与技术增加工业生产若干倍之多 [1]。

蒋廷黻通过分析认为，中国工业化的两大动力是国防与国民经济，而造成这两大动力不足的根本原因是科学技术研究及应用的落后。并且，这一落后局面非短时间内所能解决，对工业善后的消极影响难以避免，"实施工业善后计划，不无工程与技术上之困难" [2]。他还从历史的角度研究了中国近代工业化发展缓慢的主要原因，认为思想认识僵化和政局的动荡干扰了中国近代工业化的正常进程，同时希望在外国的帮助下，利用科学技术的成就，推动中国工业化的前进步伐。

接着，在演讲即将结束时，他提出，由于中国战时工业设施损失的严重程度，联总在分配中国的工业善后援助物资时，应该考虑到这一现实及中国政府希望借联总在中国开展善后救济活动的契机恢复工业生产的强烈愿望。

根据欧美等发达国家工业化的水平及其对整个国家经济、政治文化和社会生活的推动作用，中国工业化长期落后于世界的历史，日本侵华战争给本来就脆弱不堪的民族工业造成的严重损失以及国人对中国尽快实现工

---

[1] 《蒋廷黻谈中国战后工业》，载方庆秋等主编《中华民国史史料长编》第63册，南京大学出版社1993年版，第302页。

[2] 行政院善后救济总署编：《中国善后救济计划》，上海市档案馆馆藏档案：Y3—1—274，第24页。

业化的强烈愿望，不少人尤其是实业界的领袖们也不断向蒋廷黻署长提出建议，希望行总利用联总对中国工业善后提供援助的机会实现中国工业化。对此，蒋廷黻明确提醒人们，"这种希望颇难达到"[①]。

其个中原因，蒋廷黻认为，主要有以下两个方面：

一是联总有关规定的限制。他指出。

> 联总大会，鉴于经费的限制，曾通过议决案，把善后的范围加上两层的紧缩：（一）善后限于恢复原有的，（二）原有工业生产救济物资者始能取得联总的援助。所谓救济物资实即生活必需品[②]。

可见，联总提供的援助物资只能用来对原有事业进行恢复，不得利用联总的援助物资兴建新的事业，而且恢复的事业应该是与民生紧密相关的，工业善后自然也不例外。而要实现国家的工业化，既要发展轻工业，也要发展重工业，仅有生产生活必需品的工业即轻工业的恢复和发展是远远不够的。

二是国际大环境的限制。蒋廷黻指出：

> 十余年以前，工业先进的国家颇不愿意农业的国家工业化。现在经济思想潮流已经开始改变，开明的学者承认农业的国家不能握有大的购买力，因此无法输入大量外国的货品。假若工业化，购买力可以提高，输进的品类虽有改变，输进的数量必可加增。不过这种潮流尚未充分发展。工业先进国家的人士至今尚有不少的人希望我们不要工业化[③]。

蒋廷黻认识到，一些工业先进的国家出于维护自身利益的考虑，并不希望中国走上工业化的发展道路。国际上遏制中国工业化的人仍然为数不

---

① 蒋廷黻：《干什么？怎样干？》，行政院善后救济总署广东分署《周报》1946年5月第3期，第7页。

② 同上。

③ 同上。

少，在这种国际大环境下，中国要想依靠联总援助的中国工业善后物资实现工业化谈何容易。

因此，虽然不少中国人尤其是实业界的领袖们希望借此而使中国实现工业化的目标，蒋廷黻本人也早就有了中国工业化的设想，但他清醒地认识到，这种想法是不现实的。行总只能与工业善后的合作者——经济委员会及其下属的资源委员会共同办理一些生产生活必需品的"近代式的工业"。具体说来，这些善后工业项目包括：第一类，粮食行业，由面粉、砸油和制糖三方面组成；第二类，纺织工业，由棉纺和毛纺两部分组成；第三类，建筑材料工业，由水泥厂、锯木厂、造砖厂、玻璃厂和压米厂五部分组成；第四类，煤矿业；第五类，公用事业，由电力厂与自来水厂两部分组成；第六类，金属工业，由机器厂、电工器材厂、炼钢冶铁厂三部分组成；第七类，化学工业，由肥田粉厂、灰碱厂、烧碱厂、肥皂厂、造纸厂和橡皮工厂六部分组成[1]。

为了顺利兴办上述工业善后项目，蒋廷黻利用一切机会为中国争取工业善后所需援助物资及经费。例如，1943 年 11 月上旬，在出席联总成立大会期间，就向外宣布中国需要大批水电厂机器，"盖各主要城市之水电供应，应尽速恢复"[2]。11 月中旬，蒋廷黻在美国大西洋城举行的联总成立大会上又进一步提出：电力厂、水力发电厂及面粉厂等企业所需之机器是中国开展工业善后时迫切需要的援助物资[3]。他原来计划进行较大规模的工业善后计划，后来因为要顾及其他更为需要的项目及政府的全盘计划，不得不将工业善后的范围及规模进行适当的调整与缩减。

1944 年 9 月底，蒋廷黻作为中国政府的首席谈判代表，向联总递交了《中国善后救济计划》。与此同时，他利用一切机会向美国新闻界人士介绍了中国工业善后的有关问题。他指出：中国工业善后需要"五十六万四千

---

① 蒋廷黻：《善后救济总署之性质与任务》，《东方杂志》1945 年 10 月第 41 卷第 20 期，第 8—9 页。

② 《中国战后需要大量救济物品》，载方庆秋等主编《中华民国史史料长编》第 62 册，南京大学出版社 1993 年版，第 634 页。

③ 《中央日报》1943 年 11 月 13 日。

吨之工业设备及供应品"①。

众所周知，战时因为战争而被砸毁或倒闭的各类工厂不在少数。关于收复区的这些工厂的善后救济问题，社会各界乃至国民政府的官员一直存有争议。一些人主张应该由行总负责赔偿战时被毁工厂，有的人认为应该对工厂的所有者——资本家——予以特殊救济。人们各抒己见，莫衷一是。有鉴于此，1945年11月底，蒋廷黻专门就收复区这些工厂的善后救济问题阐述了行政院善后救济总署的方针，即行总"不负赔偿之责，资本家亦不在救济之列"，但可利用联总工业善后援助物资对他们工厂的恢复或重建提供适当帮助。行总请求"联合国总署多运原料，如棉花、羊毛、麦粉等，少运成品，用以协助工厂复工"；"至于机器零件，厂主还可开列向本署请求价购"，并且受战灾重的较受战灾轻的有优先购买权。不过，对于工厂失业工人的救济问题，蒋廷黻则给予了明确而肯定的答复，即"予以救济"②。蒋廷黻署长的这些基本规划得到了他的继任者霍宝树署长的赞同与贯彻。霍宝树指出："本署处理工矿器材是以优先售予曾受战灾的厂矿为原则。"然而当时的厂主普遍"购买力薄弱"，难以拿出足额的资金购买有关器材恢复生产，所以，行总要求金融界组成一个"生产事业财务委员会"，通过该机构，各厂矿可以采取分期付款的方式获得所需器材③。

战后，国民政府为恢复经济也出台了经济建设计划。因此，有人担心行总制定的工业善后规划与行政院确定的建设计划相冲突。对此，1945年5月7日，蒋廷黻明确告诉人们："政府之建设计划与善后计划并无冲突"，工业善后计划可作其补充，促进政府建设计划的完成④。另外，蒋廷黻还强调，行总与经济部将利用此次工业善后的机会，"促进我国工业区域分配的合理化"，尽量改变工业过分集中于东部沿海地区的少数大城市的不

---

① 《我对联合国救济署发表战时救济计划》，载方庆秋等主编：《中华民国史史料长编》，第63册，南京大学出版社1993年版，第1347页。

② 《蒋廷黻谈工厂救济问题》，载方庆秋等主编《中华民国史史料长编》第67册，南京大学出版社1993年版，第691页。

③ 霍宝树：《善救工作之过去与未来》，行政院善后救济总署编译处编印，1947年铅印本，第3页。

④ 《三十四年五月七日署长召集全体同仁第一次训话训词》，载行政院善后救济总署赈恤厅编《怎样办理赈恤》，1946年铅印本，第54页。

均衡状况 [①]。

蒋廷黻还多次告诫行总及其各分署的工作人员："工业善后计划或许为各种计划中最困难者"，其原因为："一则涉及财政问题，另一方面且需要熟练之人才"，而当时国内财政金融形势非常严峻；工业技术人才十分缺乏。因此，他要求大家"慎密商讨工业问题"，其细则问题应"与工矿业务委员会切磋" [②]。

四 《行总与经济部工业善后合约》的签订

如前所述，关于善后工作，行总须与有关部会等机构合作办理。如何有效利用联总提供的各类善后援助物资兴办工业善后项目？为解决这一问题，行总署长蒋廷黻曾经先后与有关部、会等机构商洽合约以便双方遵守。"此举极为重要，因足以表示我国对于联总供给之器材，系如何重视，绝不随便利用，或置于无用之地，而贻外人以口实。" [③]

因此，1946 年 2 月，在工业善后事业举办的前夕，蒋廷黻与经济部负责人签订了《行总与经济部工业善后合约》。

其主要内容简要介绍如下。

第一，行总在接收联总提供的用于工业善后的工矿器材后，在普遍救济及迅速利用两大原则下，依据以下三个报告材料应用于工业善后事业。这三个材料分别是，经济部拟定的《工矿善后计划》《光复区内经济部各派遣机关的工矿调查报告》《行总各分署的工矿损失报告》等。

第二，工矿善后物资应该分配给"合格并胜任之机关或个人"，用来进行工业善后，其资格的审定，由经济部及行总共同组成的技术委员会主持。对于具备资格的团体或个人在获得工业善后物资时，应该向行总及其各分署缴纳一定的价款，其数额及付款期限依据该团体或个人的财力情况及工厂利润的多少等因素予以确定。

---

① 蒋廷黻：《善后救济总署之性质与任务》，《东方杂志》1945 年 10 月第 41 卷第 20 期，第 9 页。

② 《蒋署长开幕训词》，行政院善后救济总署编印，1946 年铅印本，第 9 页。

③ 《二届六中全会行政院工作报告》，载秦孝仪主编《抗战建国史料——社会建设（三）》，裕台公司中华印刷厂 1984 年版，第 533 页。

第三，工业善后事业兴办期间，行总各分署的工业技正及经济部各区所派遣的机关人员应该密切联系，分工合作，以便工作顺利推进并取得效果。行总应该将联总援助的各种物资到达中国港口的时间以及有关单位对援助物资的申请书及时向经济部通报，以便经济部做好有关工作准备。

第四，接收的工业善后物资的存储、保管、交接、运输和押运等任务基本上由行总负责。被分配了援助物资的单位或个人应该将物资名称、物资数量、到达目的地的日期、器材装配情况、产品出厂时间、最初 6 个月内的每月生产情况报告、以后每 3 个月一次的生产情况报告等材料及时呈报给行总及经济部。

第五，工业善后活动开展期间，经济部、行总及联总驻华办的官员随时单独、两方或三方联合对相关单位或个人使用善后物资进行工业善后的情况进行视察或稽核，有权对他们提出必要的建议 ①。

《行总与经济部工业善后合约》的签订，为行总与国民政府所属经济部协作推进工业善后事业扫清了障碍。

五　行总工业善后政策的出台

为了使行总及其各分署在举办工业善后事业时有法可依，有章可循，行总编订了《工矿救济之原则与实施方案》，并于 1946 年 5 月 16 日，由行总署长蒋廷黻签署《善后救济总署训令》（浦工字第二二九一号），颁布了此法规。

蒋廷黻在训令中指出：

本署为便利各方执行工矿救济工作起见，特订定工矿救济之原则与实施方案一种分行各附属机关遵照办理，嗣后各该地区内所有厂矿申请事宜均需按照该方案所列程序依次办理，切勿草率迁延。各分署已收各方申请书并仰从速签注意见报署稽办。除将各工矿配售物资付款办法另令饬遵并分行外合类检发该方案两份，令仰遵照此令。

---

① 以上各条均见行政院善后救济总署编译处编《行政院善后救济总署业务总报告》附录十，上海市档案馆馆藏档案：Y3—1—278，第 285 页。

附发工矿救济之原则与实施方案两份。

署长　蒋廷黻^①

蒋廷黻在训令中敦促行总各分署，务必严格依照该方案从快办理当地工业善后事宜。

《工矿救济之原则与实施方案》的主要内容可以概括为以下几个方面。第一，关于工矿救济的范围。（1）"凡在收复区内各项公私立工矿曾受战争破坏或敌人占领而蒙受损失者"可申请必需器材，"以便恢复生产完成救济目的"；（2）"各工矿所购器材应以恢复各该工厂战前生产能力为限"，凡属新建、改扩建所需的材料与设备不在此范围，但是在受战灾严重破坏的有关大城市的房屋修建工程中使用的砖瓦、玻璃、水泥、锯木和洋钉等建筑材料不受此条限制；（3）凡是战后能够在国内获得同样器材的不得申请此项援助物资。

第二，关于工矿物资的申请。申请者应该向行总及其分署提供申请材料，它包括：（1）工矿企业的名称、地址、组织性质（即是公营还是私营——笔者注）、开办时间、负责人的姓名及职称、主任工程师的姓名及其履历等基本情况；（2）工厂战前的产品名称及其数量、设备状况、固定资金及流动资金的数额、经营情况、雇用工人数及职员人数等战前大致情况；（3）战时是否内迁过、于何处，目前是否继续生产，是否遭受战时损失及其数额等战时情况；（4）现存机器设备的清单、生产数量、雇用工人数、职员人数、经营状况、恢复计划及困难等当前情况；（5）所申请物资的名称及生产厂家、申请数量、物资重量及价值、物资规格、物资用途、交货日期等物资清单。

第三，关于申请的有关手续。申请者可将申请材料送交下列四处中的任何一处：行政院善后救济总署工矿业务委员会、各分署、经济部设在各地的特派员、联总办事处。上述机构或人员收到申请书后应该对其申请签署意见，然后将其递交行总与经济部会同审查。行总与经济部根据联总提供的工业善后援助的物资门类共同组成相关专门审查委员会。主要有：电

---

① 《善后救济总署训令》，《行总周报》1946 年 6 月第 13 期，第 2 页。

力厂、自来水厂、煤矿、建筑材料、机械修理、电机修理和化工纺织七个专门审查委员会。上述委员会在审查申请书时应该邀请行总有关分署及联总办事处负责工业善后的人员与会。

紧接着，该方案还详细列举了截至1946年6月行总接收到的工矿器材的品种、数量及其价值以供各申请者参考。

第四，关于工矿救济的实施。"工矿物资的运用必须按照公正立场及确切需求分配之，各项器材之正当运用、妥善保管；剩余物资之处理均与物资本身之供应同等重要。是以关于装置运用与保管上之适当指导应属救济工作之一部分。换言之，即运用上应包括服务与督导。"关于服务，规定各工矿部分的专家及人员应该完成的任务是计划机件装置、实地装置机件；关于督导，则是督导各工矿运用和督导各工矿保管①。

蒋廷黻签发的《工矿救济之原则与实施方案》为工业善后提供了法律指导和依据，但是，该法尚属根本法规，所作规定大多属原则性的，过于笼统，缺乏可操作性，不便下面贯彻实施。

有鉴于此，霍宝树接任行总署长后，即着手编订该法的实施细则，即《善后救济总署工矿器材出售办法》与《各分署代表财务厅出售工矿器材应行注意事项》等，并于1947年1月8日签署《善后救济总署训令》，向全国各分署公布这两个文件。前一个文件规定，行总向申请厂家提供的工矿器材分现货和定货两种，其出售方式主要也分两种方式开展，即一次付款与分期付款。该文件对这两种不同的付款方式提出了具体要求。后一个文件规定了申请者及行总各分署分别在递交与接受申请、调查及其报告、签订协议、接洽付款、提货等程序中双方应该注意的事项②。

为配合工业善后工作的开展，行总及其各分署先后设立了工业善后的机构或官职。1946年2月26日，行总成立了工矿业务委员会，华凤翔（技正）被任命为该委员会的主任委员。凡行总有关工业善后方面的业务由该委员会掌管。各分署均设立工业技正，其职责是与当地建设厅、经济部门、

---

① 以上各条均见《善后救济总署训令》，《行总周报》1946年6月第13期，第2—3页。

② 因限于篇幅，有关《善后救济总署工矿器材出售办法》与《各分署代表财务厅出售工矿器材应行注意事项》的详细内容，恕不在文中一一介绍，可参见《善后救济总署训令》，行政院救济总署鲁青分署《鲁青善救月刊》1947年2月第29期，第16—19页。

联总驻华办事处官员以及其他有关机构保持密切联系；在协助及督导原则下，推进工矿、水利及房屋建筑事宜；完成工矿、水利及房屋营造上的技术调查报告等。

此外，1944 年初，为给即将举行的善后事业提供必需的专业技术人员，行政院还在重庆等地分多批选拔了共计 1500 余名工业方面的技术人员，从 4 月开始，分批前往美国接受专业培训。

第二节　能源工业和给水工业善后事业的兴办

蒋廷黻、霍宝树两任署长及行总认识到：要使战后工业善后计划完成，应该首先从国民经济恢复与重建、人民生活所急需的基础性工业项目入手，如煤炭、电力等能源工业及给水工业等，做到早计划，早实施，早见效。所以，1946 年秋，联总用于工业善后的援助物资陆续运抵中国后，行总及经济部便利用联总援助的物资首先在煤矿、电力等能源工矿行业及给水工业等事关国民生计的行业中兴办善后事业。

一　煤矿善后事业的兴办

煤炭是当时人民日常生活离不开的必需品，也是中国近代工业及交通业的重要动力来源。战前，中国是世界煤炭产量较多的国家之一，而东北、华北一直是中国煤炭的主产区。据国民政府资源委员会的调查，1934年，中国的煤炭产量达到 3270 万吨，其中仅东北地区的产煤量就高达 1200 多万吨，约占全国总产量的 30%[①]。抗战期间，东北、华北等煤炭主产区相继沦陷，有的煤矿因为战火而遭到破坏；有的煤矿及其资源被日军掳掠而去，作为"以战养战"的重要动力；有的为逃避战火迅速内迁，设备损耗不少，濒临倒闭。并且很快爆发的内战又进一步加剧了煤炭等中国工业原材料的破坏与摧残程度。如 1946 年 3 月中旬，沈阳被国军占领后，市政

---

① 行政院善后救济总署编译处编：《行政院善后救济总署业务总报告》，上海市档案馆藏档案：Y3—1—278，第 175 页。

瘫痪，煤炭供应极其紧张。因此，此时中国的煤炭产量急剧下降，兴办煤矿善后事业势在必行。

抗战胜利后不久，国民政府资源委员会开始谋划煤矿复兴，并于 1946 年制订了《煤业复兴计划》，确定了先复员，后建设的原则，并强调"先注重东北、华北两区之敌伪接收事业之整理、修建，与台湾接办事业之积极兴复，再进而谋求华中、华南较大规模事业之新建设"之基本方针[①]。然而随着国共两党内战的爆发乃至战火愈演愈烈，从 1947 年下半年开始，资源委员会逐步调整发展重心，将目标由东北、华北各地煤矿转向华中和华南各地煤矿。1947 年 8 月初，经济部在南京召开了煤炭增产会议，与会代表主要是华中区及与京沪煤源有关的煤矿代表。会议要求各大煤矿坚持"寓善后于建设"的战后经济恢复与重建方针，将煤业发展的首要任务确定为"南煤增产以自足"，并督促各煤矿积极增产，以力争实现煤源自给自足[②]。此后，资源委员会还通过协办、贷款等不同方式，不断加强对华中与华南等地煤矿的资助。

为配合国民政府《煤业复兴计划》的实施，行总决定将恢复煤矿生产列入工业善后事业范围。在其编订的《中国善后救济计划》中，行总将用于煤矿善后的预算定为 690 万美元。最终联总运抵中国的煤炭设备等物资价值为 600 万美元，总重量为 8000 多吨。这些设备联总主要从美国、加拿大、英国等国采购再运抵中国。还有由美军遗留在中国或亚太其他地区的剩余物资中选用了价值约为 120 万美元、重量为 2000 多吨的煤矿器材。另外，由于收复区内煤矿损失过于惨重，所需善后物资不得不有所增加，因此，行总其他部门在霍宝树署长的协调下，将部分计划用于其他救济善后事业的器材移拨给工矿善后委员会作为煤矿善后的物资分发给有关厂矿，其价值为 271 万美元，总重量为 2193 吨[③]。

行总对于煤矿的善后主要从恢复煤矿的原有生产能力入手，使煤炭产

---

①　中国第二历史档案馆：《中华民国史档案资料汇编》第五辑第三编财政经济（五），江苏古籍出版社 1994 年版，第 75 页。

②　中国第二历史档案馆：《中华民国史档案资料汇编》第五辑第三编财政经济（四），江苏古籍出版社 1994 年版，第 224—225 页。

③　行政院善后救济总署编译处编：《行政院善后救济总署业务总报告》，上海市档案馆馆藏档案：Y3—1—278，第 176 页。

量尽量满足战后生产恢复和人民生活的需要。善后物资的分配对象，主要是生产场所在战时曾经遭受敌人破坏，在此时通过恢复能够重新生产的煤矿。分配过程中，则按照行总制定的《工矿救济之原则与实施方案》的有关规定执行。行总工矿业务委员会与经济部等机构根据各申请者的战前规模、战时损失程度以及目前的各种设备概况等情况，提交至由行总、联总驻华办及经济部等共同组成的煤矿联席审查委员会详加讨论，从而确定各煤矿的等级，进而决定对各地煤矿援助的数量及规模。

煤矿援助物资的分配原则上以省为单位统一划拨，然后由行总在当地的下属机构分配给所属煤矿。现将有关分配情况列为表 10—1。

表 10—1　　　　　　　　全国煤矿援助物资分配一览表

分配区域	重量（吨）	价值（万美元）	受配矿名
河南	1450	135.2	宜洛、龙门等
河北	950	81.3	开滦、门头沟等
山西、绥远	700	58	大同、阳泉等
山东	90	60	中兴、淄博等
安徽	1150	91	淮南、烈山等
湖北	500	29.2	利华、宝兴等
湖南	1570	140.3	湘潭、观音滩等
广西	90	7.7	合山、平桂等
广东	450	38	富国、八字岭等
江西	1660	150.7	高坑、浙赣等
江苏	450	41	利民、龙潭等
台湾	1150	28.2	省营、民营各矿
东北	700	25.3	抚顺、阜新等
总计	10910	831.9	

资料来源：行政院善后救济总署编译处编：《行政院善后救济总署业务总报告》，上海市档案馆馆藏档案：Y3—1—278，第 177 页。

※ 表中个别数字存在误差，原文如此——作者注。

从表 10—1 可见，全国共有 13 个大区参加了煤矿善后物资的分配，除山西、绥远及东北四省是作为一个整体参与分配外，其余都是以省为单位参加分配。在总重量为 10910 吨、总价值为 831.9 万美元的煤矿善后物资中，江西分得的最多，其重量为 1660 吨、价值为 150.7 万美元。分配给湖南、江西、河南和安徽华中四省的共有 5830 吨，所占比例超过一半。各分署将所分得的物资配给当地主要煤矿。如台湾分署将其分得的矿业器材中的诸如钢绳、炸药等物资按省营煤矿公司与民营煤矿工业同业会两大类予以分配，其中，钢绳前者分得大部分，后者分得少部分；炸药分配比例与钢绳则恰好相反。

联总对战后中国煤矿善后事业给予了大力帮助，同时，在行总的要求下，部分分署对煤矿行业善后工作给予了足够的重视。如江苏徐州一带历来盛产煤炭，但煤矿业因战争损失严重，苏宁分署专门派员陪同联总煤矿业专家巴立福（Brailsford）和康毅（Koneke）等人前往徐州等地，以调查当地煤矿业灾情，共同拟订煤矿善后计划。根据当地煤矿灾情及善后需要，联总、行总苏宁分署对诸如徐州境内的瑞特煤矿等主要煤炭生产企业提供了汽车、矿业器材等方面的善后物资援助。

这些煤矿善后物资的利用对有关煤矿的恢复起了不少作用，华东、华中、华南及台湾等地各煤矿生产条件因此而有明显改善，产量也得到显著增加。例如，利华、浙赣等煤矿，产量增加了 30%—40%；华东、八字岭等煤矿，产量增加了 60%—70%；而高坑煤矿与台湾省营煤矿，其增产幅度更是高达 80%—100%[①]。但是，也有一些地方的煤矿生产条件改善有限，因而其增产效果也不明显，比如，东北、华北等地因为时局的影响及交通的不畅，善后援助物资未能尽早运到与利用。当然，从总体上看，煤矿善后事业取得了一定的效果，联总的分析报告也对中国煤矿善后事业兴办的成绩给予了一定的肯定，它认为："在不包括东北的煤矿及解放区的煤矿的情况下，1947 年，中国的煤炭产量比 1946 年共增加约 440 万吨。"[②]

---

① 行政院善后救济总署编译处编：《行政院善后救济总署业务总报告》，上海市档案馆馆藏档案：Y3—1—278，第 177 页。

② *UNRRA Operational Analysis Papers, No.53*, Washington D.C., 1948, p.302.

二　电力善后活动的开展

20 世纪 20 年代，由于中国工业生产的落后及人民生活水平的低下，我国电力装机总容量很小，仅约为 171.6 万千瓦，而且地域分布也不均衡，其中东北四省的电力装机容量就约占 100 万千瓦[①]。而此时电力工业基本属于国人自办，主要是由一部分商人集资创办，其所办电厂所发电力也基本上仅限于供应城市照明所用，一般规模也不大。20 世纪 30 年代初，中国电力工业曾经有过一段难得的发展较快的时期，主要集中于华东地区，例如杭州电厂、南京首都电厂等，它们的规模都不小。抗战爆发后，东南沿海地区及长江中下游各地相继被日寇侵占，中国正在蓬勃发展的电力工业，因此遭受了沉重打击，尤其是东部沿海地区电力工业。

蒋廷黻署长于 1944 年编订工业善后计划时，对电力工业的救济善后事业给予了高度重视，最初作预算时对其给予了一定的倾斜，安排善后物资 3 万吨左右，价值 2500 万美元，后来因为联总业务经费总体缩减，电力善后物资的价值被降至 1400 多万美元。而且，截至 1947 年 12 月底，战后中国善后救济事业即将结束时，运抵中国的电力器材总计仅 960.22 万美元[②]。

联总援助中国的电力器材分别来自美国、英国和加拿大等国，器材种类主要有修电厂设备、变压器及电动机等。一般成套提供，主要包括两大部分，一是 46 套汽轮发电机组，其中，4 套发电功率达到 2500 千瓦，5 套发电功率达到 2000 千瓦，15 套发电功率达到 1000 千瓦，2 套发电功率达到 550 千瓦，20 套发电功率达到 500 千瓦；二是 24 套柴油发电机组，其中，发电功率达到 1000 千瓦及 150 千瓦的各 8 套，发电功率达到 560 千瓦及 250 千瓦的各 1 套，发电功率分别达到 480 千瓦、465 千瓦及 340 千瓦的各 2 套。以上大中型发电机组的总功率为 5.81 万千瓦[③]。此外，联

---

① *Program and Estimated Requirements for Relief and Rehabilitation in China as Presented to UNRRA,* Sep.1944, Vol. II, p.18.

② 行政院善后救济总署编译处编：《行政院善后救济总署业务总报告》，上海市档案馆藏档案：Y3—1—278，第 178 页。

③ 王德春：《联合国善后救济总署与中国（1945—1947）》，人民出版社 2004 年版，第 171 页。

总还向中国提供了 433 台发电功率为 75 千瓦以下的小型柴油和汽油发电机，这批小型发电机全部采购于美军剩余物资，它们的总功率为 1 万千瓦左右^①。

对于这些电力器材的分配，还在 1945 年春，即行总成立之初、联总援华物资尚未到达之时，行总即开始接受并审查各地受战灾损害的电厂的申请。联总也派来工业专家视察电力工业损失情况。各分署也派遣技术人员协助联总专家进行相关调查，为援助物资的分配积累了第一手参考资料。至于申请材料的审核工作，则由行总、联总驻华办、经济部、资源委员会等共同组成的审查委员会联席会议予以审核。截至 1947 年 12 月底，共有 487 个单位进行了电力善后物资的申请。而且这种申请主要集中在 1947 年，因为在 1946 年时，各厂矿有的拟自行到国外订购，有的希望当地供电形势会有所好转，所以，它们对电力善后物资的申请存在一种观望态度。进入 1947 年后，中国政府对进口物资采取了较为严格的限制措施，而地方的供电形势亦大多因为时局未能完全好转等不利影响而没有太大的起色，有的地方甚至是每况愈下，所以，各生产企业纷纷决定从行总及其分署申请购买各类电力器材，自行解决电力不足的问题，于是向行总提出此项申请的单位突然增多。

然而，联总供应中国的电力善后物资毕竟有限，供需矛盾日见突出。为了使有限的援助物资发挥最大作用，在坚持公正的前提下，行总署长霍宝树决定采取整套配发的形式对电力器材予以分配，配发对象主要是规模较大的电厂以及较大规模的用电企业自行恢复组建的发电厂等。这些电力器材配发到位后，行总还会同联总派遣的电力专家赴各地对获得联总电力善后物资援助的单位进行技术上的指导，帮助他们进行进口发电设备的安装、调试及故障排除等，以便这些援助物资及早发挥作用。

不过，虽然各地迫切需要电力供应，积极向行总申请发电设备。但是，在不少地方，安装、调试工作却并非一帆风顺，主要是此时第三次内战已经打响，安全形势日益恶化，交通状况雪上加霜，特别是缺少运输重达数十吨的大型载重车辆，同时配套资金也严重短缺等方面的因素造成的。对

---

① *UNRRA Operational Analysis Papers, No.53*, Washington D.C., 1948, p.296.

于配套资金严重短缺的问题，行总调查处的官员万鸿开曾经说过："我们曾将发电器材免费分配给一个较小的城市，但是当地人士无力负担由上海内运的费用，其后行总自愿负责运到，而当地仍无建厂的资力。这类事实我们曾数见不鲜，民间购买力低落的程度可见一斑了。"[①]

至于分配方式，行总仍然以省为单位进行发电器材的分配，然后通过行总在该省的分署将其发运给所需电厂。例如，苏宁分署将所分得的 4 套 60 千瓦发电机及柴油机分别提供给宜兴、溧阳、闵行及和明四大电厂，每厂各分得一套；另外，将 1 套 30 千瓦发电机提供给徐舍电厂。

现将行总分配各省发电器材情况列为表 10—2。

表 10—2 行总分配各省发电设备情况一览表

省别	厂数（家）	电机数（套）	总容量（千瓦）	省别	厂数（家）	电机数（套）	总容量（千瓦）
湖南	8	10	9500	广东	4	4	4500
湖北	3	3	5150	江苏	17	19	14460
江西	5	7	6980	河北	1	2	2000
河南	8	9	5500	安徽	4	4	2906
察哈尔	1	1	500	广西	4	5	1000
热河	1	1	500	绥远	1	1	500
浙江	3	3	1886	总计	60	69	55432

资料来源：行政院善后救济总署编译处编：《行政院善后救济总署业务总报告》，上海市档案馆馆藏档案：Y3—1—278，第 179 页。

※ 表中个别数字存在误差，原文如此——作者注。

在表 10—2 中列出的总计 65 套、装机总容量 55432 千瓦的电力善后物资中，分配给各省用于公用事业发电的器材占 60%，用于煤矿动力发电的器材占 21.3%，其他工业用发电的器材为 14.4%，新港工程占 3.4%，尚未分配的占 0.9%。在 13 个参与发电善后器材分配的省份中，无论是受益的厂数还是发电机套数、总装机容量均数江苏最多，分别是 17 家、19 套

[①] 万鸿开：《一岁新猷》，《行总周报》1947 年第 69—70 期，第 1 页。

和 14460 千瓦。

在当时中国电力供应极度紧张的情况下，行总利用联总提供的一些援助物资帮助电力工业恢复生产，起到了一定的作用，在一定程度上缓解了中国部分地区电力供需矛盾，从而对中国的经济、社会生活的恢复起了促进作用。以江苏为例，截至 1946 年底，江苏省共恢复因战灾停产的发电厂 20 家，装机总容量达 5.15 万千瓦，约占当时全国发电厂装机总容量的 11.5%[①]。

但是，从总体上看，不尽如人意的地方也不少，其中的波折与困难也不可否认，主要表现在：（1）预算削减较多，执行数额不到行总最初提出的预算额的一半；（2）有的器材，因国外缺乏钢铁及五金材料，即使已经确定，最后还是未能制造并提供给中国；（3）有的设备即使联总运抵中国，但由于交通问题，转载、起卸很不方便；（4）申请援助的单位很多，但最后获得援助的只占少部分，僧多粥少，受益面相当有限等。

三　给水工业善后事业的兴办

给水工业，与社会经济、人民生活、城镇消防等均有密切联系，是社会重要的公用事业之一。战前我国除少数大城市外，一般城镇均缺乏必要的给水设备尤其是自来水厂的设备。即使已有相关设备的，也往往是因陋就简，规模不大，水管线路很短，不能普惠于民，至于自来水厂的消毒设备更是缺乏、落后。并且，历经 14 年的日本侵华战争，大多破坏严重，故战后我国自来水厂普遍失去了供水能力，给水工业的善后，已是迫在眉睫。

1945 年，行总成立不久，署长蒋廷黻就责成行总有关部门考虑给水工业的善后问题。其中第一个急需解决的就是自来水厂的动力问题。行总原计划照旧继续使用电力作动力进行抽水等方面的作业，但后来我国电力总体过于短缺，且一时难以改变。所以，最后行总决定自来水厂采用内燃机作为动力。第二个需要解决的就是洁水器材的补充。对此，各自来水厂都很缺乏，行总拟从联总获得，以供应各自来水厂。行总在《中国善后救济计划》中最初确定的给水工业善后的预算为 200 万美元，联总批准供应中国的则达 206.5 万美元。但是，到 1947 年秋季，联总善后救济工作行将结

---

① 王卫星等：《江苏通史·中华民国卷》，凤凰出版社 2012 年版，第 493 页。

束，有的物资还无法按时交货，故联总取消了包括各种铁管在内的部分援助物资，价值 59.2 万美元。不过，此时联总又从美军遗留的剩余物资中购买了部分物资，包括铁管、水箱、洁水物资等予以补充。

根据行总的要求，联总所供应的自来水厂善后物资中以配有内燃机的水泵为主，电动水泵仅有 5 套，主要是供电力较为充裕的少数地方使用。至于洁水器材，联总供应非常充足，基本上能够满足各自来水厂的消毒需要。

这些物资的分配，基本上以各自来水厂为对象。在分配水泵时，行总颇感难堪，各自来水厂普遍不愿接收、使用内燃机作动力的水泵，其原因是：（1）这类设备成本太高；（2）这类设备不及电动水泵使用简便；（3）各自来水厂使用电动水泵已成习惯，改用内燃机水泵，一时难以适应，技术上也有不少困难。最后，经过行总的多方解释，各自来水厂才勉强同意接收与使用内燃机水泵。其分配原则与办法是：采用价购的方式予以分配，首先由各厂提出价购申请，然后由联总、行总及有关部、会组成的审议委员会评审，再根据评审结果予以配售。在物资运到以前，行总就对它们先行逐个配定，并与它们签订协定，物资运到后即将各水厂所需物资提供给它们。

各种相关援助物资的提供，给水工业善后事业的兴办，对当时中国部分地区的供水困难形势起到了一定程度上的缓解作用，有的水厂在经过了善后救济活动后，供水能力提高明显。比如，兰州自来水厂在获得并利用援助物资后，供水能力提高了 25%；武昌自来水厂战前设备简陋，损失较重，此次得到行总所分配的给水工业善后援助物资后，已可增加供水量两倍以上；上海内地自来水公司，在 1946 年秋季，即能较战前增加供水量 10%，1947 年便可供应沪西[1]。此外，洁水器材的分配范围较广，对各自来水厂的水质之改善，细菌之消除，进而减少人民的痛苦方面作用不可抹杀。

第三节　机械、建材和纺织工业善后事业的兴办

由于机械工业、建材工业与纺织工业在国民经济中不可替代的作用，

---

① 行政院善后救济总署编译处编：《行政院善后救济总署业务总报告》，上海市档案馆馆藏档案：Y3—1—278，第 180 页。

抗战胜利后，蒋廷黻及其继任者霍宝树署长都十分重视这三大工业的善后，他们先后分别领导行总，协助有关部、会兴办了这三大工业的善后事业。

一　机械工业善后事业的兴办

一个国家机械工业的发展状况，可作为一个国家工业化水平的重要指标。过去，我国曾经将"工艺"视为"末技"，不太重视机械工业的发展。清朝末年略有改观。1862 年，曾国藩创办的安庆内军械所才制造了中国第一台蒸汽机。1866 年，中国第一家大型机械厂在福建马尾建成投产；次年，位于上海的江南制造总局生产了中国第一台车床。1931 年"九一八"事变后，全国开始逐步重视机械工业的发展。然而，由于长期以来历史欠账较多，进展十分缓慢。1936 年，全国仅有机械工厂 300 多家，并且基本上还停留在仿制阶段，很难自行设计、制造。日本全面侵华战争开始后，机械工厂大量内迁，避免战火破坏，赢得一难得的发展机会。但终因技术及规模方面的短处，与欧美先进工业国家相比，差距仍然非常巨大。战后，我国欲图工业之振兴，应该首先恢复和发展机械工业，实现机械自给，已成为人们的共识。

有鉴于此，蒋廷黻力图领导行总为机械工业的恢复创造条件，1944 年，蒋廷黻在主持编订《中国善后救济计划》时，拟为机械工业善后向联总申请价值 2900 万美元、重量为 3.3 万吨的援助物资。然而，联总出于其善后救济活动的宗旨是重救济轻善后的考虑，对蒋廷黻提出的这一机械工业善后物资申请计划作了大幅度的削减，结果联总拟向中国提供的机械方面的援助仅为 990 万美元，不到蒋廷黻最初计划的三分之一。不仅如此，其中620 万美元被联总指定为购置铁路机车厂所需的机器设备；26.5 万美元用于购置卫生用具制造厂所需的机器设备；剩下的 370 多万美元，则用来添置其他机械工业所需的设备等，以帮助机械工业恢复生产[①]。

用于铁路制造的机器设备，原来计划分配给西安和株洲两地，后来因为联总决定停运北纬 34 度以北地区的物资，于是改配武昌。总共运抵的

---

① 行政院善后救济总署编译处编：《行政院善后救济总署业务总报告》，上海市档案馆藏档案：Y3—1—278，第 182 页。

物资重量为 9957 吨，分别由上海、九龙两口岸运入中国内地武昌，在装配了进口设备之后，该厂即能为粤汉、浙赣、湘黔等铁路修理客车、货车及机车，还可制造一些零配件，以备所需。

卫生用具制造厂获得的机械工业善后物资几乎全是机床，这些设备大部分用于上海的厂家，援助物资到位后，这些厂家因此可以生产一些医用手术工具等医疗器械。

除此之外的普通工厂的机械配发，依据的原则是：优先分配能够即刻利用援助物资恢复生产的工厂。对于地域问题，以遍及全国为目的，避免受惠工厂过分集中于一两个大都市。其中，重型机械设备仅有 1 套，分配资源委员会通用机械公司利用。该厂厂址位于上海闵行镇，抗战胜利之初，厂区一片荒芜。在得到行总重型机械帮助后，便开始建设厂房，积极准备恢复生产。后来，行总又配发该厂一批发电机、给水设备、水运设备及钢铁材料等物资。1947 年 12 月，该厂便初具规模。1948 年 7 月，该厂开始大规模生产。其产品主要是 300 匹马力的柴油机、各式水泵与鼓风机等。工厂的恢复生产，为战后恢复工业生产"解决小型工厂之动力、给水等问题"做出了积极贡献[①]。

中型机械修理设备共计 4 套，分别售予太原的西北实业公司、无锡的公益铁工厂、台湾钢铁机械公司及民生煤矿 4 个单位。其他尚有小型机械修理设备及小型电机修理厂各 5 套，流动小型机械修理车共计 35 辆，均已通过各分署对它们予以分配、利用。其中，配发无锡工艺机器厂小型机械修理设备及小型电机修理厂各 1 套，配发上海经纬纺织机器制造厂小型机械修理设备及小型电机修理厂各 2 套，配发上海中国植物油料厂小型机械修理设备及小型电机修理厂各 1 套，配发资委会中央机器公司小型机械修理设备及小型电机修理厂各 1 套。流动小型机械修理车 35 辆则分别配发上海电力公司、上海自来水公司、资委会各电厂、上海市工务局、新中工程公司、湖南黑铅冶炼厂、在湖南湘潭的中央电工器材厂、中央机器制造厂和中央钢铁厂、湖南民营机械厂、广东信宜铁厂、粤北铁厂、广东禾

---

① 《普通工厂机械设备之分配》，《行总周报》1946 年第 35 期，第 7 页。

必岭铁厂等①。

虽然联总提供的机械工业善后援助物资与蒋廷黻最初的申请数量相比减少了不少，但是，"他们提供的机械大多是技术先进，质量优良，分配也较合理，因此，它一定能够推动中国工业技术的恢复与发展"②。

1946 年 8 月，中国农业机械特种股份有限公司（简称"中农公司"）经过增资改组，承办了联合国善后救济总署在华设置农具厂的计划，公司从重庆迁往上海，并且在虹江桥设置了总厂。除了总厂外，计划在全国各省市设立 18 个分厂，在各县设立 3000 个铁工铺，为中国广大农村地区提供了农业机械，促进了中国农业机械工业的发展。但是，过去有人对以美国为代表的联总此一善举打上深深的时代偏见，对美国动辄以"美帝国主义"相称，对美国主导的联总在中国的善后救济事业攻击为"侵略"，这是不恰当的。如，他们认为，"根据美帝国主义的企图，联总在华设置农具厂的规模是比较大的"；其目的是"企图通过它来推销美国剩余农业机械"，最终"垄断中国农业机械，掠夺中国农村经济"③。又如，他们在介绍中农公司发展时指出，自迁驻上海，特别是在虹江桥总厂建成后，其业务主要有二：一是接管联总移交的物资；二是"就在和物资一起来的'美国顾问'的监管之下，为美帝国主义的侵略计划开展了活动"④。

二　建材工业善后事业的兴办

历时 14 年的日本侵华战争，给中国的建筑物造成了严重破坏。行总为了解决中国战后房荒问题，一方面向灾区人民提供简易住房及一些房屋建筑材料作为紧急救济；另一方面向联总申请各项建筑材料生产设备及建筑机具，分配给急需的地区，为恢复重建创造条件。

关于建筑材料的机械，其种类有水泥厂、砖瓦厂、玻璃厂、水泥砖制造机、洋灰排水管制造机及锯木机等。申请、利用这些建材机械物资的目

---

① 行政院善后救济总署编译处编：《行政院善后救济总署业务总报告》，上海市档案馆馆藏档案：Y3—1—278，第 184 页。

② *UNRRA Operational Analysis Papers, No.53*, Washington D.C., 1948, p.303.

③ 上海机械工业史料组编：《上海民族机械工业》，中华书局 1979 年版，第 718 页。

④ 同上。

的是协助恢复战时遭受损失的各厂，使其能够为战后重建提供必需的建材。最初蒋廷黻向联总提出的申请预算是水泥工业机械 150 万美元，砖瓦厂机械 30 万美元，锯木厂 20 万美元[①]。后来，由于砖瓦需求量太大，1947 年初，霍宝树署长向联总负责人请求增加砖瓦厂的生产设备，经过争取，联总同意将砖瓦厂机械善后援助物资增加到 112.5 万美元，从联总获得了最新式的砖瓦制造机 6 全套。同样，由于修建房屋需要大量木材，因此锯木工具需求旺盛，原来蒋廷黻确定的 20 万美元物资显然过少，霍宝树再次请求联总增加此类物资援助，联总同意将锯木工业的机械善后援助物资增加到 50 万美元。不过，所供应的机械，除极少数具有相当规模的锯木设备外，其他多为小型的木工机械，都不太适合我国的需要。

此外，鉴于抗战过程中建筑物的门窗玻璃损毁也很严重，战后需要大量玻璃补充，而当时我国仅有平板玻璃制造厂一家，而且生产工艺及设备均已陈旧，因此，行总于 1944 年制订《中国善后救济计划》时，提出了提供平板玻璃制造设备的请求，并经过蒋廷黻署长与行总驻联总办事处负责人的多次商谈，联总最终同意向我国提供两套年产 70 万平方米平板玻璃的制造设备。

恢复水泥厂的机械，依照各申请厂家原有机件损失清单及图样，由行总转送联总，再由联总交美国承制。制造完毕后，又由联总安排海轮运抵中国口岸。关于水泥砖制造设备，共有 6 套，每套设备重达 86 吨，每套 8 小时内可出产水泥空心砖 9600 块，全部实现自动化操作。洋灰排水管制造机械，行总从联总处获得了 2 套，每套自重 25 吨，每天可生产各种水管 1 万多尺，全年水管产量可达 380 万多尺。砖瓦工业方面，主要机械为砖瓦制造机，共订购 6 套，每套自重 268 吨，每套 8 小时内可生产标准红砖 10 万块。从调土一直到煅烧，其操作过程全部为自动化，并且安装简便，6 个工作日即可完成安装任务。锯木机械设备主要有：重型带锯床 1 套，活动锯木床 5 套，磨具设备 2 套，电动圆锯 125 套等[②]。

关于上述援助物资的申请，先后向行总申请水泥机械援助的厂家共有

---

① 行政院善后救济总署编译处编：《行政院善后救济总署业务总报告》，上海市档案馆藏档案：Y3—1—278，第 185 页。

② 同上书，第 186 页。

27 家，经联总、行总及有关部、会共同组成的审查委员会审查，有 20 家符合行总工矿善后物资分配原则而申请成功，例如江南水泥公司、上海水泥公司、西村水泥厂和台湾水泥公司等。砖瓦、玻璃、水泥砖及洋灰管制造机械等，均出现了提供的援助机械很少，而申请厂家较多的情况。砖瓦机械只有 6 套，申请厂家为 28 家，玻璃机械只有 2 套，申请厂家为 15 家，水泥砖机械只有 6 套，申请者有 14 家，洋灰排水管制造机械只有 2 套，申请者为 7 家[①]。

行总在对援助物资审查、分配之初，先将各项说明书及行总工矿善后物资分配原则分寄各地分署，由行总分署在当地主要报纸上发布公告。然后由各地的行总分署收集该区中的申请书，由分署进行初步审核，合格的上报总署作为审查的依据，不合格或不能提供相关器材的则予以退回。如，西北实业公司向行总晋绥察分署申请 9 万吨建材，但分署表示"无力供应"，原因是，一方面，"联总运华建筑材料为数甚微"；另一方面，"运输困难"[②]。

后来，由于申请的厂家之多甚至超出行总及其各分署的预料，为了彰显公平、合理，行总临时决定举行一个涵盖范围较广的联席分配会议，邀请行总、联总驻华办、国民政府中央机关有关部、会代表共五十多人出席审查会议，参加讨论，建言献策。经过 3 天的激烈讨论，形成初步意见，尔后报经行总署务会议、联总远东区代表办事处等进行长达数月的研究、复核，做出最终决定。

对于最核心的分配原则问题，决定除了以《行总工矿善后物资分配原则》为基本准绳外，还要按照各地申请厂家所在区域的战时房屋受损程度、人口的众寡、原料的分布与供应、交通状况、市场供求关系以及申请厂家过去生产经验等有关信息，作为最终确定申请厂家获得援助物资的参考条件。

经过严格评审，砖瓦厂设备 6 套分别由湖南、湖北、河南、江西、江苏和上海 6 个省的厂家获得，需要说明的是，前 4 个省的厂家因为获得的机械有部分零部件不全而放弃善后援助设备，只有江苏和上海的厂家所分

---

① 参见《行总订购建筑材料机械及申请厂数量表》，载行政院善后救济总署编译处编《行政院善后救济总署业务总报告》，上海市档案馆藏档案：Y3—1—278，第 187 页。

② 《山西省民营事业董事会、西北实业公司、善后救济总署晋绥察分署关于购买、出售器材的函》，山西省档案馆馆藏档案：B31—1—300—21。

得的设备是全套而提走设备。玻璃厂机械 2 套分别由上海和湖北的厂家获得。水泥砖机械 6 套分别由河北、广东、浙江、江苏、台湾和上海的厂家获得。洋灰排水管制造机械 2 套分别由江苏和上海的厂家分得。

锯木机械的分配，因型号不同而有所区别。大型锯木机械主要分配给大林场或大型木材加工厂。小型锯木机械由于不太适合中国需要，分配及利用效果不佳，很多没有人申请而被存储在行总仓库里。由于中国重建需要大量木材，联总还应行总的请求，"向中国提供了 500 万英尺左右的厚木板，它们被广泛用于中国码头、桥梁、堤坝、学校、医院、厂房、矿井与驳船等的建造项目"[1]。

行总还从联总处获得了品种繁多的建筑机具，主要有推土机、压路机、打桩机、起重机等大型机械，总重量约为 28100 吨，分别来自美国、英国、加拿大和澳大利亚等国。这些物资对中国工业善后进程起了推动作用。

行总向各大型建筑企业配售了一批建筑机械设备，其中包括 413.7 万美元的水泥厂机器，它们中：2 套用于制造砖瓦、洋灰管与玻璃的机器，6 套制造水泥砖机器，锯木厂主要机械 361 吨，价值 85.5 万磅的锯木及木工机械。例如，江南水泥厂近 90% 的生产设备遭受战争破坏，苏宁分署为其提供两套日产 2000 桶水泥的设备[2]。又如，广东士敏土砖厂原来是一家较大型土砖制造厂，广东分署向其配发了一批建材设备，包括机窑、电动机、泥浆池、炼斗机、化验室等[3]。

行总估计，这些设备及器材一旦投产并充分利用，将可增加水泥产量 108.96 万吨，红砖瓦 6.48 亿块，2 厘米型号的平板玻璃 140 万平方公尺，水泥砖 6240.8 万块，洋灰管 1144.8 万尺，木材 2880 万尺[4]。

三　纺织工业善后事业的兴办

纺织工业一直是中国的传统产业，古代时期就很发达，其工艺、技术

---

[1] *UNRRA Operational Analysis Papers, No.53,* Washington D.C., 1948, p.299.
[2] 行政院善后救济总署苏宁分署《月报》1947 年第 6 期，第 7 页。
[3] 行政院善后救济总署广东分署《周报》1947 年第 8 期，第 4 页。
[4] 行政院善后救济总署编译处编：《行政院善后救济总署业务总报告》，上海市档案馆藏档案：Y3—1—278，第 76 页。

长期处于世界领先水平。17 世纪，江南一带的早期资本主义萌芽也是从纺织工业开始的。清朝中后期，纺织品一度成为中国出口的主要商品之一。20 世纪 30 年代，纺织工业仍然具有相当的实力，拥有纱锭达 500 万个左右，其规模甚至在中国的所有工业门类中独占鳌头。日本侵华战争爆发前夕，全国的棉花种植面积超过 6200 万亩，棉花产量则超过 2000 万担，这些棉花基本上是用来供应中国本国的纺织工业，棉纺织品也主要满足国内消费的需要[①]。

1937 年 7 月，日本侵华战争全面爆发后，日本帝国主义为了达到"以战养战"的罪恶目的，在中国境内大量种植棉花。对此，蒋廷黻在 1943 年 11 月 18 日的联总成立大会期间公开进行了揭露与批判。他说："日本目前尤注意经济战争，并以威胁及利诱之方法，在中国北部及菲律宾扩充植棉区域，置当地民众粮食之需于不顾。日方此举，系在抵补战前由印度、美国、埃及及中国输入之棉花，以应其军民之需要。"[②]接着，中国超过九成的棉纺织工业也被日军控制。

为了彻底粉碎日军的阴谋，阻止敌人对我棉花资源的掠夺，我敌后游击队等武装力量竭力破坏敌人的植棉计划，摧毁了敌人的棉田；另外，战乱使得人们对自己种植的棉花也无法正常管理，导致战后初期中国棉花种植面积及产量大幅度下降。联总驻华办在其报告中指出：抗战胜利后的第二年，"中国全部的棉花种植面积只回升到 3241.8 万亩，而全年的棉花产量仅有 789.5 万担"[③]。棉花等原材料的缺乏以及生产器材的不足，导致全国许多棉纺织工厂倒闭或歇业，进而使中国的棉纺织品等衣物材料短缺。抗战胜利后，中国棉纺织业的恢复重建意义重大，"不特减少棉布之输入量，亦将有助于恢复中国国民经济"[④]。因此，棉纺织业的善后也是不可或缺的事业。

① 行政院善后救济总署编译处编：《行政院善后救济总署业务总报告》，上海市档案馆馆藏档案：Y3—1—278，第 188 页。

② 《我出席联合救济会议代表论我国之需要》，载方庆秋等主编《中华民国史史料长编》第 62 册，南京大学出版社 1993 年版，第 653 页。

③ *China Office Monthly Report*, No.11, October, 1946, p.15.

④ 行政院善后救济总署编：《中国善后救济计划》，上海市档案馆馆藏档案：Y3—1—274，第 14 页。

为了解决抗战胜利之初百姓"衣不蔽体"的急迫问题，行总向联总申请了一些衣服、鞋子及布匹（还包括一些缝纫机等简单器材），用于救济活动，直接发放给灾民。与此同时，为了帮助中国工业现代化的实现，推动中国战后纺织工业的发展，从根本上解决人民的穿衣问题，行总在其向联总提交的《中国善后救济计划》中申请纺织业原材料即棉花 8 万吨，最终到位 6.44 万吨，到位率为 80.5%。同时要求联总援助纺织业（包括棉纺织业和毛纺织业）的善后器材物资总价值为 1800 万美元，总重量为 2.55 万吨，大约 40 万个纱锭以及纺织工业善后所需的其他器材，例如缝纫机及其零部件、针线等。最终运抵中国的物资总价值为 1062 万美元，总重量为 1.43 万吨，到位率分别为 59% 和 56%①。

表 10—3　　　　行总纺织业善后援助器材计划数与最终到位数对照表

品种	计划金额（美元）	计划重量（吨）	到位金额（美元）	到位重量（吨）	到位率（%）
棉纺织业	1600 万	2.4 万	968 万	1.36 万	60.5,56.6
毛纺织业	200 万	0.15 万	94 万	0.07 万	47,46.7

注：表格中的到位率，前者是指金额，后者是指重量。

资料来源：根据行政院善后救济总署编《中国善后救济计划》（上海市档案馆馆藏档案：Y3—1—274，第 17 页）、《纺织周刊》（1947 年第 6 期，第 5 页；1947 年第 7 期，第 11 页）的相关内容综合、计算而成。

从表 10—3 中不难看出，无论是棉纺织业还是毛纺织业，无论是总金额还是总重量，最终到位数离最初计划数均有不小的差距。

得到行总纺织业善后物资援助的企业主要是一些当时在当地乃至全国占有重要地位的大型企业或企业集团。

第一，申新纺织公司。

如前所述，历时多年的日本侵华战争，使得中国民族纺织工业遭受重创。当时全国最有实力的民族纺织业"航空母舰"——申新纺织公司（也有少量面粉厂），1915 年由荣宗敬、荣德生兄弟创办于上海。在全国共设

---

① 分别参见行政院善后救济总署编《中国善后救济计划》（上海市档案馆馆藏档案：Y3—1—274，第 16 页）、《纺织周刊》（1947 年第 6 期，第 4 页）。

立 8 个纺织、印染工厂，仅在上海就设立了 5 家，分别是申新一厂、二厂、五厂、六厂和八厂；在无锡设立了 2 家，分别是，申新三厂、七厂；此外，在汉口也设立了 1 家，即申新四厂。到 1931 年全盛时期，申新纺织公司总计拥有纱锭 46 万枚、布机 4757 台，职工逾 3 万人；1932 年，实际自有资本共达 1800 万元，资产总值 6400 余万元，成为当时中国规模最大的纺织企业[①]。这些工厂在战时无一例外地损失严重，尤其是七厂和八厂更是完全毁于战火。1946 年底，行总在陆续收到联总提供的纺织器材后，通过行总在当地的分署对申新各厂恢复与重建给予帮助。据不完全统计，行总共向申新公司援助纺锭 8.98 万枚，其中棉纱（线）锭 7.5 万枚（包括 HB 纺织机纺锭 1.5 万余枚），毛、麻及绢锭近 1.5 万枚；棉织机约 2800 台（含 HB 纺织机 1423 台），毛织机 100 多台，麻织机 96 台等[②]。这些援助物资使得该公司迎来了"黄金时代"，至 1947 年底，上海申新各厂帐面盈利达 152.05 亿元 (法币)[③]。

第二，中国纺织建设公司。

中国纺织建设公司（简称中纺公司）成立于 1945 年 9 月，隶属国民政府经济部。其总部设在上海，同时设立了东北、青岛及天津等分公司。其业务主要是接管并经营战时日寇及伪满洲国在中国生产的纺织厂及其附属事业单位共计 85 个。这些企业战时均受到不同程度的破坏。1947 年，为帮助这些企业恢复生产，根据"行总配额"，行总分配给中纺公司一批棉纱（线）锭、毛、麻及绢锭。此外，该公司又自行出资购买了一批纺织器材，包括，棉纱（线）锭 9.5 万枚，毛、麻及绢锭 0.8 万枚；棉织机 0.29 万台，另外还有毛织机 62 台、麻织机 200 台、绢织机 35 台等，为中纺公司在中华人民共和国成立后成为中国纺织业骨干企业奠定了基础[④]。

第三，上海永安纺织印染公司。

上海永安纺织印染公司（简称"永纱"）也是一家著名的以棉纺织业为主的企业，下辖 5 个分厂。其原名为"永安纺织股份有限公司"，由著

---

① 参见《申新纺织公司》，https://baike.so.com/doc/8786527-9110739.htm。

② 《善救总署援助申新纺织器材》，《新闻报》1947 年 11 月 19 日。

③ 参见《申新纺织公司》，https://baike.so.com/doc/8786527-9110739.htm。

④ 行政院新闻局：《中国纺织建设公司》，1948 年铅印本，第 65 页。

名华侨资本家郭乐于 1921 年 4 月创办于上海，是中国唯一的近代华侨资本棉纺织企业，规模很大，在当时的中国纺织业中占有重要地位。

1932 年 1 月 28 日，"一·二八事变"爆发后，"永纱"公司就受到日寇侵略。全面抗战后期，该公司因为种种原因则更是处于停产或半停产状态，第一分厂更是被日军占领并作为其野战医院，纺织设备因而几乎全部被毁。1946 年 1 月下旬，永安公司艰难地走上恢复生产之路。为帮助该公司恢复和发展，行总共向其提供纺锭 2 万多枚，纺织机 0.1 万台。此外，公司还自行出资分别从美、英等国购买了诸如纺织机、纺锭等部分器材。1947 年初，公司生产规模达到战前的 84%[①]。

第四，常州大成纺织印染公司。

常州大成纺织印染公司由著名民族资本家刘国钧于 1930 年在常州创办。1938 年，该公司由 1 个厂发展到 3 个厂，纱锭由 1 万枚迅速发展到 8 万枚，年均增加 1 万枚；企业发展资金由创办之初的约 50 万元发展到 400 万元，在当时被人们誉为"罕见的奇迹"。该企业最先在我国纺织企业中试制成功丝绒及灯芯绒等新式布料。第一分厂抗战期间被日寇非法占领并作为其军营；第二分厂在日本侵华战争完全毁于战火；第三分厂被当地政府征用作为跑马场。1947 年夏，行总为帮助其重建与恢复生产而向其提供纺锭 3 万余枚，织布机约 600 台。后该公司又自行出资从美国进口纺锭 2 万余枚，织布机近 500 台。利用这些设备，该公司将第一、第三分厂作为棉纺织厂，第二分厂改建为印染厂，经过艰苦努力，各分厂均逐步恢复正常生产，日均产布 5000 匹，且效益尚佳[②]。

第五，裕大华纺织集团。

裕大华纺织集团（简称"裕大华集团"或"裕大华"），形成于我国沦为半殖民地半封建社会的过程中。它的诞生、发展，从某种角度上说，是我国民族资本主义企业发展的缩影，体现了我国民族资本主义发展的一般客观规律。裕大华集团主要由裕华、大兴、大华 3 个股份有限公司组成，是中国近代民族资本主义企业的典型。它以纺织业为主，主要资本家是徐

---

① 《永安纺织印染公司》，中华书局 1964 年版，第 281 页。

② 《纺织周刊》1947 年第 11 期，第 4 页。

荣廷、姚玉堂、苏汰余等。

抗战爆发后，根据国民政府的统一安排，这些工厂纷纷内迁，如裕华分厂迁往汉口，大兴则放在石家庄。1938 年 10 月，汉口沦陷。裕华厂房"长期为日军占用，几成废墟"。抗战胜利后，行总分配汉口裕华纺锭约 1.4 万枚、织布机超过 300 台。后该厂又分别从英、美两国购买一些纺锭、织布机等纺织设备。该厂最终得以重建。中华人民共和国成立后，该厂拥有纺锭约 2.4 万枚，织布机近 700 台的规模，为新中国的国民经济恢复做出了很大贡献[①]。在石家庄的大兴分厂，抗战期间，在"毁机献铁"运动中被迫交出 1 万枚纺锭，不久，又受政府之命，捐出 1.5 万枚纺锭，以帮助天津纺织业发展。抗战胜利后，大兴曾一度被当地的地方武装接管并经营。1946 年，经过多方努力，大兴重新归属裕大华集团。此后，行总援助大兴分厂纺锭 1.1 万枚及少量织布机，以助其恢复生产，裕大华集团为其重新配置供电、供水设备，最终全面恢复正常生产。战时同样迁往内地的大华分厂也通过自身的努力及行总纺织器材的援助，逐步恢复生产。中华人民共和国成立之初，整个裕大华集团的纺织业生产规模达到纺锭 10.7 万枚，织布机 0.2 万台，纺织、印染布匹日均 1.6 万匹，为新中国的国民经济恢复及人民生活作出了积极贡献[②]。

此外，晋绥察分署在 1947 年初，分两次向山西交城皮毛业同业协会共贷款 1193 万元，重建皮毛复兴公司，一方面振兴皮毛业，另一方面安置生活困顿之失业工人。1947 年 6 月，根据西北实业公司多次申请，行总最终向其空运约 100 英吨纺织器材等物资。苏州苏纶纱厂、湖北震寰纱厂、湖北沙市纺织公司、衡阳麻织厂、长沙第一纺织厂等企业也在抗战胜利后分别得到了行总的纺织业善后物资援助，并在不久先后重新生产。

这样，虽然长期的日本侵华战争使中国的棉纺织业遭受重创，棉纱布产品极端缺乏，但是，抗战胜利后，国内棉纺织业迎来了短暂的繁荣。原因有三：（1）战后国内棉纱布极端缺乏，为国内棉纺织业的发展提供了广阔的销售市场和获利空间；（2）联总向中国提供了一批纺织器材，另

---

① 《裕大华纺织资本集团史料》，湖北人民出版社 1984 年版，第 557—558 页。
② 同上书，第 564 页。

外还向中国提供了 6.44 万吨棉花等原材料，这为中国棉纺织业的发展提供了可能；（3）战后美国、印度棉花等原材料的大量积压库存，使得中国棉纺织企业可以廉价从上述国家获得总重量超过 28 万吨、总价值近 1.5 亿美元的棉花等原材料[1]。这在客观上为中国棉纺织业的发展创造了条件。

在战后，中国的纺织工业得到迅速恢复与发展。具体表现在以下几个方面。

（1）开工企业不断增多，产量不断提高。上海、青岛和天津等地的一些在战时遭受重创的纺织企业不断重现生机，相继开工生产，机器轰鸣声不绝于耳。1946 年 10 月 26 日，前来中国视察工业善后情况的联总署长拉加第亚在向联合国理事会的报告书中指出：中国"工业方面，尤其是织维工业，正在各海口重行建立"[2]。纺织工业善后活动的有效开展，使纺织工业的产品不断增多。比如，上海、青岛和天津三市的纺织企业在 1946 年 1 月的产量总和是 3197 包纺纱和 434 万米的棉布。仅仅半年之后，它们的总产量就达到了 43342 万包纺纱与 3975 万米的棉布[3]。1946 年，江苏省棉纺织业逐渐恢复并在此基础上有所增长，棉纺织企业已增加到 71 家，共拥有织布机 9423 台，比战前有所增长；全省共有纺锭 122.3 万枚，比 1937 年增长 1 倍[4]。棉纺织业成为苏宁地区的重要支柱性产业。总之，1947 年，中国棉纺织企业共计拥有纺锭 438 万个，织布机 5.4 万台，分别是战前的 1.59 倍和 2.1 倍；生产棉纱 170 万件，棉布 4763 万匹，分别是战前的 1.17 倍和 4.3 倍。此时，外资在中国棉纺织业中所占的比例仅为 1% 左右，"影响已是微不足道"[5]。

（2）利润日益增加。1947 年，当时永安纺织印染公司毛利为 71%，申新纺织公司毛利更是高达 81.5%，据说，它们的"实际利润还远超账面

---

① 中国社会科学院经济研究所：《上海对外贸易》，上海社会科学院出版社 1989 年版，第 253 页。

② ［美］拉加第亚：《救济中国》，原载于美国新闻处上海分处《每日新闻》（*Daily News Bulletin*）1946 年 10 月 28 日；转载于《行总周报》1946 年 11 月第 30 期，第 1 页。

③ *China Office Monthly Report*, No.11, October, 1946, p.17.

④ 王卫星等：《江苏通史·中华民国卷》，凤凰出版社 2012 年版，第 489 页。

⑤ 汪朝光：《中国命运的决战（1945—1949）》，江苏人民出版社 2013 年版，第 224—225 页。

上的数字"。1947 年，"全国棉纺织业纯益即达 1.2 万亿元"[1]，"是以凡能开工的纱厂，无不利润累累"[2]。当然，这种繁荣只是短暂的，1948年全国棉纺织业由于内战范围、规模不断扩大、通货膨胀、原材料价格迅速上涨及国民政府对棉纺织业实施全面管制等原因而进入"寒冬"。

（3）培养了一批纺织行业的技术人才。中纺公司坚持"从生产中来，到生产中去"的原则，通过举办培训班等形式，培养了一批既有专业技能、又有实践经验的技术人才。这些技术人员在中华人民共和国成立后，被分配到全国各纺织厂、印染厂工作，为我国纺织工业的发展做出了不容忽视的贡献。

因此，棉纺织业被公认为当时中国恢复最好的工业。中华人民共和国成立后，这些纺织企业通过"一化三改"运动，全部被改造为社会主义国营企业，为社会主义国家的强盛继续贡献自己的力量。

综上所述，1945—1947 年，联总向中国提供了一批工业善后援助物资与经费。据丁文治当时估计，"大体说来，联总的物资可能弥补中国原有工矿生产能力的四分之一"[3]。在联总帮助下，中国兴办了一系列工业善后事业，包括能源、给水、机械、建材与纺织等行业。这一事业又是在国民党当局实施工业复员的大背景下兴办的，因而对整个战后中国工业恢复与重建事业做出了积极贡献。大批企业从战火中恢复过来，工业产量不断提高，工业效益有所提高。以棉纺织业为例，当时的媒体说："广大的远东市场，都变成了我国棉纺织业的市场。"[4]1947 年也有媒体对当时棉纺织业的暴利作了介绍："全国纺织业纯益约在 12000 亿元之谱，上海民营纱厂之盈余占其 3 / 10 左右。"[5]与此同时，大批产业工人得到接受了新技术、新工艺，从而为工业乃至整个国民经济得到一定程度的恢复与发展创造了条件。

在工业善后事业兴办的过程中，行总及其各分署创造性地提出了一些

---

[1]　黄逸峰等：《旧中国民族资产阶级》，江苏古籍出版社 1982 年版，第 580 页。

[2]　许涤新等：《中国资本主义发展史》，人民出版社 1993 年版，第 456 页。

[3]　丁文治：《联总物资与战后中国经济》，上海六联印刷公司 1948 年版，第 41 页。

[4]　张炯明：《上海棉纺织工业之发展》，《经济周刊》1946 年第 10 卷第 23 期，第 7 页。

[5]　朱旷士：《中国之纺织工业》，《纺织工业》，1948 年铅印本，第 41 页。

好的工作方法，主要有以下几个方面。

（1）针对企业普遍缺少购买善后物资资金的情况，行总及其各分署采取了一些行之有效的解决办法。有的分署采取以"出力"代替"出钱"的方式，配发善后援助物资，即企业动员工人帮助行总装卸、运输善后物资，以冲抵货款，此举既保证了工业善后物资的及时装卸、运输、发放，又使企业节约了资金。有的分署对此采取部分贷款的方式予以解决。其做法是，首先，以招标的方式配发工业善后器材，如发电机、柴油机与曳引机等。一些需要这些物资但又缺乏购买资金的企业，可以先向行总提出购买申请，支付第一笔货款，剩余部分可以向金融机构贷款，并且剩余货款可以分期支付。这一政策的实行，也在相当大的程度上解决了企业购买所需器材的资金问题，有利于工业善后事业的持续推进。如，1947 年，江西南昌的五金厂、宜丰的工具厂等企业分别获得 0.18 亿元、0.08 亿元的贷款并用于购买所需工业器材[1]。

（2）一些分署设立特色产业示范场，并在这些示范场配备一定数量的专业技术人员，安排附近其他地区相关行业的人员前来学习，以收"互帮互学"之效果。如，1947 年，江西分署在著名"瓷都"景德镇设立了示范瓷厂，配发相关器材价值 3 亿元[2]。安排高安、永修等地瓷厂人员前来学习参观。该示范场分原材料精制、美术设计、炉窑建造及耐火材料改良四部分。

（3）行总及其各分署除了与经济部合作外，还与一些行业组织及其分支机构相互配合，共同举办。比如，1946 年 3 月起，行总与中国工业合作协会（简称"工协"）协商，重建了一批因战灾停办的工业生产合作社，招募原合作社社员继续生产，行总负责提供一部分工业善后物资；"工协"负责提供些许流动资金，并对社员进行必要的技术培训和指导。其结果，一方面，生产工业产品满足社会需要；另一方面，也可在一定程度上救济失业的工业社员。各分署则相应与当地"工协"分会配合，如湖南分署与"工协"湖南理事会配合，实施了一些工业善后项目，取得了一定的效果。

---

① 行政院善后救济总署江西分署编：《江西善后救济》1947 年第 3 期，第 63 页。

② 同上书，第 47 页。

但是，我们必须看到，战时中国工业损失严重，仅仅依靠几千万美元的援助物资，通过兴办一批工业善后项目来使中国工业复兴乃至中国工业现代化起到明显作用，显然是不现实的。同时，毋庸否认，工业善后事业兴办过程中，由于错综复杂的主、客观原因的影响，因此也不可避免地存在很多不足之处，给工业善后事业的实际成效造成了较大的负面影响。这些不足之处主要体现在以下两个方面。

一方面，工业善后物资分配不均。工业善后物资分配，配合国民党当局提出的"战后复员与重建计划"进行，因而物资分配向所谓的复员与重建的重点地区倾斜，如此一来，工业善后物资地域分配不均。广西、湖南、江西等虽然是行总十五大分署之一，在这些地区确实也开展了多方面的善后救济活动，有的在全国所占份额较大，但其工业善后力度则远不如江、浙、沪、粤等其他省份。这也引起了它们的不满。如江西人士就曾为此抱怨和质问道："江西遭受日寇骚扰区域，几遍全省，工农商各业资产，均荡然无存"，而且，"江西所拥资源至广，需要又至殷"，为什么工业善后"遍及国内各大城市，而江西独付阙如"？倘若此，"我江西将一切落空，尚何经济建设之可言"？[①]他们要求分配更多的工业善后物资，以便在江西建设一批机器制造厂、电厂、钢铁厂等。遗憾的是，这一要求并未得到满足。

另一方面，援助物资利用效率不高，未能充分发挥这些援助物资的作用。不少善后物资或设备闲置或浪费；有的甚至造成严重后果，酿成安全事故。例如，"联总工业援助之火药与缆绳物资早于1946年7月初时抵台，但是由于分署一直未得到上海总部的指示，所得物资都存留在仓库中。此一结果导致煤矿逐渐减产，且因为缆绳无法更新而断裂，引发工人死亡的安全事件，使得两座煤矿关闭，400多工人失业"[②]。造成这一问题的原因是多方面的。（1）行总及其分署工作机制不灵活，沟通渠道不畅，个别官员甚至玩忽职守。（2）一些地方重接收轻利用，缺乏利用善后物资的

① 《江西省参议会、中国全国工业协会江西分会等致行政院等快邮代电（1947年5月31日）》，中国工协江西分会《工协》1947年第2期，第4页。
② 苏瑶崇：《脱殖民地乎——UNRRA资料所见的台湾战后善后重建问题》，转引自苏瑶崇主编《联合国善后救济总署在台活动资料集》，台北二二八纪念馆出版社2006年版，第16—17页。

规划。（3）交通运输部门配合、支持力度不够。在一些地区，"由于货运工作较为复杂，而且获利比客运低得多，当局因重视眼前利益，故在运输政策上还是将铁路运输重心放在客运，而不愿放在货运上"①。（4）中国整体工业发展水平偏低，尤其是基础设施不足，使联总提供的善后物资难以发挥作用。正如联总远东分署署长富兰克林·雷所说："工业不够发达的受援国，因为它自身的加工、制造和配套能力不足，使得许多先进的进口设备不能及时发挥作用。"②

1945—1947 年，行总利用联总援助的部分工业善后物资开展了工业善后事业，兴办了一批工业善后项目，与此同时，国民政府主导开展了战后工业恢复与重建活动，从这两者关系看，两者都是为了使中国工业尽快从因战致灾的处境中得以恢复与重建。但是，规模与贡献有差别。后者规模要大，物资及经费投入要多，持续时间要长，对战后工业得以一定的恢复贡献要大，因而是主体；前者则相反。通过两者的共同努力，战后中国工业恢复与重建取得了一定的效果，表现在：中国工业企业数量、规模有了一定的增加；在一定时期内企业开工率有所上升；工业产品有所增加；工业生产效益有所改善。

当然，我们必须看到，这种效果又是相当有限的。首先战后经过一段时间的工业善后及工业恢复与重建等事业的开展，企业总体数量及规模仍然不够理想。据统计，1947 年底，全国仅 1.2 万家各类厂矿企业，资本总额仅有 2226.1 亿元③。其次，战后轻工业虽然有所发展，但尚未恢复到战前水平，至于重工业差距则相对更大。重工业恢复情况不如轻工业，原因是多方面的。（1）从一定程度上说，国民党当局工业复员时奉行轻工业优先、重工业次之的政策的结果。（2）采矿、冶金等重工业主要集中于东北及华北等地，不仅因为日本侵华战争造成的损失没有及时弥补，而且还遭受了接踵而至的全面内战的破坏。抗战胜利后，重工业普遍较战前

① 苏瑶崇：《脱殖民地乎——UNRRA 资料所见的台湾战后善后重建问题》，转引自苏瑶崇主编《联合国善后救济总署在台活动资料集》，台北二二八纪念馆出版社 2006 年版，第 15 页。

② Franklin Ray, *UNRRA In China*, New York, International Secretariat Institute of Pacific Relations, 1947, p.13.

③ 国民政府主计处统计局编：《中华民国统计年鉴》，中国文化事业公司1948年版，第133页。

下降一半，严重的产量下降90%①。再次，战后国民政府经济恢复与重建的过程中，不同性质的企业恢复状况有别。国营企业与民营企业关系没有得到很好的理清，民营企业发展受阻，国营经济一家独大。最后，国民经济其他矛盾未能得到有效解决。财政赤字的规模不仅未能缩小，相反却在不断扩大。据统计，1946年财政赤字比上一年增长3.25倍；1947年比1946年增加5.25倍；而到了1948年，仅前7个月的财政赤字就比1947年全年增加了13.8倍②。物价飞涨的势头愈演愈烈。与友邦的合作，事实上仅限于美国，互惠互利停留在口头上，美国从中国捞足了利益。身为行政院院长的宋子文不久即因为其治理下的中国经济糟糕的表现而黯然下台。

战后中国工业恢复与重建效果不佳，其原因是错综复杂的。其中最主要的因素是，抗战胜利后，人民迫切希望国内停止战乱，实现和平安定，同时，包括工业在内的国民经济恢复与重建也要求有一个和平安定的环境。然而，抗战胜利不久，蒋介石及其国民党当局为了一党之私利，悍然发动内战，从此，中国大地陷于内战的烈焰之下，经济建设环境日益恶化。其次，包括工业在内的经济建设投入不足。战后，蒋介石"在政治上关心对付旁的政党，特别是共产党，超过他对经济建设的关心"③。为了通过内战，消灭中国共产党及其领导的人民民主力量，在中国重新建立国民党反动独裁统治，蒋介石及其国民党当局把主要心思放在打内战上，特别是物资及经费更是向内战倾斜。据统计，战后用于经济建设的政府投资和国外借款总数是2.82亿美元，不及战时经济损失的零头；政府用于经济建设的经费，1946年占国民政府全部财政开支的0.5%，次年更是低至0.17%，而用于军事目的的开支则多达80%以上④。再者，战后的国民党当局缺乏治理经济的能人。蒋介石最终委托宋子文负责国家经济恢复与战后重建工作，但是，事实表明，他在治理经济方面能力有限，乏善可陈。

---

① 许涤新等：《中国资本主义发展史》，人民出版社1993年版，第584页。

② 秦孝仪主编：《中华民国经济发展史》第2册，近代中国出版社1983年版，第936页。

③ 何廉：《何廉回忆录》，中国文史出版社1988年版，第266页。

④ 秦孝仪主编：《中华民国经济发展史》第2册，近代中国出版社1983年版，第787、791页。

　　总之，战后国民经济的恢复与重建面临的困难是严重的。正如宋子文所说："我没有离奇巧妙的办法，不过无论任何办法，必须切合国内外情势、环境，目前的困难尤多。"①

---

　　① 方庆秋等主编：《中华民国史史料长编》第 68 册，南京大学出版社 1993 年版，第 930 页。

第十一章　交通善后事业的兴办

　　交通运输在国民经济中占有重要地位，然而，日本侵华战争期间，中国的交通设施损毁严重，严重影响了人民生活与中国善后救济事业的正常举办，制约了中国战后恢复和发展的进程。因而，1945—1947年，交通善后事业与农业、工业等善后事业一样在中国善后救济事业中占有重要地位。行总在联总的支持与帮助下，兴办了一批交通善后项目，为交通的恢复与发展采取了一系列重要措施，取得了一定的成效。

第一节　交通善后的总体规划及政策的制定

　　面对满目疮痍的交通现状，如何利用脆弱的交通设施开展救济善后事业？如何开展交通善后，为中国的现代化进程创造条件？行总结合实际，终于从千头万绪中理出了思路，制定了有关交通善后事业的规划及政策。

一　日本侵华战争给中国交通运输造成的严重损失

　　交通运输业与一个国家的人民生活、经济发展乃至繁荣兴旺密切相关，近代有学者指出："交通机关为发达文明之一大利器，交通机关愈发达，则文明愈进步，文明愈进步则交通机关愈发达。"[①] 行总也认为："水陆交通如国家之动脉，电讯设备如国家之神经，偶有残缺，等于麻木不仁。"[②] 可见，包括铁路、公路、水运乃至电信在内的交通运输业对于一个国家是何等的重

---

　　① 许建公：《说交通之利益》，《协和报》1941年第4期，第3页。
　　② 行政院善后救济总署编译处编：《行政院善后救济总署业务总报告》，上海市档案馆馆藏档案：Y3—1—278，第194页。

要。然而，历经战乱的这些交通行业与工业、农业等其他行业一样损失巨大。

在铁路方面，1931 年"九一八"事变前夕，全国的铁路总里程为 1.4 万公里，"九一八"事变爆发后，日寇便开始破坏中国铁路。截至 1936 年冬，全国铁路通车里程就减少到不足 0.8 万公里，而且全部是单线，车辆通行能力十分有限。抗战全面开展后，由于敌我双方时常在铁路交通要道周围展开激战，对铁路设施破坏日趋严重，"不仅路轨、枕木拆毁，举凡机头、车辆、沿线站房、水泥钢梁、桥座及有关建筑，无不加以摧毁"[①]。据统计，抗战胜利之初，全国近 90% 的铁路因战灾破坏而不能使用[②]。

分地区看，日军占领东北后，东北的铁路或被日军控制，作为进一步扩大对中国侵略的条件；或被日军摧毁，无法运营。在华北地区，山西同蒲铁路枕木、铁轨和机车因战损毁严重，能用者不足三分之一。联总认为，"在此之前的 4 个月，此处共有 500 公里铁路被毁坏。根据中国交通部的判断，要想恢复这些线路，必须花费 3 个月以上的时间"[③]。在广大南方地区，情况也无二致。安徽境内可以运营的铁路只有津浦、京赣和淮南 3 条线路可以部分运营，通车里程总计仅 1000 公里左右。战时，浙赣铁路仅杭州至诸暨段勉强可以运行，杭甬铁路和金兰铁路基本被毁；湘赣线、湘黔线几乎被破坏殆尽。江西境内的玉萍路、南浔路及萍株路三条铁路，"战时均经彻底破坏，尚未修复"[④]。据联总估算，在中国南方地区，"战争结束时，约有 2000 多英里的铁路，不管是铁道还是车辆，都彻底毁坏或大部毁坏"[⑤]。

在公路方面，与铁路有所不同。战前，我国公路建设取得了较大成就，包括国道、省道和县乡道路在内，公路通车里程达几十万公里，并且基本形成体系化。战时，公路"大半均予彻底破坏，甚至路基变为田地"[⑥]。

---

① 行政院善后救济总署编译处编：《行政院善后救济总署业务总报告》，上海市档案馆藏档案：Y3—1—278，第 194 页。

② 国民政府主计处统计局编：《中华民国统计提要》，1947 年铅印本，第 78 页。

③ *China Office Monthly Report*, No.2, January, 1946, p.4.

④ 蔡孟坚：《江西灾情报告》，1946 年铅印本，第 7 页。

⑤ *UNRRA Operational Analysis Papers, No.53*, Washington D.C., 1948, p.309.

⑥ 行政院善后救济总署编译处编：《行政院善后救济总署业务总报告》，上海市档案馆藏档案：Y3—1—278，第 194 页。

山西公路在战后能畅通无阻者几乎没有。湖南公路交通因战破坏超过三分之二，只有不到 1000 公里的公路勉强可以通车。战后，湖南省只有 259 辆"老爷车"基本可以行驶。江西公路在战前已初步网络化，公路通车里程达 0.6 万余公里，战时损毁 0.5 万余公里，战后仅赣东南小部分得以保留 ①。江西省公路处战前共有各类汽车 543 辆，战时损毁达 493 辆，损坏率超过 90%②。

无怪乎行总顾问、学者吴景超在视察了部分地区的交通状况，尤其是公路状况之后，发出了这样的感慨：一些省的公路，"是否可以当得起路的尊称，大有问题"③。联总驻华办也认为："当前，在中国几乎所有的交通运输系统中，公路似乎成了最不重要的方面了，其原因是中国普遍缺少车辆和燃料……内地战区的公路，则需从被炸、毁坏与破旧的状况中恢复。"④

在水运方面，中国的水运能力本身就一直严重短缺。以海运为例，战前，我国海运船只仅有 73 万吨，而当时西方国家的海运船只动辄数百万吨，中国的海运实力与之相比，实不可同日而语。战时敌人的破坏与劫掠以及我国抗日军民为阻止日军沿江河湖海深入内地而自行炸沉船只等不得已之举使得本来就少得可怜的船只丧失殆尽，航道堵塞也很严重。抗战结束之时，中国幸存下来的船只只有区区十余万吨，而且，这些船只大多系破烂不堪，必须经过修理方可使用。即使南方水运条件相对较好的省份，因为战争的破坏，水运条件也急剧恶化。比如，湖南的水上交通方面，湘江、资江等大小河流，原来航运比较便利，但在战时，要么被修筑工事，要么被放置水雷，因此水上航运不畅问题日益严重，甚至船只被炸毁、人员被炸死的现象屡见不鲜，船舶损失超过 90%⑤。又如，在江西，"本省赣、抚、饶信、修诸河，过去航运向称便利"，战前全省共有小轮船 117 艘，帆船更是多达 24892 艘，"战时多经敌寇破坏"，当时江西水运仅靠两三千艘

① 行政院善后救济总署江西分署编：《江西善后救济》1947 年第 7 期，第 2 页。

② 蔡孟坚：《江西灾情报告》，1946 年铅印本，第 7 页。

③ 吴景超：《看灾归来》，行政院善后救济总署鲁青分署《鲁青善救月刊》1946 年 11 月第 34 期，第 2 页。

④ *China Office Monthly Report*, No.1, January, 1945, p.5.

⑤ 参见刘国武《抗战时期湖南直接损失述要》，《湖南师范大学学报》2005 年第 3 期。

小型帆船维持①。至于水运业必备的码头、灯塔等设施的损失也是难以估量。例如，上海港口，"因黄浦江年久淤塞，吞吐量大减"，"据熟悉港务者谈，现在上海港之吞吐能力较战前减少百分之四十"②。

在电信方面，战前，我国的电信事业不断推进，建立了国际电台，可与欧美国家通电话、电报；国内大城市基本上能够通过无线电或电话联系。但在战时，电信业也同样遭受重创。比如，无论城市还是乡村，许多电线有的被敌破坏，有的被敌占用。据初步统计，共损失铜线 3.39 万双公里，铁线 11.7 万单公里，海底光缆 2200 公里，普通电话 6.6 万部，无线电台178 座，三路载波电话 3 系，单路载波电话 34 系③。

1946 年 6 月，内战全面爆发后，国民党军队疯狂破坏交通设施，同时，为抵御国军对解放区的进攻，中共中央要求各解放区军民对包括铁路、公路和桥梁在内的交通设施"必须坚决、顽强进行破坏，愈彻底愈好，并必须掘毁，使难修复"④。在要求解放军作为承担"毁坏所有机车及车辆、破坏铁路路基及车站月台"的主力军的前提下，还要求各级党组织"发动广大人民群众和民兵去进行破坏"，为提高群众参与的积极性，中央还规定，"凡群众在破路时，所获得的一切铁料、枕木、电杆、电线及其他东西，均归群众所有，由公家定价收买。其破坏桥梁、道基、水塔、机车及车辆者，则由公家定价奖赏"⑤。

这样，内战使得因为日本侵华战争而伤痕累累的中国交通运输业雪上加霜，再次蒙受巨大损失。在铁路方面，"铁轨刚刚重新铺设而又遭破坏；河堤抢修不久，而兵连祸结，保养失方，又复溃决"⑥。因为内战，累计受损铁路超过 0.62 万公里，占 1945 年已接收及未接收通车里程总数的 25%⑦。在公路方面，约 20% 的路基、超过 80% 的桥梁和 90% 的辅助

---

① 蔡孟坚：《江西灾情报告》，1946 年铅印本，第 7 页。

② 《蒋署长开幕训词》，行政院善后救济总署编译处编，1946 年铅印本，第 10 页。

③ 行政院善后救济总署编译处编：《行政院善后救济总署业务总报告》，上海市档案馆藏档案：Y3—1—278，第 195 页。

④ 中央档案馆编：《中共中央文件选集》第 13 册，中共中央党校出版社 1987 年版，第 154 页。

⑤ 同上书，第 172 页。

⑥ 行政院善后救济总署湖北分署编：《半月通讯》1947 年第 7 期，第 3 页。

⑦ 据初步统计，抗战胜利时，即 1945 年 8 月，全国的铁路通车总里程为 24323 公里。参见张奇瑛《三十六年度之中国经济概况》，《东方杂志》1948 年第 44 卷第 7 号，第 2 页。

设施均遭受了内战造成的不同程度的损失。此种情况，在国共两党交战非常激烈的地区显得尤为严重[①]。不少原来在抗战胜利后迅速修复的公路设施再次被破坏。在许多地方，道路"坎坷不平，桥梁破坏"[②]，运输能力极低，时人对当时的道路通行状况感叹道："骡马车的运输效率，还强于卡车呢。"[③]有的地方虽然在抗战胜利之初接收了日军留下的一部分汽车，但因为缺少零配件而使用效率不高。据统计，1947年4月底，全国公路总里程超过13万公里，符合通车条件的不足7.3万公里，占比仅为56%[④]。在航运方面，据行总调查，1945年12月，上海与青岛间只有1艘轮船航行；上海与温州间及上海与台湾间各只有2艘；上海与汉口间则相对较多，为12艘[⑤]。

由上可见，因为日本侵华战争及国共两党的内战，交通运输业、通信业的损失之大，超乎想象，但是，"交通为战后经济复员的先决条件"[⑥]。故交通善后事业的兴办势在必行，迫在眉睫。

1945年10月9日，翁文灏在接受记者采访时指出："上海今日所存煤量亦不敷用，须加彻底解决。政府目前所最注意者，则为设法增加水上运输及恢复铁路交通，尤其津浦铁路，应即日设法通车，如是工厂生产及物资供应，均可迎刃而解。"[⑦]1946年元旦，中国国民党中央委员会发表元旦致辞，表示"要恢复交通，使人民得以返乡，物资得以畅通，而后经济建设的工作得以展开"[⑧]。

二　交通利用及善后事业的规划

对于交通的利用及善后的重要性，行总署长蒋廷黻多次予以强调。还

---

①　王德春：《联合国善后救济总署与中国（1945—1947）》，人民出版社2004年版，第148—149页。

②　行政院善后救济总署河南分署《周报》1946年第39期，第8页。

③　行政院善后救济总署河南分署《周报》1947年，第23期，第10页。

④　国民政府主计处统计局编：《中华民国统计提要》，1947年铅印本，第78页。

⑤　韩启桐、南钟万：《黄泛区的损害与救济》，上海六联印刷公司1948年版，第23页。

⑥　丁文治：《联总物资与战后中国经济》，上海六联印刷公司1948年版，第34页。

⑦　《对中央社记者的谈话》，载李学通选编《科学与工业化——翁文灏文存》，中华书局2009年版，第615页。

⑧　《今年的两大任务》，《申报》1946年1月1日。

在1943年11月，蒋廷黻在出席联总成立大会期间就提出了中国善后事业以"交通第一"的口号。起初，人们对他的口号不以为然，经过他的说明，他的这一口号中蕴含的理念逐渐被国内外各方人士所认同。几天后，他在大西洋城接见记者时明确指出："船只、卡车、机车及其他车辆等交通工具，为救济品中之首先需要者。"[1]1945年10月中旬，在迟迟不见联总海轮踪影的情况下，蒋廷黻在中外记者招待会上吁请联总道："我们迫切需要船只、卡车和铁路输送物资。"[2]11月中旬，行总署长蒋廷黻陪同联总副署长韩雷生、联总驻华办官员等前往全国各地视察，返回重庆后，蒋廷黻立即发表谈话，指出："战区破坏情形非常严重，善后救济工作交通第一。"针对善后救济工作开展之初交通成了最大障碍的现实，他一方面利用视察间隙，在上海召集有关部门座谈，要求有关当局"全力动员各种交通工具"；另一方面向联总官员通报交通方面的困难情况，再次请求联总给予大力支援[3]。1945年12月11日，蒋廷黻在行总的一次会议上的讲话中再次强调了交通问题的重要性，指出：从中国战后各种需要的先后缓急来看，"运输及交通事业占第一位"，因为"我们在抗战时期备受运输不便之苦。如在战后，运输及交通不提前恢复，那末，纵使联合国总署送我们许多宝贵的物资，将来必堆集在广东、上海、天津、大连等处，与人民并无好处"[4]。在此基础上，蒋廷黻进一步明确提出，交通是中国善后工作的"紧要部门"，在善后事业中，"交通运输应有最高优先权"，"善后之第一工作乃为交通运输之恢复"[5]。将交通业的善后工作摆在如此高的位置，实在令人惊叹！

由于战时交通所遭受的严重破坏及战后其他善后救济活动对交通的依赖，行总编订的《中国善后救济计划》指出："迅速恢复交通运输设备，

---

① 《中国战后需要大量救济物品》，载方庆秋等主编《中华民国史史料长编》第62册，南京大学出版社1993年版，第634页。

② "China's Relief And Rehabilitation Needs Interpreted To United Nations' Press", *CNRRA-UNRRA NEWS*, No.October 17, 1945, p.1.

③ 《收复区视察归来，署长发表谈话》，《行总周报》1945年12月第5期，第1页。

④ 《联合国救济善后会议经过》，行政院善后救济总署编：《中国善后救济计划》，附录1，上海市档案馆馆藏档案：Y3—1—274，第42页。

⑤ 《三十四年五月七日，署长召集全体同仁第一次训话训词》，载行政院善后救济总署赈恤厅编《怎样办理赈恤》，1946年铅印本，第36页。

应于善后救济计划中，予以最优先之考虑。"①"俾救济物品得可分配，难民得可返乡，经济工商事业得复常规。"②

关于空运、陆运与水运的关系，蒋廷黻认为三种运输方式都是必不可少的，都应该利用起来作为善后救济物资运输的途径，三者应该取长补短，互为补充。诚如1945年11月初，蒋廷黻在行总举行的记者招待会上指出："我国最感需要者当为沿海与内河船运"，"除船只外，吾人尚需卡车、汽油及铁路运输等，以便将物资及若干难民运送返乡"③。当然，当时在三者之中，蒋廷黻认为，水运最为急需，水运所需船只的获得成为当务之急。1946年4月24日，蒋廷黻在接受记者采访时又指出：空运等"诚为必要"，"但吾人尤盼联总拨给中国之轮船能早日到达，船只之需要，尤为迫切"④。之所以如此，是由于蒋廷黻考虑到当时中国机场等设施很少且简陋，效率低下，而公路、铁路破坏严重，善后恢复需要时间，因此它们无法担当中国善后救济物资运输的主要力量，中国河流密布，水运便利，可以利用船只从水上将善后救济的物资运送到全国各地。更为重要的是，只有通过水运，才能将远隔重洋的联总的援助物资运到中国，然后才能提供给需要援助的人手中。因此，在行总的协调下，交通部门联合成立了若干个水运大队，负责善后救济物资的水上运输工作。

关于开放口岸利用外轮的问题，如前所述，由于战争的影响，中国缺乏轮船，而通过水运的援助物资很多，仅靠中国所有的船只是无法完成运输任务的，在救济善后事业兴办期间，必须开放沿海相关口岸，借助联总提供的外轮帮助运输。但是，蒋廷黻的这一主张与国内一些轮船航运界的利益相冲突，因而遭到了他们的反对。他们甚至打着"维护主权"的旗号，反对行总雇用外轮参与国内救济善后物资的运输。对此，蒋廷黻一十分悲愤的心情驳斥了他们的谬论。他说："我辈爱国又何后于航商？且以契约限定外轮航行之时效，又何损于主权？"接着，他还一针见血地揭露了部

---

① 行政院善后救济总署编译处编：《中国善后救济计划》，上海市档案馆馆藏档案：Y3—1—274，第20页。

② 同上书，第21页。

③ 《署长阐述我国当前需要》，《行总周报》1945年11月第2期，第1页。

④ 《蒋署长归国后之首次记者招待会》，《行总周报》1946年5月第12期，第2页。

分"航商"的卑劣心理："余恐航商高呼主权之际，其心中斤斤较量者非国家之主权，而是私人之利益。"① 为了征得人民的支持，蒋廷黻指出了能供行总选择的两条道路：一是"拒用外轮"，其后果则是"袖手坐视内地千万同胞饿死"；二是"雇用外轮"，其好处则是"解决内地人民之部分需要"②。其正确选择已是不言自明。所以，蒋廷黻坚持认为："权衡利害，余宁选择后者。"③

关于交通善后的经费安排，蒋廷黻在1944年主持编订《中国善后救济计划》时，就将中国计划所用的全部经费的三分之一作为交通善后的经费，计3.3亿美元。"交通善后经费等于目前交通部事业经费之四十七倍。"④当时，蒋廷黻在作出这一决定时，以为行政院各部会将持有异议，没曾想他的这一大胆而又富有创新色彩的想法居然毫不费力地得到广泛认可。他还明确规定，所用交通善后的经费，"将包括铁路轨道、桥梁之修筑、车头之购置；公路之修筑、卡车及材料之购置；适合我国河道情形之拖船，以解决我国沿江沿海之运输；其他如电讯、电话之修整均属于交通方面急待举办之事项"⑤。

三 有关交通善后事业的文件的签订

为了充分利用国内交通设施及联总提供的援助物资及经费，确保抗战胜利后，中国交通善后事业的顺利兴办，行总、联总及国民政府有关部门签订了一系列有关交通善后事业的重要文件，其中主要有"两个《合约》、一个《协议》"，即行总与交通部签订的《行总与交通部交通善后合约》、行总与联总签订的《关于铁道车辆的附属协议》以及行总会同联总与国营招商局签订的《码头、仓库合约》。

（一）《行总与交通部交通善后合约》

1946 年春，行总署长蒋廷黻与交通部负责人就交通善后器材利用问题

---

① 《蒋署长开幕训词》，行政院善后救济总署编译处编，1946 年铅印本，第 11 页。
② 同上书，第 10 页。
③ 同上。
④ 《三十四年五月七日，署长召集全体同仁第一次训话训词》，载行政院善后救济总署赈恤厅编《怎样办理赈恤》，1946 年铅印本，第 34 页。
⑤ 同上书，第 36 页。

签订了《行总与交通部交通善后合约》。

该合约的主要内容可以概括为以下几个方面。

第一，关于交通器材利用原则。联总所供应的交通器材由行总根据以下三个文件进行分配：（1）交通部拟订的交通善后计划；（2）各公路、水路及铁路拟定的各项善后方案及器材需要单；（3）行总、联总的战后中国交通损失报告。各交通部门在开展运输业务时应该优先运输善后救济援助物资。交通部门在向行总申请时应该以各路或各局为单位。交通部及其所属机关所接受的一切善后救济物资必须应用于收复区的交通善后事业，不得转让、出售，更不得供给军用。

第二，关于交通器材分配的办法。有关铁路器材采取由行总记账、直接拨交交通部，这些器材包括钢轨及其附件、枕木、钢桥、机车、车厢灯。而其他铁路善后所需器材则需从行总购买。行总共拨给交通部500辆汽车（包括卡车与管理用车）以供公路修复等善后事业使用，所需汽车配件则需从行总购买。机械筑路队所需的机械由行总根据实际情况给予记账式配发。电信善后所需器材，一半直接拨给交通部使用，另一半则通过出售的方式向国营或私营电信企业提供。水运善后所需器材，交通部及其所属单位通过购买的方式从行总获得。

第三，关于交通器材的交接手续。该合约规定，不管是记账式拨给还是有价出售的交通善后器材，行总在外轮到达中国沿海港口时即在轮船旁将有关物资交给交通部及其所属单位，其装卸费、驳运费及仓库租金等开支均由接受援助物资的单位承担，交通部必须安排专门人员在港口接货，并与行总保持密切联系。交通部及其所属单位必须每两个月将其接收的交通善后物资利用情况报告行总，并由行总转告联总。报告项目有：物资名称及数量，物资所到之处，启用日期，善后工程的进展情况等①。

《行总与交通部交通善后合约》的签订，明确了行总、交通部及其所属单位的责任，规定了交通善后物资的分配与利用，为交通善后事业的顺利兴办铺平了道路。

---

① 以上内容均见行政院善后救济总署编译处编《行政院善后救济总署业务总报告》附录五，上海市档案馆藏档案：Y3—1—278，第279—280页。

（二）《关于铁道车辆的附属协议》

1945 年 11 月 13 日，蒋廷黻与凯石签订中华民国国民政府与联合国救济善后总署《基本协定》时，双方约定，在双方认为必要时，可就某个特殊事项签订补充协定。

为了满足铁路善后对铁路机车和其他器材的巨大需求，根据行总署长蒋廷黻的要求，联总决定采购美军遗留在伊朗的大批剩余机车、车厢以及铁路器材并移交给国民政府。1946 年 2 月 18 日，蒋廷黻与联总驻华办事处处长凯石签订了《关于铁道车辆的附属协议》。

该协议的主要内容有以下几个方面。

第一，依据 1945 年 11 月 13 日《基本协定》第一条甲款的有关规定，联总对其提供给中国的所有铁路机车及车厢等拥有所有权，行总只拥有使用权。联总与行总每次交付这些物资时，双方应该点清确认，核对无误，并由联总——备案。

第二，行总在自获得上述物资的两年内，可以免费使用联总提供的上述物资，而无须向联总或其他国家缴纳任何费用。

第三，在 1947 年 2 月 28 日以前，若中国政府有意继续拥有联总提供的铁路机车、车厢及其他铁路器材，中国政府在双方均同意的前提下，可以购买这些物资中的全部或一部分，其折价数额由双方商定。但是，中国政府必须将其购买的品种及数量通过行总提前 6 个月通知联总[1]。

（三）《码头、仓库合约》

除了上述两个主要文件外，1946 年 4 月，行总、联总还与国营招商局就战后中国善后救济事业兴办期间各码头、仓库的利用及管理等问题多次进行协商，并在此基础上签订了《码头、仓库合约》。该合约签订的目的正如其开头所言："便于码头、仓库使用起见。"[2]

该合约的主要内容，可以概括为两方面：一方面，规定了由行总、联总与国营招商局三方各派代表一人共同组织行政院善后救济总署、国营招商局联合码头经营委员会；另一方面，还就关于码头及仓库设备、救济

---

[1] 以上各条均见《行总周报》1946 年 2 月第 7 期，第 13 页。

[2] 《行总、联总与国营招商局码头、仓库合约》，《行总周报》1946 年 5 月第 14 期，第 4 页。

物资之储运优先权、管理及经营办法、经营委员会之职权等问题做出明确规定[①]。

上述"两个《合约》、一个《协议》"的签订，为战后中国交通善后事业的兴办提供了法理上的依据。

第二节　对善后救济工作中交通问题的处理

交通有别于其他行业，它既是中国救济善后事业的主体，又是其他救济善后事业的基础，离开它，战后中国救济善后事业将无从谈起，这是它的特殊性。行总发动各方力量，充分利用现有交通资源，对在救济善后过程中遇到的交通问题进行了认真处理，在一定程度上保证了中国整个救济善后事业及战后恢复与重建工作的顺利推进。

一　善后救济初期"驼峰"方案的实施

1941 年 12 月初，太平洋战争爆发后，日军为尽快迫使国民党当局投降，切断了滇缅公路。该公路几乎是抗战期间中国接受外援的唯一通道，它被切断标志着外援无法运抵中国。在此情况下，中美两国经商定，决定从印度东北部的阿萨姆邦到中国云南昆明之间开辟一条转运战略物资的空中通道，这条空中通道全长约 800 公里，航线所经之处，地形崎岖，地势险要，海拔均在 4500 至 5500 米，最高处海拔甚至达到 7000 米。从远处看，山峰起伏连绵，叠峦层嶂，犹如骆驼的峰背，故人们称之为"驼峰"航线。

1942 年 4 月，经过中美两国的共同努力及其他盟国的支持，"驼峰"航线终于通航。在此航线上从事运输工作的人员和设备主要是美国陆军航空队，还有少部分来自英国和印度的部队，另外，缅甸劳工团队和中国国民航空空运科也参与其中。"驼峰"航线统一在美籍陈纳德（William H. Tunner）上校指挥、协调下运行。该航线的开通，为中国抗战共计运输了 4.4

---

①　有关《行总、联总与国营招商局码头、仓库合约》的详细内容，参见《行总周报》1946年 5 月第 14 期，第 4—5 页。

435

万吨重要的物资，为中国抗战的最终胜利做出了重要贡献。

1945年春，联总应行总署长蒋廷黻之请，为中国安排了价值2.12亿美元的首批救济物资，但是，当时中国几乎所有海港均被骄横的日本侵略者控制，显然通过海运将物资运抵中国是不现实的。《中国善后救济计划》指出："办理中国救济善后事业，亦须空运及空运设备，初期需要尤切"，"惟在海口开放之前，中国政府亦望能藉空运"输入"若干最急需"之物资。[①]

为此，联总与行总联合制定了两套援华方案，分别是"驼峰"方案和"滩头"方案。由于此时正值中国军队联合美英军队消灭日军的最后决战时期，"驼峰航线"必须全力进行军需物资的抢运，舱位极度紧张，若需运输其他急需物资，则须呈请国民党最高当局批准。

为了使联总提供给中国的这批紧急救济善后物资及早运抵急需者的手中，1945年4月5日，蒋廷黻向时任行政院院长的蒋介石及代院长宋子文发出请求调拨空运力量的请示公函。

蒋廷黻在函中指出：

> 本署正拟开始善后救济工作，已与联合国总署商定，即时供给最低限度之器材，计有药品、卫生训练器材、兽医仪器、改良农业种子及新式农具样本等，共五十一吨半，以后并每月供应药品四公吨，业由本署函请战时生产局拨列空运吨位，以期迅速输入应用。兹闻空运吨位已限定军用及民生必需品，但上列救济物资，不仅为我国所急切需要，且联合国既允即供给，似尤不宜以滞运关系，有负国际助我之厚谊。敬附具该项物资清单，呈请鉴核转饬特拨空运吨位。谨呈
>
> 　　行政院院长蒋
> 　　代院长宋
> 　　　　　　　　　　　　善后救济总署署长蒋廷黻

---

① 行政院善后救济总署编译处编：《中国善后救济计划》，上海市档案馆藏档案：Y3—1—274，第21页。

附清单乙纸

联合国总署首批供应我国物资清单

一、医药卫生训练器材四十公吨。

二、黔东黔南收复地区需用药品，自五月起每月四公吨。

三、改良农业种子三公吨。

四、兽医仪器设备四公吨。

五、新式改良农具样本半公吨。[①]

蒋廷黻的呈请情真意切，最高当局迫于各方面压力，最终同意了蒋廷黻的呈请。不过，直到抗战结束时，通过飞越喜马拉雅山的"驼峰"航线，运入中国的紧急救济物资只有区区 33 吨，其中主要是药品和种子。可见，"驼峰"方案虽然执行了，也取得了效果，但这种效果十分有限，这主要是受当时恶劣的客观环境制约。

所谓"滩头"方案，是指联总计划先将提供给中国的救济物资暂时存储于刚刚获得解放的菲律宾，在盟军登陆中国海岸时顺便将其带入中国。遗憾的是，后来，美军放弃了在中国沿海登陆作战的计划，而是攻占太平洋上的冲绳岛，矛头直指日本诸岛。"滩头"方案也因此并未实施。

为了扩大空运规模，加快救济善后物资的运输速度，1946 年上半年，蒋廷黻决定成立行总直属空运大队，聘请美国飞虎将军陈纳德担任顾问，但受机场等因素制约，创建之路并不平坦，经过多方努力，直到 10 月 25 日上午，霍宝树担任行总署长后才在其办公室与陈纳德签订正式合同，成立空运大队。空运大队共有 C-46 及 C-49 飞机 12 架，11 月中旬以 3 架飞机执行了运输救济物资的任务。该队总部设于广州，其航线限于上海、广东、武汉、南昌、桂林和衡阳等地。其经费主要是行总向联总申请的专项资金 300 万美元，其中 200 万美元，用于购置飞机，另 100 万美元作为日常运行经费。空运大队的成立，使得行总"物资内运将更迅速"[②]。

---

① 《蒋廷黻为联总供应物资请饬拨空运吨位呈》，载中国第二历史档案馆编《中华民国史史料汇编》第五辑第二编外交，江苏古籍出版社 1997 年版，第 195—196 页。

② 《本署空运大队诞生》，《行总周报》1946 年 10 月第 29 期，第 1 页。

二 利用外轮参与内运

战时，沿海地区燃遍战火，各港口大多遭到封锁，甚至完全被日军占领。随着抗日战争的胜利结束，我国沿海地区出现了短暂的和平与安定，许多港口重新被中国控制。因此，1946 年 4 月 8 日，行政院宣布开放上海等十八处港口，蒋廷黻不失时机地迅即签署第 1641 号《善后救济总署训令》，公布所开放的港口名称。

蒋廷黻在训令中指出：

> 案奉行政院三月三十日节陆〇九七二三号训令开："前奉主席代电，以沿海各口岸逐渐安定，此后除军事情况特殊者外，自三十五年度起，凡订有互惠条约之国家其商船，准予进出于我国设有海关之各通商口岸，案业经分行各有关机关在案。兹决定以下各港口——1. 上海；2. 宁波；3. 永嘉；4. 厦门；5. 汕头；6. 天津；7. 秦皇岛；8. 大连；9. 海口；10. 拱北；11. 烟台；12. 营口；13. 安东；14. 广州；15. 福州；16. 基隆；17. 高雄；18. 九龙共十八处，暂时一律开放，但得随时宣布封闭。除呈报并通饬施行外，合行令仰遵照。并转饬遵照"等因。奉此。除分令外，合行令仰遵照。此令。
>
> 署长　蒋廷黻[①]

事实证明，上海等十八处港口的开放，为外国运送联总分配给中国的善后救济物资安全抵达中国沿海各口岸创造了条件，为中国全面开展救济善后事业提供了难得的机遇。

口岸的开放意味着外轮被允许进入中国，这为行总利用外轮参与中国善后救济物资内运工作扫清了障碍。当月，为弥补中国内河运力的严重不足，蒋廷黻与联总驻华办负责人商定，请求美国的两艘军舰逆江而上，顺利地将难民急需的粮食和医药运抵汉口。接着，多艘美国军舰投入内河运

---

① 《善后救济总署转知开放上海等十八处港口训令》，载中国第二历史档案馆编《中华民国史史料汇编第五辑·第三编·政治（二）》，江苏古籍出版社 1998 年版，第 567 页。

输工作，将大量救济善后物资运抵中国内地沿江口岸。

不仅如此，蒋廷黻还向国民政府当局呈请租用英国太古、怡和两公司船只，帮助运输联总提供的各种救济善后物资。他的这一呈请很快得到批准。于是，蒋廷黻与英国两公司的负责人签订了一份合同，规定行总租用两公司的期限为六个月，行总租用两公司的船只运输善后救济物资，其运价按普通价格的八折计算，相关运费由英国政府承担，作为英国提供给中国的援助，行总根据两公司运输的数量出具运费证明书，公司凭证明书前往英国政府有关部门领取运费。所租用的外轮在中国境内运输善后救济物资时在船桅上悬挂善后救济总署旗帜，以表示该船系善后救济事业所用；同时还根据英国政府要求，在船尾悬挂英国国旗，以表示此项运输是英国政府及人民对中国人民的帮助。为免节外生枝，事前行总署长蒋廷黻特意向英国政府郑重声明，强调此次英国船只在中国内河从事运输的过程中，不得损害中国内河有关权利，此项租用业务一结束，英国船只即撤出中国内河回国。

美国军舰及英国轮船的租用，大大加快了内运速度，为行总在救济善后活动之初及时将联总运抵中国的各种善后救济物资分发到各地发挥了较大作用。事实证明，蒋廷黻的这一决定是成功的。

三　联总对华"停运事件"的处理

进入 1946 年后，由于国内经济形势并未根本好转，加之内战全面爆发并不断升级，此时的国民政府将财力和物力重点投入内战，庞大的军费支出始终占国民政府财政支出的一半以上。1946 年军事开支约占国民政府总支出的 60%，1947 年也约为 55%[①]。而对行总既不拨款，也不允许中央银行贷款，行总署长蒋廷黻向行政院申请政府拨款以作救济善后事业的日常经费，但无功而返；然后，又向中央银行申请贷款，同样遭到拒绝，因此，行总的业务经费已面临断绝的困难局面，它既无力支付诸如照明、搬运、起卸等卸船所需港口设备的使用费，也无力支付诸如运费、仓储费等其他费用，致使上海港各码头公司开始拒绝联总货轮靠岸卸货。为此，联

---

① 张公权：《中国通货膨胀史 1937—1949》，文史资料出版社 1986 年版，第 50 页。

总驻华办曾要求行政院采取切实可行的措施结束上海港等港口拥挤不堪的局面，但是，行政院的反应十分消极。

无奈之下，1946年7月10日，300名联总驻华办全体高级职员联名致电联总署长拉加第亚，控告了中国政府及行总的不当之处，主要有：（1）联总供应中国的各类援助物资与服务正受到不正当的处置；（2）中国政府不按时提供经费给行总，导致行总业务开展不力；（3）转运善后救济物资的"港口拥挤不堪"等①。并且，他们因此一致建议联总在行总对积压物资清理完毕前，对上海等港口实行停运。

6月29日，拉加第亚亲自致电行政院院长宋子文，要求中国政府在上海等港口增加泊位，以便加快救济善后物资的卸船速度。然而，宋子文似乎对拉加第亚的建议充耳不闻。这样，外轮不断将物资运到上海等港口，而上海等港口的拥堵情况未能有效缓解，导致这部分港口一度出现极端混乱的情况。

有关上海等港口拥挤不堪无法继续停靠货轮的电报接二连三地送到拉加第亚的案头上，他终于按捺不住心头的怒火，为避免出现更严重的事故，7月9日，他指示联总有关部门："除了食粮、医用品和牛奶外，所有前往中国的海运工作一律停止。"②

停运令立即在大洋两岸引起朝野关注，舆论一片哗然。7月12日，根据美国参议院调查委员会的要求，拉加第亚向参议院递交了有关联总对中国停运救济善后物资的报告。报告认为，停运的原因是国民政府没有及时向行总提供足额的日常经费，导致它无力有效启运积压在各港口的大量援助物资，其他外轮无法继续运输物资抵港卸货，因此，联总不得不采取这一措施，以促使中国政府尽快解决有关问题③。

针对联总的多次指责，11日，国民政府举行新闻发布会，就有关问题作出解释和答复："至于所称政府未将应许之经费，拨交行总一节，余可

---

① "UNRRA Staff Sends Cable to La.Guardia", *China Press* (Shanghai), 10 July 1946; "UNRRA Sends to Senate China Report", *China Press* (Shanghai), 15 July 1946; "La.Guardia Stops UNRRA Deliveeries", *China Press* (Shanghai), 11 July 1946.

② 《行总周报》1946年第27期，第1页。

③ 《拉加第亚称，联总物资停运华系根据雷氏建议》，《中央日报》1946年7月15日。

确切声言，行总原预算 4500 亿元，政府会立予拨发，且因联总物资，未能如期到达，及联总运来之棉花，不足原定之数，故中央银行，另以国币 350 亿元借给行总。"①

接着，行总署长蒋廷黻从次日开始连续两天举行记者招待会，对联总的责难进行了辩解。在 7 月 12 日的记者招待会上，蒋廷黻指出："电文所陈若干观点，或不无理由，然所举之主要事实，则系出于误解，而于八年创痛之后在中国实施战后救济计划所遇之特殊困难未加以考虑。"②关于政府是否及时拨付了日常经费，蒋廷黻说："行政费系由我国政府支付；业务费中，半系由政府担保，向银行借贷，半系由抛售物资而得。"③蒋廷黻的回答显然是模糊不清，闪烁其词。细心研读可以发现，政府并没有为行总提供用于救济善后事业的经费。9 月上旬，在行总的内部会议上，蒋廷黻则明确承认："在本年 6 月下旬至 7 月中旬，行总一度无钱。在此阶段，政府不拨业务经费，银行拒绝贷款。"④

针对外界有关大量物质积压在上海等港口，未能迅速运往最需要的地方的批评，蒋廷黻说：由于抗战使中国的水陆交通"几已完全破坏"，"初期物资不免积压"，但是，行总仍然在想方设法克服困难，积极抢运援助物资。

他指出：

截至本年 7 月 3 日，联总卸下物资 559040 吨，本署已内运物资 480140 吨。上述物质大部分别运往各省，本年 4、5、6 三个月份，本署自沪内运物资之数量且超过联总于各该月份内在沪进口之数量。目前在港口码头上仍存有物资 79000 吨。⑤

至于这 7.9 万吨的援助物资未能完全运出的原因，蒋廷黻认为是来自

① 《中国政府发言人声明》，《申报》1946 年 7 月 12 日。
② 行政院善后救济总署编撰委员会：《这样干了两年》，1948 年铅印本，第 1 页。
③ 《蒋廷黻昨日答记者问》，《申报》1946 年 7 月 13 日。
④ 《蒋署长开幕训词》，行政院善后救济总署编译处编，1946 年铅印本，第 11 页。
⑤ 《蒋署长在 7 月 12 日记者招待会上谈话原词》，《行总周报》1946 年 7 月第 19 期，第 3 页。

联总"最初三个月成交的 16 船货物"以及稍后"大批购自太平洋基地之美军剩余物资"造成的。一方面,这两批物资"货单极不完备",货箱与品名并非完全相符,而且"其中不无损旧之物,亦非全部可以立即使用",因而只好暂时"存于仓库中";另一方面,一些需要深加工的物品如小麦和棉花等,出于减少中间环节、节省人力与运力的考虑,行总计划在上海等港口就近加工、装配,这样,这些物品"须经常有相当数量存留上海"。[①]

不过,根据行总上海储运局的统计,截至 1946 年 6 月 30 日,上海港共收到联总运来的物资 522501 吨,而同期分配、运至内地的约为 26 万吨,在上海当地出售 132000 吨,存于仓库中的约有 13 万吨[②]。行总调查处官员万鸿开在 1947 年初的文章中坦承:"当时,上海积存的物资约及 27 万吨,其他港口合计 34 万吨。"[③] 可见,蒋廷黻在记者招待会上所说并不属实,当时,上海等港口的物资积压超过 27 万吨,远高于蒋廷黻所说的 7.9 万吨。

概而言之,联总所抱怨的行政院没有及时向行总拨付日常经费以及上海等港口物资积压等问题是客观存在的,联总因此而实施对中国的经济善后物资停运情有可原[④]。蒋廷黻等在行政院是否及时向行总拨付了日常经费以及上海等港口物资积压的情况等问题上明显撒了谎,故意混淆视听,力图掩盖行总及其政府的某些过失,消除联总对国民政府、行总的不满,以便使联总尽早恢复对华援助,其用心是良苦的。

停运事件发生后,国民政府在强大的社会压力下,与美国政府进行交涉,希望通过美国政府的帮助促使联总及早解除对华停运。7 月 19 日,国民政府指示中国驻美大使兼联总理事会中方理事顾维钧与美国助理国务卿兼联总理事会美方理事威廉·克莱顿(William L.Clayton)会谈。在会见中,

---

① 《蒋署长在 7 月 12 日记者招待会上谈话原词》,《行总周报》1946 年 7 月第 19 期,第 3 页。
② 《上海储运局物资收发库存数量一览表》,《行总周报》1947 年第 49—50 期合刊,第 21 页。
③ 万鸿开:《一岁新献》,《行总周报》1947 年 1 月第 69—70 期,第 1 页。
④ 关于拉加第亚对华进行救济物资停运的原因,有人认为是他出于其自身政治前途的考虑。据当时担任中国国防物资供应公司的法律顾问托马斯·科克伦说,拉加第亚想当纽约州参议员,利用联总对华禁运,一方面可以迫使国会给联总增加拨款,从而达到延长该机构存在时间的目的;另一方面,由于纽约有大量意大利居民,他想利用中国问题迫使国会同意将联总善后救济活动扩展到意大利,使它成为受援国,以此赢得纽约的意大利人的民心,从而增加他入选参议院的机会,使其政治生涯再上一个台阶(参见顾维钧著,中国社会科学院近代史研究所译:《顾维钧回忆录》第 6 册,中华书局 1988 年版,第 11 页)。

顾维钧"请他考虑全局，支持中方的要求，立即发运医药物资、化肥及运输器材，并恢复计划内的物资供应"。克莱顿一方面表示，"他将立即和联总研究此事。而且，如有必要的话，下周他赴欧出席会议时，还要同拉加第亚本人面谈。他答应将全力促成恢复运货"；另一方面，他要求中方采取实际措施，解决上海等港口的拥堵问题，为解除停运创造条件①。克莱顿的帮助在一定程度上推动了停运禁令解除的进程。

8月10日，联总远东委员会在上海进行了第23次会议，会议由当时担任联总远东委员会主席的蒋廷黻主持。此次会议主要讨论了行总的财政等相关问题。为了给会议营造良好的氛围，行政院根据各方要求，特意安排中央银行向行总提供800亿元短期贷款，帮助行总暂时渡过财政危机。蒋廷黻在会议上讲话时首先承认，自从1945年底中国大规模开展救济善后业务以来，"行总之经济，甚形困难"；但是，经过多方努力，"本年度行总之财政，可不成问题"②。蒋廷黻的这一表态，打消了与会各国代表对行总财政问题的担心，为争取联总解除停运禁令提供了条件。

会后，在联总的敦促下，行总与联总驻华办采取了一系列有针对性的措施，加快了救济善后物资内运与分配的进程。

其一，实行严格的"预审制"和"预配制"。所谓预审制，是指各受援单位，在获得救济善后援助之前，必须事先向行总有关部门当递交一份文件，证明其需要联总提供的各种援助物资未超出联总对华救济善后援助的范围，已经做好立即使用的安排和最终使用的地点等。该文件在经过联总与行总的同意后，才能起运。所谓预配制，是指根据联总物资装船货单，在物资到达之前就预先向各部会进行分配，船只到港后物资的起卸及其费用均由有关部会自负。若相关部门未能及时领取，又没有委托行总进行代收和缴纳罚款，在期满两个月后由现在另行分配或变价出售。

其二，处置积压在上海等港口的美军剩余物资。自1946年7月15日起，这一工作即着手开展，最初经过训练的合格人员有限，处置步伐稍慢，

① 顾维钧著，中国社会科学院近代史研究所译：《顾维钧回忆录》第6册，中华书局1988年版，第7页。

② 《联总远东区特别会议讨论行总财政问题》，行政院善后救济总署广东分署《周报》1946年8月第19期，第6页。

在增加了专门技术人员后，这一工作的进程得以加快，后来在港口增加了不少照明设施，以方便夜间作业。截至 8 月底，共清理积压物资 9400 多吨。

其三，简化手续，提高物资处理效率。行总在救济善后物资集中接收的地方，均不同程度地增设了仓位库容以及临时存放地。这样可有效减少中间环节，物资分配、装卸、运输等工作衔接紧凑，物资内运速度加快。

经过近三个月的奋斗，到 10 月底，以上海港为代表的沿海各港口的物资积压矛盾得到有效缓解。1946 年 10 月 20 日，刚刚接任联总驻华办主任的艾格顿向联总署长拉加第亚报告："在中国各港口接运救济援助物资的效率大有提高。"[1]拉加第亚在得到报告后，于次日欣然宣布：由于各方的努力，中国各港口的物资积压问题得到有效解决，"特将对华物资禁运予以停止，准许依照中国之容量，于各该口岸请求时将货物运出"[2]。这是拉加第亚最后一次以联总署长的身份做出的重大决定，因为两天后，他便以其他原因而辞去联总署长一职。

然而，事不凑巧，停运令解除之际，正值美国海员大罢工，尽管行总署长霍宝树接二连三地催促拉加第亚，要求联总尽快恢复对华物资运输，但是，对于连美国政府都一筹莫展的大罢工，作为联总署长的拉加第亚自然也是无可奈何。12 月中旬，轰轰烈烈的美国海员大罢工结束，联总对华援助物资的海运工作旋即启动，满载救济善后物资的海轮接连抵达中国。至此，曾一度闹得沸沸扬扬的中国战后善后救济活动期间最严重的事件——联总对华"停运事件"正式宣告结束，联总对华善后救济援助逐步恢复至正常状态。

第三节　各项交通善后事业的推进

为了方便抗战胜利后人民返乡、各类物资的运输乃至内战的需要，国民政府于战后迅速进行了交通设施修复工作，其投资也在国民经济恢复中

---

[1] "UNRRA Eases Embargo On China Shipments", *China Newsweek*, No.211, 1946, p.12.
[2] 《联总宣布部分解禁对华救济物资停运令》，《申报》1946 年 10 月 23 日。

占比最大，比工业恢复与重建的投资多8倍。用于交通恢复的投资按如下比例分配：铁路51.2%，公路40.1%，电信6.5%，水运1.3%，空运0.4%，邮政0.3%，采购其他物资0.2%[①]。为配合国民政府交通恢复计划，行总先后在蒋廷黻署长和霍宝树署长的领导下，协助交通部等有关部、会，积极推进交通善后事业，着重于以下三方面的工作：（1）主要铁路干线的恢复，机车、车厢及其他汽车的补充；（2）公路路况的修复及其车辆的补充；（3）水运航道的疏浚及船只的补充等。

一 铁路善后事业的兴办

铁路运输是交通运输的重要组成部分，具有一次性运量大、运输速度快等优点。正如德国学者马克斯·韦伯所说："就总的经济生活而不是单单就商业来说，铁路是有史以来最富有革命性的一种交通工具。"[②]西方国家在19世纪中期开始推广铁路运输。中国铁路运输的出现晚于西方，1876年，全长14公里的淞沪铁路在上海建成，此为中国第一条铁路，但它不是中国人自己修建的，而是英、美两国商人出于方便对中国进行经济侵略而共同出资修建的。直到20世纪初才有中国人自己设计、投资的铁路。截止到1908年，中国相继修建了京张铁路、津浦铁路、京汉铁路、京绥铁路、芦汉铁路、苏杭甬铁路、粤汉铁路以及台湾境内的台基铁路（台北至基隆）等，通车里程近万公里。

铁路善后是交通善后工作中最主要的项目，蒋廷黻在其向联总提交的《中国善后救济计划》中为铁路善后申请的物资援助是1.7亿美元，总重量为75万吨。其后，联总审核同意的物资价值5100万美元，物资总重量约为27万吨。截至1947年底，运抵中国的铁路善后援助物资总价值为4336.7万美元左右，总重量约为24.3万吨。其中，机车192部，重达2.62万吨；货车3445部，重达4.42万吨；钢轨及其附件8.4万吨；枕木1001万根，重达4.95万吨；机件及车辆配件2912吨；钢梁2.62万吨；修车厂

[①] 许涤新等：《中国资本主义发展史》第3卷，人民出版社1993年版，第524页。

[②] ［德］马克斯·韦伯著，姚曾庾译：《经济通史》，上海三联书店2006年版，第186页。

房设备 1.02 万吨。除此之外，还有机车制造厂 5 所，价值 550 万美元[①]。

根据行总署长蒋廷黻与交通部负责人签订的《行总与交通部交通善后合约》的相关规定，上述各种铁路善后物资全部由行总转交给交通部，由后者统一调配。铁路善后共分三期举办，第一期自 1945 年初至 7 月，这时全国各地均比较安定，也都需要铁路善后器材，所以，此时交通部为配合各地的铁路善后工作，对其所需物资原则上是随到随拨。第二期自 1945 年 8 月至 12 月，此时华北、中原等地区战火重燃，运往物资屡遭破坏，所以，为减少损失，交通部将物资大部拨往华南、华东等地区各线，铁路善后也集中于这些地区。第三期自 1946 年 12 月至 1947 年春，交通部经与行总、联总驻华办商量，鉴于联总供应的铁路善后器材与国内铁路善后所需相差悬殊，若分散于各线使用，收效很不明显，故除了机车车辆、钢梁、修车厂设备外，所有钢轨、枕木等物资均集中于修复浙赣铁路等。

从总体上看，交通善后的重点是"经济价值较巨或事实需要较切之路线"，它们理应得到"首先兴办"[②]。具体说来，浙赣、粤汉、京沪、陇海、平汉、津浦和平汉等干线是行总必须"首先兴办"的线路。

从各条铁路所获得的物资比例来看：（1）机车。浙赣、粤汉和京沪均获得 26%，陇海和平汉南段分别分得 13% 和 9% 的份额。（2）货车。浙赣、粤汉和京沪分别获得 18%、32% 和 29%，津浦南段和平汉南段分别分得 14% 和 7% 的份额。（3）枕木。华北各线共分得 17%，浙赣、粤汉和京沪分别获得 54%、24% 和 3%，陇海和平汉南南段共分得 2% 的份额。（4）钢轨。华北各线共分得 7%，浙赣、粤汉[③]和京沪分别获得 56%、15% 和 7%，陇海和津浦南段分别分得 5% 和 10% 的份额[④]。

战后铁路修复主要通过两种途径实现，一是国民政府自行筹集物资与经费，通过普通的"征工制"来实现；二是行总利用联总物资通过工赈形式实现。不难看出，浙赣、粤汉和津浦等铁路在物资分配时得到重点倾斜。

---

① 行政院善后救济总署编译处编：《行政院善后救济总署业务总报告》，上海市档案馆藏档案：Y3—1—278，第 196 页。

② 行政院善后救济总署安徽分署《善后救济》1946 年第 3 期，第 21 页。

③ 有关问题，笔者已在第八章中作了论述，故在此不再赘述。

④ 根据《联总铁路器材分配各路比例表》进行整理，参见行政院善后救济总署编译处编：《行政院善后救济总署业务总报告》，上海市档案馆馆藏档案：Y3—1—278，第197页。

它们在行总的配合与监督下，利用所分配的物资对其进行了善后，而且它们的善后工作都是在行总的统一领导下采取以工代赈的方式开展的。至于铁路总机车厂的设备，主要分配给徐州、武昌、西安、株洲和广州等地，并在这些地方一一设厂。为浙赣、粤汉等铁路修理被战争损坏的机车等设备，并制造了一些零配件供各干线使用。

铁路善后事业的兴办，得到了各分署的积极响应。比如，1946年10月，江西分署为修复省内仅有的，且在战时损毁严重的浙赣铁路、南浔铁路，在行总召开的"全国善救工作会议"上，向行总申请拨付了5000余吨的铁路善后器材，并组织了大量民力，协助交通部修筑了两条铁路的路基、铺设路轨。安徽分署还积极配合江南铁路局修复芜孙铁路路基一段。

经过交通善后工作，重要铁路干线的运输能力得到一定程度的恢复，特别是"战后长江以南各铁路的迅速恢复，颇得其力"[①]。（1）浙赣铁路于1947年春夏之交，经过修复，除杭诸及衢饶两段原来就已通车外，共修通了约1100公里，运行线路从诸暨延长至衢州，尚有约200公里后来政府另行安排经费、物资，征调民工予以修通。（2）粤汉铁路于1946年7月底全线修复通车。（3）平汉铁路南段，主要修通了汉口至郑州一段，"该路使用，颇具宏效"[②]。（4）京沪铁路经过修复，路轨状况得到较大改善，但由于一些地段养护不良，该路未能完全发挥干线的作用。（5）津浦铁路南段，主要修复了徐济段，其他各段政府利用采购的物资组织人力进行了修复。津浦路的修复，效益也是非常明显，"从天津到浦口的运输可以畅通，河北、山东、安徽（一小部分）、苏北的生产事业均可以发展，间接受益者是沿线的一切人民"[③]。

鉴于中国当时铁路专业人才不足、技术落后的现状，行总署长蒋廷黻还受交通部负责人之托，向联总申请铁路技术专家的指导援助。这一要求很快得到了肯定的回应。在提供器材援助的同时，联总共向中国派遣了31位技术能手。他们都是熟练掌握铁路调度、车辆维修与保养、焊接、车间

---

① 丁文治：《联总物资与战后中国经济》，上海六联印刷公司1948年版，第41页。

② 行政院善后救济总署编译处编：《行政院善后救济总署业务总报告》，上海市档案馆藏档案：Y3—1—278，第201页。

③ 行政院善后救济总署安徽分署《善后救济》1946年第2期，第17页。

管理、桥梁设计及建设的工程师。他们不远万里来到中国，为我国铁路运输管理工作的提高及新设备的安装、调试而尽职尽责；并且，他们还不厌其烦地向中国同行传授新技术、新方法，甚至担负起了培训中国专业技术人员的职责。他们以自己过硬的技术和良好的服务赢得了人们的称赞："联总派遣的铁路工程师与其拥有的最新工艺已经成为促进中国铁路善后事业兴办的重要动力……在他们的支持下，铁路管理中存在的不少技术障碍，均被清除。"[1]

二 公路善后事业的兴办

汽车最早在西方国家问世，20 世纪初，在上海出现了中国第一辆汽车，随后，汽车也相继出现在中国其他城市，成为达官贵人的"代步工具"。用于汽车行驶的公路修筑技术、设备也随之传播至中国。三四十年代，日本侵华战争给中国公路交通造成了严重破坏。抗战胜利后，行总在联总的援助下，计划兴办一批公路善后项目。关于公路善后事业，《中国善后救济计划》指出："自由中国境内，颇多陈旧之卡车、汽车，倘能输入零件工具，加以修理装配，对于将来沦陷区之救济善后工作，必多补益。"[2]

蒋廷黻代表行总因此向联总申请了不少公路器材，主要是收复区所急需的车辆及其设备，具体说来，包括各种车辆 2.96 万辆，零配件 6700 吨，汽车轮胎 8900 吨，各种修理厂设备 175 套。1946 年春，联总核定的公路善后经费为 1940 万美元，年底，又降为 1520 万美元，购置的物资总重量为 2.5 万吨。截至 1947 年 12 月底，联总运抵中国的公路善后援助物资总价值为 1400 万美元，总重量为 2.4 万吨。援助物资包括吉普车 915 辆，卡车 5727 辆，救护车 96 辆，装卸车 410 辆，洒水车 87 辆，其他车辆 452 辆，共计 7687 辆；零配件 1288 吨，轮胎 1015 吨，修理设备 850 吨。此外，在公路修筑器材方面，蒋廷黻还要求联总提供了 15 套筑路机械，总计 470 万美元[3]。

---

[1] George W.Woodbridge ed., *UNRRA: The History of the United Nations Relief and Rehabilitation Administration*, Vol.II, New York: Columbia University Press, 1950, p.404.

[2] 行政院善后救济总署编译处编：《中国善后救济计划》，上海市档案馆藏档案：Y3—1—274，第 21 页。

[3] 行政院善后救济总署编译处编：《行政院善后救济总署业务总报告》，上海市档案馆藏档案：Y3—1—278，第 197—198 页。

为了节省空间，提高海轮利用效率，尽可能地多运输援助物资，联总提供的上述公路善后援助物资大部分是以整车散件的形式运抵中国的。到达中国沿海港口后，就地进行组装。行总率先在上海港附近设立了汽车组装总厂。接着，在九龙和天津分别成立了两家规模相对较小的分厂。三家工厂前后共组装了 5270 多辆车，其中包括吉普车、卡车、小轿车和各种专用车等。

根据蒋廷黻的指示，行总将其中的 96 辆救护车划拨各医院，修理车 38 辆分配给各修理厂，其余物资全部拨交交通部统一应用于公路善后事业。1946 年初，在行总的大力协助下，交通部成立了全国公路局，并规定其两大职责，分别为：一方面，接收行总转拨的联总用于公路善后的援助物资，另一方面，协调全国公路修复的善后工作。公路局在行总及各地分署的协助下，利用联总提供的推土机、筑路机及其他施工工具、辅助材料，在全国各地对受战灾破坏并且救济善后物资运输量大的公路进行修复。这些公路的修复工作，大部分通过以工代赈的方式组织灾民进行。

抗战胜利后，包括公路善后在内的各项交通善后事业专业技术人员短缺的问题十分突出，为了解决这一问题，为交通善后事业的兴办扫清障碍，1944 年初，行政院在重庆等地分多批选拔了共计五百余名的交通运输方面的技术人员，从 4 月开始，分批前往美国接受专业培训。

全国公路局还创办了公路设备培训学校，用以培训中国相关的技术人才。所需师资，由公路局请求行总向联总申请派遣。在行总的要求下，联总从世界其他国家以招募志愿者的形式为中国提供了 33 位机械技术人员与公路工程技术人员，他们在培训中国相关的技术人才时采取理论教育与实践操作指导相结合。前后接受这种培训的中国学员达数百人。在此期间，联总技术人员还帮助中国对部分存在故障的美军剩余筑路机械进行修复，为亟待修复的公路建设提供了物资保障。为了让中国人尽快学会驾驶国外新式汽车的驾驶技术，行总还在联总的帮助下创办了驾驶学校，教员主要是在中国驾驶联总援助的新式汽车的美、英驾驶员。他们一般分成两拨，一拨人根据有关安排驾车执行任务，另一拨人则在驾校培训学员，等执行运输任务的人回来后，原来担任培训任务的人则去执行运输任务，而原来跑运输的人则负责培训工作，轮流换班。这样，既让他们执行了运输任务，又让他们执行了培训任务。实行换班的制度，是为了使驾驶员一方面能够完成任务，另一方面又让他们得到足够的休息。

抗战胜利后，行总各分署根据总署的要求，积极协助当地交通部门兴办公路交通善后事业。通过公路交通善后事业的兴办，各地公路交通状况得到了一定的改善。一方面，为行总开展善后救济事业，运输救济善后物资提供了便利；另一方面，也促进了当地经济的发展。

江西分署通过交通善后事业的举办，相继修复了一批重要的省级公路，如著名的万宜萍公路，它最初修建于 1932 年，战前是赣西的一条重要公路，战时损毁严重；永武修公路、武万公路等其他重要的省级公路也得到了及时修复。与此同时，江西分署对崇义、石城和铜鼓等一些县、市的县级公路与乡村公路也进行了修复。并对部分所属县级地区中、小型公路桥梁进行了修复，如永修的张公渡大桥、分宜的万年桥、高安的仁济桥、南城的太平桥、宜丰的棠浦桥以及赣庾公路的部分桥涵等。为修复这些公路或桥梁，行总江西分署不仅提供善后救济援助物资，还适当拨付了一些经费。以修复永修的张公渡大桥为例予以说明，永修的张公渡大桥是南昌至九江公路的必经路段，该桥所处位置河水湍急，桥梁不可或缺。但日寇铁蹄蹂躏江西大地时，此桥遭受严重损害。为修复此大桥，江西分署还专门与江西省公路局联合组建了修复张公渡大桥委员会，行总为此提供了一批援助物资，如钢筋 308 市斤、洋灰 150 桶、面粉 1000 包，此外，还拨付现款 1.1 亿元[①]。

抗战期间，安徽的公路"皆系土路便桥"，而且它们"时有损坏"，"行车极为困难"[②]。抗战胜利后，安徽分署协助当地交通部门修复了一批公路。如，协助修复了合乌（合肥至乌江）、合蚌（合肥至蚌埠）、六叶（六安至叶集）以及阜涡（阜阳至涡阳）等主要公路。截至 1947 年 10 月，在行总的帮助下，浙江省修复了共计 1000 多公里的公路，主要包括 5 条线路，分别是：杭淳（杭州至淳安）、曹嵊（曹娥至嵊县）、金兰（金华至兰溪）、义东（义乌至东阳）和杭海（杭州至海盐）等，这些线路贯穿了 40 多个县。

---

① 行政院善后救济总署江西分署编：《江西善后救济》1947 年第 4 期，第 8 页。

② 行政院善后救济总署安徽分署《善后救济》1946 年第 1 期，第 19 页。

行总福建办事处组织修复了福夏公路，此路共计 297 公里，贯通 10 县市。行总为此前后共提供 500 吨粮食和 2000 多吨筑路器材。另外，行总福建办事处还组织修复了惠安公路和部分市内道路；修复了诸如福州万寿桥、洪山桥等一批桥梁。湖北分署利用联总提供的交通善后援助物资修复了汉宜、汉黄、武界、武长、襄沙 5 条省级公路，另外帮助修复共计 2437 公里的县乡公路和 133 座桥梁涵洞。

在开展交通善后过程中，行总及其分署与国民政府交通部及其附属机构合作办理外，一些分署还得到了当地政府的协助。如，1947 年，湖南省政府提出"交通第一"的口号，发动全省人民开展"筑路运动"。湖南分署就与湖南省政府经过协商，规定，"如系省道，由省政府拟定线路并组织民工修复，如系县道，由县政府拟定线路并组织民工修复，所需器材及民工工粮或工资由分署与省府或县府共担"[1]。

湖南分署组织民工或通过工赈形式发动难民修建了零道（零陵至道县）、邵新（邵阳至新化）、衡常（衡阳至常宁）及零东（零陵至东安）4 条重要公路，全长高达 280 余公里。这些公路的修复，意义重大。例如，邵新公路的修复，一方面有利于当地群众的出行，"替新化人打通了一条出路，也使邵阳人多了一条进路，不仅沟通了邵新两县，而且还是湘川、湘黔两条平行湘境公路的联络线"；另一方面，还能极大地推动当地经济的恢复与发展，"闻名世界的锡矿山的锑，不会再埋在地下而不能利用了"[2]。此外，这些公路的修复，为当时的难民救济工作特别是难民遣送提供了通道，"直接救济衡阳、零陵、东安、道县、邵阳新化诸邑灾民百余万人"[3]。

从整体上看，联总向中国提供的公路修筑设备基本上是当时国际上最新式的，工作效率较高，用于修筑公路"成效甚著"。例如，中国使用联总提供的公路善后援助物资修复了京沪杭地区的公路，先后完成了京杭、

---

[1] 行政院善后救济总署湖南分署：《行政院善后救济总署湖南分署业务总报告》，1948 年铅印本，第 15—16 页。

[2] 《邵新公路通车志》，行政院善后救济总署湖南分署《善后月刊》1947 年第 11 期，第 16 页。

[3] 行政院善后救济总署湖南分署编：《行政院善后救济总署湖南分署业务总报告》，1948 年铅印本，第 12 页。

沪杭、京沪和京赣等线，总计791公里。修复永久或半永久式桥梁168座，涵洞377座。另外，还在黄泛区、福建、湖南等地修复了数量不等的公路。到1946年12月，全国通过公路善后，共修复了1.8万公里的简易公路；次年，这一数字增加到3万公里。它们的修复，为救济善后物资及时运到灾区创造了条件，也为未来中国的经济建设奠定了基础。

三 水运善后工作的开展

虽然中国河流密布，湖泊众多，为中国航运业的发展提供了良好的基础。但是，中国航运业一直非常落后，长期以来使用木船运输，直到近代，情况才稍微有所好转。1865年，洋务运动期间创办的第一家企业——安庆内军械所制造了中国第一艘近代化轮船。1869年，中国制造出第一艘千吨级轮船。1871年，第一台国产船用蒸汽机问世。1872年，李鸿章在上海创办了轮船招商局，此时中国才出现第一家航运公司。抗战期间，中国航运业遭受重创，航道被破坏，港口、船只被毁。《中国善后救济计划》指出："内河航行船只之引擎及润滑油等，需要尤切。"[①]

1944年，蒋廷黻代表行总向联总申请的水运善后物资主要是恢复沿海及内河航线所需船舶及设备。联总最初核定用于此项计划的物资总价值为4400万美元，1946年8月核减为3780万美元，1947年9月进一步降低为2950万美元，最后运抵中国的物资总价值为684.8万美元，总重量为11.4万吨[②]。

在分配水运善后物资时，行总尽量兼顾国营及民营在战前从事水运工作的机构或单位，对其分配的物资原则上单价在5万美元以下。至于5万美元以上的水运器材，根据行总与联总签订的《基本协定》，联总保留其所有权，作为暂时借于行总使用，因此不能分配，由行总统一调配使用。行总利用这些大型器材，于1946年4月成立了水运大队，专门从事救济善后物资的运输工作。其规模随着时间的推移而迅速扩大，5月，水运大

---

① 行政院善后救济总署编译处编：《中国善后救济计划》，上海市档案馆藏档案：Y3—1—274，第21页。

② 行政院善后救济总署编译处编：《行政院善后救济总署业务总报告》，上海市档案馆藏档案：Y3—1—278，第198页。

队拥有 16 艘大型机动货船及几十艘小型驳船从事定期航运，业务量也迅速增多。它们常常在天津、青岛、汉口、武昌、梧州及基隆等港口间转运救济善后物资。水运大队的业务一度交给民营单位经营，"终以无利可图"，最后只好划归行总掌管①。

据不完全统计，1946 年度，行总水运大队共转运各种救济善后物资约 14.8 万吨，返航时还运送了几千名难民返乡。截至 1947 年底，它共运输了 29.1 万吨的援助物资②。但是，国民政府的个别部门及一些航运公司出于自身利益的考虑，对它的业务工作进行掣肘，在一定程度上妨碍了它应有作用的发挥。尽管如此，它的成立，"对于解决当时之行总之物资内运问题，贡献甚大"③。

在联总提供的水运善后物资中，还包括用于制造驳船的木料及其他器材。行总署长蒋廷黻最初将其委托给上海的几家造船厂，但是很快发现成本太高，遂决定由行总自行设厂装配驳船。1946 年 9 月，行总在上海附近的小不点岛上新建了第一家驳船装配厂。行总还通过联总驻华办向联总申请技术专家的指导。在专家们的帮助下，装配厂利用招募来的工人们将联总提供的木质与金属器材顺利组装成一艘艘驳船，前后共装配了 792 只驳船。驳船的自行成功组装，使行总十分高兴，觉得"将组装驳船的业务集中于自己的装配厂比分包给其他船厂更为划算"④。这些组装完毕的驳船被迅速移交给行总水运大队投入运输工作。

1947 年，行总的使命完成后，行总署长霍宝树、联总驻华办主任艾格顿与交通部负责人商定，从水运大队的善后物资中拿出相当一部分，分别出售给交通部与一些民营轮船公司。剩下的那些没有进行出售的部分，则移交给新成立的国民政府善后事业委员会、保管委员会，用于运输那些此前还未来得及运输的善后救济物资，在此项工作完成后，仍然分别出售给交通部与一些民营轮船公司。

---

① 《善后救济方案与现实之距离》，《行总周报》1947 年第 23 期，第 2 页。

② *UNRRA Operational Analysis Papers, No.53*, Washington D.C., 1948, p.315.

③ 行政院善后救济总署编译处编：《行政院善后救济总署业务总报告》，上海市档案馆藏档案：Y3—1—278，第 201 页。

④ *UNRRA Operational Analysis Papers, No.53*, Washington D.C., 1948, p.313.

在水运善后事业兴办过程中，行总各分署也给予了大力配合，如，湖南分署拨发部分物资，由分署与省政府相关机构合作造船，共计造船45艘。为恢复当地水运事业起到了一定的作用。行总福建办事处协助疏通福州河道，对建溪、九龙江等航道进行了综合治理。

四　电信善后工作的开展

电信行业完全是近代化的产物。中国电信业开始于洋务运动。1879年，李鸿章委托商人盛宣怀在天津创办了天津电报局，这也是中国第一家电信机构。次年，清政府成立了电报总局，全国大中城市之间基本上可以电报联系。

抗日战争前，中国电信设备大多残破不堪，效率低下。日本侵华战争期间，战火的破坏更加重了电信业破败的形势。抗战胜利后，行总希望利用联总在中国开展包括电信在内的善后活动的契机，淘汰落后设备，更换新式进口设备。经过初步测算，电信业善后约需9000万美元。但是，联总的救济原则是只帮助受援国将各项事业恢复至战前水平，因此，蒋廷黻在其向联总提交的《中国善后救济计划》中主动缩减了电信申请援助的规模，将其降至3800万美元。联总审核时作了进一步缩减，规模降至仅有500万美元。已经采购的总价值却只有400万美元。截至1947年中国救济善后活动结束，运抵中国的此类善后物资只有区区300余万美元，总重量为6500多吨[①]。它们包括各种铜线、电缆、无线发报机、电报纸、电话机、交换机、蓄电池、发电机、工程车以及各类零配件等。

此外，联总由太平洋及欧洲各地选购来自美、英等国的军用剩余物资，并将其运抵中国，其中包括电信器材约2000吨，总价值超过88万美元，品种有电信工程车、无线电报机等。1946年，国民政府在其预算中安排了约770万美元的电信基本建设经费，作为中国电信善后事业的配套资金。这样，战后全部用于电信善后事业的经费总计在1300万美元左右。

由于当时中国的各类电信行业基本上都是国营，所以，行总在分配联总提供的电信善后物资时将其中约97%的份额拨给交通部统一办理电信善后事业，另外约3%的部分由行总及其分署、下属部门留存，作为领导和

---

① *UNRRA Operational Analysis Papers, No.53*, Washington D.C., 1948, p.326.

协助救济善后活动的办公用具。

由于中国电信业专门技术人才十分缺乏，因此，应行总两任署长蒋廷黻和霍宝树的要求，联总还先后共向中国派遣了 10 位左右的电信技术专家来华进行技术支援。他们的任务主要有两项：一方面，受聘于交通部，担任电信善后的技术顾问；另一方面，分别在南京电信培训中心及上海电信学校为中国技术人员进行培训，讲授相关课程，先后接受这种培训的人员超过 200 人。

交通部利用联总提供的电信善后物资重点在华中、华南等地区对一些电信线路进行修复。其工作成就主要有：一是修通了总长度为 4350 公里的省际长途电话重要线路；二是新安装了共 214 系载波电报设备，并修通了 92 条民用电报线路；三是分别恢复了 10 套三路载波电话设备以及 6 套单路载波电话设备；四是对一些业务繁忙的原有无线电台及其中转站等设施进行修复、补充。比较重要的有，广州至厦门及福州至汕头的无线电报通信设备等。在整个电信善后工作中，交通部共在全国各地修复了总计 7500 公里的各种电信线路，补充电信局的有关设备有 28 局[①]。

行总及其各部门、附属机关通过配备一些电信设备，政令传达速度得以提高，因而其工作效率也大大提高，对中国救济善后事业的推进大有裨益。

综上所述，为了帮助中国恢复因为战灾而受损的交通运输业，根据行总的申请，联总向中国提供了一些交通器材与经费，还选派一些专家培训中国交通技术人才。行总也积极协助联总、交通部开展交通善后事业，"行总对于交通善后工作极为重视"[②]。交通善后事业的兴办，为战后中国交通运输业的部分恢复与重建起了一定的作用。

综观交通善后事业，它具有一些明显的特点，主要有：第一，兴办项目种类多。战后中国交通善后事业，几乎涵盖了交通业的所有门类，包括铁路、公路、水运及电信等。第二，地域范围广。战后中国交通善后事业作为战后中国交通恢复与重建的补充，加之交通线路往往地跨数省的特点，交通善后事业兴办过程中，几乎所有的行总分署均参与了，也涵盖了几乎

---

① 参见王德春《联合国善后救济总署与中国（1945—1947）》，人民出版社 2004 年版，第 168 页。

② 丁文治：《联总物资与战后中国经济》，上海六联印刷公司 1948 年版，第 34 页。

所有参与善后救济事业的省、市，甚至一些未能纳入善后救济事业的省份如甘肃、四川、贵州等，也在联总交通善后物资及经费的援助下兴办了交通善后项目，如一些铁路、公路的修复等。第三，项目数量大。得到联总物资及经费援助而修复的交通项目，多达上千项，是所有善后事业中项目数量最多的。

　　当然，必须指出的是，虽然从联总援助的数量上看，为数不少，但与战后中国交通恢复与重建的需要看，则又显得微不足道。当时的学者丁文治认为，"大体说来，联总的物资可能供给战后两年交通设备需要的三分之一"[①]。这显然有夸大其词之嫌。1945—1947年中国交通善后事业，对中国交通业的恢复与重建起到了一定的作用，但是，这种作用又是有限的。其原因不外乎以下几方面：首先，如前所言，联总援助中国的交通善后器材与经费相对于交通业的完全恢复与重建所需相去甚远；其次，战后破败的交通基础设施太差，本身运输能力太低，从而影响了对联总交通善后援助物资利用的效率。对此，联总认为，"中国内地限于运输能力，设依照申请数量全部资助，亦无全部吸收至内地发放与需要之可能"[②]。有的分署也对此颇伤脑筋："在分发运卸上所遇之困难与阻折，尤非事外人所可想象"，"由于运输困难而不能大量获取物资，运转物资，为本署最感痛苦而无力解决之最大问题"[③]。最后，交通善后事业兴办期间，正是内战大规模进行之时，国民政府及其地方政府实际支持、配合不够。

[①] 丁文治：《联总物资与战后中国经济》，上海六联印刷公司1948年版，第41页。

[②] 秦孝仪主编：《革命文献》第97辑，台北出版社1973年版，第51页。

[③] 行政院善后救济总署河南分署秘书室编：《行总河南分署三十五年度业务概述》，1946年铅印本，第7—8页。

第十二章 医疗卫生与教育善后事业的兴办

日本侵华战争期间，中国的医疗卫生和教育事业遭受了严重破坏，而医疗卫生、教育事业与战后恢复、重建及保障人民生活密切相关。因此，在全国相关地区进行医疗卫生与教育善后活动，是 1945—1947 年中国善后救济事业的题中应有之义。

第一节 医疗卫生善后的规划及政策的制定

长期以来，我国的医疗卫生事业极端落后，历史欠账太多。行总力图借助联总提供的医疗卫生援助物资及经费，与卫生署密切合作，从多方面进行有关医疗卫生的善后活动，以此推进中国医疗卫生事业的恢复与发展。

一 日本侵华战争对中国医疗卫生事业的破坏

我国医疗卫生机构及其医生、设备一直十分短缺或简陋。人民群众的医疗卫生知识也非常缺乏。在广大农村，尤其是偏远山区，对于疾病，老百姓不是去寻医问药，而是求神拜佛、听从天命。例如，在陕甘宁边区，医生（主要是中医）仅 1000 人左右，而巫婆、端公（即男巫）等巫神共有 2000 多人[1]。至少一半的民众染病后不是去求医问药，而是向巫神们求助，结果耽误了病情，不少人因此丧命。据统计，战前中国民众的死亡率达 3% 之高，

---

[1] 李维汉：《回忆与研究》，中共党史资料出版社 1986 年版，第 566 页。

而婴儿死亡率更是高达 23%[1]。可见，死于非命的人不计其数。

抗战爆发后，本已稀少、破败的医疗设施几乎被破坏殆尽。战时广大人民深陷水深火热之中，营养不良，生存环境恶劣，民众之身心健康状况可想而知。况且在江西、湖南、浙江、福建、江苏、安徽、山东与河南等地，由于日寇惨无人道地实施了细菌战，导致这些地方普遍流行疟疾、斑疹、伤寒、脑膜炎、出血热、鼠疫等传染性疾病。1941 年冬，因日军在湖南常德一带大规模投放鼠疫病菌，致使周围 13 个县的 1.5 万人感染腺鼠疫、肺鼠疫和败血性鼠疫等疫病，7643 人因此死亡[2]。鲁青分署所辖地区，"结核病、黑热病、脑膜炎、疟疾、伤寒、麻疹、回归热、猩红热、白喉、霍乱等病，皆十分严重"[3]。黄泛区一带也是满目疮痍，"荒湿地区，疫疠极易流行"[4]。

战后这种状况并未得到扭转，甚至在一些地区有继续恶化的趋势。因为抗战刚结束，中国又迎来了内战。疫病流行与泛滥因内战而加重。1946年 6 月，长沙霍乱流行。仅 2 日至 20 日即发病 1007 例，死 200 余人[5]。1946 年 10 月开始，山东全省均不同程度地爆发了黑热病。1947 年 7 月中下旬，在山东进行了临朐战役。历时近半个月的战役造成了国共两党共计7 万多人的巨大伤亡。这些死难军人的遗体基本没有掩埋，因为高温的炙烤，遗体迅速腐烂，从而造成疫病大面积流行与蔓延。1947 年春夏之交，高雄、台南和屏东等地发生大面积疫情，患者死亡率达到一半。

古人云："大灾之后，必有大疫。"抗战胜利之初，"渝筑沪粤之霍乱，豫鲁皖苏之黑热病，衡阳、台湾之疟疾，浙闽东北之鼠疫，黔桂之回归热等等，此伏彼起，死亡相继"[6]。1946 年，卫生署在其向联总卫生委员会

---

① 行政院善后救济总署编译处编：《行政院善后救济总署业务总报告》，上海市档案馆藏档案：Y3—1—278，第96页。
② 《日本帝国主义侵华档案史料选编》，中华书局 1989 年版，第 73 页。
③ 延国符：《行总鲁青分署业务总报告》，1947 年铅印本，第 38 页。
④ 行政院善后救济总署编译处编：《行政院善后救济总署业务总报告》，上海市档案馆藏档案：Y3—1—278，第225页。
⑤ 宋斐夫：《湖南通鉴》上卷，湖南人民出版社 2007 年版，第 656 页。
⑥ 行政院善后救济总署编译处编：《行政院善后救济总署业务总报告》，上海市档案馆藏档案：Y3—1—278，第122页。

提供的报告中指出：中国在1946年内可能发生霍乱20万起，痢疾600万起，伤寒70万起，天花50万起，脊椎脑膜炎10万起①。

日本侵华战争还使中国医疗卫生设施损失惨重。在湖南，因战事破坏而造成的损失，仅各级公立医疗机构就共计6.11亿元，其中包括湖南省立第一、第二医院在内的省级医疗机构损失2.73亿元；各县市级医疗机构损失达3.38亿元②。至于私立医疗机构，损失则更为严重。例如，长沙湘雅医院和天主堂医院只剩下建筑物空壳，里面的各种设施被损坏殆尽；而仁术医院等医院，无论院舍还是设备均遭损毁。1945年底，全省各医院得以保存的病床仅2069张，合格医生仅115人③。教会医院在日本侵华期间也未能幸免。仅在1937—1339年，全国各地的268家教会医院中，被毁或被占的达35家，占比达13%左右④。山东等地区，公立医院在战时损失约六成，教会医院之损失更是高达九成。抗战期间，台湾共有总督府府立医院（即公立医院）11家，因战受损8家；"至私立医院被炸毁者，数亦不少"⑤。战后医疗卫生事业，"欲一一恢复旧规，自非一就可几"，并且，"防遏随战祸而生之疾病，亦属非易"⑥。

总之，"战时受祸既已惨重，胜利后多无力恢复"⑦。由于长期缺医少药，加之战争的严重破坏，中国不少地区几无有用的医疗卫生设施，成千上万的人民因为贫病交加，而挣扎在死亡线上，急需救济。中国医疗卫生善后事业之兴办已是迫在眉睫。正如行总河南分署所言："医药救济，尤属刻不容缓。"⑧时任联总署长的李门在获知日本侵华战争对中国医疗卫生事业造成的严重损失情况后也指出："中国诚为八年长期抗战后疾病流行之

① 《中国亟需医药救济》，《大公报》1946年2月10日。
② 行政院善后救济总署湖南分署经济室：《湖南善后救济区域现状调查报告》，1946年，湖南省档案馆馆藏档案：77—1—26，第56页。
③ 同上。
④ 参见慕景强《1937—1949年我国医学教育发展情况述评》，《医学与哲学》2013年，第11期。
⑤ 陈云林总主编：《馆藏民国台湾档案汇编》第126册，九州出版社2007年版，第42页。
⑥ 陈云林总主编：《馆藏民国台湾档案汇编》第45册，九州出版社2007年版，第73页。
⑦ 行政院善后救济总署编译处：《行政院善后救济总署业务总报告》，上海市档案馆馆藏档案：Y3—1—278，第123页。
⑧ 行政院善后救济总署河南分署《周报》1947年第23期，第25页。

国家，故急需医药救济品。"①

二 医疗卫生善后事业的初步规划

关于医疗卫生善后事业的重要性，身为行总署长的蒋廷黻曾经多次进行了强调。比如，1945 年 5 月，蒋廷黻在行总会议上要求将卫生列为善后工作的主要范围。他说：

> 在救济工作中需要卫生，在善后工作中更需要卫生。中国经济困难人民疾病亦为重要原因之一。老百姓之病如以人之损失计之，恐为中国最大之浪费，人民生活不能改变，卫生状况不能改善，则生产自亦无从发达②。

在蒋廷黻看来，医疗卫生事业不仅直接关系人民群众的健康，也间接与国家经济发展有关。医疗卫生善后于国于民都有利。所以，蒋廷黻在其救济善后思想中提出，"投资于卫生事业，我相信，是我们最好的收获，最大的投资"，"第一次办理救济善后，卫生我认为是最基本的事业"③。

又比如，12 月中旬，蒋廷黻在行总的一次会议上的讲话中也强调了医疗卫生善后事业的重要性。他指出："我国卫生器材在战前本不能自足自给。在此长期抗战之中，因营养不足，疾病率提高。战后如不预防，很可以发生瘟疫。"④

1945—1947 年在中国开展医疗卫生善后事业，面临的困难，是十分巨大的，任务是急迫的。对此，1945 年 11 月初，蒋廷黻在行总举行的记者招待会上强调指出：

---

① 《中国亟需医药救济》，《大公报》1946 年 2 月 10 日。
② 《三十四年五月七日，署长召集全体同仁第一次训话训词》，载行政院善后救济总署赈恤厅编《怎样办理赈恤》，1946年铅印本，第37页。
③ 蒋廷黻：《善后救济总署之性质与任务》，《东方杂志》1945 年 10 月第 41 卷第 20 期，第 6 页。
④ 《联合国救济善后会议经过》，行政院善后救济总署编：《中国善后救济计划》附录1，上海市档案馆馆藏档案：Y3—1—274，第42页。

就医药言，中国之需要亦甚迫切。台湾人民死于疟疾者数以千万计，南京正有斑疹、伤寒流行，而江西全省亦遭受疟疾之侵袭，各地人民均感医药与医师之需要①。

在疾病尤其是传染病肆虐于全国各地之际，蒋廷黻深深感到，医药与医师的严重缺乏成为中国医疗卫生事业的主要瓶颈，因此，要使即将进行的医疗卫生善后事业收到效果，必须从解决医药与医师两大问题入手。因此，他在此前后，呼吁联总给予中国医疗卫生方面的援助。

关于医疗卫生善后的总体设想，最初，蒋廷黻在其主持编订的《中国善后救济计划》中拟将全国的原有医院全部予以恢复，不仅如此，还要再新建一批与原有医院数量相当的医院。然而，蒋廷黻制订的这一雄心勃勃的计划在现实中遇到了一系列的难题。具体表现在：（1）这一计划在提交联总审议时，一度遭到反对。因为《联总协定》明确规定，善后活动只能恢复因战争而遭受破坏的事业，不得利用联总援助的物资与经费兴办新的事业。蒋廷黻在联总一方面诚恳地承认中国的这一计划确实有悖于联总的救济善后原则；另一方面向他们作了这样的解释：中国的医院数量原本就很不足，况且原有的医院设施十分简陋，如果不在恢复原有医院的基础上再新建一批医院，将无法有效遏止战后疾病的蔓延。经过蒋廷黻的细致工作，联总原则上同意了蒋廷黻提出的中国医疗卫生善后计划，准许中国适当新建一批新的医院。（2）我国当时医务人员非常缺乏。为此，蒋廷黻拟从两方面入手，加以解决，一方面，请求联总派遣约800人的专业医务人员协助中国开展医疗卫生善后工作；另一方面，国内加紧培训医务人员，以补不足之需。（3）时间紧迫。根据联总的有关规定，联总在一个国家开展救济善后活动的时间不得超过两年，期限一到，援华医务人员将被召回国，而此时中国自行培训的医务人员还未能完成学业，无法填补因援华专家离开形成的空缺。蒋廷黻用于解决这一难题的办法是，在联总的救济善后工作即将结束时请求联总将800名医疗专家留一部分在中国继续其工作，待中国培训的医务人员毕业后，他们再分几批全部回国。

---

① 《署长阐述我国当前需要》，《行总周报》1945年11月第2期，第1页。

医疗卫生善后，工作量大，牵涉面广，为使其顺利推进，必须得到国民政府卫生署的支持与配合，因此，"行总准备与卫生署密切合作"。[①] 实际工作中两者的关系如何处理？职责怎样明确？蒋廷黻认为，"行总各分署应协助卫生署及其地方机构"，而不能撒手不管，不闻不问。但是，又必须明确行总及其各分署在医疗卫生善后工作中的地位，不能越俎代庖，"不得不限制自己的责任"，"行总之业务应限于由海港运输物资至各省会"，"各省之卫生业务及医院之恢复系卫生署之基本职掌"，善后物资到达各省会后，行总要及时与当地卫生主管部门联系，并将物资尽快移交给它们，以便卫生机构根据计划，迅速开展医疗卫生善后的实施工作[②]。

三　一系列重要政策的出台

为了使即将开展的医疗卫生善后事业有法可依，行总出台了一系列有关政策性文件。比较重要的有：《善后救济总署卫生业务原则》（以下简称《业务原则》）、《三十五年度善后救济卫生业务复员实施办法》（以下简称《实施办法》）、《善后救济总署、卫生署关于卫生善后救济业务合作办法实施细则》（以下简称《实施细则》）等。

它们的主要内容，概括起来，分别有以下几方面。

《业务原则》规定：（1）医疗卫生善后以行总辅助各级地方政府、卫生机构或慈善团体办理为原则，行总不可代办，更不可包办；（2）在开展医疗卫生救济善后活动时，除供应医药器材外，应该根据情况适当补助开办经费和日常费用，保证贫苦病人能够得到免费救治；（3）接受行总提供的联总物资的医疗机构必须保证其每月免费接诊的数量不少于其全月门诊量的三分之一，否则，取消受益资格；（4）要注意对民众的医疗卫生宣传教育，及时向他们传授医疗、保健的新知识等[③]。

《实施办法》规定：（1）行总所属卫生业务委员会应该详细调查收复区内的原有各级医疗卫生机构的状况，并根据当前需要，分别予以适当

---

① 蒋廷黻：《善后救济总署之性质与任务》，《东方杂志》1945 年 10 月第 41 卷第 20 期，第 6 页。

② 《蒋署长开幕训词》，行政院善后救济总署编译处编，1946 年铅印本，第 8 页。

③ 《善后救济总署卫生业务原则》，载行政院善后救济总署江西分署编《善救准则》，1946 年铅印本，第200—203页。

补助；（2）要充实医学教育的必需设备，具体方案由卫生署与教育部协商；（3）本年度全国范围内设立5个训练中心，分批训练各地医务人员；（4）要逐步恢复或重建妇产专科医院或妇婴保健院、所等，专供妇婴之用；（5）行总卫生机构要协助收复区各省卫生部门开展都市及乡村卫生工程建设和环境卫生工作，有针对性地开展预防接种与消毒工作，对传染病人进行隔离治疗；（6）对患病的返乡难民及时救治等①。

《实施细则》规定：（1）全国性、大规模的卫生善后工作的期限为18个月；（2）行总设置的医疗防疫总队设总队长1人，副总队长1人，总队长由行总聘请卫生署医疗防疫总队总队长兼任，副总队长由行总高级卫生人员兼任，均"不另支薪"，他们的职权是，"秉承总署署长、副署长之命，指挥管理各医疗防疫大队；（3）总署医疗防疫大队的业务工作应该受当地省市分署的指挥，其行政管理仍然由总队负责；（4）各医疗防疫大队的医务人员的津贴，由驻扎地的行总分署从业务费中支取，其标准由行总确定；（5）卫生善后初期，由行总统一制定调查表格，通过各分署转发各地卫生善后工作队，限期调查有关卫生事业情况，包括人员、房屋和器材等；（6）药品器材的点验、分装、装箱、保管、配发、统计、报告等事务由行总与卫生署共同办理，其分配也由行总与卫生署共同审理，其程序由行总与卫生署业务主管单位商定，其运输问题则由行总负责处理等②。

上述一系列法规的制定、政策的出台，为行总与卫生署密切配合共同办理医疗卫生善后事业奠定了基础。

第二节　医疗防疫及卫生善后工作的开展

抗战后，根据行总递交的《中国善后救济计划》，联总向中国提供了约3万吨医疗卫生善后物资，另外美军留下的剩余物资中约有卫生器材

---

① 《三十五年度善后救济卫生业务复员实施办法》，载行政院善后救济总署江西分署编《善救准则》，1946年铅印本，第204—211页。

② 《善后救济总署、卫生署关于卫生善后救济业务合作办法实施细则》，载行政院善后救济总署江西分署编《善救准则》，1946年铅印本，第214—220页。

3000 吨，共计 3.3 万多吨医疗卫生援助物资。行总利用这些援助物资，协助卫生署在全国部分地区开展了医疗卫生善后工作，这一工作分为两部分，即医疗防疫（简称"医防"）与卫生善后工作。这些工作先在一些地方试点，然后分期分批推广到其他地方。1945 年 7 月，行总组建了卫生组，战后，随着医疗卫生业务的不断扩大，11 月，在卫生组的基础上还成立了行总卫生业务委员会，以加强对此项工作的督导。

一 黔南医防及卫生善后试点工作的举办

1945 年夏，对日战争局势日益好转，日军逐渐由黔南撤退。当时黔南一带，日军在此烧杀掳掠，无恶不作，民众深受其害，尤其是南丹、独山、都匀等地人民受害更深，为了救济当地人民，行总决定在黔南设立办事处，直属行总，医疗卫生也被列入救济善后工作的范围。办事处从卫生署医疗防疫队、中国红十字会及公益救济队借调 50 多名专业人员，并把他们分成几个分队，分别派往贵州的都匀、独山，广西的南丹、河池等地从事紧急防治工作。在上述地区，一些诸如霍乱、赤痢、伤寒与天花等传染病随时都有大规模爆发的可能，各医疗防治分队为防患于未然，迅速行动，一方面，对广大群众进行预防接种；另一方面，利用 50 加仑的汽油桶，进行蒸汽灭虫。如果遇有传染病人，即随时送特约医院隔离治疗。他们还在独山通往南丹的公路上设立流动医疗队，每隔一段距离设医疗点，每日就诊人数在几十人至几百人不等。

与此同时，本着行总署长蒋廷黻确定的"寓救济于善后之中"的宗旨，行总协助卫生署在黔南地区还进行了卫生善后的试点工作。其中包括：（1）对被战火完全毁坏的独山县卫生院进行重建，并主要以难民为对象开展门诊服务；（2）对被战火部分毁坏的南丹县卫生院进行修复；（3）向都匀县卫生院充实人员、药品、器械等使其具备救济病人的能力。通过重建、修复和补充，它们的接诊能力明显提高。独山医院每日接待住院病人50多位，在美军医务人员的帮助下，每日进行数例大手术。这类情况，"实为边疆内地所不经见者也"[①]。经行总署长蒋廷黻与卫生署

[①] 行政院善后救济总署编译处编：《行政院善后救济总署业务总报告》，上海市档案馆馆藏档案：Y3—1—278，第 122 页。

负责人协调，卫生署医防大队部在独山设立卫生工程队，在当地建立了一些模范厕所，进行了数次灭虫行动。他们还在难民中进行了基本医疗卫生知识培训。抗战胜利前夕，广西的河池、宜山、柳州及桂林相继收复后，行总与卫生署随即在这些地区开展了卫生善后工作。协助广西恢复了省立医院及卫生院等医疗机构。

1945 年底，黔南医疗防疫及卫生善后试点工作基本结束，前后历时半年。行总与卫生署在黔南等地区开展了防疫、医疗、保健与环境卫生等多项工作，并取得了初步成效：（1）他们先后为 1.9 万多人注射了各项防疫疫苗；（2）为 5.8 万人提供了医疗服务；（3）为 5.7 万多人提供了保健服务，内容包括儿童健康检查、产妇检查及接生等[1]。黔南卫生防疫及善后试点工作的举办，为行总配合卫生署在全国各地开展大规模的医疗卫生善后事业积累了经验。

二　全国医防及卫生工作队伍的组建

抗战胜利后，全国医防工作亟待进行。为了完成这一任务，从 1945 年 10 月至 1946 年 4 月，行总在卫生署的帮助下在全国组建了医防总队，下设 3 个医防大队，另外还设立 1 个卫生工程大队。3 个医防大队分别辖 4 个医防分队，共计 12 个医防分队，还分别辖 2 所防疫医院，共计 6 所防疫医院。1 个卫生工程大队下设 6 个巡回卫生工程队。它们都分布于全国相关地区。各医防队及卫生工程队的医务人员大部分来自卫生署所属机构或医院。行总的医疗防疫总队队长，即为前卫生署该项总队队长。其职责是统筹行总医药器材的配备、各队任务的划分、相关区域的配置与调遣等，并与卫生署密切配合，共同开展工作。

行总对 3 个医防大队的工作区域及主要任务进行了明确划分。第一大队的工作区域在广东与广西两省，总部设在广州，其所属的 4 个医防分队分设于汕头、台山、南宁与蒙山四地。它们的职责包括两项，分别是，在其所辖地区对贫病难民进行治疗；在其周围地区进行巡回医防活动。此外，

---

[1]　行政院善后救济总署编译处编：《行政院善后救济总署业务总报告》，上海市档案馆馆藏档案：Y3—1—278，第 122 页。

在广州和柳州两地该大队分别设立一所防疫医院。各队、院、所治疗及预防接种的对象皆以贫苦之战灾难民为主。第二大队最初设立于重庆，后随总署迁回南京。它的任务是对难民收容所开展医疗防疫工作，并随船护送总署遣送返乡之难民，在必要时向他们提供各种医疗救助服务。所属的 4 个分队，其中有两个驻扎在徐州一带，后来有一个从徐州移驻丰县、沛县等地；另外两个则分别驻扎在山东青岛和河北石门市，其中驻扎在青岛的分队后来转移到海州和高密一带。第二大队还在青岛和石门分别设立了一所防疫医院。至于在其驻扎地停留时间的长短，主要根据其在当地的需要程度等因素决定。第三大队的工作区域主要在东北三省，大队总部先后设立于长春和沈阳。其所属的 4 个分队分别驻扎于长春、辽北、锦州和沈阳。其任务是在驻扎地及其周围地区开展巡回医防工作。该大队还在四平与长春分别设立了一所防疫医院。

除了行总所属的三个医防大队外，卫生署也成立了多达 7 个的医防大队，以配合行总的医疗卫生善后工作。它们分别驻扎于上述地区之外的全国其他地区。其开展的工作也与行总的医防大队的工作毫无二致。但在其他方面有所区别，主要表现在：一方面，经费来源不同，行总医防大队的业务经费、药品、医疗器械基本上来源于联总的援助，而卫生署的医防大队所需经费及物资大多由政府拨款购买；另一方面，开展的业务性质不同，行总医防大队所开展的业务是救济善后事业，而卫生署医防大队所开展的业务则是政府服务行为，属于"复员"性质。不管是行总医防大队还是卫生署医防大队，他们在开展相关活动时，所提供的服务、药品均实行免费，他们的工作范围不能仅限于城市，还要进入乡村。

1945 年 12 月，行总相继在全国成立了 15 个分署。根据各分署组织法的规定，每一分署均设立卫生组，专司该分署辖区内的卫生工作。在各卫生组下也均设有负责医疗防疫及卫生工程的工作队，根据各分署的医疗卫生善后事业的具体情况，工作队的数量多寡不一。各分署根据总署的指示，承办医药器材的分配任务，并协助当地政府、卫生署修建辖区内的卫生机构。行总明确要求，凡接受了行总的任何援助的医院、卫生院等单位，不论其属于公立还是私立，必须抽出约三分之一的门诊力量和约五分之一的病床，免费接收贫苦病人的就诊；由行总供应的各种药品及营养品也均实行免费供应。据统计，在全国约有2000家医疗单位从事了这一服务。

行总唯一的卫生工程大队总部设在南京，下设6个巡回工作队。第一队的工作范围包括贵阳、柳州、桂林、广州等地。第二队工作的地点有武昌、汉口、宜昌、沙市、衡阳、常德和芷江等地。第三队工作的地点有郑州、陕州、洛阳、安阳、徐州和芜湖等地。第四队工作的地点是开封、邓州、花园口、许昌、商丘、天津、北平和西安等地。第五队工作的地点主要是福建、浙江一带。第六队则主要工作于南京和上海等地。

至此，行总用于举办医防工作和卫生善后工作的队伍已基本组建完毕。分布于全国各地的各种医防及卫生善后的组织、队伍为行总协助卫生署在全国开展医防与卫生善后事业创造了条件。

三　医防工作的开展

早在1944年，行政院就出台了《传染病防治条例》，明确将霍乱、痢疾、天花和脑炎等10种传染病列为法定传染病，予以重点防治。1946年1月上旬，蒋廷黻在行总署务会议上布置1946年行总工作时强调："本年度内全国任何地方不容许发生瘟疫，故防疫工作应竭力进行。"①

根据行总署长蒋廷黻的指示，行总各级医防队伍与卫生署、中国红十字会等单位的医防组织在行总的调遣下，开展了一系列医防工作。

概括起来，主要有以下几个方面。

第一，扑灭鼠疫。

鼠疫的危害可谓众所周知，若非及时扑灭，必将一发而不可收，贻害无穷。1946年春，东北九省和东南闽、浙、赣等地先后发生鼠疫，尤其是在东北的四平、东南的福州和永春两地，更是来势迅猛。

1946年，福建爆发大规模疫情，包括鼠疫、天花和霍乱等，其中以鼠疫为甚。行总为应对东南地区的疫情，采取了四项重要措施：一是指示各分署协助当地政府机构及卫生署从事扑灭鼠疫的工作；二是调派多名由联总提供的外籍专家，对行总扑灭鼠疫的工作进行技术性指导；三是及时提

---

① 《行总三十五年工作概述》，载行政院善后救济总署赈恤厅编《怎样办理赈恤》，1946年铅印本，第29页。

供足够 50 万人使用的医疗器材、注射药剂;四是制定并实施经常管制办法,阻断疫情传播的途径。在行总的协调下,联总安排美国著名昆虫学家葛达(J.S.Geda)和鼠疫防治专家博利生(Heon. Bolis)前往福建,指导消毒、隔离和治疗等疫病防治工作。与此同时,在福州和厦门两地,美国专家还帮助东南鼠疫防治处举办鼠疫防治医师训练班,协助福州卫生部门创办福州传染病医院。福建办事处分别在福州市区、厦门市区及鼓浪屿设立免费诊疗所;在厦门禾山区设立一个巡回诊疗队,免费向难民"施诊施药"[①]。经过多方努力,福建疫情终于得以控制。

鼠疫在福建肆虐后,很快又传入江西。江西的鼠疫最初是 1944 年由闽西的南平传入赣东的南城,南城因此成为江西鼠疫的"发源地"与巢穴。江西人又将鼠疫称为"黑死病"。1945 年至 1946 年,鼠疫在赣东、赣西及赣中等地迅速蔓延,疫情较过去更为猛烈。鼠疫中有两种分别名叫肺鼠疫和脑膜炎鼠疫的最烈性的鼠疫,也先后在江西一些地方爆发。这两种鼠疫可以通过空气直接传播并迅速在周围蔓延;同时致死率很高,超过普通鼠疫的 1 倍以上。1946 年,仅南城的株良乡就有鼠疫患者 99 人[②]。疫情大规模爆发后,行总江西分署一方面向灾民广泛宣传鼠疫防治知识,号召群众注意日常卫生;另一方面利用联总提供的药品及器械等,在联总医疗专家的指导下对相关地区的鼠疫疫情进行控制。拨款 0.25 亿元,在南丰、临川和黎川等地设立鼠疫隔离医院,对部分受到污染的房屋进行"熏蒸"消毒[③]。

东北各省因为刚从日军手中收回,当地政府卫生机构还没有能够及时履行职能。为了扑灭东北鼠疫,行总迅速组建第三医防大队,并开赴灾区。在四平,为 9.8 万人注射了防疫疫苗;沈阳则有 12.9 万人接受了注射[④]。与此同时,医防大队还对当地进行了卫生消毒,对病人实施了隔离、治疗。1946 年 3 月底,东北疫情基本得到控制。不料,哈尔滨市又发生了肺鼠疫。

---

① 《行总福建办事处开展医疗救济》,行政院善后救济总署福建办事处《福建善救月刊》1946 年第 10 期,第 3 页。

② 行政院善后救济总署江西分署编:《江西善后救济》1946 年第 1 期,第 77 页。

③ 行政院善后救济总署江西分署编:《江西善后救济》1947 年第 7 期,第 9 页。

④ 行政院善后救济总署东北分署编:《行政院善后救济总署东北分署业务总报告》,1947 年铅印本,第 64 页。

此项鼠疫的传播速度更快，危险性更大。第三大队在联总专家的指导下，进行了扑灭工作，至1946年11月底，共为超过42万市民进行疫苗接种，疫情因此而得到遏制①。

第二，控制虎疫（霍乱）。

虎疫的危害性与鼠疫比较相似，但是，对中国影响的范围之广，则远远超过鼠疫，因为鼠疫历来主要在东北、东南两地区爆发，而虎疫疫区则遍布于全国各地。

1945年冬，重庆、梁山两地首先发现虎疫中的一种——霍乱病例，并且疫情迅速恶化。重庆的中外人士皆大为震惊。当时正在陪都重庆的行总署长蒋廷黻立即调派10名中外防疫专家、两名卫生工程师，会同卫生署的相关防疫人员日夜兼程，在重庆与梁山两地展开预防与治疗工作。他们采取了一系列措施，其中包括：一是将病人隔离治疗；二是对疫区内尚未感染的人们进行预防接种，其人数控制在15万人左右；三是对当地的饮用水进行消毒，改善环境卫生。不久，疫情得到缓解。事实证明，行总的反应是迅速的，采取的措施是行之有效的。

1946年，虎疫的警报声在全国此起彼伏，不绝于耳。除西北地区外，北自东北，南到海南岛，几乎无地幸免，又以东北、湖南、广东等处疫情最重。行总先后在蒋廷黻署长和霍宝树署长的领导下，与卫生署紧密配合，共同应对来势凶猛的虎疫。在抗击虎疫的过程中，行总有关卫生队伍与卫生署所属部门互为主力。在华中地区以卫生署的医防队为主，而行总各分署的卫生组及附属卫生单位"皆竭其所能，予以协助"；在东北、华北与华南等广大地区则以行总医防队为主，而当地卫生机构"亦均尽力协助"②。为应对日益猖獗的虎疫（霍乱），经过协商，上海分署与上海市政府共同组成防疫委员会。根据市政府指派，由中山医院抽调专业医务人员创建防疫医院，拥有病床超过400张。行总上海分署向其提供了一批医药器材和药品。1945年10月至1946年3月，时值武汉等地霍乱和天花等流行病肆虐，湖北分署立即派卫生工作队前往防治，在当地医院的协助下，成立临

---

① 行政院善后救济总署编译处编：《行政院善后救济总署业务总报告》，上海市档案馆馆藏档案：Y3—1—278，第125页。

② 同上。

时传染病医院，对患者隔离治疗。为防止疫情扩散，工作队在一些地区设立"种痘站"，为灾民注射联总援助的各类疫苗。1946 年夏，为避免蚊虫传播疾病，湖北分署租用飞机在武汉上空喷洒滴滴涕溶液进行灭蚊工作。同年，广西分署在桂林、柳州等地对疫区喷洒滴滴涕溶液，进行消毒工作；为灾民免费"种痘"。针对 1947 年春夏之交高雄、台南和屏东等地发生的大面积严重疫情，台湾分署派遣医疗工作队用漂白粉对疫区进行消毒，最终使疫情得到有效控制。

各地所需的医药器材，行总都是以最快的速度通过空运，优先接济。行总各医防队及卫生工程队常常日夜奔波于各疫区之中心，对虎疫等疫病给予尽可能快的打击。经过奋战，到 6 月底，华中地区的疫情得到有效控制。8 月底，华南的虎疫（霍乱）基本被扑灭。11 月底，包括华北、东北在内的地区虎疫（霍乱）渐渐消退。

在与虎疫斗争期间，行总及其各分署医防队共为 960 多万人接种了疫苗。隔离、诊治的病人达 5.7 万多人。协助兴修各型自来水净化工程十多项。疏浚了南京、天津、广州、汉口、镇江和蚌埠等城市内河、沟渠总计 150 余万立方公尺。在 50 多个县市中大规模喷洒了滴滴涕消毒剂，总重量达 3.9 万多吨，喷射面积约 4000 万平方米。接受免疫消毒超过 253 万人，衣服 367 万余件，被褥 80 多万套。厕所消毒 2500 多所，消毒水井 3600 多口[①]。可谓成绩不菲。

第三，治疗黑热病。

抗战前后的中国，黑热病传染的地区也很广，尤其以黄泛区的豫南、皖北、苏北和鲁南等地最为严重。该传染病最初发源于苏北的淮阴地区。它以蚊虫叮咬等为主要传播途径，其症状以腹部肿胀为主。人一旦被感染，若没有得到及时而适当的治疗，两年内必死无疑。苏北地区流行的黑热病，在战时即有 29 万人感染，战后更是呈现迅速蔓延之势。据医学专家的初步统计，苏北 1700 万人中大约有 50 万人感染了这种传染病。每年死于该病的则约有 8 万人[②]。战前，卫生署为了彻底解决这一顽疾，曾在该地设

---

① 行政院善后救济总署编译处编：《行政院善后救济总署业务总报告》，上海市档案馆馆藏档案：Y3—1—278，第 125 页。

② 同上书，第 125—126 页。

立了黑热病研究中心，并在每一个县设立预防及治疗该病的专门机构。不幸的是，战时医疗机构悉数被毁，而所需药品更为缺乏。苏南（主要是沿京沪铁路各县）流行"日本吸血虫病"。此外，淮阴部分地区还流行雅司并病。

1946 年春，行总署长蒋廷黻与联总驻华办负责人凯石商定，由行总与联总联合组成一个工作队携带大量药品前往该区。他们一面对病人进行治疗；一面对当地的医务人员开展培训。他们共接诊了 5 万多名病人，培训了 4 个当地的医疗工作队。苏宁分署还为此配发大量药品予以防治，特别是针对黑热病，分署与卫生署黑热病防治处合作创办苏北黑热病医院，对患有此病的灾民提供免费救治。但不久，当地因为内战不断，计划宣告夭折。1946 年 10 月开始，山东全省也均不同程度地爆发了黑热病。在行总医疗援助物资特别是治疗黑热病的特效药尼俄斯坦的支持下，鲁青分署指派专业技术人员分批在各县市设立若干家黑热病诊疗所。此外还在烟台市公立医院设立专门治疗黑热病的诊疗室，拥有病床 50 多张。不仅如此，为提高民众防治黑热病的相关知识，1946 年 11 月中下旬，鲁青分署安排相关医疗专家分两次举办了关于黑热病的辅导讲座，内容包括四方面：黑热病的病因、蔓延、治疗和预防等。

除对传染病等重大疾病进行预防与治疗外，行总还对一般疾病开展了治疗活动。例如，1946 年 5 月，行总调派了两支医防队进入徐州，设立 4 个门诊室，对患病的灾民进行救治，在两个月的时间里，接诊病人 4.3 万多人，占该地区患病人数的 20% 左右[1]。1946 年 6 月，湖南灾荒急救会向诸如长沙、衡阳、邵阳、湘潭后岳阳等 11 个疫情严重的地区拨付防疫及义诊经费共计 400 多万元。与此同时，该会还前后两次共计拨款 1.67 亿元，与湖南省卫生部门共同购买阿涤平、扑疟母星及奎宁等药品，以用于灾民疟疾及赤痢等疾病的治疗[2]。

---

[1] 行政院善后救济总署编译处编：《行政院善后救济总署业务总报告》，上海市档案馆馆藏档案：Y3—1—278，第 126 页。

[2] 湖南灾荒急救会：《湖南灾荒急救会征信录》，1946 年，湖南省档案馆馆藏档案：35—1—299，第 88—89 页。

四 卫生善后工作的开展

中国的近代医药卫生机构发展非常迟缓。全国只有不到 270 个县市设立了卫生行政机构，只有 1.2 万名医生，与国外发达国家相比差距甚大。因此，卫生善后工作显得十分必要，其中主要包括培训医疗卫生人才、创建各类卫生机构等。

第一，训练医务技术人员。

根据卫生署向行总递交的有关调查报告，战后我国至少需要补充 3.4 万名合格的医务人员，才能满足最基本的医疗卫生工作需要，才能保证"就医有人"[①]。可见，训练医务技术人员任务重，且刻不容缓。

医务技术人员的培训主要有以下几个重要层级。

（1）参加联总举办的国际医务技术人员培训班。例如，1946 年，为解决"二战"受害国护理人员短缺及水平不高的问题，联总在美国纽约创办了护士师资进修班，学员共计 100 人，分别来自中国和欧洲四国（包括捷克斯洛伐克、波兰、意大利和罗马尼亚），每个国家派 20 人。学习期限为 4 个月。中国学员大部分学习结束后回国报效祖国，成为中国护理界的高层次人才，为国内护理事业尤其是护理人才的培养做出了重要贡献[②]。

（2）联总选派国际医疗卫生专家来中国培训医务人员。由于中国医务技术人员短缺严重，联总通过国际培训班培训的人员太少，于是，蒋廷黻向联总申请派遣 885 名外籍医疗卫生专家来华进行技术指导。受联总派遣实际来华的外籍专家共有 142 人，其中除 8 人因为年龄原因退休、3 人因故请假外，其余专家几乎都自始至终参加了培训工作。在这些外籍医疗卫生专家中，不乏当时享誉世界的知名专家。例如，流行病学专家培德生博士（Dr. J.S.Peterson）、肺病专家季尔摩（Dr. W.S.Gilmour）博士、X 光专家乌尔佛博士（Dr. A.Wolf）、细菌学专家西格尔博士（Dr. E.Singer）和卫生工程师专家爱博尔先生（D.S.Abell）等。他们的一项重要工作就是帮助中国训练医务人员，培训的重点是：各地正在从事医疗卫生工作且资

---

① 行政院善后救济总署江西分署编：《江西善后救济》1947 年第 7 期，第 7 页。
② 参见刘燕萍等《中国护理的世纪回眸》（三），《当代护士》2001 年第 7 期。

历不够的人员；原来在军队中从事军医工作而现在已经退伍的人员等。蒋廷黻与卫生署负责人起初计划培训的人员总数为 34629 人，包括各科医师6028 人，护士 9927 人，卫生工程师 88 人，药剂师 323 人，X 光技师 100人等①。但是后来在实施培训的过程中遇到了一些不可预知的情况，训练计划被迫大幅缩减。

1945 年 7 月，在中央卫生实验院的配合下，行总在重庆成立了卫生训练区。9 月初，培训班正式开班。培训班共分两类，分别是临床训练班和公共卫生训练班。前者主要采取与重庆中央医院、国立湘雅医院及国立上海医学院共同举办的方式进行；后者则由中央卫生实验院直接举办。抗战胜利后，培训班的办学规模有所扩大，除了重庆训练区继续开办训练班外，还在南京、北平两地增设了训练区。两地分别集中举办医疗训练班，南京训练区举办临床训练班，采取与南京中央医院联合开办的方式进行；北平训练区举办公共卫生训练班，采取与中央卫生实验院北平分院合办的方式进行。

临床训练班主要开设了内科、外科、妇产科、小儿科和放射科等课程。其所设班次主要有：临床班、医药讲习班、护士长班、护理讲习班、助产讲习班、卫生实验员班及技术员训练班等。公共卫生训练班主要开设了流行病学、营养学和卫生化学等课程。其所设班次主要有：公共卫生医师班、卫生工程师班、妇婴卫生医师班、公共卫生护士班、助产士进修班、卫生工程员班和化学药物技术人员班等。

上述各班次训练期限视各班次实际需要而定，自 3 个月至 2 年不等。行总前后共训练了 549 人。他们在训练结束后，由卫生署等卫生机构统一安排至各省医疗卫生机构工作。

此外，1946 年 10 月，行总还在武汉与美国公谊救护队共同举办初级检验人员训练班，培训武汉等地医护人员 16 人。行总拨付专款在宜昌普爱医院委托美籍医疗专家戴威斯主持举办 X 光透视人员训练班，共计培训各医院相关骨干人员 20 名。行总选派一些外籍专家、医生分批巡回考察

---

① 行政院善后救济总署编译处编：《行政院善后救济总署业务总报告》，上海市档案馆藏档案：Y3—1—278，第 127 页。

各地医院，详细讲解欧美国内新药品的疗效及使用方法、注意事项，传授最新的外科手术方法等。原则上是每周举办一次。另外，偶尔还举办医院经营管理课程研习班。例如，上海分署受派外籍医学专家 10 名，其中，外科 2 名，牙科 3 名，皮肤科 1 名，妇产科 2 名，公共卫生护士 2 名①。

（3）行总及各分署利用本国专家组织医务人员培训。各分署在行总的统一安排下，根据其具体情况举办了各种培训班，比如，环境卫生人员训练班、医生、护士助理员培训班等，接受培训的人员在 3500 人左右。比较重要的有：1946 年 7 月，湖南分署在长沙设立 X 光技士训练班，对 25 名技士进行为期半年的培训，然后将他们分配至各医院工作。河南分署先后于 1946 年 4 月 28 日至 7 月 27 日举办了化验员培训班，培训学员 17 人；于 1946 年 10 月至 1947 年 3 月分两期开办了护士助理员训练班，培训学员共计 36 人；1946 年及次年分四期开办了保健员培训班，共计培训学员 65 人②。1946 年 12 月底，江西分署设立"医师研究所"，专门聘请了国立中正医学院的知名教授从事培训工作。1947 年初，晋绥察分署在太原市设立医学进修班，在永济县成立了为期半年的助产士训练班，共计培训了 100 人，"先后分发各机构任用，协助推进医疗卫生工作"③。

第二，补助各种医疗设备，修建医院院舍。

根据早先制订的《中国善后救济计划》，关于医疗器材与卫生设备共计需要 4 万长吨，价值 6000 万美元。其中包括病床设备 5.25 万套，产床 3 万套等。但是，从 1945 年 8 月抗战胜利至当年底，运达中国的该类物资仅有 90 吨，根本无法满足行总救济灾民之需。到 1947 年底，联总运华医疗卫生援助物资还有 0.3 万吨左右没有运抵灾区④。此时中国还有不少美国为支援抗战而提供的医疗卫生设备遗留在国内，其中不乏"精巧贵重之器械"。为解燃眉之急，联总与行总商定，由联总出资从美军采购并直接拨

① 行政院善后救济总署上海分署编：《行政院善后救济总署上海分署业务总报告》，1947 年铅印本，第 63—64 页。
② 参见行政院善后救济总署河南分署《周报》1947 年第 24 期，第 5 页。
③ 行政院善后救济总署晋绥察分署编：《善后救济总署晋绥察分署工作总报告》，1948 年铅印本，第 18 页。
④ 行政院善后救济总署编译处编：《行政院善后救济总署业务总报告》，上海市档案馆藏档案：Y3—1—278，第 127 页。

付中国方面使用。行总在湖南芷江接收 40 吨，广西柳州接收 90 吨，贵阳接收 550 吨，昆明接收 1120 吨，共计约 1800 吨[①]。行总实际接收的联总医疗物资及美军剩余物资中的医药器材等 3 万多吨援助物资，除了供应行总设立的各个医防队、医疗队直接使用外，还将其中一部分物资免费分配给全国的医疗卫生机构。为了贯彻善后救济的宗旨，行总规定所有药品一律不得收费。此外，为防止私立医疗卫生单位利用善后救济物资牟取私利，行总还特意规定了享受各种医疗设备补助的机构的条件：一是该医疗卫生机构的主办人员声誉良好；医务人员应该为合格的从业人员；该机构应该具有一定的历史，并且业绩较好。二是该机构日常经费来源于多方面，并且较为充裕，不把其营业收入作为其唯一来源。三是该机构必须保证将其全部病床的 40% 以上作为普通病床接待病人，25% 以上的病床免费为苦难民众服务等[②]。

行总将这些物资主要分配给湖南、江苏、四川、西康、江西、广西、贵州和云南等省份。1946 年 5 月，联总援助中国的物资开始大量到达。为减少分装、运输费用，联总将这些物资大量散装运抵中国相关港口，行总详细清点后，按使用单位分装，尔后转运至各分署予以分发。由于这些物资种类繁多、数量庞大，行总特成立工作大队，从事分装、转运和配发等工作。行总接收的联总医药器材等援助物资，除了供应行总设立的各个医防队、医疗队直接使用外，还将其中一部分物资免费分配给全国的医疗卫生机构。

各分署收到医疗器材后迅速分发各医院。苏宁分署通过配发药品和医疗器械等物资的形式援助了江苏省立医院、南京鼓楼医院、镇江弘仁医院等大医院及南通等27县的医疗卫生机构，受助单位达141个。上海分署为救治灾民，在部分医院设置免费病床，向国内灾民和难侨服务。如在上海肺病医院设置免费病床40张；在普慈疗养院和中德产科医院分别设置免费病床10张。对这些免费病床，上海分署按每天每张800元标准补贴设置免

---

① 行政院善后救济总署编译处编：《行政院善后救济总署业务总报告》，上海市档案馆藏档案：Y3—1—278，第 127 页。

② 同上。

费病床的医院，这些免费病床共计救助病人579名，其中华侨89名[1]。江西分署也对在南昌、九江等地设置了一些免费病床的医院提供物资及经费补助，使部分赤贫的灾民得到及时的医治。如，南昌一个名叫熊木生的灾民，他是一家五口唯一的经济来源，1946年5月，因突发重病几乎丧失劳动能力，全家一时几乎陷于绝境，因家贫无钱医治，只能求神问鬼，江西分署获知情况后，立即与设立了免费病床的江西省立医院附属医院协调，熊木生便顺利地在该医院得到免费救治并痊愈[2]。

安徽分署与卫生署医疗防疫总队在歙县创办徽州医院，主要解决皖南六县民众的看病问题。在芜湖设立平民诊疗所，分为内科和外科。一个诊疗所原则上配备内外科医生各1人，护士长1人，药剂师2人，护士4人，助理护士1人。安徽分署还帮助公私医院恢复营业，原则是，"凡战前设备完备，成绩优良，确因受战事影响，一时不能恢复之医院，由分署酌情补助"[3]。安徽分署共计因此补助了17所不同性质的医院。1946年6月初，杭州公立医院在行总浙江分署的援助下恢复运行。行总向其提供了一些医疗器材，包括一批病床（其中美式病床100张），以及牙科器材、X光仪器、新式外科手术刀、显微镜等。另外，行总还向其提供了大批药品，这些药品"可供10万人3个月之需"[4]。湖南分署也利用分得的各类医疗卫生援助物资帮助了不少医院，使它们的医疗条件有所改善。不过，湖南分署要求得到过善后救济援助的医院，必须积极参与针对全省灾民的医疗救济工作，并为此作了系统性规定：一是所有预防接种业务不得收取任何费用；二是免费向妇幼提供保健设施；三是各医院至少应安排25%的病床免费提供给灾民使用；四是各医院每月门诊总数的三分之一为免费；五是分署提供的血浆和盘尼西林，不得用于治疗性病，且不得收费[5]。湖南分署还成

---

[1] 参见行政院善后救济总署编《善后救济总署第一次检讨工作会议记录》，1946年铅印本，第34—35页。

[2] 行政院善后救济总署江西分署编：《江西善后救济》1947年第7期，第10页。

[3] 行政院善后救济总署安徽分署编：《善后救济总署安徽分署工作报告》，1947年铅印本，第38页。

[4] 《市立医院恢复开业》，《申报》1946年5月16日。

[5] 李启盛：《医药救济工作与公医制度之协建》，行政院善后救济总署湖南分署《善后月刊》1947年第7期，第5页。

立饮水消毒队，配发饮水清洁器等设备。

为支持医疗卫生善后事业顺利兴办，承奉行政院批准，行总与卫生署配合，从1946年和1947年两年的政府善后预算基金中拿出60亿法币，作为补助地方医院恢复重建的经费，受卫生署统一安排使用。补助期限也为两年，即1946年和1947年。经行总协调，1946年，国民政府卫生署颁布《卫生署善后救济基本医院复原修建费支报办法》，规定每张病床修理费补助30万元。但是在实际工作中，只能达到一半的水平。各省市、行总所属医防大队、中央直属医疗卫生研究机构、直属医院等都从中受益。接受补助最多的为江苏分署，达7.52亿元。其次是江西分署，达3.47亿元，利用这笔经费，江西分署协助修复了54家医疗卫生机构。

此外，行总署长蒋廷黻还专门指示各分署尽量为各地的卫生善后事业提供物质与经费支持。补助的对象为那些接收了行总拨给的医疗器材的、具有永久性固定院址及医务人员的公立医院，私立的则不予补助。经行总通过上述方式进行善后援助的医疗卫生机构达530家以上。由于得到行总的及时协助，这些卫生医疗机构恢复或重建的进程明显加快，并及时对外接诊。并且，它们还给贫困灾民发放了"免费医疗证"，人民也因此得到了看病的便利。如，湖南分署所辖地区的长沙、岳阳、零陵及衡阳等地共计13家医院得到相关援助。同时，湖南分署明确规定，这些医院诊治的灾民，每个门诊号补助100元，住院病人每人每日按1000元补助，月底由相关医院"凭介绍证结算，并送呈分署核付"，一月一结清，得到此类诊治的灾民多达2万人[①]。

1947年底，行总工作结束时，尚有3000多吨的医疗卫生善后物资积存在上海港的仓库里，亟待运出，因此，行总署长霍宝树与联总有关机构负责人多次交涉，决定在其他善后救济工作基本结束时，卫生业务工作再顺延3个月，直到1948年初完成使命。

行总与卫生署合作开展的医疗卫生善后事业，为中国各级各类医疗卫生机构培训了大批医务技术人员，提供了数以万吨计的药品和设备，修复了一批遭战灾损毁的医院院舍，引进了一批先进的医疗技术，防治了多种

---

① 行政院善后救济总署湖南分署《善救月刊》1947年第26期，第6页。

传染病，为战后灾民的健康做出了积极贡献。

必须指出的是，除了行总与国民政府卫生署合作举办医疗卫生救济、善后事业外，一些民间医疗机构、慈善团体也与行总在医疗卫生方面进行了合作。1945 年 11 月，行总署长蒋廷黻与中国红十字会总会负责人经商谈，决定两者协同配合，并签订了为期 3 个月的合作协议。根据该协议的规定，将红十字会救护总队所属的医疗队统一改编为 40 个医疗队，分派至各省，与行总的各医防队、卫生工程队相互配合，取长补短。至 1946 年 3 月，双方合作期满。由于双方竭诚合作，功效卓著，蒋廷黻与中国红十字会总会负责人续签协议，将双方的这种合作再顺延 3 个月。

1946 年，行总浙闽分署与隶属于浙江分会的中国红十字会第 331、第 332 医疗队合作，对杭州全市小学生进行了接种牛痘等防疫工作。不久，浙闽分署还与隶属于福建分会的中国红十字会第 321 医疗队在福州合作创办了诊所，协助当地政府防治流行性脑膜炎与鼠疫等传染病。同年，中国红十字会将原隶属于广西分会的第 451 医疗队从广西柳州调至河南郑州，并与行总河南分署合作，在郑州创办了专门诊治难民的诊疗所。

不仅如此，中国红十字会还根据与行总达成的协议，在部分省份单独开展医疗卫生工作。抗战胜利后，中国红十字会将原来在抗战期间从事战地救护工作的救护医疗队进行合并、重组，共有 40 个医疗队得以保留，分布在 10 个医疗卫生工作任务繁重的省份，具体分配情况是浙江 4 个，广西 6 个，福建 3 个，贵州 6 个，湖北 3 个，四川 7 个，广东 2 个，江苏 2 个，湖南 5 个，江西 2 个。

隶属于江苏分会的第 311、第 351 医疗队首先于 1946 年初在南京下关开办了专门为难民看病的诊疗所，7 月，又在南京太平路街创办诊疗所。隶属于河南分会的第 631 医疗队从河南临颍调至北平，并创办了红十字诊疗所。隶属于江西分会的第 741、第 742 医疗队于 1946 年 12 月在南昌创办了红十字诊疗所。隶属于湖北分会的第 621、第 622 医疗队联合在汉口创办了红十字诊疗所。隶属于广东分会的第 751、第 752 医疗队在广州设立红十字诊疗所。至于分别隶属于湖南分会、上海分会的医疗队则分别在湖南的祁阳、衡阳与上海闸北、宝山就地改制为地方诊所，直接为当地的医疗卫生善后、复员事业服务。这些诊疗所的服务对象"主要是穷人"，以免费为原则，除收取适当的挂号费外，门诊等费用一般不收。确需收费的项目及金额须报总会批准，并且要以低于当地一般医疗机构标准为原则^①。中国红十字会还在一些地方设立名为"小学校卫生试验区"的机构，专门为在校儿童开展健康检查及疫病防治等活动。据统计，1946年，中国红十字会为此提供经费约1.73亿元，次年约为1.66亿元，共计3.39亿元，共计92.3万灾民从中受益^②。

由上可见，这些民间慈善机构、医疗卫生机构也为战后中国的医疗卫生事业做出了不容抹杀的贡献，它们的工作与贡献，相对于国民政府卫生署与行政院善后救济总署而言，显然要小，但"表现了高度的人类爱"^③。

虽然行总及其分署为医疗卫生善后事业同样做了不少工作，也取得了不少成绩，但也有一些不足之处。

（1）从总体上看，医疗卫生善后"离满足需要的程度还远"^④。如第三章所言，联总要求受援国通过医疗卫生善后，使其达到所谓"最低限度之完备的卫生设施"，即每3500人中有1—2名医生，每1000人中有病床3—7张。中国当时落后西方太多，因此，《中国善后救济计划》确定的医药卫生救济目标是较战前状况，"约略提高"，即每3万人有医生1名，每5000人有病床1张。医疗卫生善后过程中，虽然在联总的帮助下，一方面，中国派遣了一些医务人员前往美国培训，同时，联总还派遣专家在中国培训医务人员，对中国具有专业技能的医生奇缺的状况有所缓解；另一方面，医院病床有所增加。但是，离目标实现差距巨大。行总署长蒋廷黻事后也承认："吾人虽曾做若干努力，但既未完成既定计划，亦不能应付全国之需要。"^⑤行总确定的"藉此奠定我国新的卫生基础"的理想远

---

① 《服务汇报》，《红十字月刊》1947年第24期，第31页。
② 胡兰生：《中华民国红十字会历史与工作概述》，载中国红十字会总会编《中国红十字会历史资料选编》，南京大学出版社1993年版，第513页。
③ 中国红十字会总会编：《中国红十字会的九十年》，中国友谊出版公司1994年版，第109页。
④ 吴景超：《看灾归来》，行政院善后救济总署鲁青分署《鲁青善救月刊》1946年11月第34期，第3页。
⑤ 《蒋署长开幕训词》，行政院善后救济总署编译处编，1946年铅印本，第7—8页。

未能实现 ①。疾病仍然在许多地区流行，医院不足的问题仍很突出，医师与药品的短缺问题并没有从根本上解决，中国医疗卫生事业的全面恢复与发展依旧是任重而道远。看来那种仅靠行总利用联总提供的援助进行善后工作来达到彻底解决中国长期积存下来的医疗卫生问题的设想显然是不现实的。

（2）医疗卫生善后救济事业兴办过程中不少好的政策存在着执行起来打折扣或走样的问题。如行总规定医疗卫生善后在城市、乡村都要开展。实际工作中，不少分署存在重城市轻乡村的倾向，甚至只在城市开展，乡村基本没有涉及，尤其是偏远乡村。又如，行总规定药品及设备等物资只能发放给各公立医院，事实上，一些分署也给私立医院发放了。再如，行总要求各地必须将援助的药品免费发放给灾民，但在部分医院，灾民拿到药品时仍然需要付费，特别是在一些私立医院。另外，联总要求行总分配物资时仅限于曾受日寇蹂躏的"收复区"，实际却是"医药物资，其散发对象，不以收复区为限" ②。

（3）从地域上看，医疗卫生善后力度上存在不均衡的问题。它们的工作力度有轻有重，成效也是参差不齐。广西分署除了行总分配的药品和器材外，还在当地政府的支持下，为医疗卫生善后共拨款 3.58 亿元，地区范围几乎包括整个广西受灾地区，无论省立医院、县乡卫生院，还是私立医院，都不同程度地得到援助 ③。东北、鲁青、苏宁、湖南等分署投入在医疗卫生方面经费也较多。但晋绥察、冀热平津、广东等分署投入较少，且地区覆盖面不广。

（4）医疗卫生善后事业兴办过程中存在一定程度的贪腐问题。如台湾省卫生局局长兼行总台湾分署卫生组主任经利彬"擅自将联总援助台湾的药品和医疗器械，偷运至其位于台北郊外的私人工厂，不仅如此，他还

---

① 霍宝树：《善救工作之过去与未来》，行政院善后救济总署编译处编印，1947年铅印本，第2页。

② 行政院善后救济总署编译处编：《行政院善后救济总署业务总报告》，上海市档案馆馆藏档案：Y3—1—278，第 127 页。

③ 行政院善后救济总署广西分署编：《善后救济总署广西分署业务总报告》，1947年铅印本，第 47 页。

垄断了台湾肺结核病药品的销售市场，牟取暴利"[1]。

第三节　教育善后政策的制定与实施

俗话说："十年树木，百年树人。"教育事业对一个国家发展所起的作用十分重要，它不仅关系到战后恢复重建的目标能否实现，更关系到国家和民族的长远发展。所以，战后，国民政府主导推行了教育复员计划，与此同时，行总在联总的帮助下，克服种种困难，在一定范围内开展了教育善后活动。两大活动并行不悖，共同推动中国教育的战后恢复与重建。

一　日本侵华战争对中国教育事业的破坏

与其他事业一样，历经14年抗战，中国的教育事业也受到了严重破坏。校舍、图书、教学仪器及其他财物或被炸，或被烧，或被抢，亟待恢复。对教育事业的破坏，有的是被猛烈的战火无意间摧毁所致；有的是被日寇蓄意破坏，以达到彻底摧毁中国思想文化、永远占领中国之目的。

此次日寇对中国教育事业的破坏，"蒙受损失最大者为高等教育机关，敌人轰炸破坏，亦以高等教育机关为主要目标"[2]。据统计，战前全国共有各级、各类高校108所，战时遭受日寇破坏的多达91所，损毁严重的有25所。不少高校因受损严重，一时难以修复而被迫停办，"此项损失，实为中华文化之浩劫"[3]。

一是校舍损毁严重。1937年7月，卢沟桥事变后，北平首先沦陷，北京大学首先遭受蹂躏，不少校舍被毁。另一所著名高等学府——清华大学也很快被敌人占领，"遭受了空前的破坏"。据时任清华大学校长的梅贻琦于1938年6月27日向教育部的报告，"校产因平校现为敌军占领"，仅校舍损失就超过350万元；在此之前，即同年4月，该校长沙校舍也被

---

① A letter from Maddwyn Bebb (UNRRA, USA) to Ed Painer, May 31, 1947.

② 参见苏智良等编著《去大后方——中国抗战内迁实录》，上海人民出版社2005年版，第198页。

③ 参见季啸风主编《中国高等学校变迁》，华东师范大学出版社1992年版，第57—58页。

敌机猛烈轰炸，所受损失在 5 万元左右①。昔日美丽的清华园，"变成满目疮痍，无人问津之所了"②。位于天津的南开大学也遭受到敌人的轰炸，炸毁教学大楼 3 座，接着，日寇又出动骑兵 100 余人，对校园内其他十多栋建筑用煤油进行焚烧，其中包括秀山堂和思源堂等教学大楼、芝琴楼等女生宿舍、教授宿舍楼及木斋图书馆等。"烟火十余处，红黑相接，黑白相间，烟云蔽天，翘首观火者，皆嗟叹不已"，数日内，"火犹不息"，房舍损失共计超过 300 万元③。"从前一片美丽的学园，立刻变成了沙砾废墟，八年来，废墟上长了一片野草。"④1937 年 8 月，淞沪会战开始，上海很快沦陷。该市共有 14 所高校受损。其中同济大学、上海法学院等 4 所高校校舍全部被毁；复旦大学等 2 所高校校舍大部分被毁；大同大学等 3 所高校局部被毁；上海商学院等 5 所高校被日寇完全占领。同济大学"校舍等各项建筑现几悉遭破坏，尤以大礼堂、实习工厂、学生宿舍、理学院等项工程巨大之建筑，破坏殆尽"⑤。复旦大学"体育馆已夷成平地"，5 栋宿舍"已俱焚毁"，以致"学校内外，尽成丘墟，无瓦全可言"⑥。在南京，日寇也对其高校进行轰炸。中央大学的图书馆、大礼堂、教学楼、女生宿舍、生物馆等遭到破坏，并炸死教工 6 人⑦。1939 年 7 月，已内迁至重庆的中央大学再次遭到日寇蹂躏。1937 年 12 月，南京沦陷后，日寇占领国立中央大学并将之作为其陆军医院。1942 年 6 月，日寇又侵占金陵女子文理学院，很快将其南京防卫司令部迁入校内。在杭州，日机轰炸百年老校浙江大学，迫使该校 4 次内迁。1939 年 2 月，日本侵入广西后，对内迁至此的浙江大学投弹近 120 颗，学校损失较大，并于 1940 年 12 月被迫内迁至贵州遵义。在广州，中山大学自 1937 年 8 月至 1939 年 6 月，先后 10 次遭

① 参见马嘶《1937 年中国知识界》，北京图书馆出版社 2005 年版，第 334 页。
② 《国立清华大学的复兴》，载行政院善后救济总署冀热平津分署编《冀热平津分署一年来之工赈》，1946 年铅印本，第 3 页。
③ 《申报》1937 年 8 月 1 日。
④ 《一个最高学府的复兴》，载行政院善后救济总署冀热平津分署编《冀热平津分署一年来之工赈》，1946 年铅印本，第 12 页。
⑤ 《申报》1937 年 9 月 3 日。
⑥ 《复旦同学会会刊》1938 年第 11、12 合刊，第 3 页。
⑦ 《中央大学校长呈报该校 8 月 19 日、26 日先后被炸损失情形》，中国第二历史档案馆馆藏档案：5—1—5287，第 2 页。

受敌机轰炸，致死教工 5 人，致伤十多人。在长沙，1938 年 4 月，日寇向湖南大学投弹 30 颗，造成多栋校舍和图书馆受损，并造成师生 3 人死亡，40 多人受伤[①]。

二是图书等受损严重。战前，北大图书馆拥有各类书籍多达 24.5 万册，报刊 430 种，是当时中国高校藏书最多的图书馆。日本侵略者派宪兵进入北大后，对这些书籍先是查封，然后抢走。南开大学"图书设备亦已荡然无存"[②]。据 1945 年 9 月湖北省政府的统计，湖北各高校图书因战灾共计损失 6.96 亿元[③]。对于这种情况，蒋廷黻在联总成立大会期间，发表谈话时指出：战时，"日军肆意破坏中国之文化中心"，许多学校的教学设施遭损毁，"天津南开大学及北平清华大学图书馆之被毁，皆为最显著之例子"，它们均"亟需于战后复兴"[④]。

除高校外，全国中小学也因战灾受损严重。在上海，共有 12 所中学被完全摧毁，包括复旦中学、吴淞中学等名校，部分被毁的则更多。据不完全统计，仅黄泛区 20 个县，共有 246 所中心国民学校、2281 所一般国民学校和 250 所其他学校校舍受损，遭毁坏的房屋共有 4.2 万间[⑤]。湖北共有 110 多所中学受损。抗战期间，在湖南，仅"遭受寇灾之县市立、私立、联立中等学校为 275 所"，各级、各类小学则更多，达到 8350 所，直接损失达 196.6 亿元，至于间接损失更是无法估量。抗战前，湖南有不少著名的私立中学，它们历史悠久，教育质量优良，例如明德中学、周南中学、广益学校、雅礼中学、楚怡学校等。抗战期间，这些学校均遭受了程度不同的损毁，总计损失超过 60 亿元。全省共计约 185.2 万名儿童因此失学[⑥]。在江西，战前，全省共有各类中小学 1.84 万所，战时却损失严重，

---

① 王凤剀：《湖南省教育文化部分寇灾损失报告书》，1945 年铅印本，第 3 页。

② 《一个最高学府的复兴》，载行政院善后救济总署冀热平津分署编《冀热平津分署一年来之工赈》，1946 年铅印本，第 13 页。

③ 秦孝仪主编：《中华民国重要史料初编——对日抗战时期》第 2 编作战经过（四），台北出版社 1981 年版，第 383—384 页。

④ 《在纽约招待记者：蒋廷黻谈救济善后会议》，《中央日报》1943 年 11 月 7 日。

⑤ 《本署将重建泛区校舍》，善后救济总署河南分署《周报》1946 年 10 月第 37 期，第 7 页。

⑥ 王凤剀：《湖南省教育文化部分寇灾损失报告书》，1945 年铅印本，第 1—2 页。

据江西省政府1946年调查统计，全省中小学损失共计58.97亿元[①]。"高安、上高两县，无一完整及十分周全之小学，故失学儿童为数甚多，影响地方教育，至深至巨。"[②]据台湾省当时的教育部门调查，全省因战受损学校共计46所，其中绝大部分"亟待修复"[③]。

总之，全国各级各类教育机构因战灾造成的直接经济损失高达96.6亿美元[④]。可见，日寇对中国教育事业的破坏，达到了令人发指的地步。正如当时媒体所说："敌军此种蓄意破坏文化建设之行为，实不啻对整个世界文化宣战，狰狞面目，暴露益显。"[⑤]

二 教育复员活动的开展

客观地说，国民政府对教育事业一直比较重视。抗战一胜利，国民政府即着手教育复员工作，以尽快恢复教学秩序。

1944年6月，抗战的胜利已指日可待，教育部便着手战后教育复员的准备，并很快出台了《教育复员计划工作计划》，为教育复员计划的实施指明了方向。1945年8月16日，教育部部长朱家骅发表公开讲话，要求各省、市教育部门准备开展教育复员工作。当天，教育部即下发《战区各省市教育复员紧急办理事项》，共计14条。几天后，为确保教育复员工作有条不紊地进行，教育部又出台了《教育复员及接收敌伪教育机关等紧急处理办法要项》，共计13条。这两份文件对教育复员的原则性政策做出初步规定。

1945年9月下旬，教育部在陪都重庆两浮支路中央图书馆礼堂召开了为期7天的"全国教育善后复员会议"，与会人员来源广泛，包括教育界各方人士，与会人数众多，共计300多人。综合起来看，他们由四部分构成：（1）国民政府其他有关部（署）、办、委、局负责人，学（协）会负责人和其他与教育相关的民间机构负责人等；（2）教育管理机构负责人，

[①] 善后救济总署江西分署编：《江西善后救济》1947年第7期，第5页。

[②] 柳潘国：《赣西区视察团视察纪要》，行政院善后救济总署江西分署编：《江西善后救济视察团纪要》，1946年铅印本，第10页。

[③] 陈云林总主编：《馆藏民国台湾档案汇编》，第126册，北京九州出版社2007年版，第43页。

[④] 《教育部公报》，1946年，第18卷，第2期，第3页。

[⑤] 《大公报》，1937年10月17日。

包括教育部机关各部门及其附属机构负责人，各省、市教育行政管理机构负责人等；（3）各知名高等院校的校（院）长；（4）部分著名教育家、专家学者等。国民党当局一些要员也出席了会议，如，行政院院长戴传贤、副院长翁文灏、国民党中央组织部部长陈立夫等。值得一提的是，蒋介石对此次会议的召开，也给予了高度重视。会议期间，他专程看望并设宴招待了全体与会人员。席间，他发表了重要讲话，提出了"建国时期，教育第一"的口号，要求各级教育部门、各学校迅速行动起来开展教育复员工作①。会议中，大家群策群力，集思广益，为教育复员献计献策，大会共计收到有关教育复员的提案共计129件，就如何全面接管日伪教育机构、改革教育体制和学制等问题做出了9项重要决定，取得了丰硕成果。全国教育复员工作由此全面展开。

为开展教育复员工作，教育部特在北平、天津、武汉、沈阳、广州和台北等重要城市设立"教育部特派员办公处"。在各地招聘一些热心教育事业、熟悉当地教育情况且在当地有一定名望的人，成立"教育辅导委员会"。其职责是主持或协助当地教育机关开展各级、各类学校特别是中小学教育复员工作。

为使教育复员计划顺利实现，教育部采取了以下多种措施。

（1）积极争取各级财政拨款。为使教育复员顺利开展，教育部恳请行政院多方努力，筹集教育复员经费共计600多亿元。其中，教育部拨给各省市中学设备维修费57亿元，其余大部分用作校舍修复等大项支出。与此同时，教育部还要求各地自行筹措教育经费62亿多元，"以促进初等教育复员"②。在教育部的主导下，全国各地利用财政资金修复了一大批各级、各类学校的校舍。

（2）1946年2月底，经与交通部协商，教育部调配大批车辆、船舶，调派大批人力，以帮助各校广大师生尽快返校复课。仅在长江水运线路上，交通部将其运量的三分之一，即每月运输1万人，分配给教育部用于运输返校师生。6月25日，教育部还致函行政院善后救济总署，请求行总为各

---

① 蒋介石：《建国时期，教育第一——主席招宴全国教育善后复员会议会员席上训词》，《教育部公报》1945年第9期，第1页。

② 《教育杂志》1947年第32卷第1号，第33页。

校返校师生在沿途适当设立一些接待站（所），为他们提供食品、药品等必要的帮助。8月6日，行总回函教育部，明确表示，行总"将在可能范围内，对过境复员师生尽量予以协助"①。随后，行总指示河南、湖南、湖北、江西、广西及苏宁等分署予以认真落实。1946 年 10 月底，返校师生运输工作经过千辛万苦终于基本完成。

（3）对大、中学生开展以"政治素质教育"为特征的"训育"。为此，教育部专门成立了"教育部训育委员会"，颁布了《教育部训育委员会条例》及其他法律法规。"训育"主要从三民主义、"精神讲话"和"国民情势"等方面的教育入手。对学生开展思想教育无疑是正确的，"国民情势"教育内容似乎也无可厚非。但是其三民主义，教育部特别强调是"蒋氏三民主义"，其"精神讲话"实则是蒋介石的一系列以独裁、专制统治为宗旨的讲话精神，这就是要求学生学成后为蒋介石的独裁专制统治服务，使他们成为国民党反动派在中国进行法西斯独裁统治的工具。当时，教育界一些有识之士主张教育民主化改革，并提出了一系列具体的、具有可操作性的改革措施；并一致认为，只有这样，战后教育复员才有希望，但这一正确建议遭到拒绝。一些教育家因此批评国民党当局仅在口头上呼喊重视教育，而不切实付诸行动的错误做法。②

（4）添置各类设备和图书。抗战胜利后，教育部组织各方面力量为一些学校追讨、收集、整理、返还因战遗失的图书与设备。在此基础上，教育部斥资从国外购买了大批图书，仅从美、英两国购买的图书就分别达到 1687 箱和 179 箱，另外还接受了美国一些图书馆及部分热心人士捐助图书 621 箱③。教育部在 1946 年至 1947 年共出资 4000 万美元为大部分工科高校购置实验设备数百套，为各医学院、助产学校分别购置各型医疗器材 8023 件、1105 件。与此同时，先后接受欧美各国红十字会捐赠的各类医疗设备 1528 件，并迅速配发相关学校。

（5）提高教职员工待遇。1945 年 10 月中旬，教育部下发《切实提高

---

① 《善后救济总署公函》（民国三十五年 8 月 6 日），中国第二历史档案馆：5—3—1584，第 7 页。

② 《各方对教育工作的建议》，中国第二历史档案馆馆藏档案：5—3—386，第 4 页。

③ 《教育杂志》1947 年第 32 卷第 3 号，第 22—23 页。

中小学教员待遇办法》，要求各地教育机构对教员工资必须"按月发"，"不得拖欠或克扣"，否则将受到相应的"惩戒"①。战后三年内，教育部先后3次提高各高等院校教师工作、生活待遇，到1947年底，教授（研究员）、副教授（副研究员）、讲师（助理研究员）每人每月的标准（包括薪资和生活补助）分别是15万元、12万元、9万元②。

三　行总教育善后政策的制定

在教育复员事业实施过程中，同样为恢复中国教育事业为目的的活动即教育善后活动也在逐步推开。早在抗战结束之前，即1943年11月，在联合国救济善后会议第一届大会上，中国首席全权代表蒋廷黻率先在会上提出，教育文化事业因为战争的破坏而损失惨重，联合国救济善后总署理所当然地应该将教育文化事业列入救济善后范围之内。但是，联总成立时，从英美等募捐国筹集到的经费还相当有限，难以满足所有事业的救济善后之需，只能将募集来的有限经费及物资集中在关系难民生计的一些事业上进行援助，帮助世界有关国家的人民渡过暂时的难关。所以，经过大会讨论，蒋廷黻的提议一时难以得到足够国家代表的支持，未能获得通过。所以，会议决定，教育文化事业不能接受善后救济援助。1943年11月，这一规定还被写入了经包括中国首席全权代表蒋廷黻在内的44个国家的全权代表共同签订的《联总协定》中。对此规定，蒋廷黻在其《善后救济总署之性质与任务》一文中进行了确认，他指出：联总大会有关的决议案之一是"教育文化事业不在联总范围之内"③。

有鉴于此，行总自此不能再向联总正式申请教育善后援助，但蒋廷黻及其行总并未气馁，仍不完全放弃对中国教育善后援助的争取，因为在蒋廷黻看来，教育对一个国家的复兴乃至现代化之实现，具有不可替代的作用，"我们要使国家和社会现代化，那么我们就应从学校里抓起"④。他

① 教育部教育年鉴编撰委员会编：《第二次中国教育年鉴》，商务印书馆1948年版，第383—384页。

② 《教育部公报》1947年第19卷第5期，第19页。

③ 蒋廷黻：《善后救济总署之性质与任务》，《东方杂志》1945年10月第41卷第20期，第2页。

④ 蒋廷黻：《对大学新生贡献几点意见》，《独立评论》1933年第69号，第7页。

们多次通过非正式渠道向联总负责人以及美、英等主要募捐国的朝野人士恳切地表示，我国的教育文化事业在战时确实遭受了重创，教学设施需要修复，图书、仪器急需补充，希望联合国以其他方式援助中国的教育事业，帮助它们及早恢复，继续其正常的培养人才的任务。

在蒋廷黻及其行总其他成员坚持不懈的游说下，联总终于同意对中国的教育善后事业给予特殊照顾。1945 年 11 月 30 日，联总驻华办事处负责人凯石受联总委托，在重庆正式郑重通知行总署长蒋廷黻：联总已经决定，可以对中国教育文化事业开展救济善后活动，并告知其教育善后援助的项目种类，主要有，与救济善后密切相关的医疗卫生、农林牧渔、工矿运输、科学普及读物等方面的图书、期刊、仪器、设备等，其总价值以不超过 400 万美元为原则；为全国部分遭受战争严重破坏的大、中、小学的校舍的善后修复工作供应相关物资。1946 年春，教育部向行总递交了想要接受教育善后援助的单位名单及所需物资的清单。至此，教育善后事业终于可以举办了。

1946 年 4 月 26 日，行总署长蒋廷黻签署第 1738 号《善后救济总署训令》，向全国 15 个分署颁布了《教育善后备忘录》（以下简称《备忘录》），以此规定了行总开展教育善后的一些基本政策。

第一，关于教育救济善后的方式。《备忘录》规定，联总对中国教育善后的方式分两种。分别是，一方面，书籍及刊物的援助。行总在联总的帮助下，计划拨付专款用于购置一定数量的专业书籍及其他出版物。这些读物的服务对象及目标主要有四个方面，其一，促进国家对于善后救济物资的生产及应用能力；其二，保障智力和体格有某种缺陷的人以及孕妇、儿童的健康发展与恢复的需要；其三，对广大民众普及传染病知识；其四，推进卫生福利机构的建立、维护及日常管理等。另一方面，与教育善后有关的其他物品、器材的援助。主要有：用于善后救济品制造技术研究的实验用品；便于所制造的物品符合有关标准的器材；用于培训制造或使用新式设备人员的实验器材；用于促进疾病准确诊断的仪器；医务人员接受专门培训所需的器材；另外，对于其他"欲使其教育机关获得复员所适用及有利之其他各项器材"，联总亦可通过行总向其提供[1]。

---

① 《教育善后备忘录》，载行政院善后救济总署江西分署编《善救准则》，1946 年铅印本，第 81 页。

第二，关于教育善后的范围。《备忘录》规定，其一，凡联总提供的教育救济善后援助书籍及其他物资只能用于与联总、行总在中国开展的善后救济行业相关的教育工作。其二，所接受援助的教育机构必须符合下列条件之一者：教育机关所在地区已经从日军的占领中获得解放；抗战时内迁的教育机构且已返回原来所在地的；实验室被日军空袭毁坏的自由区教育机构[①]。

第三，关于受援机构申请援助的要求。《备忘录》规定，各受援单位在向行总申请分配书籍或其他物资时，应该明确说明其用途和计划；若诸如校舍等建筑物被毁，需要申请建筑物修理费和建材物资时，必须说明其使用方法及预计竣工的日期；校舍的修缮经费，联总另行适当提供给行总修缮经费，所需建材则从原来计划提供的建材援助物资中划拨，联总不再另外提供，修缮方式通过以工代赈雇用具有一定技能的灾民修建，工赈所需粮食等物资从联总原来计划提供给行总的救济物资中支付，联总不再因此而另外提供粮食等救济物资[②]。

四　图书、仪器设备等物资的分配及各类学校校舍的修复

如前所述，战时全国许多学校图书和仪器设备损毁严重，为弥补这一损失，一方面，教育部请求国民政府出资购买；另一方面，行总向联总申请援助。向中国提供图书、仪器设备等教育善后物资的任务，联总交给了美国政府，由美国负责购置上述物资并运抵中国，然后分配给全国相关学校。美国方面接此任务后，即向行总署长蒋廷黻提出，希望行总尽快将中国对图书、仪器设备等物资的需求提出详细计划与清单，以便其确定这些物资的生产及采购规模。

据此，1946年，联总、行总和国民政府教育部在上海联合组建负责协调教育善后的机构——"三方联合委员会"，该委员会成立后的第一项任务就是编制统一的图书、设备申请单，并由行总分发给各分署，各分署又将其发送给拟申请图书、仪器设备等教育善后物资的单位，各单位按要求

---

① 《教育善后备忘录》，载行政院善后救济总署江西分署编《善救准则》，1946年铅印本，第82页。

② 同上书，第83页。

填写完申请单后，再由行总各分署统一收齐上报"三方联合委员会"，作为在物资到达后进行分配的凭证。为了使各单位特别是大学顺利办理申请事宜，行总署长蒋廷黻还专门指示各分署抽调人员进入拟申请援助的单位特别是一些大学宣传相关政策，指导他们进行正确申请。

1946 年 7 月，行总将各地申报的实验室设备、其他技术设备及各大、中、小学在医药、农业与工业善后方面有关的书籍清单送交联总华盛顿总部，这批教育善后援助物资的总价值达 400 万美元。但是，由于这批物资正是学校所急需，申请分配的学校太多，很明显已经难以满足分配，故联总、行总与教育部协商，对于超过 400 万美元以上的上述物资需求，由教育部拨专款购买，教育部随即同意了此方案，愿意承担超过 400 万美元以外的物资采购经费，总计 121.5 万美元①。1946 年秋冬之际，实验室设备、专门课本、参考书及定期刊物等有关援助物资陆续分发给各地的大、中、小学使用。

抗战胜利后，原来为躲避战火的内迁高校大部分陆续返回原来的校址继续办学。然而，还有一部分大学却不能回迁，其原因是校舍受战争破坏严重，无法正常使用。其中，最突出的是清华大学和南开大学。行总署长蒋廷黻答应将清华大学和南开大学列为大学校舍修复的两个主要对象，进行重点协助。

第一，协助修复清华大学校舍。抗战一结束，清华大学就成立了"保管委员会"，负责办理校舍修复工作。1946 年 3 月，行总冀热平津分署与清华大学"保管委员会"就修复校舍的具体问题进行数次磋商，决定签订《校舍修复合约》。该合约规定，校舍的修复采取以工代赈的方式进行；修复的项目主要有科学馆、男女生宿舍、图书馆、食堂、礼堂、体育馆办公楼、各学务处等 42 个建筑工程。为此，需要 144.4 万个工人工作日。对参加修复工作的工人工资，由行总发给面粉代替。行总共配发面粉 83.5 万磅②。教育部因此也拨款 12 亿元法币，用于部分建材的购置。

---

① 《联总助我医药农工业实验设备》，载方庆秋等主编《中华民国史史料长编》第 69 册，南京大学出版社 1993 年版，第 796 页。

② 《国立清华大学的复兴》，载行政院善后救济总署冀热平津分署编《冀热平津分署一年来之工赈》，1946 年铅印本，第 4—5 页。

清华大学校舍修复工程开始于 1946 年 3 月 21 日，同年 9 月 7 日完工，历时半年。后来，又在行总的协助下，对全校的卫生设备、住宅、围墙、道路等设施进行了大规模兴修。经过前后两次修缮，清华大学焕然一新。至此，经过半年多的努力，清华大学终于在 1946 年 11 月 4 日在北平重新开学。行总对清华大学的教育善后援助使其"足以广被天下英才，恢复当年的光荣"[1]。

第二，协助修复南开大学校舍。南开大学也效仿清华大学，请求行总协助校舍的修复工作。不久，行总署长蒋廷黻在其请示报告上批示："凡系战前原有校舍因受战争破坏而从事修复者可酌拨工人以面粉。"[2]教育部也拨款 8 亿元法币用于购置部分器材。

冀热平津分署与南开大学签订了协修校舍的合约。行总协修校舍范围包括南开大学本部、男、女中学与小学共四部分。修复项目有教工宿舍、实验室、教室、学生宿舍和校内道路等。四部校舍修复工程，总计用去技工 211.9 万个工作日，普通工 5.1 万个工作日[3]。

修复工程从 1946 年 6 月 29 日开始，冀热平津分署与南开大学共同成立了"工程管理委员会"，负责工程管理事务。所需工人由冀热平津分署的劳工事务所征用，全部工程完成于 11 月底，共历时 5 个月。通过行总的教育善后援助，"这个学校又要复兴起来了"，"南开未来的发展该是更辉煌更伟大的"[4]。

行总其他一些分署也协助当地高校修复校舍。行总浙江分署主要帮助浙江大学修复校舍。1946 年 7 月 8 日，为了得到行总援助，时任浙江大学校长的竺可桢亲自致信行总浙江分署署长孙晓楼：

> 本校自战事以来，杭州校舍大部分遭到破坏，员生则多于战前四五倍，校舍除一部分修复外，不敷远甚。兹拟添校舍，第一步计划

---

① 《国立清华大学的复兴》，载行政院善后救济总署冀热平津分署编《冀热平津分署一年来之工赈》，1946 年铅印本，第 6 页。

② 《一个最高学府的复兴》，载行政院善后救济总署冀热平津分署编《冀热平津分署一年来之工赈》，1946 年铅印本，第 13 页。

③ 同上书，第 14—15 页。

④ 同上书，第 15 页。

在杭州大学路及华家池两处营建宿舍、教室、实验室两千方，需用多量小工，而经费殊感短绌，拟请贵署按照平津清华、南开及南京中央大学，以工代赈办法，拨给本校使用工人面粉及其他物资若干①。

7月24日，孙晓楼署长便向竺可桢校长给予答复："贵校7月8日公函，嘱以工代赈拨给贵校建筑校舍工人面粉及其他物资等由。查以工代赈方式协助建筑校舍原则同意。"②浙江分署除了向浙江大学提供建筑工人面粉外，还先后向浙江大学的华家池农场和湘湖农场以配售形式提供了一批柴油抽水机，给其航空工程系提供了一批教学、实验器材。

此外，行总河南分署还协助河南大学整修了该校第二院至第三院公路，共用2366个工人工作日，拨付25袋188市斤装的大米作为工赈的工粮③。行总鲁青分署协助山东大学修复楼房5座，教室222间；另外还为山东其他5所高等学校共计修复楼房6栋，教室共计212间，修筑院墙超过7000立方米，修建马路约25公里，下水道超过300米④。行总后来还计划协助其他大学进行校舍修复。例如，国立北洋大学，预计需用工人工作日108万个；北平工学院，预计需用工人工作日26.4万个；国立北京大学，预计需用工人工作日23.8万个；国立师范大学，预计需用工人工作日9.1万个；河北省立女师学院，预计需用工人工作日11.4万个⑤。但是，由于申请学校太多，加之联总所拨工粮有限，水利、交通工赈活动全面开展之后，用于工赈的粮食基本上用于水利和交通工赈了，因此，这些学校得到教育善后的援助不多，原来的协助计划被大大地打了折扣，其由行总协助修复的计划未能完全实现，修复工作后来主要是由教育部的拨款与校友等社会力量的帮助完成的。

---

① 《竺可桢校长致浙江分署函》，浙江省档案馆馆藏档案：I053—1—337。转引自肖如平《抗战胜利后浙江的善后救济》，《抗日战争研究》2013年第1期。
② 《浙江分署致浙江大学函》，浙江省档案馆馆藏档案：I053—1—337。转引自肖如平《抗战胜利后浙江的善后救济》，《抗日战争研究》2013年第1期。
③ 《本署助修河南大学公路》，行政院善后救济总署河南分署《周报》1947年3月第64期，第4页。
④ 行政院善后救济总署鲁青分署编：《行政院善后救济总署鲁青分署业务总报告》，1947年铅印本，第7页。
⑤ 行政院善后救济总署冀热平津分署编：《冀热平津分署一年来的振务》，1946年铅印本，第31页。

还有一些大学在教育善后即将结束时也向行总提出了申请,但是由于援助力量不足而未获批准,比如燕京大学、唐山工学院等。

教育善后开展之初,联总只同意对各地的一些大学修建校舍提供援助,中、小学的校舍修建不在联总的教育善后范围内。后来,蒋廷黻署长多次向联总领导层反映,战后中国的中、小学校舍损毁也很严重,有的处于关闭或半关闭的状态,这些中、小学校舍的修复任务同样十分繁重,联总应该将中、小学校舍的修复也纳入教育善后范围内,以加快中、小学校舍修复的进度,使各地的中、小学教育尽快走上正轨。联总很快批准了这一要求。

行总对各地中、小学校舍的修复工作大部分也是采取工赈方式进行的。各分署根据当地中、小学校舍损毁的实际情况,开展善后工作。比如,冀热平津分署对所辖地区的宛平县第二中心国民学校、河北省私立育德中学及其附小、保定女子师范及其附小、保定穆德小学、密云第二中心学校等314所中、小学的校舍进行了修复。广东分署对所辖地区的广州市立第二小学、第四小学、第十一小学、增城沙头乡中心小学、顺德中心学校等102所中、小学进行了修复。1946年,广东分署为提高本地百姓文化水平,还在广州创办了一批识字班,共分3期,每期分别办68个班,共计204个班,其教育业务事宜,广东分署委托广州市教育协进会办理。江西分署先后拨款7.37亿元对所辖地区的吉安、泰和、万安等地的28所小学进行修建[①]。浙江分署帮助毁损率超过80%的72所中小学修复校舍,面积共计7315平方米。湖北分署先后协修了省会第一小学、武汉市第八小学、第十八小学、省会实验小学等14所学校,可容纳学生1万人以上;还协助修复了公教人员宿舍2所,可容纳200人。广西分署筹集0.43亿元先后分两批修复了23所小学校舍[②]。湖南分署拨付1.32亿元用于中、小学校舍的修复,共计修复校舍902所,但学校类别仅限于私立学校,公立学校很少;地区仅限于长沙、衡阳及其他久负盛名且战时损毁严重的地区学校。而广西则拨款2.93亿元用于修复中小学校舍,学校类别集中于公立学校,私立学校较少;地区范围几乎包括所有受灾地区的学校。鲁青分署为青岛崂东区灯瀛小学等

---

① 行政院善后救济总署江西分署编:《江西善后救济》1947年第7期,第6页。

② 《灾荒煎熬中的广西》,《桂林通讯》1946年第5期,第10页。

8 所中、小学修复教室共计 134 间，院墙超过 2840 立方米 [①]。相对而言，安徽分署在文化教育上的援助力度不大，仅帮助各地修复了区区几所中、小学校舍 [②]。

总之，行总利用联总援助的物资及经费在全国各地协助各级、各类学校修复校舍的工作取得了较大成绩。据统计，全国"计已修复大中小学校舍 3000 所以上" [③]。各地大、中、小学校舍的大规模修复，为当地的大学生、少年儿童及早入学创造了有利条件。

除了修复校舍，有的分署还向一些学校核发其他物资进行援助，以解决实际困难。比如，1946 年 9 月，湖南分署分别向省立津市高级农校、省立安江农校、私立益农学校等 5 所学校分配了 2 台抽水机，以解决师生的用水问题。1946 年 10 月，行总福建办事处分别向华南女子文理学院、福建省立女子师范与协和幼稚师范分发了 100 台缝纫机，以作学生缝制衣服之用。鉴于各地许多学校的学生营养不良，"为增强其营养起见"，行总署长蒋廷黻还要求各分署对他们"酌予救济"，这样，各分署迅速开展了向各级学校配发营养品的活动。比如，河南分署就率先在交通比较便利的开封、郑州、安阳、新乡等 13 个县进行，对这些地区的中小学校学生按每人每月 6 磅的标准配发营养品，共向他们发放了罐头 20.46 万磅，牛奶 92.54 万听，奶粉 1800 磅，汤粉 51.7 万磅。各学校受益学生共计 24.4 万人 [④]。为了帮助学生抵御寒冬，行总还对各级学校的学生、小学教职员工发放冬衣，例如，河南分署共为此安排了 3517 包冬衣进行发放 [⑤]。

五　丐儿习艺所的创建

抗战时期，许多儿童因为父母死于非命而流落街头，沦为乞丐。1946

---

① 行政院善后救济总署鲁青分署编：《行政院善后救济总署鲁青分署业务总报告》，1947 年铅印本，第 13 页。

② 行政院善后救济总署编译处编印：《行政院善后救济总署业务总报告》，上海市档案馆馆藏档案：Y3—1—278，第 96 页。

③ 同上。

④ 《配发各级学校学生营养物资》，行政院善后救济总署河南分署《周报》1947 年元旦特刊，第 17 页。

⑤ 《发放振衣》，行政院善后救济总署河南分署《周报》1947 年元旦特刊，第 17 页。

年7月，行总署长蒋廷黻决定设立专门机构探讨解决丐儿的流浪问题以及将来的前途问题，推行"寓教育于救济之中"的新理念。为了稳妥起见，蒋廷黻计划采取试点的办法，先在一地创办，待取得经验后再向其他地方推广。

试点工作放在天津。行总与天津一慈善机构合作，设立了一模范丐儿习艺所，专门收容流浪孤儿。其目的，一方面是让其得到生活救济；另一方面教育他们一基本技能，贯彻蒋廷黻确定的"寓教育于救济之中"的新理念，最终使他们学会一技之长，自食其力，成为社会有用之才。习艺所开办期间，其所需物资全部由行总提供，并配备有各种新式设备。初期，该习艺所仅收容了76名男、女丐儿。他们被收容后，首先由保健老师为他们注射防疫针并检查其体格，每天除向他们供应普通的食物外，还定量供应牛奶和其他营养品，以帮助他们尽快恢复健康。该所聘用了不同门类的专业教师，老师们每日按照早先确定的课程表进行授课。他们所学的课程与普通小学的课程完全不同，主要着重于谋生技术的培养，包括理发、缝衣、补鞋、编篮、碾米、珠算和习字等科目，根据儿童的兴趣教会他们一种手艺。天津的一些慈善人士专门对该所进行了实地考察，对该所的一切生活、教育设施"倍加赞许"，认为"盖以其寓生活教育于救济之中，法至美善，富于积极意义"，并明确希望行总"大加提倡与推广"①。可见，试点得到了社会认可。

在此情况下，1947年初，当时的行总署长霍宝树决定扩大习艺所的规模，在汕头、重庆、上海、武昌等地依据天津的经验，创办了5个习艺所。这些习艺所的创办，一方面，可使丐儿既可得到暂时救济，亦可学到一技之长，将来出所以后，即可成为社会上有用之人，自食其力；另一方面，可减轻社会救济负担，对社会稳定、进步和发展也大有裨益。

另外，台湾分署会同台湾省社会事业协会创办托儿所，协助台北市教育局建设林间学园等教育机构。苏宁分署还与"世界学生服务社中国分社"联合创办义务夜校，对青少年灾民进行免费教育。其办学场所主要是在原有的高等院校及中、小学校内。共计办学23所、53个班，先后有1605

---

① 《寓教育于救济之中，在津设新式模范习艺所》，行政院善后救济总署广东分署《周报》1946年8月第17期，第10页。

人接受此教育。1946年，行总上海分署与中国红十字会上海分会合办"业余补习班"，该补习班就设在中国红十字会上海分会办公楼内。其创办的目的是"使青年学徒有业余补习的机会"，开办后，"倒是失学儿童占了多数"。对他们的文化补习教育通常放在每天晚上进行，每次补习2小时。补习期间，他们的学杂费、书本费全部免费供应，"教员也都是尽义务的"开办过程中，"因为投校的人多，该会已将办公室、候诊室都辟作临时教室了"①。

六　教育复员善后事业的成效及不足之处

综上所述，抗战后，中国教育事业亟待恢复，必须将之摆到重要位置，这似乎成为当时中国朝野尤其是教育界的一种共识，因为"在善后工作中，学校是相当重要的一项，因为教育是立国之本"②。为了使中国教育事业尽快得到恢复和发展，中国在战后几乎同时启动了两大活动，分别是教育复员和教育善后。从规模看，前者是主体，后者是补充。教育善后活动的开展，推动了教育复员的开展，促进了教育事业的恢复与发展，但教育善后的规模与范围十分有限，这一活动的成效与教育事业的完全恢复乃至发展还相去甚远。

具体说来，教育复员和教育善后活动的开展，成就是有目共睹的。恢复和新建了一批大、中、小学，同时为它们添置了不少图书、教学器材，在一定程度上改善了办学条件。恢复了抗战爆发后停办的山东大学、北洋大学、安徽大学和上海商学院等高校。将因战灾内迁的一些高校回迁至原址，其中国立大学、学院32所，省立大学、学院37所。在原敌伪政权创办的高校基础上创建了5所高校，如台湾大学、沈阳医学院、长春大学和长白师范学院等。截至1947年底，全国专科及以上高校达192所，高校数较战前增加了80%；在校学生为12万人左右，较战前增加了近3倍。高校分布也更为合理。在国统区恢复、新建各类中小学校1453所，不过

---

① 《本市简讯》，《申报》1946年4月21日。

② 《一个最高学府的复兴》，载行政院善后救济总署冀热平津分署编《冀热平津分署一年来之工赈》，1946年铅印本，第13页。

尚未达到战前水平①。

　　尽管如此，战后中国教育复员、教育善后的不足之处也不容忽视。主要体现在以下几个方面。

　　（1）教育复员经费不敷使用。虽然战后国民政府对教育复员是重视的，所拨教育经费相较于其他支出为多，经费总额仅次于军费，但总体看，教育经费仍然捉襟见肘。以1946年度为例，财政性教育拨款占当年全国财政总支出的比例是：中央级仅为3.62%，各县级仅为5.39%，比例最高的是各省、市级，不过，也仅为6.8%，不到当年军费的10%。有人做过估算，当时全国一年财政性教育拨款，"尚不足湖南省一省之需"②。

　　（2）师资力量总体缺乏，素质不高。1947年，在国统区的一些中、小学，师资力量普遍薄弱，个别地方甚至出现了一个年级一个教员的情况。在一些高校，师资力量同样严重不足，少数学校为保证学校运转，被迫留用大批日籍教员。不仅如此，在校教员业务水平也不尽如人意，难司其责。

　　（3）学校设施严重不足，教育质量低劣。虽然教育部、行总想方设法为部分学校添置了一些急需的教学器材和书籍，但无疑是杯水车薪。一些学校校舍仍然残破不堪，教学、科研设施也极简陋。还有相当多的学校几乎没有添置教学器材和书籍，有的高校甚至黑板、桌椅全无这样，很多学校被迫因陋就简，在此条件下，其教学质量之低劣似乎在情理之中。在部分学校，一切实验课程都只能是坐而论道，其结果是不少学生连本专业最基本的常识也不了解。

　　（4）战后中国教育腐败问题严重。国民党当局中不少政客混迹于教育界，他们普遍"既无声望，更无学识"，对于中国学术界、教育界之实际情况，茫然无知。他们对待教育工作，常常敷衍塞责，责任心全无。在生活上，贪图个人享乐，沉湎于声色犬马之中而不能自拔，聚赌猎艳，无所不为。他们或肆意挥霍公款，将侵占、挪用来的教育经费用来修建豪华楼堂馆所；即使是运用于"办学做师"上，他们也是把有限甚至捉襟见肘的教育经费用来大兴土木，而不是用来教书育人，为自己"造堂皇的办公厅、室"。他们安排亲属、好友吃空饷，不劳而获，"本无其人而虚报名额"，或"人

---

① 《教育部公报》1947年第19卷第5期，第2页。

② 《教育部公报》1947年第19卷第2期，第8页。

他去而薪津照支"①。总之，"串通作弊，欺上瞒下"，对他们来说，是司空见惯之举。可见，在中国教育界，"贪污糜费，不减官场"②。

（5）教员生活条件堪忧，教育质量难以保证。由于教育界在教育复员、善后过程中出现了种种问题，特别是通货膨胀、贪污腐败问题，导致国统区师生生活条件每况愈下，"观一大学教授之所得"，往往"不足一家五口十日之需"，一些著名教授如叶公超、吴晗等亦是如此。一些学校的普通教员"乏米断炊"则是家常便饭，无奈之下，不少教员为了生计，只得"告贷于乡保长"③。因为提高后的教授（研究员）薪资每人每月虽然有 15 万元，但由于通货膨胀严重，仅相当于法币流通之初的 1935 年的 3 元左右。1946 年 3 月初，南昌中正大学教员联名给行政院院长宋子文致电抗议："物价飞腾，殊越常规。"④ 由于生活所迫，有的教员工作之余，放下斯文，在自家院子里种菜，以节省生活费；有的教员在外面兼职，干些苦力活挣钱养家。他们中，有的摆摊帮人刻图章，有的在杂志社帮忙搞校对、编辑，有的在电影院帮忙放幻灯片，有的甚至做面饼、糕点到街上卖，获取薄酬，贴补家用。他们中不乏名牌大学的知名教授或其夫人，如时任清华大学校长梅贻琦的夫人就曾上街卖过糕点⑤。大学教员生活境遇尚且如此，中小学教员境遇可想而知。在此情况下，不少教员工作积极性和责任心难免大受挫伤，有些人甚至消极应付本职工作。对此，学生们自然也是看在眼里："先生一面教书，一面想着全家生活，实在没心想教书。"⑥而且，各学校教员的离职现象也屡见不鲜。在一些地方的学校，选任校长时，往往"委一校长，逃一校长"；聘任教员时，并无二致，"请一教员，逃一教员"。如此一来，许多学校的"教学与研究人员更形贫乏"的问题难以有效遏制⑦。

---

① 《各方对教育工作的建议》，中国第二历史档案馆馆藏档案：5—3—386，第 11 页。

② 同上书，第 11—12 页。

③ 《教育杂志》1947 年第 33 卷第 1 号，第 3—4 页。

④ 参见陈荣华等《江西经济史》，江西人民出版社 2004 年版，第 656 页。

⑤ 2017 年 10 月 28 日凤凰卫视（中文台）《纪念西南联合大学创建 70 周年》节目解说词（视频资料）。

⑥ 上海市学生联合会编：《新五月史话》1947 年第 6 期，第 6 页。

⑦ 《教育杂志》1947 年第 33 卷第 1 号，第 17 页。

结　　论

历时 14 年的日本侵华战争给中国人民造成了惨重的灾难，而且，这种灾难并未因战事的结束而终结。研究这段灾难史，是我们学者义不容辞的责任，意义重大，因为它"可以揭示出有关社会历史发展的许多本质的东西"①。本书拟从中国利用联合国善后救济总署提供的援助物资及经费开展救灾、重建家园的角度探讨这段灾难史。

20 世纪三四十年代，德、意、日等法西斯国家发动的第二次世界大战给许多国家的人民带来了无尽的痛苦和灾难，他们急需得到救济以渡过难关。为了救济遭受战灾破坏的有关国家的灾民，美、英、加、澳等国慷慨解囊，为联总提供开展善后救济活动的业务经费或物资，再加上一些民间组织的捐献，联总总计获得了近 39.68 亿美元的善后救济经费。联合国善后救济总署是在许多错综复杂的社会历史条件下孕育产生的。它的创建并非一蹴而就，而是经历了一个曲折的发展过程。在成立大会上，通过了《联总协定》，在随后召开的联总一次大会上，通过了一系列重要决议。《联总协定》和联总一次大会上通过的一系列重要决议为随后在世界相关国家开展救济善后活动提供了法律、政策上的依据，具有十分重要的意义。但是，它们中间也包含了一些不适当的规定，对后来的善后救济实践造成了一些负面影响。

联总成立后，分别在包括中国在内的远东地区与欧洲、中东等地开展善后救济业务。但是，开展的方式因各地的情况而有所不同。联总为在欧洲和中东开展这一活动专门成立了欧洲地区署，作为其在这些地区"一切活动的管理中心"。联总对它们的善后救济活动是统一由联总按计划经济

---

① 李文海：《中国近代十大灾荒》，上海人民出版社 1994 年版，第 2 页。

的模式进行办理。联总根据各地的灾情，将救济善后物资运抵这些地区，再向有关国家派遣工作团队前往执行具体工作，原则上，一个国家派遣一个团队。联总授权欧洲地区署"负责上述地区内联总的各个派遣团、服务设施及各项活动的计划、组织和管理工作"，相关国家的政府原则上不能参与其中[①]。而中国这一活动的开展主要由国民政府的行总具体承办，联总将有关善后救济物资运抵中国港口并当即向行总办理交接手续后，联总的工作基本完成，在中国范围内的物资分配、运输等工作则由行总主抓，联总在中国设立了诸如驻华办等机构，主要负责指导与监督的职能。

在联总 39.68 亿美元的全部经费中，中国最后分得近 5.2 亿美元的各种善后救济物资，加上服务费、运输费用，总额超过 7 亿美元。虽然这笔经费明显低于先前蒋廷黻代表中国政府正式要求的 9.45 亿美元，但绝对数额仍然十分可观，中国成为所有国家中受益最大的国家。联总利用这笔经费为中国购买并运输的物资共分两大类：救济物资与善后物资。其中救济物资价值超过 2.8 亿美元，善后物资价值超过 2.54 亿美元，所有援助物资的总重量超过 236 万吨[②]。这是我国历史上所获得数额最大的国际人道主义援助，为中国人民在战后渡过难关发挥了积极作用；联合国有关国家的善意还使饱受战乱之苦的中国人民沐浴到了十分珍贵的人道主义阳光。因此，作为中国人民应该怀有一颗感恩之心看待美、英、加、澳等国的慷慨捐助。行总署长蒋廷黻对此深表感激，他说："吾人对于美英加澳人民之慷慨好义及其政府之明智，诚不胜敬佩。"[③] 霍宝树署长也指出："我们对于捐助国的友情，应当感谢。"[④] 但是，也必须指出，联总的政策主要反映美国政府及其国会的立场和主张，联总从某个角度上来说，是美国外交政策的一个工具，是美国在全球推行其理想主义的一块试验场。美国在战后支持中国的大国地位并要求联总给予其大量善后救济援助，自然有其自身利益的考虑，正如储安平所说："倒头来还是为了美国的利益。"[⑤]

---

① George W.Woodbridge ed., *UNRRA: The History of the United Nations Relief and Rehabilitation Administration*, Vol I., New York: Columbia University Press, 1950, p.174.

② *UNRRA Operational Analysis Papers, No.53*, Washington D.C., 1948, p.33.

③ 《蒋署长开幕训词》，行政院善后救济总署编译处编印，1946 年铅印本，第 3 页。

④ 《霍署长对参政会常会书面报告全文》，《行总周报》，1947 年第 59、60 期合刊，第 2 页。

⑤ 储安平：《我们对于美国的感觉》，《观察》1946 年第 11 期，第 6 页。

　　美、英等国不仅向中国提供了数亿美元的善后救济援助物资，而且派遣了大批官员，尤其是专业技术人员来到中国，参与中国的善后救济事业。中国善后救济事业，"不仅算是中国的大事，也可算是世界的大事。现在世界上有很多国家的人士来参加我们的工作"[①]。他们的工作表现得到了不少中国人的好评。储安平指出："尤令人钦佩羡慕的，是盟国相助的各种部门技术人才"，他们"不远万里，远渡重洋，囊助办理各种部门的工作"，他们在中国，"一天到晚，在紧张的工作着，从不懈怠偷懒"，每当遇到困难，"总是百计千方的求其解决，以愉快的工作情绪，达其任务"[②]。国外专家包括塔德（O.J.Todd）、"在华从事水土保持工作已历20余年之杜德博士于视察黄泛区后，曾向行政院善后救济总署对治黄计划有所建议"[③]。总工程师陶述曾回忆道："这个堵口班子的技术力量是相当雄厚的。"[④]中国工人还评价塔德"暑天在工地，赤背裸腿，指督工夫操作，其吃苦耐劳精神，有足多者"[⑤]。正是联总一方面提供物资，另一方面提供技术支持，使得黄河堵口工程"竟因国际力量获得了空前的成就"[⑥]。当然，在联总派来的外籍人员中，也有被人所不齿的"败类"，他们中有的殴打、欺压中国百姓，有的在中国养尊处优、贪图享乐。

　　特别需要指出的是，中国人民为世界反法西斯战争的胜利做出了不可磨灭的贡献，并且为此付出了沉重的代价。在中国，"生命之牺牲、财产之损失、预期收获成为泡影、公私事业之转变、土地之被蹂躏、人民心理之不定等等直接、间接损失之巨大，同盟国中无可比拟，即历史上亦复少见"[⑦]。因此，中国"初由战争转入和平之际，满目疮痍，百端待举，公私财力莫不困难，非由联合国之协助不足以使人民迅速恢复和平建设生

---

　　① 《驻工各单位座谈会第一次会议纪实》（1946年7月15日），《黄河堵口复堤工程局月刊》1946年第1期，第22页。

　　② 储安平：《我们对于美国的感觉》，《观察》1946年第11期，第3页。

　　③ 《治黄计划即开始实施》，《中央日报》1946年2月22日。

　　④ 陶述曾：《花园口堵口始末回忆》，《山东文史集萃》（修订本）下集，1998年版，第325页。

　　⑤ 黄河堵口复堤工程局编：《黄河花园口合龙纪念册》（1947年4月），黄河水利委员会档案馆馆藏档案：MG 3—3—14，第25页。

　　⑥ 徐盈：《朱光彩及黄河堵口工程》，《新中华》复刊1948年第16期，第50页。

　　⑦ 王炳文：《中国抗战损失说帖》，（1946年），载中国第二历史档案馆编《中华民国史档案资料汇编》第5辑第3编（外交），江苏古籍出版社2000年版，第219—220页。

活"[1]。中国理应得到联总的善后救济援助，而不是在向别国摇尾乞怜，这是其一。其二，中国人民并不完全寄希望于通过联总的援助重建家园，而是纷纷开展自救活动。例如，1943 年，陕甘宁边区政府颁布《陕甘宁边区优待移民、难民垦荒条例》，组织群众自力更生，生产自救；国统区的民众也没有坐以待毙或苦等救济，他们也自觉组织起来进行自救，充分体现了中国人民自强不息的顽强精神。其三，在中国人民自身遭受严重损失，需要自救的情况下，还慷慨解囊，援助他国。例如，1943 年 11 月，为了救济遭受水灾的印度人民，中国民众多次捐款，总计超过 420 万元[2]。充分表现了中国人民"一方有难，八方支援"的传统美德。

作为行总的首任署长，蒋廷黻为了领导行总在中国兴办善后救济事业，提出了他的善后救济思想。这一思想形成的因素是多方面的，这些因素既有内因，又有外因。蒋廷黻善后救济思想内容非常丰富，其核心思想是"寓救济于善后之中"的理念。他强调，在兴办善后救济事业的过程中，既要对需要救济的人民提供力所能及的援助，又要充分尊重他们的人格。蒋廷黻善后救济思想具有许多独具一格的特点，比如，形成基础的广泛性、内容的完整性和系统性、创新性及浓厚的理想主义色彩等。从某种程度上说，蒋廷黻的善后救济思想与其 20 世纪 30 年代提出的中国现代化思想是一脉相承的。它得到了当时许多人特别是行总各分署的广泛认同，这为蒋廷黻根据其创立的这一思想兴办善后救济事业奠定了基础。但由于过分依靠这一思想的指导，使得这一思想的糟粕不能被及时发现和纠正，结果给中国的善后救济事业带来了不少损失。

为了使中国获得联总提供的救济善后援助，中国方面按照联总的相关要求，着手制订《中国善后救济计划》，并使其最终顺利通过联总审议，为中国获得联总的善后救济物资铺平了道路。该计划详细提出了中国拟向联总申请的各项援助物资的种类与规模，种类包括粮食、衣服、房屋、医药卫生、交通运输、农渔业、工矿业等，总规模高达 9 亿多美元，最终被联总核减为 5 亿多美元。对于每一种援助项目，也都作了具体的规划，总

---

① 山东省档案馆、山东省社会科学院历史研究所合编：《山东革命历史档案资料选编》第 16 辑，山东人民出版社 1986 年版，第 247 页。

② 参见李新主编《中华民国大事记》第 4 册，中国文史出版社 1997 年版，第 1115、1124 页。

体看，救济援助的比例为 45%，善后援助的比例为 55%，善后援助的申请多于救济援助的申请。这是蒋廷黻"善后重于救济""寓救济于善后之中"等思想在计划中的具体体现。

　　行政院善后救济总署及其分署是在联总要求的前提下组建起来的。在蒋廷黻的主持下，确定了中国善后救济机构的方案；起草、修订了《善后救济总署组织法》《善后救济分署组织条例》等一系列法律法规；成立了行总及其各职能部门、各分署；选拔配备了行总及其分署各级公职人员；编制行总经费预算等。行总及其各职能机构、分署聚集了一批学历高、有能力、对救济善后工作充满激情的公职人员。正如他的幕僚浦薛凤事后回忆所说，"廷黻当初所邀请而由政府任命之各省分署正副署长以及若干区域之运输局正副局长，大体上均系一时俊彦，且有操守"[①]。但从总体上看，也有不少有德无才或有才无德，甚至德才俱缺的人，在一定程度上影响了行总开展善后救济事业的成效。欲使中国的善后救济事业取得圆满成功，必须正确处理行总、联总之间的关系。联总的责任是将善后救济物资准备好，然后运抵中国；行总的责任则是尽快将接收的各种善后救济物资及时分发给各分署，通过分署下发给有关的单位与个人。在行总开展救济善后活动时，联总作为国际救济善后事业的主导者，对行总的工作有权进行调查、质询。蒋廷黻与其继任者霍宝树一再强调，行总及其分署要与联总协调好各种关系，对联总在中国的救济善后工作提供大力合作。然而事实上，行总与联总却存在着冲突与矛盾，这种冲突与矛盾几乎贯穿于中国善后救济工作的始终，且愈演愈烈。关于行总总署与各分署的关系，行总要加强对各分署的领导和监督，同时也要为各分署解决工作中的实际困难，要为各分署做好服务工作，各分署要自觉与行总总署加强联络，要切实维护总署及其署长的权威。各级善后救济机构的创建及其关系的明确，为行总在中国兴办善后救济事业提供了组织上的保证。不过，蒋廷黻曾经一再强调，行总及其分署务必廉洁，杜绝贪腐，并且为此出台了一批制度及实施办法，但事实上收效甚微，行总及其分署依然存在着严重的腐败问题，难怪人们

---

　　① 浦薛凤：《十年永别忆廷黻》，载朱传誉主编《蒋廷黻传记资料》（二），天一出版社1984年版，第196页。

时常讥讽"救济总署"是"救己总署"!

在抗战胜利之初,联总提供的善后救济援助物资陆续到达中国。行总协调国民政府,在上海、天津等沿海港口及九江等沿江港口新修或租用了一批物资储运仓库,以便车辆、船舶及时将物资运往各地。这些储运设施为善后救济援助物资的转运发挥了重要作用。但是,这些援助物资的储运问题亦不少。长期堆放在仓库,甚至物资霉烂变质的情况屡见不鲜,给中国善后救济事业造成了不必要的损失。其原因是多方面的,既有行总所不能左右的客观原因,如内战的爆发等,行总对此颇感无奈:"国内烽火,愈演愈烈,其配而不能运,运而不能达,达而不能用,则又岂行总所能为力!"[1] 也有行总自身工作失误等主观原因,对此行总也承认道:"行总运用亦有失当之处,如运入物资,因环境不能即时利用,风吹日晒,或有腐烂之情形。"[2]

1945—1947 年中国善后救济事业包括两部分,分别是"救济"与"善后"。救济事业又包括急赈、特赈、工赈及遣送难民等。根据著名灾荒史学者邓云特(即邓拓)的观点,传统的政府主导下的救灾方式"有消极救灾和积极救灾之分",消极救灾是临时性的、应急性的举措,"治标不治本";积极救灾则是为"改善社会条件与自然条件"而采取的标本兼治的举措[3]。抗战胜利后,行总领导开展的中国善后救济事业中,急赈、特赈等属于消极救灾;工业、农业、交通和医疗卫生等善后事业属于积极救灾。

为兴办急赈事业,行总颁布了一系列重要法规,对急赈的条件和对象、急赈的种类、急赈开展的原则与目的及急赈开展的方式等予以明确规定。急赈事业主要分粮食救济、衣服救济和房屋救济等几个大的急需项目开展。通过急赈,行总共向国统区的灾民提供了近 30 万吨的粮食、近 3 万吨的各类衣服以及房屋数万间,救济的灾民超过 2000 万人。急赈活动取得了一些成绩,但是也有不少遗憾,比如,能够得到急赈的灾民占应该接受救

---

① 行政院善后救济总署编译处编:《行政院善后救济总署业务总报告》,上海市档案馆馆藏档案:Y3—1—278,第 22 页。

② 同上书,第 23 页。

③ 邓云特:《中国救荒史》,生活·读书·新知三联书店 1958 年版,第 206—207 页。

济的灾民的比例较低，大量亟待救济的灾民并没有得到及时的救济等。

特赈既是行总兴办的四个救济事业的项目之一，也是国民政府社会部社会福利工作事业的重要方面。难童、残疾者和老弱者三种人被确定为特赈的对象，其重点与难点是对难童提供特赈救济，另外还兴办了"安老恤残"事业。行总及其分署采取自办和利用中国原有的社会福利设施等方式来获得特赈举办的场地与设施。获得特赈救济的人数超过数百万人，行总为此提供了96361吨物资用于此项事业。

14年抗战，衍生了大量难民。他们往往举家背井离乡，流离失所。战后，遣送难民返回原籍成为当务之急。行总为了遣送难民，制定了一系列方针政策和规章制度。通过这些方针政策和规章制度，确定了接受行总遣送的难民标准以及难民被遣送的程序。在遣送工作正式开始之前，行总及各分署成立了各级各类遣送机构，还把汽车、火车、轮船、木船、飞机等作为其遣送难民的主要交通工具。经过努力，行总先后共遣送了超过149万难民，成效不菲。但是，这一数字与符合遣送条件的数千万难民相比，则显得微不足道。就各分署而言，成效也参差不齐，有的此项工作开展得富有成效，有的则是不尽如人意。在开展国内的难民遣送工作的同时，行总及其各分署还认真进行遣送归侨与难侨的工作，他们总计帮助遣送了28792名归侨返回祖国，负责遣送了446454名难侨返回原来的居留国。此外，行总还根据联总的部署，共将35134名外侨遣送回国。

工赈，作为救济工作的一个重要方面，意义重大。行总对此给予了足够的重视。为了更好地兴办工赈事业，行总出台了一系列政策，就工赈的目的、性质、对象、范围、重点、工赈灾民的待遇及行总的合作机构等问题做出明确规定。行总及其各分署在水利、交通、房屋、市政等方面开展了工赈工作，并取得了一定的成就。通过工赈，一些基础设施得到修复，近千万难民从中受益，社会风气也得到一定的好转。

国民政府在要求行总开展救济工作的同时，还大力号召、扶持有关慈善机构及民间救济组织开展灾民救济活动。早在1943年9月，国民党五届十一中全会审议并通过的《确定战后社会救济案》确定的原则是，战后社会救济"应由政府特拨专款并接受国际救济款物，同时发动社会力量积极推行。①" 1945 年抗战胜利后,许多战时遭受破坏甚至消失的慈善机构及民间救济组织纷纷得以恢复,呈现出迅速增长的态势。据统计,截至 1945 年底,全国各类慈善机构增加到 235 家,拥有会员 3.25 万人;到 1946 年底,分别增加到 296 家、3.71 万人;到 1947 年夏,又分别增加到 467 家、7.34 万人②。另外,民间救济组织也迅速发展到近 3000 家③,中国红十字会无疑是它们中的代表。

抗战胜利后,国民政府提出了经济恢复与战后重建的计划。这一计划的实施所面临的形势是错综复杂的,既有有利因素,也有不利因素。有利因素体现在:(1)日寇战败后,在中国遗留了"大量日资产业和物资",中国对此接收后,有利于经济恢复;(2)多年战乱期间所积聚的市场需求在战后得到极大的释放,为战后经济恢复与重建提供了市场空间;(3)"二战"结束后,西方垄断资本对中国经济的掠夺大为减轻。不利因素体现在:(1)虽然抗战胜利结束,但内战又接踵而至,经济恢复与重建社会环境恶劣;(2)中国工矿业在抗战时期损失惨重,内战又使之雪上加霜;(3)国统区通货膨胀严重,物价飞涨。总体来看,不利因素多于有利因素④。可见,国民党当局的经济恢复与战后重建计划的实施可谓困难重重。在此期间,中国利用联总提供的一批善后救济物资开展了一系列的善后事业,包括农业善后、工矿业善后、交通善后等。这些善后活动可视为中国当时经济恢复与战后重建的一部分。

在行总看来,农业善后是一项普惠于天下的事业,意义重大,为此成立了农业业务委员会作为行总开展农业善后的专门机构。根据蒋廷黻确定的善后事业由行总与有关部门合作办理的原则,农业善后,行总势必要与农林部合作,双方签订了农业善后合约,对农业善后所需物资的运输、分配与使用等问题进行了规定。在开展农业善后的过程中,行总与农林部紧密配合,使工作得以顺利进行,也取得了不俗的成绩。行总还尝试在诸如湖南邵阳等一些农村地区进行乡村工业的试点工作,希望以此使中国的农业逐步走上现

---

① 秦孝仪主编:《革命文献》第 80 辑,台北出版社 1973 年版,第 340 页。
② 曹必宏:《中华民国实录》,吉林人民出版社 1998 年版,第 5601—5602 页。
③ 主计部统计局:《中华民国统计年鉴》,中国文化事业公司 1948 年版,第 366 页。
④ 参见汪朝光《中国命运的决战(1945—1949)》,江苏人民出版社 2013 年版,第 223 页。

代化的发展道路。乡村工业的试办，对解决当时过剩的农业劳动力的出路、增加农村商品供应、推进农业现代化等方面具有一定的进步作用。

工业是国家经济的重要组成部分，战时中国工业损失惨重。战后联总的善后救济援助为中国进行工业化尝试提供了机会。但是，工业善后是所有善后救济计划中实施难度最大的一项。行总为工业善后出台了一系列的政策，规定了工矿救济善后的范围、申请的程序与实施的有关注意事项。行总分别对中国的部分能源工业、给水工业、机械工业、建材工业以及纺织工业等兴办了一批善后救济项目。这些项目的兴办，对当时落后的工业恢复、社会商品的补充起到了一定的作用，但是，由于中国近代工业历史欠账太多，仅仅指望联总的些许援助，而达到实现中国工业现代化的目标，无异于异想天开。

交通为战后经济恢复与重建的先决条件。因此，交通设施的利用与善后一直是行总高度关注的方面。行总尽量利用当时所能利用的空运、水运和陆运条件抢运各种善后救济物资。行总与行政院交通部签订合约，规定了双方在交通善后工作中的职责与权限。面对困难局面，行总采取一系列措施，千方百计协调各方面的关系，迅速将积压在港口的善后救济物资运到各目的地进行分发。行总对铁路、公路和水运兴办了许多善后项目。经过交通善后工作，重要铁路干线的运输能力得到一定程度的恢复，公路修复也"成效颇著"，水运能力有所提高。交通善后事业的开展，为善后救济援助物资的运输进一步创造了有利条件，也为新中国进行经济建设打下了一定的基础。但是，国民政府的个别部门及一些运输公司出于自身利益的考虑，不时对行总的交通善后工作进行掣肘，从而影响了行总兴办交通善后事业的效果。

同时，行总还在联总的支持与协助下，在全国各地进行了医疗卫生与教育善后事业。蒋廷黻认为，医疗卫生事业不仅直接关系人民群众的健康，也间接与经济发展有关，医疗卫生善后于国于民都有利。行总出台了关于医疗卫生善后的政策，为行总与卫生署密切配合，共同办理这一事业奠定了基础。医疗卫生善后事业从两个方面入手，即医疗防疫与卫生善后。这一事业的开展，帮助传染病疫区的人民在一定程度上防疫与治疗了肆虐一时的疟疾等传染病；修复了一些被战火破坏的医院，并相应增添了为数不少的病床，从而为当地百姓看病提供了方便。但是，由于医疗卫生善后事业所需经费浩大，国内财政困难，因而成效比较有限，离满足需要的程度还很远。希望通过利用联总的援助达到根本解决中国长期积存下来的医疗卫生问题是不现实的。

根据联总最初的决议，教育事业不在联总的善后救济范围之内，但后来经过蒋廷黻与联总官员的交涉，教育事业最终也被纳入中国善后救济范围内。通过教育善后，一些学校获得了联总提供的图书、仪器与设备，丰富了教学资源，增加了教学手段，在行总与国民政府教育部的协助与配合下，分别对清华大学与南开大学等高校的校舍进行修复。此外，行总还安排各分署分别对其所在地的一些中小学的校舍进行了修复。校舍修复工作的开展，为战后教育的恢复与发展起到了一定的积极作用。

截止到善后救济工作结束，行总共计接收联总提供的各类援助物资236万吨，其中，"以重量计言，分配于救济用途者为53%，善后用途者30%，其余17%则为以出售方式分配者"[1]。但从价值看，救济物资约占45%，善后物资约占55%。物资存储、运输及其他费用共计约4.54万亿元（法币），即1.61亿美元[2]。

从中国获得援助规模看，无论是总价值，还是总重量，在当时世界所有受援国中均为最多、规模最大的。但是，中国人口众多，从人均看，援助物资无论是价值还是重量，在世界上都是很低的。从满足中国战后救济灾民及战后恢复、重建的需要看，"联总运华物资的总数，距离我们的实际需要量还是很远"[3]。当然，中国政府向联总提出的要求显然有些不切实际，如1946年春，国民政府"恳请联总在1946年6月这一个月内将所有援助物资运抵中国，以助中国善后救济事业之开展"[4]。这些物资包括食品、药品、衣物及工农业器材等，共计超过200万吨。在当时条件下，要将如此多的物资在短短一个月时间内从大洋彼岸运抵中国，显然不现实。

① 行政院善后救济总署编译处编：《行政院善后救济总署业务总报告》，上海市档案馆藏档案：Y3—1—278，第244页。
② 参见行政院善后救济总署编译处编：《行政院善后救济总署业务总报告》，上海市档案馆馆藏档案：Y3—1—278，第244—245页。
③ 《忠告联总署长拉加第亚》，《中央日报》1946年7月3日。
④ Ruth E. Pardee, First Aid for China.Pacific Affairs, Vol.19, No.1, Mar.1946, p.76.

　　为配合善后救济事业的举办，国民政府根据与联总达成的协议，需要承担大量诸如国内物资存储、运输、分配等行政事务性费用，而且数额不小。据测算，1946年与1947年，该费用均在1.13亿美元左右，约占国民政府当时年财政支出的7%，甚至10%！^①这对刚刚遭受日寇侵略，又旋即陷于内战的国民政府来说是无法承受的，因此政府的此项支出只能大打折扣。

　　据统计，1945—1947年，整个善后救济事业兴办期间，国民政府供给的国币为4320亿元，仅占当时国家财政总支出的1%左右^②，而当时国民党用于内战的经费所占比例为67.6%，战后经济建设费用所占比例为5.82%^③。就是这微不足道的一点经费，尚且不能及时拨付，常常拖欠，使得行总常常举步维艰。1946年9月，行总更是未从政府那里得到分文拨款，"于是山穷水尽，行总无法动弹了"^④。河南分署指出："业务费用始终未得充分拨付，本署按实际开展之工作计算，所需之数，与实际奉拨之数，相去恒在五倍以上。""举办之事业，多因费用无着而不得不忍痛暂缓执行。中国普遍贫困，行总亦无时不在经济困难中，对各分署庞大需要，自无法尽量补给。"^⑤

　　抗战胜利后，主要在1946年至1947年期间，利用联总提供的总价值5亿多美元、总重量230多万吨的各类善后救济援助物资及国民政府提供的相关配套物资及经费，在行总的主持与协调下，中国兴办了善后救济事业。这一事业的兴办，挽救了数以千万计的灾民的生命，"嗷嗷哀鸿，得此周济，倒悬之苦，得以减除"^⑥。同时，一批工业、农业、交通等善后项目也得以兴办。总之，通过善后救济事业的兴办，"老百姓还是得到了一些实惠的"^⑦。可以说，抗战胜利后中国善后救济事业的兴办，成效是

① 参见赵庆寺《外援与重建：中国善后救济简评》，《史林》2006年第5期。
② 丁文治：《联总物资与战后中国经济》，上海六联印刷公司1948年版，第41页。
③ 张公权：《中国通货膨胀史》，中国财政经济出版社1986年版，第101—102页。
④ 《蒋廷黻辞职前后》，《申报》1946年10月3日。
⑤ 行政院善后救济总署河南分署秘书室：《行总河南分署三十五年度业务概述》，1947年铅印本，第8页。
⑥ 郑通和：《六十自述》，三民书局有限公司1972年版，第43页。
⑦ 徐浩然：《善后救济总署江西分署内幕》，载江西省政协文史资料委员会编《江西文史资料选辑》第26辑，1990年铅印本，第169页。

客观存在的，值得肯定。蒋介石对行总及其分署的成绩给予了高度评价：
"自总署以至各省市分署之同仁，莫不以救灾如救火之精神，全力以赴，
输送难民，救济湘灾，预防水患诸端，均有不可磨灭之贡献。"①

中国的善后救济事业，各分署因所在地区实际情况各异，侧重点有所
不同。有的地区分得的援助物资主要是救济物资，善后物资较少，主要开
展救济活动，善后活动次之；相反，有的地区分得的援助物资主要是善后
物资，救济物资较少，主要开展善后活动，救济活动次之，如台湾分署等。
各项善后事业，各分署同样因所在地区实际情况各异，侧重点也有所不同，
如台湾分署的农业善后活动较工业善后活动为多，因此，相对而言，其成
效自然也较之显著。

但是，善后救济事业是首次进行，无经验可循。"我们从全世界，全
中国，都找不到一个例子，来做我们工作的向导。"② 因此，也不可避免
地存在一些不足之处。最主要的问题是效果有限。通过善后救济事业的兴
办，并没有使人民得到普遍救济，也并没有使中国实现工农业现代化。晋
绥察分署事后承认："成果距原定目标甚远，言救济则未能出灾民于水火，
言善后则未能使工农事业复原。"③ 人们责怪之声不绝于耳。在浙江，人
民抱怨："救济不能彻底，善后近乎空谈。"④ 在广西，媒体记者指出："救
济救济，闹得震天价响，而灾民所受之实惠，微乎其微。"⑤ 在湖北，"至
1947 年湖北分署的善后救济业务行将结束时，全省荒田未经垦复的仍有
400 万亩，较战前第一年减产粮食 1200 万担，全省尚有 1300 万灾民依然
过着流浪生活，10 万失业工人等待复员"⑥。

在国内善后救济物资分配上，联总在活动之初就确定了公平原则（即
非歧视性原则），行总往往根据当地灾情、人口及交通等状况确定分配方案，

① 《国民政府主席训词》，《行总周报》1946 年第 23 期。
② 周仰山：《八个月来办理赈务概要》，行政院善后救济总署湖南分署《善后月刊》1945
年第 11 期，第 3 页。
③ 行政院善后救济总署晋绥察分署编：《善后救济总署晋绥察分署工作总报告》，1948 年
铅印本，第 23 页。
④ 孙晓楼：《两年来之浙江善救》，1947 年铅印本，第 1 页。
⑤ 《广西日报》（桂林版）1946 年 8 月 21 日。
⑥ 湖北省志编撰委员会编：《湖北省志·民政》，湖北人民出版社 1994 年版，第 131 页。

尽力维护公平，但每个地区情况有异，物资分配品种及规模自然会有区别。我们不能单纯以数量多寡衡量一个地区是否受到歧视。霍宝树署长在面对外界分配不公的质疑时指出："评论物资分配，谓行总不应有偏枯，厚于此省而薄于彼省。国人在理亦不应以一衣一鞋一被之平均分配，方始谓为公正持平也。"[①] 但是活动开展过程中贯彻这一原则时"遭受了方方面面的困难和压力"，在中国"这一内战愈演愈烈的国度"尤其如此[②]。行总对中共领导的解放区的歧视确是客观事实。

善后救济援助物资难以切合实际需要。联总提供的粮食基本上是面粉等，对北方人比较适合，但南方人以大米为主食，面粉不太合口味。提供的衣服、鞋子，有不少是旧西服、高跟鞋，不太适合农村灾民穿着。提供的器材有的不适合中国的情况，有的不配套，从而影响了善后救济事业的效果。正如浙江分署署长孙晓楼所说："联总物资，其来也不能如其所望，其质其量，又不能合于一般需要，且机械器材零落星散。"[③]

1945—1947年中国善后救济事业效果不佳，原因是错综复杂的，主要有以下不利条件。

一是战乱影响。一个大的事业兴办成功，需要和平、安定的环境。然而，抗战胜利不久，国民党当局就发动内战，战火使本来就脆弱不堪的交通雪上加霜。在许多地方，"待渡车辆多时，有候至二十日至一月不能通过之事实"[④]。战乱给中国善后救济事业造成了严重干扰与破坏。不少有识之士纷纷指出："不幸终以内战无情，粉碎一切，种种计划无形中变为废纸。"[⑤]"不打内战，一切都有办法，如果继续内战，一切均无办法。"[⑥]

二是缺乏规划、协调不畅。虽然在善后救济事业全面兴办之前，行总制订了《中国善后救济计划》，但这只是全局性的顶层设计，过于笼统，

①　霍宝树：《行政院善后救济总署业务总报告·序》，上海市档案馆馆藏档案：Y3—1—278，第1页。

②　Allam G.B.Fisher, The Constitution and Work of UNRRA, International Affairs Vol.20, No.3, Julj 1944, p.324.

③　孙晓楼：《两年来之浙江善救》，1947年铅印本，第3页。

④　《工作概况》，行政院善后救济总署湖南分署《善后月刊》1947年第8期，第7页。

⑤　韩启桐、南钟万：《黄泛区的损害与救济》，上海六联印刷公司1948年版，第21页。

⑥　赵文璧：《半年来之鲁青善救工作》，《行总周报》1946年第22期，第13页。

一些分署对于即将兴办的项目缺乏细致的规划。比如，在晋绥察分署，"即此配到之少数物资，其种类、数量事先亦无整个预算，以致业务推进悉成临时措施，而不能做有计划之开展，成效因而降低"①。而且联总、行总及其分署之间往往协调不畅，各分署及其附属机构思想准备不充分，仓促上阵。浙江分署抱怨："本署对于每批物资之到达，事前并无所知，甚至即到之后，如不经清查整理，亦无法获知其种类与数量，遂使整个业务，无从作有计划之准备，头痛医头，脚痛医脚，顾此失彼，时感困惑。"②

三是救灾与造灾并存。内战爆发后，国民党当局为了满足战争需要，向民众广泛征收繁重的田赋和苛捐杂税，特别是 1947 年 8 月，蒋介石下达电令：田赋和苛捐杂税，要"如期开征，赶速催收"③，情况更趋严重。这样，在中国，一方面通过兴办善后救济事业救灾；另一方面通过横征暴敛，制造新的灾害。

四是行总内部管理混乱。虽然国民政府为兴办善后救济事业，成立了行总，在各地设立了分署，它们也均设置了数量不等的内设机构或附属机构，并规定了其职责、权限，挑选了一批职员。但是，从总体上看，行总人员，"良莠或有不齐"④。内部管理也较为混乱，办事效率普遍不高。对此，社会各界颇有微词。比如，1947 年 10 月，江苏省监察使严庄在接受记者采访时所说："行总机构如此庞大，职责如此重大，理应组织严密，有条不紊，乃其内部一切，均混乱如麻，全署对内对外往来公文，几多未经登记，无从查考，其管理之成绩，尚不及一烧饼铺。"⑤

五是善后救济事业兴办时间过短。要救济数以千万计的灾民，对被战火严重破坏的工农业、交通等进行善后，所需时间必然很长。但联总规定，善后救济事业必须在 1946 年至 1947 年两年内完成，这几乎不可能实

---

① 行政院善后救济总署晋绥察分署编：《善后救济总署晋绥察分署工作总报告》，1948 年铅印本，第 23 页。
② 祝修爵：《还浙两年》，浙江省档案馆藏档案：I048—2—21。转引自肖如平《抗战胜利后浙江的善后救济》，《抗日战争研究》2013 年第 1 期，第 133 页。
③ 《蒋主席电令浙省府加紧开征田赋》，《时事公报》1947 年 8 月 12 日。
④ 霍宝树：《行政院善后救济总署业务总报告·序》，上海市档案馆藏档案：Y3—1—278，第 2 页。
⑤ 《行总管理成绩尚不及一烧饼铺》，《申报》1947 年 10 月 4 日。

现。霍宝树署长指出："然因善救工作，在我国事属创举，既无先例可循，而更以行总工作期限促迫，每每于尝试而发觉错误后，一时又无纠正之余裕。"① 江西分署署长蔡孟坚指出："善后工程需确切人力物力，且系长期计划之事，非工赈面粉，少数资金，短期间所能完成；战后在地方设立一临时机构，短期组织，短期结束，使工作人员存五日京兆之心，其组织何能健全。"②

　　抗战胜利后，国民党当局提出了庞大的战后经济恢复与重建计划，实际上，中国善后救济计划是这一庞大计划的补充，善后救济事业是战后经济恢复与重建的一部分。两者理应相互配合、相互补充、相互促进，最终实现国家强大，人民生活改善。然而，国民党当局没有准确把握国内人民迫切希望和平安定的政治环境、持续发展的经济建设的历史契机，没有把主要精力用于维护国内和平及发展经济上，而是举全国之力发动内战。这样，不稳定的政治、经济环境，尤其是其悍然发动的内战，使得这一恢复与重建计划难以真正地、全面地付诸实施，更谈不上大的成效了。中国善后救济计划的实施同样受到干扰，成效不够理想。政府财政因此捉襟见肘，以至于依靠接连发行钞票维持日常运转。这无异于饮鸩止渴，难有实际成效，结果国内经济每况愈下，人民继续生活在水深火热之中。这又最终导致国统区经济的最终崩盘与国民党反动政权的垮台。

① 霍宝树：《行政院善后救济总署业务总报告·序》，上海市档案馆馆藏档案：Y3—1—278，1948年铅印本，第2页。
② 参见林子侯《蒋廷黻传》，台湾南投文献出版社1997年版，第104页。

主要参考文献

I. 中文文献

一 馆藏档案类：

《战时救济经费卷》，中国第二历史档案馆：2—8—6957。

《关于战区灾情及救济情事的函件》，中国第二历史档案馆：2—2—3044。

《监察委员会关于战后救济难民建议书》，中国第二历史档案馆：2—2—8154。

《江苏省善后救济调查报告底稿》，中国第二历史档案馆：21—2—208。

《湖南省经济及文化事业遭受寇灾损失统计表》，中国第二历史档案馆：21—2—282。

《河南分署与黄河水利委员会等会商办理黄河堵口复堤工赈及黄泛区救济事项等》（1946年），中国第二历史档案馆：21—1—17532。

《黄河堵口复堤工程局经费卷》，中国第二历史档案馆：35—2—197。

《黄泛区难民遣送及漯河站匪劫振款案》，中国第二历史档案馆：21—2—643。

《监察院派员查办黄河堵口复堤工程局腐败案》，中国第二历史档案馆：8—1—1708。

《张祖良等关于浙江分署工赈的视察报告》，中国第二历史档案馆：21—6—1235。

行政院新闻局：《两年来的善后救济》，上海市档案馆：Y3—1—344。

李门：《和平到来的时候》，《联合国善后救济总署》，上海市档案馆：Y3—1—284。

行政院善后救济总署编:《中国善后救济计划》, 上海市档案馆: Y3—1—274。

《中华民国国民政府联合国救济善后总署基本协定》, 上海市档案馆: Y3—1—286。

《行政院善后救济总署业务总报告》, 行政院善后救济总署编译处编印, 上海市档案馆: Y3—1—278。

行政院善后救济总署人事室:《行政院善后救济总署职员录》(1947年), 上海市档案馆: Y3—1—999。

行政院善后救济总署人事室:《行政院善后救济总署附属机构职员录》(1947年), 上海市档案馆: Y3—1—1000。

《善后救济总署上海分署工作概况——截至三十五年三月十五日止》, 上海市档案馆: Y3—1—864。

《上海市临时参议会第一次大会为提请市府转呈中央以联合国善后救济物资全部救济人民而不应再予出售充作救济署行政经费的提案》(1946年3月28日), 上海市档案馆: Q109—1—1998。

《善后救济总署上海分署概况》, 上海市档案馆: Q1—12—262。

《国民党广东省党部告民众书》, 广东省档案馆: M2—25—532。

《广东善后救济审议委员会难民救济座谈会》, 广州市档案馆: 7—05—489。

《广东省善后救济审议会提案》, 广州市档案馆: 10—04—462。

《为策动本市各同乡会筹款遣送难民回籍运动仰送办理具报由》, 广州市档案馆: 10—04—462。

《为本署决先在梧州至广州一线雇船免费输送难民归乡经派人员赶往办理》, 广州市档案馆: 4—02—4801。

《山东解放区物资分配表及联行总救济船运送物资统计表》, 山东省档案馆: G008—01—0023。

《关于救济物资的运输、分配问题行总与解总来往函电》, 山东省档案馆: G008—01—0024。

祝修爵:《还浙两年》, 浙江省档案馆: I048—2—21。

《蒋廷黻致浙江省主席黄绍竑函》, 浙江省档案馆: D48—2—21。

《竺可桢校长致浙江分署函》，浙江省档案馆：I053—1—337。

《浙江分署致浙江大学函》，浙江省档案馆：I053—1—337。

《浙江省善后救济资料调查报告》，浙江省档案馆：D48—2—21。

湖南灾荒急救会：《湖南灾荒急救会征信录》（1946 年），湖南省档案馆：
　　35—1—299。

行总湖南分署经济室：《湖南善后救济区域现状调查报告》（1946 年），
　　湖南省档案馆：77—1—26。

《为揭发善后委员会乡村工业示范处处长马杰诸多劣迹告各界书》，湖北
　　省档案馆：LSG1—5—635。

《山西省民营事业董事会、西北实业公司、善后救济总署晋绥察分署关于
　　购买、出售器材的函》，山西省档案馆：B31—1—300。

《国民政府山西省政府民政厅关于抗战时期全省人口伤亡和财产损失的呈
　　报》（1946 年 8 月 5 日），山西省档案馆：B13—1—78。

《行政院善后救济总署广西分署档案》，广西档案馆：68—1—6。

《柳州华侨协进会档案》，广西档案馆：14—1—2。

二　报纸期刊类：

《人民日报》，1948 年 1 月—5 月。

《解放日报》，1945 年 6 月—1947 年 10 月。

《新华日报》，1945 年 6 月—1947 年 12 月。

《中央日报》，1943 年 10 月—1947 年 12 月。

《大公报》，1943 年 10 月—1947 年 12 月。

《申报》，1945 年 1 月—1948 年 1 月。

《民国日报》，1946 年 1 月—1947 年 10 月。

《时事新报》，1946 年 1 月—1947 年 6 月。

《新闻报》，1946 年 10 月—1947 年 6 月。

《文汇报》，1945 年 10 月—1947 年 8 月。

《和平日报》，1946 年 1 月—1947 年 6 月。

《华商报》，1946 年 1—10 月。

《时文报》，1947 年 7—8 月。

《胶东日报》，1947 年 8—12 月。

《冀鲁豫日报》，1947 年 4—12 月。

《新民晚报》，1947 年 5—8 月。

《湘灾导报》，1945 年 1—12 月。

《江西民国日报》，1947 年 7—10 月。

《广西日报》（桂林版），1946 年 8—12 月。

《益世报》，1946 年 8—11 月。

《民声报》，1947 年 6—9 月。

《东方杂志》，1945—1947 年各期。

《观察》，1946—1947 年各期。

《群众》，1946 年各期。

《大同》（半月刊）1946 年第 12 期。

台湾省行政长官公署宣传委员会编：《台湾月刊》1946 年第 1 期。

《教育杂志》1947 年第 32 卷。

《教育部公报》1946 年第 18 卷。

《经济周刊》1946 年第 10 卷。

《纺织周刊》1946—1947 年各期。

《纺织染》（季刊），1947—1948 年各期。

《乡工》1949 年第 7 期。

《社会工作通讯月刊》，1946 年各期。

《传记文学》，1965 年第 7、9、16 卷。

《行总周报》，1945—1947 年各期。

《行总农渔》，1945—1947 年各期。

行政院善后救济总署广东分署《周报》，1945—1947 年各期。

行政院善后救济总署河南分署《周报》，1945—1947 年各期。

行政院善后救济总署江西分署《周报》，1945—1947 年各期。

行政院善后救济总署晋绥察分署《周报》，1945—1947 年各期。

行政院善后救济总署广东分署《统计年刊》，1945—1947 年各期。

行政院善后救济总署平津分署《善后救济》（半月刊），1945—1947 年各期。

行政院善后救济总署台湾分署《月报》，1945—1947 年各期。

行政院善后救济总署苏宁分署《月报》，1945—1947 年各期。

行政院善后救济总署鲁青分署《鲁青善救月刊》，1945—1947 年各期。

行政院善后救济总署鲁青分署《鲁青分署旬报》，1945—1947 年各期。

行政院善后救济总署福建办事处《福建善救月刊》，1946 年各期。

行政院善后救济总署广东分署《第一次工作检讨会议专刊》，1946 年。

行政院善后救济总署广西分署《工作旬报》，1946 年。

行政院善后救济总署安徽分署《善后救济》，1946—1947 年各期。

行政院善后救济总署湖南分署《善后月刊》，1945—1947 年各期。

行政院善后救济总署湖北分署编：《半月通讯》，1945—1947 年各期。

《黄河堵口复堤工程局月刊》，1947 年各期。

三　原始文献类：

行政院善后救济总署赈恤厅：《难民的招待与输送》，1947 年铅印本。

行政院善后救济总署河南分署编：《行政院善后救济总署河南分署章则辑要》，1947 年铅印本。

行政院善后救济总署江西分署编：《江西善后救济视察团视察纪要》，1946 年 8 月，铅印本。

周仓柏：《善后救济总署湖北分署业务总报告》，1948 年铅印本。

行政院善后救济总署湖北分署编：《湖北的善后和救济》，1947 年铅印本。

行政院善后救济总署鲁青分署秘书室编：《善后救济总署鲁青分署三十五年度业务报告》，1946 年铅印本。

行政院善后救济总署河南分署秘书室编：《善后救济总署河南分署三十五年度业务概述》，1947 年铅印本。

行政院善后救济总署台湾分署编：《善后救济总署台湾分署三十五年度业务总报告》，1946 年铅印本。

行政院善后救济总署冀热平津分署编：《冀热平津分署一年来之工赈》，1946 年铅印本。

行政院善后救济总署冀热平津分署编：《冀热平津分署一年来的振务》，1946 年铅印本。

行政院善后救济总署冀热平津分署编：《行政院善后救济总署冀热平津分

署业务总报告》，1947 年铅印本。

行政院善后救济总署湖南分署编：《善后救济总署湖南分署三十五年度业务总报告》，1946 年铅印本。

行政院善后救济总署赈恤厅：《善后救济总署赈恤厅三十五年度工作报告》，1946 年铅印本。

行政院善后救济总署广东分署编：《善后救济总署广东分署工作检讨会会议记录》，1946 年铅印本。

行政院善后救济总署晋绥察分署编：《善后救济总署晋绥察分署工作总报告》，1948 年铅印本。

行政院善后救济总署安徽分署编：《行政院善后救济总署安徽分署业务总报告》，1947 年铅印本。

行政院善后救济总署浙江分署编：《行政院善后救济总署浙江分署业务总报告》，1947 年铅印本。

王凤剀：《湖南省教育文化部分寇灾损失报告书》，1945 年铅印本。

行政院新闻局：《乡村工业示范》，1947 年铅印本。

黄河堵口复堤工程局编：《黄河花园口合龙纪念册》，1947 年 4 月出版。

行政院新闻局：《侨胞复员概况》，1947 年铅印本。

四　资料汇编类：

秦孝仪主编：《中华民国经济发展史》第2册，近代中国出版社1983年版。

荣孟源主编：《中国国民党历次代表大会及中央全会资料》下册，光明日报出版社 1985 年版

蒋廷黻：《近代中国外交史资料辑要》，台湾商务印书馆 1958 年版。

蒋廷黻：《中国近代史》，上海古籍出版社 2006 年版。

行政院善后救济总署赈恤厅编印：《怎样办理赈恤》，1946 年铅印本

行政院秘书处编印：《行政院公报》第 8 卷第 2 期，1945 年 2 月 28 日出版。

行政院善后救济总署江西分署编：《善救准则》，1946 年铅印本。

行政院善后救济总署广西分署编：《善后救济章则汇编》共 3 辑，1946 年铅印本。

李新主编：《中华民国大事记》第 5 册，中国文史出版社 1997 年版。

朱传誉主编：《蒋廷黻传记资料》共 3 册，天一出版社 1985 年版。

方庆秋等主编：《中华民国史史料长编》第 62—69 册，南京大学出版社 1993 年版。

中国第二历史档案馆编：《中华民国史档案资料汇编》第五辑第二编政治、外交，江苏古籍出版社 1998 年版。

秦孝仪主编：《革命文献》第 80、86、96 辑，台北出版社 1973 年版。

秦孝仪主编：《抗战建国史料——社会建设（三）》，台湾裕台公司中华印刷厂 1984 年版。

山东省档案馆、山东省社会科学院历史研究所合编：《山东革命历史档案资料选编》，第 22 辑，山东人民出版社 1986 年版。

蔡鸿源主编：《民国法规集成》第 36 册，黄山书社 1999 年版。

严中平等编：《中国近代经济史统计资料选辑》，科学出版社 1955 年版。

国民政府主计处统计局编：《中华民国统计年鉴》，中国文化事业公司 1948 年版。

国民政府主计处统计局编：《中华民国统计提要》，1947 年铅印本。

《日本帝国主义侵华档案资料选编》，中华书局 1989 年版。

江西省政协文史资料委员会编：《江西文史资料选辑》（第 26 辑），1990 年铅印本。

中国人民政治协商会议邵阳市委员会文史资料研究委员会编：《邵阳文史资料》第 2、4、8 辑，1987 年铅印本。

中国人民政治协商会议天津市委员会文史资料委员会编：《天津文史资料选辑》，第 48 辑，天津人民出版社 1989 年版。

中国人民政治协商会议郑州市委员会文史资料研究委员会编：《郑州文史资料》第 2、4、6 辑，1986 年版。

中国人民政治协商会议开封市委员会文史资料研究委员会编：《开封文史资料》第 5 辑，1987 年版。

通城县政协文史资料委员会编：《通城文史资料》第 7 辑，1992 年版。

青年远征军第 208 师政治部编：《中国国民党第六届二中全会辑要》，1946 年油印本。

谢培屏主编：《战后遣返华侨史料汇编》第 3 册，台北"国史馆"2005 年版。

行政院新闻局：《侨胞复员概况》，1947 年铅印本。

中国国民党河北省党部编：《抗战胜利后重要文件》，1946 年铅印本。

苏瑶崇主编：《联合国善后救济总署在台活动资料集》，台北二二八纪念馆出版社 2006 年版。

全国政协文史资料委员会编：《中华文史资料文库》政治军事卷（六），中国文史出版社 1996 年版。

陈云林总主编：《馆藏民国台湾档案汇编》第 71 册，九州出版社 2007 年版。

武汉地方志编纂委员会办公室编：《武汉解放战争史料》，武汉出版社2009 年版。

蒋立主编：《上海解放前后物价资料汇编》，上海人民出版社 1958 年版。

上海工商局机械工业史料组编：《上海民族机械工业》，中华书局 1979 年版。

五 学术专著类：

敖为蔚：《中国近现代社会与民政（1906—1949）》，武汉大学出版社1992 年版。

安徽省地方志编纂委员会：《安徽省志》，安徽人民出版社 1993 年版。

中共安徽省委党史工作委员会：《侵华日军在皖罪行录》，安徽人民出版社 1995 年版。

［苏］瓦·崔可夫著，万成才译：《在华使命：一个军事顾问的笔记》，新华出版社 1980 年版。

蔡勤禹：《国家、社会与弱势群体——民国时期的社会救济（1927—1949）》，天津人民出版社 2003 年版。

丁文治：《联总物资与中国战后经济》，上海六联印刷公司 1948 年版。

丁致中：《行总在中共控制区之救济工作》，行政院善后救济总署编译处编印，1947 年铅印本。

鄂豫边区革命史编辑室编：《中原突围》第 2 辑，湖北人民出版社 1984 年版。

韩启桐、南钟万：《黄泛区的损害与善后救济》，上海六联印刷公司 1948年版。

霍宝树：《善救工作之过去与未来》，行政院善后救济总署编译处编印，1947 年铅印本。

陈之迈：《蒋廷黻的志事与生平》，台湾传记文学出版社 1967 年版。

中共江苏省委：《侵华日军在江苏的暴行》，中共党史出版社 2001 年版。

曹必宏：《中华民国实录》，吉林人民出版社 1998 年版。

顾维钧著，中国社会科学院近代史研究所译：《顾维钧回忆录》，第 6 册，
　　中华书局 1988 年版。

湖南省政协文史资料研究委员会编：《最悲惨的年代——日寇侵湘暴行实
　　录》，岳麓书社 1997 年版。

黄逸峰等：《旧中国民族资产阶级》，江苏古籍出版社 1990 年版。

邓云特：《中国救荒史》，生活·读书·新知三联书店 1958 年版。

〔英〕阿诺德·汤因比主编，劳景素译：《欧洲的重组》，上海译文出版
　　社 2007 年版。

蒋廷黻口述，谢钟琏译：《蒋廷黻回忆录》，台湾传记文学出版社1979年
　　出版。

蒋廷黻：《中国近代史·外三种》，岳麓书社 1990 年版。

蒋廷黻：《中国近代史》，上海古籍出版社 2006 年出版。

蒋廷黻：《干什么？怎样干？》，1946 年铅印本。

蒋廷黻：《中国善后救济总署》（联合国丛刊第 2 辑），国际出版社 1946
　　年版。

蒋廷黻：《蒋署长开幕训词》，行政院善后救济总署编译处编印，1946 年
　　铅印本。

傅国涌：《百年寻梦：傅国涌历史随笔》，福建人民出版社 2004 年版。

〔美〕费正清：《费正清对华回忆录》，知识出版社 1991 年版。

何廉：《何廉回忆录》，中国文史出版社 1988 年版。

河北省交通厅史志编委会、河北省邯郸交通局：《晋冀鲁豫边区交通史》，
　　人民日报出版社 1989 年版。

广西壮族自治区地方志编纂委员会编：《广西通志》，广西人民出版社
　　1994 年版。

湖北省地方志编纂委员会编：《湖北省志·民族志》，湖北人民出版社
　　1994 年版。

焦润明等：《中国东北近代灾荒及救助研究》，北京师范大学出版社 2011

年版。

《罗斯福选集》，商务印书馆1982年版。

李文海等：《中国近代十大灾荒》，上海人民出版社1994年版．

马黎元：《行总之食粮赈济》，上海六联印刷公司1948年版。

四川省地方志编纂委员会：《四川省志》，四川科学技术出版社1993年版。

上海市通志馆年鉴委员会编：《民国三十五年上海市年鉴》，中华书局1946年版。

施金炎：《湖南省政府经济工作通志》，湖南人民出版社2006年版。

湖南省地方志编纂委员会编：《湖南通鉴》上卷，湖南人民出版社2007年版。

史全生主编：《中华民国经济史》，江苏人民出版社1989年版。

田子瑜：《湖北新民主革命史》（解放战争时期卷），华中师范大学出版社2008年版。

陶文钊：《中美关系史（1911—1950）》，重庆出版社1993年版。

荣维木主编：《抗日战争热点问题聚焦》，济南出版社2005年版。

孙艳魁：《苦难的人流——抗战时期的难民》，广西师范大学出版社1994年版。

唐振常主编：《上海史》，上海人民出版社1989年版。

渠长根：《功罪千秋——花园口事件研究》，兰州大学出版社2003年版。

王正华：《抗战时期外国对华军事援助》，环球书局1987年版。

文选德：《湖湘文化古今谈》，湖南人民出版社2006年版。

吴承明：《中国的现代化：市场与社会》，生活·读书·新知三联书店2001年版。

王伟等编：《刘邓大军征战记》，云南人民出版社1984年版。

赵春晨等：《基督教与近代岭南文化》，上海人民出版社2002年版。

虞和平：《张謇——中国早期现代化的前驱》，吉林文史出版社2004年版。

张建华主编：《世界现代史（1900—2000）》，北京师范大学出版社2008年版。

张海麟等：《第二次世界大战经验与教训》，世界知识出版社1987年版。

徐义生：《善后救济工作的行政制度》，上海六联印刷公司1948年版。

杨公素：《沧桑九十年——一个外交特使的回忆》，海南出版社 1999 年版。

王德春：《联合国善后救济总署与中国（1945—1947）》，人民出版社 2004 年版。

朱汉国编：《中华民国史》第 7 册传二，四川人民出版社 2006 年版。

张玉龙：《蒋廷黻社会政治思想研究》，中国社会科学出版社 2008 年版。

张公权：《中国通货膨胀史 1937—1949 年》，文史资料出版社 1986 年版。

武克全主编：《抗日战争大事典》，学林出版社 2005 年版。

张秉辉：《抗战与救济事业》，商务印书馆 1938 年版。

王卫星等：《江苏通史·中华民国卷》，凤凰出版社 2012 年版。

王东原：《王东原退思录》，中正书局 1992 年版。

郑通和：《六十自述》，三民书局有限公司 1972 年版。

许涤新等：《中国资本主义发展史》，人民出版社 1993 年版。

汪朝光：《中国命运的决战（1945—1949）》，江苏人民出版社 2013 年版。

中共山西省委党史办公室编：《抗日战争时期山西人口和财产损失课题调研成果》（专题卷），山西人民出版社 2010 年版。

［英］裴斐、韦慕庭访问整理吴修垣译：《从上海市长到"台湾省主席"——吴国桢口述回忆》，上海人民出版社 1999 年版。

吴宗慈：《民国江西通志稿》第 32 卷，1947 年铅印本。

王文正：《胶东解放区见闻录》，中共烟台市委党史研究室 2000 年铅印本。

汪彝定：《走过关键年代——汪彝定回忆录》，商周文化事业股份有限公司 1991 年版。

吴浊流：《无花果：台湾七十年的回想》，前卫出版社 1989 年版。

吴德才等编著：《神州农子——杨显东博士》，北京科学普及出版社 1990 年版。

中共武汉市委党史办公室编：《中共武汉地方历史简编 1919—1949》，湖北人民出版社 1989 年版。

六　学位论文类：

胡秋芬：《行政院善后救济总署浙江分署述论》，硕士论文，杭州师范学院，2003 年，未刊。

龚喜林：《行政院善后救济总署述论》，硕士论文，华中师范大学，2005 年，
　　未刊。

李思祥：《河南善后救济分署研究（1946—1947）》，硕士论文，华中师
　　范大学，2005 年，未刊。

黄德宗：《蒋廷黻及其政治思想的演变（1895—1935）》，硕士学位论文，
　　台湾师范大学，1992 年，未刊。

潘燕红：《抗战胜利后南京国民政府难民善后救济问题研究》，硕士学位
　　论文，东北师范大学，2009 年，未刊。

郭群：《抗战胜利后湖南省善后救济工作述论（1945—1949）——以善后
　　救济总署湖南分署为中心》，硕士学位论文，湖南师范大学，2010 年，
　　未刊。

燕振：《抗战胜利后苏宁地区的善后救济——以善后救济总署苏宁分署的
　　活动为主》，硕士学位论文，南京师范大学，2014 年，未刊。

鲍梦隐：《黄河决、堵口问题研究》，博士论文，山东大学，2013 年，未刊。

七　学术论文类：

吴相湘：《蒋廷黻的志业》，《传记文学》1965 年第 7 卷第 6 期。

宋时轮：《不可磨灭的贡献》，《人民日报》1985 年 8 月 31 日。

［美］查尔斯·R·里利：《蒋廷黻：局内的局外人》，《档案与史学》
　　1999 年第 3 期。

顾锦心：《从"解总"到"救总"》，《中国社会工作》1998 年第 6 期。

成国银：《杨显东："白皮红心"洋博士》，《党史纵览》2004 年第 6 期。

孙勇：《论山东解放区的善后救济工作——以国民政府行政院善后救济总
　　署的活动为例》，《山东省农业干部管理学院学报》2004 年第 6 期。

马俊林：《战后中原解放区的善后救济》，《理论月刊》2004 年第 10 期。

王德春：《联总援建的长期项目及其善后安排》，《广西社会科学》2004
　　年第 12 期。

王德春：《联合国善后救济总署的诞生及其使命》，《世界历史》，2004 年，
　　第 5 期。

王德春：《联合国救济善后总署和解放区的救济事务》，《广西社会科学》

2007 年第 10 期。

赵庆寺：《合作与冲突：联合国善后救济总署对华物资禁运述评》，《安徽史学》2010 年第 2 期。

陈慧芳：《福建抗战后的善后救济》，《福建党史月刊》2005 年第 10 期。

马俊林：《抗战胜利后湖北省善后救济业务初探》，《湖北社会科学》2006 年第 6 期。

钟建安：《善后救济总署江西分署述论》，《江西社会科学》2007 年第 2 期。

龚喜林：《抗战胜利后难民的救济与遣返》，《兰台世界》2008 年 10 月（上）。

刘国武：《抗战时期湖南直接损失述要》，《湖南师范大学学报》2005 年第 3 期。

刘燕萍等：《中国护理的世纪回眸》（三），《当代护士》2001 年第 7 期。

吕虹：《一个鲜为人知的战场——周恩来与抗战胜利后救济工作》，《党史纵横》2001 年第 1 期。

韩文具、乔菊英：《试论抗战期间难民西迁给西部城市带来的负面效应》，《知识经济》2008 年第 3 期。

林天乙：《浅析战后广东的粮荒》，《中国社会经济史研究》2002 年第 1 期。

刘五书：《论民国时期的以工代赈救荒》，《史学月刊》1997 年第 2 期。

胡杰：《国共两党批评联总援华活动的政治动因分析——对一种"殊途同归"现象的再解析》，《民国档案》2010 年第 1 期。

黄俊凌：《台湾光复时期善后救济业务之初探》，《惠州学院学报》2014 年第 5 期。

夏洪亮：《抗战胜利后湖南农业善后救济工作述论》，《怀化学院学报》2012 年第 1 期。

II. 外文文献

Tingfu Tsiang: *Post—War Relief and Rehabilitation in China*, Chinese Yearbook, 1946.

China Office Monthly Report, No.11, October, 1946—1947.

CNRRA-UNRRA NEWS, 1945—1947.

Summary of China Office Report for February, 1947.

CHINA NEWSWEEK, 1946—1947.

China Press, Shanghai, 1946—1947.

UNRRA Operational Analysis Papers, No.53, Washington D.C., 1948.

Leland M. Goodrich and Marie J. Carroll ed, *Documents on American Foreign Relations*, Vol.V, World Peace Foundation, Boston, 1944.

*Program and estimated requirements for Relief and Rehabilitation in China as Presented to UNRRA,*Sep., 1944,Vol. Ⅱ .

William A. Williams Ed., *The Shaping of American Diplomacy*, Rand Mcnally & Company, Chicago, 1956.

George W.Woodbridge ed., *UNRRA: The History of the United Nations Relief and Rehabilitation Administration*, Vol.I, New York: Columbia University Press, 1950.

Arthur N.Young, *China and the Helping Hand, 1937—1945*, Harvard University Press, 1963.

C.X.George Wei, *Sino—American Economic Relations, 1944—1949*, Greenwood Press, Westport, 1997.

Harrison Parker, *International Payment of Postwar China,Pacific Affairs*, Vol.21,No.4, Dect.1948.

United States Department of State, *Foreign Relations of the United States*, 1947. Vol.7.

The Times, February20, 1947.

United States Department of State, *Foreign Relations of the United States*, 1946. Vol.4.

Chu—xiong George Wei,Interest Merriality,and Straitegy: *Americans and Chinese Economic Reconstriction, 1944—1949*, Ph.D dissertation of Washington University, 1997.

Allam G.B.Fisher, The Constitution and Work of UNRRA, *International Affairs* Vol.20 No.3,July 1944.

Ruth E.Pardee, First Aid for China, *Pacific Affairs*, Vol.19,No.1, Mar.1946.

Science News Letter, Vol. 36, No.6, (Augest5,1949).

O.J.Todd, "The Yellow River Reharnessed", *Geographical Review*, Vol.39, No.1(Jan.1949).

UNRRA Report on Fulfillment of Country Programs, November, 1947.

Draft of a Consular Report to the Embassy on UNRRA—CNRRA Operation for September,1946, September 3, 1946.

A Memoranium in Connection with the Surplus Property, March 5, 1947.

UNRRA—CNRRA Operations: The Fertilizer Scandal, July13, 1947.

A Letter from Maddwyn Bebb (UNRRA, USA) to Ed Painer, May31, 1947.

UNRRA—CNRRA Story 6, September 8, 1947.

Memorandum Subject : *Notes on Projects in Taiwan*, 1947.

Franklin Ray, *UNRRA InChina*, New York, International Secretariat Institute of Pacific Relations, 1947.

后　记

历时近四年的辛勤耕耘，我们终于完成了这部书稿。本书主要研究了1945—1947年，中国利用联合国善后救济总署提供的数亿美元的援助物资在中国开展的救济活动和善后活动的情况，并对其进行了简要评价。

事实上，关于1945—1947年中国善后救济事业的问题，值得学术界研究的空间极大，因而，由于篇幅限制，更主要是由于我们视野有限，学术水平有限，本书对该问题的研究不可能面面俱到，难免挂一漏万。我们权当本书为抛砖引玉之作，希望以此引起学术界对这一问题的重视，继续对该问题予以关注，在本书研究基础上进一步拓展和深化。

本书的顺利完成是许多人共同努力的结果。在资料收集过程中，诸如中国第二历史档案馆、上海市档案馆藏档案馆的同志，诸如国家图书馆、上海市图书馆、厦门大学图书馆、中国社会科学院近代史研究所图书馆和南昌大学图书馆等图书馆同志，还有一些方志馆的同志，为本书资料收集提供了协助。本人读博士时的同学利用在美国做访问学者的机会帮忙从胡佛图书馆（联合国善后救济总署档案存放地）、哥伦比亚大学图书馆为本书收集到了一些珍贵资料，尤其是外文资料。本人读博士时的台湾籍师姐也帮忙从台湾近代所图书馆搜集到了一些珍贵的资料。在研究过程中，专家委员会的同志利用开题报告会、中期考核会和预鉴定会的机会，为本书的顺利完成提出了大量的建议，其中不乏真知灼见，许多被本书采纳。本书研究组成员在主持人的协调下，大家精诚团结，集思广益，分工协作，互相配合，为本书的最终完成作出了重要贡献，特别是在资料收集、整理、录入及经费报销工作中，更是出力不少，贡献卓著。在此，本人对所有为本书的顺利完成作出贡献、提供帮助与指导的专家、学者、同学、同事谨致谢忱！

　　本书的出版得到了南昌大学马克思主义学院与江西省大学生思想政治教育研究中心的资助。我们对领导的支持表示感谢。

　　本书的出版，得到了中国社会科学出版社领导的支持，尤其是刘芳与张湉两位同志更是付出了大量的努力，在此一并谨致谢忱！

　　为使本书顺利完成，我们一直以来在思想上给予了高度重视，也为此投入了大量的人力、物力和财力，历时 4 年，终于付梓。需要说明的是，虽然我们在思想上高度重视，也为此付出了艰辛的努力，但是，我们毕竟水平有限，时间仓促，本书不妥之处乃至谬误之处在所难免。对此，我们一方面深感愧疚；另一方面，也敬请各位领导、专家学者批评指正！

作者
二〇一九年四月十六日